欠发达区乡村聚落空间演变

Spatial Changes of Rural Settlements in China's Less-developed Region

李小建 等 著

Li Xiaojian

国家自然科学基金项目（41471117）

教育部人文社科重点研究基地重大项目（16JJD770021） 资助

科学出版社

北 京

内 容 简 介

聚落作为人类聚居（或在某种程度上经济活动）的场所，是人地关系的基本单元。本书结合我国城镇化和工业化发展进程，试图厘清欠发达区不同经济条件、不同地形环境、不同发展阶段、不同影响因素下的聚落空间格局演变特征，进而揭示传统农区工业化、城镇化和农业现代化过程中乡村聚落的发展规律，对于探索未来乡村聚落变化趋势，丰富聚落演变规律的相关理论，促进城乡协调发展，明晰村落未来发展方向具有重要的理论意义和现实意义。

本书可作为乡村发展与规划相关人员及区域经济学、人文地理学、城乡规划等专业本科生、研究生参考用书。

图书在版编目（CIP）数据

欠发达区乡村聚落空间演变/李小建等著. —北京：科学出版社，2019.6
ISBN 978-7-03-061444-5

Ⅰ.①欠… Ⅱ.①李… Ⅲ.①不发达地区–乡村–聚落地理–研究–中国
Ⅳ.①K928.5

中国版本图书馆 CIP 数据核字（2019）第 108805 号

责任编辑：朱 丽 丁传标 / 责任校对：何艳萍
责任印制：肖 兴 / 封面设计：图阅社

科 学 出 版 社 出版
北京东黄城根北街 16 号
邮政编码：100717
http://www.sciencep.com

北京画中画印刷有限公司 印刷
科学出版社发行 各地新华书店经销
＊
2019 年 6 月第 一 版 开本：787×1092 1/16
2019 年 6 月第一次印刷 印张：19 3/4 插页：8
字数：448 000
定价：168.00 元
(如有印装质量问题，我社负责调换)

自　序

（一）

　　聚落是人类定居生活的产物。聚落定居生活在人类文明演进中起着十分重要的作用。

　　在历史长河中，聚落定居促进了野生动植物的驯化和栽培，把野生动物驯养为家畜家禽，从而为农耕文化的发展奠定了基础；聚落定居是手工业发展及分工的前提，历史考古表明，手工业大多是依托聚落、机器大工业又多是在大城市发展起来的；聚落定居为实现物资交换（商品贸易及商业的发端）提供了基本条件，物资交换必须依托固定地点的集市集聚，聚落格局形成物资交换的贸易网络；聚落定居通过水及食物的补给，促进了交通线的延伸，促进远距离的物资和文化交流；聚落定居促进地域型社会管理体系的形成和发展，基于不同区域的聚落，形成了不同等级的行政管理系统；聚落又是文化教育的发生发展地，社会政治活动的集中地，如此等等，不可尽举。

　　聚落是人类文明发展演进之基。在新时代文明的发展进程中，聚落仍起着十分重要的作用。

　　聚落可分为城市型聚落和乡村聚落[①]。

　　乡村聚落指除城市以外位于农区的所有居民点，包括村庄和集镇[②]。它是乡村人类活动的中心，除了居住功能之外，它还是人们的经济、社会、政治、文化活动的主要场所。人们在周围从事农业生产，在居住地饲养动物、堆积厩肥、设置仓库以存放劳动工具及粮食，设立商店、集市、祠堂、学校、文化广场及垃圾回收站等设施。随着经济社会发展，还有一些村落具有工业生产的工厂、车间，具有文化产品生产的工作室，具有接待游客的服务业设施，等等。

　　乡村聚落可从多个角度研究。研究聚落形成、演变、分布格局及其与地理环境的关系，属聚落地理学的研究内容。传统的聚落地理学主要包括聚落的起源和变化、聚落的分布、聚落的形态、聚落的内部结构、聚落的分类及其与所在地地理条件的关系[③]。近20多年来，由于快速的工业化和城市化，乡村聚落发生急剧变化。相应地，对乡村聚落

---

① 李旭旦. 人文地理学. 北京：中国大百科全书出版社，1984：182.
② 金其铭. 农村聚落地理. 北京：科学出版社，1988：1.
③ 李旭旦. 人文地理学. 北京：中国大百科全书出版社，1984：181.

空间演变的研究，日益引起学界的关注。

（二）

聚落正匆匆地演变，乡村在悄悄地衰落。

中国的乡村变化并不仅仅简单重复欧美发达国家工业化过程中发生的往事。由于人多地少、农民众多、城市化过程快速以及长期的户籍制度、恋乡文化等特殊因素影响，中国的"乡村病"又出现了许多新的症状。

针对这种特殊情况，党的"十九大"报告提出"实施乡村振兴战略"，明确农业农村优先发展，按照"产业兴旺、生态定居、乡风文明、治理有效、生活富裕"的总要求，制订相关政策，健全相关体制机制，加速推进农业农村现代化。

乡村聚落是乡村人口居住地，是乡村产业、居住、治理、生态环境协调的主要载体。从地理角度看，"人地关系"理论是区域聚落形成发展的主要理论。吴传钧先生曾非常简洁地说到，该理论的核心是"一定的地理环境只能容纳一定数量和质量的人及其一定形式的活动"。"人必须依赖所处的地为生存活动的基础"，通过人对地认识的加深和对地利用方式的变化，可以使地理环境"更好为人类服务"，"这就是人和地的客观关系"[①]。

沿着这一思路，结合经济学理论，可作以下推理：乡村聚落与所居住人口有关，人口在一聚落居住受多种因素影响，其中最主要的是收入机会和所接受的公共服务、所享受的居住环境状况；而收入机会又受制于当地经济活力，公共服务与政府资源配置倾向有关，政府资源配置又会考虑当地人口情况；进一步推延，一个地方的经济活力从根本上又源自该地的经济要素优势，这一优势又根植于当地的环境与资源状况。

基于以上分析，在人口自由流动的假设下，一地的生产要素的组合状况在较大程度上决定了聚落的形成和发展。当然，在不同发展阶段，同样的生产要素可能有不同的利用价值，对聚落发展具有不同的影响。

如果这种推理可以得到认同，那么乡村现在的"病"根，就是乡村的"人"（或乡村数量、规模）与现在的乡村的"地"（乡村各种生产要素的经济活力）不匹配（或错位）。一地的生产要素所产生的经济活动不能够支持当地聚落的居民得到与其他地方（尤其是城镇）相当的收入水平，或享受相当的公共服务。

对这种"病"的药方，就是从各种角度促进人地协调。在一定程度上，现在的乡村衰落可以理解为这种协调调整过程的反映。当然，从更积极的角度，政府及乡村自治组织、乡村聚落居民都可更有作为。

---

① 吴传钧. 发展中的中国现代人文地理学. 北京：商务印书馆，2008：81.

（三）

从 1982 年大学毕业开始，本人一直钟情于经济地理学的教学与研究。

早期主要从公司角度，研究以工商业为主的经济活动的空间格局，2000 年以后从农户角度研究农区经济发展。这些研究有一个共同点，即试图基于微观视角从经济运行最小组织单元入手，在经济活动的区位、空间格局及其与地理环境的关系上，找出一些新的发现，做出一些新的解释。

这种研究思维属于科学哲学中的还原论。按照这种研究逻辑，我们试用把经济活动空间体进行拆分、还原，把整体还原为组分，把高级运动形式还原为低级运动形式，把复杂现象还原为简单关系。正如物质世界可以通过到目前为止所发现的 118 种化学元素的性质及组合特征进行解释一样，在经济地理学研究中，也力图找到类似于化学元素这样的基本单元，通过对此的分析解释复杂的经济地理现象。

把微观视角研究思维用在空间尺度上，对经济地理现象可以进行小尺度的探索。从国家、省市、地市尺度到县、乡、村、田块、点位（site-specified）尺度，不同尺度研究会有不同发现。从人地关系角度，乡村聚落是个非常重要的研究单元，同村的居民在对自然环境的利用上有许多共性，而不同村子之间则存在较大差异。

基于这种考虑，本人主持完成了国家自然科学基金资助的"欠发达农区地理环境对专业村可持续发展的影响"（41071082）研究之后，又主持了"传统农区城镇化过程中聚落空间格局演变研究：以河南为例"（41471117）项目，该项目基于平原区的商丘市、周口市，山区的嵩县，经济相对发达的郑州市郊区、巩义市等不同类型区的调查，对新型城镇化背景下传统农区的聚落空间演变，进行了实证研究和理论分析。相关研究成果包括发表 CSSCI、CSCD 及中文核心期刊论文 37 篇（其中《地理学报》、《生态学报》、《地理研究》和《地理科学》期刊论文 13 篇），SCI/SSCI 论文 3 篇，获河南省领导批示和河南省政府采纳报告 4 份，在相关领域产生了一定的影响。

我们的研究发现包括：①平原区聚落平均规模较山区、丘陵区大，其空间分布较后者更密集，区域差异不如后者明显；近 40 年来乡村聚落呈现出数量逐渐减少、规模不断增加的变化特征，尤其是聚落建成区面积增加明显；乡村聚落位序 - 规模逐渐偏离传统村落规模分布特征，趋向于城镇型分布特征，且不同经济发展水平下存在着差异。②聚落区位变化是一定社会经济条件下农户的需求与所在环境综合供给的均衡结果。农户需求与聚落区位空间效用之间的差异是导致聚落区位变化的主要驱动力。③假若人口可以自由迁移，农地等生产要素可以按效益最大化原则组合利用，那么未来乡村聚落发展可能会出现4种专业化类型：规模粮作村、专业化农业村、旅游专业村、居住型村落。④从"人地关系"理论出发，未来乡村发展应注重城乡聚落协调，逐步使大小不同、功能不同的各类聚落，形成统一和谐的整体。这是乡村振兴的重要途径之一。

（四）

本著作是国家自然科学基金项目（41471117）和教育部人文社科重点研究基地重大项目（16JJD770021）资助研究的成果之一。

全书共分8章，作为项目的主持人，本人负责全书提纲制定、内容选择及作者邀请。任务分配后又召开两次会议专门研究撰写中出现的问题，提出具体处理建议及撰写注意事项。全书初稿完成后，本人进行了两次统校修改。在统稿和校对过程中，博士研究生娄帆做了大量编辑校对工作，并处理了相关图件。

其他各作者均参加了本人主持的项目研究，并完成了学位论文。在充分考虑作者前期研究的基础上，各章分工如下：第1章和第8章由李小建完成，第2章由朱纪广博士完成，第3章由海贝贝博士完成，第4章由段小薇博士完成，第5章由许家伟副编审完成，第6章由史焱文博士完成，第7章由杨慧敏博士完成。在本书书写过程中，各位作者严谨认真的科学态度、宽容理解的合作精神，令人感动和难忘。我邀请的这些作者都曾经是我的博士研究生，但他们在后续研究中各有所长，我从中也学到了不少的东西。

中国的乡村聚落有着长久的持续演变历史，近几十年的快速城市化又使其在缓慢演进基础上发生急剧变化。历史基础、恋乡文化、户籍制度、快速城镇化和工业化等中国特殊的聚落发展背景，带来了非常特殊的乡村聚落演化轨迹和演化方向，为中国人文经济地理学提供了十分难得的、大有作为的研究机会。相关课题的深入研究，期望在国际乡村聚落研究上发出中国的强大声音。

与乡村聚落研究相关的时空数据获取难度很大，相关理论也处于探索之中，我们的研究还存在很多不足之处，恳望广大读者批评指正。

李小建

2019年4月26日

目　　录

彩图

第1章 乡村聚落空间演变研究进展及理论梳理

乡村聚落，指在地域和职能上与农业密切相关的人口聚居地（李瑛和陈宗兴，1994），包括村庄（自然村与中心村）与集镇（一般集镇与中心集镇）等空间类型，具有明显的自然依托性和乡土特性（韩非和蔡建明，2011）。20 世纪中期以来，由于城市化进程的影响，城市聚落研究发展甚快，并形成十分兴盛的城市地理学，乡村聚落研究则发展缓慢。随着社会发展与技术进步，乡村变化异常迅速，乡村问题已然成为影响城市化进程与国计民生的重要问题，而乡村聚落正是广大乡村地区人地关系的集中体现，因此对乡村聚落的研究具有重要价值。党的"十八大"报告提出，中国要走新型城镇化道路，各地政府大力推进新农村建设；党的"十九大"提出乡村振兴战略，其实施过程将改变中国几千年形成的传统乡村聚落空间格局。因此，深入探索我国乡村聚落空间格局特征及其演变规律，具有重要的理论意义和现实意义。

1.1 研究进展评述

1.1.1 研究发展过程

我国的乡村聚落研究经历了新中国成立前的萌芽时期、20 世纪 70 年代末至 80 年代末的初步发展时期，以及 90 年代以来的快速发展时期。90 年代以来，伴随着经济与社会的转型，以及乡村聚落的剧烈变迁，学者们对其关注持续增多，进入了乡村聚落研究快速发展时期，乡村聚落空间特征也逐渐成为研究热点之一。

依据近年来的文献发表数量，可以从整体上把握乡村聚落研究现状。在中国知网数据库中，首先以关键词"乡村聚落""农村聚落""乡村居民点""乡村居民地""农村居民点""农村居民地"进行检索，然后在此基础上，加入主题为"空间"这一限定条件，以把握乡村聚落空间研究发展情况。检索发现 1982（1982 年以前相关文献很少）～2017 年，我国国内乡村聚落研究相关文献共有 4903 篇，其中 1990 年之后有 4888 篇，乡村聚落空间研究相关文献共有 1466 篇，均在 1990 年之后。两方面的研究均在 21 世纪以来出现较快增长（图 1.1）。为了分析国外相关研究情况，我们在谷歌检索系统中，首先以"rural settlement"（乡村聚落）、"rural settlements"为篇名进行检索，然后在检索的基础上加上篇名包含"spatial/space"（空间的/空间）的限定。1982～2017 年，国外乡村聚落研究文献共 2129 篇，篇名中包含空间概念的相关研究 212 篇（图 1.1）。从研究变化过程看，国外相关研究也是 21 世纪以来增长较快，乡村聚落研究论文数量 2006 年以后持续增长。

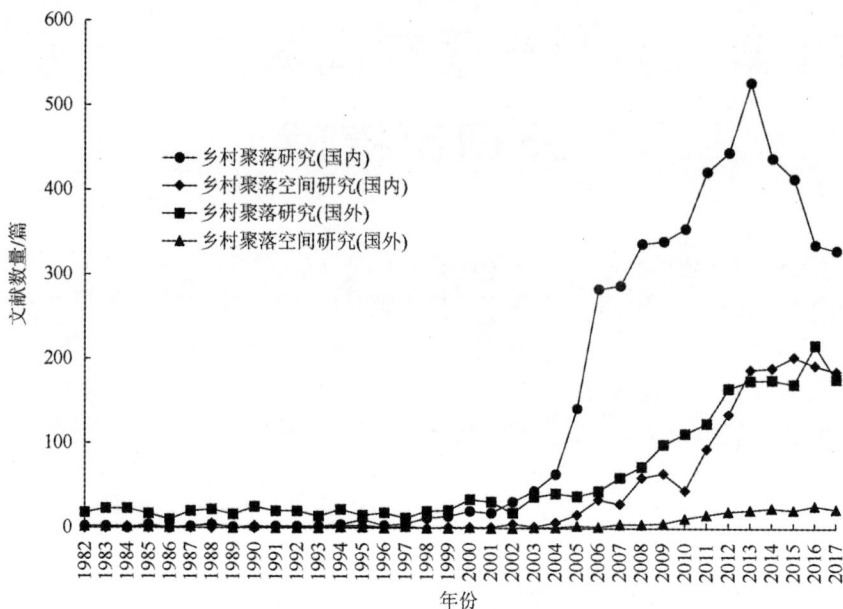

图 1.1　乡村聚落研究与乡村聚落空间研究文献数量

　　国内乡村聚落的研究在 1990 年之后有迅速增加的趋势，但早期的研究成果少于国外的研究。2000 年以来，国内乡村聚落的研究迅速增长，文献数量超过国外的相关研究。国内乡村聚落空间特征研究则从 1990 年之后先呈现缓慢增长趋势，至 2000 年以后增加迅速，其趋势与国内乡村聚落总体研究基本保持一致，且占全部文献数量的 30%左右。国内乡村聚落空间特征的研究比国外更活跃，这与该时期国内快速城镇化、聚落空间变化迅速、劳动力大量迁移、空心村严重等实际密切相关。中国这样一个以农业人口为主的发展中国家，乡村问题已经成为国家稳步发展的关键问题，同时，城镇化进程到了一定程度必然带来乡村聚落的剧烈变化，尤以空间变化最为显著直观，引起学者们的高度关注。

　　就国内乡村聚落空间研究来看，中文核心期刊文献数量约占总数的 45%，博士、硕士学位论文约占 47%，尤其是博士学位论文占全部乡村聚落研究博士学位论文的 89%，表明乡村聚落空间研究获较高层次的研究者重视。在研究内容方面，近年来动态空间格局与动态演化研究地位日渐重要，上述检索出的博士学位论文基本均为乡村聚落动态演化研究。这反映出，对聚落空间演进的规律性认识，已成为我国新型城镇化和新农村建设中十分重要的理论基础。

1.1.2　主要研究内容

　　乡村聚落个体的基本空间特征是其分布的地理区位、规模与形态特征；在较大空间尺度上聚落之间可以形成聚落体系,包括聚落等级规模关系和空间结构;随着社会经济的发展,空间特征还会呈现不同的变化。本节从乡村聚落基本空间特征入手,兼顾不同的时间与空间尺度,选取聚落区位、规模、形态、微观结构、体系、空间演化等方面分析乡村聚落空间研究内容。

1. 乡村聚落区位

乡村聚落区位是乡村聚落地理研究中的传统内容,包括聚落的分布位置、特征以及影响聚落分布的主要因素等方面。由于中国聚落发展历史悠久,在长期演变过程中区位不断变化,相关研究成果较多,可以进行以下梳理:第一,不同地貌类型上乡村聚落的特征研究。平原地区聚落多分布于趋近水源而又避开洪涝灾害的地点(徐雪仁和万庆,1997;肖飞等,2012);山地与丘陵区聚落多分布于阳坡,且垂直分异明显(王传胜等,2011);黄土高原上的聚落分布集中于特定的地貌部位,如河谷阶地、坡麓坪地、谷坡台地和墚峁地(梁会民和赵军,2001;郭晓东等,2010)。第二,不同尺度上的聚落区位研究。利用遥感影像、航空照片等新数据源,使不同空间尺度的研究得以同时开展,有利于深入把握不同尺度乡村聚落分布分异规律。例如,田光进等(2003)利用遥感影像,在全国尺度上的研究得出,我国农村居民点分布分异明显,西部少,东部多,尤以华北平原、长江三角洲、珠江三角洲为主要集中区。第三,乡村聚落区位影响因素的定量化分析。结合 GIS 空间分析方法,大量的定量化成果出现(王成等,2001;张军等,2003;刘晓清等,2011)。同时影响因素也不再过多的集中于自然因素分析,而是结合现代社会发展中城镇化、基础设施完善、市场发展、地域文化等因素进行综合分析(周晓芳等,2011;郭晓东等,2012;赵卫等,2012)。第四,借鉴已有研究得出的规律性认识,进行现代聚落选址研究。乡村聚落区位是经过长期自然演化而来的,它是人地长期相互作用的产物。尽管乡村聚落具有明显的历史继承性(王跃和陈亚莉,2005;陶伟等,2013),但国家重大项目实施(如库区建设等)、生态环境恶化(如沙漠化等)、重大自然灾害(如地震等)都可能会造成聚落重新选址(乔家君,2012),因此,这方面的研究也应逐渐引起重视。

不同尺度上观察乡村聚落分布的影响因素不同,如在全国尺度上,人口分布、高程和气候是较为显著的影响因素(Tian et al.,2012)。而在小区域研究中,主要影响因素则可能是坡度、高程、距市场远近等(王传胜等,2011;王跃和陈亚莉,2005)。总体来看,乡村聚落的分布由初期的强烈依赖自然条件,转变为不断地由地理位置偏僻、交通不便利、居住环境条件差的区域向地势相对平缓、交通基础设施相对优越、经济发展环境较好地方集中(李君和李小建,2009),一些处于地理环境不利区域的乡村聚落逐渐缩小,甚至消失。在不断推进的城乡一体化进程中,乡村聚落的选址布局具有现代交通取向、现代市场取向、资源与能源取向、现代风水取向(廖荣华等,1997)。

国际上,英国学者 Chisholm 20 世纪 60 年代在考虑 5 种资源条件的基础上,提出了村落区位模型(图 1.2)。根据模型,每种资源的利用率和开采强度不同,它们对居民点的影响不同(见图 1.2 中权重数字)。通过测算每个居民点和资源地之间的距离,然后乘以评价其重要性的权重，即可计算出居民点区位的总分。其总分最低点就表示利用资源最有效，村庄应选择这样的区位（Chisholm，1962）。与此相应，Roberts（1987；1996）对聚落区位选择条件的分析从点和位置两方面分析了乡村聚落区位选择，认为这些条件的变化，引起聚落区位的变化（图1.3）。

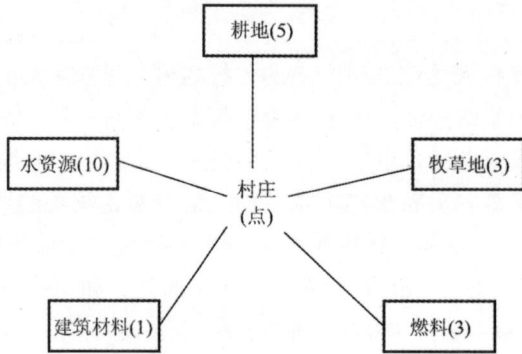

图1.2　Chisholm的乡村聚落区位模型（Chisholm，1962；李君和李小建，2008）

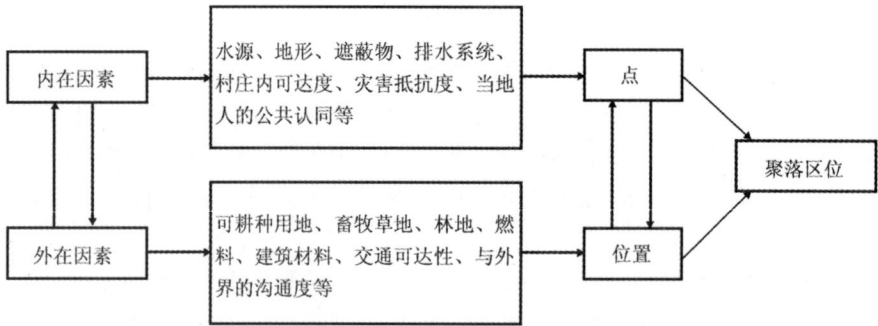

图1.3　乡村聚落区位选择的内外因素（李君和李小建，2008）

2. 乡村聚落规模

我国乡村聚落分布不均匀，平均规模小，但北方规模大于南方（田光进等，2002）。不同的地貌类型上分布的聚落规模亦有所不同，一般来讲，平原地区乡村聚落规模较大，丘陵与山区较小，这是由于聚落规模与土地承载力关系密切。目前聚落规模研究中，比较关注的是聚落规模变化，包括聚落数量变化、用地转化和聚落规模变化速度、方式等。在聚落规模变化研究中，有人认为乡村聚落数量不断增加，规模不断扩大（蔡为民等，2004；乔家君等，2011）。也有人认为乡村聚落规模两极分化逐渐增加，主要是由于大斑块的不断增加造成的（蔡为民等，2004）。但不同区位具体情况有所不同，自然条件较好的地区，聚落空间范围不断外扩，内部出现空心化（刘彦随和刘玉，2010；乔家君等，2011）。而在一些自然条件恶劣的地区，由于人口迁移而使聚落人口规模不断缩小，但聚落占地规模却基本不变（李阳兵等，2012）。在聚落扩展的速度上，有学者研究发现城市化进程越快的地区，农村聚落用地扩展指数越高（王跃和陈亚莉，2005）。聚落规模的变化速度，受到人口变化、经济发展、土地政策等多重影响，在不同时期不同地域呈现不同的特征，但总体呈现波动增长趋势（时琴等，2008；刘芳等，2009）。聚落规模增长方式既有数量增加带来的空间扩散增长（马利邦等，2012），也有外延增长、填充式增长（蔡为民等，2004；王介勇等，2010；马利邦等，2012）等方式。在聚落用地的转入与转出上，转入以耕地为主（王跃和陈亚莉，2005；Su et al.，2011），也包括林地或未利用地转入的情况（罗光杰等，2012），转出则包括耕地、林地、城镇建设用地与工矿用地等（田光进，2003；刘芳等，2009）。近来伴随我国乡村城镇化进程的加速，有关乡村聚落适宜规模的研究也逐渐增加。有学者基于规模效益与土地集约利用，提倡扩大现有聚落规模，实行迁村并镇，但对具体标准则需因地制宜地加以制定（石忆邵，2007）。

3. 乡村聚落形态

聚落形态主要指区域乡村聚落的形状特征和分布模式等。乡村聚落形态受周围自然条件影响，具有显著的地域差异，表现十分复杂，因此较少见到以全国尺度进行乡村聚落形态研究的成果，大都是小区域的研究。英国学者 Hill（2003）在研究中归纳出乡村聚落的空间分布是规则型、随机型、集聚型、线型、低密度型和高密度型 6 种类型，Demangeon（1939）则结合法国情况，将乡村聚落类型划分为长型、块型、星型、分散型 4 种类型。Clark 等（2009）研究发现，美国大城市近郊乡村聚落形态由孤立、分散逐步向集中连片演化。国内研究中，1990 年以来，定量分析方法逐渐占据主要位置，许多研究选择一系列景观指标，如分维数、邻近度、形状指数等，对不同区域乡村聚落形状特征进行定量分析（王婷等，2007；邓南荣等，2009；谢新杰等，2011）。一方面，研究总体上认为我国各地现有乡村聚落形态有明显的不规则性（谭雪兰等，2010；宋志军等，2013），需要进一步的规划建设，以达到节约土地、美化景观的作用（王婷等，2007）；另一方面，还有一些学者运用空间统计学、空间句法、分形等技术研究乡村聚落分布模式、分形特征等（廖荣华等，1997；赵之枫，2001；蒋雪中等，2002；闫庆武等，2009；谢新杰等，2011；李全林等，2012；单勇兵等，2012；马晓冬等，2012）；例如，李全林等（2012）研究得出苏北地区的聚落具有很强的空间自相关性，呈现出规模高值簇的空间集聚分布模式。依据乡村聚落形态进行类型划分也是聚落研究中的一项重要内容，20 世纪 90 年代之前主要是乡村聚落描述性形态分类，而后逐渐转变为依据形态特征定量指标，应用聚类分析、神经网络等方法划分聚落类型（谢新杰等，2011；单勇兵等，2012）；例如，马晓冬等（2012）利用形态指标与系统聚类方法将江苏省乡村聚落分为低密度大团块型、中密度宽带型、高密度条带型、中密度弧带型、中密度小团块型、低密度散点型、团簇状散布型和低密度团簇型。乡村聚落形态会随着时间发展而发生变化，如在城乡一体化的过程中，发达地区居民聚集区由点状分布趋向面状分布，欠发达地区则由点状分布趋向线状分布（廖荣华等，1997）。不同乡村聚落形态会影响商业网点布局、基础设施建设等。赵之枫（2001）认为聚落分散分布使电力、电信、道路、给水、排水等设施建设极不经济。总之，乡村聚落形态研究随着方法的不断发展而深化，但与城市形态研究相比，其研究的广度和深度都还有待加强。

4. 乡村聚落体系

乡村聚落体系指在一定的区域范围内，由一系列不同规模、不同功能、相互联系的聚落组成的有机整体。乡村聚落体系研究包括聚落等级规模序列及其职能，以及聚落体系空间组织等。西方学者在聚落体系的科学阐述上做了一系列工作。19 世纪 30 年代，克里斯泰勒对德国南部乡村聚落规模、当地的服务等级及聚落之间的距离关系进行研究，提出了著名的中心地理论。之后不少学者如廖什、艾萨德等从市场分布的角度对该理论进行了补充和完善。艾萨德认为乡村聚落规模和分布存在着空间区域等级结构的特征（艾萨德，1991）。1972 年，Sarly 对廖什的产出函数进行修正，通过"半径-成本-距离"图，以及以色列农村居民点经验研究分析了居民点成本、距离市场的距离，以及居民点半径之间存在的相关关系，并结合该国一些地区的农村居民点进行了经验研究。Hill（2003）结合空间分布形态分析等级结构分布，对意大利南部地区的聚落等级研究得出，单一集聚式和分散式形态的村庄等级分布规律不明显，村庄呈集聚-分散混合分布的地区能较好地反映克里斯泰勒的中心地理论聚落分布等级特征。在聚落位序规模的研究上，Auerbach 于 1913 年提出城镇聚落服从位序-规模法则，它是一种幂律分布，即在双对数坐标图上聚落位序和规模之间表现为斜率为负的直线。之后，齐夫提出了城市位序与人口规模之间的经验关系（Zipf，1949）。与此对应，Sonis 和 Grossman（1984）认为，村庄聚落服从呈负指数分布的聚落位序-规模法则，在半对数坐标图上村落位序与规模之间可拟合为一条直线。他们进一步通过对英国柴郡和以色列、西部海岸非利士、拉马拉、希伯伦的案例分析表明，由于区域间差异的存在，乡村聚落的位序-规模分布曲线会有所不同（Grossman and Sonis，1989）。国内研究中，一些学者基于实际分析认为，我国的乡村聚落等级规模呈现"小""散""乱"的分布状态，小规模的乡村聚落比例特别大（郭晓东，2007；马晓冬等，2012）。有关聚落体系的空间组织方面，受中心地理论的特殊影响，学者们大多就我国的具体情况进行了相关验证。例如，李立（2007）研究认为江南地区传统的聚落体系与中心地理论具有较大的一致性。杜国明等（2012）在研究黑龙江省垦区与农区居民点体系中发现二者虽然都具有明显的层级体系，但都不完全符合中心地模式。我国乡村聚落布局在城乡二元体制下是孤立和分散的（赵之枫，2001），乡村聚落在自给自足的生产过程中形成了低水平的均衡体系，而在当前的城乡一体化进程中，这一体系结构造成了整个乡村聚落系统运行效率低下，聚落体系面临重构（张杜娟和刘科伟，2010）。因此，我国学者在聚落体系的空间格局研究中，还依据中心地理论对乡村聚落体系的规划研究做了许多应用性探究（袁莉莉和孔翔，1998；黄晓军等，2011），包括中心村镇的选取与建设（蔡瀛和孙波，2005）、区域村庄布点规划（王婷等，2007；张如林，2007）、聚落体系模式（葛丹东和华晨，2009）等。总体来讲，乡村聚落的体系研究多见于规划实践之中，对于聚落体系及其职能现状与演化动态的深入研究较少。

5. 乡村聚落内部空间结构

近几年，一些学者从微观视角研究乡村聚落空间研究。通过选取具有一定代表性的聚落，分析其内部结构及其演化。前期多集中于特殊类型的聚落，如传统聚落、空心村等，近期也逐渐出现了对于一般类型聚落的微观研究。

传统聚落展现自然与社会文化相结合的复合聚落景观，具有鲜明的文化特征与历史风貌。学者们的研究包括传统聚落内部建筑组织安排、景观模式、社会文化空间特征及其形成原因。例如，姜雪婷等（2011）在研究广西永汉传统聚落中发现，"后龙山林地+建筑群+地堂+鱼塘+耕地"是当地传统聚落的基本构成模式；胡最等（2013）研究得出湘北平原传统聚落建筑布局具有中轴线对称特点；业祖润（2001）认为传统聚落在构建物质空间的同时极为重视精神空间的塑造，包括借自然山水美塑造的聚落环境意象、以宗祠为核心的精神空间、以"伦理""礼乐"文化为核心的精神空间。我国传统的风水观念，深深地影响了我国乡村聚落的内部空间结构（史利莎等，2011；张玉英等，2012）。血缘与神缘形成的社会关系也在聚落的空间结构中有鲜明的体现（林志森，2009）。多重文化和自然环境的综合作用被认为是传统聚落格局演化的主要驱动因子。

针对在城市化进程中出现的乡村聚落空心化现象，我国学者对空心村概念、特征、演进规律、动力机制、调控与整治等方面展开了全面而深入的研究（杨忍等，2012）。空心村内部空间结构独特，外扩内空，大量浪费土地。学者研究得出，空心村的空间形态与地形、村庄规模、区位条件等因素有关（许树辉，2004；王成新等，2005）。根据村庄宅基地空心化的形态特征可将其分为环状、扇状和带状（程连生等，2001）或扩散式、带状式和跳跃式（许树辉，2004）等不同形式。在演化周期方面，刘彦随等（2009）将空心村演化生命周期分为出现期、成长期、兴盛期、稳定期、衰退或转型期。李君和李小建（2008）认为随着空心村聚落的空间分化，社会关系也会出现分化。另外收入提高、家庭结构变化，以及村民居住偏好、村庄住宅政策不完善等因素综合作用推动空心化不断发展（龙花楼等，2009）。

此外，还有学者对旅游地聚落（席建超等，2011）、典型平原聚落（王介勇等，2010）的内部格局及演化机理展开研究。微尺度下的聚落空间结构研究开始受到重视，并自特殊聚落向着更一般性的聚落发展。

6. 乡村聚落空间演化

无论是对于上述哪种空间特征的研究，最终都是为了把握乡村聚落空间演进的特征与规律，为乡村聚落系统的健康发展提供理论支撑与实践指导，因此乡村聚落空间动态演化成为研究关注点。其中影响因素和演化理论是两个重要研究主题。

1）乡村聚落空间演化影响因素

梳理已有文献，并且根据影响因素的不同作用方式，将乡村聚落空间演化的影响因素分为自然环境因素、经济发展因素、社会文化因素以及政策制度因素等方面（表1.1）。

（1）自然环境因素。自然环境因素是乡村聚落形成的基础，奠定了聚落的初始格局。在聚落空间演化过程中，它更多充当了限制性角色。例如，地形限制了喀斯特地貌上分布聚落的集聚规模与形态（周晓芳等，2011）。重大的自然灾害，会直接造成聚落的消亡（乔家君，2012）；耕作半径限制聚落规模与分布结构（角媛梅等，2006）。随着技术进步、人口流动、农村产业结构转变,自然因素对乡村聚落空间演变影响的重要程度有所下降。

表 1.1　乡村聚落空间演化的影响因素

影响因素	包含主要内容
自然环境	自然环境(地貌、水文、气候、资源等);自然灾害、环境恶化等
经济发展	城镇化;产业转型(农业现代化、农村工业化等);基础设施完善;技术进步等
社会文化	人口变动;人口转移;文化融合与扩散(传统文化、城乡文化);居民行为等
政策制度	土地相关政策制度;城乡二元体制;"三农"政策;其他政策(行政区划调整、重大项目)等

（2）经济发展因素。经济因素为乡村聚落空间演变提供现实基础和外部动力,常被认为是当前社会条件下聚落演化最主要的推动力(龙花楼等,2009)。乡村居民经济收入的提高为其建造房屋提供了现实的可能性(李君和李小建,2009;龙花楼等,2009);城市化的不断推进,基础设施的不断完善,经济利益的驱动对于乡村聚落的演进速度、方向、形态具有重要的空间引导作用(廖荣华等,1997;王跃和陈亚莉,2005;乔家君等,2011)。乡村聚落产业发展则能直接改变聚落内部空间(周国华等,2011)。

（3）社会文化因素。社会文化因素在乡村聚落演化中作为内生因素产生作用。例如,人口的增加是聚落规模增长的内生动力(王介勇等,2010)。社会文化因素常通过人的行为作用于聚落空间演化过程。农民(户)的居住偏好、择业行为、空间流动及消费模式等行为都能转化为乡村聚落演变的内在动力(李君和李小建,2008;程连生等,2001);传统文化易于形成统一的精神核心,增加聚落的向心力(胡最等,2013);城乡文化的扩散与交融,潜移默化地改变乡村居民观念,从而影响其空间行为,最终影响聚落空间演化(李立,2007;葛丹东和华晨,2009)。

（4）政策制度因素。国家与区域政策制度是影响乡村聚落空间演变的外部环境因素,既能推动乡村聚落空间变化,又能维持发展的稳定性。例如,农村土地使用制度变革为农村人口流动和土地的多样化经营提供了制度基础,也成为乡村聚落空间演化的驱动力(周国华等,2011)。耕地的占补平衡政策,促使乡村聚落空间演化节制性稳步发展(邓南荣等,2009)。另外,行政区划的调整(石忆邵,2007)、重大项目建设(孙丽敏等,2006)、重要资源开发与保护(田光进,2003),以及特殊事件等也会直接影响农村聚落空间演化与重构。

乡村聚落空间演化是自然、经济、社会文化、政策制度等多方面因素综合影响的结果,但在不同时段、不同区域,会存在更为细化的影响因素及不同的耦合方式。

2）乡村聚落演化理论

瑞典学者 Bylund（1960）建立了聚落空间演化的模型:在均质的情况下,聚落从初始区位开始逐渐向外扩展,经历"区域外的居民长距离迁移导致区域扩展"和"居住区内部的居民短距离移动导致居住形态改变"两个阶段。Pacione（1984）认为生存环境改变、资源利用方式和生产方式转变、人口增长促使聚落面积增加或居民外迁、土地利用方式转变、政府行为迫使聚落迁移或消失等不同因素可能影响其演化格局。Mitchell 和

Hofstra（1995）研究了美国弗吉尼亚州聚落从散布的乡村社区过渡到城镇聚落，将聚落系统的演化分为乡村—首位型城镇—发达的中心地体系三个阶段。Ruda（1998）分析了农业工业化对乡村聚落结构变化的影响，认为迅速发展的乡村城市化和农村工业化导致人口集中，聚落规模扩大，但与此同时众多小村落废弃并逐渐消失，造成乡村聚落结构的根本改变。Clark 等（2009）研究发现美国大城市远郊乡村聚落形态在空间特征上表现出由孤立、分散逐步向集中连片演化的趋势。

与国外研究相类似，国内学者从不同角度研究了聚落演化。例如，张小林（1999）以苏南为例，对不同历史时期的乡村聚落社会经济变迁、乡村空间系统动力及乡村空间结构进行了深入研究，认为乡村的社会经济变迁带来了空间结构的变动。周国华等（2011）从全国的尺度上分析了我国乡村聚落演化态势，在不同因素的耦合作用之下，存在低速平稳的传统路径、新型因子作用下快速发展新型路径、突变因子作用下的突变性偶然路径三条演化路径和初期阶段、过渡阶段、发展阶段、成熟阶段等聚落演化的 4 个阶段。龙花楼等（2009）对我国乡村聚落空心化类型、阶段、特征、动力机制等做了细致的分析研究，韩非和蔡建明（2011）则梳理了半城市化地区乡村聚落的基本特征、形态演变和发展类型，探讨了该类聚落的发展机理与重建路径。但总的来说，有关乡村聚落空间动态演进的一般特征及其相关理论还相对薄弱。

1.1.3 主要研究特点

概括以上分析，我国在乡村聚落空间研究上具有以下 4 个特点。

1. 区域相对集中，比较研究较少

中国乡村聚落众多、分布广泛，形成聚落的自然地理环境多样。现有文献从不同的尺度对不同地区聚落的空间分布和规模分布进行了大量的研究，但主要集中在东南沿海较为发达地区、特殊的地形地貌区（如西部山地、黄土高原地区、岩溶地区），对中部平原地区研究不足。此外，对不同区域聚落演变的对比研究也较少涉及，而不同区域的聚落对比研究可以发现区域聚落发展的特殊性及共同性。

2. 侧重实证研究，理论总结薄弱

现有的聚落研究多为国家和地方政府需求导向性的，如基于国家乡村规划、扶贫搬迁、新农村发展、乡村振兴等对聚落空间演变进行的一些研究。与此相联系，研究逻辑多基于实证研究上的归纳。对于乡村聚落发展的一般性研究较为缺乏，可重复性、普适性规律的总结较少，理论总结相对薄弱。虽然实证研究可以为未来发展提供指导与借鉴，但经济地理学研究中可重复性规律的发现更为重要。

3. 强调过程格局分析，预测性成果缺乏

多数文献是对过去聚落分布特征及其格局演变的描述分析研究，对聚落未来发展的预测性成果很少。虽然对过去格局及变化过程的研究成果可以对未来的聚落发展提供一

定的参考与指导，但基于一般规律对未来的预测及其阶段性发展格局探索对社会经济发展更具有指导意义。

4. 侧重乡村系统，区际联系不够

已有研究多针对区域内聚落系统，分析系统内聚落结构及其变化，很少有人把所研究区域放至更大范围内来观察，充分考虑区域外部因素对内部聚落系统的影响，如某个县域乡村聚落的变化，可能与县域之外的城镇对其的影响密切相关。随着社会经济的发展，有些县域聚落体系在外部力的作用下发生重大变化，包括存在消失的可能。

1.1.4　乡村振兴战略下聚落研究重点领域

乡村建设既是我国实现全面小康社会和乡村振兴的重点，也是实行新型城镇化的重要抓手。乡村建设涉及诸多内容，如乡村产业、乡村环境、乡村治理等，均需要认真研究。其中，乡村聚落格局变化是乡村建设的重要承载平台和物质体现。从服务于乡村振兴角度，以下三方面可以作为未来乡村聚落空间研究的重点内容。

1. 乡村聚落体系与职能研究

这一领域本是乡村聚落研究中的重要内容，但在实际研究中却常被忽略。乡村聚落系统，包括村庄（自然村与中心村）与集镇（一般集镇与中心集镇）等空间类型，是一个相互联系的有机整体，每种类型的聚落在整个系统中具有不同的职能。聚落体系的建构是空间有序组织的基础，能够提升区域发展效率。当前，我国学者研究中大都认识到我国乡村聚落体系的不合理性，并在乡村振兴战略的推动下，进行了村镇体系规划的实践工作，但是对乡村聚落体系的理论研究成果十分薄弱。

聚落体系理论建构涉及适宜规模、聚落职能及聚落区位等研究。适当的村庄迁并以取得规模效益已经得到学术界与政府的基本认同，但适宜规模的确定需要综合考虑人口、土地、环境承载力、经济发展等因素，还应注重传统古村落的保护和发展。乡村聚落职能随着经济社会的发展从以居住为主向兼具产业、贸易、旅游休闲等多种功能发展，把握聚落职能演化规律，对其适当引导与规划有利于提高区域整体经济运行效率。聚落区位是聚落体系构建的落脚点，应当注意居住传统、与邻近聚落的关系、自然环境、经济发展潜力等因素的影响（李小建，2013）。但相关研究远达不到城市体系的重视程度，已有理论又大都来自于西方国家，因此在今后的工作中，应当加强具有符合中国国情的聚落体系与规模研究，为新农村建设中乡村聚落的空间规划提供参考。

2. 乡村聚落空间动态演变过程与机理

由于乡村聚落处于一个不断发展变化的过程中，其时空动态性决定了乡村聚落空间演化过程研究的重要性。同时，聚落空间格局变化具有渐进特征。我国传统的聚落空间格局是几千年来人民适应与利用环境的结果，但是目前我国的乡村聚落却发生着从未有过的巨变。这种变化趋势如何？会造成怎样的影响？均需要我们在探索乡村聚落空间演化规律中找寻答案。因此,相关研究是新农村建设和新型城镇化中乡村聚落调整的理论基础。在未来的研究中,以下几个方面值得关注:①城乡一体化进程中的聚落动态演变。区域系统是一个连续的城乡统一体,农村问题必须置于区域整体系统的大框架下进行研究(张富刚和刘彦随,2008)。城乡一体化背景下,乡村与城市不断发生人口、资源、资金、技术、观念等要素的流动,城市化与工业化对乡村聚落影响深刻,城市与乡村依存发展,孤立的城市与乡村发展理论已经不再适合,探索区域城乡聚落空间变化的特征、动力机制及其发展模式,才能清晰把握乡村聚落外部环境与动力,统筹城乡聚落发展,推进城乡一体化进程。②微观视角下以人的行为为切入点的乡村聚落的空间动态变化研究。乡村聚落居民是聚落主体,其行为成为聚落空间演变的动力,具有内在的因果联系。地理学研究中却长期忽略了这一内容的研究。以居民行为如何发生、何时发生、结果影响为线索能够得到微观聚落空间的演变过程。同时,对居民行为的研究还能揭示聚落实体空间、社会空间、文化空间与经济空间的形成过程。③大尺度长时间的聚落空间演进研究。跳出单一的市、县级行政区划,结合当前的各种区域划分,如主体功能区、战略政策区、聚落类型区划,进行具有针对性的区域聚落演化研究,不仅能够在实践上具有指导作用,辅助国家宏观政策的制定,还能使研究更具普适性,益于理论体系的完善。④动态演变机理研究。我国乡村聚落研究重格局与过程,轻机理的特点十分突出,但是机理研究能够明确影响乡村聚落空间演化发展过程的内外动力,也是准确预测未来乡村聚落发展趋势的关键。因此,以识别影响因子及其作用方式为重点的机理研究仍是研究中的重中之重。

3. 乡村聚落空间未来发展趋势的预测与调控

掌握了乡村聚落空间演变的规律,就能够在一定程度上把握住聚落空间未来的演变趋势和发展方向,这也是空间研究的主要目的——为了更好地利用有限的空间。中国特殊的人口和土地状况,影响其城镇化格局的同时,也使得乡村聚落出现与其他国家有所不同的状况。未来发展中,乡村聚落系统将会呈现怎样的格局?什么样的聚落空间组织形式才能更好地发挥聚落职能?聚落的空间重构应坚持什么方向?依据未来的目标与趋势,针对现有的矛盾,通过多种手段与方法,构建调控与对策体系,促进乡村聚落有序发展,也是未来研究的重点内容。

1.2 乡村聚落空间演变理论与研究方法

乡村聚落的发展虽然与多个学科有关,但其体系和空间格局本质属于人文地理学研究范畴,聚落是人们利用自然的一种反映。其指导理论应该是"人地关系"理论:"一定的地理环境只能容纳一定数量和质量的人及其一定形式的活动""人必须依赖所处的地为生活的基础,要主动地认识并自觉地在地的规律下去利用和改变地"(吴传钧,1998,2008)。以"人地关系"理论为指导,地理学家在乡村聚落研究上做了许多工作(金其铭,1988;张小林,1999;刘彦随和杨忍,2012;龙花楼,2006;石忆邵,1992)。这些成果为后续研究奠定了良好基础。此外,区位论、空间结构理论、路径依赖理论等对聚落发展具有一定解释意义。

1.2.1　基　本　理　论

1. 人地关系理论

人地关系理论是人文地理学及其各分支学科的基础理论。这里的"人",是指社会性的人,是指在一定地域空间和一定生产方式下从事各种生产活动或社会活动的人;"地"是指与人类活动有密切关系的、无机与有机的自然界诸要素有规律结合的、空间上存在差异的、在人的作用下不断变化的地理环境(金其铭,1988)。在历史上,曾出现诸多不同的人地观,由最初的天命论到环境决定论、或然论,再到适应论、生态论,然后到环境感知论、文化决定论等。20世纪60年代以后,由于工业发展产生的大量废弃物以及农业发展所出现的荒漠化、水土流失、农业污染等环境和生态问题,人类意识到人与自然之间应该保持和谐的关系,由此,谋求人与自然和谐共生的人地关系和谐论,在世界范围内逐渐得到确认(赵荣等,2006)。

人地关系包括人类活动对环境的冲击及其引起的自然环境的变化和产生的影响,被改变了的自然环境对人类活动的反作用(吴传钧,1981)。中国历史传统奉行"天人合一",但有一段时间坚持"人定胜天"。西方地理学中,强调地理环境对人类的影响,形成了法国白兰士(Vida de la Blache)"人生地理学"(白兰士,1921),美国亨廷顿(Huntington)的气候对文明影响学说(Huntington,1915),森普尔(Semple)的地理环境对人类活动的影响的观点(Semple,1911),澳大利亚泰勒(Taylor)的环境"决定行至论"(Taylor,1942)等观点。

(1)环境决定论(environmental determinism)。环境决定论,亦即地理环境决定论,强调自然环境对社会发展起决定作用。环境决定论的思想在西方渊源很长,可以追溯至古希腊时代,先后有希腊学者亚里士多德(公元前384~前322)、法国政治哲学家孟德斯鸠(1689~1755年)、德国哲学家黑格尔(1770~1831年)、德国地理学家拉采尔(1844~1904年)及其学生美国地理学家森普尔(1863~1932年)等学者对此进行研究。虽然环境决定论的思想流行时间较长,但是因其过分强调环境的决定作用而忽略各种因素之间的复杂关系,自20世纪30年代开始遭到许多质疑。但是,在人类社会早期阶段聚落的形成和发展中,自然环境还是起了重要影响作用,甚至可以说有一定的决定作用。随着生产力水平的提高和居民对经济发展的追求,聚落逐步向交通便利、服务设施完善的区位集中(李小建等,2009)。

以黄河流域为例,其聚落的形成和发展展示了人地相互作用的结果。从旧石器时代早期至旧石器时代晚期,该区域聚落逐渐增多并向黄河上下游扩展,但在距今4000年前后,自青海经甘肃、山西到内蒙古东部,发生了由洪水到干旱的气候突变,山东、江苏地区发生了较大的洪水(王绍武和黄建斌,2006),致使当地文化没有延续。经史前晚期的发展,在郑州、洛阳地区产生了中心聚落,大部分中心聚落位于山体南坡、坡度小于3°的地点(毕硕本等,2010)。中心聚落逐渐发展壮大,最终影响和合并其他聚落群,形成了更大的政治同盟,改变整个黄河中下游地区的政治格局。

（2）适应论（adjustment theory）和人类生态论（human ecology）。这两个理论都是尝试借助生物学或生态学的一些观点来分析人地关系的特点。其中，适应论由英国人文地理学家罗克斯比（1880~1947 年）提出，人类生态论由美国地理学家巴罗斯（1877~1960 年）提出。两者的论点相似，即自然环境对人类活动有限制作用，但随着文化的发展，人类社会对自然环境有长期的适应，并不断利用环境。在乡村聚落区位选择及其发展中，人类对自然环境的适应与利用能力也起着重要作用。

乡村聚落是自然、经济、社会复合系统的区域空间载体，从生态学的视角看，其组织、功能、结构同样存在着"产生—发展—演变或消亡"的过程：乡村聚落在一定环境条件下形成、发展、扩张或缩减，它与环境之间存在紧密的互动关系，由此衍生出一定的关系状态，称之为生态位。乡村聚落生态位表达了聚落和环境资源空间特性的互动关系，是两者互动适应后形成的一种客观的共存均衡状态。乡村聚落生态位包含了乡村聚落提供的人类可利用的自然要素和社会经济要素的总和，相较于城市聚落，乡村聚落和环境要素之间的关系或相互影响更为复杂多样（李君和陈长瑶，2010）。

（3）和谐论（harmony theory）。20 世纪 60 年代之后，一些地理学家提出人地关系应当"和谐"的思想，即人与自然的关系是共生和谐的关系。该思想认为，人地关系包括两方面，其一是人类应顺应自然规律，充分合理地利用地理环境；其二是对已经破坏的不协调的人地关系进行优化调控。作为人类活动的中心，聚落是地表重要的人造景观，是几千年人地关系综合作用的结果，其使用的建筑材料、分布位置、空间形态、时空演化，以及周围的农耕景观在一定程度上反映了人地关系（[法]白吕纳，1935；赵之枫，2004）。原始社会人类活动聚居点体现的是自然环境与原始生产活动单一作用的人地关系。进入封建社会后人类生产力水平提升，促进了农耕经济发展，人口扩张及聚居点规模不断扩大并逐渐演变为真正意义上的聚落，体现的是农耕文明下的人地关系。随着生产力水平的提高，人地关系表现越复杂，部分聚落规模逐渐扩大并升级为城镇聚落。工业化以及所伴随的城镇化进程不断加快，引起资源、要素向城镇集中，越来越多的人口流向城市，乡村聚落也随之发生重大变化，形成农区新型的人地关系状态。

2. 区位论

区位理论研究人类活动的空间选择及人类活动的空间组合（李小建等，2018）。其中，农业区位论和中心地理论在解释聚落区位方面有一定参考意义。

（1）农业区位论。德国农业经济学家约翰·海因里希·冯·杜能（Johan Heinrich von Thunen，以下简称杜能）在其 1826 年出版的著作《孤立国同农业和国民经济之关系》中，首次系统地阐述了农业区位理论的思想，奠定了农业区位理论的基础。这一理论的核心是假设"农产品的生产活动是以追求地租收入最大为目标"，由此，根据不同作物收入情况得出农业生产围绕城市中心呈现出环状分布的理想模式。基于这一理论，高价值土地利用会带来相关生产活动以使土地资产价值得以实现；土地收入的增加带来就业机会的增加，吸引更多的人口在此居住，促使区域内居住人口增多，进而带来区域内聚落的形成及扩张。

　　杜能在分析时对于其假定的"孤立国"给出了前提假定条件,即均质平原且中央只有一个城镇,不存在可用于航运的河流与运河,马车是唯一的交通工具,距城市 80km 之外是荒野且与其他地区隔绝,人工产品供应只来源于中央城镇,而城镇的食物供给则只来源于周围,企业经营型农业是追求利益最大化的农业(即满足经济人追求利益最大化的假设)。在杜能假想的"孤立国"内,农业生产的基本条件处处相同。杜能用区位地租替代了具体的地理条件,指出合理的农业布局应尽可能地节约成本,追求最大利润,即农产品的生产活动是以追求地租收入最大为合理的活动,由此,形成了农业土地利用的杜能圈结构,即以城市为中心,由里向外依次为自由式农业、林业、轮作式农业、谷草式农业、三圃式农业、畜牧业的同心圆结构,简称杜能圈或者杜能环。

　　(2)中心地理论。中心地理论由德国地理学家克里斯泰勒(W. Christaller)提出,而后逐步传播到其他国家。克里斯泰勒通过对德国南部城镇的调查,于 1933 年发表了《德国南部的中心地原理》一书,系统地阐明了中心地的数量、规模、分布模式,建立起中心地理论(许学强等,2009)。

　　中心地理论的创立,有力地推动了聚落的理论研究,为地理学的相关理论发展作出重大贡献(张文合,1988)。其中,中心地,可以表述为向居住在它周围地区(尤其指农村地域)的居民提供各种货物和服务的地方。同时,中心地具有等级性,提供高级商品的中心地称为高级中心地功能,反之为低级中心地功能;基于此,具有高级中心地功能布局的中心地为高级中心地,反之为低级中心地。

　　中心地学说所提出的最终的理想图案被学者们认为是最为完美的区域空间结构理论(Christaller,1933,1966;Berry and Garrison,1958)。由于中心地功能的高低,中心地的等级决定了中心地的数量、分布和服务范围。克里斯泰勒认为,有三个条件或原则支配着中心地体系的形成,它们是市场原则、交通原则和行政原则。在不同原则的支配下,中心地网络呈现出不同的结构。该理论是城市地理学和商业地理学的理论基础,也是区域经济学研究的理论基础之一,对区域城镇等级体系的研究和区域结构的分析均具有重要意义。部分学者通过实证分析,对中心地理论进行了解读,如 Swainson(1944)对英国萨摩赛特地区的乡村聚落分散和集聚特征的描述性分析;Dickinson(1949)对德国乡村聚落类型、结构、形态与演变过程的分析等。同时,也有学者认为中心地网络理论被证明是分形的(Arlinghaus,1985;Lam and Cola,1993),而中心地系统的空间结构被证实是自相似的(Chen and Zhou,2006),多维分形几何学可以用来刻画中心地的复杂性(Chen,2013)。

　　施坚雅对四川盆地的聚落研究也证明中心地理论中六边形空间结构的存在(施坚雅,1998)。然而,中心地学说因其无法提供确定的时空参数条件,及其在演化过程模式上的缺失,致使其他空间结构模型无法与之对接。在实际中,各中心地之间通过相互竞争,其边界区域可分别被相邻的 3 个中心地平分。陆玉麒等(2011)基于均质平原假设条件,构建了中心地等级体系的演化模型,模拟结果显示中心地等级体系的产生与演化可分为萌芽期、成形期、完善期、成熟期和提升期 5 个阶段。对太湖流域中心地结构的分析则证实,该地区中心地的形成过程呈现出的是自上而下的中心地形成过程与模式，而太湖、宜溧山地、长江三大地形因素在地区发展过程中导致了中心地结构的变形（陆玉麒和董平，2005）。随着交通网络的演进，中心地空间结构也会发生改变，均质背景下，次一级中心地产生于上一级中心地可达时间最长的地方，相同等级的中心地越是靠近高等级中心地，其加权平均出行时间越短（张莉和陆玉麒，2013），高度的网络化将是未来中心地体系最主要的组织形式（冯章献，2010）。也有学者基于间歇空间填充的假设，提出中心地多维分形模型，用以反映空间集聚和空间离散过程（Chen，2013）。

中心地理论基于均质平原的假设条件，在长时期的发展过程中，部分聚落逐渐发展成为中心地，低层级聚落分散布局在高层级中心地周围，高层级中心地为其周围聚落提供商品服务。某一层级中心地的发展，会影响周围聚落的发展。随着中心地的出现，聚落到中心地的距离会随之发生变化。空间距离上，等级越高的聚落，距其上一等级中心地的空间距离也会越远。

3. 路径依赖理论

"路径依赖"思想可以追溯到一个多世纪前的"累积因果关系"概念。路径依赖的基本含义指经济系统一旦进入某一路径，则因惯性力量不断自我强化（Martin and Sunley，2006）。路径依赖的概念产生于技术变迁分析中，最早由美国经济史学家David（1985）提出，后来经过Arthur（1989）和道格拉斯·诺斯（1997）等学者的发展，被广泛用于经济学、政治学、管理学和社会学等学科，成为理解经济社会系统演化的重要概念。

学者对路径依赖概念的认识有不同的理解，但也有一些共识，主要表现为：①路径依赖强调了系统变迁中的时间因素，强调历史的"滞后"作用，这种"滞后"作用既有可能是历史事件的结果造成的，也有可能是历史本身内在的性质（即内在的规则和秩序）造成的；②路径依赖既是一种状态，也是一种过程，就状态而言，路径依赖是一种"锁定"，这种锁定既有可能是有效率的，也有可能是无效率的；就过程而言，路径依赖是一个非遍历性的随机动态过程，它严格地取决于历史上的偶然事件（即小概率事件）。路径依赖并不一定指历史决定论或"过去依赖"，相反，路径依赖是一个随机的、情景的过程，即在历史的每一个时点上，技术、制度、企业、产业可能的未来演化轨迹（即路径）都是由历史和当前状态所决定的（曹瑄玮等，2008）。

在David和Arthur的研究中，路径依赖是指技术选择的不可预见、被锁定和缺乏效率的情况（David，1985；Arthur，1989），Arthur认为新技术具有报酬递增的性质，先发展起来的技术凭借自身占据的优势地位，通过规模效应、学习效应促成单位成本降低致使其在市场上越来越流行，并由此实现自我增强的良性循环；反之，一种更为优良的技术却可能由于起步较晚，没能获得足够的跟随者，而陷入恶性循环，甚至"锁定"在某种被动状态之下，无法突破。随后，道格拉斯·诺斯（1997）等把路径依赖的研究由技术转向了制度，他认为Arthur提出的技术变迁的机制也适用于制度，并且逐渐发展了制度专用的路径依赖概念。新经济地理学认为区域发展具有循环累积与路径依赖。克鲁格曼在解释空间集聚时发现产业的集聚具有自增强机制，是一种动态的累积过程。初始的微小优势经过累积和路径依赖被放大，打破原有的均衡形成地方产业，地方产业的形成又增强了本地的集聚力，这种循环的关系使业已形成的产业模式锁定。因此，区域发展具有路径依赖性。例如，当一国或一个地区不论何种原因，取得了外部规模经济后，即使已不再拥有比较优势，该国或该地区仍然能够在一定时期内维持其先期获得的竞争优势地位（李小建和李二玲，2009）。

乡村聚落发展有一定的路径依赖，但有一定幅度，超过这一幅度，会发生跃迁，形成新的聚落区位。早期在生产力和技术水平较低的情况下，尤其是自给自足的自然经济状况下，农户区位表现为较强的自然环境和农业生产资源的依赖性，趋向于水源、农田、地势平坦地区居住。随着地区社会经济发展，农户需求会逐渐超过区位的效用水平，趋向于交通便捷、基础设施完善的地区聚集或迁移，以实现空间效应水平的增加，进而满足农户需求。同时，区位迁移，伴随着农户的需求层次逐步变化，乡村聚落区位的影响因素也在逐渐的变化。对相关区位的要求在不同的阶段具有不同的特点，由生存环境变为生产环境、再递增为发展环境和享受环境所要求的不同要素。

4. 位序规模理论

早在 1913 年，德国地理学家奥尔巴克（Felix Auerbach）通过分析城市人口规模分布情况首次发现一个有趣的经验事实：在一个国家或地区的城市体系中，城市的人口规模和该城市在城市位序中按照人口规模进行排序后所处等级的乘积近似的等于一个常数（Auerbach，1913）。二者之间的关系式为

$$P_i R_i = K \tag{1.1}$$

式中，P_i 为一个地区或国家城市按照人口规模从大到小排序后第 i 位城市的人口数；R_i 为第 i 位城市的位序；K 为常数。

奥尔巴克较早的提出城市规模服从帕累托分布的规律，此后，该观点逐渐被学者们所熟知。城市人口规模的帕累托分布规律的关系式为

$$y = A x^{-\alpha} \tag{1.2}$$

式中，x 为城市规模水平；y 为城市规模大于或等于 x 的城市数量（等同于处于该规模水平的城市在所有城市中的排名）；α 为帕累托指数（Pareto Exponent），α 数值越大，表示城市规模分布越均匀；α 数值越小，表示城市分布越集中；A 为常数。

齐普夫（George Zipf）在许多实证研究基础上得出的观点被诸多学者所接受（Zipf，1949）。齐普夫认为，一个国家的城市规模不仅服从帕累托分布，而且帕累托指数为 1，这一命题被称为齐夫定律（Zipf's law），或位序-规模法则（rank-size rule）。Gabaix 认为 Zipf 法则是社会科学中"最引人注目的实证结论之一"（Gabaix，1999）。这一定律被提出之后，众多的欧美学者采用齐夫定律针对不同地区或时期的城市样本数据进行了大量的实证研究和检验（Rosen and Resnick，1980；Krugman，1996；Nitsch，2005；Soo，2005；Black and Henderson，2003）。

聚落形态千差万别，聚落规模相差悬殊，大至拥有上千万人口的特大城市，小到只

有三家五户的小村落。城市是以非农业生产活动和非农人口为主的聚落,规模相对较大,同时也是一定地域范围内的政治、经济、文化中心;乡村聚落是以农业活动和农业人口为主的居民点,规模相对较小。早期 Sonis 和 Grossman(1984)基于对乡村聚落规模的研究提出了分析乡村聚落位序-规模分布的方法,即乡村聚落规模分布服从负指数分布特征,多数聚落位于半对数坐标图的拟合直线上(Grossman and Sonis,1989)。也有研究证实在模拟村落位序-规模分布中,乡村位序-规模的法则要优于城镇位序-规模法则(卫春江等,2017)。随着长时期的聚落发展历程,在一个国家或区域,因各聚落所处的内外发展条件的不同,会逐步形成不同的职能分工,由此形成规模不一、功能有别、环境各异的聚落体系。而对于聚落规模的表达,主要有人口规模和用地规模两种方法。基于聚落规模数据,借助于位序-规模法则可以对一个国家或一个区域内聚落体系的规模分布进行测度,以此反映该地区的聚落规模分布状况及其规模分布的变化特征。

1.2.2 研 究 方 法

1. 数据收集与处理

(1)土地利用数据。本书一些章节所使用的空间数据主要来自于国土资源部门提供的 20 世纪 90 年代和 2009 年之后的土地利用类型矢量化地图。

(2)遥感影像数据。遥感影像数据的来源主要有中国科学院计算机网络信息中心地理空间数据云平台(Geospatial Data Cloud,http://www.gscloud.cn)30m×30m 分辨率的 Landsat4-5 TM 卫星数字产品和美国地质调查局(USGS)网站(http://glovis.usgs.gov/)的 15m×15m 分辨率的 TM 遥感影像数据。遥感影像数据下载和获取过程中,主要是通过条带号、行编号进行查询,选取云量在 10% 以下的影像数据进行下载。同时,对县(市)的研究也通过 Google Earth 得到 0.6m 分辨率的高清影像。

对获取的遥感影像数据进行如下处理:首先,通过城镇和居民点聚落波段特征的综合分析,选取各景影像的 5-4-3 波段,借助于 ENVI 软件对几何校正之后的遥感影像进行图层堆栈处理,并将波段合成之后的影像以 tif/tiff 格式导出。然后,在 ArcGIS 软件平台上导入各景影像波段合成后的 tif/tiff 格式文件,对处理之后的遥感图像,结合相关专家经验指导,采用目视解译法对研究区域内的城镇聚落和乡村聚落进行矢量化处理。最后,对所获取的聚落斑块要素数据通过属性表添加面积和周长的属性字段,并通过几何计算获得聚落斑块的面积和周长,并导出数据库,作为文中分析的重要数据基础。

(3)大比例尺地图数据。大比例尺地图数据主要来源于河南省 1:5 万地形图,通过地图扫描将其转成影像文件,在 ArcGIS 软件中对每一幅图选取 4~8 个控制点进行地图配准,并设置空间参考为北京 54 坐标系,并依据各幅地形图的坐标选取相对应的带号。在完成地理配准之后,根据地形图中的图例信息进行分类提取聚落空间信息,并以地形图数字化的形式获取相应研究区 20 世纪 70 年代的城乡聚落斑块矢量数据及这一时期的主要交通数据。

(4)地名普查数据。通过调研河南省民政厅区划部门,了解第一次(1980 年)和第二次（2015 年）河南省地名普查情况。而后到研究区域内县市的民政局实地调研并申请数据，获取该县市范围内两个年份所有聚落（县、乡、行政村/群众自治组织、自然村）的人口数据。其中，1980 年数据来源于第一次全国地名普查的地名卡片，在卡片扫描后输入获取数据，主要包括县、公社、大队、村（片村）；2015 年数据通过第二次全国地名普查数据库获取，主要包括县、城镇、农村居民点数据。

（5）统计年鉴数据。本书所使用的社会经济发展数据来源于不同年份的地区统计年鉴、《河南省统计年鉴》和《中国城市统计年鉴》。通过年鉴获取研究区社会经济、工业发展、人口、城镇化率等数据。

（6）其他数据。根据中国国家基础地理信息数据库（1∶400 万）提取研究区域水系网络矢量图。在一些章节中使用了史志数据，如在第 5 章中使用的巩义市史前聚落数据来源于巩义市文物旅游局的第三次全国文物普查及考古简报的整理；明清以来村落、保里、集镇等数据来自《明嘉靖三十四年（1555）巩县志》、《清乾隆十年（1745）巩县志》、《清乾隆五十四年（1789）巩县志》和《民国二十六年（1937）巩县志》等资料。

2. 分析方法

本书在聚落等级规模、空间分析和模型分析中使用了以下方法。

（1）聚落规模等级模型。聚落建成区面积的大小在一定程度上反映了人类经济活动对地理空间的作用强度。因此，本书中为测度研究区域城乡聚落规模的等级结构，使用城乡聚落体系的聚落斑块面积数据作为表征指标。采用如下的方法测度城乡聚落等级结构：

$$D_i = \overline{A} \begin{cases} 1 (A_i \geqslant 4\overline{A}) \\ 2 (2\overline{A} \leqslant A_i < 4\overline{A}) \\ 3 (0.5\overline{A} \leqslant A_i < 2\overline{A}) \\ 4 (0.25\overline{A} \leqslant A_i < 0.5\overline{A}) \\ 5 (A_i < 0.25\overline{A}) \end{cases} \quad (1.3)$$

式中，D_i 为第 i 个城乡聚落建成区面积的等级；A_i 为城乡聚落面积；$\overline{A}$ 为某一时期城乡聚落面积的均值。

（2）城镇位序-规模法则。位序-规模法则最早被城市地理学家用来测度城镇聚落的规模分布情况，反映不同城镇聚落的规模与其在整个体系中的位序之间的关系，可评估一个区域的城镇聚落分布状况。现在广泛使用的位序-规模公式是辛格（Singger）于 1936 年提出的一般位序-规模公式（陈彦光和刘继生，2001），其表达式如下：

$$P_i = P_1 \times R_i^{-q} (R_i = 1, 2, 3, \cdots, n) \quad (1.4)$$

式中，n 为城乡聚落的数量；R_i 为城乡聚落 i 的位序；P_i 为按照从大到小排序后位序为 R_i 的城乡聚落规模；P_1 为首位城乡聚落的规模，而参数 q 通常被称为齐夫指数。为方便计算，通常对式（1.4）进行自然对数变化，得

$$\ln P_i = \ln P_1 - q \ln R_i \quad (1.5)$$

大量的实证研究发现齐夫指数具有以下性质：当 $q=1$ 时，研究区内的首位聚落规模恰好是最小聚落规模的位序，此时，认为区域内城乡聚落处于自然状态的最优分布，或达到帕累托最优；当 $q<1$ 时，表示研究区内城乡聚落规模分布相对集中，中间位的聚落较多；当 $q>1$ 时，表示研究区内城乡聚落规模趋向分散，聚落规模分布差异较大，首位聚落垄断性较强。当 $q \to \infty$ 和 $q \to 0$ 时，表示聚落规模分布的两种极端情况，在现实中一般不存在这样的分布。

（3）乡村位序-规模法则。有学者在研究中发现前述位序-规模法则并不适用于乡村聚落规模分布（Baker，1969；Unwin，1981）。Sonis 和 Grossman 认为，乡村聚落位序规模分布服从负指数分布特征（Sonis and Grossman，1984；Grossman and Sonis，1989）。借助于此，他们所提出的乡村位序-规模法则基本公式如下：

$$R_n = R_1 \delta^{n-1} \tag{1.6}$$

式中，R_1 为规模最大的乡村聚落；R_n 为位序为 n 的聚落规模；$\delta = R_{n+1}/R_n$，表示相邻聚落规模的变化率。对式（1.6）两边分别取对数，可以得到：

$$\ln R_n = \ln R_1 + (n-1)\ln \delta \tag{1.7}$$

式中，根据拟合直线的斜率和截距项变化对乡村聚落规模分布情况进行分析。

（4）Voronoi 图。使用计算几何学中 Voronoi 图的变异系数 Cv 值对城乡聚落居民点空间分布状况进行分析。对于平面上的 n 个离散点，Voronoi 图可将平面分为若干区域，每一个区域包括一个点，点所在的区域是到该点距离最近点的集合。Voronoi 模型构建原理（覃瑜和师学义，2012）如下：

设平面上的一个离散发生点集 $P = \{p_1, p_2, \cdots, p_n\}$，其中 $3 \leqslant n < \infty$，$x_i \neq x_j$，$i \neq j$，$i \in I_n$，$j \in I_n$。由

$$v(p_i) = \left\{ p \middle| d(p, p_i) \leqslant d(p, p_j), j \neq i, j \in I_n \right\} \tag{1.8}$$

给出的区域成为生长点 P_i 的 Voronoi 多边形，而所有生长点 $P_1, P_2, \cdots, P_n$ 的 Voronoi 多边形的集合 $V = \{V(p_1), V(p_2), \cdots, V(p_n)\}$ 构成了 P 的 Voronoi 图，d 为两点间的距离。

本书中以城乡聚落居民点质心为发生点，构造区域内的 Voronoi 多边形，从而得到研究区域城乡聚落居民点的 Voronoi 图。每一个多边形只包含有一个居民点斑块，即 Voronoi 多边形面积大的居民点距离其相邻居民点距离远。

此外，基于 Voronoi 多边形面积测算的变异系数 Cv 则可以用来衡量要素在空间上相对变化程度（余兆武等，2016）。计算公式如下：

$$Cv = (Std/Ave) \times 100\% \tag{1.9}$$

式中，Std 和 Ave 分别为 Voronoi 多边形面积的标准差和平均值。利用 Cv 值分析点模式时，Duyckaerts 和 Godefroy（2000）提出 3 个建议值：当 Cv 值 $>64\%$ 时，点集为集群分布；当 Cv 值 $<33\%$ 时，点集为均匀分布；当 Cv 值为 $33\%\sim64\%$ 时，点集为随机分布。

（5）核密度分析。核密度估算（kernel density estimation，KDE）是属于非参数密度估计的一种统计方法，可用于测度聚落空间分布密度。通过核密度估计反映聚落斑块密

度的局部区域差异。核密度值越高,聚落分布密度越大,即核密度高值区表示该区域聚落斑块数量多(海贝贝等,2013)。其表达式如下:

$$f(x,y) = \frac{1}{nh^2} \sum_{i=1}^{n} k\left(\frac{d_i}{n}\right) \tag{1.10}$$

式中,$f(x,y)$为位于(x,y)位置的密度估计;n为观测数量;h为带宽;k为核函数;d_i为位置距第i个观测位置的距离。在核密度估计中,搜索半径是一个重要的参数。

(6)平均最近邻指数。平均最近邻指数(average nearest neighbor,ANN)主要通过聚落斑块点的中心与其最邻近聚落点之间的平均距离与假设随机分布的期望平均距离进行分析,进而来判断聚落是随机分布还是集聚分布。它用来表征聚落用地的总体聚散程度,判断聚落用地总体聚散变化特征(马晓冬等,2012)。其计算公式如下:

$$\text{ANN} = \frac{\overline{D}_0}{D_e} = \frac{\sum_{i=1}^{n} d_i / n}{\sqrt{n/A} \Big/ 2} \tag{1.11}$$

式中,$\overline{D}_0$为聚落用地斑块质心与最邻近斑块质心平均距离的观测值;D_e为随机分布模式下斑块质心最近邻平均距离的期望值;d_i为聚落斑块质心间距离;n为斑块总数;A为研究区面积。若ANN<1,表示聚落用地斑块分布呈集聚模式;反之,则表示聚落斑块分布模式趋向于离散或竞争。

为进一步检验结构的显著性,可使用Z值进行检验。其中,当$-1.96<Z<1.96$时,则$P>0.05$,所表现出的模式很可能是随机过程产生的结果;如果$Z>1.96$或$Z<-1.96$时,$P<0.05$,所表现出的空间模式不可能是随机过程产生的结果。

(7)近邻分析。用来描述地理空间上两种要素之间空间距离邻近程度。针对乡村聚落与中心城镇,以及乡村聚落与乡村聚落之间空间邻近程度进行分析,距离的远近则反映出周边聚落经济空间联系程度的强弱。邻近度公式为

$$d = \sum_{i=1}^{n} D_i / n \tag{1.12}$$

式中,n为研究区乡村聚落数量;D_i为乡村聚落i距离最近乡村、小城镇的最近距离。

(8)聚落扩张强度。使用扩张强度指数表征聚落斑块的空间扩展(陈诚和金志丰,2015;刘盛和等,2000),对研究区域内聚落用地的变化程度进行测度。聚落扩张强度指数为正值时,其数值越大,表明空间扩张越快,反之则越慢;指数为负值时,表明聚落规模由扩张转为收缩。计算公式如下:

$$E = \frac{P_i^n - P_i^m}{S_i} \times \frac{1}{T_{n-m}} \times 100\% \tag{1.13}$$

式中,E为聚落斑块面积扩张强度;P_i^m、P_i^n分别为不同时期聚落斑块面积;T_{n-m}为研究时段,单位为年;S_i为研究单元面积。

(9)空间热点探测分析(getis-ord G_i^*)。借助于探索性空间数据分析方法,使用局部热点探测分析工具可对研究区聚落斑块的空间分布模式和局部地区的高值簇、低值簇

进行识别（沈体雁等，2010；海贝贝等，2013），从而检验局部地区聚落斑块规模是否有高/低值在空间区域集聚，即可视化表达为"热点"和"冷点"区。具体的公式如下：

$$G_i^* = \sum_{j \neq i} \boldsymbol{\omega}_{ij} x_j \Big/ \sum_{j \neq i} x_j \qquad (1.14)$$

式中，x_j 为区域 j 的属性；$\boldsymbol{\omega}_{ij}$ 为空间权重矩阵，单元 i 和单元 j 空间相邻为 1，不相邻则为 0。然后，通过对 G_i^* 的标准化处理得到 $Z(G) = [G - Z(G)] / \sqrt{\mathrm{var}(G)}$，其中，$E(G)$、$\mathrm{var}(G)$ 分别为 G_i^* 的期望值和方差，根据 $Z(G)$ 值可以判定 G_i^* 是否满足某已制定的显著性水平，以及是否存在统计上显著高值簇或低值簇。若 G_i^* 为正，且通过显著性检验，则属于高值集聚区（热点地区），说明规模较大的聚落呈现局部集聚分布；若 G_i^* 为负，且统计显著，则属于低值集聚区（冷点地区），聚落斑块低值集聚分布。

（10）景观格局指数。景观指数可以刻画研究区域内土地利用和聚落的空间格局特征。景观指数来源于景观生态学，能够高度浓缩景观格局信息（邬建国，2007）。其中，聚落斑块总面积、聚落斑块面积占景观总面积的百分比、聚落斑块个数、最大斑块指数、最大聚落面积、最小聚落面积、平均斑块面积等表征景观的规模特征，斑块形状指数表示聚落斑块空间表现形态。因此，本书借助这些指标对研究区聚落的规模变化情况进行测度。各指标计算方法在相关文献中均有详细介绍（朱彬和马晓冬，2011；任平等，2014）。具体如下：

聚落斑块总面积 $\mathrm{TA} = \sum_{i=1}^{n} a_i$，$n$ 为研究区域斑块数量，a_i 为任一斑块的面积。

聚落斑块面积百分比 $\mathrm{PLAND} = \mathrm{TA} / \mathrm{area}$，表示聚落斑块面积占景观总面积的百分比。其中，$\mathrm{TA}$ 表示聚落斑块总面积，area 表示研究区总面积。

聚落斑块个数 $\mathrm{NP} = n$，表示研究区域内聚落斑块数量。

最大聚落面积 $\mathrm{SA\_max} = \max(a_1, \cdots, a_n)$，表示研究区域内最大聚落斑块面积。

最小聚落面积 $\mathrm{SA\_min} = \min(a_1, \cdots, a_n)$，表示研究区域内最小聚落斑块面积。

平均斑块面积 $\mathrm{SA\_ave} = \mathrm{TA} / n$，表示研究区域内聚落斑块面积的平均规模。

最大斑块指数 $\mathrm{LPI} = \dfrac{\mathrm{SA\_max}}{\mathrm{TA}} \times 100\%$，表示研究区聚落斑块空间上的优势度测量。

斑块形状指数（patch shape index，PSI）是通过计算聚落斑块形状与相同的正方形或圆之间的偏离程度来测量斑块形状的复杂程度。本书中采用的形状指数以正方形为参考几何形状，公式为

$$\mathrm{PSI} = \frac{0.25P}{\sqrt{A}} \qquad (1.15)$$

式中，P 为聚落斑块的周长；A 为聚落斑块面积；PSI 为聚落斑块形状与正方形之间的差异程度。一般情况下，正方形的形状指数为 1，PSI 值越大，表示斑块形状与正方形之间的差异越大，斑块形状越长。当 $0 < \mathrm{PSI} \leqslant 1$，表示聚落形状相对稳定，与正方形之间差异较小；$1 < \mathrm{PSI} \leqslant 3$，表示聚落形状与正方形之间差异相对较大，形状趋于狭长或

曲折；PSI 值大于 3 时，表示斑块形状呈现为狭长或曲折。

（11）地理探测器。地理探测器是探测空间分异性的工具（王劲峰和徐成东，2017）。这一工具主要是用于探测因变量 y 与因子 x 之间的空间分异及其空间异质性，即探测某一因子 x 在多大程度上解释了属性 y 的空间分异。本书借助于地理探测器分析方法对县域尺度上聚落斑块规模分布格局的影响因子进行分析，具体公式如下：

$$q=1-\frac{\text{SSW}}{\text{SST}}=1-\frac{\sum_{i=1}^{m}N_i\sigma_i^2}{N\sigma^2} \tag{1.16}$$

式中，SSW 和 SST 分别为数据的层内方差之和（within sum of squares）和研究区总方差（total sum of squares）；$i=1$，2，…；m 为变量 y 或因子 x 的分层（strata），即将其划分的类型；N_i 和 N 分别为划分的层数 i 和研究区的单元数；σ_i^2 和 σ^2 分别为层 i 和研究区的 y 的方差；q 的取值为 0～1，数值越大说明 y 的空间分异性越明显；如果分层是由自变量 x 生成的，则 q 值越大表明该因子对 y 的影响越大，亦即该因子对 y 的解释力越强，反之则越弱。

（12）结构方程模型。这一模型主要由测量模型和结构模型组成，其中测量模型由潜在变量和观测变量组成，结构模型是潜在变量间因果关系模型的说明，因的潜变量被称为外因潜变量，果的潜变量被称为内因潜变量（吴明隆，2010）。结构方程模型通常组成如下：

$$\begin{aligned} X&=\wedge x\xi+\delta \\ Y&=\wedge y\eta+\varepsilon \\ \eta&=B\eta+\Gamma\xi+\zeta \end{aligned} \tag{1.17}$$

式中，X 与 Y 组成测量模型，其中 X 为外生观测变量；Y 为内生观测变量；$\wedge x$ 和 $\wedge y$ 为 X 与 Y 指标的因素负荷量；δ 为外生观测变量误差项；ε 为内生变量误差项；ξ 与 η 分别为外因潜变量和内因潜变量，η 与 ξ、Γ、ζ 构成结构模型；B 为内因潜变量间的关系；Γ 为外因潜变量对内因潜变量的影响；ζ 为结构方程的误差项，表示无法被自变量解释的部分。

1.3 章节安排

全书以河南为例，对欠发达农区聚落的变化格局及影响因素进行研究。对河南的研究，具有以下特殊意义：①河南经济发展水平相对较低，是我国欠发达地区的典型代表。截止 2016 年年底，GDP 总量 40471.79 亿元，居于全国第 5 位，经济总量较大，但居民人均可支配收入 18443 元，明显低于全国平均水平 23821 元，居于全国第 24 位[①]。②区域内聚落发展演进历史久远。河南是中华民族的发祥地之一，优越的地理位置，丰富的自然资源，使河南很早就成为黄河流域文明的中心。从夏代到北宋，先后有 20 个朝代建都或迁都于此，为全国的政治、经济、文化中心，记载着人类祖先在中原大地繁

---

① 数据来源：河南省统计局，国家统计局河南调查总队编，《河南统计年鉴 2017》。

衍生息的裴李岗文化遗址、仰韶文化遗址、龙山文化遗址分布于境内。具有长时期的聚落发展历史，这为研究长时段内聚落的发展变化过程及特征奠定了基础。③农业、农村地区、乡村人口占比例较大，且乡村聚落是人口居住的主体。2016 年年底，河南总人口 10788 万人，乡村人口 5556 万人；同时，作为我国重要的农区，2016 年耕地面积 811.1 万 hm^2，粮食产量 5946.6 万 t，居于全国第 2 位。由于河南人口众多，乡村人口数量居多，乡村聚落数量也较多，聚落经历了 20 世纪 90 年代农村工业化、新农村建设、产业集聚区建设等诸多发展过程，引起乡村聚落的巨大改变，对此进行研究具有重要意义。

全书共分为 8 章。第 1 章评述乡村聚落的国内外研究，着重分析研究关注度的时间变化、主要研究内容及研究特点，从而提炼出新的研究出发点。在此基础上，概括出乡村聚落空间演变的 3 个重要领域。为了对全书的研究提供理论铺垫，本章还简述了人地关系理论、区位论、路径依赖理论、等级规模理论等，分析这些理论与乡村聚落空间变化的关系。此外，本章还介绍了在乡村聚落规模分析、空间分析及解释性分析所用的方法。

第 2 章以河南省周口市为例，研究传统平原农区的聚落变化。河南省周口市地处黄淮平原腹地，是我国重要的商品粮、优质棉生产基地。2016 年全市总人口 1141 万人，人口众多，但人均收入较低。基于周口 1973 年、1990 年、2000 年、2015 年四个年份的聚落斑块面积数据，对城镇化发展过程中乡村聚落规模和空间格局变化进行分析，并对区域内聚落体系的空间结构进行研究。

第 3 章以河南省郑州市为例，分析城市边缘区乡村聚落演变。郑州市是中部地区发展最快的城市之一，建成区面积从 1980 年的 64km^2，扩张到 2016 年的 456.6km^2，26 年间扩大了 7.13 倍，市区常住总人口增长了 2.6 倍，城镇化率达到 71%，这对其边缘区乡村聚落影响很大。本章基于 1971 年、1996 年、2006 年、2010 年 4 个年份的聚落斑块数据，对城市边缘区乡村聚落空间格局的时空演化规律及其影响因素进行分析。

第 4 章以河南省嵩县为例，研究山区聚落的演变。嵩县是国家扶贫开发工作重点县之一，境内山区占 78.7%，经济发展水平低、农业人口多，近几十年来城镇化和聚落空间变化，引起部分村落消失，且存在一定的空心村现象。该章基于嵩县 1975 年、1995 年、2015 年聚落斑块数据，以山区聚落的"空间格局—演变过程—演变机理—空间优化重构"为主线，对嵩县聚落空间格局演化和聚落空间分布影响因素进行研究，并结合分析探讨嵩县聚落未来的空间重构方向。

第 5 章以河南省巩义市为例，对影响乡村聚落发展的历史基础进行研究。巩义市是华夏文明发祥地的核心地区之一，地处河洛交界地带、第二阶梯与第三阶梯过渡地带，较早时期已有人类在此居住和生活，且地区内生发展能力较为强大，而内生发展更能体现聚落空间结构演替的规律。基于巩义市明清以来近 600 年长时段的数据，该章重点探析影响乡村聚落发展的历史基础。以探究乡村空间优化重组模式和途径为目标，通过多源数据分析和数理模型模拟，本章揭示乡村聚落的演化规律和空间重构方向，为地区未来乡村聚落的发展提供建议和参考。

第 6 章以河南省长垣县为例，分析欠发达农区工业化进程中乡村聚落的发展变化。长垣县以起步于 20 世纪 70 年代的民营工业经济为主体，起重机械、医疗器械、苗木花卉等特色产业发展较快，农村工业基础好，这对区域内乡村聚落的空间结构、分布格局产生较大影响。基于长垣县 1975 年、1995 年、2004 年、2014 年聚落斑块数据，该章对不同工业化阶段乡村聚落空间格局演变特征进行分析，对聚落空间演变驱动机理进行研究，借助于地理模拟与优化系统对聚落空间演变过程进行模拟与预测。

第 7 章以河南省商丘市为例，分析交通发展与平原农区聚落的空间格局变化。商丘市境内主要是黄河冲积平原区，地势较为平坦，具有长时期的农业发展历史，交通优势突出，省道、国道、高速公路、铁路在境内纵横交错，形成以商丘环城高速圈为中心的"米"字形交通网络。随着交通线路的完善和交通辐射能力的增强，便捷的交通线路对区域内聚落分布产生着重要影响。基于商丘 1972 年、1995 年、2015 年聚落斑块数据，对区域内的聚落规模变化、空间格局变化进行分析，然后对聚落分布影响因素进行研究，尤其是不同类型交通线路对聚落发展的影响。在此基础上对商丘市未来聚落发展方向进行探讨。

第 8 章是结论部分。本章既是对前述第 2～7 章相关研究结论的梳理，同时也是对欠发达农区聚落演变的一般性特征的总结。

参 考 文 献

[法]白吕纳. 1935. 人地学原理. 任美锷, 李旭旦, 译. 南京: 钟山书局

毕硕本, 郭文政, 闫国年. 2010. 郑洛地区史前聚落遗址坡向坡度分析. 测绘科学, 35(6): 139～141

蔡为民, 唐华俊, 陈佑启, 等. 2004. 近 20 年黄河三角洲典型地区农村居民点景观格局. 资源科学, 26(5): 89～97

蔡瀛, 孙波. 2005. 广东中心镇发展现状与思路探讨. 小城镇建设, (3): 15～18

曹瑄玮, 席酉民, 陈雪莲. 2008. 路径依赖研究综述. 经济社会体制比较, (3): 185～191

陈诚, 金志丰. 2015. 经济发达地区乡村聚落用地模式演变——以无锡市惠山区为例. 地理研究, 34(11): 2155～2164

陈彦光, 刘继生. 2001. 城市系统的异速生长关系与位序-规模法则: 对 Steindl 模型的修正与发展. 地理科学, 21(4): 412～416

程连生, 冯文勇, 蒋立宏. 2001. 太原盆地东南部农村聚落空心化机理分析. 地理学报, 56(4): 437～446

[美]道格拉斯·诺斯. 1997. 经济史中的结构与变迁. 陈郁, 罗华平等译. 上海: 上海人民出版社

邓南荣, 张金前, 冯秋扬, 等. 2009. 东南沿海经济发达地区农村居民点景观格局变化研究. 生态环境学报, 18(3): 984～989

杜国明, 杜蕾, 薛剑, 等. 2012. 黑龙江省垦区与农区居民点体系对比研究. 东北农业大学学报, 43(11): 133～139

冯章献. 2010. 东北地区中心地结构与扩散域研究. 长春: 东北师范大学硕士学位论文

葛丹东, 华晨. 2009. 适应农村发展诉求的村庄规划新体系与模式建构. 城市规划学刊, (6): 60～67

郭晓东. 2007. 黄土丘陵区乡村聚落发展及其空间结构研究——以葫芦河流域为例. 兰州: 兰州大学博士学位论文

郭晓东, 牛叔文, 吴文恒, 等. 2010. 陇中黄土丘陵区乡村聚落空间分布特征及其影响因素分析——以

甘肃省秦安县为例. 干旱区资源与环境, 24(9): 27～32

郭晓东, 张启媛, 马利邦. 2012. 山地-丘陵过渡区乡村聚落空间分布特征及其影响因素分析. 经济地理, 32(10): 114～120

海贝贝, 李小建, 许家伟. 2013. 巩义市农村居民点空间格局演变及其影响因素. 地理研究, 32(12): 2257～2269

韩非, 蔡建明. 2011. 我国半城市化地区乡村聚落的形态演变与重建. 地理研究, 30(7): 1271～1284

胡最, 刘培林, 曹帅强. 2013. 湖南省传统聚落景观基因的空间特征. 地理学报, 68(2): 219～231

黄晓军, 黄馨, 王颖. 2011. 新时期县域村镇体系规划编制的思考——以吉林省集安市为例. 国土与自然资源研究, (2): 38～39

姜雪婷, 严力蛟, 后德仟. 2011. 广东永汉传统农村的聚落生态观. 生态学报, 31(19): 5654～5662

蒋雪中, 杨山, 沈婕, 等. 2002. 云南漾弓江流域城乡聚落形态信息提取与分形分析. 遥感学报, 5(4): 94～98

角媛梅, 胡文英, 速少华, 等. 2006. 哀牢山区哈尼聚落空间格局与耕作半径研究. 资源科学, 28(3): 66～72

金其铭. 1988. 我国农村聚落地理研究历史及近今趋向. 地理学报, 43(4): 311～317

李君, 陈长瑶. 2010. 生态位理论视角在乡村聚落发展中的应用. 生态经济, 224(5): 29～33

李君, 李小建. 2008. 河南中收入丘陵区村庄空心化微观分析. 中国人口·资源与环境, 18(1): 170～175

李君, 李小建. 2009. 综合区域环境影响下的农村居民点空间分布变化及影响因素分析. 资源科学, 31(7): 1195～1204

李立. 2007. 乡村聚落: 形态、类型与演变. 南京: 东南大学出版社

李全林, 马晓冬, 沈一. 2012. 苏北地区乡村聚落的空间格局. 地理研究, 31(1): 144～145

李小建. 2013. 新型城镇化: 经济社会发展的重要引擎. 人民日报(理论版), 2013-2-22

李小建, 等. 2009. 农户地理论. 北京: 科学出版社

李小建, 等. 2018. 经济地理学(第三版). 北京: 高等教育出版社

李小建, 李二玲. 2009. 克鲁格曼、诺贝尔经济学奖与经济地理学发展. 经济地理, 29(3): 363～369

李阳兵, 罗光杰, 邵景安, 等. 2012. 岩溶山地聚落人口空间分布与演化模式. 地理学报, 67(12): 1666～1674

李瑛, 陈宗兴. 1994. 陕南乡村聚落体系的空间分析. 人文地理, 9(3): 13～21

梁会民, 赵军. 2001. 基于 GIS 的黄土塬区居民点空间分布研究. 人文地理, 16(6): 81～83

廖荣华, 喻光明, 刘美文. 1997. 城乡一体化过程中聚落选址和布局的演变. 人文地理, 12(3): 31～34

林志森. 2009. 基于社区结构的传统聚落形态研究. 天津: 天津大学博士学位论文

刘芳, 张增祥, 汪潇, 等. 2009. 北京市农村居民点用地的遥感动态监测及驱动力分析. 国土资源遥感, (3): 88～93

刘盛和, 吴传钧, 沈洪泉. 2000. 基于 GIS 的北京城市土地利用扩展模式. 地理学报, 55(4): 407～416

刘晓清, 毕如田, 高艳. 2011. 基于 GIS 的半山丘陵区农村居民点空间布局及优化分析——以陕西省襄垣县为例. 经济地理, 31(5): 822～826

刘彦随, 刘玉, 翟荣新. 2009. 中国农村空心化的地理学研究与整治实践. 地理学报, 64(10): 1193～1202

刘彦随, 刘玉. 2010. 中国农村空心化问题研究的进展与展望. 地理研究, 29(1): 35～42

刘彦随, 杨忍. 2012. 中国县域城镇化的空间特征与形成机理. 地理学报, 67(8): 1011～1020

龙花楼. 2006. 中国农村宅基地转型的理论与证实. 地理学报, 61(10): 1093～1100

龙花楼, 李裕瑞, 刘彦随. 2009. 中国空心化村庄演化特征及其动力机制. 地理学报, 64(10): 1203～1213

陆玉麒, 董平. 2005. 明清时期太湖流域的中心地结构. 地理学报, 60(4): 587～596

陆玉麒, 袁林旺, 钟业喜. 2011. 中心地等级体系的演化模型. 中国科学: 地球科学, 41(8): 1160～1171

罗光杰, 李阳兵, 王世杰, 等. 2012. 自然保护区聚落空间格局与演变的梯度效应——以贵州茂兰为例. 自然资源学报, 27(8): 1327～1339

马利邦, 郭晓东, 张启媛. 2012. 甘谷县乡村聚落时空布局特征及格局优化. 农业工程学报, 28(13): 217～225

马晓冬, 李全林, 沈一. 2012. 江苏省乡村聚落的形态分异及地域类型. 地理学报, 67(4): 516～525

乔家君. 2012. 村庄选址区位研究. 河南大学学报(自然科学版), 42(1): 47～55

乔家君, 刘家俊, 谢淼. 2011. 欠发达农区村域空心化特征及其微观机理——以兰考县三个村为例. 人文地理, 26(6): 98～102

覃瑜, 师学义. 2012. 利用 Voronoi 图的城乡居民点布局优化研究. 测绘科学, 37(1): 136～138, 150

任平, 洪步庭, 刘寅, 等. 2014. 基于 RS 与 GIS 的农村居民点空间变化特征与景观格局影响研究. 生态学报, 34(12): 3331～3340

单勇兵, 马晓冬, 仇方道. 2012. 苏中地区乡村聚落的格局特征及类型划分. 地理科学, 23(11): 1340～1347

沈体雁, 等. 2010. 空间计量经济学. 北京: 北京大学出版社, 38～43

施坚雅. 1998. 中国农村的市场和社会结构. 北京: 中国社会科学出版社

石忆邵. 1992. 乡村地理学发展的回顾与展望. 地理学报, 47(1): 80～88

石忆邵. 2007. 国内外村镇体系研究述要. 国际城市规划, 22(4): 84～88

时琴, 刘茂松, 宋谨琦, 等. 2008. 城市化过程中聚落占地率的动态分析. 生态学杂志, 27(11): 1979～1984

史利莎, 严力蛟, 黄璐, 等. 2011. 基于景观格局理论和理想风水模式的藏族乡土聚落景观空间解析——以甘肃省迭部县扎尕那村落为例. 生态学报, 31(21): 6305～6316

宋志军, 关小克, 朱战强. 2013. 北京农村居民点的空间分形特征及复杂性. 地理科学, 33(1): 52～60

孙丽敏, 张军, 蒋涛. 2006. 三峡库区城镇居民地移民迁建分布规律的分析与应用. 测绘科学, 31(3): 123～126

谭雪兰, 段建南, 包春红, 等. 2010. 基于 GIS 的麻阳县农村居民点空间布局优化研究. 水土保持研究, 17(6): 177～180

陶伟, 陈红叶, 林杰勇. 2013. 句法视角下广州传统村落空间形态及认知研究. 地理学报, 68(2): 209～218

田光进. 2003. 基于 GIS 的中国农村居民点用地分析. 遥感信息, (2): 32～35

田光进, 刘纪远, 张增祥, 等. 2002. 基于遥感与 GIS 的中国农村居民点规模特征. 遥感学报, 6(4): 307～312

田光进, 刘纪远, 庄大方. 2003. 近 10 年来中国农村居民点用地时空特征. 地理学报, 58(5): 651～658

[美]瓦·艾萨德. 1991. 区域科学导论. 北京: 高等教育出版社

王成, 武红, 徐化成, 等. 2001. 太行山区河谷内居民点的特征及其分布格局的研究——以河北省阜平县为例. 地理科学, 21(2): 170～176

王成新, 姚士谋, 陈彩虹. 2005. 中国农村聚落空心化问题实证研究. 地理科学, 25(3): 257～262

王传胜, 孙贵艳, 孙威, 等. 2011. 云南昭通市坡地聚落空间特征及其成因机制研究. 自然资源学报, 26(2): 237～246

王介勇, 刘彦随, 陈玉福. 2010. 黄淮海平原农区典型村庄用地扩展及其动力机制. 地理研究, 29(10): 1833～1840

王劲峰, 徐成东. 2017. 地理探测器: 原理与展望. 地理学报, 72(1): 116～134

王绍武, 黄建斌. 2006. 全新世中期的旱涝变化与中华古文明的进程. 自然科学进展, 16(10): 1238～1244

王婷, 周国华, 杨延. 2007. 衡阳南岳区农村居民点用地合理布局分析. 地理科学进展, 27(6): 25~31

王跃, 陈亚莉. 2005. 苏州城郊村镇分布特征. 地理学报, 60(2): 229~236

维达尔. 1921. 人生地理学原理. 亨丁敦, 克兴, 王诲初, 等译. 上海: 商务印书馆

卫春江, 朱纪广, 李小建, 等. 2017. 传统农区村落位序—规模法则的实证研究——以周口市为例. 经济地理, 37(3): 158~165

邬建国. 2007. 景观生态学——格局、过程、尺度与等级(第二版). 北京: 高等教育出版社

吴传钧. 1981. 地理学的特殊研究领域和今后任务. 经济地理, 1(1): 5~10

吴传钧. 1998. 人地关系与经济布局. 北京: 学苑出版社

吴传钧. 2008. 发展中的中国现代人文地理学. 北京: 商务印书馆

席建超, 赵美风, 葛全胜. 2011. 旅游地乡村聚落用地格局演变的微尺度分析——河北野三坡旅游区苟各庄村的案例实证. 地理学报, 6(12): 1707~1717

肖飞, 杜耘, 凌峰, 等. 2012. 江汉平原村落空间分布与微地形结构关系探讨. 地理研究, 31(10): 785~792

谢新杰, 马晓冬, 韩宝平, 等. 2011. 苏北沿故黄河地区乡村聚落的格局特征与类型划分. 国土与自然资源研究, (5): 82~86

徐雪仁, 万庆. 1997. 洪泛平原农村居民地空间分布特征定量研究及应用探讨. 地理研究, 16(3): 47~54

许树辉. 2004. 农村住宅空心化形成机制及其调控研究. 国土与自然资源研究, (1): 11~12

许学强, 周一星, 宁越敏. 2009. 城市地理学(第二版). 北京: 高等教育出版社

闫庆武, 卞正富, 王桢. 2009. 基于空间分析的徐州市居民点分布模式研究. 测绘科学, 34(5): 160~163

杨忍, 刘彦随, 陈秋分. 2012. 国农村空心化综合测度与分区. 地理研究, 31(9): 1697~1706

业祖润. 2001. 传统聚落环境空间结构探析. 建筑学报, (12): 21~24

余兆武, 肖黎姗, 郭青海, 等. 2016. 城镇化过程中福建省山区县农村聚落景观格局变化特征. 生态学报, 36(10): 3021~3031

袁莉莉, 孔翔. 1998. 中心地理论与聚落体系规划——以苏州工业园区中心村建设规划为例. 世界地理研究, 7(2): 67~71

张杜娟, 刘科伟. 2010. 村庄体系重构与县域经济发展问题分析. 生产力研究, (5): 181~183

张富刚, 刘彦随. 2008. 中国区域农村发展动力机制及其发展模式. 地理学报, 63(2): 115~122

张军, 倪绍祥, 于文静, 等. 2003. 三江并流区居民点空间分布规律. 山地学报, 21(1): 121~125

张莉, 陆玉麒. 2013. 基于可达性的中心地体系的空间分析. 地理科学, 33(6): 649~658

张如林. 2007. 城镇密集地区农村居民点空间发展模式探讨——以嘉兴为例. 规划师, 23(8): 75~78

张文合. 1988. 中心地理论. 地理译报, (3): 1~5

张小林. 1999. 乡村空间系统及其演变研究: 以苏南为例. 南京: 南京师范大学出版社

张玉英, 王成, 王利平, 等. 2012. 兴坝村浅丘带坝区不同类型农户农村居民点文化景观特征研究. 中国土地科学, 26(11): 45~53+90

赵荣, 王恩涌, 张小林, 等. 2006. 人文地理学. 北京: 高等教育出版社

赵卫, 沈渭寿, 邹长新, 等. 2012. 雅鲁藏布江源头区居民点分布的影响因素. 山地学报, 30(6): 728~736

赵之枫. 2001. 城市化加速时期村庄集聚及规划建设研究. 北京: 清华大学博士学位论文

赵之枫. 2004. 乡村聚落人地关系的演化及其可持续发展研究. 北京工业大学学报, (3): 299~303

周国华, 贺艳华, 唐承丽, 等. 2011. 中国农村聚居演变的驱动机制及态势分析. 地理学报, 66(4): 515~524

周晓芳, 周永章, 欧阳军. 2011. 贵州喀斯特地貌区聚落的垂直分异探讨. 中国人口·资源与环境, 21(12): 158~162

朱彬, 马晓冬. 2011. 苏北地区乡村聚落的格局特征与类型划分. 人文地理, 26(4): 66~72

Arlinghaus S L. 1985. Fractals take a central place. Geografiska Annaler, 67(2): 83~88

Arthur W B. 1989. Competing technologies, increasing returns, and lock-in by historical events. Economic Journal, 99(394): 116~131

Auerbach F. 1913. Das gesetz der bevolkerungskonzentration. Petermanns Geographische Mitteilungen, 49(1): 73~76

Baker A R H. 1969. Reversal of the rank-size rule: Some nineteenth century rural settlement sizes in France. The Professional Geographer, 21(6): 386~392

Berry B J L, Garrison W L. 1958. The functional bases of the central place hierarchy. Economic Geography, 34(2): 145~154

Black D, Henderson V. 2003. Urban evolution in the USA. Journal of Economic Geography, 2003, 3(4): 343~372

Bylund E. 1960. The oretical considerations regarding the distribution of settlement in inner north Sweden. Geografiska Annaler, 42(4): 225~231

Chen Y G. 2013. Multifractals of central place systems: Models, dimension spectrums, and empirical analysis. Physica A Statistical Mechanics & Its Applications, 402(10): 266~282

Chen Y G, Zhou Y X. 2006. Reinterpreting central place networks using ideas from fractals and self-organized criticality. Environment and Planning B: Planning and Design, 33(3): 345~364

Chisholm M. 1962. Rural Settlement and Land Use. London: Hutchinson & Co (Publishers) Ltd

Christaller W. 1933. Die Zentralen Orte in Sueddeutschland. Jena: Gustau Fischer

Christaller W. 1966. Central Places in South Germany. New Jersey: Prentice Hall

Clark J K, Mcchesney R, Munroe D K, et al. 2009. Spatial characteristics of exurban settlement pattern in the United States. Landscape & Urban Planning, 90(3): 178~188

David P A. 1985. Clio and the economics of QWERTY. American Economic Review, 75(2): 332~337

Demangeon A. 1939. Types de peuplement rural en France. Annales De Géographie, 48(271): 1~21

Dickinson R E. 1949. Rural settlements in the German lands. Annals of the Association of American Geographers, 39(4): 239~263

Duyckaerts C, Godefroy G. 2000. Voronoi tessellation to study the numerical density and the spatial distribution of neurons. Journal of Chemical Neuroanatomy, 20(1): 83~92

Eric B. 1960. The oretical considerations regarding the distribution of settlement in inner north Sweden. Geografiska Annaler, 42(4): 225~231

Gabaix X. 1999. Zipf's law for cities: An explanation. Quarterly Journal of Economics, 14(3): 739~767

Gregory D et al. 2009. The Dictionary of Human Geography (5th Edition). West Sussex: Wiley-Blackwell

Grossman D, Sonis M. 1989. A reinterpretation of the rank-size rule: Examples from England and the land of Israel. Geographical Research Forum, (9): 67~108

Hill M. 2003. Rural settlement and the urban impact on the countryside. London: Hodder&Stoughton

Huntington E. 1915. Civilization and Climate. New Haven: Yale University Press

Krugman P R. 1996. The self-organizing Economy. Oxford: Blackwell Publishers

Lam N S-N, De Cola L. 1993. Fractals in Geography. Englewood Cliffs, NJ: PTR Prentice Hall

Martin R, Sunley P. 2006. Path dependence and regional economic evolution. Journal of Evolutionary Economic Geography, 6(4): 395~437

Michael H. 2003. Rural Settlement and the Urban Impact on the Countryside. London: Hodder & Stoughton

Michael P. 1984. Rural Geography. London: Longman Higher Education

Mitchell R D, Hofstra W R. 1995. How do settlement systems evolve? The Virginia backcountry during the eighteenth century. Journal of Historical Geography, 21(2): 123~147

Nitsch V. 2005. Zipf zipped. Journal of Urban Economics, 57(1): 86~100

Roberts B K. 1987. The making of the English village. London: Longman Scientific & Technical

Roberts B K. 1996. Landscapes of settlement. London: Routledge

Rosen K T, Resnick M. 1980. The size distribution of cities: An examination of the Pareto law and primacy. Journal of Urban Economics, 8(2): 165~186

Ruda G. 1998. Rural buildings and environment. Landscape and Urban Planning, 41(2): 93~97

Sarly R M. 1972. A model for the location of rural settlement. Papers in Regional Science, 29(1): 87~104

Semple E C. 1911. Influences of Geographic Environment on the Basis of Ratzel's System of Anthropo-Geography. New York: Henry Holt

Sonis M, Grossman D. 1984. Rank-size rule for rural settlements. Socio-Economic Planning Sciences, 18(6): 373~380

Soo K T. 2005. Zipf's law for cities: A cross-country investigation. Regional Science & Urban Economics, 35(3): 239~263

Su S L, Zhang Q, Zhang Z H, et al. 2011. Rural settlement expansion and paddy soil loss across an ex-urbanizing watershed in eastern coastal China during market transition. Regional Environmental Change, 11(3): 651~662

Swainson B M. 1944. Dispersion and agglomeration of rural settlement in Somerset. Geography, 29(3): 1~8

Taylor G. 1942. Environment, village and city: A genetic approach to urban geography with some reference to possiblism. Annals of the Association of American Geographers, 32(1): 1~67

Tian G J, Qiao Z, Zhang Y Q. 2012. The investigation of relationship between rural settlement density, size, spatial distribution and its geophysical parameters of China using Landsat TM images. Ecological Modelling, 231(24): 25~36

Unwin P T H. 1981. The rank-size distribution of medieval English taxation hierarchies with particular reference to Nottinghamshire. Professional Geographer, 33(3): 350~360

Zipf G K. 1949. Human behavior and the principles of least effort. Journal of Clinical psychology, 6(3): 306

第 2 章　传统平原农区聚落

聚落是城镇人口和乡村人口居住、生产和生活的场所（金其铭，1988），是城镇地域空间和乡村地域空间的人口聚居点，其形成和发展受自然条件和城乡社会、经济、文化等因素的深刻影响（陈宗兴和陈晓键，1994；周国华等，2011）。在当今中国快速城镇化和工业化进程中，城乡聚落的发展面临着机遇与挑战（韩非和蔡建明，2011）。尤其是平原区域聚落，由于其所处的发展阶段不同，其乡村发展具有独特性（苗长虹，1998）：一方面，随着传统平原农区城镇化、工业化和农业现代化的发展，大量农地转化为非农用地，乡村大量人口迁移到中小城镇，必然对乡村聚落景观格局产生影响（陈明星等，2010；马先标，2010）。另一方面，大规模、集约化是现代农业发展趋势，传统农业的"小而分散"的特点已经不适应现代农业的发展的需要。在乡村人口和土地逐渐表现出城镇化和集约化趋势下，传统平原农区的聚落演变规律是否具有独特性，与其他区域相比，东部发达区域已基本完成工业化进程，西部欠发达区域聚落多数受自然、地形等因素影响较大，而传统平原农区处于这二者交接的"界面"之中，区域工业化和城镇化发展迅速，聚落体系变化相对剧烈。同时，传统平原农区是我国欠发达区域的主体，为新时期国家"乡村振兴战略"实施的重点区域之一，其发展成败关系着国家新时期乡村发展事业。因此，本章从系统论视角，将城镇体系与乡村体系作为一个整体，探讨传统平原农区城乡聚落体系等级规模分布与空间格局演变的一般规律，为新时期中国城乡聚落体系的空间重构与乡村振兴提供理论支撑和政策参考。

本章 2.1 节主要介绍案例区周口市概况及研究方法和数据来源；2.2 节主要探讨聚落等级规模分布情况；2.3 节主要分析聚落空间结构演变；2.4 节主要探讨聚落演变的因素；2.5 节对聚落未来发展趋势进行预测与展望。

2.1　周口市概况与数据方法

2.1.1　周口市概况

周口市位于河南省豫东平原，地处黄淮平原腹地（图 2.1）。全区现辖 1 区 1 市 8 县，76 个乡，94 个建制镇，34 个办事处，总人口 1141 万人。2016 年，周口市人均国民生产总值 23728 元，城镇化率为 39.6%，城镇居民人均可支配收入 21019 元，农民人均纯收入 8576 元。

选择周口市作为传统农区的典型代表，主要基于以下考虑：周口市处于工业化初期阶段，工业结构以涉农加工为主导（朱纪广，2015），部分乡村地域工业生产总值占

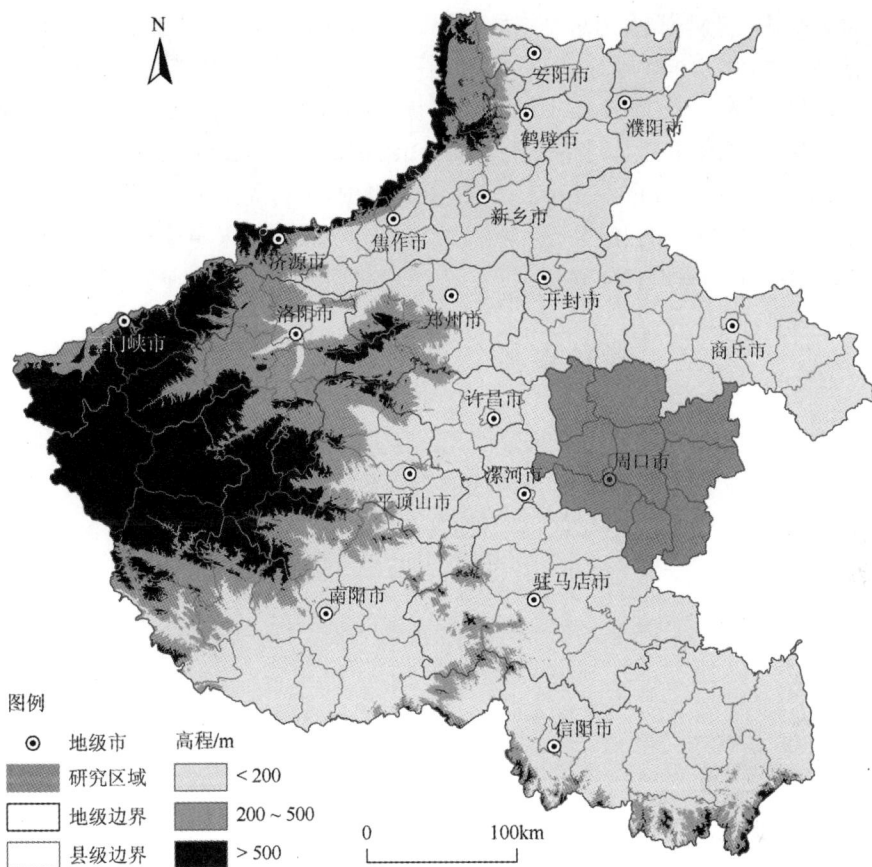

图 2.1 周口市区位示意图

全村 GDP 的比例超过 60%，形成一条先工业化再市场化的道路；周口市又是全国重要商品粮生产基地，农业基础雄厚，近些年周口市积极探索新型农业生产模式，形成了委托代种、承租返包、股份合作和土地银行等多种土地经营流转模式。专业大户、家庭农场、农民合作社、农业合作社等新型农业经营主体不断涌现。与此同时，周口市城镇化现象突出，常年务工人员高达 300 万人，约占全县人口的 26.3%，部分乡村地域由于乡村人口的外迁形成了"空心村"。为了合理调整乡村聚落，周口市积极探索新的乡村居住模式——新型社区。周口市农区发展不仅体现了传统农区工业化、农业现代化和城镇化的重要关联，同时在国家新时期"乡村振兴战略"的支持下，是新时期中国城乡聚落剧烈变动的一个重要缩影。

2.1.2 研究方法和数据

本章研究方法主要采用位序-规模法则、Voronoi 图和平均邻近距离（方法介绍见第 1 章）。聚落面积数据来源于以下两方面：①1973 年聚落面积数据来源于 1973 年 1∶5 万地形图提取；②1990 年、2000 年和 2015 年聚落面积数据来源于 USGS 的 TM 影像，为确保数据精确度，TM 影像全部经过目视解译。周口市水系矢量图来源于中国国家基础地理信息数据库（1∶400 万）；1973 年交通网络图来源于 1973 年 1∶5 万的地形图；1990 年交通网络图来源于 1989 年土地利用现状图；2000 年交通网络图来源于 2001 年河南省交通地图；2015 年交通网络来源于周口市 2014 年土地变更调查数据库。交通网络数据根据国家《公路工程技术标准》（JTG B01—2014）将周口市公路网络分为高速公路、一级公路、二级公路和三级公路。相关经济社会统计资料来源于相关年份的《周口市统计年鉴》和《河南省统计年鉴》。

2.2 城乡聚落等级规模演变特征

根据 1973～2015 年周口市城乡聚落面积，对各个聚落面积大小分别进行规模排序，按照城市位序-规模法则，将聚落面积组成的点列数据绘制在双对数坐标图上，观察其拟合效果（图 2.2、表 2.1 和表 2.2），具体如下：

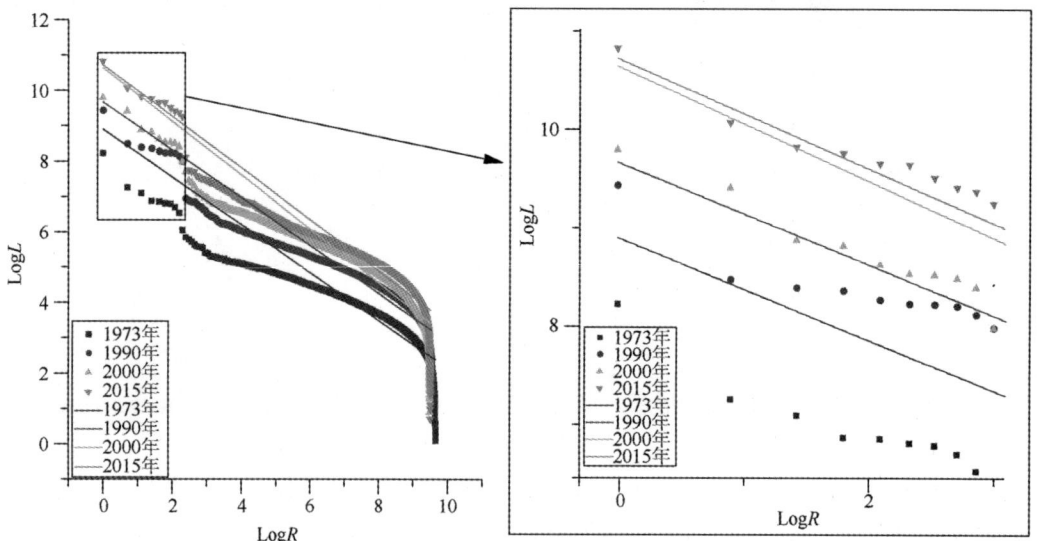

图 2.2 周口市城市规模-位序双对数图

图中 1973 年的点依次分别为周口市、项城市、扶沟县、沈丘县、太康县、商水县、淮阳县、郸城县、鹿邑县和西华县；1990 年的点依次分别为周口市、沈丘县、太康县、西华县、项城市、鹿邑县、郸城县、扶沟县、淮阳县和商水县；2000 年的点依次分别为周口市、项城市、郸城县、太康县、鹿邑县、商水县、西华县、扶沟县、沈丘县和淮阳县；2015 年的点依次分别为周口市、项城市、郸城县、商水县、鹿邑县、西华县、沈丘县、太康县、扶沟县和淮阳县

表 2.1 周口市聚落位序-规模法则的相关参数一

年份	$y=a+b*x$ 方程式	残差平方和	皮尔逊相关系数 r	调整后的 R^2
1973	$y=a+b*x$	1720.55411	−0.898	0.80639
1990	$y=a+b*x$	1050.73256	−0.92597	0.85741
2000	$y=a+b*x$	1495.86417	−0.90989	0.82789
2015	$y=a+b*x$	1254.81887	−0.91533	0.83781

表 2.2　周口市聚落位序-规模法则的相关参数二

年份	截距/斜率	参数值	标准误差
1973	截距	15.89485	0.02342
	斜率	−0.68444	0.00269
1990	截距	16.5731	0.02009
	斜率	−0.6755	0.00234
2000	截距	17.61107	0.02624
	斜率	−0.75872	0.02624
2015	截距	17.66644	0.02467
	斜率	−0.73091	0.00291

2.2.1　聚落等级规模趋近城市位序-规模曲线

随时间发展，周口市聚落趋近于城市位序-规模曲线。从 1973 年、1990 年、2000 年和 2015 年的位序-规模拟合曲线发现（图 2.2）：1973 年和 1990 年的聚落规模差别较大，1973 年只有部分乡村聚落位于位序-规模曲线上方，到 1990 年在位序-规模趋势上的聚落有所增加。2000 年聚落的高位序列聚落多数位于位序规模曲线上方，如周口市、太康县、商水县、西华县、扶沟县和沈丘县，这表明周口市的整个聚落体系从农村聚落向城镇聚落转换；2015 年聚落的高位序列再次趋近位序-规模拟合曲线，项城市、郸城县和商水县趋近于位序-规模拟合曲线。这与李小建等（2015）应用城市位序-规模法则分析农区中的村落分布一致，也与部分城市地理学者分析城市位序-规模演化趋势相一致（刘继生和陈彦光，2003；戚伟和刘盛和，2015）。

2.2.2　聚落等级规模具有"翘首"和"肥尾"特征

周口市的聚落等级规模分布具有严重的"翘首"和"肥尾"特征（图 2.2）。"翘首"特征说明周口市高位序的聚落具有首位分布特征；"肥尾"特征说明周口市低位序的聚落较多，且分布相对较为集中。据统计，至 2015 年，周口市共有自然村 15960 个，但是 47.4% 的村庄人口规模不到 500 人（小村庄），33.5% 的村庄的人口在 500～1000 人（中等村庄），超过 1000 人的大村庄所占比例不到 20%（表 2.3）。通过周口市聚落规模分布的齐夫指数看，其齐夫指数偏小，均不超过 0.8，反映了周口市聚落中较低位序的中小聚落较多，大聚落发育不突出（表 2.3）。

表 2.3　周口市自然村相关情况统计

自然村分类	500 人以下村	500～1000 人村	1000 人以上村	总计
自然村个数/个	7572	5353	3035	15960
占总数比例/%	47.4	33.5	19.1	100

资料来源：2015 年河南省地名普查统计资料。

2.2.3 多数聚落等级规模实际值小于理论值

从图 2.2 发现，高位序列的聚落除首位聚落之外，1973 年、1990 年、2000 年和 2015 年部分聚落均位于拟合曲线下方（图 2.2），这说明周口市部分聚落规模分布的实际值与理论值具有一定的差距，即聚落等级规模实际值小于理论值，这反映了周口市未来城镇化进程具有较大的提升空间。周口市的实际城镇化率（2016 年仅为 39.5%）也说明了周口市城镇化水平还有待于提高。这与部分城市地理学家所得出的结论一致，均认为中国城镇化的提升空间较大（陈彦光和刘继生，2001）。

2.3 城乡聚落空间结构演化

本书采用 Voronoi 图和空间扩张指数剖析研究区内聚落的空间结构，结合研究区内经济、社会、文化和自然等因素，按照时间断面将周口市城乡体系空间结构的变化分为均衡式空间结构（1970 年）、点轴式空间结构（1990 年）、中心-外围结构（2000 年）和圈层空间结构（2015 年）4 个阶段。

2.3.1 均衡式空间结构（1970 年）

1973 年，周口市的城市聚落主要集中在"三纵三横"的县道上，城镇空间结构呈现"3—3—3"均衡发展的"田"字结构 [图 2.3（a）]。周口市除中心城区人口与建成区面积较大外，其他城市聚落人口和建成区面积基本相差不大（表 2.4），周口市城市聚落整体上处于低水平的均衡状态。

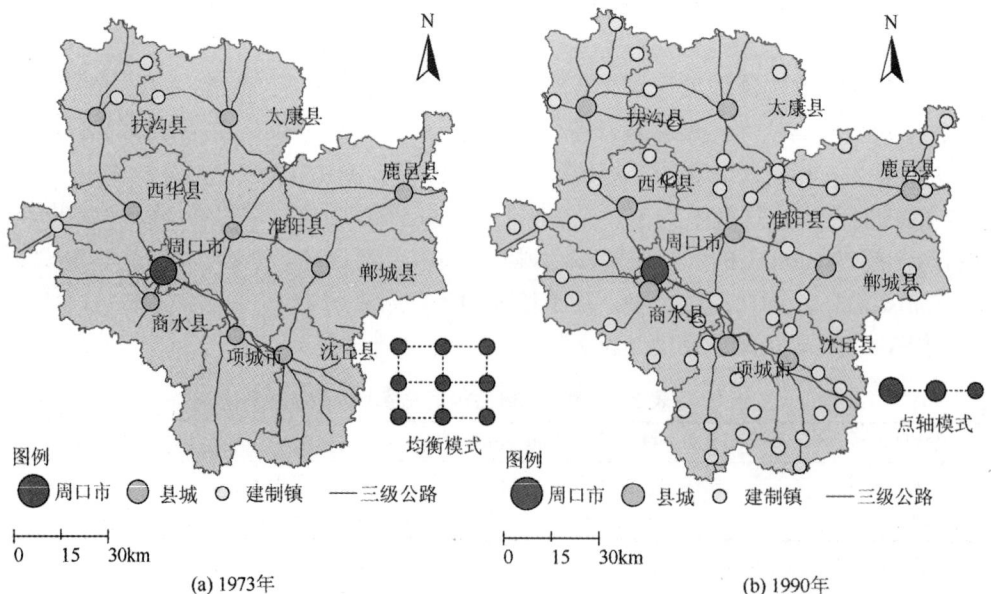

(a) 1973年   (b) 1990年

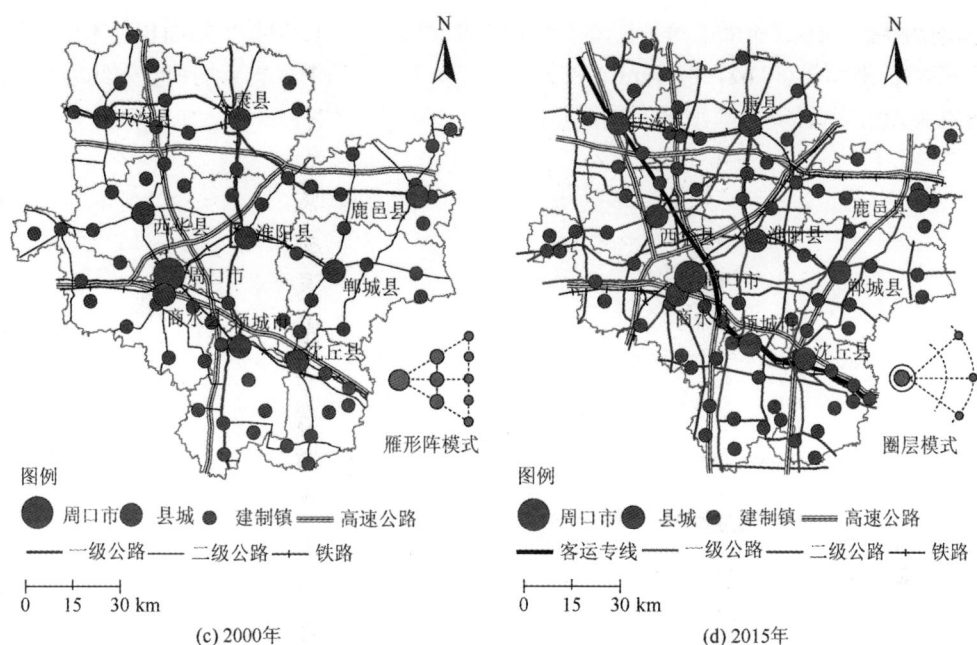

(c) 2000年　　　　　　　　　(d) 2015年

图 2.3　1973～2015 年周口市城镇体系的空间结构

表 2.4　周口市城市聚落人口增长及建成区面积扩张强度指数

年份	项目	中心城市	扶沟县城	西华县城	商水县城	沈丘县城	郸城县城	淮阳县城	太康县城	鹿邑县城	项城市
1973	城镇人口/万人	20.6	1.7	2.0	2.7	2.7	2.9	3.1	3.1	2.6	2.6
	建成区面积/km²	3.7	1.2	0.8	0.4	1.0	0.9	1.4	0.9	0.9	0.6
1990	城镇人口/万人	27.9	4.0	5.8	4.0	7.9	5.4	7.7	6.5	5.0	6.9
	建成区面积/km²	12.4	3.7	4.3	2.9	4.7	3.7	3.3	4.4	3.7	3.9
2000	城镇人口/万人	34.6	6.4	9.7	6.9	13.7	9.7	12.4	9.7	6.8	18.9
	建成区面积/km²	18.2	8.1	6.0	5.1	7.3	7.1	7.4	9.6	6.5	12.2
2015	城镇人口/万人	58.6	16.9	21.2	22.7	26.1	26.7	29.4	28.0	26.2	35.5
	建成区面积/km²	50.5	19.4	12.2	15.4	18.5	15.6	17.8	14.9	17.3	23.6
1973～1990 年均增长人口/万人		0.43	0.14	0.22	0.08	0.31	0.15	0.27	0.20	0.14	0.25
1973～1990 年均扩展面积/km²		0.51	0.15	0.21	0.15	0.22	0.16	0.11	0.21	0.16	0.19
1990～2000 年均增长人口/万人		0.67	0.24	0.39	0.29	0.58	0.43	0.47	0.32	0.18	1.2
1990～2000 年均扩展面积/km²		0.58	0.44	0.17	0.22	0.26	0.34	0.41	0.52	0.28	0.83
2000～2015 年均增长人口/万人		1.62	0.70	0.77	1.05	0.83	1.13	1.13	1.22	1.30	1.11
2000～2015 年均扩展面积/km²		2.16	0.76	0.41	0.69	0.75	0.57	0.69	0.35	0.72	0.76

资料来源：作者计算获得，其中 1973 年城镇人口是根据中国第三次人口普查分县数据推算获得；1990 年城镇人口采用非农业人口；2000 年城镇人口数据来自中国第五次人口普查分县数据；2015 年的城镇人口数据来自中国第六次人口普查数据分县数据。

　　1973 年，周口市的乡村聚落体系呈散布状态，其 Voronoi 图分布相对较均衡(图 2.4)。此阶段，乡村生产力水平较低，社会和生活封闭性较明显，乡村聚落体系基本上属于散布的均衡状态。虽然周口市内各县域内的乡村聚落数量不等,但其平均面积基本上一致,面积相对较小,均为 0.02~0.04km²(表 2.5);1970 年周口市的乡村人均纯收入约为 75 元,乡村发展经济上表现出低水平的均衡状态。

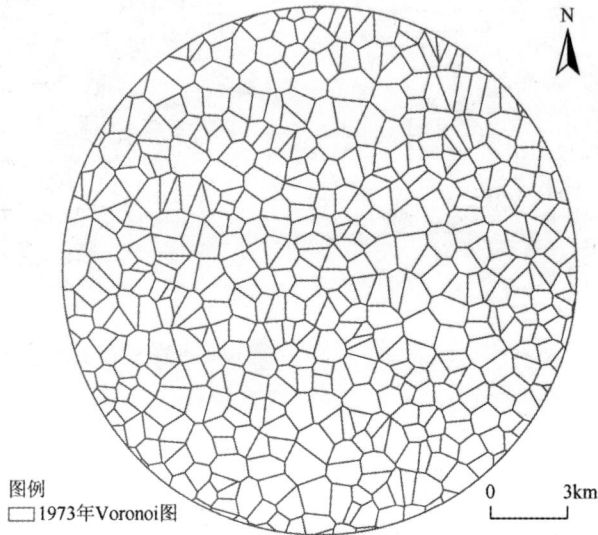

图 2.4   周口市 Voronoi 图(1973 年)

表 2.5   周口市乡村聚落人口增长及面积扩张强度指数

年份	项目	中心城	扶沟县	西华县	商水县	沈丘县	郸城县	淮阳县	太康县	鹿邑县	项城市
1973	乡村人口/万人	20.0	54.6	65.0	88.4	88.4	93.6	100.0	99.1	83.0	82.7
	乡村面积/km²	5.2	40.9	36.2	47.1	52.9	51.8	52.1	57.9	50.5	36.9
	乡村个数/个	173	952	1064	1447	1586	2230	2191	2242	2014	1545
	平均面积/km²	0.03	0.04	0.03	0.03	0.03	0.02	0.02	0.03	0.03	0.02
1990	乡村人口/万人	25.7	61.4	71.3	98.7	100.1	108.2	112.9	113.1	96.2	93.5
	乡村面积/km²	8.1	90.2	87.2	94.4	76.4	88.8	96.0	173.5	107.2	71.1
	乡村个数/个	117	865	1001	1268	1414	1998	2030	2016	1820	1367
	平均面积/km²	0.07	0.10	0.09	0.07	0.05	0.04	0.05	0.09	0.06	0.05
2000	乡村人口/万人	24.8	60.3	72.2	102.4	94.3	105.5	110.6	115.8	100.0	86.4
	乡村面积/km²	8.9	105.9	98.1	140.3	146.9	135.4	182.4	211.1	133.5	131.2
	乡村个数/个	110	747	939	1161	1388	1887	1769	1535	1788	1219
	平均面积/km²	0.08	0.14	0.10	0.12	0.11	0.07	0.10	0.14	0.07	0.11
2015	乡村人口/万人	19.7	45.6	57.5	71.3	72.3	73.7	79.6	82.3	64.8	64.8
	乡村面积/km²	8.5	118.6	129.3	189.1	205.2	202.8	207.7	249.7	176.3	188.4
	乡村个数/个	82	655	894	1088	1366	1837	1753	1522	1768	1211
	平均面积/km²	0.10	0.18	0.14	0.17	0.15	0.11	0.12	0.16	0.10	0.16
1973~1990 年均增长人口/万人		0.34	0.4	0.37	0.61	0.69	0.86	0.76	0.82	0.78	0.64
1973~1990 年均扩展面积/km²		0.17	2.9	3.00	2.78	1.38	2.18	2.58	6.8	3.34	2.01
1973~1990 年均减少个数		3.29	5.12	3.71	10.53	10.12	13.65	9.47	13.29	11.41	10.47

续表

年份 项目	中心城	扶沟县	西华县	商水县	沈丘县	郸城县	淮阳县	太康县	鹿邑县	项城市
1990～2000 年均增长人口/万人	−0.09	−0.11	0.09	0.37	−0.58	−0.27	−0.23	0.27	0.38	−0.71
1990～2000 年均扩展面积/km²	0.08	1.57	1.09	4.59	7.05	4.66	8.64	2.76	2.63	6.01
1990～2000 年均减少个数	0.7	11.8	6.2	10.7	2.6	11.1	26.1	48.1	3.2	14.8
2000～2015 年均增长人口/万人	−0.34	−0.98	−0.98	−2.07	−1.47	−2.12	−2.06	−2.23	−2.34	−1.44
2000～2015 年均扩展面积/km²	−0.03	0.85	2.08	3.26	3.88	4.49	1.69	3.24	2.86	3.82
2000～2015 年均减少个数	1.87	6.13	3.00	4.86	1.47	3.33	1.06	0.87	1.33	0.53

资料来源：作者计算获得，其中 1973 年乡村人口是根据中国第三次人口普查分县数据推算获得；1990 年乡村人口来自周口市 1990 年统计年鉴；2000 年乡村人口数据来自中国第五次人口普查分县数据；2015 年的乡村人口数据来自中国第六次人口普查数据分县数据。

2.3.2 点轴式空间结构（1990 年）

20 世纪 90 年代，周口市的聚落体系呈现典型的点轴式空间结构［图 2.3（b）］。1973～1990 年周口市城市聚落人口和建成区面积扩展强度增大（表 2.4），逐渐成为区域内的增长极，打破原先的低水平均衡状态。各县城作为区域内的增长极，其辐射能力进一步得到加强。增长极与周围点的互动中，各种交通线路、通信线路、动力供给线路等轴线的建设，一方面有利于增长极与周围点的互补效应；另一方面，改善了沿线的区位条件，刺激沿线经济的发展。在现代社会中，交通线路的修建对沿线的聚落作用越来越大，其激活了交通沿线聚落点，加速了商品、人员、资金、技术和信息要素流动，部分交通沿线聚落形成新的小城镇［图 2.3（b）］。1973 年，周口市仅有 4 个镇政府，113 个乡政府，而随着周口市交通线路的建设，交通沿线节点形成城镇带，至 1990 年周口地区镇政府个数达到 67 个，乡政府个数达 115 个（表 2.6）。新城镇是原来城镇体系突变的结果，并与乡村道路相连，形成新的点轴系统。

表 2.6 1973～1990 年周口市乡镇节点个数

年份	乡政府个数	镇政府个数
1973	113	4
1990	115	67

资料来源：根据 1973 年地形图统计和 1990 年周口市统计年鉴。

1990 年，乡村聚落体系作为点轴系统中的一部分，其发展受城镇影响。一方面，城镇在开发周边区域的同时也为乡村输送了其发展所必需的生产资料、信息和观念等，刺激了乡村发展。例如，沿 S102 交通线的部分乡村聚落规模变大且向交通线发展［图 2.5（a）］，沿 S102 省道的乡村聚落 Voronoi 图空间结构逐渐变大［图 2.5（b）］。1973～1990 年周口市乡村人口和面积均得到较大的发展，人口年均增长均在 0.3 万人以上，面积年均扩展 2.0 km² 以上（表 2.5）。另一方面，乡村为城镇发展提供资源要素，客观上释放了乡村所蕴藏的经济增长潜力，增加了乡村居民收入。如在此期间周口市农民人均纯收入从

1970 年的 75 元增加到 1990 年的 514 元，增加了 6.9 倍。

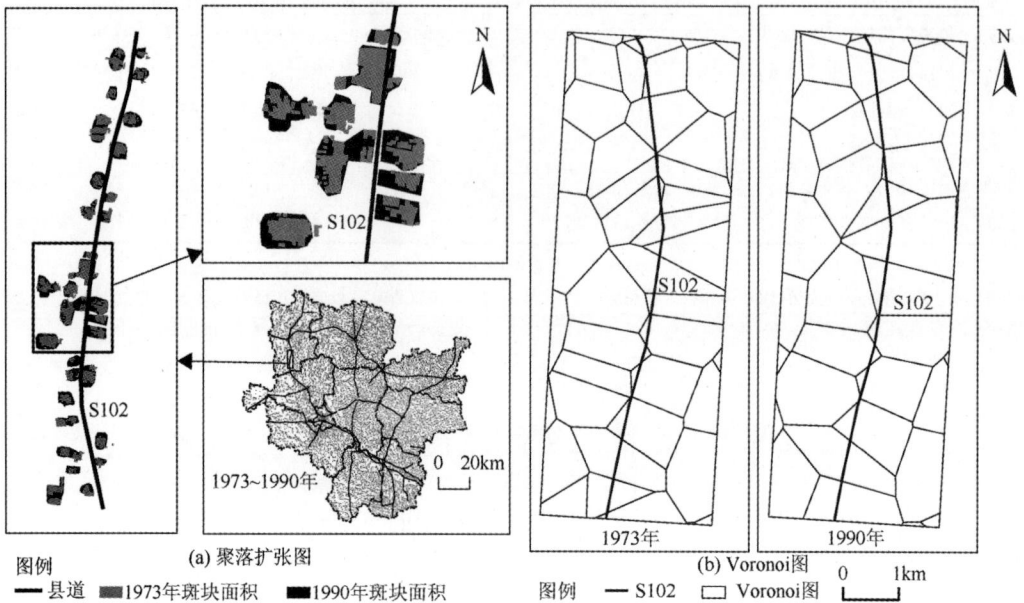

图 2.5　周口市乡村聚落扩张强度及 Voronoi 图（1973～1990 年）

2.3.3　中心-外围结构（2000 年）

2000 年，周口市城镇聚落体系发展呈现中心外围的空间结构［图 2.3（c）］。中心城市开始极化，中心城市、项城市、淮阳县和沈丘县城市人口和建成区面积增加较为显著（表 2.4），呈现出 1—3—5 的雁形阵结构。中心城市的投资机会较多，投资收益水平高于其他区域，造成其他区域有限的资金流入中心城市。从 1990～2000 年周口市各县固定资产完成额可以看出（表 2.7），中心城市、项城市、淮阳县和沈丘县固定资产完成额每年保持递增的趋势，其中心性逐渐凸显。由于中心城市经济增长对劳动力需求上升，周口市城镇人口由 1990 年的 68 万人增加到 2000 年的 103 万人。大量乡村人口，特别是技术性劳动力向城镇转移，使城镇体系在市场竞争中处于有利的竞争地位。

表 2.7　1990～2000 年周口市各县固定资产投资完成额　（单位：亿元）

年份	中心城市	扶沟县	西华县	商水县	沈丘县	郸城县	淮阳县	太康县	鹿邑县	项城市
1990	1.37	0.09	0.06	0.13	0.10	0.06	0.08	0.30	0.04	0.36
1992	1.47	0.08	0.28	0.17	0.12	0.07	0.14	0.23	0.64	1.07
1994	1.92	0.77	0.61	0.19	0.42	0.36	0.39	0.50	1.75	4.96
1996	2.47	0.86	2.21	0.67	1.37	1.14	0.89	1.42	0.51	4.56
1998	5.23	1.23	2.59	1.17	2.57	0.64	1.84	2.41	0.64	3.13
2000	16.69	0.99	1.36	0.89	3.47	1.51	1.64	1.50	1.05	4.34

资料来源：河南省统计年鉴（1991 年、1993 年、1995 年、1997 年、1999 年和 2001 年）。

2000 年，周口市乡村聚落体系由点轴系统中的点或轴线逐渐演变成为区域发展中的外围。乡村面积虽然在持续增加，但其扩展强度明显低于上一期的扩展强度［图 2.6（a）、表 2.5］；与上阶段相比，乡村聚落的 Voronoi 图变化相对不大 ［图 2.6（b）］，这表明乡村扩张幅度不大。此阶段，由于城镇对乡村聚落的极化效应，造成乡村人口下降（表 2.5），城乡收入差距拉大。1990 年周口市城乡收入之差为 328.4 元，至 2000 年城乡收入之差为 1730.5 元，是 1990 年的 5.3 倍。由于中心城镇的竞争优势，发端于 20 世纪 90 年代初的乡镇企业在 20 世纪末其先天不足性逐渐凸显出来，乡镇企业效益的下降，其直接影响乡村人口就业和农民工资性收入。在投资方面，由于投资主要倾向于中心城镇，乡村地区投资虽然总体投资额在增加（表 2.8），但由于乡村聚落数量众多，导致其投资平均额度较少，对乡村聚落的发展作用并不十分明显。

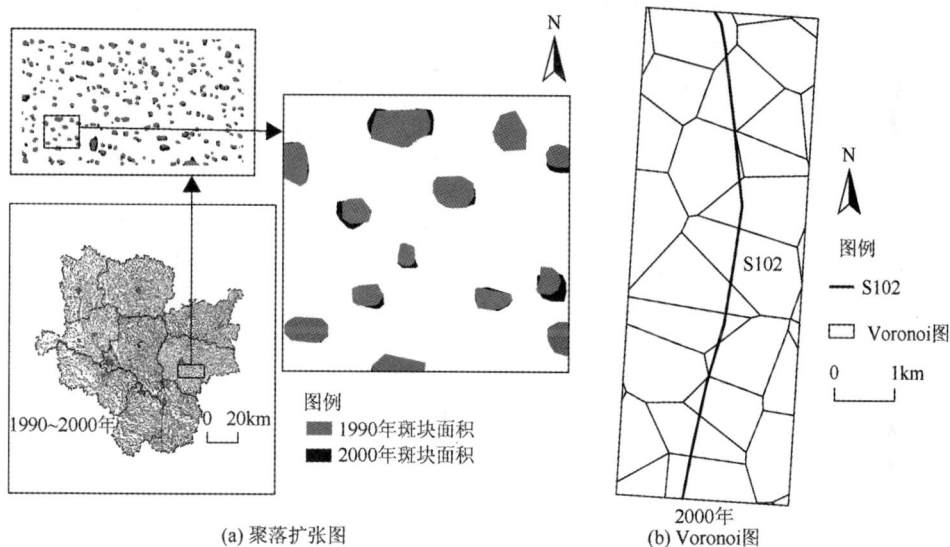

图 2.6 周口市乡村聚落扩张强度及 Voronoi 图（1990～2000 年）

表 2.8 1995～2000 年周口市城镇与乡村地区投资额 （单位：亿元）

按地区投资	1995 年	1996 年	1997 年	1998 年	1999 年	2000 年
城镇区域投资	14.18	18.58	26.17	27.88	29.65	37.81
乡村区域投资	14.82	23.1	31.28	37.33	36.01	40.55

资料来源：周口统计年鉴（2001 年）。

2.3.4 圈层空间结构（2015 年）

2015 年，周口市城镇体系发展按照"一核两带，圈层结构"发展 ［图 2.3（d）］。一核是周（口）商（水）复合中心城市。由于周口市市辖区较小，其有限的面积限制中心城市的发展，周口市提出并实施周商一体化战略，使周商成为一个核心层，发挥较强的辐射带动作用。周商城市人口和城市建设用地面积明显快于上一期（表 2.4），与同一期的其他县城相比,这种变化依然比较显著,尤其是中心城市的变化最为显著[图2.7(a)]。"两带"是以周(口)项(城)淮(阳)经济隆起带和鹿(邑)郸(城)沈(丘)沿边开放经济带。周项淮经济隆起带的城市人口和建设用地面积扩展也较为明显,鹿郸沈沿边开放经济带的城市人口和城市建设面积扩展相对显著(表2.4)。圈层结构是以周商为核心层圈层;项城市、淮阳县城、西华县城与周商复合中心形成紧密的联系层;郸城、鹿邑、扶沟等五县城构成区域发展的外围层;核心层与联系层紧密联系,同时又辐射外围层。

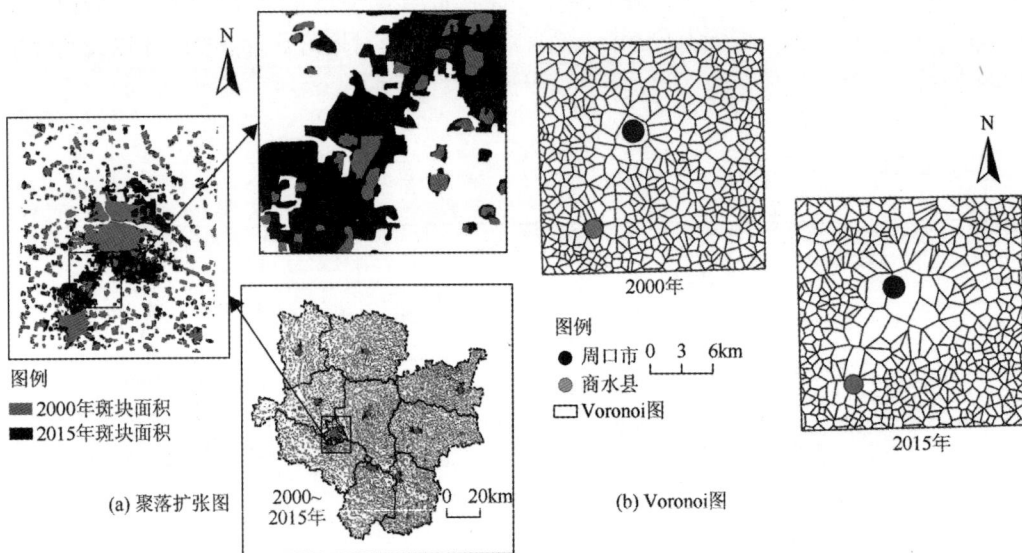

图2.7 周口市乡村聚落扩张强度及Voronoi图(2000~2015年)

2015年,周口市的乡村面积扩张达到最低水平,乡村人口和乡村个数持续减少(表2.5);以中心城市和商水县城之间的乡村聚落为例,其乡村聚落扩张强度和Voronoi图变化最剧烈[图2.7(a)、(b)],城镇化不断侵蚀周边的乡村聚落,使周商大道周边的乡村消失的几近殆尽。随着城镇化和工业化进程的加快,城镇吸纳就业能力不断增强,乡村劳动力不断向城镇转移,周口市城镇化率由2000年的12.98%,增加到2016年的39.5%,平均每年增加1.7%,大量乡村人口向城镇转移,促进了城乡经济的协调发展。周口市的乡村居民人均纯收入由2000年的1915元,增加到2016年的9279元,平均每年增长5%。

2.4 影 响 因 素

2.4.1 交通、河流等因素

为了研究周口市聚落等级规模分布与交通网络和河流的耦合关系,本章将周口市聚落分为5级,并应用GIS软件中的叠置分析,以1000m为刻度,作周口市三级公路和河流的缓冲区，并分别计算缓冲区内聚落等级的个数。结果如表 2.9 所示，聚落等级规模与交通和河流网络基本上呈现正向相关关系，但二者作用强度不同。1 级、2 级、3 级、4 级和 5 级聚落受交通因素影响比较大，河流因素次之，交通和河流共同作用的聚落变化幅度不大。1 级聚落主要为县城和乡镇，其交通指向性较强，所以 1 级聚落受交通因素影响比较大。随着时间发展，每个等级内聚落受交通、河流影响的强度不同，如 1 级聚落在 1973 年受交通、河流和二者共同影响的比例分别为 30.6%、23.9% 和 14.8%，而到 2015 年这一比例变为 88.6%、28.3% 和 27.7%。这反映了交通因素作为现代人文经济因素的一个典型代表，对城乡聚落等级规模结构的影响作用增强，其主要是通过改变城乡聚落的交通区位而实现，重要交通路线的修建会使区位条件较为重要的聚落吸引力进一步增强（张荣天等，2013；吴江国等，2014），从而使城乡聚落等级规模结构不断变大。而河流是传统的地理因素，在早期城乡聚落发展中作用较大，而随着时间的推移，传统的地理因素对城乡聚落等级结构的直接影响处于下降的趋势。

表 2.9　周口市城乡聚落交通和河流缓冲区内的聚落个数及比例

级别	影响因素	1973 年	1990 年	2000 年	2015 年
1 级	交通	64（30.6%）	106（59.9%）	180（81.8%）	163（88.6%）
	河流	50（23.9%）	45（25.4%）	58（26.4%）	52（28.3%）
	交通和河流	31（14.8%）	32（18.1%）	51（23.2%）	51（27.7%）
2 级	交通	282（23.1%）	304（31.4%）	558（56.2%）	503（64.9%）
	河流	284（23.7%）	195（20.1%）	193（19.4%）	159（20.5%）
	交通和河流	90（7.4%）	71（7.3%）	118（11.9%）	105（13.5%）
3 级	交通	1652（16.9%）	2802（32.9%）	3525（48.5%）	4595（59.8%）
	河流	1672（17.1%）	1490（17.5%）	1252（17.2%）	1397（18.2%）
	交通和河流	354（3.6%）	538（6.3%）	554（7.6%）	772（10%）
4 级	交通	566（17.4%）	1010（30%）	1526（45.5%）	2017（59.4%）
	河流	479（14.7%）	503（14.9%）	575（17.1%）	597（17.6%）
	交通和河流	83（2.6%）	185（5.5%）	242（7.2%）	318（9.4%）
5 级	交通	188（18.5%）	243（27.6%）	685（46.1%）	841（59.1%）
	河流	132（13%）	122（13.9%）	234（15.7%）	204（14.3%）
	交通和河流	30（3%）	41（4.7%）	94（6.3%）	106（7.5%）

注：表中交通仅为交通缓冲区内的聚落等级个数；河流仅为河流缓冲区内的聚落等级个数；交通和河流为二者共同作用下缓冲区内聚落等级的个数。

资料来源：作者自统计。

2.4.2　经济、政策与文化

1973 年乡村聚落发展基本处于原始状态，其规模结构较松散。改革开放以后，一方面家庭联产责任制的实施和农村商品经济的发展，使农民经济状况变好。周口地区的农民纯收入由 1978 年的 48 元，增加到 1990 年的 514 元，增加了 10.7 倍（河南省农村社会经济调查队，1991），农民收入的增加促使农民对住房需求的增加；另一方面由于

20 世纪 60～70 年代第二次生育高潮[①]，大量男孩在 80～90 年代陆续进入适婚年龄[②]，婚房基本上成为结婚的一道必须程序，大量婚房的新建也导致了乡村规模结构扩大。最后，由于人们思想观念的改变，家庭结构逐渐向小型化转化。两代家庭逐渐占据乡村聚落家庭类型的主体。周口市 1975 年平均每户有 4.9 人，到 1990 年平均每户仅为 4.5 人，而周口市 1975 年共有 146.1 万户家庭，到 1990 年增加到 205.6 万户[③]。家庭结构的小型化，加剧了家庭的增生与分裂，使乡村户数增加，同时也加剧了乡村聚落规模的扩大。这三方面因素共同耦合促使乡村聚落在 20 世纪 90 年代等级规模结构发生剧烈变化。

20 世纪 90 年代以后，由于城乡二元结构矛盾突出，城乡贫富差距逐步拉大，农民增收面临瓶颈。周口市 1991 年农民人均纯收入为 530 元，城镇居民可支配收入为 791.99 元，二者仅相差 261.99 元，至 2012 年农民人均纯收入为 6199 元，城镇居民可支配收入为 16503 元，二者相差 10304 元，这种差距是 1990 年的 39.3 倍。城乡收入差距的加大，导致农民逐渐向非农产业转移。同时，乡村人口的减少，人口自然增长率的下降，使农民建房的热情持续下降。此阶段周口市人口自然增长率由 1990 年的 19.6‰下降到 2000 年的 8.48‰。农民增收困难、农村剩余劳动力向城镇转移及乡村人口的减少，加之，上一期农民建房的房屋寿命仍在使用范围内，这一时期乡村聚落的等级规模结构变化相对不大。

2000 年以后，聚落等级规模又急剧变大。这主要是由于两个方面原因造成的：一方面是政策制度因素对聚落规模的影响，如户籍制度和农村集体土地制度。虽然部分农民工已转移至城镇，但是由于农村户籍制度和土地制度的原因，农民工在农村的住宅和土地并未流转，有些甚至出现"一户多宅"和"建新不拆旧"等问题（林刚，2014），使得乡村聚落住宅并未因为剩余劳动力的转移而出现相应的减少，反而导致乡村聚落规模变大。另一方面可能是由于农村传统观念对乡村聚落规模的影响。20 世纪 80～90 年代第三次生育高潮后，大量人口已到婚育年龄，虽然这部分生育高潮出生的人口已部分转移到城镇，但是由于农村传统观念习俗，这部分人父母仍然会为其子女建房，造成乡村聚落规模增大。

2.4.3　城镇化、新型社区建设等因素

随着时间的推移，各种自然、人为或偶发因素可能会导致聚落空间结构演变。聚落空间结构演变的诱因主要有 3 种形式：城镇化、新农村建设和重大工程搬迁。

第一，在城镇化过程中，城镇外扩导致聚落空间重构。在城镇化进程中，毗邻城镇的村落不可避免地被卷入城镇体系之中，村落被城镇完全侵蚀，使原有的空间结构被打

---

① 马瀛通将中国人口生育高峰划分为 3 个阶段：第一次生育高峰为 1949～1958 年；第二次生育高峰为 1962～1975 年；第三次生育高峰为 1986～2000 年。其他学者认为第三次生育高峰为 1981～1990 年。本章采取马瀛通先生的前 2 个划分阶段和其他学者的第三次生育高峰划分阶段。

② 受农村习俗的影响，无论经济水平好坏，父母都会在儿子结婚时（或被女方要求）盖新房（有时甚至举债建房）。在农村，结婚后分家，意味着子女长大成人，可以自己独立生活。

③ 周口市统计局. 周口统计年鉴.（1990～2013）.

破，新的空间结构得以重新构建，如在商水和周口一体化过程中，周口市区一直向南发展，商水县城向北发展，二者之间原有的村落被城镇侵蚀，由原来两个独立的空间结构，逐渐重构、融合为一个相对庞大的空间结构（图2.8）。在城镇化过程中，部分城郊聚落空间结构变化具有连续性和激烈性，聚落空间结构是一个由小变大的过程，同时，也是城镇体系对乡村聚落体系施加影响的过程。

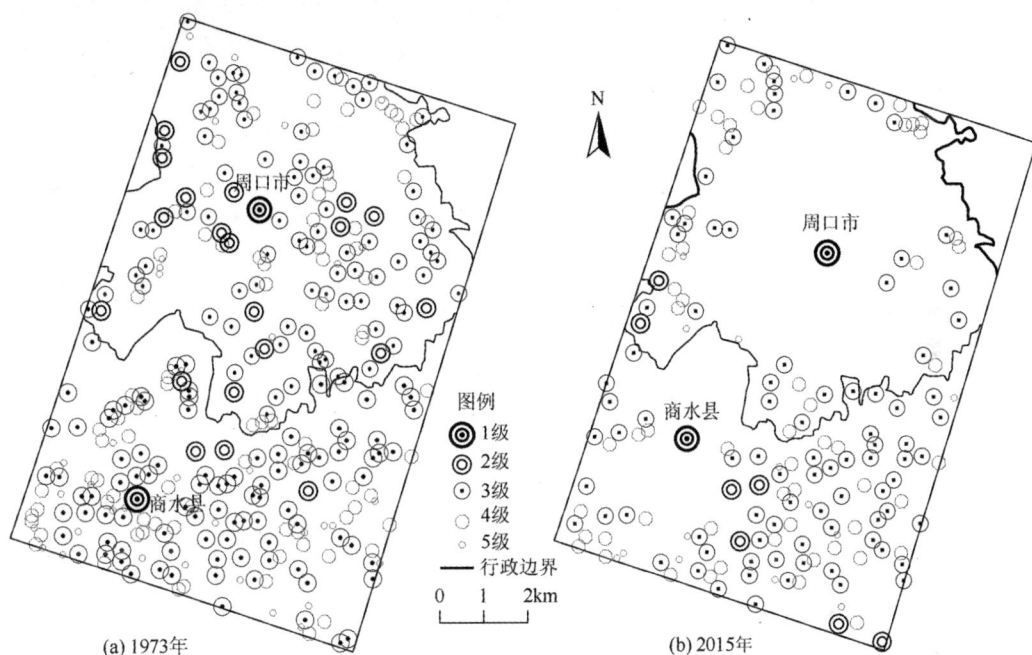

图 2.8　城镇化对聚落空间结构的影响

第二，在新农村建设过程中，地方政府主导的"美丽乡村"或"拆村并点"等工程，使部分规模小、基础设施落后的村落通过搬迁、合并为新的农村社区，最终形成规模适中、布局合理、功能完备的新型社区，实现了小村落的再生与发展（陈承明，2014）。在西华县龙池头社区中，当地政府将马庄、李庄、宋桥口等几个小村落合并为龙池头社区，使原有的村落结构形成新的空间结构，龙池头成为新的中心地，南凌村、肖横村和护当城则由原来的 1 级聚落变为 2 级或 3 级聚落（图2.9）。新农村建设过程中，聚落演变是在政府主导下，合理布局聚落空间结构的过程。这种政府主导下的村落终结更符合规划原理，甚至接近克氏中心地中的六边形法则（图2.9）。

第三，重大工程建设也会使聚落空间结构发生重构。重大工程对聚落空间结构的影响大多具有偶发性、强制性、区域性和短期性等特征，导致其空间结构具有一定的随意性，一般表现为空间结构辐射范围变大、空间形态规律性不稳定。如图2.10所示，在大广高速与商周高速交叉口，需要建立互通式立体交叉通道，周围的前吴村、刘庄和前梁庄等整体搬迁，使得这一区域空间结构辐射范围变大。由于重大工程对聚落空间重构具有偶发性，聚落迁入地只是规模的扩大，对其功能并未有太大改变。

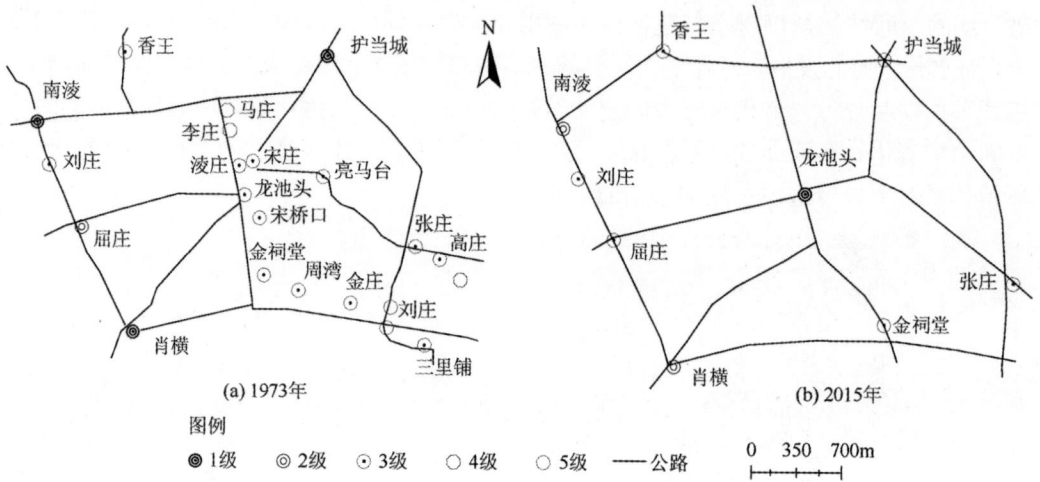

(a) 1973年

图例

◉ 1级　◉ 2级　⊙ 3级　○ 4级　○ 5级　—— 公路

0　350　700m

(b) 2015年

图 2.9　新农村对聚落空间结构的影响

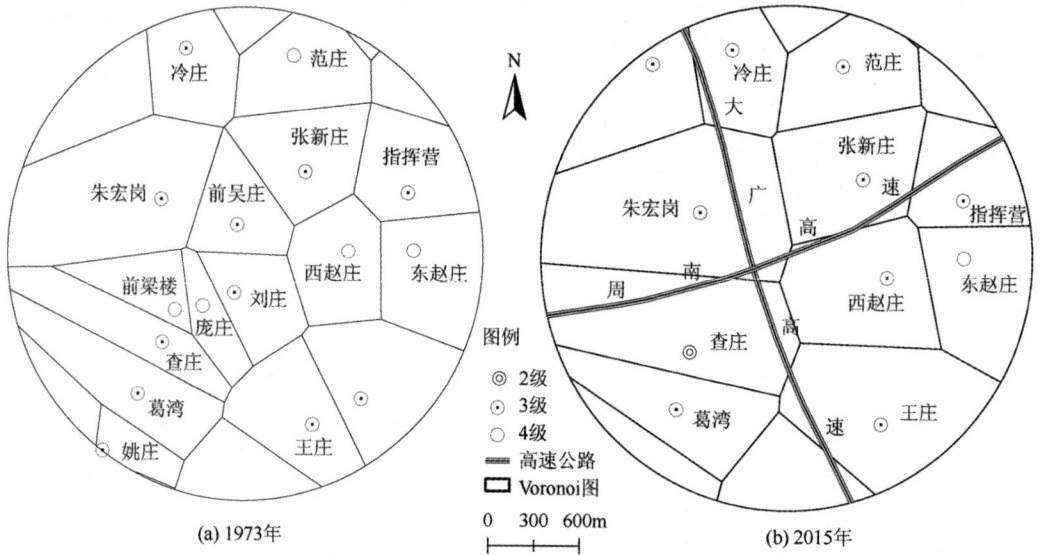

图例

◉ 2级

⊙ 3级

○ 4级

╪╪ 高速公路

▭ Voronoi图

0　300　600m

(a) 1973年　　　　(b) 2015年

图 2.10　重大工程建设对聚落空间结构的影响

　　通过对周口市聚落空间结构演变影响因素的分析，发现周口市聚落空间结构演变主要是城镇化和政府行为所引起的。在城镇化过程中，城镇内力（人口因素、经济因素）使城镇向外部扩展，城镇聚落空间结构辐射范围不断变大，且这种空间结构演变随经济或人口等发展方向而扩展。新农村建设和重大工程所引起的聚落空间结构变化均有政府行为或政府支持（企业），政府行为是这类聚落空间变化的重要推动力量，前者从规划角度引导聚落空间结构的合理布局，后者对聚落空间布局具有一定的随意性，其导致的空间结构与前者截然不同。

2.5 未来聚落发展趋势

2.5.1 中心城市将不断强化

通过预测周口市中心城市的面积，发现中心城市的面积呈指数函数增长，其拟合优度达到 0.9903（图 2.11）；预测 2025 年中心城市的面积为 112 km^2，预测 2035 年周口市中心城市的面积将会达到 255km^2。周口市中心城市建成区面积 2015 年仅为 50.5km^2，与周边同类型的城市相比，周口市中心城市相对弱小。周口市中心城市未来可能将进行扩容，到 2020 年，周口市中心城区城市建设用地将达到 100km^2，几乎是 2015 年的一倍。周口城市新区的建立，以及项城市、商水县和淮阳县作为中心城市的重要组团，未来周口将推动周商、周淮一体化，进一步强化中心城区的地位。

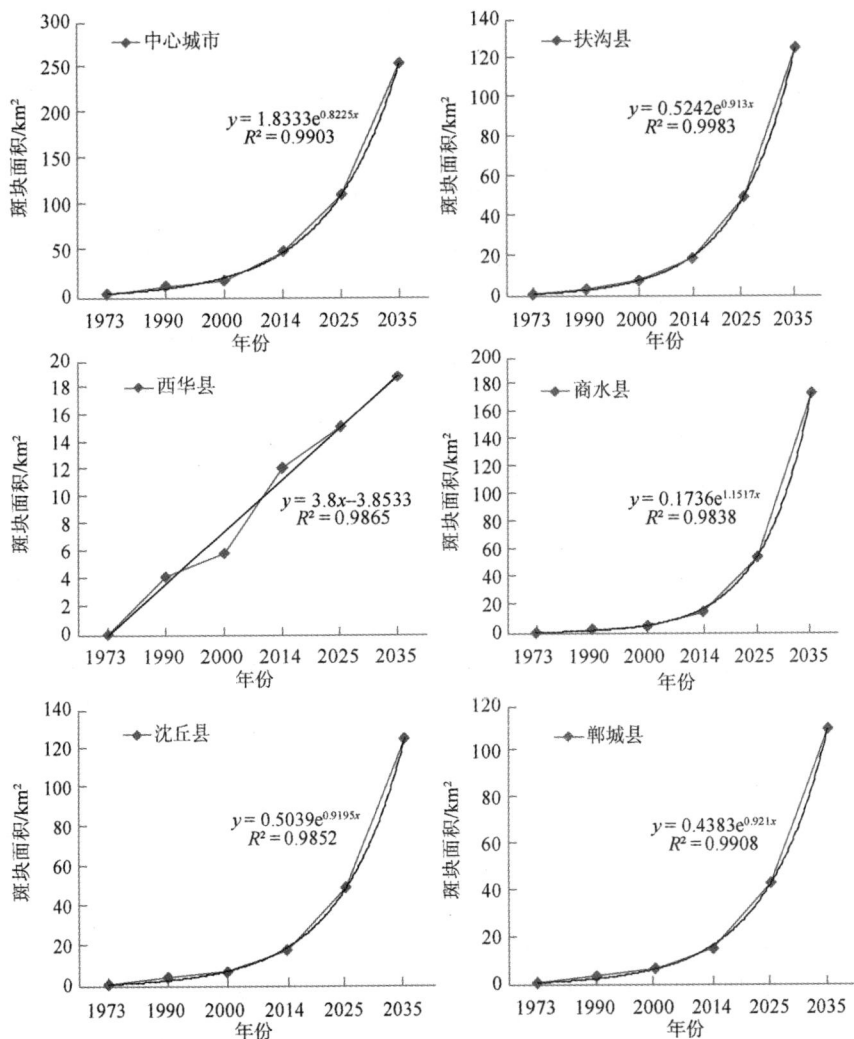

中心城市：$y = 1.8333e^{0.8225x}$，$R^2 = 0.9903$

扶沟县：$y = 0.5242e^{0.913x}$，$R^2 = 0.9983$

西华县：$y = 3.8x - 3.8533$，$R^2 = 0.9865$

商水县：$y = 0.1736e^{1.1517x}$，$R^2 = 0.9838$

沈丘县：$y = 0.5039e^{0.9195x}$，$R^2 = 0.9852$

郸城县：$y = 0.4383e^{0.921x}$，$R^2 = 0.9908$

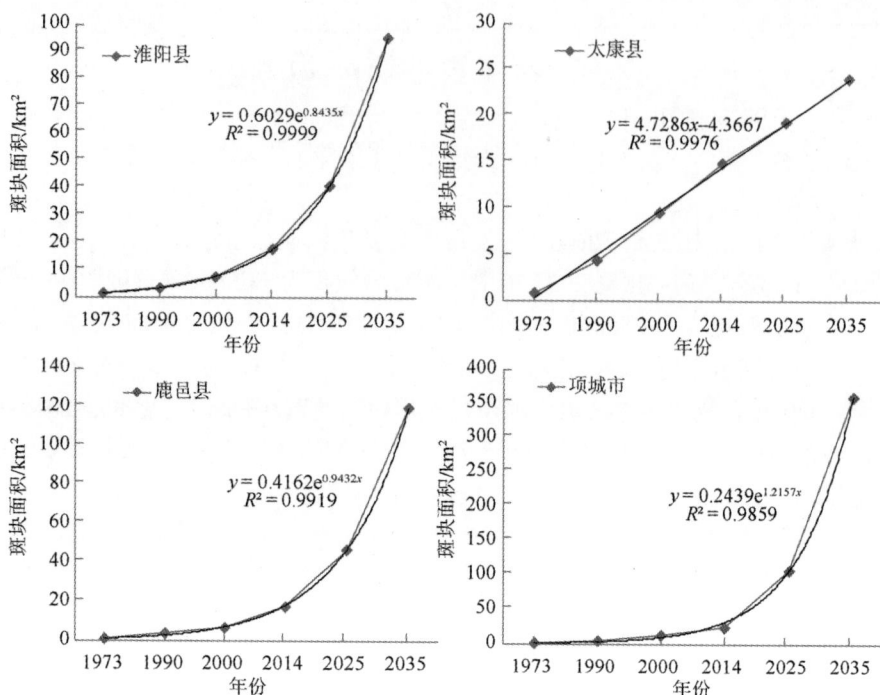

图 2.11 周口市县级中心城市建成区面积预测

县级中心城市建成区面积也将持续增加，通过模拟县级中心城市 2025 年和 2035 年的建成区面积（图 2.11），发现周口市县级中心建成区面积大部分呈现指数函数（西华县和太康县除外）。预测扶沟县、商水县、沈丘县、郸城县、淮阳县、鹿邑县在 2025 年的建成区面积分别为 50.3km²、55.0km²、50km²、43.8km²、40.9km² 和 46.5km²，与当前周口市中心城区的面积基本相当；在 2035 年，扶沟县、商水县、沈丘县、郸城县、淮阳县、鹿邑县的建成区面积分别为 125.6km²、174km²、125.4km²、110.1km²、95.1km² 和 119.4km²，基本上与周口市中心城区 2025 年的建成区面积相当。值得注意的是，项城市在 2025 年其建成区面积基本上和周口相等；在 2035 年项城市的建成区面积将会达到 359.0km²，其将超过周口市中心城市。周口市城市总体规划中指出，在 2020 年前后将项城市建成周口地区的副中心，周口地区将会呈现双核结构。

2.5.2 小城镇的地位将提高

小城镇在建设面积上与中心城市、县级中心城市的发展基本情况是一致。本章通过随机性选择 10 个小城镇模拟预测其未来面积发展情况。如图 2.12 所示，小城镇面积增长与县级中心城市面积增长一致，其也遵循指数函数规律（谭庄镇除外）。小城镇在未来 10 年，其建成区面积将会增加到 2.49km²（平均值）；在未来 20 年内，小城镇面积将会增加到 4.81km²（平均值）。与 2015 年面积相比，未来 10 年小城镇面积将增加 45%左右，在未来 20 年内小城镇面积将增加 71.3%左右。小城镇是未来中国城镇化的重点区域，未来农村地区剩余劳动力的转移将会逐渐向小城镇倾斜，特别是在当前，农村剩余劳动力完全转移至大城市是完全不现实的，大城市现有的城市管理水平和承载力无法实现这一目标。所以，当前中国农村剩余劳动力转移应首先着眼于小城镇，通过合理分流才能顺利完成中国当前的城镇化目标。对于周口地区而言，中心城市和县级中心城市相对弱小，承载力有限，目前农村剩余劳动力无法完全转移至这些地区。因此，实现小城镇的就地转移是当前城镇化的第三条道路。

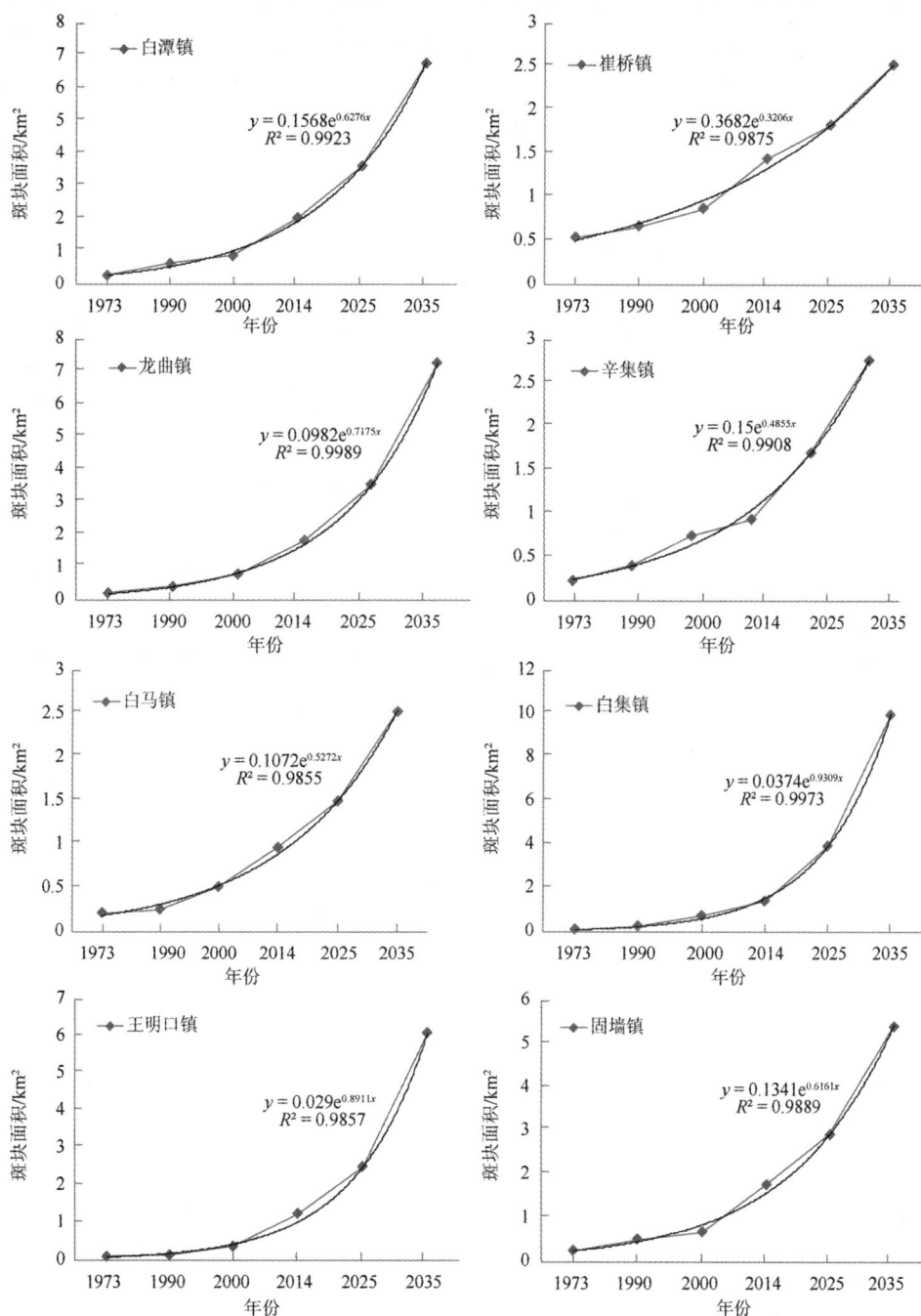

47

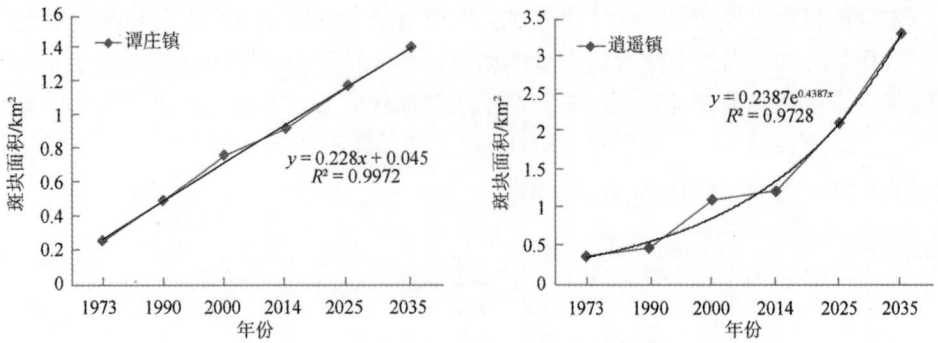

图 2.12 周口市小城镇建成区面积预测

2.5.3 乡村个数将减少

周口地区的乡村聚落个数随时间的发展而逐渐减少（表 2.10），乡村聚落平均邻近距离随时间的发展而逐渐增大（表 2.11）。按照周口市"十二五"规划和周口市城市规划，周口地区的乡村聚落将分类实施新农村建设，对城镇周边和产业集聚区内的乡村聚落，将会按照城市统一规划和建设标准，实行城乡一体化，将乡村聚落按照城镇标准建设标准住房，进行集体搬迁合并；对于产业基础较好的乡村聚落，将按照"用地节约、产业发展优化、集聚人口适度、服务半径合理、资源配置有效、功能完善"等原则，统一规划，分批实施，建成社区示范村，实现人口集聚，资源共享；对于偏远村落、不宜居住的村庄及人口规模较小的乡村聚落，要实施整村搬迁，建设基站居住区。以上这些规划的实施，将会对乡村聚落的布局产生较大影响，乡村聚落个数进一步减少。

表 2.10 1973~2015 年周口市各县城乡聚落斑块数量变化 （单位：个）

年份	中心城市	扶沟县	西华县	商水县	沈丘县	郸城县	淮阳县	太康县	鹿邑县	项城市
1973	174	953	1065	1448	1587	2231	2192	2243	2015	1546
1990	118	866	1002	1269	1415	1999	2031	2017	1821	1368
2000	111	748	940	1162	1389	1888	1770	1536	1789	1220
2015	83	656	895	1089	1367	1838	1754	1523	1769	1212

表 2.11 1973~2015 年周口市乡村聚落平均最邻近距离

等级	年份	平均最邻近距离均值/m
1 级	1973	4036.0868
	1990	4426.5653
	2000	4558.0755
	2015	5299.6164
2 级	1973	1661.6102
	1990	1712.7697
	2000	1821.1815
	2015	2043.2272

续表

等级	年份	平均最邻近距离均值/m
3 级	1973	601.6135
	1990	743.5975
	2000	753.1214
	2015	772.2486
4 级	1973	831.3087
	1990	856.2578
	2000	929.9283
	2015	901.4178
5 级	1973	1381.7597
	1990	1353.1565
	2000	1184.2042
	2015	1224.8992

2.6　本章小结

随着中国城镇化进程的加快，中国城乡聚落面临着新的重构过程。如何合理地规划与布局城乡聚落等级体系，使其大小不同、功能有别、环境各异，是新时期城乡发展对相关学科提出的新命题。本章以周口市城乡聚落为案例，首先，研究了周口市聚落的等级规模分布规律；其次，分析了周口市城乡聚落的空间结构演变规律；再次，分析了周口市聚落演变的影响因素；最后，探讨了周口市城乡聚落未来发展情况。其主要结论如下：①在时间序列上，周口市聚落的等级规模分布趋近城市位序-规模曲线；周口市的聚落等级规模分布具有严重的"翘首"和"摆尾"现象，即所谓的"肥尾特征"，只有部分聚落等级规模分布服从位序-规模法则；聚落等级规模实际值小于理论值，反映了周口市未来城镇化进程具有较大的提升空间。②20 世纪 70 年代以来，周口市聚落体系空间结构演变呈现出低端均衡模式（1973 年）—点轴模式（1990 年）—中心外围模式（2000 年）—圈层模式（2015 年）的演进过程，这 4 种模式随着时间的推移，依次影响周口市城乡聚落体系的空间结构，每种模式对城乡要素流动的方向和作用各不相同，从而使城乡聚落体系的空间结构各不相同。③城乡聚落等级规模结构与空间结构受河流自然因素和交通线路、经济因素、政策与文化、城镇化等多种人文因素的综合影响，而随着时间的推移，现代经济交通因素对城乡聚落的等级结构与空间结构的影响作用增强，传统地理因素（河流）对城乡聚落等级结构与空间结构的影响处于下降趋势。④城乡聚落等级结构的未来发展趋势如下：中心城市将进一步强化，城市规模将进一步增大；小城镇的地位将会提高，小城镇面积增长与县级中心城市面积增长一致；乡村聚落个数将进一步减少。

传统农区与发达区域的城乡聚落体系空间结构演变不同。发达区域空间结构多呈现"多中心+网络"的综合演变趋势（冯健和周一星，2003；），且影响因素向物质流、信息流等流动空间转变（高宜程等，2013）。而传统农区城乡聚落体系的空间结构主要呈现"中心外围"或"圈层模式"这种发达区域早期的发展模式，传统农区城乡聚落体系的空间结构演变主要取决于交通、产业和政府作用机制这些传统要素。这与当前传统农区所处的发展阶段不无关系，传统农区多处于工业化初期阶段，工业多以传统涉农加工产业为主，区内缺乏高加工度的制造业，区域带动能力不足，影响边缘聚落发展，致使区域发展陷入"低水平的发展"怪圈。当前，传统农区多数处于城镇化和工业化的初期阶段，亟须以城镇化和工业化带动经济发展，在相当长的一段时期内，传统农区城乡聚落体系的空间结构将具有一定的历史延续性，仍将在政府作用机制引导下，沿交通轴线发展和产业推动发展。

因此，正确认识城镇化过程中城乡聚落体系的空间结构及其在区域发展中所处的阶段，同时认清城乡聚落体系空间结构的作用机制，可为区域城乡聚落发展提供科学依据，适时采取相应的发展措施。目前，周口市城乡聚落体系的空间结构为中心极化的圈层结构。在未来发展中，应在政府作用机制下，以交通通道建设所形成的"廊道效应"和特色产业所形成的"比较优势"为核心，构建周口市域城乡聚落体系，不断优化周口市城乡聚落体系的空间结构，逐渐使其趋于合理，最终使周口市城乡聚落体系形成大小不同、功能有别的新型聚落体系（李小建和罗庆，2014）。

参 考 文 献

陈承明. 2014. 论新型城镇化和新农村建设的辩证关系. 社会科学, (3): 48～53
陈明星, 陆大道, 刘慧. 2010. 中国城市化与经济发展水平关系的省际格局. 地理学报, 65(12): 1443～1453
陈彦光, 刘继生. 2001. 城市系统的异速生长关系与位序-规模法则: 对 Steindl 模型的修正与发展. 地理科学, 21(4): 412～416
陈宗兴, 陈晓键. 1994. 乡村聚落地理研究的国外动态与国内趋势. 世界地理研究, (1): 72～79
冯健, 周一星. 2003. 北京都市区社会空间结构及其演化(1982—2000). 地理研究, 22(4): 465～483
高宜程, 申玉铭, 邱灵. 2013. 陕西省晋城市空间结构演化与重构. 地理研究, 32(7): 1231～1242
郭荣朝, 宋双华, 夏保林, 等. 2013. 周口市域城镇空间结构优化研究. 地理科学, 33(11): 1347～1353
韩非, 蔡建明. 2011. 我国半城市化地区乡村聚落的形态演变与重建. 地理研究, 30(7): 1271～1284
河南省经济发展战略规划指导小组. 1991. 河南发展战略. 北京: 中国统计出版社
河南省农村社会经济调查队. 1991. 河南农村统计年鉴. 北京: 中国统计出版社
金其铭. 1988. 农村聚落地理. 北京: 科学出版社
李小建, 罗庆. 2014. 新型城镇化中的协调思想分析. 中国人口资源与环境, 24(2): 47～53
李小建, 许家伟, 海贝贝. 2015. 县域聚落分布格局演变分析——基于 1929—2013 年河南巩义的实证研究. 地理学报, 70(12): 1870～1883
林刚. 2014. 中国工农——城乡关系的历史变化与当代问题. 中国农村观察, (5): 2～13
刘继生, 陈彦光. 2003. 河南省城镇体系空间结构的多分形特征及其与水系分布的关系探讨. 地理科学, 23(6): 713～720
戚伟, 刘盛和. 2015. 中国城市流动人口位序规模分布研究. 地理研究, 34(10): 1981～1993
马先标. 2010. 稳健快速推进城市化中的农村富余人口转移——以农户为单位的转移模式新探讨. 社会经济体制比较, (5): 98～104

苗长虹. 1998. 乡村工业化对中国乡村城市转型的影响. 地理科学, 18(5): 409～417

吴江国, 张小林, 冀亚哲. 2014. 苏南和皖北平原地区乡村聚落分形特征对比分析——以镇江丹阳市和宿州埇桥区为例. 长江流域资源与环境, 23(2): 161～169

张荣天, 张小林, 李传武. 2013. 镇江市丘陵区乡村聚落空间格局特征及其影响因素分析. 长江流域资源与环境, 22(3): 272～278

周国华, 贺艳华, 唐承丽, 等. 2011. 中国农村聚居演变的驱动机制及态势分析. 地理学报, 66(4): 515～524

朱纪广. 2015. 黄淮海平原城乡聚落等级体系及其空间结构演变研究——以河南省周口市为例. 开封: 河南大学

White R, Engelen G. 1994. Urban systems dynamics and cellular automata: Fractal structures between order and chaos. Chaos, Solitons & Fractal, 4(4): 563～683

第3章 城市边缘区乡村聚落

快速城镇化进程正在推动着中国乡村聚落发生剧烈变化（Chen et al.，2010；Giuseppina，2012）。中国地域广大，不同的地理环境造就差异化的乡村发展演化路径。相较于传统的乡村地域，城市边缘的乡村聚落处于更为复杂的发展环境之中。一方面，位于城市边缘的乡村聚落因其靠近城市的特殊区位优势和边缘效应，承接了部分城市功能的转移，甚至逐渐被纳入城市建设用地范畴，是城镇化扩散效应最直接的受益者。同时，城市核心区巨大的极化效应导致的乡村聚落发展要素流失、边缘区聚落承接落后产能造成的生态环境恶化、城市外扩挤压以及大量外来人口涌入带来的乡村聚落空间无序化与碎片化，外部主体的强势介入致使乡村聚落主体性丧失，这些问题都极大的阻碍聚落的可持续发展。更有甚者，由于片面地追求城市价值及景观城市化的发展，边缘区乡村聚落正在逐步丧失乡村地域人文精神与乡村价值。

由于所处区位特殊，城市边缘区聚落演化涉及中心城区城市化过程、乡村聚落转型发展过程、城乡融合过程等多个方面，如若不能妥善解决发展中面临的问题，将直接影响区域城市化的质量与进程。同时，特殊的国情以及急速的城市扩张过程，使我国城市边缘区乡村聚落所面临的这些问题是已往许多发达国家城市化进程中并不曾面对的问题，需要结合中国实际探讨城市边缘区乡村聚落发展演化规律与影响因素，总结发展理论，才能真正对城镇化发展起到有益的指导作用。

本章以河南省郑州市为例，应用景观分析、GIS 空间分析、统计分析等多种方法，从区域总体和聚落单体两个不同视角，剖析了城市边缘区乡村聚落空间格局的时空演化规律及其影响因素。研究结论对丰富与完善乡村聚落理论，引导景观城市化稳步、合理、可持续地进行具有重要的理论和实践意义。

3.1 研究区概况

本章选取中部平原人口密集区中心城市——郑州市为案例区。郑州市现辖 6 区 5 市 1 县，分别是中原区、二七区、管城区、金水区、惠济区、上街区 6 区，巩义市、荥阳市、新密市、新郑市、登封市 5 个县级市和中牟县。本章研究区为郑州市中心城区，主要包括中原区、二七区、管城区、金水区、惠济区 5 个市辖区，不含市辖县市，另外由于上街区是飞地，故研究区中也不包含。截至 2016 年，研究区共有 79 个街道办事处、5 个镇、3 个乡，326 个村委会。研究区主要概况如下。

3.1.1　自然地理环境

郑州市地处中国大陆腹地，东经 112°42′～114°14′，北纬 34°16′～34°58′。东接开封，西联洛阳，南邻许昌、平顶山，北隔黄河与焦作、新乡相望。市域总面积 7446.2km²，其中市辖区面积 1010.3km²。

郑州市全市横跨我国第二、三级地貌台阶，地势西高东低，呈阶梯状分布，高度差异明显。东部为广阔平原，西南多丘陵山地。气候属于北温带大陆性季风气候，在太阳辐射、地形地质、大气环流等因素的共同作用下，形成了冷暖适中、四季分明、雨热同期、干冷同季等气候特征。全市共有大小河流 124 条，主要河流 34 条，分属黄河、淮河两大水系。但总体来说郑州市水资源较全国平均水平仍然偏低。

研究区位于郑州市中北部稍偏东，整体海拔平缓，区内面积的 97% 位于海拔 200m 以下，并且高程也呈现自东北向西南缓慢增加趋势。研究区水系属于淮河流域（除黄河以外），包括贾鲁河、金水河、索须河等主要 8 条河流。京广铁路将郑州市辖区分为东西两部分，东部为洪积冲积平原的前沿，海拔 100m 以下，地势平缓，水源丰富，土质良好，为全市主要耕作区，主要包括金水区全部、惠济区、管城区大部。西部主要是山地向平原的过渡地带，由季节性河流形成山前洪积倾斜平原，海拔为 100～200m。涵盖中原区、二七区全部，以及惠济区、管城区小部（图 3.1）。

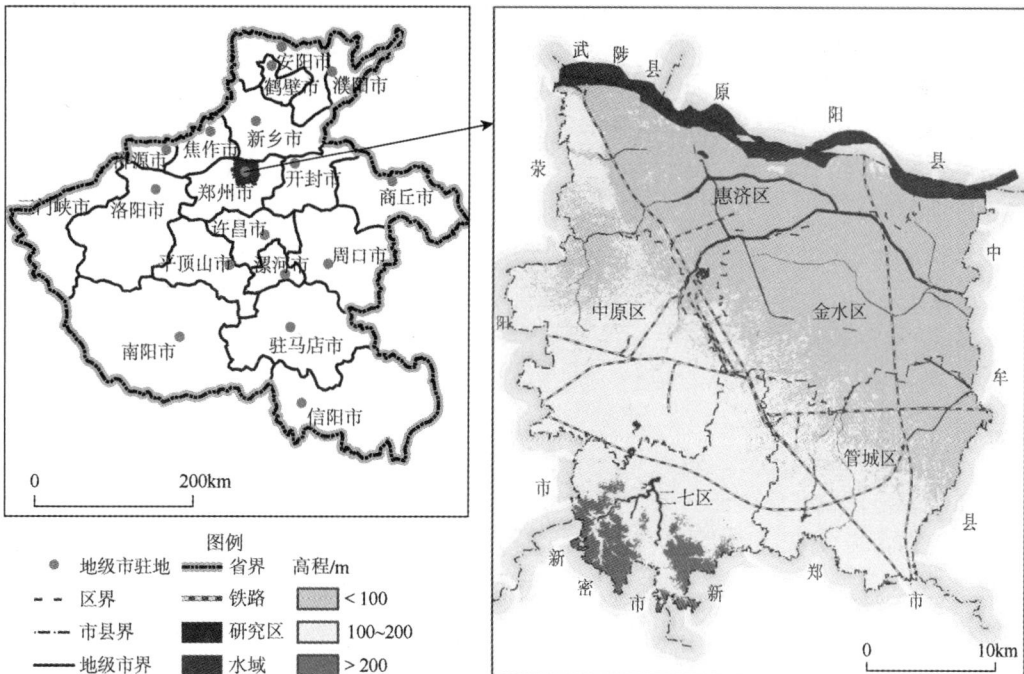

图 3.1　研究区区位示意图

3.1.2 社会经济发展

郑州市是中国中部地区的特大型城市和主要经济中心之一，中原经济区的中心城市。2016 年，国家发改委正式发布的《促进中部地区崛起"十三五"规划》中明确提出，支持郑州市建设国家中心城市。由于地处全国地理中心，郑州具有得天独厚的区位优势，是全国性的铁路、航空、高速公路、邮政电信综合枢纽城市。京广铁路、陇海铁路、京港高铁、郑西高铁等主要铁路在这里交汇；公路四通八达，不仅有高速、国道联通全国，还有以郑州市为中心向开封、洛阳、许昌、焦作等地的高速公路和城际快速通道。截至 2016 年，郑州新郑国际机场运营的客货运航空公司分别达到 41 家和 21 家，开通客运航线 186 条、货运航线 34 条。客货运通航城市达到 117 个，基本形成了覆盖全国以及东亚、东南亚主要城市，联通澳大利亚、北美洲、南美洲的航线网络，已成为全国重要的航空港。凭借着优越的自然地理条件和交通区位优势，改革开放以来，郑州市经济发展迅速，已形成汽车、装备制造、煤电铝、食品、纺织服装、电子信息六大优势产业。新材料产业、生物工程及制药产业等高新技术产业发达。其中，宇通、东风日产、上街铝厂、三全、思念等大型企业集团已成为国内相关行业的支柱型企业，还有富士康、海马汽车、格力集团等知名企业相继落户郑州，对国民经济的发展起着重要作用。

初步核算，至 2016 年，全市全年完成生产总值 8114 亿元，比上年增长 8.5%；人均生产总值 84114 元，比上年增长 6.5%。其中第一产业增加值 156.4 亿元，增长 3.0%；第二产业增加值 3796.9 亿元，增长 5.8%；第三产业增加值 4160.7 亿元，增长 11.4%。非公有制经济完成增加值 4789.2 亿元，增长 7.3%，占生产总值的比例为 59%。年末全市城镇化率达到 71%，比上年提高 1.3 个百分点（郑州市统计局，2017）。2016 年，全市完成地方财政总收入 1619.5 亿元，年末全市从业人员 589.9 万人，比上年增长 5.9%，其中城镇从业人员 353.4 万人，增长 10.1%。全市民生福利总指数为 104.6%，比上年提高 4.6 个百分点。

3.1.3 城市发展与建设

郑州具有悠久的历史，是中华民族的发祥地之一。早在 3500 多年前这里就是商王朝的重要都邑，曾有夏、商、管、郑、韩 5 朝在此建都，并在隋、唐、五代、宋、金、元、明、清 8 代为州（赵淑玲，2004），表明郑州地区在历史上相当长时期曾是国家的政治中心以及区域发展中心。近代以来，郑州城市的发展与建设大致可以分为 3 个阶段。

第一阶段，从 1906 年芦汉铁路（后改名京汉铁路）通车到 1948 年郑州解放。郑州由农村地区逐渐向新兴城镇过渡转变，由于战争和自然灾害的频繁发生，该时期城市发展十分缓慢。但京汉铁路和汴洛铁路（陇海铁路前身）相继通车，显著改变了郑州市的区位条件，同时也对今后城市发展的空间格局产生显著的影响。该阶段郑州市留有规划

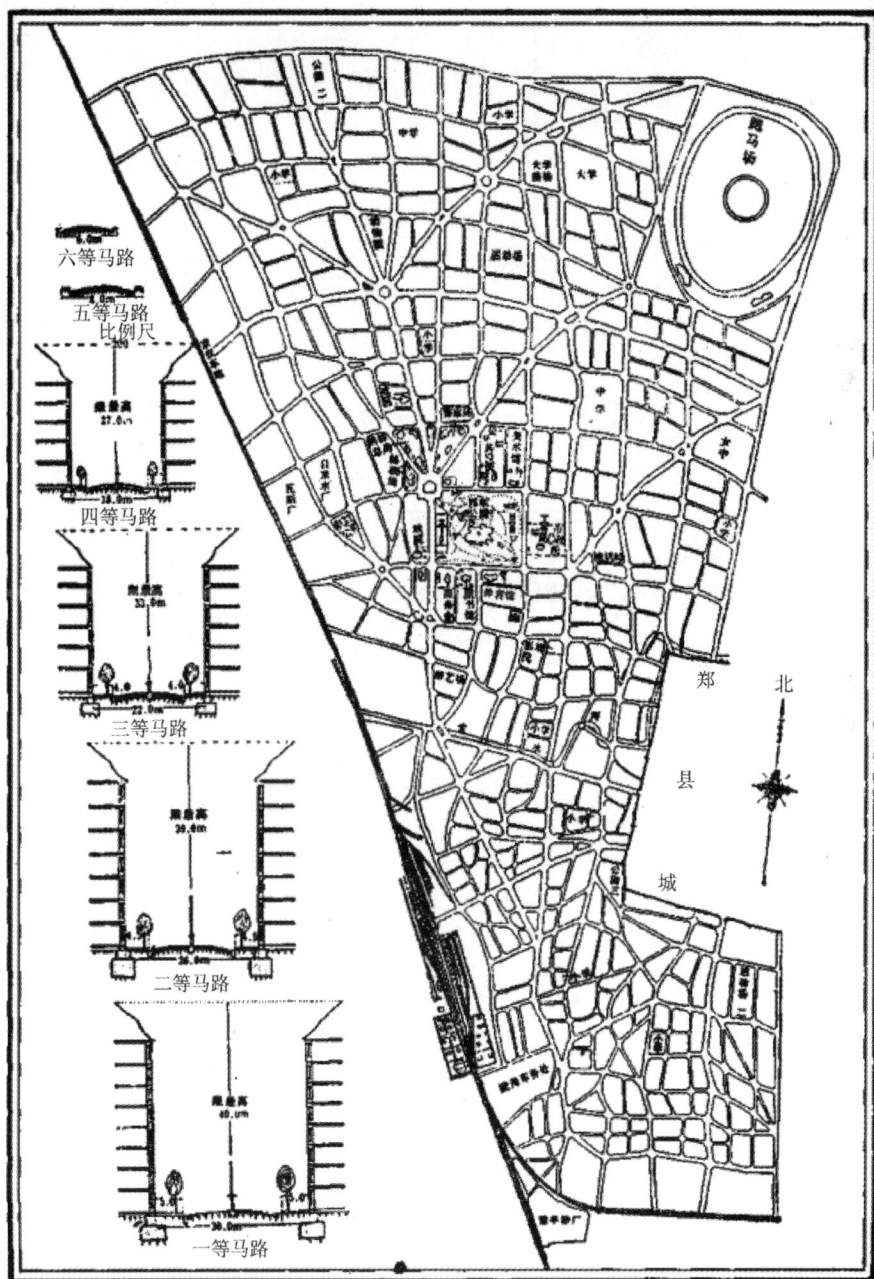

的《郑埠设计图》（图 3.2）和对新市区规划的《郑州新市区建设草案》（图 3.3），均表明京汉铁路将郑州市空间分为东西两部分。虽然上述规划并没有真正实现（图 3.4 为 1930 年郑州市区发展实际情况），但是前述两种并不相同的城市建设设想却为以后城市的发展奠定了基础。

图 3.2　郑埠设计图

资料来源：《郑州市志》（第三分册）

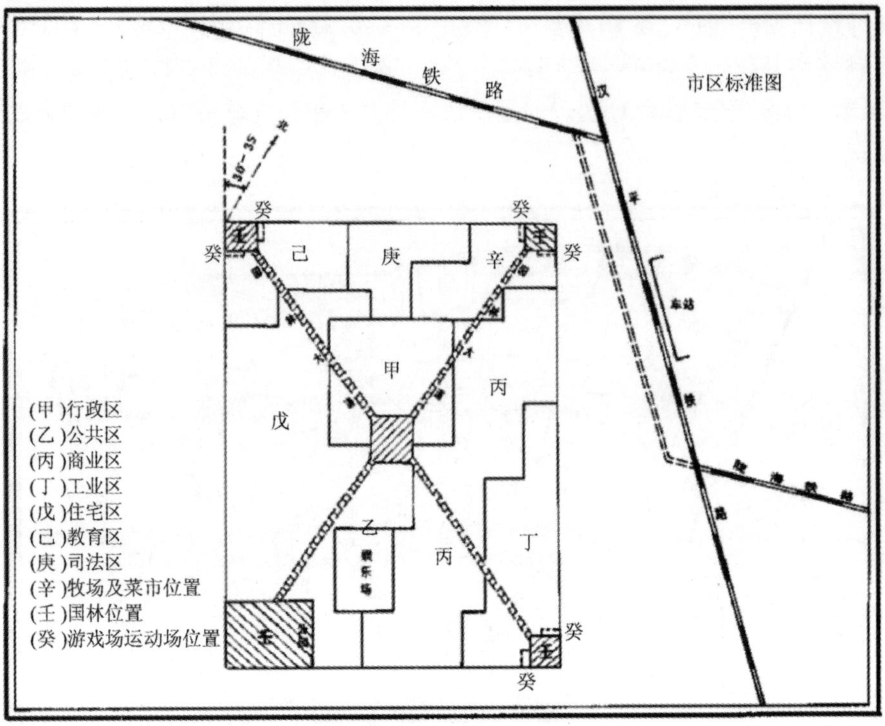

(甲)行政区
(乙)公共区
(丙)商业区
(丁)工业区
(戊)住宅区
(己)教育区
(庚)司法区
(辛)牧场及菜市位置
(壬)园林位置
(癸)游戏场运动场位置

图 3.3　郑州新市区建设草案
资料来源:《郑州市志》(第三分册)

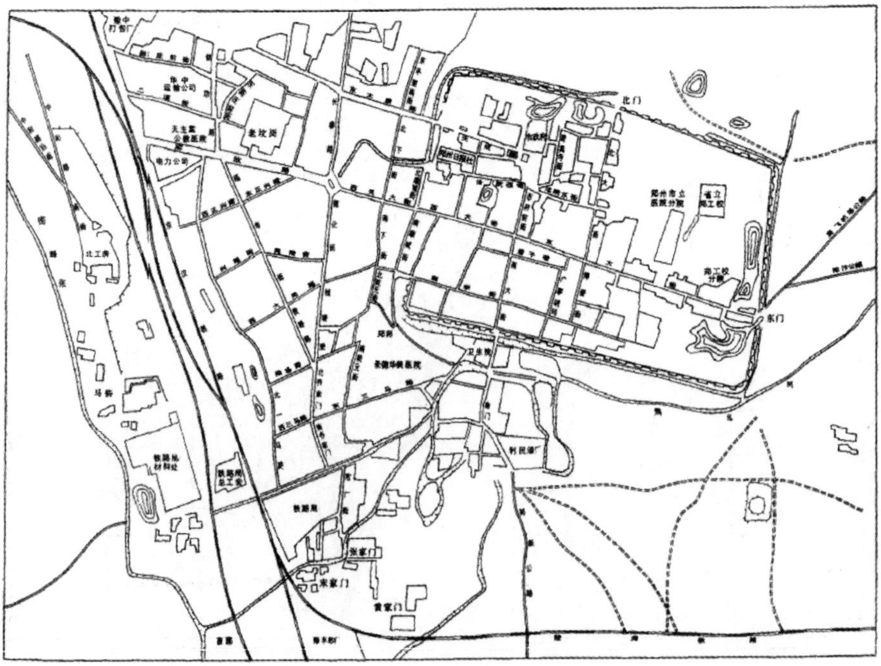

图 3.4　郑州市区平面图 (1930 年)
资料来源:《郑州市志》(第三分册)

第二阶段，自新中国成立以来至改革开放前夕。郑州市由一个落后的小城发展成为河南省的行政中心和新兴的工业城市。"一五"期间郑州市被列为重点建设城市，同时，河南省省会于 1954 年迁至郑州市。优越的地理位置、丰富的自然与农业资源、便捷的交通条件、行政中心的地位，这些都为郑州城市发展奠定了坚实基础。"一五""二五"时期，一大批中型工业企业落户郑州市，铁路、公路等交通设施规模增加，并建设了省会行政办公和居民生活设施，使城市发展初具规模，城市布局基本形成（赵淑玲，2004）。城市的用地规模随着工业的发展和人口的增加而不断扩大。该阶段后期，由于政治等方面的原因，城市发展速度减缓，至 20 世纪 70 年代末，建成区面积为 $64km^2$。

第三阶段，从改革开放至今。该阶段是郑州市城市扩张最快的一个阶段，城市的建设取得了辉煌的成绩。自 20 世纪 80 年代以来，郑州市加大了基础建设投资力度，城市快速发展，城市用地规模不断扩大，建成区面积显著增加（表 3.1）。如果说 1995 年之前郑州市城市的发展是稳步推进的话，那么 1995 年之后则进入了快速扩张阶段，仅 2000～2005 年城市建成区面积就扩张了近一倍。到 2016 年，郑州市建成区面积达到 $443km^2$，较 1980 年增加了 6.1 倍；市区总人口 482.92 万人，增长了 2.6 倍，城镇化率达到 71%，增长了 1 倍多（表 3.1）。

表 3.1　改革开放以来郑州市城市发展

项目	1980 年	1985 年	1990 年	1995 年	2000 年	2005 年	2010 年	2016 年
建成区面积/km^2	64	70.2	112	108.3	133.2	262	342.7	456.6
市区总人口/万人	133.7	152	181	205.7	257.7	302.2	428.4	482.92
城镇化率/%	34.1	38.4	42.7	48.9	55.1	59.2	63.6	71

资料来源：历年《郑州统计年鉴》。

3.1.4　选　取　依　据

从理论分析上来看，郑州市地处平原，地形平坦，较少由于自然因素对城市空间发展造成限制，城市扩张既能够反映出均质环境下城市自然发展的一般模式，同时也更能突出社会经济发展对城市发展以及城市边缘区聚落的影响。

从城市发展的历史来看，郑州市是中华民族古老的居住地区，现在的城市发展和区域聚落格局是经过长期历史演化的结果，因而十分适合作为现阶段聚落演化研究的案例区域。

从当前城市的发展状态来看，郑州市作为河南省的省会，近年来扩张迅速（图 3.5），建成区面积以平均每年约 8% 的增长率递增，超过全国平均水平。在近 20 年的时间内，城市建成区面积增加了将近 3 倍。城市人口的增长也十分明显，1998～2016 年，郑州市市辖区常住人口从 216.6 万人增加到 496.8 万人，增加 1.29 倍，年均增长率接近 5%。空间扩张和人口集聚的双重作用已使郑州市城市边缘区及其内部乡村聚落发生巨大变化，因此郑州市十分适合作为快速城镇化进程中城市边缘区聚落演化的研究案例区。

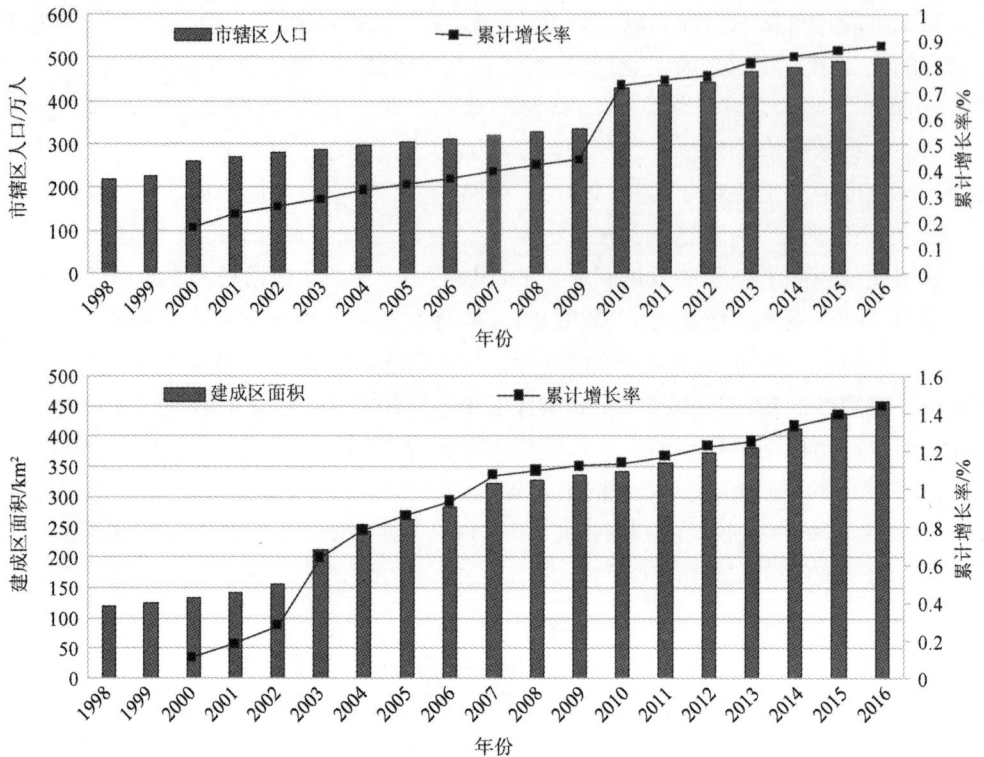

图 3.5　郑州市 1998～2016 年城市建成区与城市非农人口变化
资料来源:《郑州统计年鉴》(1999～2017 年)

　　在城市快速扩张的过程中,郑州市人口的集聚速度相对于建成区面积的增加要缓慢得多,已然呈现出了空间扩张快于人口集聚的情况。并且郑州市的空间发展表现出环状+放射状道路引导的外扩模式,整个城市的空间扩张属于典型的单核心城市"摊大饼"式扩张,这在我国许多大城市的空间发展中十分常见。大量的外来人口短期内在位于城市边缘的乡村聚落聚集,造成城中村空间异常增长(楼房翻新周期短、住宅垂直增长明显),并带来了大量的社会问题。作为快速扩张的特大城市、区域性中心城市,郑州市发展中遇到的问题较为突出和典型,更具有代表性,这也是选取郑州市为案例区的原因之一。

　　而与中部相邻各省省会城市相比,郑州市首位度较低,中心城市作用有待进一步提高。2016 年,郑州市常住人口 972.39 万,GDP 为 8114 亿元,经济实力要明显低于相邻的中心城市武汉(常住人口 1076.62 万,GDP 11912.61 亿元)。但是,在推动中原经济区发展的过程中,郑州市又势必要担负起区域中心城市的重任。并且,新一届政府还将推动郑州市向国家中心城市发展。种种迹象都表明,郑州市仍处在高速空间扩张时期,城市的新一轮扩容在所难免。可是,郑州市目前的发展中已出现各种"城市病",发展中面临许多尖锐的问题迫切需要解决,如不能妥善解决,将会对未来城市发展带来不利影响,因此,从实践层面,郑州市也是较为合适的案例区。

3.2　聚落发展背景

3.2.1　经济发展迅速, 人口集聚程度不断增强

20 世纪 80 年代初, 郑州市整体经济发展水平较低, 市辖区 GDP 不足 2 亿元 (表 3.2), 远远落后于武汉、石家庄、西安、太原等周边省会城市。进入 90 年代之后, 郑州市经济水平有了显著提高, 1990 年全市 GDP106.34 亿元, 市辖区突破 50 亿元, 2000 年郑州市 GDP 总量超越西安市、太原市, 市辖区的经济总量较 1990 年增加了 5 倍多, 年均增速 21.23%, 市辖区经济发展水平超越了太原市, 并明显拉近了和西安、石家庄、武汉的差距。2000~2010 年, 尽管从年均增速上来看, 郑州市经济增长略有放缓, 但到 2016 年, 郑州市全市 GDP 仅次于武汉市, 居中部省会第二, 市辖区 GDP 虽然仍低于西安与武汉, 但是市辖区连续三年 GDP 增速为基本持平或高于中部其他省会城市, 已成为中部地区 GDP 增速较快的城市之一。

表 3.2　郑州市辖区经济发展状况

年份	GDP/万元	年均增长/万元	年均增长率/%
1982	17879	—	
1990	500800	60365.13	51.68
2000	3434710	293391.00	21.23
2005	7493606	811779.20	16.89
2010	14035515	1308381.80	13.37
2016	46097077	5343593.67	26.85
1982~2016	46079198	1354744.68	24.91

经过改革开放后近 40 年的发展, 郑州市后来居上, 无论是从全市经济总量还是市辖区 GDP 来看, 均已经成为中部地区经济发展最快的城市之一, GDP 年均增长率更是达到 25%左右, 经济的快速发展使之开始成为中部地区极具吸引力的城市, 城市的集聚效应开始凸显, 吸引大批外来人口在此集聚。表 3.3 是自 1982 年第三次人口普查以来, 郑州市中心城区人口数量的变化情况。1982~2016 年, 郑州市市辖区人口增加了 354.4 万, 平均每年增加 10 万人左右, 特别是 2005 年之后, 人口聚集速度明显加快。

表 3.3　郑州市中心城区人口数据变化

年份	年末总人口/万人	年均增长/万人	年均增长率/%	人口密度/（人/km²）
1982（三普）	142.4	—	—	—
1990（四普）	170.56	3.52	2.28	1689
2000（五普）	258.94	8.838	4.26	2564
2005	302.17	8.646	3.14	2992
2010（六普）	428.4	25.246	7.23	4242
2016	496.8	11.4	2.50	4919
1982~2016	354.4	10.42	3.86	

由于郑州市市辖区面积自 20 世纪 90 年代以来一直稳定在 1010km²，因此郑州市的人口密度可以很好地反映出郑州市市辖区人口变化状况。从表 3.3 中可以看出，自 20 世纪 90 年代，郑州市人口密度一直保持稳定增长，由 1990 年的 1689 人/km²，增长至 2016 年的 4919 人/km²。2005 年以前，郑州市的人口密度增长较为和缓。2010 年，郑州市辖区常住人口骤涨至 428.4 万人，较 2005 年人口增长量超过 100 万，这种爆炸式人口增长与郑州市落户条件改革、外来人口大量涌入有关。上述分析表明自 90 年代以来郑州市对人口的集聚能力在不断增强，特别是 2005 年以后，这种集聚能力更加强劲。

在中部六省的省会中，郑州市的人口密度要远远高于其他城市，大量外来人口的集聚对郑州市城市建设带来很大压力。同时，外来人口中相当一部分人口首先落户之处为城市边缘区的乡村聚落，这也从一定程度上推动了郑州市城市边缘乡村聚落的演化进程。

3.2.2　城市空间急剧扩张，边缘区动态变化明显

1. 建设用地规模增加明显

郑州市是平原型城市，在改革开放前漫长的城市发展中，形成了典型的单核心城市地域空间结构。进入快速城市化阶段以来，城市发展呈现环状、"摊大饼"式的空间扩张，扩张特征具有一定的典型性，图 3.6 展示了郑州市 1971～2010 年的建设用地变化情况。

自 20 世纪 70 年代以来，郑州市建设用地总体规模急剧增长。依据图 3.6 计算得出，郑州市在过去近 40 年中，建设用地总面积由 1971 年的 9780.12hm² 增加至 2010 年 49286.43hm²，增加了约 4 倍，建设用地占全部土地面积的比例由 1971 年的 9.68%上升至 2010 年的 48.78%（表 3.4）。从扩张的动态来看，郑州市 1971～1996 年、1996～2006 年、

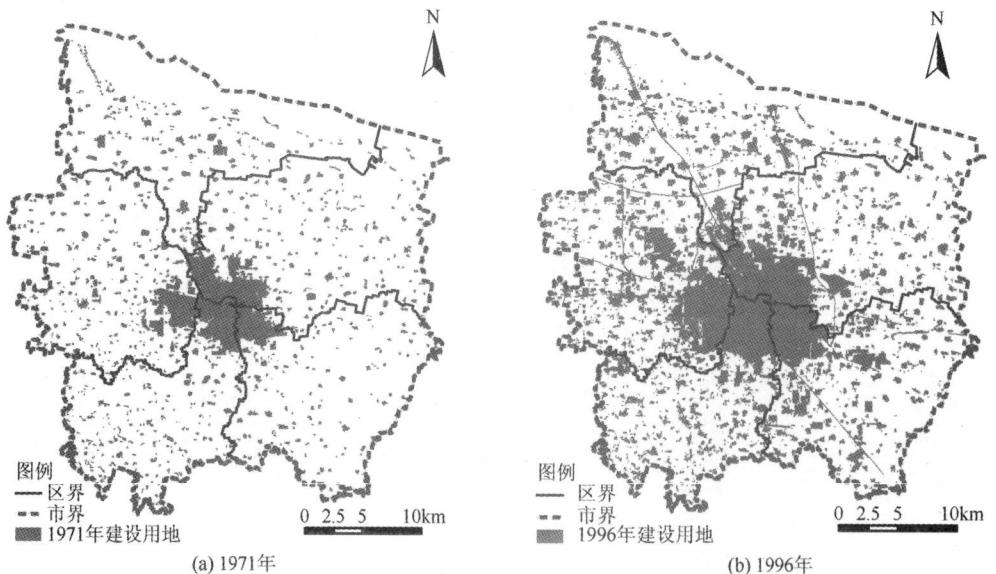

(a) 1971年　(b) 1996年

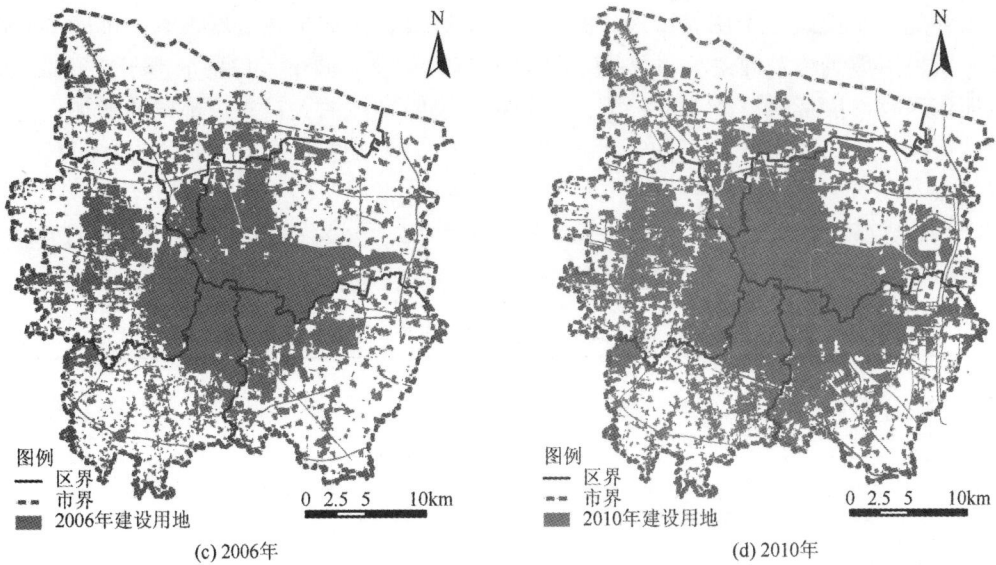

(c) 2006年　　　　　　　　　　　　　　　(d) 2010年

图 3.6　1971~2010 年郑州市建设用地扩张

表 3.4　1971~2010 年郑州市建设用地规模变化

年份	建设用地总面积/hm²	建设用地占总用地的比例/%
1971	9780.12	9.68
1996	23704.74	23.46
2006	39658.05	39.25
2010	49286.43	48.78

2006~2010 年 3 个阶段建设用地的年均扩张速度分别为 556.98hm²/a、1595.33hm²/a、2407.10hm²/a，年均建设用地绝对扩张量持续上升。从扩张强度来看，则由 5.70%先升至 6.73%而后下降到 6.07%（表 3.5）。这表明，郑州市城市扩张过程中经历了较缓慢增长阶段、转入急剧膨胀扩张阶段，随后进入高速平稳扩张阶段。

表 3.5　不同时期郑州市扩展面积、扩张速度与强度

	1971~1996 年	1996~2006 年	2006~2010 年
扩展面积/hm²	13924.62	15953.31	9628.38
年均扩张速度/（hm²/a）	556.98	1595.33	2407.10
年均扩张强度/%	5.70	6.73	6.07

2. 异速生长模式发生转变，空间扩张快于人口集聚

引入异速生长理论分析城市空间扩张的合理性，从城市用地和城市人口的增长关系上来判断城市的增长是否协调。从某种程度上说，即判断人口城市化速度与景观城市化速度的协调性。理论上来讲，根据异速增长系数 b 与 1 的关系，可以判断城区面积-城市人口的异速生长关系（刘继生和陈彦光，2004；李郇等，2009）。$b<1$

为负异速增长模式，表明城市人口的增长快于城市空间的扩张，城市人口密度不断增加，城市用地集约发展；$b>1$ 为正异速增长模式，表明城市人口增加慢于空间扩张，土地资源有被浪费的可能；$b=1$ 为同速增长，表明城市的人口与用地同速增加，是景观城市化与人口城市化协调的一种理想状态；$b=0$ 表明城市的人口增长与空间扩张没有关系。

将研究期划分为 1978～1995 年、1996～2005 年、2006 年以来 3 个阶段进行模拟，模拟结果如表 3.6 所示，从分阶段模拟的模型来看，分别呈现如下特征：

表 3.6　不同阶段郑州市城市异速增长模拟结果

阶段	1996 年之前	1996～2005 年		2006 年之后
		前期	后期	
异速增长系数（b）	0.8923	2.2033	1.7713	2.3712
R^2	0.992	0.996	0.989	0.990

1978～1995 年，$b=0.8923$，$b<1$，该阶段初期城市空间扩张极为缓慢，城市发展属于负异速增长模式，表明在城市空间扩张的较早阶段，空间的增长速度慢于人口增长的速度，城市人口密度增加，城市集聚效应得以发挥，城市人口不断集中。

在 1996～2005 年这一发展阶段，由于 2000 年人口普查造成的人口数据跳跃性变化，以及郑州市于 2001 年之后实行了户籍制度改革，大大放宽了郑州市落户的条件，造成人口在短时间的激增，因此该阶段的城市异速生长模拟不能简单以一个模型概括，于是被细分为 2 个阶段，即 1996～1999 年、2000～2006 年。虽然拟合分为了 2 个阶段，但是从表 3.6 可以看出，模拟结果分别为 $b=2.2033$，$b=1.7713$，均大于 1，属于明显的正异速增长模式，表明该阶段的区域空间扩张要显著快于区域人口增加。在该阶段的后半期，虽然空间扩张和人口增长之间的差异有缓和的趋势，但这主要是由于户籍制度的变革带来的短期人口非正常增长而造成的。

2006 年以来的模拟结果为，$b=2.3712$，较之上一阶段又有显著增长，表明城市正异速增长趋势仍在加剧，空间扩张快于人口增长的程度仍在加大，城市土地资源的非集约利用更加明显。

3. 边缘区经历分化、演替发展，受中心城区辐射范围不断增大

城市边缘区的空间演化与城市扩张密切相关。城市边缘区具有内边界与外边界，其内边界与城市核心区边界重合，外边界则受到城市发展直接辐射范围影响。结合突变理论与断裂点理论的定量划分方法将城市空间地域结构划分为城市核心区、城市边缘区和乡村腹地区，划分结果如图 3.7 所示。

从图 3.7 中可以看出，1971 年，郑州市城市用地提取的断裂点几乎完全存在于内边界上，即这一时期城市边缘区的内边界明显，而外边界几乎不存在。该时期内城市和乡村具有明显的差异，不仅表现在我们经常提到的社会经济方面的差异，也从空间上明显地表现出城乡二元隔离的特征。至 1996 年，城市边缘区内边界依旧完整，但已经开始有少部分断裂点出现于城市边缘区的外边界上,即这一时期具有完整的内边界和破碎的外边界,表明这一时期城市及其腹地已经开始由明显的城市—乡村空间格局向城市—边缘区—乡村腹地的方向开始萌芽发展。1996~2006年,更多的断裂点落在城市边缘区的外边界上,城市边缘区的外边界由破碎向完整发展,面积有了显著的增加。至2010年,从断裂点的分布来看,郑州市城市边缘区已经具有基本完整的内外边界,城市边缘区呈现围绕核心区的环带状分布。

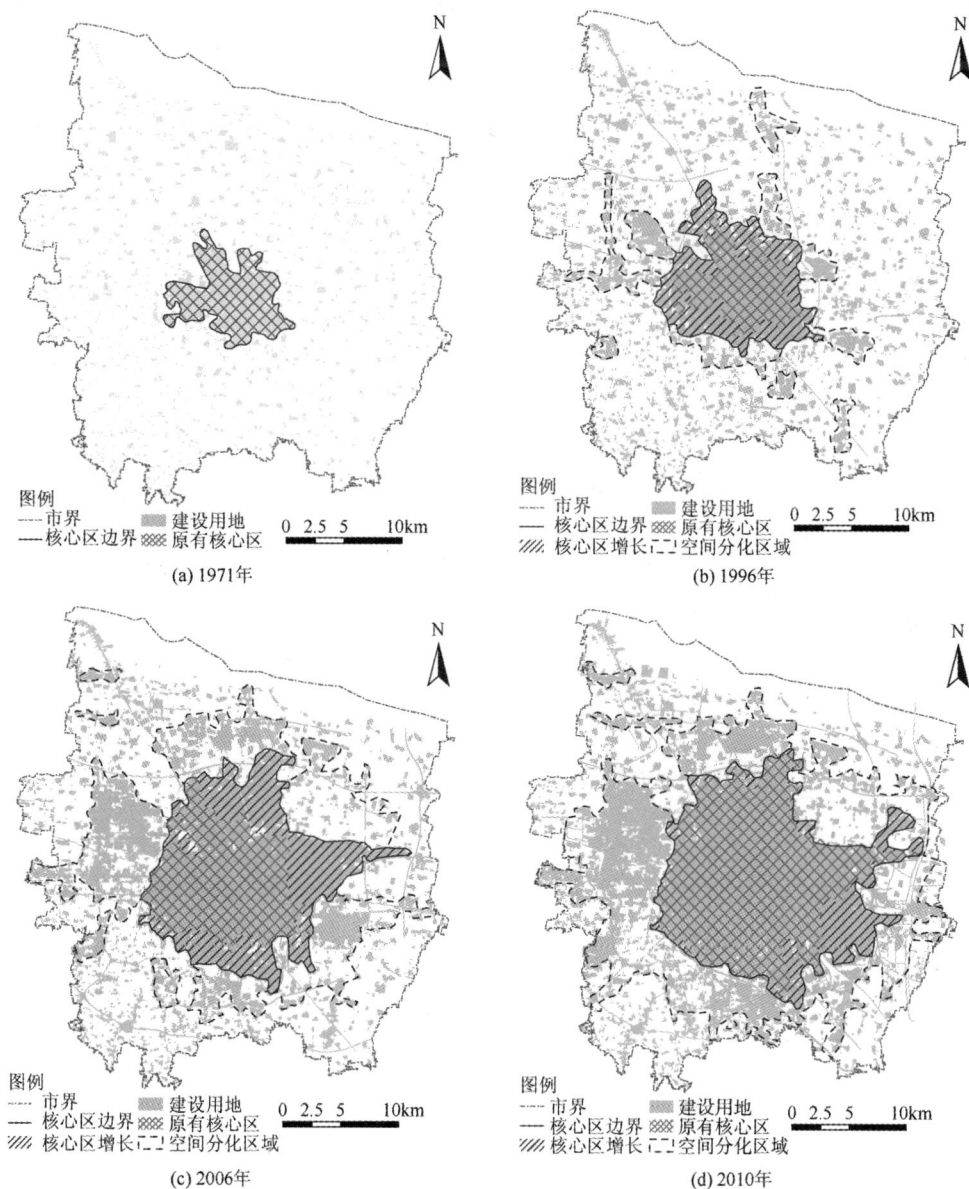

图 3.7　不同年份郑州市城市边缘区空间分化

3.2.3　边缘区聚落受城市扩张直接冲击，各类问题频现

由于距离城市核心区近，城市边缘区的乡村聚落具有比一般乡村聚落更好的区位条件，更完善的基础设施，更优越的发展契机。但在城市急速扩张的阶段，体制政策限制、思想观念差异、就业技能单一，以及对经济利益追逐，使得城市边缘乡村聚落无法顺利完成城乡融合，出现了大量的景观、生态、社会、文化问题，这不仅影响聚落原有居民的生活，同时也对城市化的质量造成不利影响。

1. 景观无序化

传统农业社会中，农区乡村聚落景观的格局较为简单，一般包括以农业生产为主的生产空间，以居住为主的生活空间和大量开敞的生态空间。当城市化的触角伸入边缘区聚落之后，聚落功能出现改变，聚落景观开始多样化发展。在此过程中，由于政策制度对于聚落空间管制的缺失，农民在利益最大化原则驱动下盲目追求建筑空间最大化等原因，造成了城市边缘区乡村聚落景观的无序化发展。在城市边缘区的聚落中，随处可见混乱的用地布局，居住、商业、工业、仓储等用地混合在一起，农民建房无任何章法可循，"握手楼""贴面楼"随处可见，居住拥挤，街道狭窄，杂乱不堪。图 3.8 即是作者于实际调研中拍摄的郑州市边缘区某乡村聚落实景。聚落景观的无序化会带来十分严重的后果，一方面争相效仿的住宅建设，将聚落空间高度挤压，建筑安全和火灾隐患等问题突出，使居住条件不断恶化；另一方面边缘区聚落景观与城市整体景观格格不入，甚至出现了"一条街道，两个世界"的极端现象，对城市化整体发展极为不利。

图 3.8　城市边缘区聚落中无序的景观

注：作者于 2013 年 12 月在郑州市姚庄村调研中拍摄

2. 聚落发展呈现两极分化

在城市化开始之前，城市边缘区聚落还是传统的农区聚落，是一个半封闭的社会性

空间单元，通过血缘、亲缘关系组织居民生活，相似的生活经历、文化水平、道德标准、就业技能使聚落内部的居民生活水平及其经济实力差异不大。在聚落之间，由于城市集聚与辐射作用有限，区位因素的影响还并未凸显，因此在自然条件相似、生产力水平大致相当的条件下，多数边缘区聚落在经济发展上差异较小或者并未出现明显的差异。

当城市化加速推进，在自上而下的城市经济扩散带动，以及自下而上的乡村经济逐步发展的推动下，城市边缘区不同聚落的经济水平发展开始出现了质的变化。区位优势凸显，某些距离城市中心城区较近或是交通较为便捷的聚落，优先承接城市转移工业，优先成为外来人口的聚集地，迅速发展起来。聚落功能与景观都发生翻天覆地的变化，有村民甚至在自有宅基地上建起十几层的建筑。然而城市边缘区区位优势距离衰减效应明显，在区位条件较差的边缘区聚落，外出打工，人去屋空的现象还时有存在，图 3.9 为在同一时期调研获取的郑州市边缘区不同村庄的实际情况，由此可见城市边缘区聚落在巨大的城市化外力直接作用下已经出现了两极分化的现象。

图 3.9　两极分化的城市边缘区聚落

注：作者于 2013 年、2014 年在郑州市张华楼村、陈寨村调研中拍摄

3. 新型城乡隔离化

在快速的城市发展中，城市边缘区农民的住宅不再以单一的居住功能为主，而是变成了牟利的工具，租赁经济成为城市边缘区农民的主要收益来源。发生这一变化的原因是由于大量外来人口的涌入，为边缘区聚落租赁提供了巨大的市场。然而，随着收入的增加，以及外来人口大量涌入、聚落空间无序发展导致的边缘区聚落居住环境不断恶化，原有的本土居民在经济条件得到改善之后已纷纷迁出。最终，城市边缘区聚落承接了的大量中低收入人口，特别是外来人口中的中低收入人口，因此在某种程度上出现了新的城乡隔离。广州、北京等大城市中屡见不鲜的"河南村""新疆村"等正是这一点的集中体现。

随着城市化的进一步推进，部分城市边缘区聚落会被征迁改造，完成景观城市化的转变。但就目前的实际情况来看，村民回迁小区住宅从品质、位置等方面均不如相邻的商品住宅，并且还被打上了回迁小区的标签。在实际调研中还发现，失地以后，回迁村民大多不再从事生产劳动，而是仅仅以房屋租赁为谋生手段，由此滋生的好逸恶劳、游手好闲等现象十分普遍，村民们相互效仿，可谓也是一种新型城乡隔离的表现，这不仅造成了社会劳动力的浪费，同时还对社会风气、社会安定、文化传承等方面造成不利影响。

3.3   聚落空间格局时空演化

对于城市边缘区乡村聚落的时空演化特征的剖析从宏观和微观两个视角展开。首先分析城市边缘区乡村聚落整体演化特征；之后选取典型聚落，从微观角度研究城市边缘区聚落村域平面演化及立体演化空间过程；最后基于时空特征分析城市边缘区聚落平面空间扩张与立体空间扩张的主要影响因素。

本节中城市边缘区的乡村聚落指自 1971 年核心区边界以外至 2010 年城市边缘区外边界以内的乡村聚落，但考虑到 2010 年郑州市城市边缘区外边界已经和研究区的边界相差不远，因此在进行整体分析时，选择了郑州市辖 5 区位于 1971 年核心区以外的所有乡村聚落为研究对象。

3.3.1   乡村聚落的空间演化特征

1. 乡村聚落规模分异与演化

聚落规模可以从聚落空间规模（即占地面积）或聚落承载的人口数量等方面来衡量，考虑到各类统计数据中无法准确获取小尺度（自然村级）的聚落人口变化数据，并且本书主要探索乡村聚落空间特征的演化，因此文中的聚落规模以乡村聚落斑块空间规模（占地面积）表示。

在过去近 40 年中，郑州市城市边缘区的乡村聚落用地由 4440.91hm^2 增加至 8433.18hm^2，而后又开始下降至 2010 年的 8189.04hm^2，虽然经历规模增加的起伏，但乡村聚落用地整体增加了近 1 倍。

以乡村聚落斑块面积为分析变量做频率分布图（图 3.10），分析郑州市城市边缘区乡村聚落的规模分异及其演化特征，结果表明：虽然乡村聚落用地整体增加明显，但是乡村聚落的规模普遍偏小。各年份乡村聚落的频率分布图均呈现偏态特征，数据背离中心性，形态也不具有对称性；1971～2010 年各个年份的偏度系数均大于 0（表 3.7），乡村聚落规模数据存在正偏，即乡村聚落规模的均值在峰值的右侧，且各年份的乡村聚落规模中值均小于均值，表明郑州市城市边缘区乡村聚落规模普遍较小。各年份数据的峰度系数大于 3，表明乡村聚落规模数据具有较广离群分布的"肥尾"特征和较窄集簇分布的"尖顶"特征。由上述分析可得出，郑州市城市边缘区乡村聚落小规模斑块为构成主体，且差距较小，大规模斑块比例小，差距却较大。

对比不同年份的乡村聚落规模特征（图 3.10、表 3.7），1971～2010 年，乡村聚落规模数据的偏度系数分别为 5.51、2.69、2.52、2.27，下降趋势明显，同时，其峰度系数也由 51.11 逐渐下降至 7.87。表明乡村聚落规模数据的不对称性在不断变小，聚落规模中的极端值数量下降，尤其是小规模聚落斑块数量不断减少，使聚落规模与均值的差异性减小。

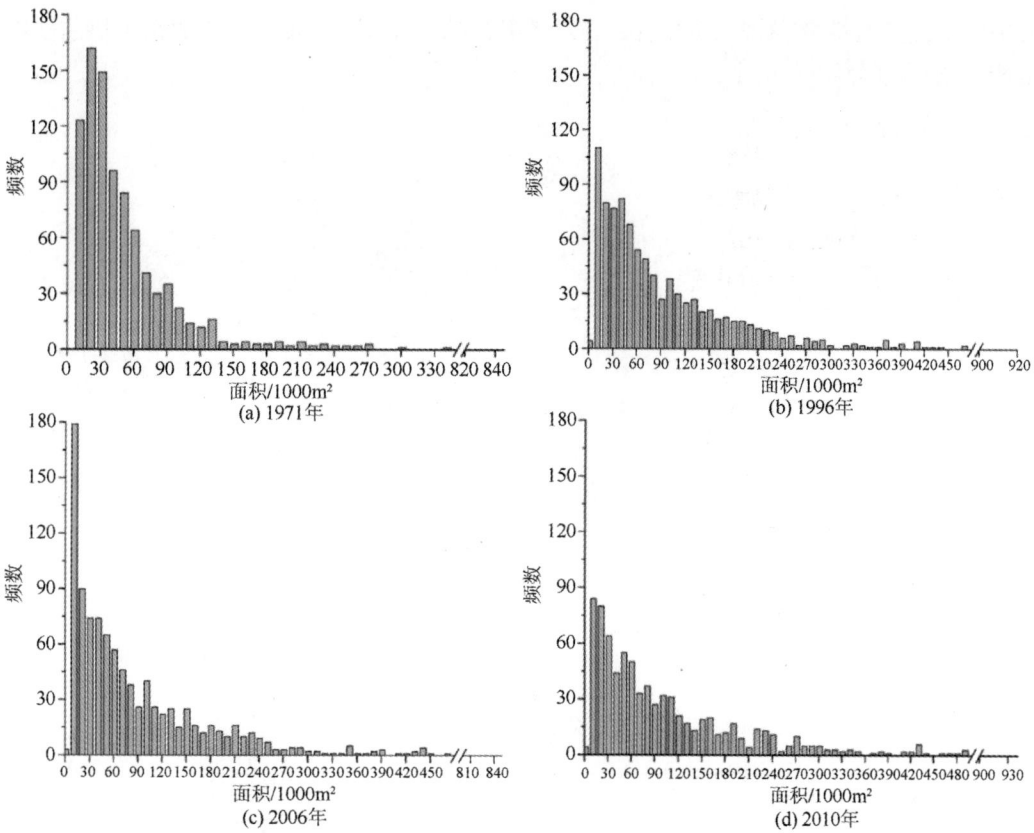

图 3.10　1971～2010 年郑州市乡村聚落规模频率分布图

表 3.7　1971～2010 年乡村聚落用地规模的统计特征

项目	1971 年	1996 年	2006 年	2010 年
偏度系数	5.51	2.69	2.52	2.27
峰度系数	51.11	11.68	9.57	7.87

2. 乡村聚落体系演化

乡村聚落体系是指在一定的区域范围内，由一系列不同规模、不同功能、相互联系的聚落组成的有机整体（海贝贝等，2013）。本节依据乡村聚落空间规模对郑州市城市边缘区乡村聚落等级进行划分以进行乡村聚落等级体系演化研究，划分方法如下：

$$D_i = \begin{cases} 1 & \left(A_i \geqslant 4\overline{A} \right) \\ 2 & \left(2\overline{A} \leqslant A_i < 4\overline{A} \right) \\ 3 & \left(0.5\overline{A} \leqslant A_i < 2\overline{A} \right) \\ 4 & \left(0.25\overline{A} \leqslant A_i < 0.5\overline{A} \right) \\ 5 & \left(A_i < 0.25\overline{A} \right) \end{cases} \tag{3.1}$$

式中，D_i 为第 i 个聚落斑块的等级；A_i 为聚落 i 的面积；$\overline{A}$ 为某一时期聚落斑块的平均面积，规模划分结果如图 3.11 所示。

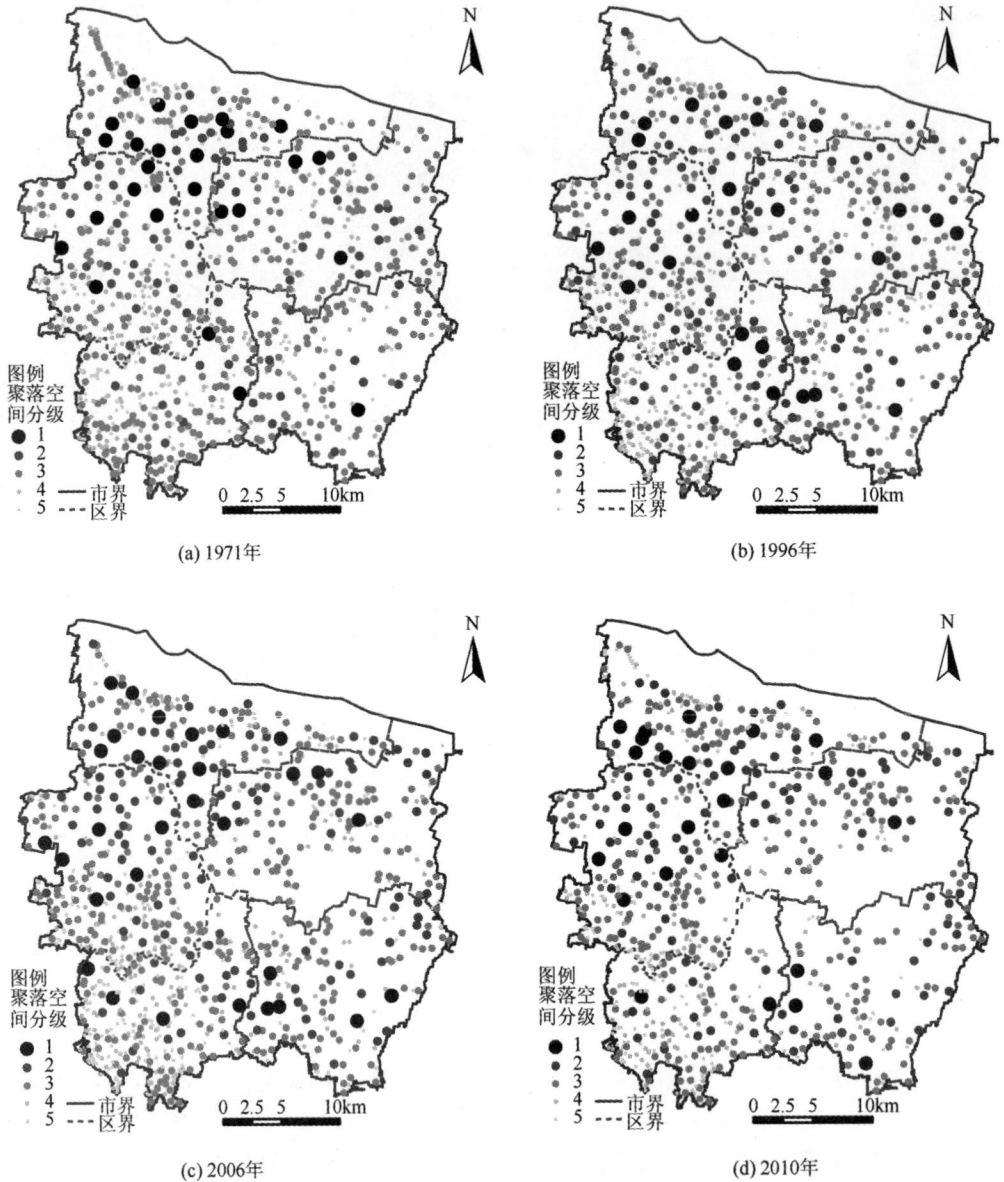

(a) 1971年

(b) 1996年

(c) 2006年

(d) 2010年

图 3.11　乡村聚落的空间等级分布

　　研究结果表明，处于城市发展巨大压力下的城市边缘区乡村聚落的空间等级体系具有相对稳定性特征。主要体现在：①各等级聚落构成比例相似，从图 3.12 中可以看出，在过去 40 年来，郑州市乡村聚落中等规模（级别 3）的聚落斑块优势明显，规模较大和较小的斑块数量较少，尤以级别 1 的乡村聚落大规模斑块最少；②各规模级别的乡村聚落分布位置具有一定的稳定性，如空间规模较大的乡村聚落分布西北部多于东南部，级别 2 与 3 基本呈全域内均匀分布，规模级别较小的乡村聚落则多分布于西南部。这种等级分布特征在研究期内基本得以保持。

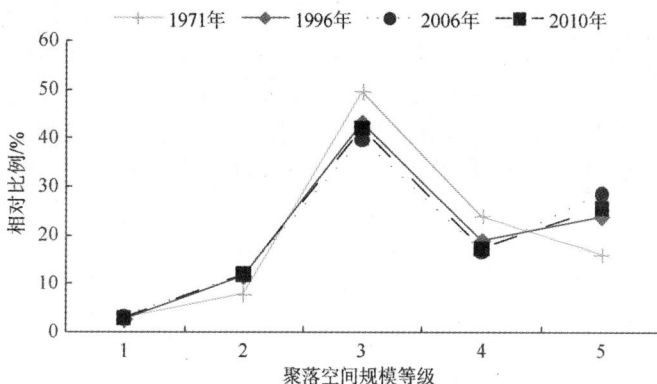

图 3.12　郑州市边缘区乡村聚落等级比例

　　乡村聚落的稳定性又具有一定的相对性。首先，从各个级别的聚落相对比例的演化来看，级别 1 基本保持不变，级别 2 呈上升趋势，级别 3、4 呈下降趋势，级别 5 波动变化，但变化幅度均不大。较大规模的聚落斑块比例的增加，表明边缘区乡村聚落有逐渐增大的趋势。小规模斑块的波动变化是由于其具有很强的不稳定性，在一定的发展阶段内，受经济收益的刺激、从众心理的影响，会造成小规模斑块的迅速增加，但是由于这类聚落斑块大多是违规建设，因此在城市进行集中整理时又会在短时间内消失。其次，行政力量的介入会导致城市边缘区乡村聚落等级体系演变稳定性的下降，主要表现在：①行政区划调整带来城市周边乡村聚落体系的不规律变化。城市边缘区的乡村聚落，尤其是距离城市核心区较近的乡村聚落，处于城市统一的规划管理中，其发展深受城市行政区划的影响。郑州市自新中国成立以来行政区划变化经历了多次调整，直至 20 世纪 80 年代末才基本稳定，彼时，郑州市市辖区有 22 个乡共 324 个村委会。至 2016 年，郑州市辖区内村委会的数量变化不大，但管辖的乡镇级别设置大量减少，仅余 5 个镇和 3 个乡。行政村村委会总体数量减少的不多是由于先行建制中虽然大多数村委会仍留存，但其实多数聚落景观改造已经完成。②城市规划造成城市边缘区乡村聚落体系的突变性局部瓦解。从图 3.11（c）和（d）可以看出，自 2006 年郑州市边缘区乡村聚落在东部出现局部的消失，至 2010 年表现的更为显著，这是由于受到郑州市郑东新区及龙子湖高校园区建设的影响。城市规划对于乡村聚落体系的瓦解即其终结乡村聚落的过程，该过程具有突变性、彻底性、范围局限性。其中，突变性是指乡村聚落会从原先的传统聚落形态一次性完成向城市聚落的转化，不经历城市边缘区乡村演进的其他阶段生命历程；彻底性是指在乡村聚落转化为城市聚落的过程中是完全转化，整体征迁，基本不会存在遗留部分村落用地的情况；范围局限性是指城市规划作用的区域一般具有明确的空间边界，落于其边界范围内的乡村聚落就会发生突变式的变化，但一线之隔以外的乡村聚落则仍旧保持原来模样。

3. 空间分布差异

1）乡村聚落分布模式与增长趋势

根据聚落斑块与其行政边界的关系，平原区城市的边缘区乡村聚落分布存在两种典型模式：①聚落位于村庄边界的中央，这种模式平均耕作半径较小，使得农民方便到达他们的耕地，是最常见的乡村聚落分布模式；②聚落位于行政边界附近，同时其周边聚落也位于相应的行政边界附近（图 3.13）。在聚落动态发展过程中，上述两种分布模式

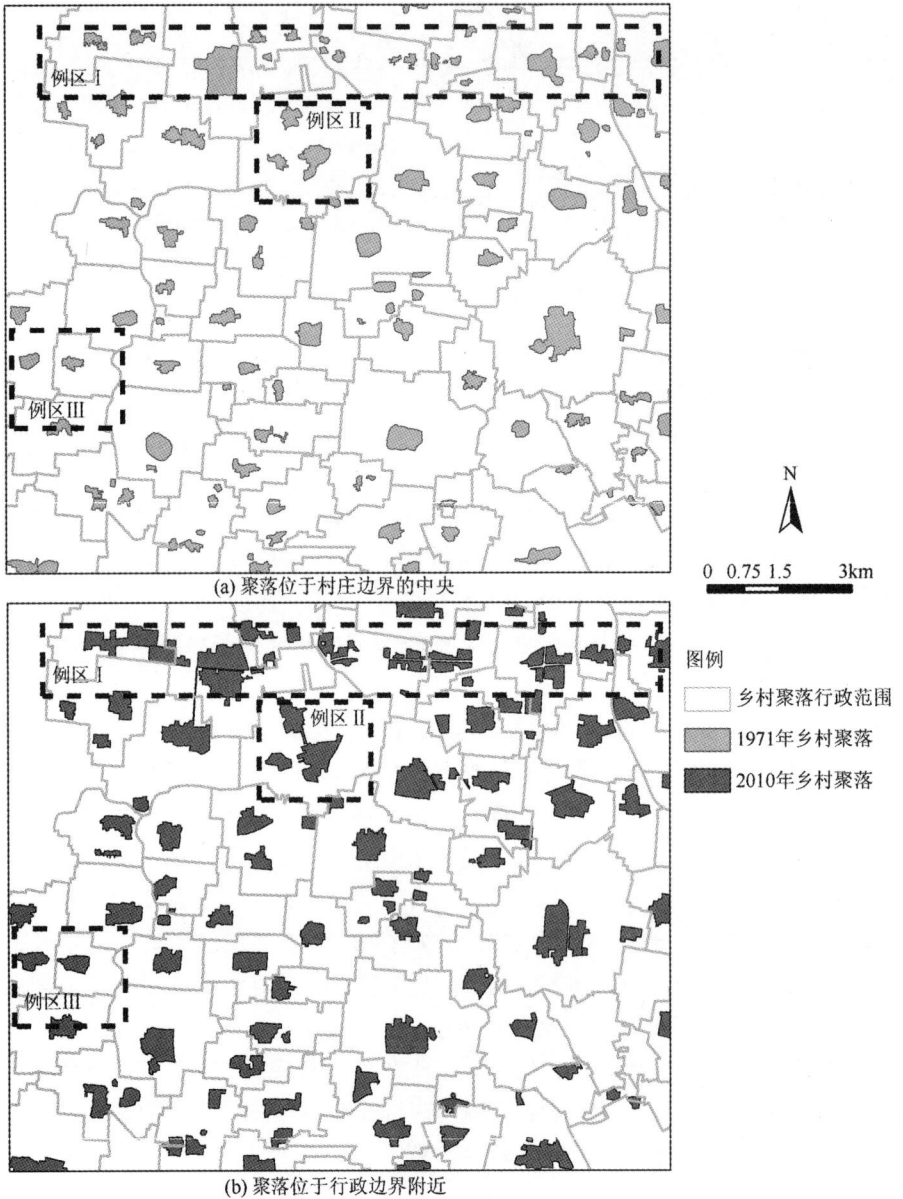

(a) 聚落位于村庄边界的中央

图例
☐ 乡村聚落行政范围
▨ 1971年乡村聚落
■ 2010年乡村聚落

(b) 聚落位于行政边界附近

图 3.13　郑州市城市边缘区乡村聚落分布模式（局部）

仍然得以保持，但是局部出现了一些新的趋势：一是发展方向沿道路延伸，可能造成乡村聚落由中心向边界轴向发展；二是聚落斑块间互相吸引发展，这种情况可能是同一行政边界内的不同斑块间的吸引，也可能是位于行政边界附近的属于不同行政区域的聚落斑块的相互吸引。如图 3.13（b）的北部，由于郑州市北四环的修建引导乡村聚落沿路轴向发展（例区Ⅰ）；例区Ⅱ表示位于同一行政范围内的乡村聚落向心发展；例区Ⅲ为不同行政范围内的乡村聚落相互吸引发展。但在发展过程中，行政区划对乡村聚落发展具有显著的限定作用，上述任何一种发展模式一般都不会越过自身的行政边界发展。

2）乡村聚落增长方式

与城市增长方式类似，边缘区乡村聚落的增长也存在 3 种形式：①蔓延扩张；②新增聚落斑块；③填充增长。其中，蔓延增长指乡村聚落沿原有轮廓向四周扩张，会造成乡村聚落平面扩张；新增聚落斑块一般与原有乡村聚落斑块不相连，这种聚落增长方式一般规模较小，会造成土地利用破碎化程度加剧，不利于土地的集约利用；填充增长发生于聚落内部，是乡村聚落用地集约利用的一种表现。图 3.14 即反映出了乡村聚落蔓延增长和新增斑块的特征。从图中可以看出：①乡村聚落的蔓延增长为郑州市过去 40 年来的主要增长方式，向周边的蔓延基本是沿已有轮廓向外扩张，并且在外扩的过程中，

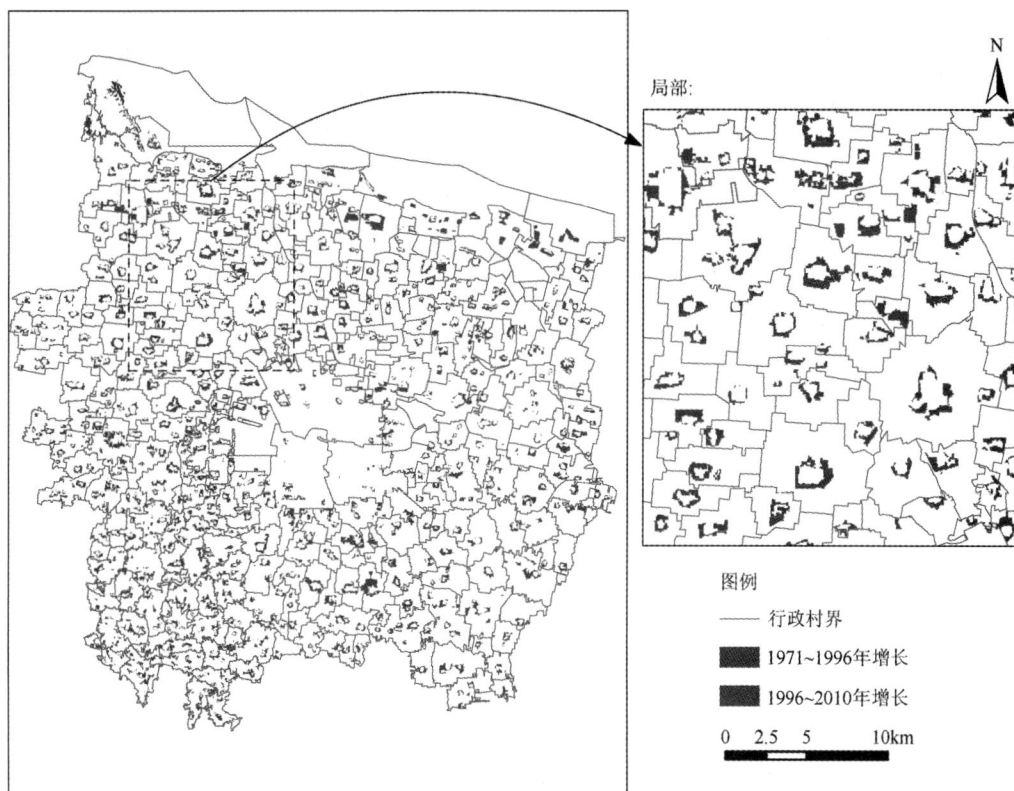

图 3.14　1971～2010 年乡村聚落增长情况（详见文后彩图）

会促使乡村聚落外部轮廓的规则化；②聚落斑块的新增主要发生在郑州市的西南部，这是由于地形因素的限制。在地形因素限制较为明显的地区，由于荒地、岗地等不易利用的土地较多，斑块外扩限制因素多，所以新增斑块较多。

聚落的填充增长一般不会造成聚落平面空间的扩张，其通过对乡村聚落内部空闲用地的最大化利用来满足人们的居住需求，是改变原有乡村聚落内部密度的主要原因。如图 3.15 所示，其中红色区域在村庄发展过程中存在不同程度的填充扩张。村庄由较早阶段的低密度利用发展为近期的完全填充，内部几乎不再具有填充的可能性。

图 3.15　乡村聚落的填充增长（详见文后彩图）

3）密度空间分异

利用核密度估计方法研究乡村聚落的密度分布空间特征，核密度是一种非参数的表面密度计算方法［见式（1.10）］，在核密度估计中，搜索半径是一个重要的参数（蔡雪娇等，2012），本书经过多次实验选择搜索半径为 2.5km，模拟结果如图 3.16 所示。

20 世纪 70 年代，在城乡二元体制的影响之下，城市与乡村具有明显的界线，乡村受到城市发展的影响十分有限，作为平原地区的乡村聚落，郑州市城市边缘区的乡村聚落在大部分区域具有均匀分布的特征，在核密度图中的表现为具有显著占优势的级别，这一特征由于聚落在发展中自身具有稳定性，经过了几十年的发展之后依然基本保持。

从乡村聚落分布密度的演化来看，具有以下特征：①乡村聚落密度分布格局基本未变，主要呈现西南丘陵区密度较高，西北低山区沿黄河绵延带也有密度较高区域分布；②高密度区经历了先增加后减少的过程，研究区整体乡村聚落的分布密度呈下降趋势。将核密度值＞2 定义为"核"，1971 年、1996 年、2006 年和 2010 年，郑州市城市边缘区乡村聚落密度"核"面积分别为 692.65hm²、3876.79hm²、8466.75hm² 和 1934.48hm²。核密度值＜1 的区域不断增加，且核密度值的最高值仅在 1971～1996 年这一阶段有略微上升，而后至 2006 年和 2010 年持续下降，表明城市边缘区乡村聚落密度整体下降的趋势。③从乡村聚落的密度分布与城市核心区的对比发现，在不同阶段，城市核心区边界处均会出现乡村聚落密度较高的区域，并随着城市核心区的完全覆盖，这些区域会转化为低密度区。这表明在城市边缘区的内边界，由于受到城市发展强大的辐射力会造成短时间内乡村聚落密度的剧烈变化。

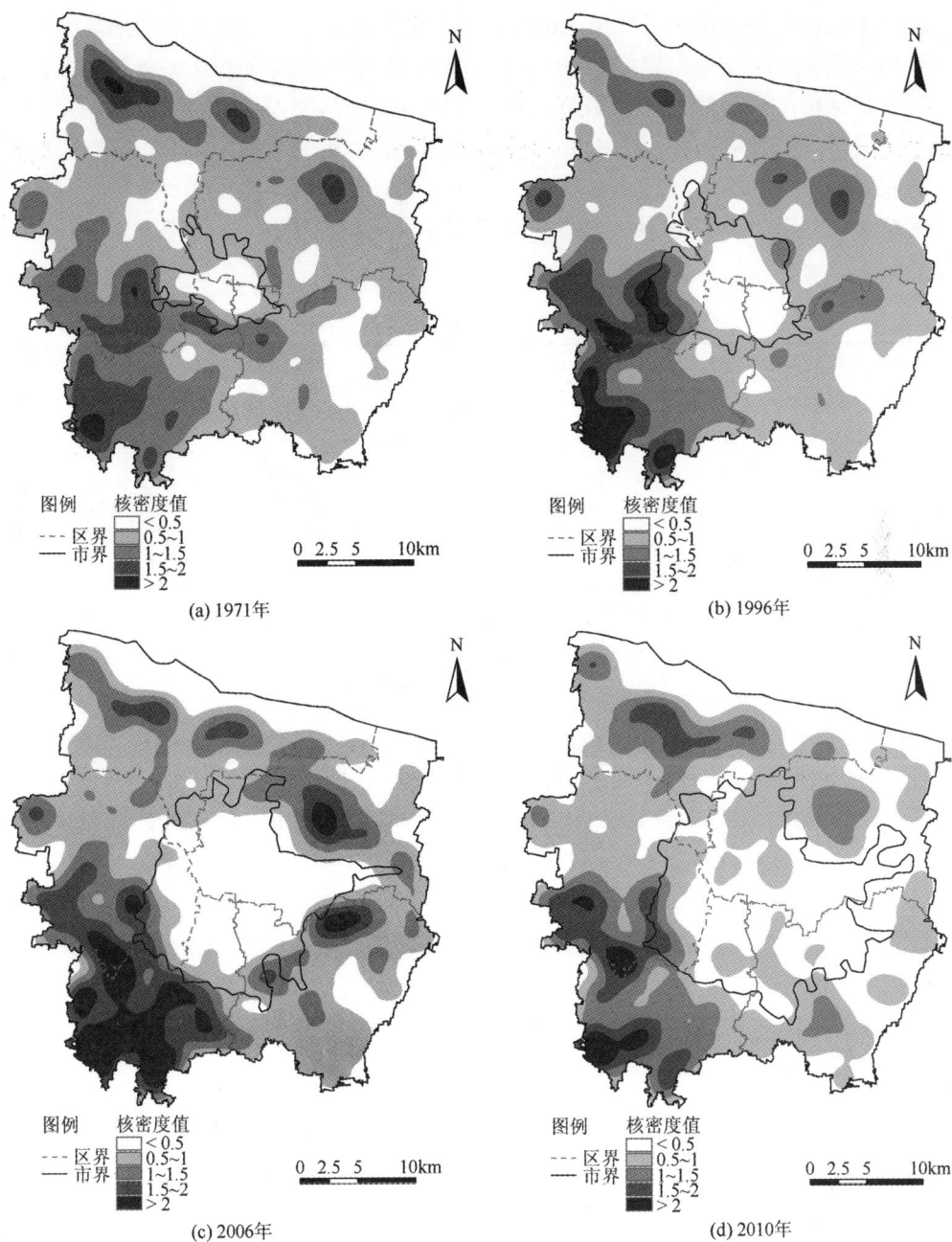

(a) 1971年

(b) 1996年

(c) 2006年

(d) 2010年

图 3.16　不同年份郑州市乡村聚落分布密度

4. 乡村聚落景观特征

表 3.8 为乡村聚落各种景观指标的计算结果，从表中可以看出多项指标都是波动起伏的，在不同阶段表现出不同的特征。1971~1996 年，郑州市边缘区乡村聚落密度由 20.05 个/km² 下降至 10.67 个/km²，平均斑块面积由 4.10hm² 上升至 9.38hm²，增加显

著。最大斑块指数由 1.89%下降至 1.05%。该阶段乡村聚落面积普遍增长明显，造成乡村聚落总面积上升显著，由于聚落扩大导致数目较多的邻近小斑块合并，因此出现上述变化特征。这一时期形态指数上升，表明乡村聚落的发展具有一定的随意性，对于乡村聚落外扩发展的控制力度并不强。由于聚落面积的增加，以及聚落数目的增多，造成聚落斑块平均最邻近距离下降。而这一时期的斑块连接度与集聚度均有较为明显的增加，也表明聚落斑块规模扩大，聚落景观朝集聚的方向发展是该阶段的发展趋势。

表 3.8　1971～2010 年乡村聚落景观特征

年份	TA/hm^2	PD/（个/km^2）	MPS/hm^2	LPI/%	LSI/%	ENN_MN/m	COHESION/%	AI/%
1971	4440.91	20.05	4.10	1.89	38.19	320.97	88.67	83.18
1996	8433.18	10.67	9.38	1.05	38.65	263.35	92.26	87.67
2006	8310.08	11.43	8.75	0.96	39.03	228.45	92.13	87.40
2010	8189.04	9.33	10.72	1.17	37.06	249.75	92.64	87.99

1996～2006 年，正是由于该阶段的发展，导致了乡村聚落在研究期内发展的波动，而没有呈现一致的趋势。从总体来看，所有的景观指标，除去斑块间的平均最邻近距离之外，变化的幅度都比较小。分析具体情况时发现，该阶段郑州市边缘区乡村聚落斑块增加十分显著，共有 93 个，这些新增斑块规模小、形态各异，因此导致了这一时期乡村聚落密度升高、平均规模与最大斑块指数下降，形态指数上升等变化。也造成了斑块连通性和景观聚集度的降低。但是由于这些新增斑块的规模较小，因此整个变化的幅度不大。

在 2006～2010 年，乡村聚落的平面外扩受到限制，聚落单体规模增加不显著，但是，在土地整理中将非正规增加的小型聚落斑块进行了清理，同时出现了较大规模的城中村拆迁，造成乡村聚落斑块数量急剧减少。因此整体来看，聚落景观呈现密度降低、平均规模增加，最大斑块指数增加，形态指数降低，斑块平均邻近距离增加，斑块连接度与聚集度增加等。

总体来看，20 世纪 70 年代以来，郑州市边缘区乡村聚落的发展在波动中又具有相对一致的趋势，总体规模先增大后逐渐减小，聚落平均规模逐渐增大，密度不断降低，形态趋于规则集聚发展。

3.3.2　典型乡村聚落的空间演化

本节基于对城市边缘区聚落单体类型及其发展一般特征的分析，选取具有典型性的城市边缘区乡村聚落，通过深入实地调查，解释城市边缘区乡村聚落在快速城市化过程中空间特征的变化。城市化空间过程被认为是城市景观侵并乡村景观的过程，城市边缘区的乡村聚落单体的演化过程，即城市边缘区乡村聚落逐步由乡村特征向城市特征转变的过程，也可以理解为城市化进程的微观表现。

从微观方面来看，农户是乡村聚落改变的主体，乡村聚落的空间演化最终是农户行为的结果，因此，在对农户深入访谈调研的基础上，找到影响农户住宅建宅行为的因素，理清农户对外部发展环境变化的响应，是发现乡村聚落空间演化规律的有效方法。

1. 城市边缘区聚落的主要类型

城市边缘区聚落是由传统的乡村聚落演化发展而来的。在乡村聚落发生质变完全融入城市聚落之前，处于不同的量变阶段。依据聚落的空间景观特征可以将城市边缘区聚落划分为乡村型聚落和城市型聚落两大类。城市型聚落是由乡村型聚落或农用地转化而来，且一旦形成就会具有一定的稳定性，成为乡村聚落转化为城市聚落的最终状态。不过在本书中，城市边缘区聚落空间演化过程的动态研究中，作为结果状态的城市型聚落并不作为研究重点。由于空间区位特征对于城市边缘区的乡村聚落来说特别重要，且位于不同空间区位的边缘区乡村聚落也处于聚落转变的不同阶段，因此，本部分在进行乡村聚落空间演化研究中依据距离城市中心的空间距离，以及是否被城市核心区完全包围，将乡村聚落划分为城中村、近郊村、远郊村[①]，这种划分方法不仅仅是依据距城市核心区空间距离的划分，在一定程度上也表征了城市不断发展过程中，城市边缘区乡村聚落的时间演化阶段性。

作为城市边缘区 3 种不同类型的乡村型聚落，城中村、近郊村和远郊村具有明显的差异。①城中村，这是城市边缘区聚落发展中最独特的形式，处于城市边缘区乡村聚落演化的高级阶段。从空间上看，城中村已经进入当前的城市核心区，在 3 种乡村聚落类型中，具有最优越的区位优势。其在城市发展的空间压力和经济带动下产生了巨大的空间、经济、社会变异。行政体制上仍为农村聚落，但它与传统乡村聚落差异巨大，又无法自然地融入城市中去，成了城市发展中"另类"的存在。从平面与垂直的动态演化来看，城中村平面的空间变化已然固定，可能出现的仅有垂直高度的增长，且已经处在乡村聚落由量变到质变的临界点，突变随时可能发生。在现实生活中，多数的城中村具有严峻的空间形态问题，这些问题成为滋生城中村中各种社会问题的土壤（龚兆先和吴薇，2011）。②近郊村，这是城市边缘区乡村聚落处于加速量变期的村庄形式。其区位优势略差于城中村，距城市中心的距离要大于前者，但是该类型村庄多位于城市与外界连通的主要干道附近。城市工业作为城市发展的"先锋者"，由于看重这一区域低廉的土地价格和较为便捷的交通优势而在此落户（叶昌东和周春山，2013）。因此，该类村庄中的土地租赁先是以工业租赁为主，而后由于就业的外来人口增加，生活服务业的兴起，逐渐增加了住房出租的比例。工业比例增加，拓展了农民的就业方式，增加了农民的收入，使农民有了住宅建设的能力，加上出租需求的增加，导致了村庄整体空间面貌的改变（杨忠伟等，2013）。但与城中村相比，该类村庄仍然具有一定数量的农业用地，农业仍是该类型村庄的就业方式之一，只是比例在持续下降。③远郊村，远郊村在很大程度上依旧保留传统乡村聚落的特征，但是已经处于乡村聚落转化的萌芽期。这类村庄在区位特征上要比前两者都差一些，但是它是下一阶段城市工业外迁的主要区域，或者已有小规模的工业在此处得到发展。总体来说，村庄住宅、土地利用、经济构成都没有发生特别

---

① 城中村：距离城市中心较近且完全被城市核心区包围的乡村聚落。近郊村：位于城市核心区边界附近的乡村聚落。远郊村：位于城市核心区边界以外的乡村聚落。核心区边界的划分见本书 3.2.2 节第 3 部分。

明显的变化，但是农民的兼业就业已经相当普遍，兼业就业的区位一般是城市核心区或者是近郊区。

由于城市边缘区 3 种乡村聚落所处的外部环境与发展阶段不同，它们表现出了如表 3.9 中所示的特征差异。由城中村至远郊村，其各项特征具有明显的城乡过渡性。从住宅特征来看，从距离城市较近的城中村到距离城市较远的远郊村，住宅平均高度不断下降，结构由复杂变得简单，用途由类似城市聚落用途向乡村聚落的居住自用转变。从土地特征来看，表现为农业用地从无到有，数量从少到多，土地利用效率从高到低。从社会经济特征来看，城中村常住人口数量最多，外来人口比例远远高于本地人口，并且在发展后期会出现原住居民外迁，原有的乡村社会的地缘联系被瓦解。自城中村→近郊村→远郊村其社会经济方面的"乡村性"逐渐增加。另外，城市边缘区乡村聚落的边界具有多样性。从社会边界来看，由于村籍成为是否为本地居民，享受相应福利待遇的唯一标准，因此无论是城中村、近郊村还是远郊村，它们都具有封闭的社会边界，这个封闭的边界不会由于村民迁离村庄而被打破。经济边界是城市边缘区聚落中的开放边界，居民的就业、消费、交易等行为不再局限于村域或者镇域范围内。但不同类型乡村聚落的经济开放程度略不同，一般是城中村＞近郊村＞远郊村。物质形态边界的破碎化伴随着城市侵入乡村的过程，其破碎化程度的趋势一般也是城中村＞近郊村＞远郊村。

表 3.9　城市边缘区乡村聚落一般特征对比

项目	城中村	近郊村	远郊村
住宅类型	无院落住宅满足出租需要建造	无院落新式住宅、少量传统民宅	住宅类型多，差异大
住宅高度	一般 7～10 层，少量更高	一般 4～7 层	3～4 层居多
住宅结构	钢筋混凝土框架结构	框架、砖混结构均有	砖混结构
住宅使用	居住自用+住宿商业餐饮类房屋出租	居住自用+仓储工业类出租	居住自用
主要土地类型	聚落用地，少量或没有工业用地，大量城市与交通用地	聚落用地、农业用地、工业用地	聚落用地、数量较多的耕地、少量工业用地与特殊用地
土地利用强度	极高	较高	一般
居住人口构成	人口构成复杂，外来人口远远超出本地人口，后期出现本地人口外迁造成地缘聚居弱化	外来人口逐步增多，人口机械增长加剧	本地人口自然增长，亲缘地缘关系为主，少量外来人口
本地居民就业	赋闲，创业	农业，本地打工	农业，外出打工
经济特征	非农产业为主，土地收益为主要的经济收入	农业经济大幅度减少，工业带动就业与土地收益的增加	农业经济为主，城市工业外迁区域，兼业增加
村庄边界	封闭的社会边界，开放的经济边界，缩至最小的物质形态边界	封闭的社会边界，开放的经济边界，物质形态边界破碎化	封闭的社会边界，逐步开放的经济边界与物质形态边界
社会特征	易形成"食利寄生社会"	乡村工业化阶段社会特征	基本保留乡村社会特征

2. 典型村庄选取依据与数据调查

1）典型村庄选取依据

为了能够深入全面地反映城市边缘区不同类型乡村聚落的空间演化过程及特征，以及农户对外部环境行为响应的差异及影响因素，本书选取郑州市城市边缘区村庄：金水区白庙村、庙李村、刘庄村；惠济区东赵村；中原区道李村、郭厂村；二七区马寨村；管城区姚庄村、南曹村 9 个典型村庄作为研究样本村（图 3.17），选取上述村庄的主要考虑因素包括：

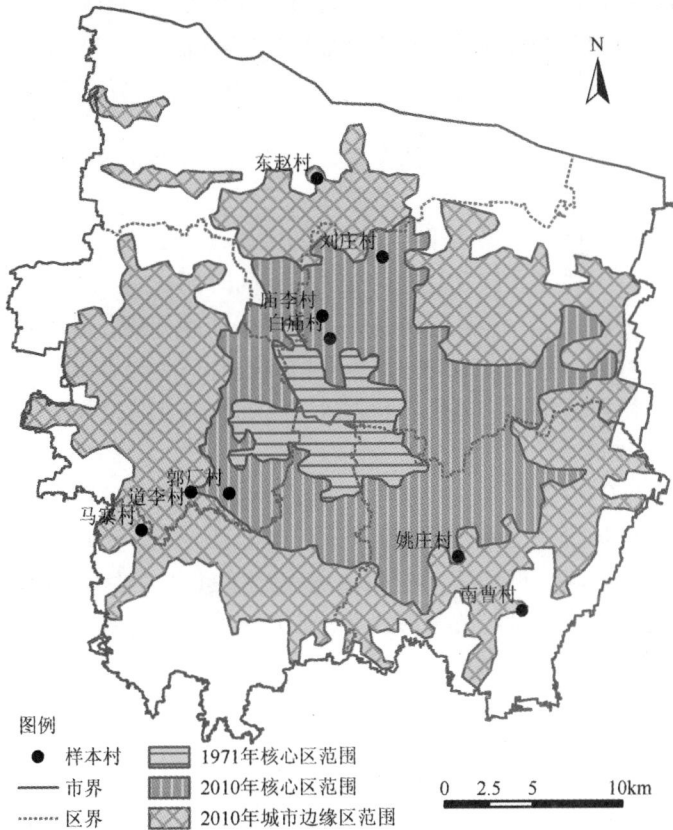

图 3.17　样本村区位图

（1）距离城市核心区的远近。区位因素是城市边缘区空间演化中最关键的影响因素之一，位于城市边缘区的乡村聚落也受到区位的深刻影响，因此结合距离城市发展中心（二七广场）的距离选取典型村庄。

（2）位于城市的不同发展方向。郑州市城市发展的不同阶段具有明显的方向差异，不同的发展方向对聚落的带动力具有显著不同，因此选取城市边缘区典型聚落同时考虑方了方向因素。

（3）经济发展水平，兼顾高、中、低不同人均收入层次。

（4）村庄发展类型，兼顾以农业为主、以工业为主和以服务业（尤指租赁业）为主的不同发展类型。不同类型的乡村聚落由于发展动力、经济来源、就业方式的不同使村庄的空间演化具有不同的特征。

依据前文对城市边缘区乡村聚落的分类，对选取的样本村按照现状进行分类，具体办法是对比 2010 年样本村区位与城市边缘区与核心区分布（图 3.17），将位于 2010 年城市核心区的样本村划分为城中村，包括白庙村、庙李村和刘庄村，对于位于核心区边界的姚庄村与郭厂村，根据其村庄实际空间演化和经济水平，将其划入近郊村类型，另外，位于城市核心区与边缘区交界处的道李村也划入近郊村类型。位于城市边缘区内且靠近边缘区外边界的村庄东赵村、马寨村和南曹村作为典型的远郊村类型。划入各种类型的城市边缘区乡村聚落均具有相应类型村庄的典型特征。

2）问卷设计

基于前述本节内容的研究需求，问卷设计分为村庄调查和农户调查两部分，其中村庄调查主要基于村庄整体人口、土地、经济发展变化展开，农户调查则围绕农户住宅变化情况及其影响因素之间的关系而设计。二者的主要内容如下。

（1）村庄调查：①村庄人口及其变动情况，不同时期村庄户数、常住人口、户籍人口、非农业人口、迁出人口、外来流动人口；②村庄土地及其变动情况，不同时期村庄各类土地利用类型面积、村庄土地变化与流转情况、宅基地批复情况以及楼房翻新的基本情况；③村庄经济发展情况，村庄农业收入、工业收入、其他收入方式及收入；④其他变迁情况，行政区划变迁，村内公共空间变迁。

（2）农户调查：①被调查人及其家庭情况，被调查人基本信息、家庭总人口、家庭类型、家庭成员就业与收入变化情况；②家庭住宅翻新简况，宅基地简况、住宅建设与翻新的时间、类型、建筑面积、资金与来源；③住宅建设与翻新原因，农户每次建房的考虑因素、农户选择住宅高度时的考虑因素、农户未来的投资意向。

3）数据获取

数据调查于 2013 年 10～12 月分批次进行，由于城市边缘区聚落居民生活习惯已经受到城市的深刻影响，加之处于郑州市城中村、城郊村改造的敏感时期，居民具有一定的戒备心理，给实际调研增加了许多困难，因此对于 9 个样本村庄，经历 4 次调研才完成样本数据的获取工作。第一次为 2013 年 10 月 15～18 日，对于每个样本村，在村干部的协助下，首先由作者进行预调研并进行村庄调查。村庄调查数据主要是对村干部进行访谈而完成。预调研工作一是为了确定选定村庄是否具有典型性；二是确定进行农户调查的可行性，以及检验问卷设计是否合理。

之后进入农户调研阶段，分别于 2013 年 11 月 4～8 日，2013 年 11 月 21～22 日，2013 年 12 月 3 日进行，参与人员共有河南大学硕士研究生 4 人，河南财经政法大学硕士研究生 1 人[①]，包括本人在内，调研组共 6 人。对于每个样本村庄，依随机抽样原则抽样调查约 25 户。根据事先设计好的农户调查问卷，由调研员进入农户家中逐一进行问题调查。在正式进行农户调研之前，对参与调研的人员进行了包括访问技巧、注意事项等在内的前期培训。9 个村庄共调查 225 户，其中有效问卷为 217 份，占总调查户数的 97.3%。

---

① 感谢河南大学环境与规划学院区域经济学专业 2012 级硕士研究生杜萍萍、朱文哲、韩峰、闫书生，以及河南财经政法大学人文地理学专业 2012 级硕士研究生杨慧敏参与调研工作。

3. 乡村聚落村域空间格局演变

乡村聚落村域空间格局的演变即乡村聚落村域范围内各类土地利用类型的平面变化。依据研究需要首先对样本村行政边界以内的土地利用类型进行分类，分为非建设类用地（UB）、建设类用地（B）和水域（W）三大类，其中对建设类用地进行二级划分，分为乡村居住用地（RS），城市居住用地（US），工矿仓储用地（I），交通用地（T），特殊用地（S），各地类含义如表 3.10 所示。而后依据不同样本村类型分析其内部空间的平面演化。

表 3.10　村域土地利用分类

村域土地分类		具体含义
建设类用地（B）	乡村聚落用地(RS)	乡镇及以下农村居民点
	城市居民区（US）	城市社区，包含小型城市商业
	工矿仓储用地（I）	独立工矿用地、仓储用地、已征用并整理后待开发土地、大型批发市场等
	交通用地（T）	城市主干道及对外交通用地、道路绿化用地、不包含农村居民点内部道路
	特殊用地（S）	科研文教用地、城市公园等
非建设类用地(UB)		耕地、园地、林地、荒地等非建设性用地
水域（W）		河流水面、坑塘水面

1）城中村村域空间演化

表 3.11 为研究期内城中村类型的乡村聚落村域土地利用类型的变化，分析可知，①非建设用地类型变化最为剧烈，研究初期，3 个村庄的非建设用地均占整个村庄面积90%左右，到后半期骤降至 10%以下，直至全部消失。另外，非建设用地的下降还与村庄的区位具有一定的关系。白庙村、庙李村、刘庄村距离城市中心的直线距离分别为5.06km、7.12km、9.85km，距离城市中心最近的白庙村在 2006 年村域非建设用地下降为0，庙李村下降至 1.25%，刘庄村则下降至 7.22%。但各个村庄的最终发展结果是非建设用地均下降为 0，这也是城中村的主要特征之一，即村庄完全被城市建成区包围，基本没有非建设用地存在。②乡村居住用地扩张先快后慢，至研究期后半阶段完全稳定。村庄前期发展以自然演化为主，主要是人口的自然增长引起平面的扩张。但在后期，即城中

表 3.11　1971～2010 年城中村村域土地利用类型变化　　（单位：%）

地类编号	白庙村				庙李村				刘庄村			
	1971年	1996年	2006年	2010年	1971年	1996年	2006年	2010年	1971年	1996年	2006年	2010年
UB	89.67	79.51	0	0	91.54	85.39	1.25	0	91.21	83.63	7.22	0
RS	10.33	16.24	17.2	17.2	7.3	13.68	14.3	14.3	4.83	11.29	15.67	15.67
US	0	0	77.61	77.61	0	0	68.95	72.88	0	0	1.81	8.01
I	0	4.25	0	0	0	0.65	10.36	6.98	0	0.55	65.42	66.44
T	0	0	5.19	5.19	0	0	5.14	5.84	0	1.48	8.13	8.13
S	0	0	0	0	0	0	0	0	0	0	0	0
W	0	0	0	0	1.16	0.28	0	0	3.96	3.05	1.75	1.75

村的形成时期，区位优势使该地区成为城市发展土地征用的首选区域，因此空间管制十分严格，宅基地批复由于层层管制变得十分困难，因此乡村居住用地基本稳定。③城市居民区用地与工业用地变化最为迅速，白庙村 1996~2006 年城市居住用地从 0 增长到 77.61%并保持稳定，与此同时，庙李村的变化为从 0 增至 68.95%，随后增长至 72.88%，表明这两个村庄在该阶段完成了从传统的乡村聚落乡城中村的转变过程。刘庄村虽然城市居住区面积增加不明显，但是工矿仓储业用地在 1996~2006 年自 0.55%增加至 65.42%。另外，村域的交通用地也呈现同样的迅速增长而后基本稳定的模式。

城中村发展的过程中，在 1971~1996 年这一较长的时段内，聚落村域土地利用变化集中在村落居住用地的扩张，其他土地类型变化都比较小，但在 1996~2006 年这十年内完成了传统乡村聚落向城中村的转化。一旦城市边缘区的乡村聚落从空间景观上表现出城中村的特征，那么其土地利用就会出现相对稳定的状态。

2）近郊村村域空间演化

1971~2010 年郑州市近郊村村域土地利用变化表现出的特征有：①非建设用地类型减少显著，但是不同的村庄差异很大，从表 3.12 中看出，20 世纪 70 年代，各个村庄的非建设用地基本都占村域面积的 90%以上，甚至更多，至 2010 年，郭厂村、姚庄村、道李村分别下降至 47.09%、20.96%、63.34%，差异显著；姚庄村虽然在空间区位上并不是三村中距离城市核心区最近的，但是由于政府推进的"金岱工业园区"项目，进行了大量的土地征用，因此其成为非建设用地减少最快的村庄；郭厂村非建设用地的减少主要是由于特殊用地占用，南水北调干渠占用了全村 23.45%的土地，全部来自于耕地。②乡村居住用地变化趋势同样是先快后慢，并在 2006 年以后基本稳定。由于近郊村为城市近期发展的主要空间扩张区域，因此，土地开发规划已经基本明确，严格的土地管理制度也已开始实施。③村域土地类型中不包含城市居民区用地，但工业用地增加明显，并且持续动态增长。由于区位相对较好且租金便宜，近郊村是城市工业外迁的首选区域，但是由于工业未达到相当的规模，加之区位已经远离城市核心区，因此，城市居住区建设还未开始。

表 3.12　1971~2010 年近郊村村域土地利用类型变化　　（单位：%）

地类编号	道李村				郭厂村				姚庄村			
	1971 年	1996 年	2006 年	2010 年	1971 年	1996 年	2006 年	2010 年	1971 年	1996 年	2006 年	2010 年
UB	91.69	79.2	66.01	63.34	97.97	84.98	72.03	47.09	95.53	92.19	23.12	20.96
RS	3.3	12.42	13.84	13.84	2.03	10.15	12.32	12.32	1.92	5.61	7.15	7.15
US	0	0	0	0	0	0	0	0	0	0	0	0
I	0	4.26	15.42	18.09	0	4.87	15.65	17.14	0	0.71	55.71	56.81
T	0	0	0	0	0	0	0	0	0	0	12.73	13.79
S	0	0	0	0	0	0	0	23.45	0	0	0	0
W	5.01	4.12	4.73	4.73	0	0	0	0	2.55	1.49	1.29	1.29

3）远郊村村域空间演化

远郊村的村域土地利用变化相对于城中村和近郊村来说更为复杂。从表 3.13 中来看：①非建设用地持续以自然状态减少，研究期内各个阶段，东赵村和南曹村并未出现特别明显的非建设用地锐减情况，而马寨村在 1971～1996 年非建设用地减少较为明显，是由于该村在这一阶段大力发展工业造成的，但是相比通过规划产业集聚区这种自上而下的方式，自下而上的工业发展造成的村域土地利用变化较慢；②乡村聚落用地依然持续动态变化，虽然近年来郑州市有关乡村聚落用地的管理日益严格，但是作为距离城市核心区较远的远郊村聚落来说，乡村聚落依然没有停止增长；在 2006～2010 年，城中村和近郊村乡村聚落用地都已经稳定，但是马寨村、南曹村、东赵村的乡村聚落用地占地比例分别增长了 3.21%、0.05% 和 1.18%；马寨镇的明显增长是由于马寨村位于马寨镇镇区，镇区的聚落用地面积增长明显；③工矿仓储用地规模不断增加，但不同村庄差异较大，马寨村由于工业基础良好，加上近年来产业集聚区的建设，各个时期工业用地规模均明显大于其他两村，整体来看，远郊村工业用地占比要明显低于近郊村；④特殊用地具有一定的规模，至 2010 年，东赵村特殊用地规模达到 18.42%，马寨村为 4.84%，南曹村也为 0.94%，在这些特殊用地中，包括高校科研教育用地、城市远郊休闲用地。科研文教区设置在城市边缘区的远郊区域，这在北京、上海、广州等大城市已经很为普遍，这样的配置既能满足高校科研机构对空间与环境的要求，同时高校园区的建设也可以促进各科研单位的内部联系、知识共享等。休闲用地配置在此区域主要是看中该区域相对便捷的交通与优美的自然环境。

表 3.13　1971～2010 年远郊村村域土地利用类型变化　　　（单位：%）

地类编号	东赵村				马寨村				南曹村			
	1971 年	1996 年	2006 年	2010 年	1971 年	1996 年	2006 年	2010 年	1971 年	1996 年	2006 年	2010 年
UB	72.83	67.18	58.96	51.39	90.13	58.12	35.41	25.75	91.47	84.66	74.43	73.54
RS	8.4	12.15	12.54	13.72	3.5	8.6	13.75	16.87	4.16	8.23	8.27	8.32
US	0	0	1.98	4.4	0	0	0	0	0	0	0	0
I	0	1.9	3.1	6.73	0	26.91	35.53	37.23	0	2.74	11.26	12.1
T	0	0	2.26	2.6	0	0	9.17	9.17	0	0	0.65	0.65
S	16.01	16.01	18.42	18.42	0	0	0	4.84	0	0	0.94	0.94
W	2.76	2.76	2.74	2.74	6.37	6.37	6.14	6.14	4.37	4.37	4.45	4.45

4）不同类型聚落对比

样本村类型是按照聚落现状进行划分的，当前的城中村，也是经历传统乡村聚落、远郊村、近郊村一步步随着城市的扩张变为城中村的。对于不同类型村落在同一时间节点的对比，不仅能够凸显不同村落类型的村域平面演化特征，同时也能发现不同类型的城市边缘区乡村聚落的分异规律。1971 年，所有样本村均位于城市核心区之外（图 3.17），城市的辐射作用有限，因此所有的样本村都显现出传统乡村聚落的空间特征，用地构成简单，基本都是非建设用地、居住用地，部分存在水域（表 3.11～表 3.13）。这一时期，东赵村是一个特例，存在 16.01% 的特殊用地。这是由于该处建了河南省委第三招待所，是典型的政府行为造成的聚落空间的改变。1971～1996 年，各类聚落之间没有出现明显的差异。由于乡村人口自然增长，乡村用地粗放等原因，各类聚落的居住用地增长明显。值得注意的是村庄用地中出现了新的类型——工业用地，不过比例普遍较低，大多是由于自身农村工业化而出现的。但是自此城市边缘区乡村聚落村域用地的稳定性被打破，聚落用地开始被农业、居住以外的功能占据。1996～2006 年，村域平面空间多样化特征明显，且不同类型聚落呈现出显著差异。城中村非建设用地基本消失或者是仅保留极低数量；近郊村工业用地大量出现，非建设用地下降明显；远郊村土地利用类型开始变得复杂多样，非建设用地的流转也开始加速，但明显低于其他两类聚落。交通用地开始出现，且在同类型聚落中，交通用地占比越高，聚落的非建设用地转化越快。例如，近郊村中，姚庄村非建设用地在该阶段下降了 69.07%，远高于同类型的道李村和郭厂村；远郊村中，马寨村的非建设用地转化也要快于东赵村和南曹村。如果乡村聚落的空间区位距离城市核心区较远，且对外交通不发达，聚落平面空间演化明显较慢，如近郊村中道李村和郭厂村。2006～2010 年，各类聚落平面演化更为复杂。城中村没有非建设用地存在，而近郊村和远郊村均有一定比例的非建设用地。且近郊村的比例一般低于远郊村。城中村工业用地比例逐渐下降，城市居住用地比例大幅上升，近郊村和远郊村则是工业用地比例大幅上升，但一般不存在城市型居住用地。

一些聚落出现与同类聚落不太一致的规律，究其原因有两方面：一是微观区位差异；二是行政力量的影响。例如，刘庄村相较于白庙村和庙李村，距城市中心的距离更远，所以某些平面演化阶段会略晚于后者。道李村和郭厂村演化对外道路少，交通十分不便，所以村庄平面演化并不十分活跃。而远郊村东赵村之所以会出现城市型居住用地，是因为郑州市的主干道恰延伸至该村，对外交通，特别是公共交通十分方便。由此可见，微观区位因素对城市边缘区乡村聚落的演化至关重要。行政因素改变边缘区聚落平面演化的速度。姚庄村 1996～2006 年工业用地从 0.71% 跃升至 55.71%，是由于 2004 年郑州市批准了金岱工业园建设，占用了该村的部分农用地。马寨村工业用地 1996 年就达到 26.91%，远高于其他聚落，是由于 1993 年依托马寨村原有的工业基础，二七区政府就在马寨设立了经济开发区。

4. 乡村聚落内部住宅变化

农户住宅是乡村聚落内部占比最大也是最重要的元素，其空间更新速度、住宅高度的变化等是乡村聚落社会传统文化与习俗、经济社会发展的直接体现。

1）住宅更新情况

（1）住宅类型与结构。中原地区的乡村民宅自 20 世纪 70 年代以来，主要经历了以下几个阶段的变化：80 年代中期之前，多以砖瓦房或一层平房为主 [图 3.18（a）]。80 年代中后期以来，开始出现 2 层楼房的建设，并逐渐普及 [图 3.18（b）]。90 年代后期以来，乡村地区的住宅建设开始出现较大的差异。邻近城市的乡村聚落住宅翻新速度加快，起初是 2～3 层，而后逐步增加为 7 层，甚至超过 10 层以上 [图 3.18（c）、（d）]，而距离城市较远，住宅没有出租市场的基本以 3 层的楼房居多。但是在城市拆迁，以及周边村落的住房建设的影响下，也有向更高发展的趋势。

(a) 早期建设的砖瓦房　　　　　　　(b) 90 年代建设的有院落 2 层民宅

(c) 现阶段无院落新式住宅　　　　　　(d) 城中村的"摩天大楼"

图 3.18　城市边缘区乡村住宅类型

作者于 2013 年 11～12 月在郑州市边缘区聚落调研中拍摄

　　传统乡村住宅与城市住宅最大的不同，是每家每户都会留有庭院，作为农机工具的存放使用，而在近些年的修建中，住宅中的院落已经不再是建设中的必需结构了，绝大多数村民，尤其是追逐租赁利益的村民会将宅基地最大化利用，选择建设新式无院落的楼房 [图 3.18（c）、（d）]。同时由于距离城市较近，城市边缘区乡村住宅建设受到城市建设的直接影响，住宅的建设方式与城市趋于一致，住宅建筑结构由早期的砖木结构，转变为砖混结构，近期又出现钢筋混凝土框架结构 [图 3.18（d）]。

　　（2）住宅更新。住宅投资是农户最主要的投资行为，它是农户家庭最基本的需求，也反映出农户家庭经济状况（王成等，2011；赵国玲，2009）。乡村住宅投资是农户投资中的大额投资，有的甚至用去农户全部的积蓄，或者举债建房。因此，农村住宅的更新速度可以在一定程度上反映出乡村聚落经济社会发展的阶段特征。在城市边缘区，乡村住宅功能由早期的居住自用，转化为当前的收益来源之一，在一些城中村，甚至成为农户最主要的经济来源。由于用途的变化，导致城市边缘区乡村聚落的更新速度不断加快。

　　表 3.14 为 20 世纪 70 年代以来，所有调研样本村农户的建宅次数统计。农户平均建宅次数为 2.32 次，其中有过 2 次住宅建设的农户数量最多，占全部农户的 53.42%，进行 3 次住宅建设的农户达到 33.54%，规模也较大，而进行了 1 次和 4 次住宅建设的农

户较少，共占 13.04%。从不同时期农户住宅建设次数的变化来看（表 3.15），在 70～90 年代之前将近 20 年时间中，绝大多数村民选择进行 1 次住宅建设，占总样本的 67.08%，进行 2 次住宅建设的占 3.11%，这期间没有进行过住宅建设的基本为调查样本中在此阶段未取得宅基地的农户。在 90 年代，没有选择住宅建设的农户达到 50.93%，比例最大，这是由于上阶段进行了住宅建设的绝大多数农户在本阶段不再进行住宅更新。进行 1 次住宅建设的比例为 46.58%，这其中还包括相当数量的新批宅基地住宅建设。而在该阶段进行 2 次住宅建设的农户更少，仅有 2.48%。进入 2000 年以来，农户的建房行为明显增加，进行 2 次住宅建设的农户数量激增至 23.60%，进行 1 次住宅建设的达到 72.67%，而不进行住宅更新的仅有 3.73%。

表 3.14　20 世纪 70 年代以来农户住宅建设次数统计

住宅建设次数	1 次	2 次	3 次	4 次
所占比例/%	4.97	53.42	33.54	8.07

表 3.15　不同时期农户住宅建设次数变化

住宅建设次数	0 次	1 次	2 次
20 世纪 90 年代之前所占比例/%	29.81	67.08	3.11
20 世纪 90 年代所占比例/%	50.93	46.58	2.48
2000 年以来所占比例/%	3.73	72.67	23.60

　　结合城市的扩张我们不难发现，在早期城市开始加速扩张的时候，城市边缘区乡村聚落的住宅更新速度并没有出现急剧的变化，而进入高速的膨胀扩张时期之后，乡村聚落住宅更新速度的迅速加快，从一定程度上表现出了乡村聚落发展阶段相对于城市空间阶段的滞后性。

　　城市边缘区不同类型的乡村聚落住宅更新的速度各有不同。图 3.19 是各样本村在研究期内平均住宅建设次数的变化，从图中可以看出，各城中村的平均住宅建设次数变化相对平缓，近郊村和远郊村的变化较为剧烈。3 个城中村的平均建宅次数要高于所有样本的平均水平，其中白庙村 2.37 次，庙李村 2.42 次，刘庄村 2.4 次。除了姚庄村、马寨村，

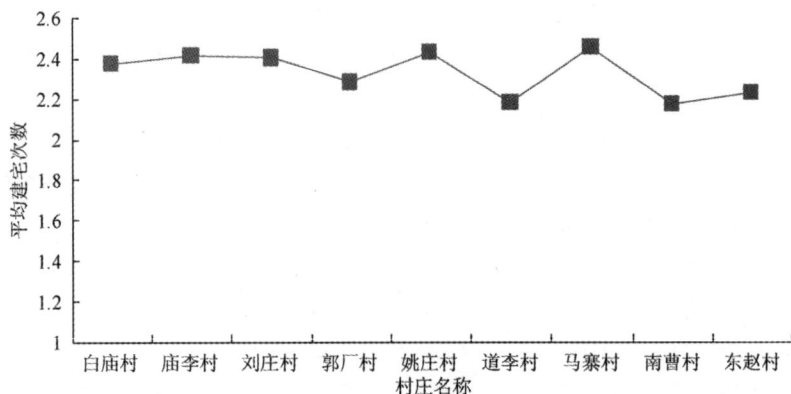

图 3.19　样本村建宅次数变化

整体观察城中村的平均建设次数要高于近郊村和远郊村。姚庄村与马寨村分别属于近郊村和远郊村村庄中经济实力较好，工业具有一定规模且工业租赁较多的村庄，其住宅更新的速度甚至要高于城中村。这主要是由于原有村民住宅面积较小，在发展初期更新住宅不能准确预测未来租赁市场规模，加上资金紧张，新建住宅规模也有限，而随着工业比例增加与经济的增长，住宅出租供不应求，所以为了追求经济利益，村民会频繁的更新住宅，但此时的更新方式并不一定是完全重建，向上加盖也是一种主要的住宅更新方式。在经济和区位上均不占优势的近郊及远郊村庄的住宅更新速度要明显低于其他样本村庄平均水平，如道李村平均建宅次数为 2.18 次，南曹村为 2.17 次，东赵村为 2.23 次。

2）乡村住宅垂直演化

城市边缘区乡村聚落除了平面扩展以外，另一个更主要的特征是垂直变化引人注目。在城市边缘区，由于城市发展中土地资源短缺，而乡村聚落用地相对粗放，因此对于乡村聚落的建设类用地审批较为严格，并且随着城市对乡村聚落村域空间的侵占，乡村聚落会逐渐失去平面扩张的空间，而代替的是住宅高度的不断攀升，在郑州市边缘的乡村聚落中随处可见高达十几层的民宅。

图 3.20 描述的是各个样本村自 20 世纪 70 年代以来不同时期住宅平均高度的变化：①90 年代之前，所有的样本村聚落高度没有显著差异，其中平均高度最高的是南曹村 1.22 层，最低的是马寨村 1.03 层，相差仅有 0.19 层；②进入 90 年代，各村庄住宅建设高度都有小幅度的增长，且增长幅度逐渐随村庄类型的不同出现分异，但总体差异并不十分明显，如在城市自然扩张的该阶段，距离城市较近的白庙村和庙李村村庄平均高度增加最为明显，但是整体来看，此时期的乡村聚落平均高度还在 2 层以下，并未出现乡村聚落垂直高度的急剧扩张；③2000 年之后，显著的聚落间垂直高差开始显现，不同类型聚落差异显著，平均高度最高的村庄为刘庄村 9.2 层，最低的是东赵村 2.63 层，差距达到 2.5 倍。从不同的村庄类型来看，城中村住宅平均高度最高，近郊村次之，远郊村最低，基本呈现自中心向外围聚落高度逐级降低的规律。

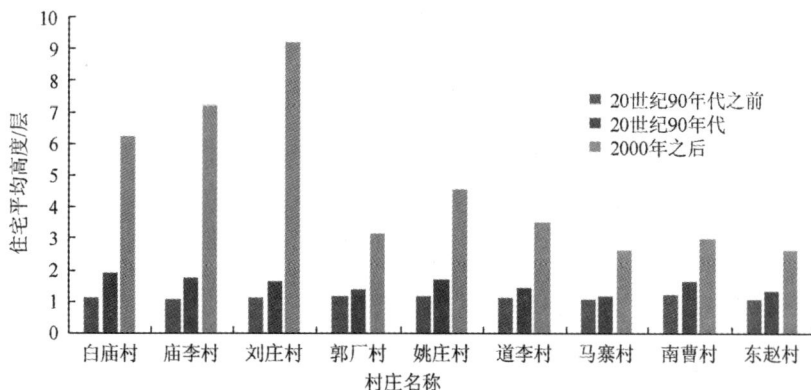

图 3.20　不同时期村庄住宅平均高度变化

3）乡村聚落容积率演化

容积率是区域土地区划管理中的一项重要指标，在我国，容积率是控制性详细规划中定量控制指标的核心，是衡量土地开发强度的"敏感"因子（鲍振洪，2010），其计算公式为

$$R=F/A \tag{3.2}$$

式中，R 为容积率；F 为地块内总建筑面积；A 为地块面积。在本书中 F 为农户住宅面积；A 为宅基地面积，作为衡量土地开发强度的因子，容积率越高，土地开发强度越大。

将容积率用于乡村聚落住宅变化研究，当乡村聚落的容积率小于 1 时，乡村聚落属于有院落的传统住宅，土地开发强度较低；而后随着住宅高度和面积的增加，住宅院落空间不断被压缩，宅基地开发强度不断提高。宅基地是否被完全开发，是乡村聚落土地利用变化强度的转折。图 3.21 为不同时期样本村庄容积率的变化。从图中可以看出：与住宅高度变化基本一致，乡村聚落住宅容积率在 1990 年之前维持在极低的水平，基本在 0.5 以下，表明这一阶段乡村聚落的土地利用强度是很低的；1990～2000 年，各个村庄的增长出现了分异，部分村庄有较明显的增加，部分村庄几乎维持原有的容积率不变。但容积率还是维持在 1 以下的水平，未见乡村聚落土地利用强度的跳跃性增加。但是，进入 2000 年以后，样本的住宅容积率变化惊人。3 个城中村的容积率均达到了 5 以上，白庙村 6.23，庙李村 5.99，刘庄村 8.87，而时下郑州市普通城市高层住宅区的容积率一般在 5 左右，可见在该阶段，城中村的土地开发强度已经达到了极高的水平，村内景观的单一、恶化可见一斑。另外，从城中村→近郊村→远郊村，存在逐渐弱化的土地开发梯度。

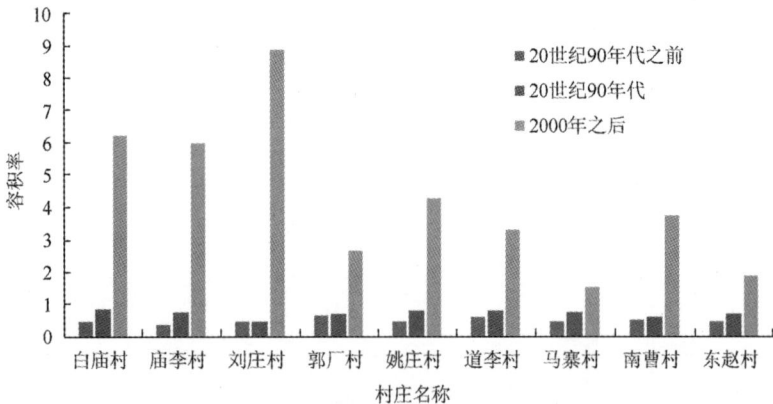

图 3.21　不同时期样本村庄容积率变化

5. 城市边缘区聚落空间演化模式

通过对上述典型村庄的平面和垂直空间演化特征分析，总结出城市边缘区典型乡村聚落的空间演化模式（图 3.22），共分为 4 个状态和 3 个变化阶段。首先对图 3.22 中的元素进行解释说明：每种状态下，上图为聚落单体平面变化，下图为乡村聚落村域内的

土地利用强度变化。村域平面变化图中最外层四边形表示聚落边界，内部圆形表示聚落居住用地，村域内的四边形表示侵入村域内的城市型用地，不同饱和度的颜色变化表示土地利用的强度不同。对应的村域土地利用强度变化图中，纵轴表示村域范围内土地利用强度变化，横轴表示村域范围。

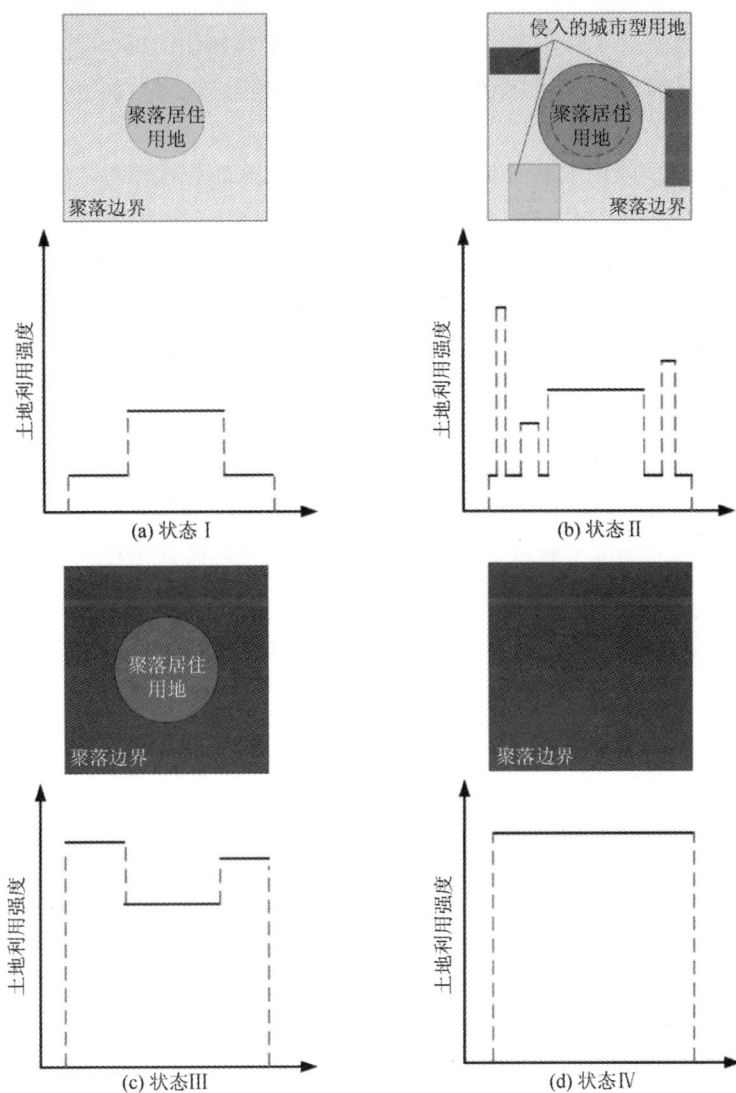

图 3.22　聚落单体演化

状态 I 为空间同质状态，该状态是传统的乡村聚落空间分布模式，平面的土地利用模式为聚落居住用地+均质的外部空间，从土地利用的强度来看，尽管该状态下聚落居住用地的利用强度属于很低的水平，但是仍要明显高于周边均质的非建设用地（以耕地为主）的利用强度。

状态 II 为外部空间破碎化，由于城市的外扩，城市用地的触角开始深入到乡村聚落，以政府土地征用、集体用地租赁等形式，城市边缘区乡村聚落的非建设用地开始了向建设用地的转换过程。侵入乡村地区的建设用地类型既有为了避免城市核心区高额租金而获取更多利润的工业企业，也有追随其而来的相应服务行业，或政府划拨各类土地，因此，破碎的外部区域土地利用强度既有高于聚落居住用地的，也有低于它的。

对比前文中城市边缘区乡村聚落的生命历程，认为从状态Ⅰ到状态Ⅱ的转化过程，乡村聚落居住用地进入了从传统乡村聚落向城郊村聚落转化时期（图 3.11），因此，乡村聚落用地存在平面和立体的共同扩张。乡村村域内的建设用地比例提高，造成均质的外部空间破碎化。在该阶段转化的前期基本以聚落空间的平面加密和垂直增高为主，变化速度较为缓慢，后期变化速度逐渐加快，但总体来说该阶段空间转化的速度要明显低于后来的阶段。

状态Ⅲ为城乡隔离状态，这是典型的城中村空间分布模式，是城乡二元结构在微观上淋漓尽致的体现。状态Ⅱ向状态Ⅲ的演化即城郊村向城中村的转化阶段，乡村聚落垂直增加显著，平面范围基本稳定。高密度的商务楼、城市居民区等高附加值土地利用类型完全占据乡村聚落外部空间，因此尽管乡村聚落的土地利用强度急剧增加，但还是要低于周围城市型用地的利用强度。

状态Ⅳ为城乡融合，这是城市边缘区乡村聚落空间形态最终消失，完全融入城市景观的阶段。从状态Ⅲ向状态Ⅳ的转化，是一个突变的过程。形成城市边缘区聚落二元隔离的根本原因是城乡的二元管理制度，伴随着高额的经济收入形成了强大的村籍壁垒。同时，在我国现行的土地管理法规中明确规定，农村宅基地不得单独转让，因此乡村聚落的非自然终结必然是一个突变过程。当乡村聚落村域内所有土地利用类型完成了从乡村型向城市型的转化，从空间景观上已经不存在城乡差异，实现了空间的融合。但是进一步值得注意的是，在景观先一步完成融合的情况下，如何促进城乡居民生存方式、文化观念、生活方式等的融合是值得认真思考的问题。

3.4 聚落变化影响因素

前文分析将城市边缘区乡村聚落的空间演化分为平面演化与垂直演化，二者在聚落空间演化中所处阶段不同，变化强度不同，因此影响因素也会有所不同，所以在进行影响因素分析时，也从上述两个方面来展开。

3.4.1 乡村聚落平面扩张的影响因素

1. 聚落初始规模

聚落初始规模包括人口规模和空间规模。但是二者具有一定的正向相关关系（仝德等，2011）。在整个城市经济发展水平较低的时期，农户的居住以满足生存需要为前提，因此聚落的空间规模与人口规模会存在正相关性。而随着社会经济的发展，城市边缘区聚落的土地管理逐渐严格，基本不存在如较偏远聚落的"一户多宅"现象，聚落的空间规模与人口规模也会存在一定的正相关性。在上述分析的前提下，可以用聚落平面空间扩张与初始空间规模的相关关系，表征聚落初始规模对城市边缘区乡村聚落平面演化的影响。表 3.16 即是不同阶段郑州市边缘区乡村聚落平面扩张与聚落初始规模相关系数。

表 3.16　城市边缘区乡村聚落平面扩张与聚落初始规模相关系数

阶段	1971～1996 年	1996～2010 年
相关系数	0.459**	0.350**

**表示在 0.01 水平（双侧）上显著相关。

从相关分析结果来看，两个阶段城市边缘区乡村聚落平面扩张和聚落原始规模的相关系数分别为 0.459 和 0.350，并在 0.01（双侧）水平上显著相关。表明在两个阶段内聚落的初始规模越大，其增长就越明显。同时，二者的相关性在 1996～2010 年又有所下降，这是由于在该阶段后期，对于被城市核心区包围或邻近城市核心区的乡村聚落已经基本划定了建设红线，人为地控制了村庄平面的无序扩张。因此，可以看到，在城市边缘区乡村聚落自然演化阶段聚落的初始规模会显著地影响其后来的平面扩张，但是随着人为控制因素的逐渐增加，这一因素的重要性在不断下降。

2. 聚落区位

聚落所处的区位在很多研究中都被认为是乡村聚落空间演化的重要影响因素，城市边缘区乡村聚落更不例外，只是其作用方式与传统的乡村聚落有所不同。

为了研究聚落区位对城市边缘区乡村聚落平面扩张的影响，计算不同阶段聚落平面扩张面积与聚落距离城市中心距离之间的相关关系（表 3.17）发现，在 1971～1996 年二者相关系数未通过显著性检验，即二者不存在显著的相关关系，而在 1996～2010 年二者之间存在显著地正相关关系，这表明随着距离城市中心的距离增加，乡村聚落平面扩张规模增加。这与在传统农区乡村聚落的平面扩张规律并不一致。分析可知原因，根据经典的区位理论，随着距城市核心区距离的增加，城市影响力逐渐减弱，土地的价格逐渐降低，土地供给充足，加上并没有明确的空间边界限制与强有力的政策管制制度，因此乡村聚落具有平面扩张的空间。

表 3.17　城市边缘区乡村聚落平面扩张与聚落距离城市中心距离相关系数

阶段	1971～1996 年	1996～2010 年
相关系数	−0.070	0.205**

**表示在 0.01 水平（双侧）上显著相关。

乡村聚落区位优势的另一个判断标准是聚落距主要道路的距离。城市边缘区乡村聚落的等级分布与城市路网，尤其是城市干线交通网络关系密切。一般而言，在传统农区，距离交通干线较近的乡村聚落平面扩张较为明显（海贝贝等，2013），然而对于城市边缘区乡村聚落来说，良好的区位优势将会加速聚落终结，最终转为城市聚落景观。图 3.23 是郑州市在过去的 30 多年来，自然村落消失的情况。分析图 3.23 可知，1996 年之前，整个郑州市消失的自然村非常少，仅有的消失的村落也都位于黄河大堤以内，是为了保障人民的生产生活安全而进行的迁村，这也再次印证了平原地区的乡村聚落分布稳定性较强的特征。在 1996~2006 年，消失的自然村大都不是位于城市核心区的城中村，而是在城市边缘区或城市远郊区。分析可知，这一阶段消失的乡村聚落基本是由于城市规划或城市大型项目拆迁，如研究区东部消失的自然村都是为配合郑东新区及郑东龙子湖高校园区的建设；西北部两个消失的聚落是为了配合郑州市高新技术开发区的建设，西南部消失聚落则主要是由于修建高速公路的项目而被征迁。从表 3.18 中可以看出，即使是以行政力量为主导造成的乡村聚落消失，消失的村落依然随着距道路距离增大而减少的梯度特征。相比之下，2006 年之后消失的村庄大都位于城市核心区，是对城中村改造而造成的村庄消失。这个阶段消失聚落最明显的空间特征，即集中在主要干道附近。其中，距离道路 500m 范围内村落消失的比例占全部消失村落数量的 80%。

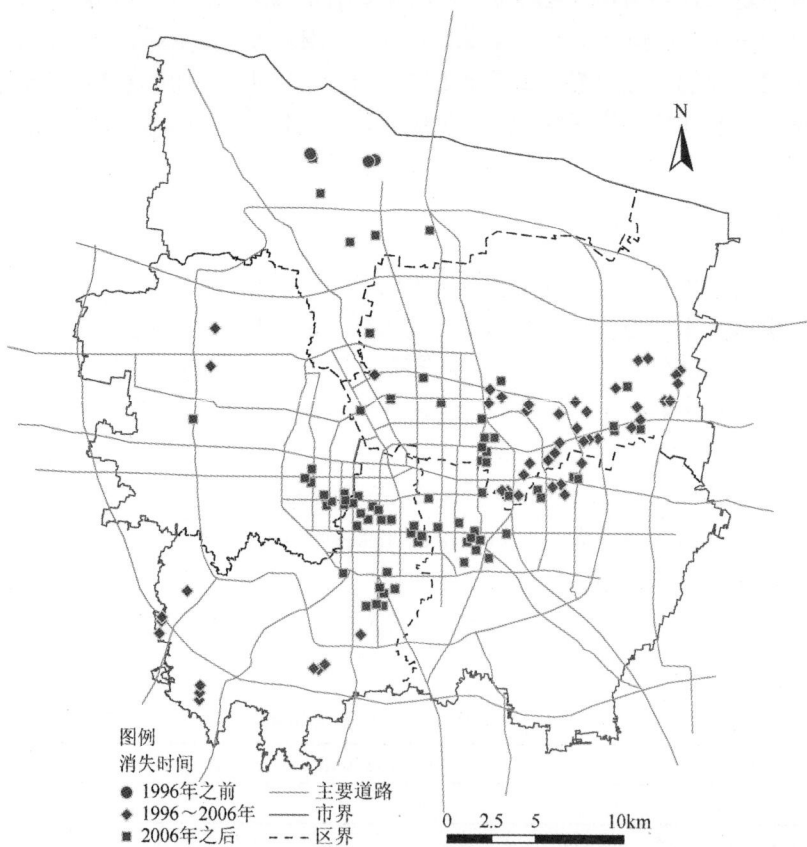

图 3.23　郑州市消失乡村聚落（自然村）

表 3.18　消失村庄斑块分布情况

消失时间	数量/个	500m 以内	500~1000m	大于 1000m
1996 年之前	3	0	0	3
1996~2006 年	49	29	12	8
2006 年之后	71	57	11	3

根据上述分析可以看出，区位因素对于城市边缘区聚落平面扩张的影响方式不同于传统农区，这是由于处于城市和乡村力量共同作用的地区，具有区位优势的乡村聚落在很多时候恰恰是城市发展中同样具有区位优势的所在。但在城市空间快速扩展的情况下，城市力与乡村力不是平衡的，城市外扩成为主导力量。同时，从土地利用效率来看，低效率的乡村型土地利用已经造成资源浪费，必然要经历向高效率的城市型土地利用转化过程，因此造成具有区位优势的乡村聚落反而更易受到城市发展的冲击，加速其终结过程。

3. 政策制度

城市边缘区乡村聚落有关政策对聚落的平面扩张起到直接的限制作用。通过严格控制农村宅基地的审批政策，以及村庄建设红线的划定，可以显著地限制乡村聚落平面的扩张。《河南省农村宅基地用地管理办法》《郑州市农村宅基地用地管理办法》中都明确表示："严格按照相关标准进行宅基地审批工作"，"农村居民建造住宅，应一户一处按规定标准用地。超过标准的，超过部分由村民委员会回收"。这些政策制度通过严控宅基地的审批和建造，控制了村庄的平面扩张。同时，相关管理办法中还指出，村庄建设必须严格按照村镇建设规划进行，也限制了村庄平面的无序扩张。此外，处于城市边缘区的乡村聚落，其重要的空间功能之一是服务于城市的近域扩张，因此其发展必然也会受到城市总体规划的约束。被纳入城市建成区范围内的聚落一般都面临着整理征迁，最终造成乡村聚落景观的转变，也会影响聚落的平面形态与规模。

3.4.2　乡村聚落立体扩张的影响因素

对于城市边缘区乡村聚落立体扩张影响因素的检验，采用多元线性回归模型，模型的数学表述如下：

$$y = \beta_0 + \beta_1 x_1 + \beta_2 x_2 + \cdots + \beta_9 x_9 + \varepsilon \qquad (3.3)$$

式中，y 为因变量，本书中表示农户住宅建设的最高高度，单位为层；$x_1 \sim x_9$ 为自变量，分别表示户主年龄、户主学历（小学=1；初中=2；高中及中专=3；大学=4；大学以上=5）、家庭人口数目、住宅年龄、家庭收入、租赁收入占家庭收入比例、建设住宅自有资金比例、从众心理（从众=1，否则=0）、政策影响（住宅建设考虑政策因素=1，否则=0）；β_0 为常数项，$\beta_1 \sim \beta_9$ 为回归系数；ε 为随机误差。对于模型中的各个自变量对因变量变化的正、负向预计效应如表 3.19 所示。模型所用数据为研究中对样本村的实地调研数据，经过分析处理，共有 210 个有效样本，其中城中村样本 63 个，近郊村 76 个，远郊村 71 个。

利用多元线性回归模型，在 SPSS16.0 软件中进行回归分析，首先进行区域整体回归分析，其后对不同类型的乡村聚落分别进行回归分析。采用的回归方法为逐步回归，结果如表 3.20 所示。

表 3.19　模型变量及影响方向预测

自变量	预计影响方向
户主年龄（x_1）	–
户主学历（x_2）	+
家庭人口数目（x_3）	+
住宅年龄（x_4）	–
家庭收入（x_5）	+
租赁收入占家庭收入比例（x_6）	+
建设住宅自有资金比例（x_7）	+
从众心理（x_8）	+
政策影响（x_9）	+

表 3.20　多元线性回归模型估计结果

s	整体	城中村	近郊村	远郊村
常数项	3.235^{**} (12.894)	8.557^{**} (10.493)	4.587^{**} (8.017)	2.567^{**} (4.758)
户主年龄（x_1）	—	—	-2.485^{*} (−0.025)	-0.012^{**} (−1.706)
户主学历（x_2）	—	—	—	—
家庭人口数目（x_3）	—	—	—	—
住宅年龄（x_4）	-0.078^{**} (−3.541)	-0.462^{**} (−8.732)	-0.077^{**} (−3.767)	-0.046^{**} (−3.842)
家庭收入（x_5）	0.039^{**} (3.668)	—	—	—
租赁收入占家庭收入比例（x_6）	3.564^{**} (10.092)	3.247^{**} (3.986)	1.221^{**} (4.232)	0.966^{**} (3.936)
建设住宅自有资金比例（x_7）	—	—	—	—
从众心理（x_8）	—	—	—	—
政策影响（x_9）	—	—	1.480^{**} (6.462)	0.719^{**} (4.309)
调整 R^2	0.534	0.602	0.530	0.678
F 检验	80.799	47.798	22.463	30.478

**表示在 0.01 水平上显著；*表示在 0.05 水平上显著，括号中为变量的 t 检验结果。

　　从模型拟合结果来看，在整体和各种分类型的回归模拟中均显著的因素是住宅年龄（x_4）和租赁收入占家庭收入的比例（x_6），表明这两个因素是城市边缘区乡村聚落高度变化的共同影响因素，其中前者为负向影响，后者为正向影响。对所有样本而言，家庭收入也对农户住宅高度的增加具有正向促进作用，表明家庭经济收入越高，越倾向于增加住宅高度。对于近郊村和远郊村的样本，户主年龄和政策影响成为影响住宅高度的显著因素。影响方向分别是负向和正向，与模型预期方向一致。

　　自建住宅带来的经济收入成为刺激各类聚落立体增长的重要因素。无论是城中村、近郊村还是远郊村，租赁收入占家庭收入比例较高的农户住宅会出现显著地立体增长。2010 年，租赁收入占家庭收入比例大于 0.5 的农户住宅平均高度为 6.3 层，而小于 0.5 的仅有 3.1 层。从该因素的回归系数来看，其影响程度呈现从城中村向远郊村递减的趋势，系数从 3.247 下降至 1.221，又下降至 0.996。

　　政策因素在促进城郊村庄住宅高度增加中具有特殊作用。这是因为，近年来郑州市城中村拆迁建设项目大力开展。郑州市市政府城中村改造项目涉及市辖五区的所有村庄，即包括本研究中的各类型村庄。郑州市城中村改造办法中，有住宅面积按比例补偿住房的相应规定，如某远郊村的拆迁安置标准为："对于合法合规的村民住宅，可给予每户（证）最高不超过 800m² 的产权置换面积"。因此，为了能够更多的获得相应补偿，多数农户选择将住宅加盖至 3.5 层或者更高。而由于补偿标准的不一致性，在未征迁的村庄就会做相应准备，即也将住宅进行不同程度的加盖，并且一般会选择以最高的补偿标准进行住宅建设。因此，政策因素直接刺激了近郊和远郊村庄高度的增加。

除了上述的影响因素之外，隐含在模型中的另一影响因素是聚落区位。无论是从距城市中心的距离，还是距路网的距离，在研究中的三类村庄中一般存在城中村优于近郊村，近郊村远郊村的关系，而从前文乡村住宅空间的演化可知，边缘区乡村聚落住宅高度存在城中村＞近郊村＞远郊村的关系。区位因素对于住宅高度的影响在多元回归模型中是通过提高农户租赁收入占经济收入的比例的方式而产生的。

3.5　未来聚落发展趋势

3.5.1　城市边缘区乡村聚落总体发展趋势

从前文的分析中可以看出，在聚落总体规模方面，尽管城市边缘区聚落单体规模具有普遍增大的趋势，但在城市外扩、行政干预、城市规划等多重因素的影响下，相当数量的聚落会消失，因此边缘区乡村聚落的总体规模在增长后会逐渐出现下降趋势，大量原有的乡村聚落用地被整理出来为城市空间外扩提供用地。城市边缘区是一种极其敏感与不稳定的时空综合体，快速城镇化时期会发生剧烈的变化。在未来的发展中，随着城市空间不断扩展，城市边缘区范围亦会不断外扩，边缘区聚落仍会被源源不断的吸纳入城市的范围之内，聚落总体规模不断下降的趋势也仍会继续。但是随着城市扩张达到一定的程度，城市外扩速度将会放缓，相应的城市边缘区聚落消失速度也会放缓，边缘区乡村聚落总体规模下降趋势会逐渐变缓，直至趋于一种动态的平衡。

从聚落体系来看，城市边缘区聚落的空间规模等级相对较为稳定。但随着大量边缘区乡村聚落的终结，乡村聚落原有的聚落体系也会被瓦解重构，由此来看，边缘区聚落体系的变化也存在一定的突变性。由于中心城区巨大的吸引力，城市边缘区原有乡村聚落之间的联系被聚落与中心城区之间的联系削弱或替代，聚落之间联系松散。在未来的发展中，边缘区乡村聚落仍会存在消亡和保留，体系的动态变化仍会继续，聚落与中心城区的联系仍会不断加强。

3.5.2　乡村聚落单体发展趋势

城市边缘区聚落大都经历一个传统乡村聚落—远郊村—近郊村—城中村—城市社区的生命历程。随着城市边缘区的动态扩张，不断有聚落走向乡村聚落形式的终结，完成景观城市化过程，融入城市景观，也有新的聚落进入边缘区开启上述生命历程，循环往复。由此可见，未来城市边缘区聚落发展形式，从外在的景观形式上可以分为两种类型：一种是融入城市景观；另一种则是保留乡村聚落形式的特色村镇。

1. 融入城市

尽管从景观上这类城市边缘区聚落最终完全融入城市，但是该类聚落融入城市的过程也各有不同，有些聚落经历完整城市边缘区聚落的生命历程，一步步经由传统乡村聚落、远郊村、近郊村、城中村等阶段最终转变为城市景观。这一过程在我国城市化加速时期的城市边缘区较为常见。

从这类聚落整体的发展规模和演变形态来看，由于已被城市建成区完全包围，交通条件完善，生活较为便捷，区位条件优势明显，大量的人口集聚，传统的农业耕作被工业经济、租赁经济逐渐替代，原有的农业生产格局和村舍居住模式不复存在，取而代之的是现代化的厂房与楼房，乡村聚落空间规模迅速扩大。空间规模的扩张首先以平面聚落外扩和填充为主，当聚落边缘被限定后会催化聚落的垂直演变，引导聚落的立体扩张。这种聚落演化的形态尤以城中村这一聚落形式最为典型。这是城市开发过程中，为了降低成本，绕开征迁阻力而形成的遗留问题，在我国许多城市发展中都普遍存在。未来的发展中，对于这类形式的聚落，大都最终会以拆迁安置方式终结乡村聚落的景观形式。以郑州市为例，截至 2016 年，所有四环以内的城中村全部启动征迁改造项目。

另一类融入城市的边缘区乡村聚落，虽然最终的景观形式与前者一样，但并未经历城市边缘区聚落的所有生命历程，而是跳跃了其中的一个或是几个阶段，这类城市边缘区聚落在行政力量的干预下出现较多。政府部门出于对城市发展战略、土地经济效益、资源集约利用和城乡整合发展等多方面的考虑，以行政力量对城乡空间尤其是乡村聚落的发展进行控制或引导，一定程度上也加速了城市边缘区乡村聚落的消亡，推动城乡空间格局的变化。以郑州市为例，郑东新区建设、航空港经济综合试验区规划建设使郑州市城市建成区以板块形式迅速扩大，这种快速扩张是在强大的行政力量推动之下完成的，所涉及区域内的乡村聚落均在开发建设之前就完成了征迁工作。这些聚落原本距离城市核心区较远，有的甚至还保留着传统乡村聚落的特征，但却直接完成了从乡村聚落形式向城市聚落的突变性转化。

在未来的发展中，城市边缘区聚落消失并融入城市仍是一条主要的发展路径，但是针对不同类型的消失聚落，需要有不同的应对之策。城中村属于城市发展过程中的遗留问题，是我国长期以来的城乡二元化结构与制度、农村集体经济组织模式、村庄宅基地制度和土地价值增值等多方面原因造成的。城中村一旦形成，会随着对经济利益的追逐逐渐自我强化，甚至变成"超级村庄"。郑州市陈寨村就十分典型，村庄原有居民不足 800 户，村庄居住面积 927 亩（1 亩≈666.7m²），却容纳了 15 万左右的外来人口，被外界戏称为郑州市"小香港"。由于可观的租赁收益以及村民利益共同体的形成，城中村的征迁工作难度与代价很大。城中村的形成是城镇化发展过程中为了降低发展成本的无奈之举，但城中村在快速城镇化初期，承担了容纳外来人口，为城市保障劳动力供应的作用,也并不是全无作用。尽管当下对于多数城市来说,城中村已成为阻碍城市发展的"顽疾",但对待城中村的改造与建设并不能一概而论、一蹴而就。需要基于城镇化发展阶段、地方经济发展、住宅市场、政府财政水平、社会资金参与程度等条件,适时适度引导城中村的拆迁改造,防止引发社会矛盾。对于还未形成城中村的聚落,政府应当具有一定的前瞻性,提前做好城市边缘区聚落发展规划,明确聚落定位,识别必须要为城市发展提供空间的聚落,以行政力量主导聚落空间格局调整。

2. 特色村镇

在城市动态扩张过程中,除了主动或被动融入城市的乡村聚落之外,城市边缘区仍有部分乡村聚落被保留下来。虽然乡村景观形式未发生本质改变,但是保留下来的聚落却在内部发生了重要的变化,这些聚落的存在不再仅限于满足外来人口对廉价消费品的需求,而是具有明确的发展定位,聚落特色鲜明、功能互补优化,聚落体系实现整合与重构,强化与中心城区良好交互,成为特色村镇。

城市边缘区特色村镇的存在对整个城乡聚落系统意义重大。我国城镇化率早已超过50%,进入了城镇化发展的中后期阶段,城市内部的空间拥挤、交通堵塞、环境恶化现象相继出现,城市空间管制逐渐严格,城市内日常生活的枯燥单调等都需要有一个空间能缓解这些矛盾与压力,边缘区的特色村镇正是一个绝佳的缓冲区域。

城市边缘区特色村镇的建设必须突出特色,从激发乡村聚落内生发展动力出发,充分发挥区位优势,借助外生拉力寻求聚落转化发展的有效路径,避免边缘区保留聚落沦为新的廉价消费品需求地。建设过程中需要注意的问题包括:①突出产业特色。在边缘区乡村聚落产业选择上,城市边缘区聚落地租价格相对低廉,生态环境较好,与中心城区的交通联系相对便捷,对中心城区产业转移、功能外溢和资本投资有着较强的吸引力,因此产业业态选择的余地较大。休闲旅游、都市农业、商贸物流等多种业态都有发展的空间。未来对于保留下来的边缘区乡村聚落,要基于自身独特资源,深挖产业特色,避免区域间产业的同质竞争,从多元化业态中选择合适产业。②保护环境特色。良好的生态环境一方面是城市边缘区聚落的重要资源,休闲旅游、都市农业等业态的可持续发展均以良好的生态环境为前提;另一方面,只有有了良好的生态环境,才能建成生态宜居的边缘区乡村聚落,才能增强聚落的吸引力,吸引人口、资本等要素不断进入,进一步促进聚落自身的壮大以及聚落产业良性发展。③传承文化特色。乡村聚落是乡村地域文化的物质遗存和非物质载体,而城市边缘区的乡村聚落与中心城区有着密切的社会与经济联系,是城乡一体化发展直接的展示地。在城市边缘区乡村聚落的建设过程中,应当采取积极手段予以控制,在历史传承与聚落更新之间寻找平衡点,保护并延续有价值的传统村落。充分利用便捷的交通条件和区位优势,以自然环境、文化内涵、建筑空间、风貌特征为重点重塑聚落空间风格,有机渗透地域特色。

对于城市边缘区留存下来的乡村聚落,居民应当能够获得与城镇居民相似的收益和公共服务(李小建和杨慧敏,2017)。同时,城市边缘区聚落无可比拟的区位优势会促使对区位条件依赖程度较高的经济活动出现,因此未来可能有如下一些发展方向:在距离城镇较近的地区，由于交通发达、通勤便捷、居住环境优美的原因，会形成居住型特色村镇；由于距离中心城市较近，具有稳定的潜在客源市场，农田的旅游休闲功能将逐渐被人们开发利用，形成都市休闲旅游特色村镇；另外，为中心城区乃至更大范围的城镇居民提供农业副食品的非粮化特色村镇也可能出现在城市边缘区。当然，在边缘区聚落发展中，上述类型的特色村镇可能还会有不同型式与不同程度的混合发展。

3.6　本章小结

在中国当前快速城市化的进程当中，城市和乡村区域正面临或经历着剧烈的空间演化和现代转型。城市边缘区作为城市空间扩张中规模变化最大、速度变化最快、对变化环境最敏感的发展地区，同时联系着城市化进程中城市的发展与乡村的转型。本章以郑州市为案例区，在客观展示城市边缘区乡村聚落动态演化过程的基础上，探索了边缘区聚落演化的一般性规律及其影响因素。

在城市边缘区出现初期，其内部最重要的组成元素是乡村聚落。正是由于城市边缘区内部一个个的乡村聚落最终演化为城市聚落，城市边缘区得以发展，城市完成了扩张，城市化的空间进程不断推进。因此城市边缘区乡村聚落的动态演化就是城市化过程的微观体现。

城市边缘区乡村聚落的总体空间演化特征如下：快速城市化阶段，城市边缘区乡村聚落总体规模增加显著，但增长过程是先增加后有所减小，并逐步出现下降趋势；从各项景观指标的变化来看，城市边缘区乡村聚落在波动中又具有相对一致的发展趋势，基本朝着总体规模减小、单体规模增大、密度降低、形态规则及集聚的趋势发展。城市边缘区聚落具有两种典型的分布模式：聚落位于行政边界中央或是位于行政边界附近；聚落增长包括蔓延增长、新增聚落斑块、填充增长 3 种方式，聚落增长方向具有沿路轴向增长，多斑块向心增长，向行政边界增长 3 种趋势。

依据空间区位将城市边缘区乡村聚落分为城中村、近郊村和远郊村，为剖析不同类型乡村聚落的时空演化规律，本书选取典型村庄对村域内平面与垂直空间演化特征进行分析。在城乡二元经济体制背景下，在市场力量的作用下，城市边缘区聚落空间经历被城市空间侵入、不同用地类型竞争、更替等过程。行政力量可能会在一定的时刻介入，并加速上述过程。在这一过程中，不同类型的边缘区聚落具有不同的演化特征。

从平面演化来看：①城中村是城市边缘区乡村聚落的最后一个生命阶段，其平面空间演化在第一阶段集中于聚落居住用地的增长，在完成向城中村转化的过程中，非建设用地完全消失，聚落居住用地稳定，城市用地比例持续上升，之后村域内土地利用进入相对稳定状态；②近郊村聚落用地先增长后稳定，工业用地比例持续增加，没有任何城市居住用地，整体用地类型较为简单；③远郊村村域土地利用变化更为复杂，聚落居住用地动态增长一直不曾停止，非建设用地以自然速度减少，工业用地比例持续增加，但村庄间的差异较大，特殊用地占据一定比例。城市边缘区乡村聚落的平面城市化的一般趋势为聚落居住用地由增加趋向稳定，非建设用地持续减少直至完全消失，工业用地首先侵入，最后被城市居住用地、商业用地等取代。

从垂直演化来看：①住宅类型经历砖瓦房→平房或2层楼房→多层或小高层楼房的转化，住宅结构中院落逐渐消失，这些转变与乡村聚落就业方式、住宅用途发生转变具有密切关系，从一定程度上表现出了乡村社会文化的变化；②住宅更新速度不断加快，但是相对城市空间扩张阶段来说，具有一定的滞后性；城中村住宅更新速度相对更快，不同城中村之间差异不明显；不同的近郊村、远郊村住宅更新速度差异较大，与经济实力和区位优势具有一定的关系；③以住宅高度变化及容积率变化表征城市边缘区乡村聚落的垂直变化，城中村要显著高于近郊村和远郊村，整体变化趋势基本符合垂直高度城中村＞近郊村＞远郊村，与区位因素关系密切。

乡村聚落平面空间演化和垂直空间演化的影响因素各不相同。平面空间演化受到聚落初始规模、聚落区位、政策制度的影响。初始规模越大的聚落平面扩张越明显，但是聚落规模对于聚落平面扩张的影响程度在不断下降。聚落区位对于城市边缘区的乡村聚落影响不同于传统农区的乡村聚落，主要表现在两方面：①在一定的发展阶段内，随着距城市核心区距离的增加，乡村聚落的平面扩张越明显；②聚落距离道路越近，区位条件越好，则越容易发生乡村聚落的终结。政策制度对城市边缘区乡村聚落的平面空间扩张具有直接的限制作用。影响城市边缘区乡村聚落垂直扩张的共同因素包括住宅年龄、家庭收入以及租赁收入占家庭收入的比例。对城中村的影响因素包括住宅年龄和租赁收入占家庭收入的比例，对近郊村和远郊村的影响因素包括户主年龄、住宅年龄、租赁收入占家庭收入比例、政策影响。区位因素通过影响农户租赁收入占家庭收入的比例间接作用于城市边缘区乡村聚落的垂直空间增长。

2003年，郑州市开始启动城中村改造项目[①]，摸索城中村改造的可行路径。经过初期几个大型项目的成功，部分改造后的城中村一跃成为郑州市新地标之所在，一度创立了全国瞩目的"郑州模式"。彼时进行城中村改造的村庄中，既有完全被城市建成区包围，没有任何可耕作土地的村庄[②]（本书中的城中村），也有基本仍以农业为生的城市近郊村[③]。2009年，首届"中国城中村改造高峰论坛"在郑州举行，"郑州模式"被总结为"政府让利、村民受益、企业得利"并加以推广。但随着城中村改造中弊端的逐渐显露，2010年郑州城中村改造项目暂缓执行，而后经过反思与转变，改造进入"政府主导"的节奏，并自2012年起进入新的高潮。本书研究期截止于2010年，当时文中9个样本村还未启动拆迁，而后郑州市进入大规模的边缘区聚落整理阶段。2014年东赵村启动拆迁；2015年白庙村启动拆迁；2016年，庙李村、刘庄村启动拆迁……时至今日，所有样本村均已征迁。纵观郑州市乡村聚落整理过程，前期市场力量主导下，城市边缘区聚落整理注重聚落微观区位的差异，首先完成的是区位条件较好的聚落整理，整理过程一般是按照城中村—近郊村—远郊村进行，也可能越过整理难度特别大的部分城中村，但基本不会直接推进至远郊村。后期政府主导下的城市边缘区聚落整理，在目标任务的驱动下，

---

① 郑州市市政府相关文件中规定：城中村是位于中心城区建成区范围内的村庄，该定义包含了本书中城中村、近郊村以及部分远郊村聚落。
② 郑州市二七区老坟岗属于该类聚落。
③ 郑州市金水区西史赵村、燕庄村属于该类聚落。

忽略区域内部微观区位差异，会直接改变聚落原有生命历程，使部分聚落缺失某些发展阶段而产生突变式消失。

参 考 文 献

鲍振洪, 李朝奎. 2010. 城市建筑容积率研究进展. 地理科学进展, 29(4): 396～402

蔡雪娇, 吴志峰, 程炯. 2012. 基于核密度估算的路网格局与景观破碎化分析. 生态学杂志, 31(1): 158～164

龚兆先, 吴薇. 2011. 城中村问题源头抑制的空间途径与策略. 城市问题, (9): 90～94

海贝贝, 李小建, 许家伟. 2013. 巩义市农村居民点空间格局演变及其影响因素. 地理研究, 32(12): 2257～2269

李小建, 罗庆. 2014. 新城城镇化中的协调思想分析. 中国人口资源环境, 24(2): 47～53

李小建, 杨慧敏. 2017. 乡村聚落变化及发展型式展望. 经济地理, 37(12): 1～8

李郇, 陈刚强, 许学强. 2009. 中国城市异速增长分析. 地理学报, 64(4): 399～407

刘继生, 陈彦光. 2004. 城市密度分布与异速生长定律的空间复杂性探讨. 东北师大学报自然学报, 36(4): 139～148

仝德, 冯长春, 邓金杰. 2011. 城中村空间形态的演化特征及原因——以深圳特区为例. 地理研究, 30(3): 437～446

王成, 王利平, 李晓庆, 等. 2011. 农户后顾生计来源及其居民点整合研究——基于重庆市西部郊区白林村 471 户农户调查. 地理学报, 66(8): 1141～1152

杨忠伟, 余剑, 熊虎. 2013. 基于"灰色用地"规划的城边村的渐进改造. 城市问题, (4): 26～30

叶昌东, 周春山. 2013. 转型期广州城市空间增长分异研究. 中山大学学报(自然科学版), 52(3): 133～138

赵国玲. 2009. 农户住房消费及其影响因素研究——基于湖北二县市的农户调查. 武汉: 华中农业大学博士学位论文

赵淑玲. 2004. 郑州城市空间扩展及其对城郊经济的影响. 地域研究与开发, 23(3): 49～52

郑州市地方史志编纂委员会. 2000. 郑州市志(1990～2000). 郑州: 中州古籍出版社

郑州市统计局. 1980～2017. 郑州统计年鉴. 北京: 中国统计出版社

Chen Y F, Liu Y S, Xu K S. 2010. Characteristics and mechanism of agricultural transformation in typical rural areas of eastern China. Chinese Geographical Science, 20(6): 545～553

Giuseppina S. 2012. Urbanization strategies, rural development and land use changes in China: A multiple-level integrated assessment. Land Use Policy, 29(1): 165～178

第4章 山区聚落

山区聚落作为山区居民居住及进行生产生活等社会经济活动的主要载体，其发展态势直接影响到全国精准脱贫工作的大局和全面小康社会的建设，是构建社会主义和谐社会成败的试金石，也是社会主义新农村建设及当前乡村振兴战略实施难点中的难点。因此，了解山区乡村聚落演化的时空规律，掌握山区乡村聚落空间演变的影响机理，把握山区乡村聚落未来的发展方向，对丰富聚落研究相关内容，推进山区脱贫工作和山区乡村振兴战略的实施，以及实现山区聚落长久持续良好的发展具有重要的理论与现实意义。

本章研究正是在此大背景下，在欠发达平原农区和城市边缘区乡村聚落演变研究之后，选取豫西山地集中连片的国家扶贫开发工作重点山区县中人口最多且具有一定代表性的嵩县为研究案例，以山区聚落的"空间格局—演变过程—演变机理—空间优化重构"为主线，应用 GIS 空间分析方法结合地形起伏度和地形位等指数方法，从总体、局部对嵩县聚落空间分布特征及其演化和聚落空间结构演变进行分析；应用因子分析、地理探测器模型、多元回归分析方法、空间计量模型（包括空间滞后模型 SLM、空间误差模型 SEM 和地理加权回归模型 GWR），从自然村、行政村和乡镇尺度对嵩县聚落空间分布的影响因素时空变化进行分析；然后在研究的基础上给出嵩县聚落未来的空间重构方向。

4.1 研究区选取及概况

4.1.1 研究区选取

自 20 世纪 30 年代以来，针对我国山区乡村聚落空间格局及乡村聚落演变研究成果逐渐丰富，研究范围涵盖大巴山区、西康地区、黄土高原、西南山区、鄂中山区峡谷及川东岭谷地带、嵩山北麓、大别山南麓、北方太行和燕山两大山脉交汇处、武夷山脉南麓和博平岭山脉间，以及江南丘陵区等；研究方法采取定性与定量相结合，越来越注重景观格局指数、遥感、GIS 和空间计量方法，研究结果越来越精细化和科学化；研究内容涉及乡村聚落的数量、分布形态、影响因素、数量变化、规模扩张、规模等级变化、演变模式、驱动机制等。然而，研究侧重实证分析，对乡村聚落空间演变的理论研究不够，缺乏以山区聚落为研究对象的长时段研究。豫西山地，处于我国第二阶梯向第三阶梯过渡地带，地形千差万别，落差大，有集中连片的国家扶贫开发工作重点山区县——栾川、嵩县、洛宁、汝阳、卢氏、鲁山、南召和淅川八县（图 4.1）。但由于鲁山、南召和淅川县内均分布有不同面积比例的平原，且 3 个县中山、低山面积分别仅占到 28.9%、34.4%和 12.6%，因此，研究区从另外 5 个县中选取。

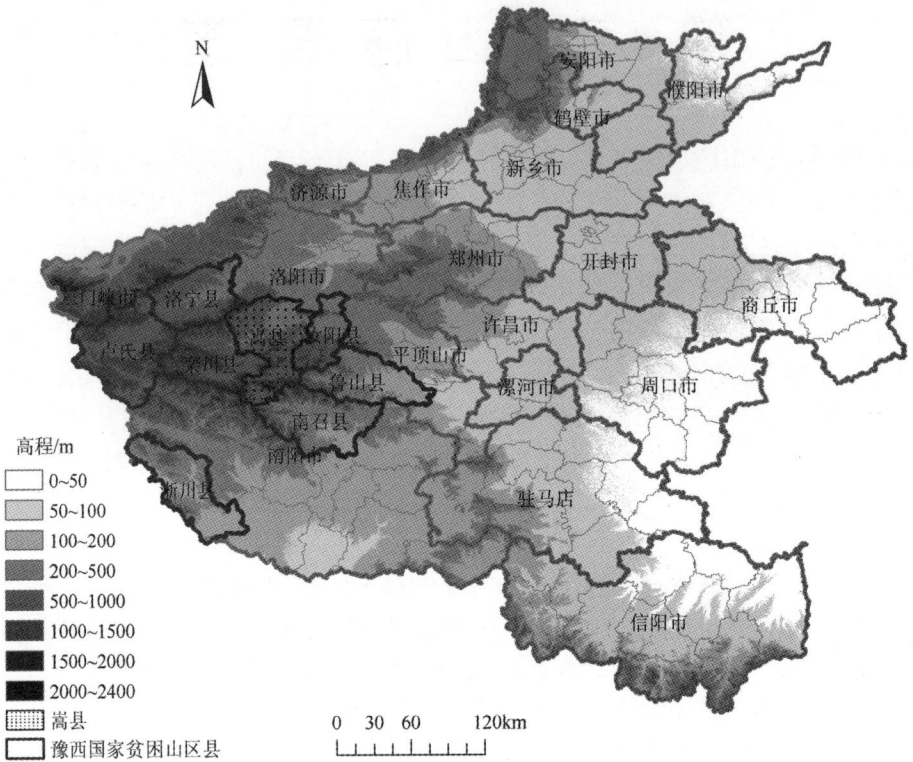

图 4.1　豫西山地集中连片国家扶贫开发工作重点山区县示意图

嵩县行政区面积位居五县第二（表 4.1），且自 1992～2015 年的 23 年里，嵩县人口总数稳居五县第一，但人口密度接近五县平均水平，经济发展水平位居五县中间水平，农民人均纯收入高于汝阳县、洛宁县和卢氏县但略低于栾川县，人均粮食产量略高于五县平均水平（图 4.2～图 4.6）。此外，嵩县地处集中连片国家贫困山区县居中位置（图 4.1），且境内有依托旅游、养殖、种植、金矿，以及仅靠农业等谋生的村落，存在有村落消失、村庄整体或局部搬迁、空心村等现象。因此，以嵩县为例进行研究具有较好的代表性。

表 4.1　五县行政区面积及排名

县名	行政区面积 km^2	排名
栾川	2477	3
嵩县	3009	2
汝阳	1328	5
洛宁	2306	4
卢氏县	4004	1

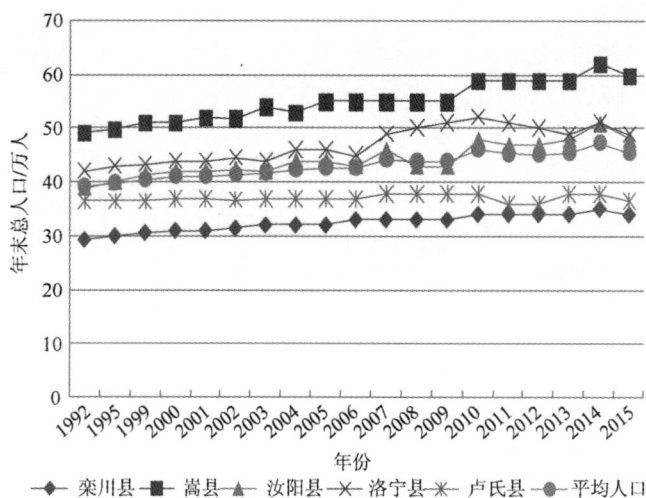

图 4.2　1992～2015 年豫西 5 个国家贫困山区县年末总人口

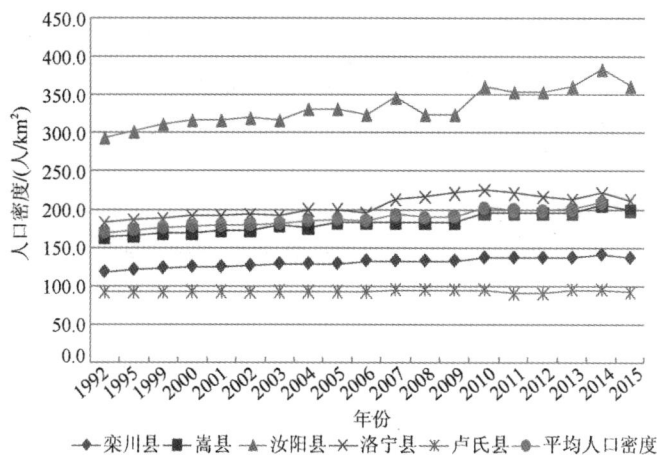

图 4.3　1992～2015 年豫西 5 个国家贫困山区县人口密度

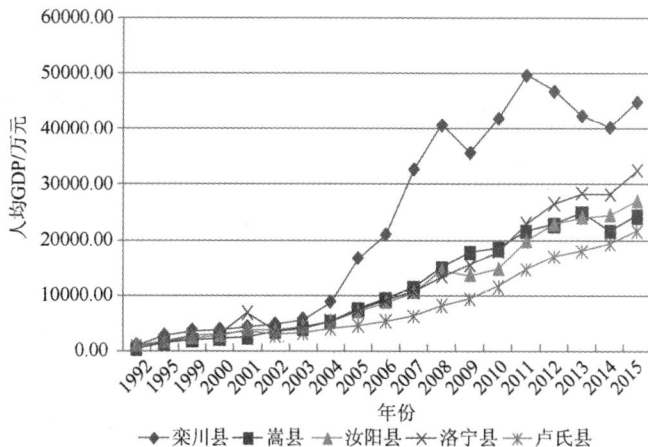

图 4.4　1992～2015 年豫西 5 个国家贫困山区县人均 GDP

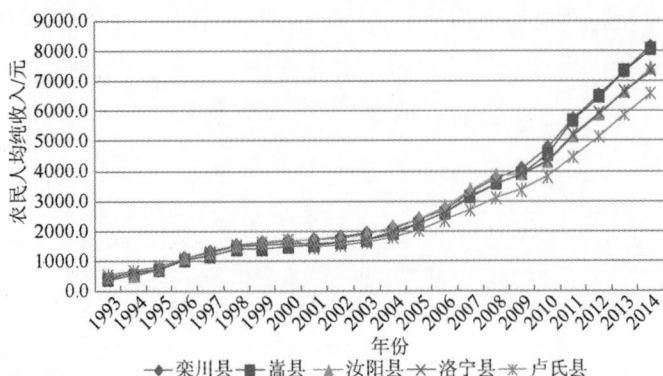

图 4.5　1993~2014 年豫西 5 个国家贫困山区县农民人均纯收入

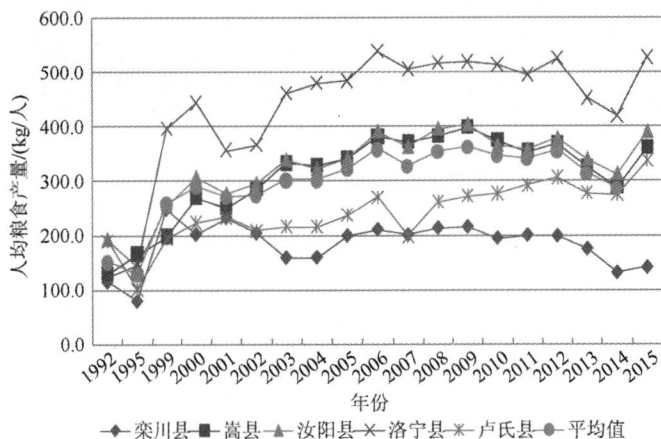

图 4.6　1992~2015 年豫西 5 个国家贫困山区县人均粮食产量

4.1.2　嵩县概况

嵩县属洛阳市辖县，位于豫西山区（图 4.7），是秦巴山连片特困地区[①]重点县之一。下辖城关、田湖、车村、旧县、闫庄、德亭、大章、白河、纸房、饭坡 10 个镇[②]和大坪、库区、何村、九店、黄庄、木植街 6 个乡。16 个乡镇共 310 个行政村 12 个社区，总人口 62 万，其中农业人口 53 万人，全县总面积 3009km²。地势由东北向西南逐渐隆起，海拔 245~2211.6m，垂直高差达 1966.6m。全县总面积中，中山、低山和丘陵分别占比 22.3%、56.4% 和 21.3%。1975~2015 年的 40 年间嵩县聚落数量从 4249 个减少至 3219 个，而聚落总规模从 72.89 km² 增加至 166.19 km²。其中，1975~1995 年和 1995~2015 年两个阶

---

①　中国农村扶贫开发纲要（2011~2020 年）确定：全国扶贫开发集中连片特困地区共 14 个，包括西藏、四川省藏区和新疆南疆三地州，以及六盘山、秦巴山、武陵山、乌蒙山、滇黔桂石漠化片区、滇西边境、大兴安岭南麓、燕山-太行山、吕梁山、大别山、罗霄山。

②　城关镇于 1984 年 1 月建镇，田湖镇于 1987 年 6 月建镇，车村镇于 1995 年 8 月建镇，旧县镇于 1999 年 5 月建镇，闫庄镇于 2008 年 1 月建镇，德亭镇于 2009 年 1 月建镇，大章镇于 2010 年 1 月建镇，白河镇于 2010 年 10 月建镇，纸房镇于 2011 年 10 月建镇，饭坡镇于 2013 年 8 月建镇。

段相比，前一阶段聚落数量消失的更明显，而后一阶段聚落总规模增加和扩张更为明显，表现在，两个阶段平均每平方千米内聚落个数分别减少了 0.19 个和 0.05 个，而规模分别增加 0.95% 和 1.18%，两阶段聚落斑块扩展指数分别为 0.951% 和 1.176%。

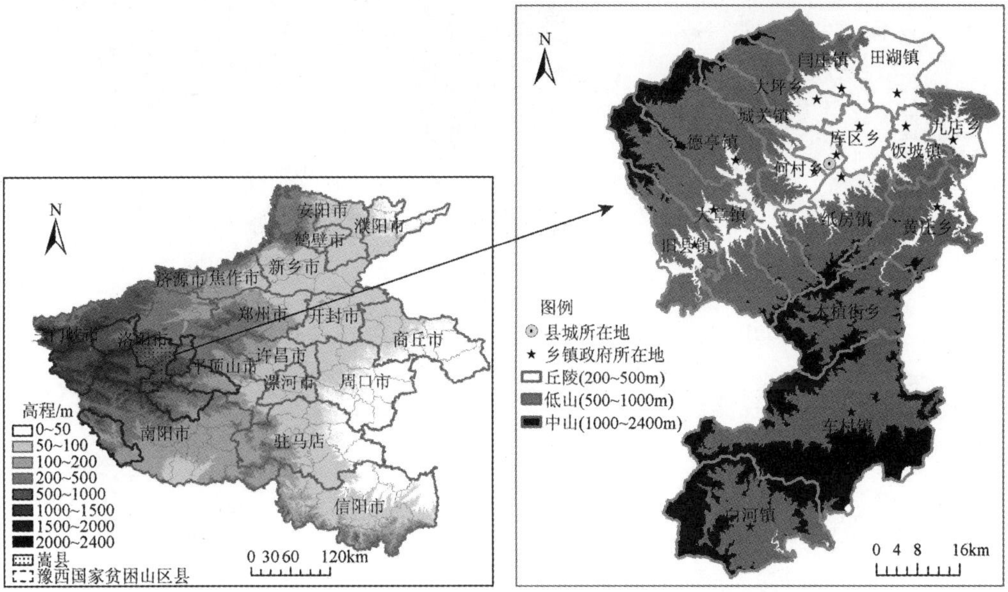

图 4.7　嵩县地理区位示意图

近年来，嵩县农村经济实现新发展，农村面貌不断改善。2014 年，完成 4 个乡镇 29 个贫困村的整村推进工作，搬迁贫困群众 4000 户共 1.56 万人；完成生产总值 133.8 亿元，规模以上工业增加值 30 亿元，两者分别增长 7.5% 和 9.5%；公共财政预算收入 5.26 亿元，公共财政预算支出 21.6 亿元；固定资产投资 172.4 亿元，增长 16.2%；社会消费品零售总额 62.4 亿元，增长 11%；城镇居民人均可支配收入 21409 元，农民人均纯收入 8041 元，分别增长 8% 和 9.8%。

4.2　聚落空间演变特征

本节基于嵩县 1975 年、1995 年和 2015 年三个时期聚落斑块数据，应用 GIS 空间分析结合地形指数等分析方法对 1975～2015 年嵩县聚落空间演变特征进行分析，以期发现一些规律，为后续山区聚落影响因素及驱动机制的分析奠定基础，并为山区乡村聚落未来的发展方向提供一定的决策依据。

4.2.1　聚落空间分布及其演化的总体特征

聚落在空间分布上多数沿道路和河流呈线条状分布，其中，沿道路集中分布趋势逐渐加强 [图 4.8（a）～（c）]。规模大的聚落除了道路旁外，在丘陵区和乡镇中心附近较多，且随时间增加明显；两阶段中，1995～2015 年聚落斑块扩张范围更大，且主要集中在县城、车村镇、饭坡镇，以及库区田湖段洛栾快速道周边（图 4.9）。

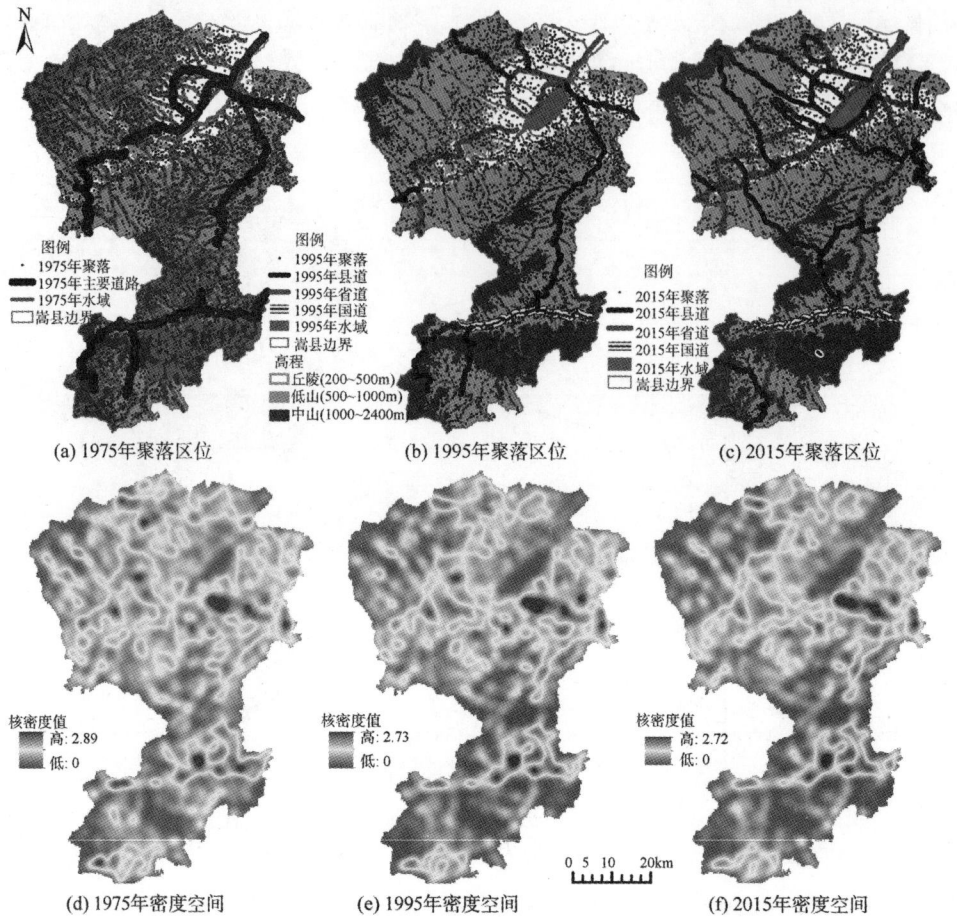

图 4.8　1975～2015 年嵩县聚落区位和密度空间分布图（详见文后彩图）

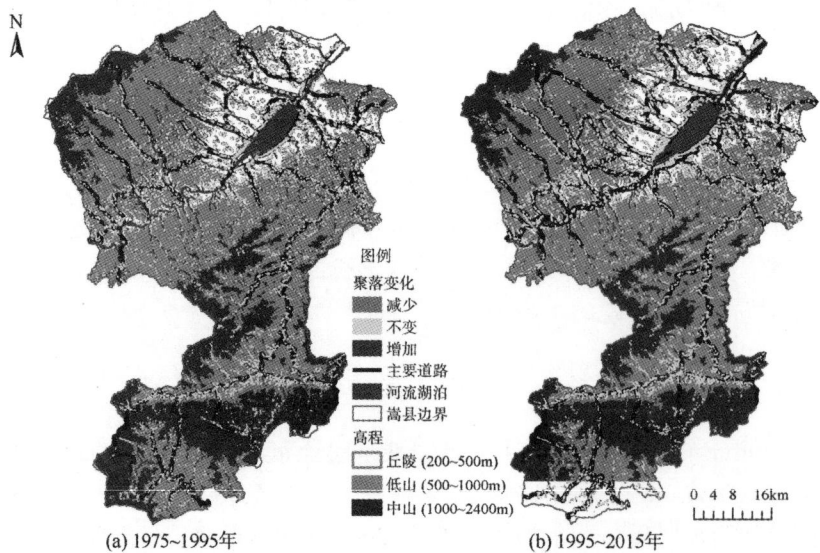

图 4.9　1975～1995 年和 1995～2015 年嵩县聚落斑块空间变化

聚落数量和规模在空间分布上均存在明显的高密度核集聚区，但前者三个时期的分布格局较为相似，而后者的高密度核集聚区逐渐减少并向县城附近集中。具体而言，聚落区位高密度核集聚区，在北部呈现围绕陆浑水库的多核团状分布，且在纸房和黄庄乡内有一明显的带状高密度核集聚区，在南部车村镇和木植街乡内呈现以多个高密度核为节点的条带状分布、白河镇内呈现团状核密度集聚区［图4.8（d）～（f）］。而聚落规模高密度核集聚区，1975年北部县城附近呈现平行的带状分布、旧县镇呈现点状分布，南部车村镇呈现带状分布；1995年呈现多处点状分布；2015年围绕以县城为中心呈现出单核高密度核集聚区［图4.10（a）～（c）］。同时发现，聚落规模空间分布在全局上存在集聚性但随时间变化不显著、局部上存在冷热点区且随时间发生明显变化，表现在：三个时期的全局性聚类检验结果均在5%水平下显著集聚，其General G值依次为0.000018、0.000019和0.000019；1975年热点区主要集中在丘陵及旧县和车村镇镇区附近，冷点区主要在德亭、大章和大坪靠近嵩县西北边界，以及白河、黄庄和木植街的部分地区，且随时间变化，县城附近热点区显著变大，而车村和旧县镇热点区在减少，原冷点区也在逐渐缩减［图4.10（d）～（f）］。

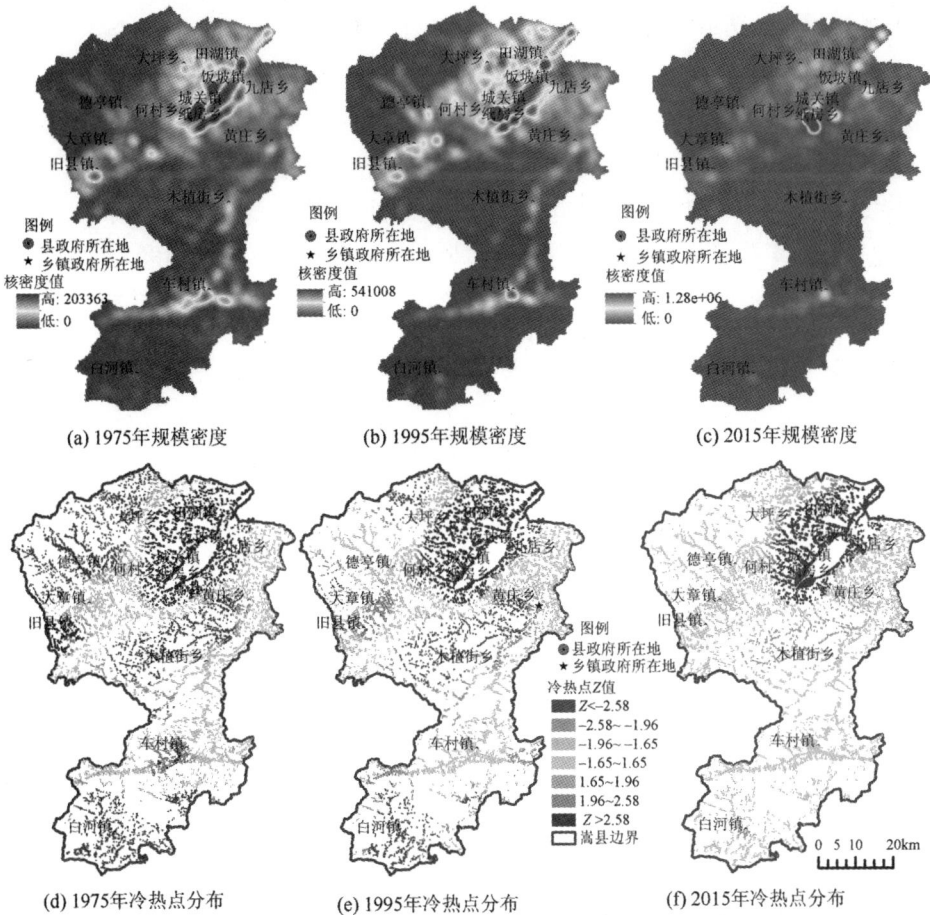

(a) 1975年规模密度　　　　　(b) 1995年规模密度　　　　　(c) 2015年规模密度

(d) 1975年冷热点分布　　　　(e) 1995年冷热点分布　　　　(f) 2015年冷热点分布

图4.10　1975～2015年嵩县聚落规模密度和冷热点分布图（详见文后彩图）

4.2.2 聚落空间分布及其演化的局部特征

1. 向低地、缓坡、阳面集中且逐渐加强

依据传统地貌划分方法，将嵩县划分为丘陵（200～500m）、低山（500～1000m）、中山（1000～3500m）。根据地形起伏度计算结果，结合前人研究将本书的地形起伏度划分为4个等级，依次为平坦起伏（0～20m）、微起伏（20～75m）、小起伏（75～200m）、中起伏（200～600m）（涂汉明等，1991）。根据第二次土地调查坡度分级标准与研究需要，将嵩县坡度划分为0°～6°、6°～15°、15°～25°、25°～35°、35°～62°。借鉴已有研究并结合本书研究需要将地形位指数划分为6个等级，分别为0～0.2、0.2～0.4、0.4～0.6、0.6～0.8、0.8～1.0、1.0～1.5（段小薇和李小建，2018）。在ArcGIS10.1中基于DEM得出坡向分类，依次为平地（−1～0）、北（0～22.5和337.5～360）、东北（22.5～67.5）、东（67.5～112.5）、东南（112.5～157.5）、南（157.5～202.5）、西南（202.5～247.5）、西（247.5～292.5）、西北（292.5～337.5）。

1）低地指向性明显且趋于加强

由图4.11和图4.12、表4.2和表4.3可知，不同高程下聚落数量和规模空间分布及其演化特征如下：① 1975年、1995年和2015年3个时期聚落数量及其相对比例均呈现"低山区>丘陵区>中山区"，聚落密度、聚落斑块总规模及其相对比例，以及平均规模均呈现"丘陵区>低山区>中山区"；随着时间变化，仅有丘陵低山区聚落数量相对比例和丘陵区聚落总规模相对比例逐渐增加；②1975～1995年和1995～2015年两个阶段里，丘陵、低山区聚落斑块扩张趋势明显，且均呈现出以1995～2015年阶段更为显著，同时两阶段中均以丘陵区扩张更为显著。

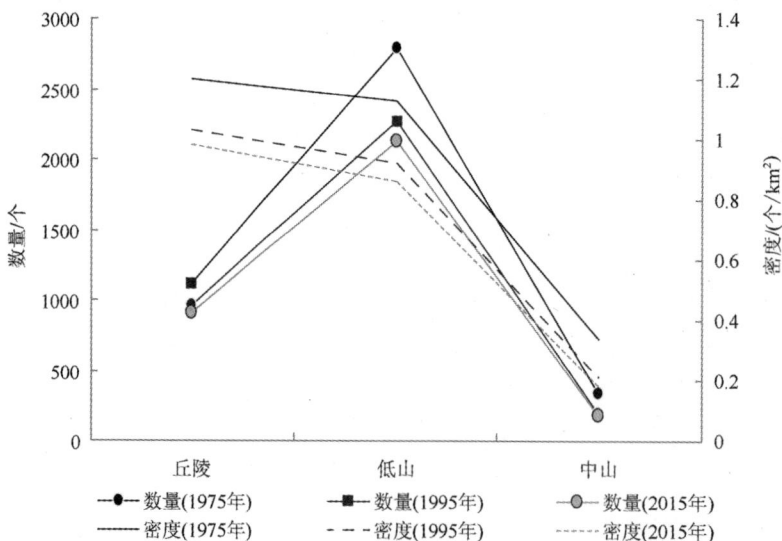

图 4.11　1975～2015年不同高程下聚落斑块数量和密度变化情况

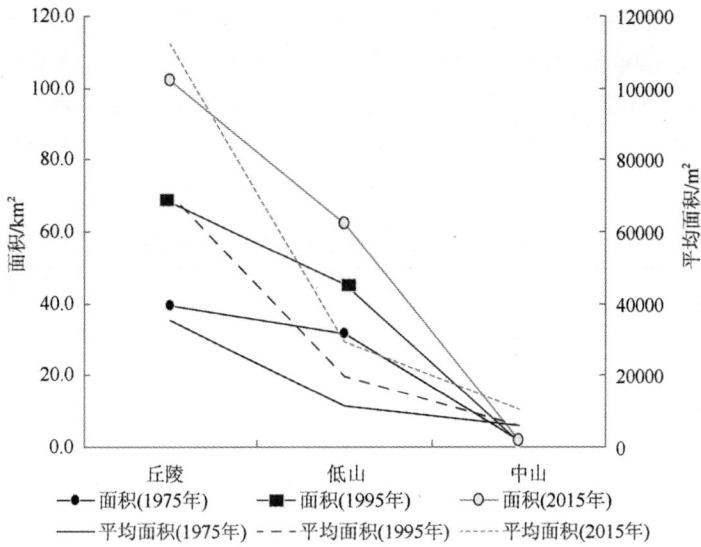

图 4.12　1975～2015 年不同高程下聚落斑块规模变化

表 4.2　1975～2015 年不同地形条件下嵩县聚落斑块个数比例变化 （单位：%）

项目	分级	1975 年	1995 年	2015 年
高程	丘陵	26.27	28.09	28.29
	低山	65.83	66.07	66.09
	中山	7.91	5.84	5.62
地形起伏度	平坦起伏	2.45	2.21	2.17
	微起伏	40.81	43.59	45.09
	小起伏	54.70	52.75	51.55
	中起伏	2.05	1.45	1.18
坡度	0°～6°	35.07	36.29	37.73
	6°～15°	49.45	50.63	49.72
	15°～25°	15.04	12.79	12.42
	25°～35°	0.45	0.29	0.12
	35°～62°	0	0	0
地形位指数	0～0.2	1.41	0.70	0.87
	0.2～0.4	34.88	36.52	38.54
	0.4～0.6	45.73	48.59	47.20
	0.6～0.8	17.53	13.87	13.17
	0.8～1	0.45	0.32	0.22
	1～1.21	0	0	0

2）微小起伏指向性显著且趋于向平微起伏地形集中

聚落区位的微小起伏指向性和聚落规模空间分布的微起伏指向性显著，且随时间变化前者逐渐转向微起伏地区，而后者转向平微起伏地区。随着地形起伏度的增加，在三个时期聚落数量、聚落密度和聚落总规模及其相对比例均呈现出先增加后减少，而聚落平均规模均在逐渐减小，数量、密度和总规模及其相对比例的最高值分别在小起伏和微起伏地区。随着时间变化，仅有微起伏地区的聚落数量相对比例和平坦起伏地区聚落总规模相对比例在逐渐增加。两阶段中平坦起伏、微起伏和小起伏地区聚落斑块整体扩张明显（表4.2、表4.3、图4.13和图4.14）。

表 4.3　1975～2015 年各地形下不同分区内嵩县聚落斑块的面积比例及空间形态变化

地形因素	分级	聚落斑块面积比例/%			聚落扩展指数/%	
		1975 年	1995 年	2015 年	1995～1975 年	2015～1995 年
高程	丘陵	53.87	59.50	61.52	3.098	3.647
	低山	43.38	39.49	37.35	0.551	0.680
	中山	2.75	1.01	1.13	−0.087	0.074
地形起伏度	平坦起伏	9.68	10.96	11.54	5.270	2.632
	微起伏	61.65	66.39	67.83	2.466	3.386
	小起伏	28.00	22.29	20.35	0.186	0.300
	中起伏	0.68	0.36	0.28	−0.018	0.011
坡度	0°～6°	61.14	65.66	68.13	3.502	4.337
	6°～15°	33.46	31.22	28.94	0.660	0.713
	15°～25°	5.28	3.07	2.90	−0.023	0.091
	25°～35°	0.13	0.05	0.02	−0.012	−0.006
	35°～62°	0	0	0	0	0
地形位指数	0～0.2	7.83	12.32	13.59	1.019	12.664
	0.2～0.4	58.83	59.76	60.76	3.878	3.000
	0.4～0.6	27.72	25.08	23.21	0.593	0.683
	0.6～0.8	5.52	2.81	2.41	−0.053	0.051
	0.8～1	0.10	0.025	0.035	−0.008	0.005
	1～1.21	—	—	—	0	0

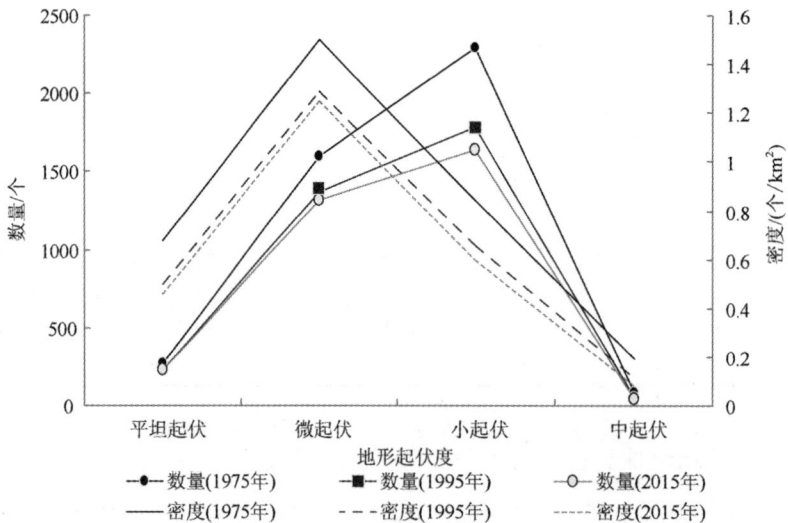

图 4.13　1975～2015 年不同地形起伏度下聚落斑块数量和密度变化

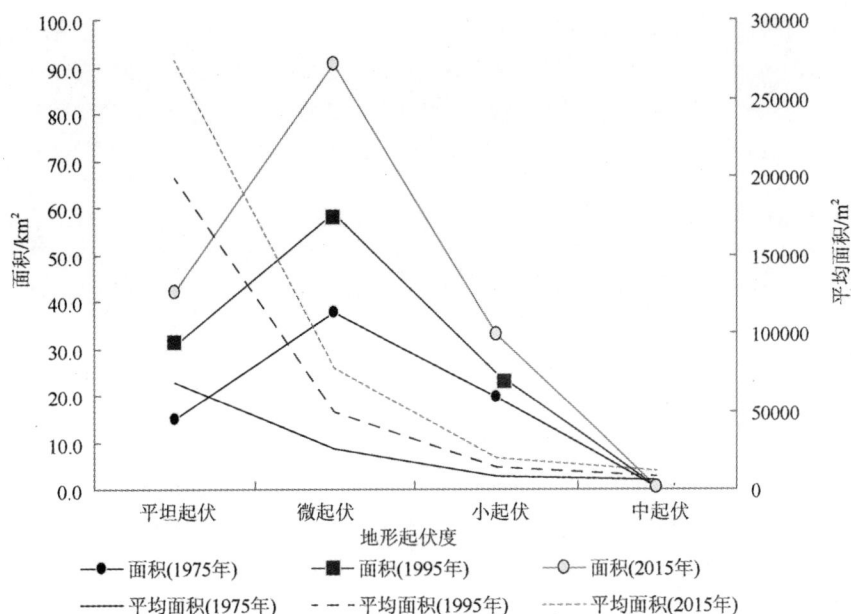

图 4.14　1975～2015 年不同地形起伏度下聚落斑块规模变化

3）平缓坡度指向性明显且趋于加强

平缓坡度指向性明显且随时间变化趋于向坡度小于 6°地区集中。随坡度增加，在 3 个时期的聚落密度和聚落总规模及其相对比例均逐渐减小。随时间变化，仅有坡度小于 6°地区聚落数量和总规模相对比例逐渐增加。两阶段里坡度为 0°～6°和 6°～15°地区聚落斑块整体扩张明显，且以 1995～2015 年阶段和坡度小于 6°地区扩张更为显著（表 4.2、表 4.3、图 4.15 和图 4.16）。

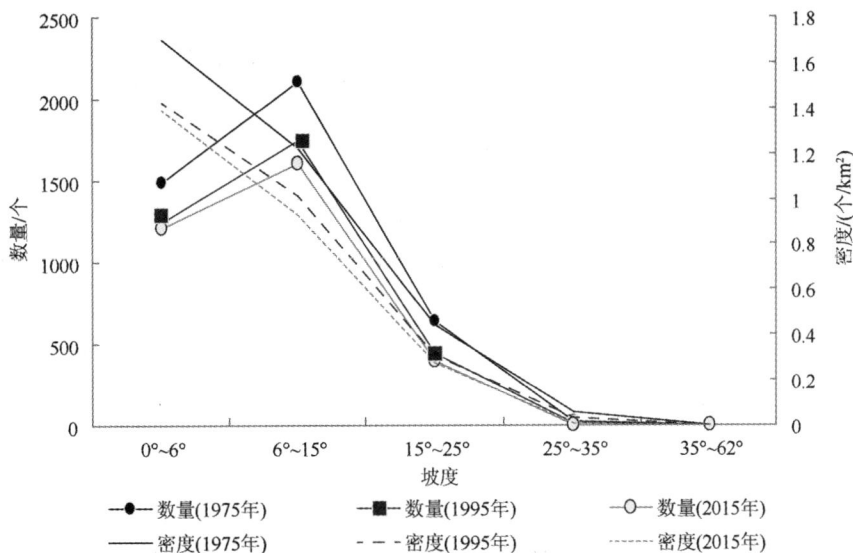

图 4.15　1975～2015 年不同坡度下聚落斑块数量和密度变化

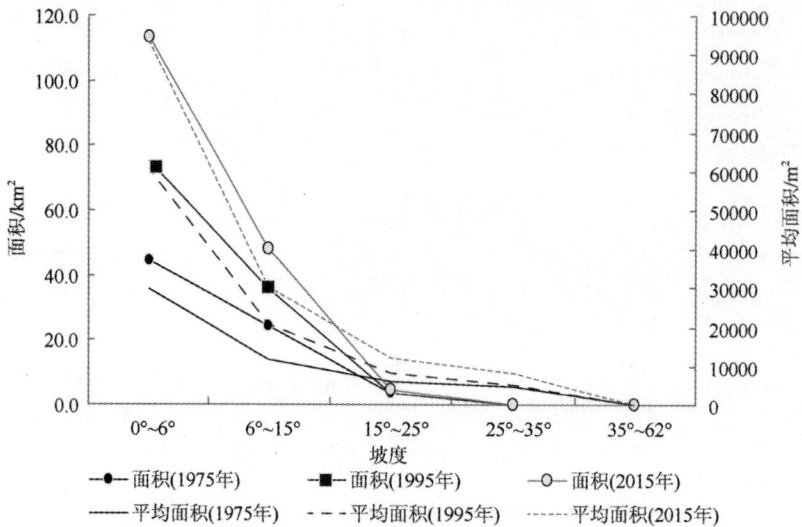

图 4.16　1975～2015 年不同坡度下聚落斑块规模变化

4）小地形位指向性明显且趋于加强

小地形位指向性明显且随时间变化向地形位指数小于 0.4 地区集中趋势加强。随着地形位指数的增大，在 3 个时期的聚落数量、聚落密度和聚落总规模及其相对比例均呈现出先增加后减少，且数量、密度和总规模及其相对比例最大值分别为 0.4～0.6、0.2～0.4 和 0.2～0.4 地区。随着时间变化，仅在地形位指数小于 0.4 地区聚落数量和总规模相对比例逐渐增加。两阶段中地形位指数小于 0.6 地区聚落斑块整体扩张较为明显，其中 0～0.2 地区扩张程度显著增强（表 4.2、表 4.3、图 4.17 和图 4.18）。

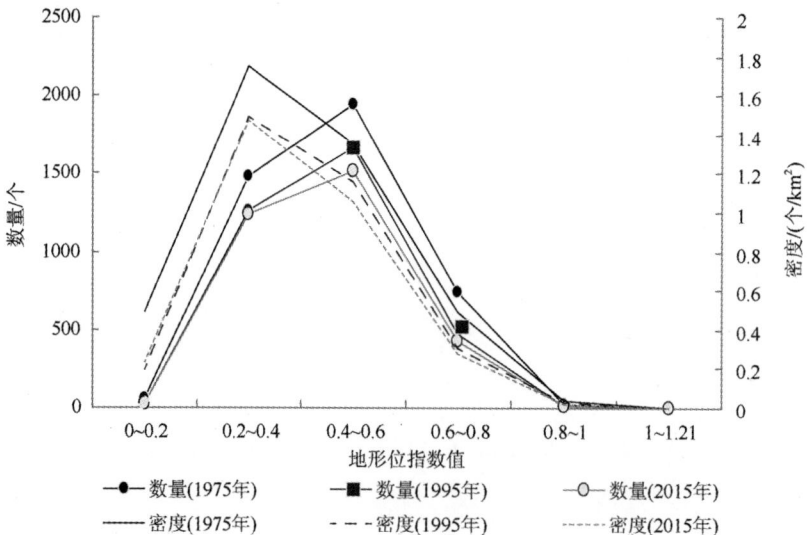

图 4.17　1975～2015 年不同地形位指数下聚落斑块数量和密度变化

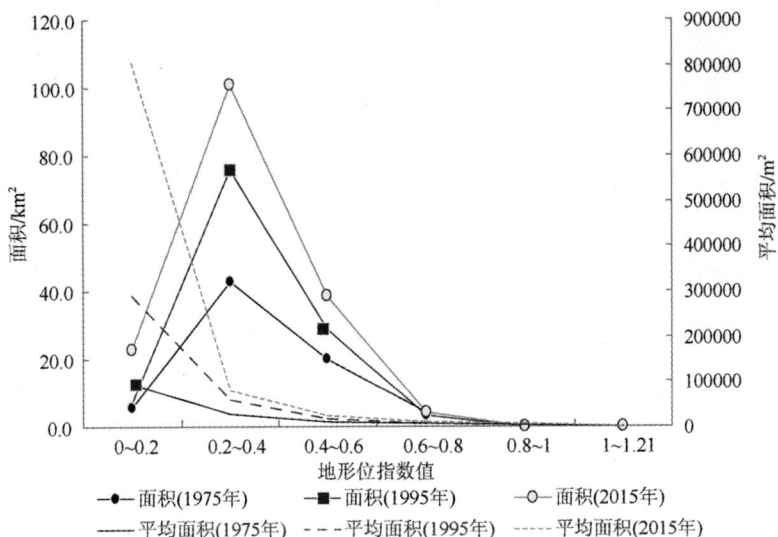

图 4.18 1975～2015 年不同地形位指数下聚落斑块规模变化

5）阳坡指向性显著且趋于增强

坡向是影响丘陵山地农业生产及居民生活的重要因素，对农村居民点分布产生重要影响（樊天相等，2015）。1975 年、1995 年和 2015 年分布在东坡、东南坡、东北坡、南坡和西南坡的聚落数量总和占比分别有 78.5%、79.4% 和 80.7%，分布在东南坡、南坡、西南坡以及东坡的聚落斑块面积之和均超过聚落总规模的一半。随着时间变化，南坡聚落数量相对比例和东南坡、南坡、西南坡聚落总规模相对比例逐渐增加（图 4.19、图 4.20）。

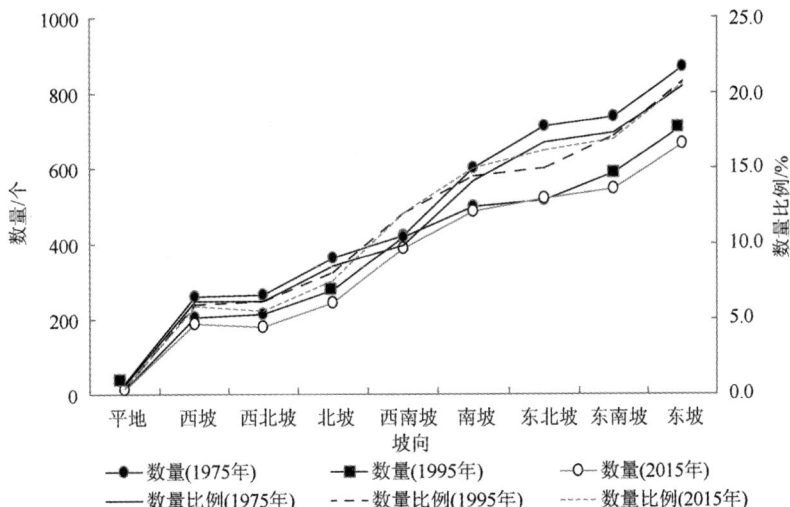

图 4.19 1975～2015 年不同坡向下聚落斑块数量及其比例变化

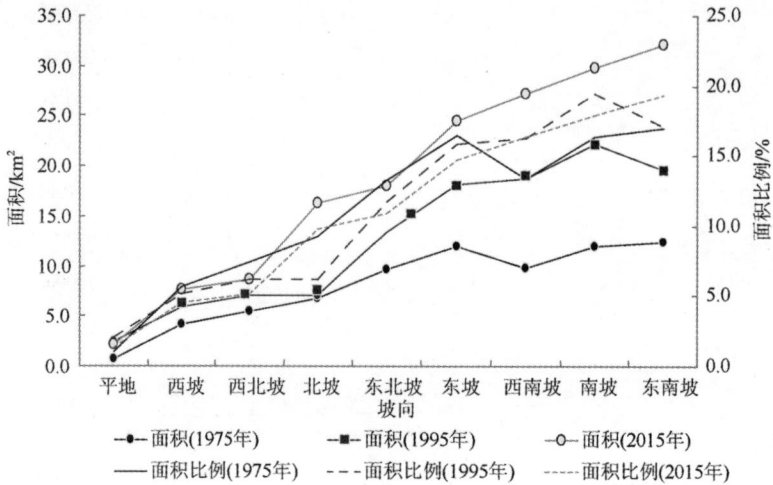

图 4.20 1975～2015 年不同坡向下聚落斑块规模变化

2. 向道路周边集聚并趋于加强

在 ArcGIS10.1 里面通过缓冲区分析功能,对主要道路图层(包括国道、省道、县道和乡级道路,其中 1975 年时统称为公路)以 200m 为间隔创建缓冲区,范围从 0～8000m,并将其分别与 1975 年、1995 年和 2015 年的聚落图层进行叠加,经过计算并在 Excel 里面制图得出各缓冲区下聚落数量及其相对比例以及累计比例变化图,聚落规模及其相对比例以及累计比例变化图(图 4.21、图 4.22)。分析发现:

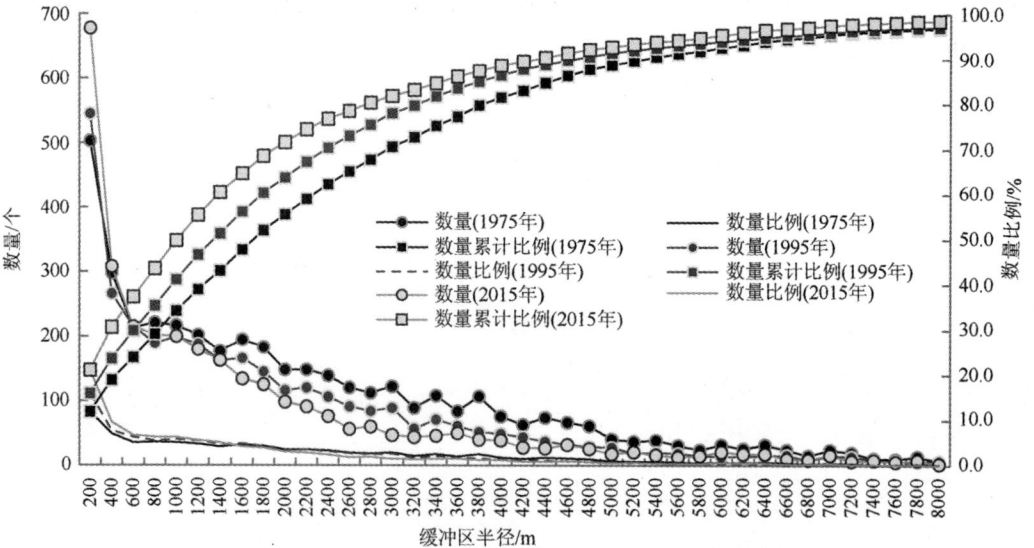

图 4.21 1975～2015 年不同道路缓冲区半径内聚落个数、比例及累计比例

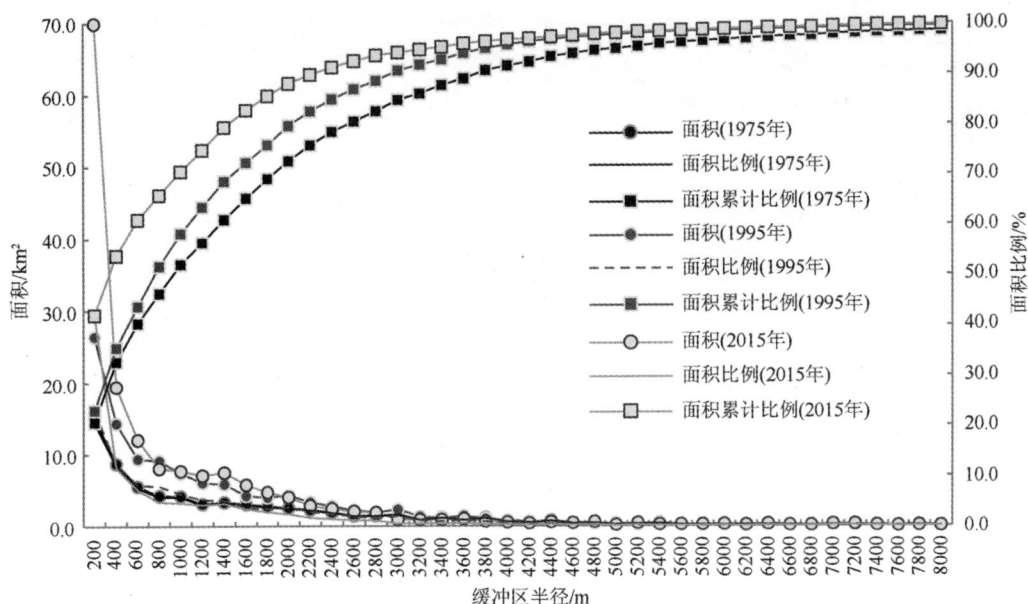

图4.22　1975～2015年不同道路缓冲区半径内聚落面积、比例及累计比例

越来越多的聚落向道路靠拢，且离道路越近聚落斑块规模越大。表现在：①空间上，距离道路越远，聚落数量越少、比例越低，聚落总规模及其相对比例越小；②时间上，离道路近的聚落数量及其相对比例逐渐增加，聚落总规模逐渐增大。例如，距道路200m内，三个时期聚落数量分别为503个、545个和678个，聚落总规模相对比例分别为20.74%、23.04%和42.08%；1400m以内，三个时期聚落数量相对比例依次为43.9%、51.29%和60.43%；1800m以内，各缓冲区半径下聚落斑块面积均逐渐增加；③各道路缓冲区下聚落数量和聚落规模累计比例值均呈现出"1975年＜1995年＜2015年"，且三个时期聚落数量和聚落规模累计比例初次达到90%以上所对应的道路缓冲区半径分别为：5400m、4800m、4400m和3800m、3000m和2400m。

3. 水源的约束逐渐减弱

对河流图层以200m为间隔创建缓冲区，范围从0～3600m，并将其与聚落图层进行叠加。结果表明：①空间上，距离河流越近聚落分布越多，聚落斑块面积越大；②时间上，离河流近的聚落数量逐渐减少、数量和规模相对比例均逐渐降低。例如，距离河流≤600m地区，三个时期聚落数量依次为3426个、1935个和1588个，对应相对比例依次为80.63%、56.27%和49.32%；而距离河流≥800m地区，三个时期聚落数量依次为823个、1384个和1500个，对应相对比例依次为19.37%、40.24%和46.58%；③各缓冲区下聚落数量和规模累计比例均呈现出"1975年＞1995年＞2015年"，但三个时期聚落数量和聚落规模累计比重初次达到90%以上所对应的缓冲区半径分别为：1000m、1800m、2200m和1000m、1200m、1400m（图4.23、图4.24）。

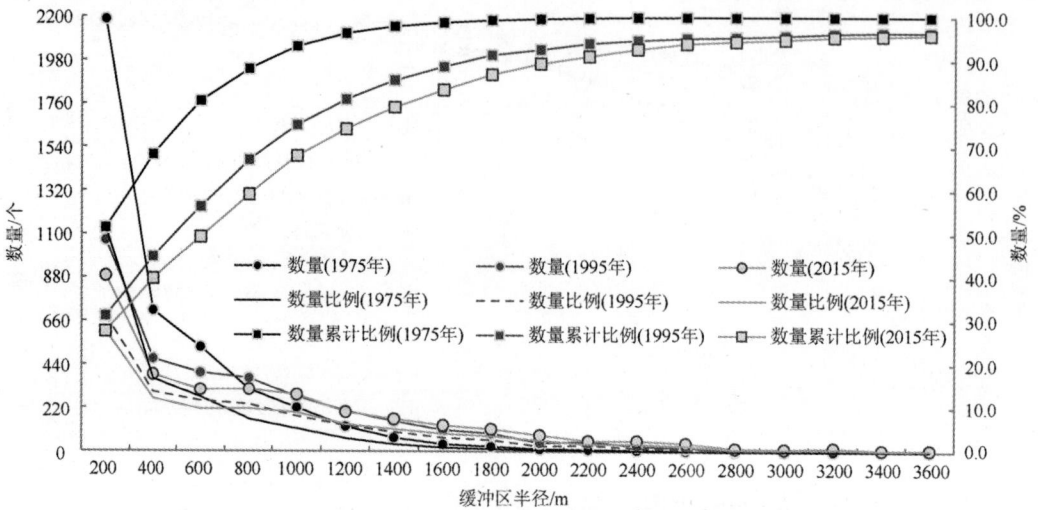

图 4.23　1975～2015 年不同河流缓冲区半径内聚落个数、比例及累计比例

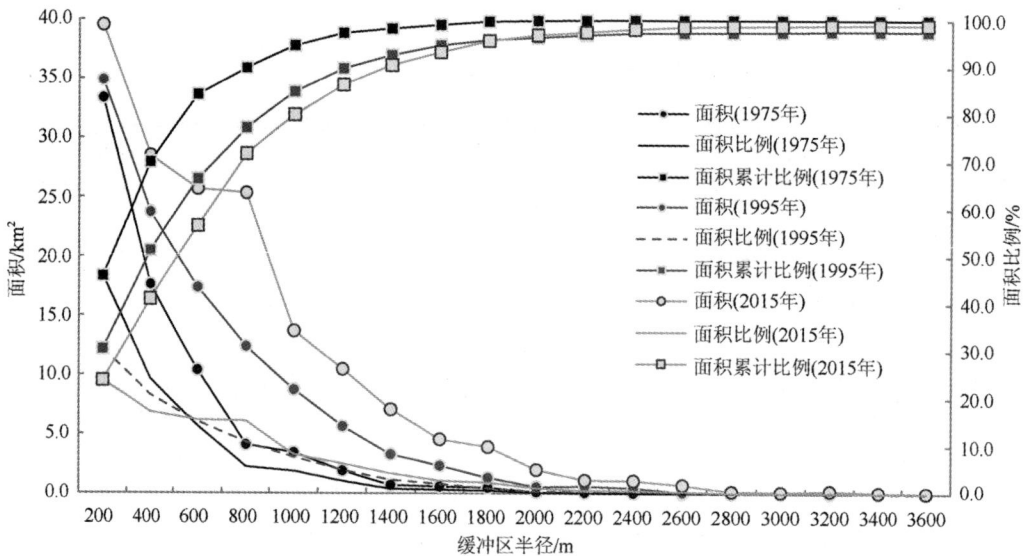

图 4.24　1975～2015 年不同河流缓冲区半径内聚落面积、比例及累计比例

4. 距县城一定范围内聚落数量逐渐减少而规模逐渐增大

对县城中心图层以 2.5km 为间隔创建缓冲区，范围从 0～62.5km，并将其与聚落图层进行叠加。

结果表明：①空间上，随着离县城中心距离的增加，在三个时期聚落数量和聚落规模均呈现出波动变化，但数量变化的最大峰值均在 17.5km 处，而聚落规模变化的最大峰值在 12.5～15.0km 处；②时间上，距离县城中心 32.5km 以内的各缓冲区距离内聚落数量，均呈现出"1975 年＞1995 年＞2015 年"；距离县城中心 40.0km 以内的各缓冲区距离内聚落总规模，均呈现出"1975 年＜1995 年＜2015 年"（5.0km 缓冲区除外）

（图 4.25、图 4.26）。

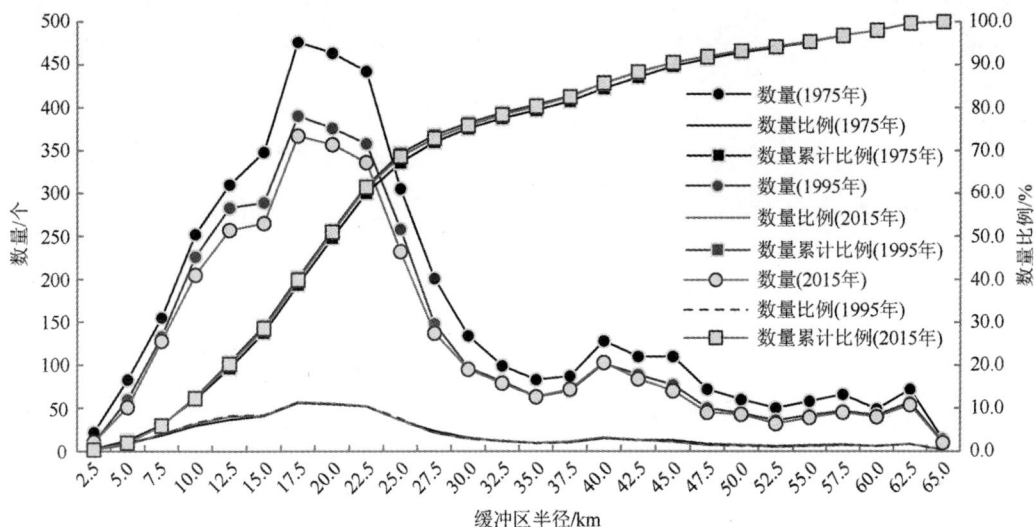

图 4.25　1975～2015 年距离县城中心不同距离内聚落个数、比例及累计比例

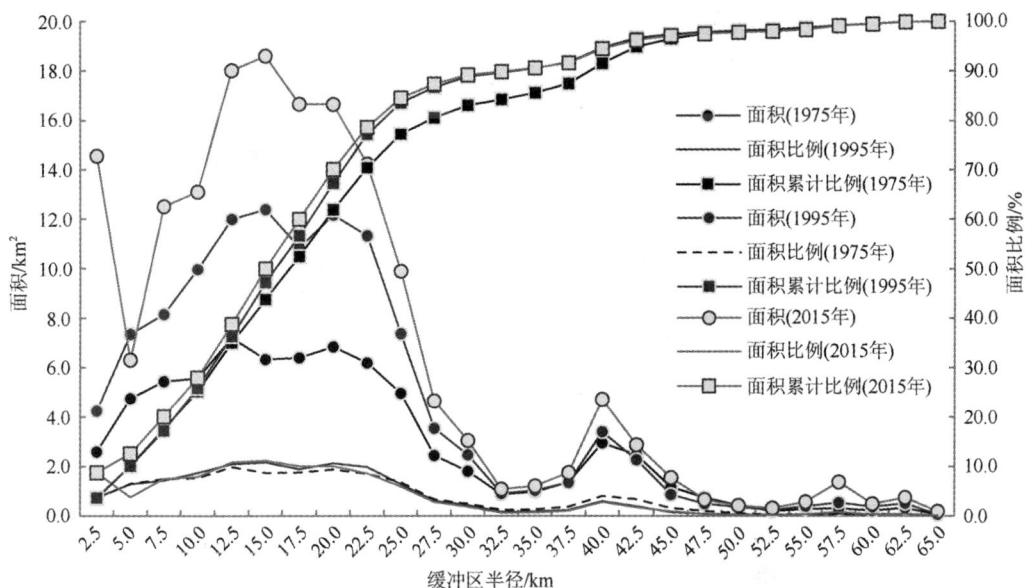

图 4.26　1975～2015 年距离县城中心不同距离内聚落面积、比例及累计比例

5. 距乡镇中心一定范围内聚落数量逐渐减少而规模逐渐增大

对乡镇中心图层以 1km 为间隔创建缓冲区，范围从 0～27km，并将其与聚落图层进行叠加。

结果表明：①空间上，随着离乡镇中心距离的增加，在三个时期，聚落数量及其比例均呈现出偏正态分布且峰值在 5km 处，而聚落规模及其相对比例整体也均呈现出偏正态分布但峰值在 3～4km 处（2015 年的 2km 缓冲区除外）；②时间上，距离乡镇中心多数缓冲区距离内聚落数量均呈现出"1975 年＞1995 年＞2015 年"；距离乡镇中心 15km 以内的各缓冲区距离内聚落总规模呈现出"1975 年＜1995 年＜2015 年"（2km 缓冲区除外）（图 4.27、图 4.28）。

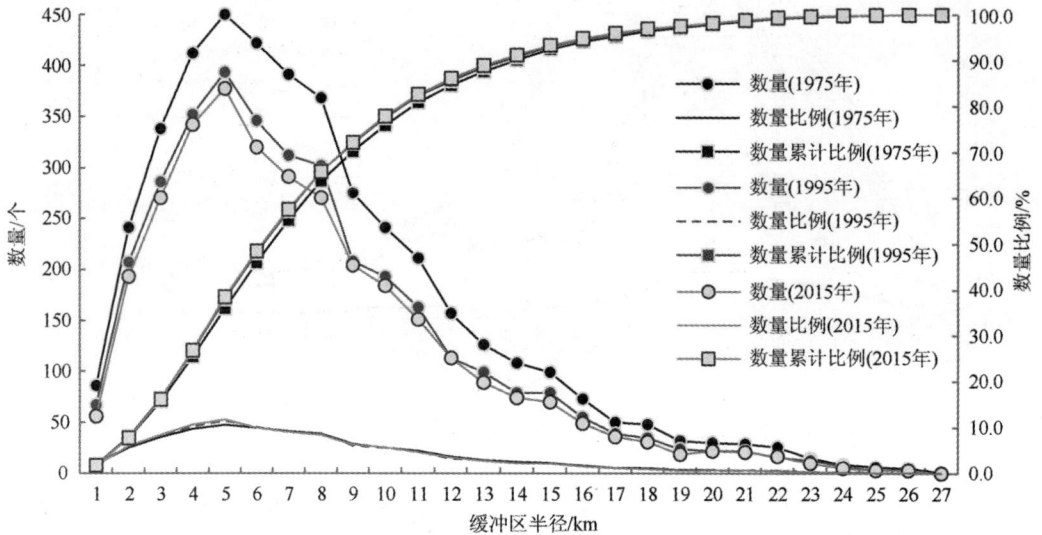

图 4.27　1975～2015 年距离乡镇中心不同距离内聚落个数、比例及累计比例

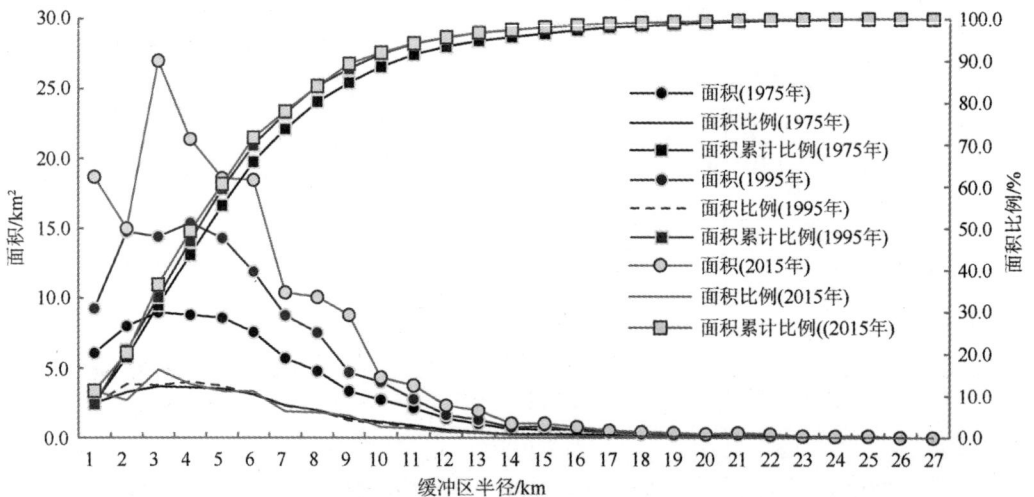

图 4.28　1975～2015 年距离乡镇中心不同距离内聚落面积、比例及累计比例

4.2.3　聚落空间结构及变化

在分析聚落空间结构时，依据县域范围内包含的行政区及村子级别数，即县城、镇镇区或乡政府所在地、其他中心村、基层村四级，依次将 1975 年、1995 年和 2015 年全

县聚落，运用自然断裂法根据聚落规模大小，将其划分为Ⅰ级、Ⅱ级、Ⅲ级和Ⅳ级聚落，分别对应高、较高、一般、低 4 个等级（图 4.29）。鉴于基层聚落较多，为了更好地分析较高规模等级聚落的空间结构特征，仅保留Ⅰ级、Ⅱ级、Ⅲ级聚落，同时将高程和河流图层移去，并添加"嵩北"和"嵩南"①分界线（图 4.30）。结果发现：在改革开放前的 1975 年，嵩县乡村聚落的主要特点是沿河、坑塘、水库等水域布局，其次是沿公路、乡道分布，此外，也分散布局在山脊、山顶、山谷等地区。由于地处山区，主要受限于地形，且河流、道路也多沿山谷或者山腰等地势低洼处分布，引起全县聚落在空间上呈树枝状或者线-网状结构分布，局部呈现出线-网状、块状、带状、树枝状或者散点状分布。聚落布局特征为分布散乱、随意性大及规模小（图 4.31）。这一时期，高规模等级

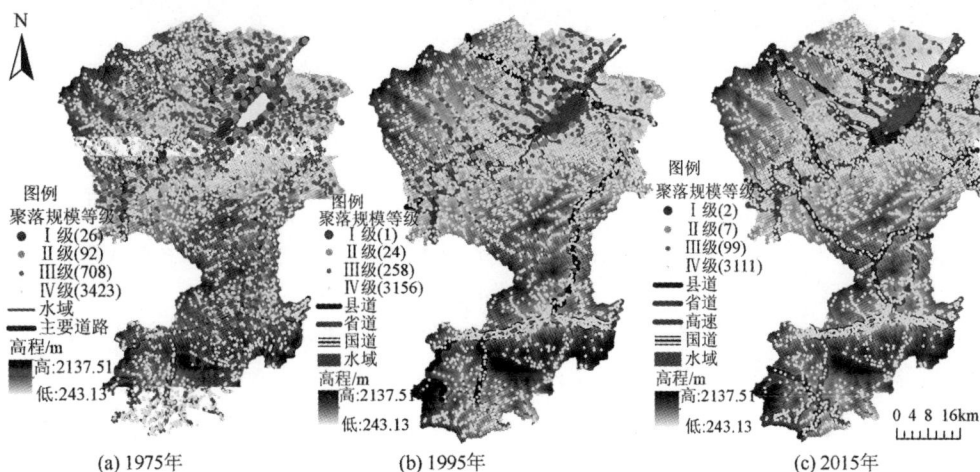

图 4.29 1975 年、1995 年和 2015 年嵩县聚落等级体系空间结构图（详见文后彩图）

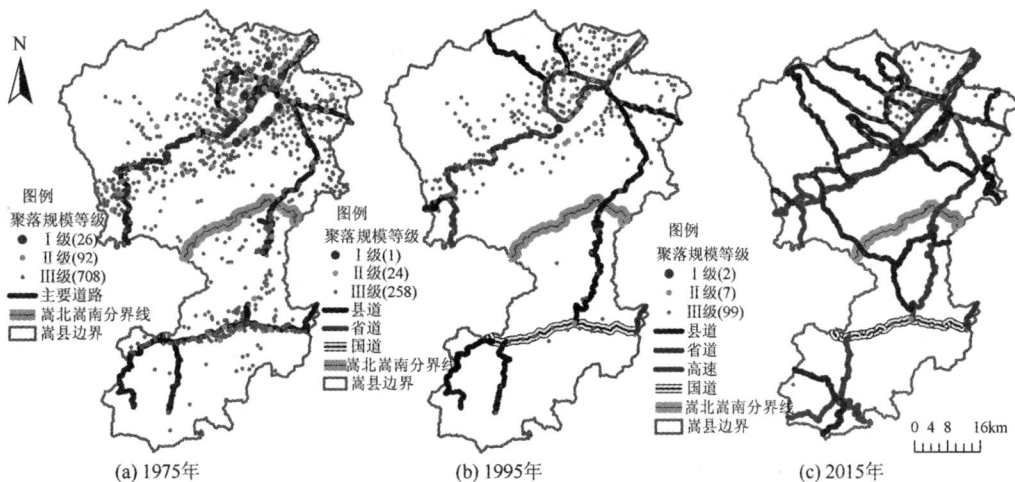

图 4.30 1975 年、1995 年和 2015 年嵩县Ⅰ、Ⅱ、Ⅲ级规模聚落空间结构图（详见文后彩图）

① "嵩北"指嵩县北部地区，其范围包括城关镇、田湖镇、闫庄镇、大坪乡、九店乡、库区乡、饭坡镇、德亭镇、何村乡、纸房镇、黄庄乡、大章镇、旧县镇；"嵩南"指嵩县南部地区，包括车村镇、白河镇和木植街乡。

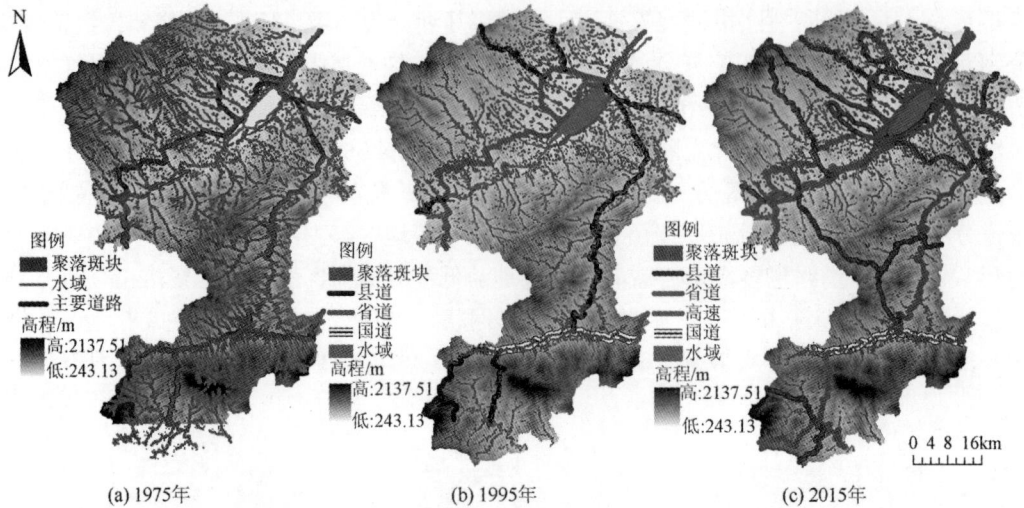

图 4.31   1975 年、1995 年和 2015 年嵩县聚落空间结构图（详见文后彩图）

聚落（指 I 级和 II 级聚落）主要布局于地势相对较为平坦的丘陵区，且主要沿伊河两岸布局，呈点-轴结构分布。此外，在车村镇内 G311 沿线也布局有一定数量的高规模等级聚落，也呈现出点-轴结构分布（图 4.29、图 4.30）。

随着城镇化和社会经济的快速发展，以及科学技术的进步，越来越多的聚落趋于向交通沿线地区布局。例如，到 1995 年，主要交通线周边的聚落数量明显增多、规模明显增大，以县城规模增长尤为显著。这一时期，全县聚落在空间上仍然呈树枝状或者线-网状结构分布，局部有所变化。其中，在 1975 年，局部呈现出的线-网状结构发展为带状-网状结构，块状发展为带状或者面状结构，带状结构有所扩展，散点状结构有所减少或者发展为块状结构。全县形成了以嵩县县城（位于"嵩北"）为主中心和车村镇镇区（位于"嵩南"）为副中心的双核结构，其中县城是全县的政治、经济、文化中心，车村镇是全县的旅游门户中心。到 2015 年，这一趋势显著增强，虽然在县城附近有两个 I 级高规模等级聚落，但是两者之间仅隔着伊河，随着县城城区的发展，伊河东南岸发展成为县城的新城区（图 4.29～图 4.31）。

4.3   聚落空间演变的影响因素分析

改革开放促进我国由计划经济向市场经济转轨，同时也开启了我国快速城市化进程，在此过程中乡村聚落空间演变影响因素呈现多元化趋势（马亚利等，2014）。当前学者们对乡村聚落空间演变的影响因素及驱动机制的研究得出：乡村聚落空间演变的影响因素十分复杂，在不同区域或同一区域不同发展阶段，各类因素间的耦合关系与主导因素不尽相同，乡村聚落空间演变的驱动机制也呈现出不同的特征。具体而言，乡村聚落演变不仅受到自然因素影响，同时也受到人文、经济、社会，以及政策制度等因素的影响，其中自然因素是乡村聚落空间演变发展的基础，它限制了聚落的基本格局与演变方向，人文社会因素则对空间演变产生重要影响。最初的聚落往往与优越的地理位置、农业自然条件、军事历史条件和开发历史有密切的关系，随着经济发展、国家政策、人类活动、城市发展、生产技术、农业经济收入，以及自然环境的改变，聚落也不断兴衰消长，但环境的作用不容忽视。乡村聚落的区位分布遵循"传统经济时期应有利于农耕—非农时期应促使村庄多元经济的发展—高消费和享受阶段则要求良好的生活居住环境"的规律（郭晓东等，2012；李小建等，2015；尹怀庭和陈宗兴，1995；金其铭，1982；李旭旦和金其铭，1983；蔡为民等，2004；范少言，1994；范少言和陈宗兴，1995）。相关学者在进行乡村聚落空间演变的影响因素研究时，应用到了描述性的定性分析、主成分分析、多元回归分析、地理探测器模型、地理加权回归、结构方程模型等多种分析方法（海贝贝等，2013；郭晓东等，2012；陈永林和谢炳庚，2016；李骞国等，2015；谭雪兰等，2014；任国平等，2016；王曼曼等，2016；毕硕本等，2015；闵婕和杨庆媛，2016；史焱文，2016），不同方法的应用各有其优缺点。

在山区乡村聚落演变过程中受地形地貌因素的基础制约作用更为显著，除此之外，还受到气候、水源、耕地规模分布、农户耕作半径、土地承载力限制，以及其他人文社会经济和政策制度等因素影响。然而，在快速城镇化进程中，随着经济发展，人们生活水平逐渐提高，山区县聚落空间演变的影响因素发生着巨大变化，那么这些变化有什么样的特点？影响聚落区位和规模空间分布及演变的影响因素是否有所不同，如果有，不同在哪里？随着时间变化又发生着怎样的变化？这些问题的分析对探究山区聚落空间演变规律，促进并引导聚落向着良好的方向发展具有重要意义。因此，为了克服较小尺度数据缺失的障碍，本小节基于 1975 年、1995 年、2015 年嵩县自然村、行政村和乡镇尺度能够获取到的自然人文社会经济数据，应用地理探测器（GeoDetector）、空间滞后模型（SLM）、空间误差模型（SEM）、地理加权回归模型（GWR）、主成分分析和多元回归分析等方法，从自然村、行政村和乡镇 3 个尺度对 1975～2015 年嵩县聚落空间演变的影响因素及其变化进行分析。首先，在自然村尺度上，应用因子分析、地理探测器模型和多元回归分析方法对聚落区位与规模空间分布的影响因素及其随时间变化进行分析；其次，鉴于自然尺度的定量分析不能判断影响因子的系数值和影响作用的方向性，在行政村尺度上，采用空间计量模型（包括空间滞后模型 SLM、空间误差模型 SEM 和地理加权回归模型 GWR）对聚落区位与规模空间分布的影响因素及其时空变化进行分析；最后，考虑到在自然村和行政村尺度上受限于某些社会经济指标变量数据缺失，在乡镇尺度上应用主成分分析和多元回归分析方法对聚落区位和规模空间分布的影响因素进行分析。

4.3.1　基于自然村尺度的影响因素分析

因直接获取自然村尺度聚落演变的因变量和自变量指标比较困难，为了分析不同时期聚落空间分布的影响因素，这里选取 1975 年、1995 年和 2015 年三期数据来分析嵩县聚落区位与规模空间分布的影响因素及变化。聚落区位和规模空间分布均受到多方面影响，借鉴以往学者的研究成果，针对区域的特性，并根据研究需要及数据的可获得性，选取海拔（X_1）、地形起伏（X_2）、坡度（X_3）、地形位（X_4）、坡向（X_5）、道路可达性（X_6）、河流可达性（X_7）、县城中心可达性（X_8）、乡镇中心可达性（X_9）、工矿企业可达性（X_{10}）、户数（X_{11}）、人数（X_{12}）、劳动力人数（X_{13}）、耕地面积（X_{14}）、大家畜数量（X_{15}）、猪数量（X_{16}）、山绵羊数量（X_{17}）、全年粮食总播种面积（X_{18}）、全年粮食总产（X_{19}）、夏粮面积（X_{20}）、夏粮总产（X_{21}）等自然、人文社会经济等方面 21 项指标因子来分析二者的主要影响因素及其变化。其中，1975 年、1995 年和 2015 年 3 个年份分别有 4249 个、3439 个和 3219 个对象，在分析聚落区位主要影响因子时，将和聚落规模密切相关的人口指标剔除，仅保留 X_1～X_{10}、X_{13}～X_{14} 这 12 个指标，且指标 X_1～X_{10} 采用的实测数据。而分析聚落规模主要影响因子作用力强弱时，将 21 个指标全部纳入自变量，但指标 X_1～X_{10} 采用的是等间距缓冲区半径值。

1. 聚落区位分布的影响因素及变化

自然村是聚落分析的最小单元，每个自然村可以抽象为点，每个聚落点分布会受到多个变量的影响。因子分析方法能够实现将原始多个变量综合为用若干个公共因子变量（孙德山，2008；熊婷燕，2006），已有学者将其用于聚落景观空间格局和聚落用地的影响因素分析（任国平等，2016；胡贤辉等，2007），在此用以分析聚落区位分布的主要影响因子并探究其变化。借助 SPSS19.0 实现因子分析，首先进行 KMO 和 Bartlett 检验，得出 3 个年份的 KMO 值分别为 0.725、0.828、0.839，均大于 0.7，且 Bartlett 的球形度检验均在 1%水平下显著（表 4.4），表示变量适合进行因子分析，为了更好地突出各个因子的典型代表变量，在因子分析时选择最大方差方法将因子载荷进行旋转处理。最终，三个时期均分别提取了 4 个因子，分别代表不同时期聚落区位的主要影响因子（表 4.5），其中第 1、2、3、4 因子的重要程度依次减弱。

表 4.4　三个时期嵩县聚落区位相关因子的 KMO 和 Bartlett 检验结果

检验类型		1975 年	1995 年	2015 年
KMO		0.725	0.828	0.839
Bartlett 球形度	近似卡方	41368.199	66843.743	66034.468
	显著性	0.000	0.000	0.000

表 4.5　1975 年、1995 年和 2015 年三个时期聚落区位主要影响因子

年份	因子	相关性较高的变量	表征
1975	1	地形起伏（X_2）、坡度（X_3）和地形位（X_4）	地形的影响作用
	2	道路可达性（X_6）和乡镇中心可达性（X_9）	道路和乡镇中心的辐射作用
	3	劳动力（X_{13}）和耕地面积（X_{14}）	生产条件
	4	县城中心可达性（X_8）	县城的辐射作用
1995	1	县城可达性（X_8）、工矿企业可达性（X_{10}）	县城中心和工矿企业的辐射作用
	2	坡度（X_3）和地形位（X_4）	地形的影响作用
	3	道路可达性（X_6）和乡镇中心可达性（X_9）	道路和乡镇中心的辐射作用

年份	因子	相关性较高的变量	表征
1995	4	劳动力（X_{13}）和耕地面积（X_{14}）	生产条件
2015	1	道路可达性（X_6）、乡镇中心可达性（X_9）和工矿企业可达性（X_{10}）	道路、乡镇中心和工矿企业的辐射作用
	2	地形起伏（X_2）、坡度（X_3）和地形位（X_4）	地形的影响作用
	3	劳动力（X_{13}）和耕地面积（X_{14}）	生产条件
	4	县城中心可达性（X_8）	县城的辐射作用

结果表明，聚落区位主要受到地形、生产条件，以及道路、乡镇中心、县城中心和工矿企业的辐射影响。相对而言，道路和乡镇中的辐射影响作用逐渐超过地形，生产条件的影响作用变动不大，县城中心的辐射影响程度先升高后降低。此外，1995 年和 2015 年时期均受到工矿企业的显著影响，但变动不大。

2. 聚落规模空间分布的影响因素及其变化

1）主要影响因子作用力强弱及变化

A. 模型选择与指标构建

地理探测器是探测地理现象空间分异性以及揭示其背后驱动力的一组统计学方法，能够用来分析各种现象的驱动力和影响因子，以及多因子交互作用，已被运用于从自然到社会等十分广泛的领域（王劲峰和徐成东，2017），已有学者将其应用于乡村聚落空间格局及农村居民点用地变化动态度影响因子的"决定力"强度分析（王曼曼等，2016；杨忍等，2015）。在进行多变量分析时地理探测器原理保证了其对多自变量共线性的免疫。聚落空间演变的影响因素较多，并且各因素之间不可避免地存在共线性问题，同时聚落规模空间分布具有明显的空间分异性，因此，借用地理探测器模型来分析嵩县聚落规模空间分布的影响因素及其变化。

在进行地理探测器分析前，需要将数值类型自变量进行离散化处理，即类型化（或称空间分区）。在类型化时可选用等间距法、分位数法和自然断裂点法等方法，具体分类效果可以通过地理探测器的 q 统计量来评价，q 值越大分区效果越好（王劲峰等，2017）。其中，高程、地形起伏度、坡度、地形位指数、坡向这 5 个影响因子分类是直接根据前面研究得出的类型量；道路缓冲区半径、河流缓冲区半径、距离乡镇中心距离、距离县城中心距离，以及距离企业工矿点的距离这 5 个影响因子也是基于前面的划分并且经过验证发现原分类得出 q 值最大，故仍使用原分类方法。其他指标变量如户数、人口、耕地面积、劳动力、大家畜、猪、山绵羊、全年粮食总产量面积、全年粮食总产、夏粮面积、夏粮总产这 11 个指标值需要进行类型化处理。这里尝试使用自然断裂点（natural breaks）分类方法、等间距（equal interval）方法、分位数分类方法（quantile）。以各行政村的户数指标为例，判断较为适合的分类方法和分类数，结果见表 4.6。从中可以发现同样分类个数下，5 类和 10 类时等间距分类法的 q 值最大，而在 20 类时自然断裂点分类法的 q 值最大，并且经过多次尝试发现同一种分类方法分类数越多 q 值越大

（表 4.6），然而虽然 q 值越大分区效果越好，但在研究中更应该结合实际情况进行分类选择，这里在前人研究基础上，结合本书需要采用自然断裂分类方法分别将 1975 年、1995 年和 2015 年的户数、人口耕地面积等指标依次分为 20 类，具体选取的指标及各指标变量的分级见表 4.7。

表 4.6　不同分类方法和分类数得出的 q 值结果

分类方法	分类数	q 值	p 值
等间距分类法	5	0.189	0.000
	10	0.204	0.000
	20	0.232	0.000
分位数分类法	5	0.070	0.000
	10	0.099	0.000
	20	0.104	0.000
自然断裂点分类法	5	0.188	0.000
	10	0.190	0.000
	20	0.242	0.000
	30	0.255	0.000
	40	0.299	0.000

表 4.7　1975 年、1995 年和 2015 年选取的指标及其分级

指标	指标含义	分级	年份
DEM	高程	1 丘陵（200～500m）、2 低山（500～1000m）、3 中山（1000～3500m）	1975、1995、2015
DXQFD	地形起伏度	1 平坦起伏（0～30m）、2 微起伏（30～75m）、3 小起伏（75～200m）、4 中起伏（200～600m）	1975、1995、2015
Slope	坡度	1（0°～6°）、2（6°～15°）、3（15°～25°）、4（25°～35°）、5（35°～62°）	1975、1995、2015
DXWeiIndex	地形位指数	1（0～0.2）、2（0.2～0.4）、3（0.4～0.6）、4（0.6～0.8）、5（0.8～1）、6（1～1.21）	1975、1995、2015
Aspect	坡向	1 平地（−1～0）、2 北（0～22.5，337.5～360）、3 东北（22.5～67.5）、4 东（67.5～112.5）、5 东南（112.5～157.5）、6 南（157.5～202.5）、7 西南（202.5～247.5）、8 西（247.5～292.5）、9 西北（292.5～337.5）	1975、1995、2015
Road Distance	道路缓冲区半径	1（0～200m）、2（200～400m）、3（400～600m）、4（600～800m）、5（800～1000m）、6（1000～1200m）、7（1200～1400m）、8（1400～1600m）、9（1600～1800m）、10（1800～2000m）、11（2000～2200m）、12（2200～2400m）、13（2400～2600m）、14（2600～2800m）、15（2800～3000m）、16（3000～3200m）、17（3200～3400m）、18（3400～3600m）、19（3600～3800m）、20（3800～4000m）、21（4000～4200m）、22（4200～4400m）、23（4400～4600m）、24（4600～4800m）、25（4800～5000m）、26（5000～5200m）、27（5200～5400m）、28（5400～5600m）、29（5600～5800m）、30（5800～6000m）、31（6000～6200m）、32（6200～6400m）、33（6400～6600m）、34（6600～6800m）、35（6800～7000m）、36（7000～7200m）、37（7200～7400m）、38（7400～7600m）、39（7600～7800m）、40（7800～8000m）	1975、1995、2015

续表

指标	指标含义	分级	年份
WaterDistance	河流缓冲区半径	1（0～200m）、2（200～400m）、3（400～600m）、4（600～800m）、5（800～1000m）、6（1000～1200m）、7（1200～1400m）、8（1400～1600m）、9（1600～1800m）、10（1800～2000m）、11（2000～2200m）、12（2200～2400m）、13（2400～2600m）、14（2600～2800m）、15（2800～3000m）、16（3000～3200m）、17（3200～3400m）、18（3400～3600m）	1975、1995、2015
XCZXDistance	距离县城中心距离	1（0～2.5km）、2（2.5～5km）、3（5～7.5km）、4（7.5～10km）、5（10～12.5km）、6（12.5～15km）、7（15～17.5km）、8（17.5～20km）、9（20～22.5km）、10（22.5～25.0km）、11（25～27.5km）、12（27.5～30km）、13（30～32.5km）、14（32.5～35km）、15（35～37.5km）、16（37.5～40km）、17（40～42.5km）、18（42.5～45km）、19（45～47.5km）、20（47.5～50km）、21（50～52.5km）、22（52.5～55km）、23（55～57.5km）、24（57.5～60km）、25（60～62.5km）、26（62.5～65km）	1975、1995、2015
XZZXDistance	距离乡镇中心距离	1（0～1km）、2（1～2km）、3（2～3km）、4（3～4km）、5（4～5km）、6（5～6km）、7（6～7km）、8（7～8km）、9（8～9km）、10（9～10km）、11（10～11km）、12（11～12km）、13（12～13km）、14（13～14km）、15（14～15km）、16（15～16km）、17（16～17km）、18（17～18km）、19（18～19km）、20（19～20km）、21（20～21km）、22（21～22km）、23（22～23km）、24（23～24km）、25（24～25km）、26（25～26km）、27（26～27km）	1975、1995、2015
Compony	距离工矿企业点距离	1（0～1km）、2（1～2km）、3（2～3km）、4（3～4km）、5（4～5km）、6（5～6km）、7（6～7km）、8（7～8km）、9（8～9km）、10（9～10km）、11（10～11km）、12（11～12km）、13（12～13km）、14（13～14km）、15（14～15km）、16（>15km）	1975、1995、2015
Hushu	户数	在 ArcGIS10.1 中利用自然断裂法将各年份户数值进行分类，分为 20 类（1、2、3、4、5、6、7、8、9、10、11、12、13、14、15、16、17、18、19、20）	1984、1995、2015
POP	人口	在 ArcGIS 中利用自然断裂法进行分类，分为 20 类（1、2、3、4、5、6、7、8、9、10、11、12、13、14、15、16、17、18、19、20）	1984、1995、2015
Plant	耕地面积	在 ArcGIS 中利用自然断裂法进行分类，分为 20 类（1、2、3、4、5、6、7、8、9、10、11、12、13、14、15、16、17、18、19、20）	1984、1995、2015
Labor	劳动力	在 ArcGIS 中利用自然断裂法进行分类，分为 20 类（1、2、3、4、5、6、7、8、9、10、11、12、13、14、15、16、17、18、19、20）	1984、1995、2015
BigJC	大家畜	在 ArcGIS 中利用自然断裂法进行分类，分为 20 类（1、2、3、4、5、6、7、8、9、10、11、12、13、14、15、16、17、18、19、20）	1984、1995
Pig	猪	在 ArcGIS 中利用自然断裂法进行分类，分为 20 类（1、2、3、4、5、6、7、8、9、10、11、12、13、14、15、16、17、18、19、20）	1975、1995
ShanY	山绵羊	在 ArcGIS 中利用自然断裂法进行分类，分为 20 类（1、2、3、4、5、6、7、8、9、10、11、12、13、14、15、16、17、18、19、20）	1975、1995
WYGA	全年粮食总产量面积/hm²	在 ArcGIS 中利用自然断裂法进行分类，分为 20 类（1、2、3、4、5、6、7、8、9、10、11、12、13、14、15、16、17、18、19、20）	1995、2015
WYGOP	全年粮食总产/t	在 ArcGIS 中利用自然断裂法进行分类，分为 20 类（1、2、3、4、5、6、7、8、9、10、11、12、13、14、15、16、17、18、19、20）	1995、2015
SGA	夏粮面积/hm²	在 ArcGIS 中利用自然断裂法进行分类，分为 20 类（1、2、3、4、5、6、7、8、9、10、11、12、13、14、15、16、17、18、19、20）	1995、2015
SGOP	夏粮总产/t	在 ArcGIS 中利用自然断裂法进行分类，分为 20 类（1、2、3、4、5、6、7、8、9、10、11、12、13、14、15、16、17、18、19、20）	1995、2015

B. 结果分析

通过梳理文献发现，已有学者采用格网法提取出地理探测器分析所需的数据（王曼曼等，2016；毕硕本等，2015），而本书选取的是自然村尺度数据，研究时可以将其抽象为点，不需要再进行格网化处理。在前面模型选择和指标选取的基础上，应用 ArcGIS10.1 中 ArcToolbox 里面的 Analysis Tools→Overlay→Identity 和 Spatial Analyst Tools→Zonal→Zonal Statistics/Zonal Statistics as Table 工具提取所需的高程、坡度、地形位指数、坡度和坡向等变量数据，并在 ArcGIS10.1 里面通过自然断裂法将连续性变量进行类型化处理，结果见表 4.7。然后基于地理探测器模型分别计算出 1975 年、1995 年和 2015 年三个时期各影响因子对聚落规模空间分布的决定力大小，即 P 值，结果见表 4.8。

表 4.8　1975 年、1995 年和 2015 年嵩县聚落规模空间分布的影响因子作用力大小

指标	1975 年		1995 年		2015 年	
	q 值	p 值	q 值	p 值	q 值	p 值
DEM	0.1071	0.000	0.0761	0.000	0.0349	0.000
DXQFD	0.1357	0.000	0.1272	0.000	0.0460	0.000
Slope	0.0833	0.000	0.0592	0.000	0.0257	0.000
DXWeiIndex	0.1637	0.000	0.1308	0.000	0.1393	0.000
Aspect	0.0101	0.000	0.0190	0.000	0.0066	0.0196
RoadDistance	0.0531	0.000	0.0263	0.000	0.0212	0.0034
WaterDistance	0.0137	0.000	0.0144	0.000	0.0103	0.0173
XCZXDistance	0.1126	0.000	0.1012	0.000	0.1433	0.000
XZZXDistance	0.0980	0.000	0.0637	0.000	0.0469	0.000
Compony	0.0355	0.000	0.0446	0.000	0.0329	0.000
Hushu	0.8106	0.000	0.9519	0.000	0.7284	0.000
POP	0.8002	0.000	0.9395	0.000	0.7244	0.000
Plant	0.4855	0.000	0.3936	0.000	0.2573	0.000
Labor	0.7307	0.000	0.9282	0.000	0.2954	0.000
BigJC	0.3463	0.000	0.2537	0.000		
Pig	0.6967	0.000	0.6395	0.000		
ShanY	0.1080	0.000	0.1781	0.000		
WYGA			0.4416	0.000	0.2429	0.000
WYGOP			0.4833	0.000	0.2722	0.000
SGA			0.4532	0.000	0.2398	0.000
SGOP			0.5273	0.000	0.2692	0.000

结果表明，各因子对聚落规模空间分布的决定作用均较为显著，但解释作用存在差异且随时间有所变化。具体而言，①自然因素，地形位的解释作用最强，其次是地形起伏和高程；随时间变化，高程、坡度和地形起伏的解释作用逐渐减弱，地形位先减弱而后有轻微增强，坡向和河流的解释作用均呈先增强后减弱变化但二者的显著性水平均有所降低；②社会因素，人口规模的解释力度呈先增强后减弱变化，三个时期户数和人口

的解释程度依次超过 80%、90% 和 70%；道路和乡镇中心辐射作用的解释力度逐渐减弱，且道路解释作用的显著性水平也有所降低；县城中心辐射作用的解释程度呈先减弱后增强变化；③经济因素，土地生产力的解释程度逐渐减弱，两个阶段相比耕地因子的作用强度分别减少了 9.19% 和 13.63%，2015 年和 1995 年相比全年粮食总产和夏产作用程度也有不同程度的降低；工矿企业的解释力度呈先增强后减弱变化；畜牧养殖的解释力度存在分异，大家畜和猪的解释作用逐渐减弱，而山羊的作用在增强，分别减弱和增强9.26%、5.72% 和 0.07%（表 4.8）。

2）主要影响因子方向性及其变化

地理探测器分析可以探测出某一因子在多大程度上可以解释聚落规模的空间分异，而这种作用力是正向还是负向仍需进一步进行分析。基于此，在前面分析的基础上，借助 SPSS19.0 进行多元回归分析以探讨主要因子的正负向影响作用及其变化情况。在多元回归分析时，首先要对变量做共线性检验，经多次尝试将存在共线性的指标舍去，最终仅保留道路、河流、县城、乡镇、工矿企业、地形、地形起伏和坡向这 8 个影响因子，具体指标及含义见表 4.9。在 SPSS19.0 里对上述三个年份的三组变量进行多元回归分析，同时对变量的共线性进行检验，得出 VIF 均小于 5，表明不存在共线性，最终得到三个模型的拟合优度 R 分别为 0.40、0.35 和 0.24，R^2 分别为 0.16、0.12 和 0.06，虽然比较低但模型均非常显著，对判断指标对因变量的影响没有影响，可以用于分析各因子对聚落规模的影响及其变化，结果见表 4.10。

表 4.9　1975～2015 年不同时期聚落规模空间分布的驱动因素指标体系构建

因变量及其含义		自变量及其含义		表征
因变量	含义	自变量	含义	
JuluoArea	聚落规模	Road_Dis	离道路的远近距离	道路的影响作用
		Water_Dis	离河流的远近距离	河流的影响作用
		XianCZX_Dis	离县城中心距离	县城中心的辐射作用
		XiangZZX_Dis	离乡镇中心距离	乡镇中心的辐射作用
		Company_Dis	离工矿企业点距离	工矿企业的辐射作用
		DxwValue	地形位指数	地形位的影响
		DXQFDValue	地形起伏度	地形起伏状况的影响
		Aspect	坡向	坡向的影响

表 4.10　三个时期聚落规模影响因素多元回归分析结果

年份	变量	系数（coefficient）		t	Sig.	VIF
		非标准化系数	标准化系数			
1975	（常量）	59830.720		28.903	0.000***	
	XiangZZX_Dis	−477.239	−0.067	−3.744	0.000***	1.620
	XianCZX_Dis	−90.582	−0.038	−2.304	0.021**	1.378
	Road_Dis	−0.002	0.000	−0.008	0.993	1.526
	Water_Dis	−0.313	−0.004	−0.243	0.808	1.049

续表

年份	变量	系数（coefficient）		t	Sig.	VIF
		非标准化系数	标准化系数			
1975	GKQY_Dis	−0.005	−0.001	−0.081	0.935	1.315
	DxwValue	−62745.609	−0.261	−11.896	0.000***	2.422
	DXQFDValue	−77.602	−0.110	−5.454	0.000***	2.032
	AspectValue	−2.550	−0.007	−0.465	0.642	1.032
1995	（常量）	133356.809		22.096	0.000***	
	XiangZZX_Dis	−1088.241	−0.058	−2.832	0.005***	1.653
	XianCZX_Dis	−389.179	−0.063	−3.036	0.002***	1.663
	Road_Dis	0.310	0.008	0.420	0.674	1.477
	Water_Dis	1.319	0.023	1.363	0.173	1.073
	GKQY_Dis	0.037	0.003	0.138	0.890	1.816
	DxwValue	−140045.388	−0.209	−8.766	0.000***	2.221
	DXQFDValue	−227.895	−0.120	−5.469	0.000***	1.871
	AspectValue	−10.483	−0.011	−0.646	0.519	1.040
2015	（常量）	221556.591		14.302	0.000***	
	XiangZZX_Dis	−1060.192	−0.023	−1.045	0.296	1.699
	XianCZX_Dis	−691.442	−0.046	−2.434	0.015**	1.233
	Road_Dis	0.279	0.003	0.129	0.897	1.518
	Water_Dis	2.170	0.017	0.912	0.362	1.129
	GKQY_Dis	−1.756	−0.027	−1.222	0.222	1.635
	DxwValue	−243319.580	−0.151	−5.903	0.000***	2.228
	DXQFDValue	−303.476	−0.064	−2.771	0.006***	1.825
	AspectValue	−29.317	−0.012	−0.695	0.487	1.035

*、**、***分别表示在10%、5%、1%水平上显著。

结果表明，聚落规模主要受到地形、乡镇和县城中心的负向影响，其中地形的负向影响相对较大且地形位的负向影响大于地形起伏；其次是乡镇和县城中心的负向影响，但前者负向影响作用逐渐减弱并在2015年不再显著，而后者的负向影响逐渐增强。表现在，地形位指数、地形起伏度和离县城乡镇中心的距离每增加1个单位，聚落斑块面积减少的绝对量均有不同程度的增加，但受道路、河流、工矿企业及坡向的影响作用均不显著（表4.10）。具体到三个时期：①1975年主要受到乡镇和县城中心、地形位和地形起伏状况的负向影响，即离乡镇和县城中心的距离越远聚落规模越小，地形位指数和地形起伏度越大聚落规模越小，这4个变量的系数均为负值，其系数值（标准化系数值）分别为−477.239（−0.067）、−90.582（−0.038）、−62745.609（−0.261）和−77.602（−0.110），除了县城中心的辐射影响作用在5%水平下显著之外，其他均在1%水平下显著；②1995年也主要受到乡镇和县城中心、地形位和地形起伏状况的负向影响，其系数（标准化系数值）均为负值，分别为−1088.241（−0.058）、−389.179（−0.063）、−140045.388（−0.209）和−227.895（−0.120），均在1%水平下显著；③2015年主要受到县城中心、地形位和地形起伏状况的负向影响，其系数值（标准化系数值）均为负值，分别为–691.442（–0.046）、–243319.580（–0.151）和–303.476（–0.064），其中地形位和地形起伏状况的辐射影响在 1%水平下显著，而县城中心的辐射影响仅在 5%水平下显著。

4.3.2　基于行政村尺度的影响因素分析

前面基于自然村尺度对嵩县聚落区位与规模空间分布的影响因素及变化进行了分析，得出了一些结论，但是微观分析较难发现一些规律性问题，并且自然村尺度的人文社会经济数据是基于行政村尺度结合聚落斑块面积数据计算得出的，在分析时一定程度上也会受到数据本身相关性的干扰，因此，基于更高一级的行政村尺度单元进行研究显得较为必要。同时，基于行政村尺度，在研究单元的数量和尺度上可以满足空间计量回归分析的要求，以便将空间因素考虑在内，考察影响因素的空间差异。基于此，本节采用空间计量方法中的空间常系数回归模型（空间滞后模型 SLM 和空间误差模型 SEM），以及空间变系数回归模型（地理加权回归模型）对嵩县 1975 年、1995 年和 2015 年三个时期聚落区位和规模空间分布影响因素的时空变化进行分析。

1. 指标体系的构建

本小节分析时选取的初始指标，是在前面自然村尺度分析时选用的指标变量基础上，将不显著或者显著性水平低、影响小，以及不适合在行政村尺度分析的指标舍去，同时又新加入了一些指标，最终确定了斑块面积、高程、坡度、地形位、地形起伏度、县城中心距离、乡镇中心距离、河流、道路、工矿企业，以及户数、人口、耕地面积、劳动力、大家畜、猪、山绵羊、全年粮食总播种面积、全年粮食总产、夏粮面积、夏粮总产数据 21 个原始指标。在 ArcGIS10.1 中将 1975 年、1995 年和 2015 年的自然村点数据按照行政村地理编码和行政村名字进行融合处理，分别提取出各行政村聚落斑块总面积、平均面积和斑块数量，以及各行政村所包含的聚落斑块所处位置的高程、坡度、地形位、地形起伏度的加和值，和聚落斑块所处的县城中心、乡镇中心、河流、道路、工矿企业点缓冲区距离值的加和值。其他数据来自嵩县统计年鉴，如 1975 年、1995 年和 2015 年三个时期各行政村的户数、人口、耕地面积、劳动力、大家畜、猪、山绵羊、全年粮食总播种面积、全年粮食总产、夏粮面积、夏粮总产数据分别来自 1984 年[①]、1995 年和 2015 年嵩县统计年鉴。同时在获取数据时将空值记录删除，最终得到 1975 年、1995 年和 2015 年分别有 308 条、302 条和 301 条记录，也即进入模型的行政村单元数。

由于初始指标数据间可能存在共线性问题，在进行空间计量模型分析之前，先将数据在 SPSS19.0 里进行降维处理，以减少变量间的共线性问题。在对变量进行降维之前，先对数据进行标准化处理以消除量纲影响，然后根据数据之间的相关系数矩阵判断其相关性，再结合各变量所能够表征的意义，将相关性高并且能够表征同一方面含义的指标

---

① 由于 1975 年数据缺失，选取 1984 年的相应数据进行替代，之所以选择 1984 年是因为从 1984 年开始嵩县的行政村单元个数开始稳定在 315 个，能够保证数据的一致性，同时 1984 年各行政村聚落规模和聚落数量相较于 1975 年变动不大。

通过主成分分析法做降维处理，而后在 SPSS19.0 里面将因变量和自变量纳入回归方程进行多元回归分析，以查验模型的拟合优度，以及变量是否还存在共线性问题。如此经过多次反复尝试，最终确定了三个时期基于行政村尺度的聚落区位和规模空间分布的影响因素指标体系（表 4.11、表 4.12）。其中，①聚落区位用各行政村的聚落数量来表征；②聚落规模用各行政的聚落平均规模来表征，聚落平均规模是基于聚落平均斑块面积和平均人口降维处理得出；③地形因素用坡度和地形起伏度来表征（结合前面分析时可知，高程对聚落数量和规模分布的影响主要表现在地形起伏度高低上，又因高程和地形位与县城中心和乡镇中心的辐射影响作用有较高的相关性，因此，把高程和地形位两个指标剔除）；④土地生产条件因素的表征方面，由于 1975 年仅有耕地面积，所以用耕地面积表征，1995 年和 2015 年用耕地面积、粮食播种面积和粮食产量的综合值来表征；⑤劳动力因素的表征方面，1975 年和 1995 年均直接用劳动力人数表征，而 2015 年用乡村就业人数表征。经过降维处理之后，纳入回归的变量的方差膨胀因子 VIF 均小于 10，不存在共线性问题。

表 4.11　三个时期聚落区位空间分布的影响因素指标体系构建

变量类型	1975 年		1995 年		2015 年		变量代码 Zcount
	纳入回归的变量	原始变量	纳入回归的变量	原始变量	纳入回归的变量	原始变量	
因变量	聚落数量（Y_1）	count	聚落数量（Y_1）	count	聚落数量（Y_1）	count	
自变量	地形（X_1）	Slope、DXQFD	地形（X_1）	Slope、DXQFD	地形（X_1）	Slope、DXQFD	ZLANDFORM
	河流（X_2）	WaterDis	河流（X_2）	WaterDis	河流（X_2）	WaterDis	ZWATERDIS
	道路（X_3）	RoadDis	道路（X_3）	RoadDis	道路（X_3）	RoadDis	ZROADDIS
	乡镇中心（X_4）	XZZXDis	乡镇中心（X_4）	XZZXDis	乡镇中心（X_4）	XZZXDis	ZXZZXDIS
	县城中心（X_5）	XCZXDis	县城中心（X_5）	XCZXDis	县城中心（X_5）	XCZXDis	ZXCZXDIS
	劳动力（X_6）	Labor	劳动力（X_6）	Labor	劳动力（X_6）	RualJob	ZLABOR
	土地生产力（X_7）	Plant	土地生产力（X_7）	Plant、WYGA、WYGOP、SGA、SGOP	土地生产力（X_7）	Plant、WYGA、WYGOP、SGA、SGOP	ZLANDPRODU
	工矿企业（X_8）	Compony	工矿企业（X_8）	Compony	工矿企业（X_8）	Compony	ZGKQYDIS
	大家畜（X_9）	BigJC	大家畜（X_9）	BigJC			ZBIGJC
	养猪（X_{10}）	Pig	养猪（X_{10}）	Pig			ZPIG
	山羊（X_{11}）	ShanY	山羊（X_{11}）	ShanY			ZSHANY

2. 聚落区位和规模空间分布的影响因素

1）模型的选择

经典线性回归模型的基本假定包括干扰项之间不存在自相关，然而根据地理学第一定律，地理事物或属性在空间上互为相关，若回归模型残差存在空间自相关，则需要采用空间回归模型（钟奕纯和冯健，2017）。因此，本小节在分析时采用空间滞后模型 SLM

表 4.12 三个时期聚落规模空间分布的影响因素指标体系构建

变量类型	1975 年		1995 年		2015 年		变量代码 ZMJuLuoScale
	纳入回归的变量	原始变量	纳入回归的变量	原始变量	纳入回归的变量	原始变量	
因变量	聚落规模（Y_2）	MJuluoArea、Mhushu、Mpop	聚落数量（Y_2）	MJuluoArea、Mhushu、Mpop	聚落数量（Y_2）	MJuluoArea、Mhushu、Mpop	
自变量	地形（X_1）	Slope、DXQFD	地形（X_1）	Slope、DXQFD	地形（X_1）	Slope、DXQFD	ZLANDFORM
	河流（X_2）	WaterDis	河流（X_2）	WaterDis	河流（X_2）	WaterDis	ZWATERDIS
	道路（X_3）	RoadDis	道路（X_3）	RoadDis	道路（X_3）	RoadDis	ZROADDIS
	乡镇中心（X_4）	XZZXDis	乡镇中心（X_4）	XZZXDis	乡镇中心（X_4）	XZZXDis	ZXZZXDIS
	县城中心（X_5）	XCZXDis	县城中心（X_5）	XCZXDis	县城中心（X_5）	XCZXDis	ZXCZXDIS
	劳动力（X_6）	Labor	劳动力（X_6）	Labor	劳动力（X_6）	RualJob	ZLABOR
	土地生产力（X_7）	Plant	土地生产力（X_7）	Plant、WYGA、WYGOP、SGA、SGOP	土地生产力（X_7）	Plant、WYGA、WYGOP、SGA、SGOP	ZLANDPRODU
	工矿企业（X_8）	Compony	工矿企业（X_8）	Compony	工矿企业（X_8）	Compony	ZGKQYDIS
	大家畜（X_9）	BigJC	大家畜（X_9）	BigJC			ZBIGJC
	养猪（X_{10}）	Pig	养猪（X_{10}）	Pig			ZPIG
	山羊（X_{11}）	ShanY	山羊（X_{11}）	ShanY			ZSHANY

（引入因变量的空间滞后）和空间误差模型 SEM（引入残差的空间滞后）。为了判断哪一种模型较为适合，借助 OpenGeoDa 软件，先对 1975 年、1995 年和 2015 年的矢量图层数据按照属性唯一值，采用 Queen Contiguity 1 阶邻接关系创建空间权重矩阵，接着对三个时期聚落区位和规模影响因素进行传统的最小二乘法估计（classic least squares estimation），得出 Classic 回归模型拟合优度、F 统计量显著性（P-Value）、AIC 值、空间自相关性，以及拉格朗日乘子法（Lagrange multiplier，LM）和 Robust LM 统计量及其显著性（表 4.13、表 4.14）。

表 4.13 1975 年、1995 年和 2015 年 Classic 回归模型结果及误差空间自相关值

类型		聚落区位			聚落规模		
		1975 年	1995 年	2015 年	1975 年	1995 年	2015 年
拟合优度	R^2	0.958	0.947	0.928	0.380	0.782	0.178
	调整 R^2	0.956	0.945	0.926	0.357	0.774	0.155
	显著性	0.000	0.000	0.000	0.000	0.000	0.000
Moran's I（error）	Moran's I Index	0.330	0.410	0.450	0.260	0.144	0.125
	显著性	0.000	0.000	0.000	0.000	0.000	0.000
AIC		−77.03	−77.030	−7.380	80.890	1071.000	746.290

表 4.14　1975 年、1995 年和 2015 年 Lagrange multiplier 和 Robust LM 检测结果

类型	检测	1975 年		1995 年		2015 年	
		值	显著性	值	显著性	值	显著性
聚落区位	Lagrange multiplier（lag）	16.118	0.000	9.438	0.002	20.035	0.000
	Robust LM（lag）	2.312	0.128	0.157	0.692	0.002	0.963
	Lagrange multiplier（error）	81.107	0.000	124.826	0.000	148.815	0.000
	Robust LM（error）	67.301	0.000	115.545	0.000	128.782	0.000
聚落规模	Lagrange multiplier（lag）	73.915	0.000	1.293	0.255	9.234	0.002
	Robust LM（lag）	23.671	0.000	1.268	0.260	0.238	0.625
	Lagrange multiplier（error）	50.354	0.000	15.457	0.000	11.508	0.001
	Robust LM（error）	0.109	0.741	15.432	0.000	2.512	0.113

由表 4.13 可知，三个时期的 Moran's I（error）值均大于 0.1，最高者达到 0.450，且在 1% 水平下显著，说明存在空间相关性，更适合用空间计量模型来进行分析。同时，在选择空间计量模型时，根据 LM（lag）、Robust LM（lag）、LM（error）和 Robust LM（error）4 个统计量的显著性水平来进行判断，即如果 LM（lag）和 LM（error）统计量均不显著，则采用普通 OLS 回归；如果 LM lag（或者 LM error）显著而 LM error（或者 LM lag）不显著，则使用 SLM（或者 SEM）；如果 LM lag 和 LM error 2 个统计量均显著，则比较 Robust LM lag 和 Robust LM error 统计量，如果 Robust LM lag（或者 Robust LM error）统计量更显著，则 SLM（或者 SEM）更为恰当。

从表 4.14 可以发现，除了 1995 年聚落规模空间分布影响因素回归模型中 LM lag 不显著之外，其他时期聚落区位和规模回归模型的 LM lag 和 LM error 均非常显著，显著性水平均在 1% 水平内，由此可以判定出，在 1995 年的聚落规模空间分布影响因素分析时选择 SEM 回归模型更为恰当；而其他时期除了 1975 年聚落规模回归模型的 Robust LM lag 统计量显著而 Robust LM error 不显著之外，剩余的均有 Robust LM error 统计量较 Robust LM lag 统计量显著，并且 1975 年、1995 年和 2015 年聚落区位空间分布影响因素分析回归模型的 Robust LM error 统计量显著而 Robust LM lag 统计量不显著，由此判断 1975 年聚落规模空间分布影响因素分析选择 SLM 更为恰当，而 1975 年、1995 年和 2015 年的聚落区位空间分布影响因素分析和 2015 年的聚落规模空间分布影响因素分析均选择 SEM 更为恰当。同时，将 OLS 模型和 SEM（或者 SLM）模型进行对比，可以发现：同时期同一聚落区位或规模空间分布影响因素分析下，SEM（或者 SLM）比 OLS 的 R^2 高，表明空间误差模型（或者空间滞后模型）解释了更多聚落区位和聚落规模的空间分布与影响因素之间的关系，而且在最为重要的指标 AIC 上，SEM（或者 SLM）相对于 OLS 回归 AIC 值均有不同程度的收敛，说明 SEM（或者 SLM）拟合性能显著改进（表 4.13、表 4.15）。总的来说，SEM（或者 SLM）模型较 OLS 模型有较大程度的改进。

2）影响因素及变化分析

不同时期聚落区位分布的主要影响因素不同，并且同一主要影响因素在不同时期也会有所不同，主要特点如下（表 4.16）。

表 4.15　三个时期 SLM（或 SEM）空间回归系数、AIC 及拟合优度值

类型	聚落区位			聚落规模		
	1975 年	1995 年	2015 年	1975 年	1995 年	2015 年
选用模型	SEM	SEM	SEM	SLM	SEM	SEM
R^2	0.973	0.971	0.959	0.497	0.803	0.208
AIC	−170.972	−142.723	−47.724	1020.14	726.828	1118.47
Lag coeff	0.696	0.772	0.735	0.417	0.402	0.22

表 4.16　三个时期嵩县聚落区位空间分布影响因素分析结果

变量	1975 年		1995 年		2015 年	
	回归系数	显著性	回归系数	显著性	回归系数	显著性
CONSTANT	−0.016	0.605	−0.015	0.735	−0.027	0.545
ZLANDFORM	0.339	0.000***	0.401	0.000***	0.448	0.000***
ZWATERDIS	0.066	0.000***	−0.001	0.976	−0.029	0.128
ZROADDIS	−0.097	0.000***	−0.075	0.000***	−0.111	0.000***
ZXZZXDIS	0.211	0.000***	0.156	0.000***	0.087	0.015**
ZXCZXDIS	0.284	0.000***	0.441	0.000***	0.387	0.000***
ZLABOR	0.002	0.872	−0.023	0.11	0	0.991
ZLANDPRODU	0.001	0.909	0.072	0.000***	0.066	0.000***
ZGKQYDIS	0.019	0.601	−0.062	0.093*	0.096	0.002***
ZBIGJC	0.14	0.000***	0.124	0.000***		
ZPIG	0.047	0.000***	0.007	0.637		
ZSHANY	0.023	0.057*	0.034	0.004***		
LAMBDA	0.696	0.000***	0.772	0.000***	0.735	0.000***

*代表在 10%的水平下显著，**代表在 5%的水平下显著；***代表在 2%的水平下显著。

　　1975 年聚落区位分布受地形、河流、道路、乡镇中心、县城中心、大家畜、养猪、山羊养殖等因素影响显著，且除了山羊养殖在 5%水平下显著之外其他均在 1%的水平下显著。其中受地形、河流、乡镇中心、县城中心、大家畜、养猪、山羊养殖和误差项的影响为正向影响，表明随着坡度和地形起伏度的增加聚落数量分布增多、离河流越远聚落数量分布越多、离乡镇和县城中心越远聚落数量分布多、养殖数量多的地区聚落数量分布多；受道路的影响为负向影响，表明距离道路越近聚落数量越多，反之则越少。

　　1995 年聚落区位分布受地形、道路、乡镇中心、县城中心、土地生产力、工矿企业、大家畜、山羊养殖和误差项影响显著，且除了工矿企业在 10%水平下显著之外其他均在 1%的水平下显著，其中受地形、乡镇中心、县城中心、土地生产力、大家畜、山羊养殖和误差项的影响为正向影响，表明随着坡度和地形起伏度的增加聚落数量分布增多、离乡镇和县城中心越远聚落数量分布多、土地生产力越好聚落数量分布越多、养殖数量多的地区聚落数量分布多；受道路和工矿企业的影响为负向影响，表明距离道路和工矿企业越近聚落数量越多，反之则越少。

　　2015 年聚落区位分布受地形、道路、乡镇中心、县城中心、土地生产力、工矿企业和误差项影响显著，且除了乡镇中心在 5%水平下显著之外其他均在 1%的水平下显著，其中受地形、乡镇中心、县城中心、土地生产力、工矿企业和误差项的影响为正向影响，表明随着坡度和地形起伏度的增加聚落数量分布增多、离乡镇和县城中心越远聚落数量分布多、土地生产力越好聚落数量分布越多、距离工矿企业远的地区聚落数量分布多；受道路为负向影响，表明距离道路越近聚落数量越多，反之则越少。

三个时期相比，聚落区位分布受坡度和地形起伏状况的影响作用在持续增强；受河流的影响仅在 1975 年为正向影响，其他 1995 年和 2015 年时期均不显著；受距离道路远近的负向影响先减弱后增强；受乡镇中心距离远近的正向影响逐渐减弱；受县城中心距离远近的正向影响先增强后减弱；受土地生产力好坏的影响在 1975 年不显著，在 1995 年和 2015 年时期正向影响程度逐渐减弱；受工矿企业距离远近的影响在 1975 年不显著，在 1995 年时期为负向影响，而到 2015 年时期为正向影响；1975 年和 1995 年受养殖情况的影响，受养猪的影响在 1975 年显著而在 1995 年不显著，受大家畜的正向影响作用逐渐减弱而受山羊养殖的正向影响逐渐增强。

不同时期聚落规模空间分布的主要影响因素不同，并且同一主要影响因素在不同时期也会有所不同，主要特点为（表 4.17）：

表 4.17 三个时期嵩县聚落规模空间分布影响因素分析结果

变量	1975 年		1995 年		2015 年	
	回归系数	显著性	回归系数	显著性	回归系数	显著性
W_ZMJLSCALE	0.417	0.000***				
CONSTANT	−0.008	0.902	−0.007	0.927	−0.02	0.86
ZLANDFORM	−0.153	0.281	−0.272	0.005***	−0.305	0.076*
ZWATERDIS	−0.222	0.037**	0.118	0.19	0.109	0.41
ZROADDIS	0.072	0.587	0.054	0.542	0.067	0.691
ZXZZXDIS	0.133	0.359	−0.006	0.958	0.208	0.33
ZXCZXDIS	−0.115	0.37	−0.219	0.085*	−0.235	0.191
ZLABOR	0.249	0.002***	1.691	0.000***	0.836	0.000***
ZLANDPRODU	−0.112	0.132	−0.477	0.000***	−0.263	0.000***
ZGKQYDIS	0.078	0.6	0.037	0.775	−0.094	0.636
ZBIGJC	−0.385	0.000***	−0.26	0.000***		
ZPIG	0.431	0.000***	0.153	0.016**		
ZSHANY	−0.128	0.094*	−0.014	0.794		
LAMBDA			0.402	0.000***	0.22	0.007***

*代表在 10%的水平下显著，**代表在 5%的水平下显著；***代表在 1%的水平下显著。

1975 年聚落规模受河流、劳动力、大家畜、养猪、山羊养等因素影响显著，且山羊养殖在 10%水平下显著，河流在 5%水平下显著，劳动力、大家畜和养猪在 1%水平下显著；其中，河流、大家畜和山羊养殖为负向影响，即距离河流近、大家畜和山羊养殖少的地区聚落平均规模大；劳动力为正向影响，即劳动力多的地区聚落平均规模大。

1995 年聚落规模主要受地形、县城中心、劳动力、土地生产力、大家畜、养猪和误差项影响显著，且除了县城中心在 10%水平下显著、养猪在 5%水平下显著之外，其他均在 1%水平下显著；其中，地形、县城中心、土地生产力和大家畜为负向影响，即坡度和地形起伏越大、距离县城越远、土地生产力越高、大家畜养殖越多的地区聚落平均规模越小，反之则聚落平均规模越大；劳动力和养猪为正向影响，即劳动力和养猪越多的地区聚落平均规模大。

2015 年聚落规模主要受地形、劳动力、土地生产力和误差项影响显著，且地形因素在 10%水平下显著，劳动力、土地生产力和误差项均在 1%水平下显著；其中，地形和土地生产力为负向影响，即坡度和地形起伏越大、土地生产力越好的地区聚落平均规模越小，反之则聚落平均规模越大；劳动力为正向影响，即劳动力越多的地区聚落平均规模大。

三个时期相比，聚落规模受地形因素的影响在 1975 年时期不显著，而在 1995 年和 2015 年时期为负向影响且影响程度逐渐增强；聚落规模受河流的影响仅在 1975 年时期显著，且为负向影响；三个时期受道路和乡镇中心的影响均不显著；受县城中心的影响仅在 1995 年时期显著且为负向影响；受劳动力的正向影响作用先增强后减弱；受土地生产力的影响仅在 1995 年和 2015 年时期显著，且均为负向影响但影响程度逐渐减弱。

3. 聚落区位和规模空间分布影响因素的时空变化

1）模型的选择

通过前面的分析，发现空间计量模型比一般模型效果较好。同时利用 OpenGeoDa 软件分别对 1975 年、1995 年和 2015 年三个时期嵩县行政村尺度的聚落数量和平均规模进行全局和局部空间自相关分析，发现三个时期嵩县聚落区位和规模空间分布均存在明显的集聚性（表 4.18、图 4.32），其中聚落区位的空间集聚性更为显著，三个年份聚落区位的 Moran's I 值分别为 0.632、0.557 和 0.564，而聚落规模的 Moran's I 值分别为 0.491、0.173 和 0.155。通过局部自相关分析可知，聚落区位空间分布的高高自相关者数量居多，而聚落平均规模低低自相关者居多，且聚落区位空间分布的高高自相关区域正好对应聚落规模空间分布的低低自相关区域，而聚落区位空间分布的低低自相关区域是聚落规模空间分布的高高自相关区域（图 4.32）。显然，聚落区位和规模空间分布存在明显的差异。据此前面纳入回归分析的关系在研究区域的不同位置会具有不同的表现形式，即所得的回归方程为现有关系混合的平均值，将不能为任何一个极值构建出很好的模型。地理加权回归（GWR）可以解决这一问题，其回归方程中各因子的回归系数是变化的，而不是全局一致，即回归系数反映的是"相同因素在不同空间位置上产生的影响存在差异"。

表 4.18 三个时期聚落区位和规模空间分布 Moran's I 值

类型	聚落区位			聚落规模		
	1975 年	1995 年	2015 年	1975 年	1995 年	2015 年
Moran's I	0.632	0.557	0.564	0.491	0.173	0.155
p-value	0.001	0.001	0.001	0.001	0.002	0.001
Random Permutations	999	999	999	999	999	999

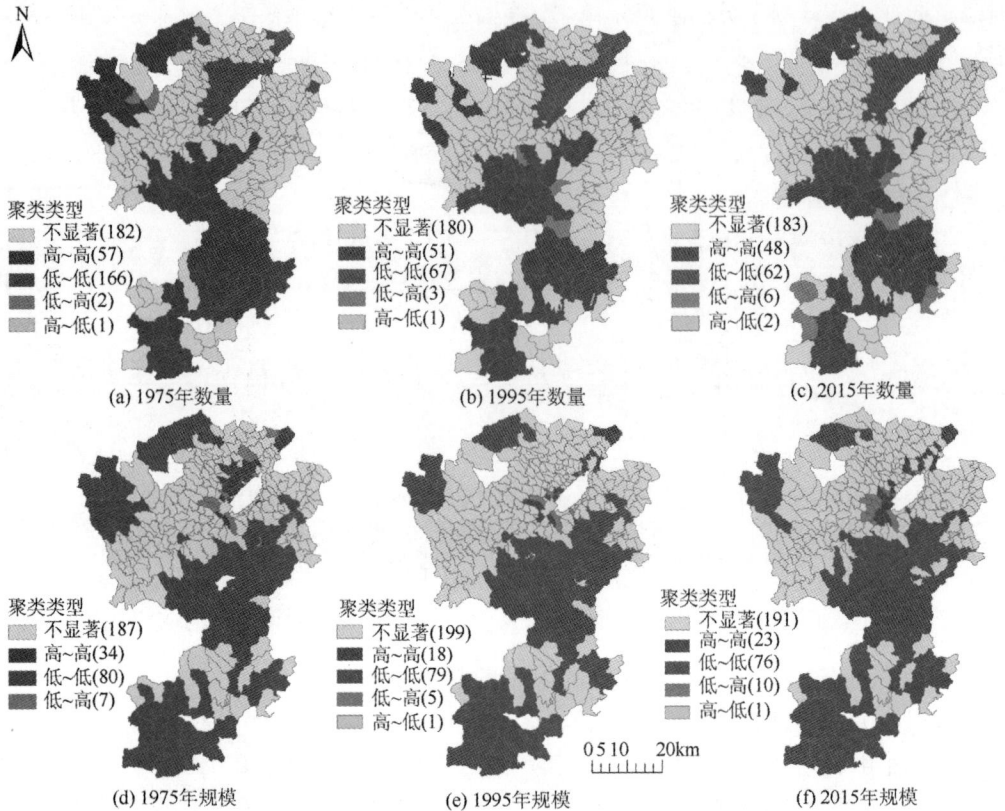

图 4.32 三个时期嵩县行政村聚落区位和规模空间分布 LISA 集聚图（详见文后彩图）

将聚落区位和聚落规模空间分布影响因素分析的 OLS 模型与 GWR 模型进行对比，发现：就聚落区位空间分布的影响因素分析而言，不同年份 GWR 的 R^2 及调整 R^2 均高于同时期 OLS 的 R^2，表明 GWR 模型解释了更多的聚落空间分布与影响因素之间的关系，并且在最为重要的指标 AICc 上，不同时期 GWR 模型相对 OLS 模型的 AIC_C 值均有不同程度的收敛，说明 GWR 模型拟合性能显著改进。聚落规模空间分布的影响因素分析方面，虽然 GWR 模型的调整 R^2 和 AICc 并不是一直高于 OLS 模型，三个年份 GWR 模型的 R^2 均较 OLS 模型偏高。总的来说，GWR 模型较 OLS 模型有较大程度的改进（表 4.19）。

表 4.19 三个时期聚落区位和规模空间分布 OLS 模型与 GWR 模型的对比分析

类型		1975 年		1995 年		2015 年	
		OLS	GWR	OLS	GWR	OLS	GWR
聚落区位	R^2	0.979	0.990	0.970	0.987	0.963	0.987
	Adj R^2	0.978	0.987	0.969	0.983	0.962	0.984
	AICc	−290.484	−413.287	−176.183	−315.293	−119.616	−337.681
聚落规模	R^2	0.380	0.419	0.782	0.836	0.177599	0.177656
	Adj R^2	0.357	0.341	0.774	0.803	0.155068	0.155066
	AICc	1074.264	772.259	749.555	403.677	1129.728	1129.729

因此，选择 GWR 模型分析 1975～1995 年嵩县聚落区位和规模空间分布影响因素的时空差异。

2）影响因素的时空变化分析

GWR 模型较一般模型最突出的特点是可体现出不同因素对聚落区位和规模空间分布影响程度的空间差异，并能通过图形直观展示出来。根据前面确定的关键变量最终确定三个时期聚落区位和规模空间分布影响因素的 GWR 回归模型。同时考虑到聚落区位和规模在空间上局部自相关的差异性，在分析两者空间分布的影响因素时空变化之前，先对它们之间的相关关系进行地理加权回归分析。借助 ArcGIS10.1 软件进行地理加权回归模型分析，并利用 GIS 制图分析功能分别制作出三个时期聚落区位与聚落规模的空间关系变化图，以及聚落区位和聚落规模空间分布受影响因子影响程度的空间变化图，结果见图 4.33～图 4.41。其中，GWR 回归系数有矢量和栅格两种数据格式，可以以不同的形式展现出影响因素的空间差异，这里以聚落区位和聚落平均规模之间关系（以各行政村包括的聚落数量作为因变量，以各行政村内聚落的平均规模作为自变量）的 GWR 回归模型结果为例，将两种格式的回归系数结果均予以展示（图 4.33），从中选择一种相对较好的数据类型作为模型回归结果的展现形式，以便更好地进行后续分析。

在利用矢量数据类型的回归系数进行结果展示时，需要对回归系数进行分类，在 ArcGIS10.1 中利用自然断裂分类法予以实现。首先，将三个时期不同影响因素的回归系数均在 ArcGIS 中利用自然断裂点分类划分为 7 类；其次，对比同一影响因子下不同时期分类的区间值，以回归系数值区间最低值所在时期的分类作为其他时期类型划分的依据，再结合各时期原有划分的类型确定出最终的分类区间和分类数。对于栅格类型回归系数的展示，需要先将 GWR 模型得出的 Raster Coefficient，在 ArcGIS10.1 中以嵩县边界为掩摸数据要素，利用栅格掩膜处理工具对回归系数进行掩膜处理，然后进行制图分析，结果见图 4.33 中 1975 年、1995 年和 2015 年的 Raster 图。结果表明，矢量数据类型在展现不同位置影响因素的差异更有优势，且方便不同时期结果的对比分析，因此选择矢量系数作为模型回归系数的展示方式。

经研究发现，嵩县聚落区位和规模呈现明显的负相关关系，且这种负向相关关系在不同位置表现形式不同（图 4.33）。随着时间变化这种空间差异在"嵩北"和"嵩南"地区呈现明显的两极分化（弱者更弱，强者更强），即"嵩北"地区聚落斑块数量与平均聚落斑块面积偏弱的负向关系更加趋于减弱，而"嵩南"地区聚落斑块数量与平均聚落斑块面积偏强的负向关系更加趋于增强。具体表现在，平均聚落斑块面积的回归系数绝对值最高的地区主要分布在"嵩南"地区，而回归系数绝对最小的地区主要分布在"嵩北"地区，且随着时间变化绝对值高的地区的回归系数绝对值在逐渐增大，而绝对值低的地区的回归系数绝对值在逐渐减小。

嵩县聚落区位和规模不仅在空间分布上存在差异，而且两者空间分布的影响因素也随位置不同而不同，且随时间发生变化。

(a) 矢量

(b) 栅格

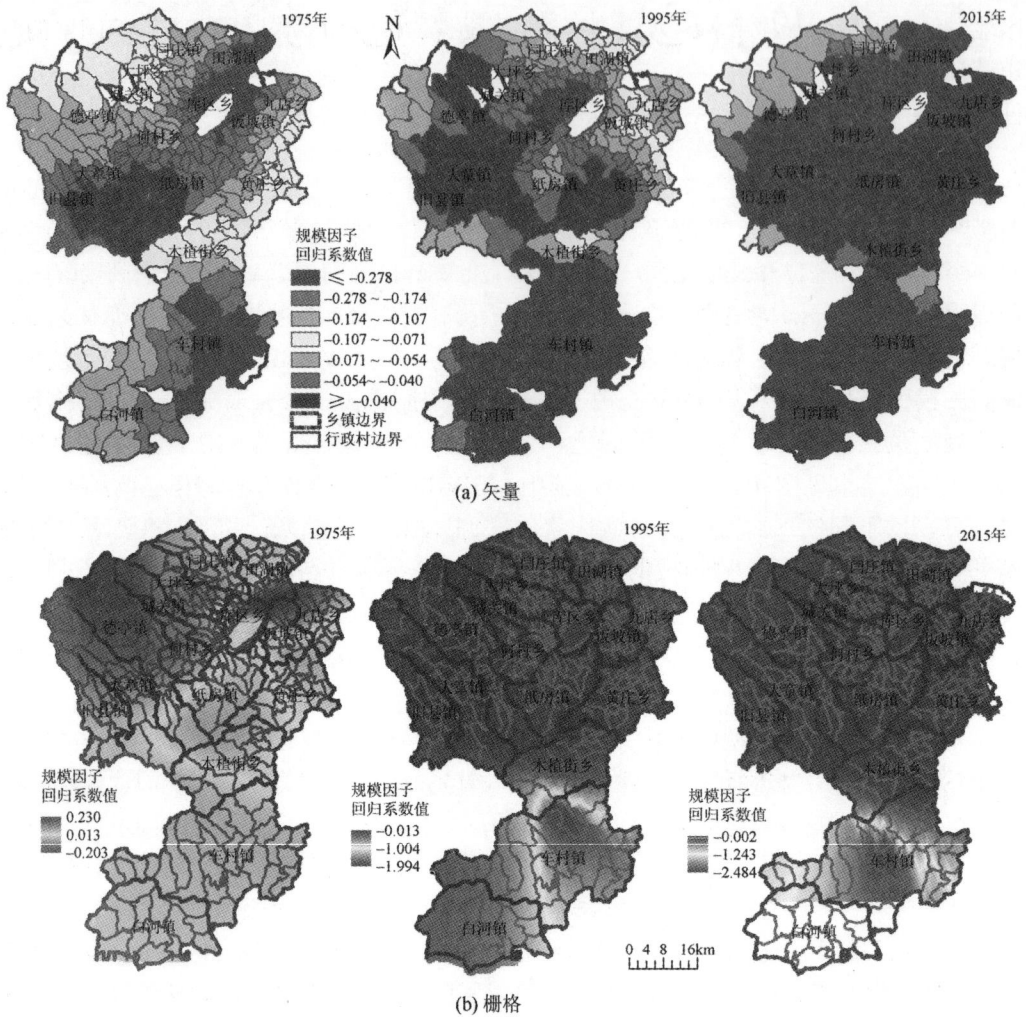

图 4.33 1975 年、1995 年和 2015 年聚落区位与聚落规模关系的空间差异（详见文后彩图）

A. 地形因素

由图 4.34 可知，三个时期嵩县聚落区位的空间分布均受到地形的正向影响，但呈现出显著的空间差异，且随时间变化，不同位置地形因素的影响作用变化趋势不同。具体而言，三个时期地形因子的回归系数均高于 0.1，且分类数逐渐增多，1975 年聚落区位受地形影响的相对高值区较少，仅有闫庄镇的顶心坡村回归系数高于 0.432，回归系数的低值区域偏多，主要分布在白河镇、车村镇、黄庄乡的一些村。相较于 1975 年，1995 年聚落区位受地形影响的低值区域有所减少，高值区域大幅增加，且回归系数的最大值也有所增加，从 0.454 增加至 0.513，分类数也增加了两个，增加的高值区域主要分布在闫庄镇、田湖镇、黄庄乡、木植街乡，以及纸房镇、饭坡镇和库区乡的大部分地区。2015年这种趋势继续增强，尤其是高值影响区域明显增大，且影响作用显著增强，回归系数的最大值继续有所增加，增加至 0.792。总的来说，嵩县聚落区位受地形作用的高影响区域以闫庄镇橙色区域所在村子为中心逐渐向周边区域扩张，到 1995 年包括闫庄镇、田湖镇、库区乡、城关镇、饭坡镇、纸房镇、黄庄乡，以及木植街乡和车村镇的部分地区，到 2015 年高值影响作用显著增强，其中闫庄镇、田湖镇、库区乡、城关镇、何村乡和纸房镇的大多数地区尤为显著。而受地形作用的低影响区域除了在 1995 年有所减少之外，整体变化不明显。

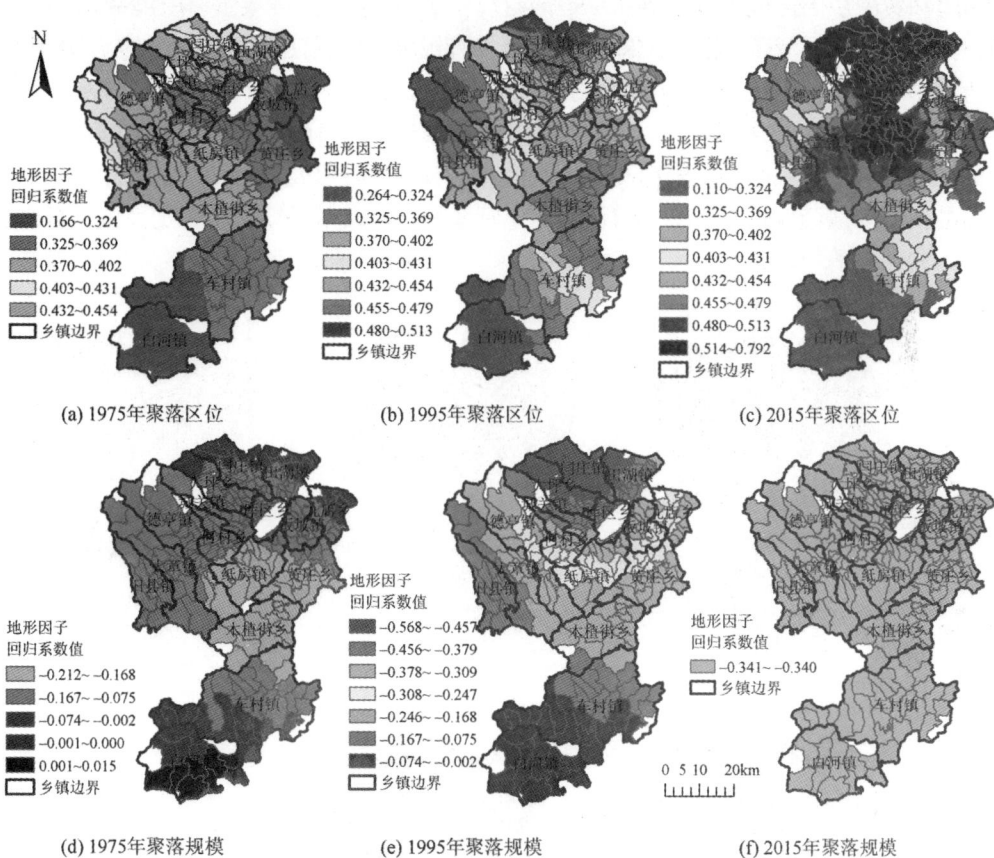

(a) 1975年聚落区位　　　　　(b) 1995年聚落区位　　　　　(c) 2015年聚落区位

(d) 1975年聚落规模　　　　　(e) 1995年聚落规模　　　　　(f) 2015年聚落规模

图 4.34　1975 年、1995 年和 2015 年聚落空间分布受地形影响的空间差异（详见文后彩图）

而聚落规模的空间分布受地形的影响作用虽然在 1975 年和 1995 年也有明显的空间差异，且随时间变化不同地区影响作用变化不同，但其受地形的影响作用相较于聚落区位的空间分布已明显不同。具体表现在，嵩县聚落规模的空间分布主要受地形因素的负向影响，其中，在 1975 年和 1995 年，"嵩北"地区的负向影响较为显著，而"嵩南"地区的影响作用不明显，且 1995 年相较于 1975 年，"嵩北"地区的负向影响作用在增强，而"嵩南"地区的影响作用变化不明显。到 2015 年，嵩县聚落规模空间分布受地形负向影响作用的空间差异显著减弱，其回归系数值稳定在一个类型区间之内，但地形影响的负向影响作用较强，回归系数值为–0.341～0.340。

B. 河流因素

嵩县聚落区位与离河流远近距离的关系存在显著的空间差异，且随着时间变化受离河流远近距离负向影响的区域范围在增大，而高值正向影响区域主要集中在"嵩北"地区且范围在逐渐缩减。具体表现，1975 年正向高值影响区域主要集中在德亭镇、城关镇、大坪乡、闫庄镇、田湖镇、库区乡、何村乡、饭坡镇、九店乡，以及大章镇、旧县镇、纸房镇和黄庄乡的部分地区，到 1995 年这些正向高值影响区域范围有所缩减，到 2015 年正向高值影响区域范围继续缩减，缩减至仅有饭坡镇、黄庄乡和何村乡的部分地区；而负值影响区域范围从 1975 年的车村镇和白河镇大部分地区逐渐增大，在 1995 年增大至包括车村镇的大部分地区和整个白河镇，到 2015 年负值影响区域逐渐北移，在嵩县北部地区增加了闫庄镇、田湖镇和大坪乡的大部分地区，以及城关镇、德亭镇、大章镇和旧县镇的少部分地区，还有白河镇的两个行政村，以及车村镇和木植街乡的部分地区（图 4.35）。

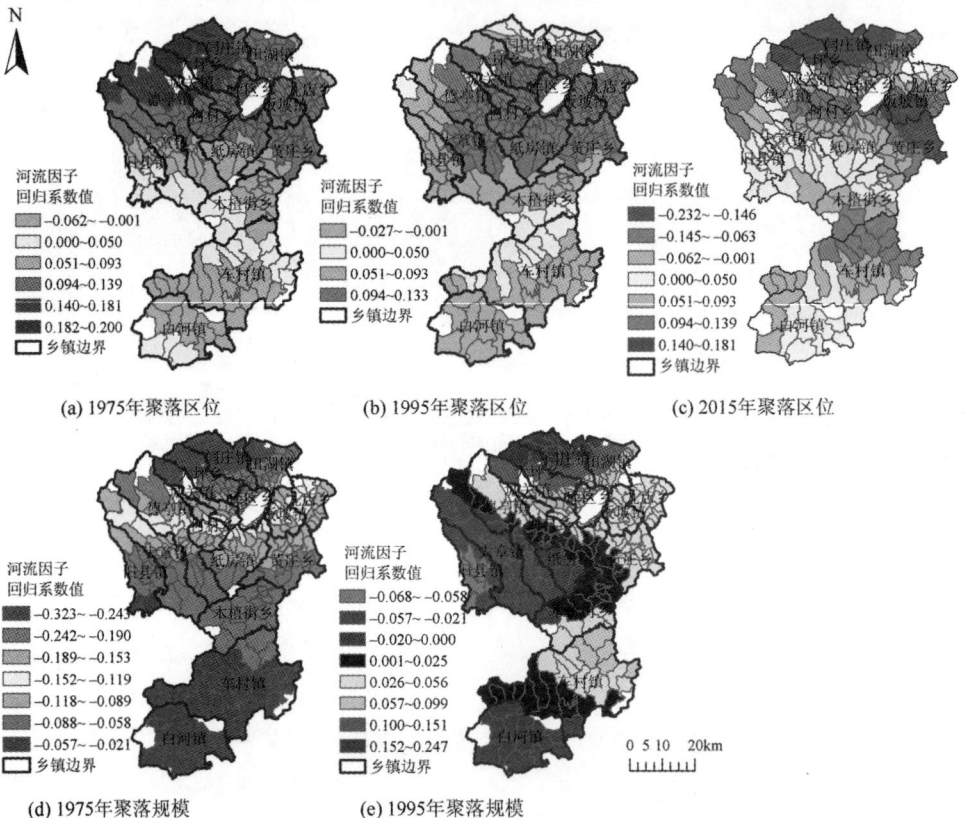

图 4.35　1975 年、1995 年和 2015 年聚落空间分布受河流影响的空间差异（详见文后彩图）

聚落规模空间分布受离河流远近距离的影响作用仅在 1975 年和 1995 年显著，但存在空间差异，且随时间变化明显。表现在，1975 年主要受距河流远近距离的负向影响，且负向影响程度自南向北逐渐增强，负向影响作用较大地区集中在嵩县北部闫庄镇、田湖镇、大坪乡、城关镇的部分地区，而负向影响作用较小的地区集中在白河镇、车村镇的大部分地区，以及旧县镇的两个村；相较于1975年，1995年全县范围内聚落规模空间分布受距离河流远近的负向影响作用均在减弱，且多数地区变为正向影响。其中正向影响作用较大地区集中在闫庄镇、田湖镇的一些村（图4.35）。

C. 道路因素

嵩县聚落区位的空间分布受离道路距离远近的影响作用存在显著的空间差异，且随时间在不同位置有不同的变化（图4.36）。1975年在"嵩北"多数地区受离道路远近距离的负向影响，即距离道路越近聚落数量越多、越远越少，但在不同位置负向影响作用程度有所不同，其中负向影响作用相对较大的地区集中在田湖镇、库区乡，以及闫庄镇、纸房镇、黄庄乡、城关镇和何村乡的部分地区；而在"嵩南"的白河镇和车村镇部分地区聚落数量空间分布受与道路距离远近的微弱正向影响，即离道路越近聚落数量越少、越远越多，但是聚落数量与离道路距离远近的相关性较小。相较于1975年，1995年影响作用不明显区域的范围有所增大；负向影响作用相对较大区域范围也有所增大，但有所转移，如田湖镇和闫庄镇部分地区的负向影响作用程度有所降低，而饭坡镇和黄庄乡多数地区的负向影响作用程度有所增强；正向影响区域范围有所缩减。2015年，受道路远近距离的影响的空间差异明显增强，其中负向影响作用程度有所增强，正向影响作用

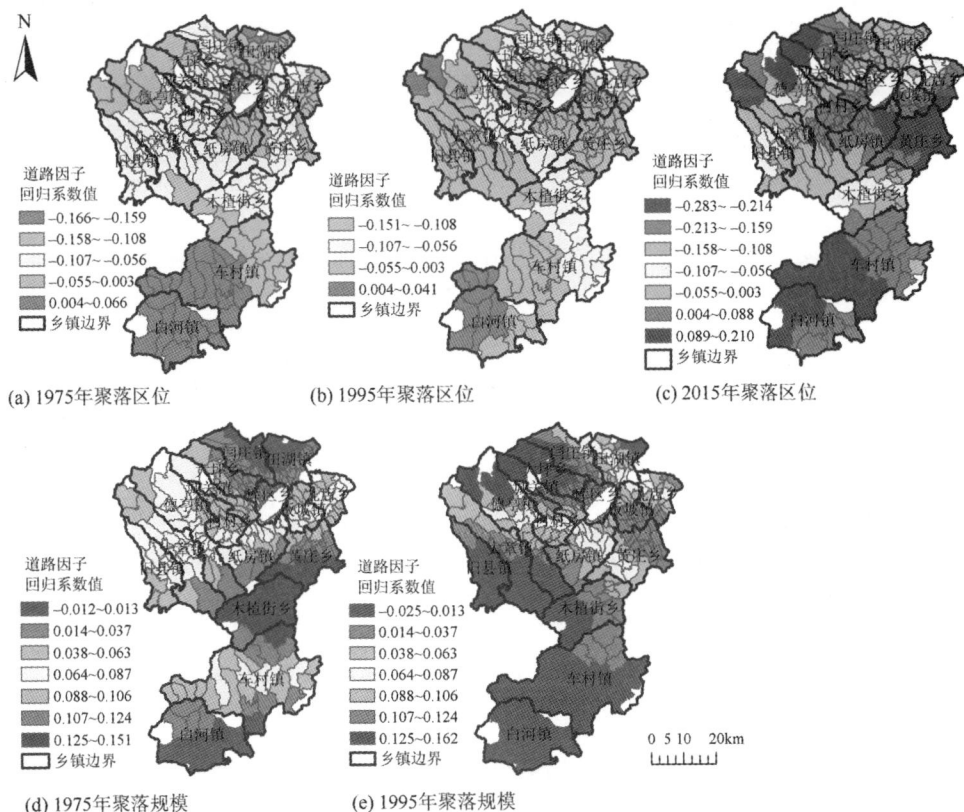

(a) 1975年聚落区位   (b) 1995年聚落区位   (c) 2015年聚落区位

(d) 1975年聚落规模   (e) 1995年聚落规模

图 4.36　1975 年、1995 年和 2015 年聚落空间分布受道路影响的空间差异（详见文后彩图）

程度也有所增强；在全县北部闫庄镇、大坪乡、城关镇、德亭镇的红色橙色所在地区和南部的白河镇、车村镇，以及木植街乡的橙色所在地区是正向影响；而在全县中间区域的何村乡、纸房镇、大章镇、旧县镇、黄庄乡、饭坡镇、九店乡蓝色系区域是负向影响，其中以黄庄乡等深蓝色所在区域的负向影响作用程度更大，即在这些地区，离道路越近聚落数量越多、分布越密集，反之越少、越稀疏。

聚落规模空间分布受离道路远近距离影响仅在 1975 年和 1995 年显著，影响作用存在空间差异，且随时间有所不同。在 1975 年除了影响作用不明显地区之外，均是正向影响作用，即离道路越近聚落规模越小、斑块面积越小，越远聚落规模越大、斑块面积越大；正向影响作用程度较大地区集中在木植街乡、黄庄乡和车村镇红色所在地区。相较于 1975 年，1995 年影响作用不明显区域范围有所增大，同时正向影响作用较大地区在空间上发生转移，转移至德亭镇、城关镇、大坪乡，以及闫庄镇红色所在区域。

D. 乡镇中心距离因素

离乡镇中心距离对聚落数量空间分布的影响作用存在空间差异，随时间变化不仅空间差异在增大，影响作用程度也在增强，且由 1975 年仅为正向影响作用演变成为 1995 年的正向作用和负向作用同时存在，到 2015 年这种趋势在逐渐增强。具体表现在，1975 年，聚落区位受乡镇中心远近距离的影响均为正向作用，即距离乡镇中心距离越近聚落数量越少、越远数量越多，且在车村镇和白河镇橙色显示区域，以及九店乡个别村受乡镇中心远近距离正向影响作用更为显著。1995 年部分区域受到的影响程度变得不明显（图 4.37 中 1995 年聚落区位黄色区域），还有少数地区受到的影响作用演变为负向影响，集中在德亭镇的 3 个村。到 2015 年，受到正向影响作用的区域范围在继续缩减，但在"嵩北"东部的九店乡、饭坡镇、黄庄乡一些村，以及周边橙色显示区域受到的正向影响作用程度在增强；而受到负向影响作用的区域范围则增加很多，如图 4.37 中 2015 年聚落区位中蓝色系显示区域，其中以闫庄镇、田湖镇和大坪乡内深蓝色显示区域的负向影响作用尤为显著，在这些受到负向影响作用的地区，离乡镇中心距离越近聚落数量越多、越远数量越少。

聚落规模空间分布受离乡镇中心远近距离影响仅在 1975 年和 1995 年显著，影响作用存在空间差异，且随时间有所不同。在 1975 年，在"嵩南"白河镇、车村镇和木植街乡蓝色系显示区域，聚落规模空间分布受乡镇中心远近距离的影响作用不明显，其回归系数的绝对值小于 0.05；在"嵩北"均受到乡镇中心远近距离的正向影响，且影响作用呈现出自西南向东北逐渐增大的趋势。1995 年"嵩南"地区受离乡镇中心远近距离影响仍然不明显；"嵩北"多数地区受乡镇中心远近距离的正向影响作用在减弱，有少部分地区演变为负值，如九店乡、黄庄乡和饭坡镇深蓝色显示区域；受乡镇中心远近距离正向影响作用较大地区仍在田湖镇，但是其影响作用相较于 1975 年明显减弱。

E. 县城中心距离因素

嵩县聚落区位的空间分布主要受到县城中心远近距离的正向影响，且影响作用自南向北逐渐增大，同时随时间变化多数地区受到的影响作用也在增大。1975 年，县城中心距离远近对聚落区位空间分布的高值正向影响区域主要集中在"嵩北"田湖镇和闫庄镇

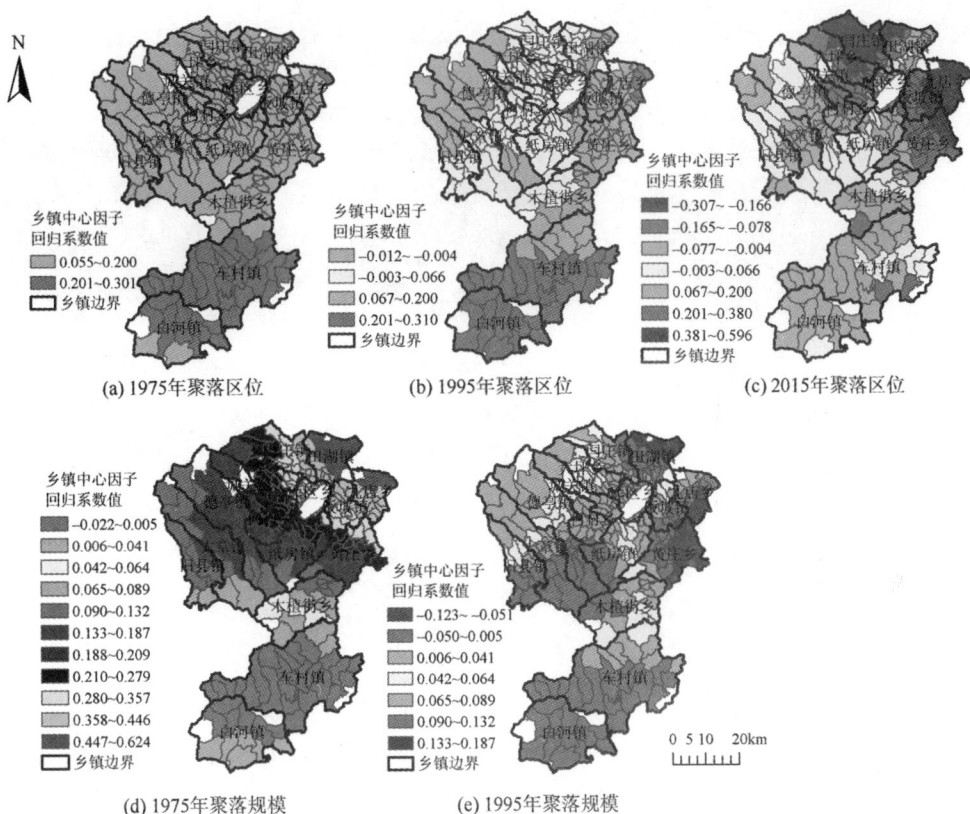

图 4.37　1975 年、1995 年和 2015 年聚落空间分布受乡镇中心影响的空间差异（详见文后彩图）

橙色显示区域，以及大坪乡、城关镇的少数村；围绕高值影响区域周边的是次高影响区域，依次往南影响作用在逐渐减小，其中影响区域相对较小地区所占区域范围最大（图4.38 中 1975 年聚落区位深蓝色显示区域）。1995 年，相对较低影响区域范围在"嵩南"白河镇和车村镇内有所缩减，而在"嵩北"大章镇、德亭镇、城关镇，以及大坪乡内有所扩张；高值影响区域范围也在减少，缩减至仅有田湖镇和九店乡橙色显示区域。到 2015年，全县多数地区受到正向影响的作用程度在增大，相对较低影响区域缩减至仅剩县城中间旧县镇、大章镇、德亭镇、纸房镇、黄庄乡和木植街乡深蓝色区域；而高值影响区域则扩张至包括田湖镇、闫庄镇、九店乡、库区乡、饭坡镇、城关镇、大坪乡和何村乡橙色及红色区域（详见文后彩图 4.38）。

　　聚落规模空间分布受离县城中心远近距离影响仅在 1975 年和 1995 年显著，且影响作用空间差异在 1975 年相对较小，但随时间逐渐增大，由 1975 年仅受到县城中心远近距离的负向影响转变为到 1995 年同时受到负向影响和正向影响。在 1975 年，聚落规模空间分布受县城中心负向影响作用呈现出嵩县"西南"地区低于"东北"地区，其中以木植街乡、大章镇和德亭镇内的界线为边界，如图 4.38 所示。1995 年"嵩南"车村镇内深蓝色显示区域的负向影响作用在增强，木植街内浅蓝色显示区域负向影响作用变得不明显；"嵩北"除了少数地区（九店乡和田湖镇深蓝色区域）之外，受县城中心远近距离的影响作用由负向转变为正向，但在不同位置正向影响作用程度不同，其中相对高值影响区域集中在城关镇、大坪乡、闫庄镇红色区域（详见文后彩图 4.38）。

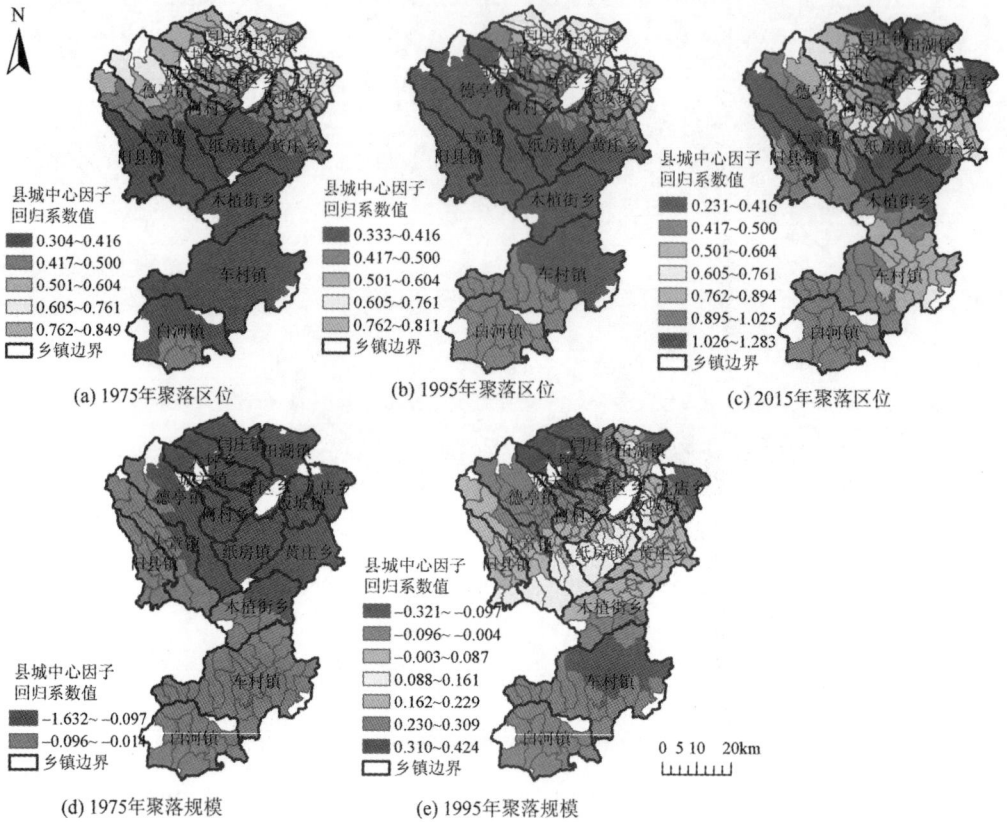

(a) 1975年聚落区位

(b) 1995年聚落区位

(c) 2015年聚落区位

(d) 1975年聚落规模

(e) 1995年聚落规模

图 4.38 1975 年、1995 年和 2015 年聚落空间分布受县城中心影响的空间差异（详见文后彩图）

F. 劳动力因素

嵩县聚落区位的空间分布受劳动力影响作用存在较大的空间差异，且随时间变化负向影响作用的区域范围在扩张（图 4.39 中聚落区位蓝色系颜色显示区域，详见文后彩图 4.39），而正向影响作用的区域范围在缩减（橙色和红色所在区域），同时正向影响作用程度的最高值有所降低，三个年份回归系数最高值依次为 0.392、0.162 和 0.097。具体而言，1975 年，在全县西边部分主要是受劳动力因素的负向影响，而在全县东边部分主要受劳动力因素的正向影响，但均在不同位置影响作用程度不同，其中，正向影响相对高值地区在车村镇和白河镇内红色区域，而负向高值影响区域在白河镇内深蓝色区域。1995 年，正向相对高值影响区域主要集中在"嵩南"白河镇和车村镇橙色区域，但其作用程度相较于 1975 年有所降低，而在"嵩北"地区负向影响区域有所增加而正向影响区域有所缩减。2015 年这种趋势在加强，"嵩南"车村镇和白河镇原有正向影响区域受劳动力影响作用程度在减弱，其中，白河镇的四个村演变为负向作用；"嵩南"木植街乡受劳动力因素的影响作用有负向演变为正向；"嵩北"除了旧县镇、田湖镇的 12

个村是正向影响区域，以及黄色区域为影响作用不明显区域之外，其他地区均为负向影响区域，且负向影响作用下相对最高值集中在城关镇内（图4.39）。

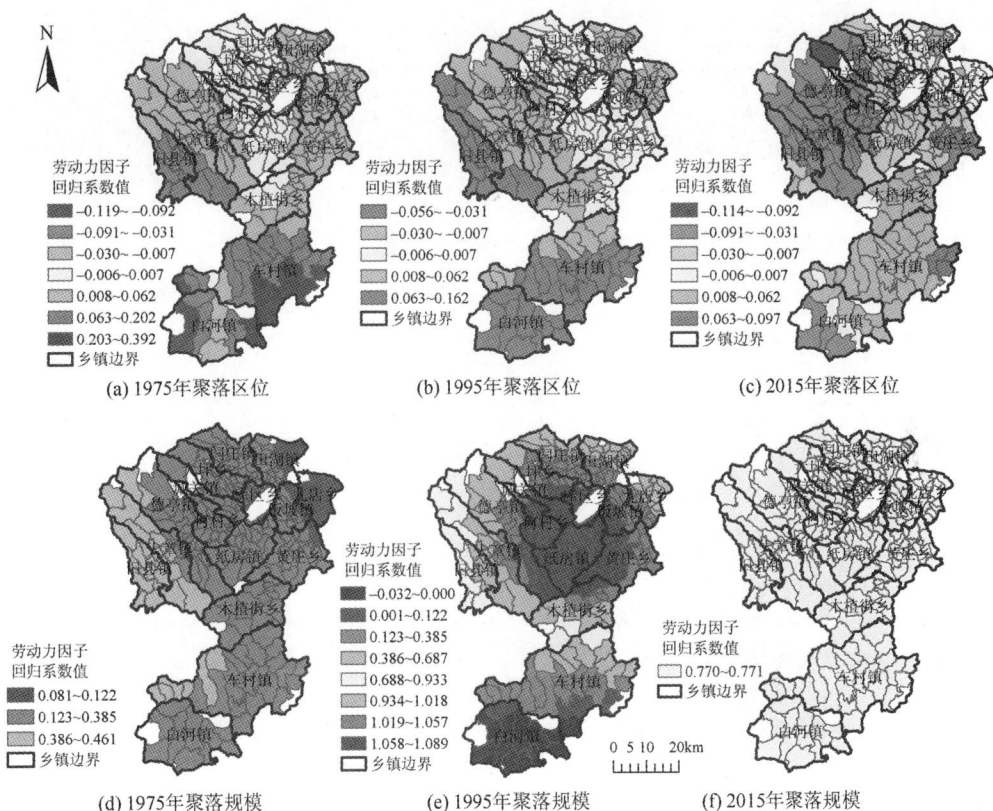

图4.39　1975年、1995年和2015年聚落空间分布受劳动力影响的空间差异（详见文后彩图）

聚落规模空间分布受劳动力因素影响作用的空间差异相较于聚落区位而言，在1975年和2015年均较小，但随时间变化空间差异程度先增大后又明显减小。具体而言，1975年全县聚落规模空间分布仅受到劳动力因素的正向影响，且影响程度自西南向东北逐渐减弱，但影响作用程度居中的区域范围占多数。1995年，白河镇以及车村镇部分地区受劳动力影响程度有所降低，其中车村镇、白河镇的12个村演变为负向作用；而其他地区受劳动力影响的正向作用程度均在逐渐增强，但增加程度有所不同，空间差异明显，正向影响相对高值区域集中在"嵩北"中间位置（红色区域）。2015年全县受劳动力影响的空间差异不大，其回归系数值范围为0.770~0.771；影响作用程度较1975年有所增强，但却处于1995年的作用程度相对居中位置。

G. 生产条件因素

嵩县聚落区位空间分布受生产条件影响的空间差异在1975年相对较大，在该时期同时受到正向和负向影响作用，且自西南向东北呈现出"正向（作用程度依次减小）→负向→正向"的渐变趋势；而1995年和2015年受生产条件影响作用的空间差异较

1975 年有所缩小，但仅受到生产条件的正向影响，即地区生产条件越好聚落数量越多，反之则越少越稀疏（图 4.40）。

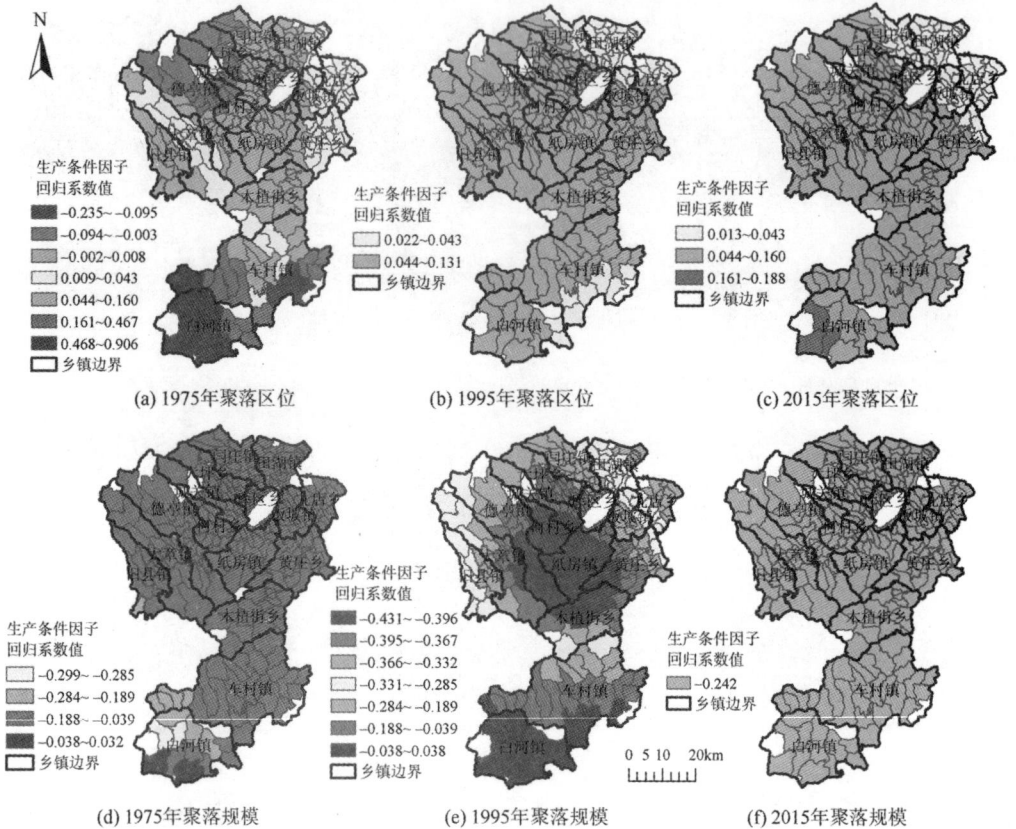

(a) 1975年聚落区位   (b) 1995年聚落区位   (c) 2015年聚落区位

(d) 1975年聚落规模   (e) 1995年聚落规模   (f) 2015年聚落规模

图 4.40　1975 年、1995 年和 2015 年聚落空间分布受生产条件影响的空间差异（详见文后彩图）

聚落规模空间分布主要受到生产条件的负向影响，且存在空间差异，但随时间变化整体空间差异先增大后缩小。具体而言，1975 年，除了白河镇的两个村受生产条件的影响作用不明显之外，其他区域均为负向影响；相较于 1975 年，1995 年影响不明显区域年有所增加，同时多数地区受生产条件负向影响作用程度在增强，负向影响作用相对较强地区集中在纸房镇、何村乡、大章镇、德亭镇、黄庄乡和木植街乡等深蓝色区域。和前两个年份相比，2015 年 聚落受生产条件影响作用不存在空间差异，即全县地区受生产条件的负向影响作用一致，且负向影响程度有所降低（图 4.40）。

H. 工矿企业因素

嵩县聚落区位空间分布受工矿企业的影响作用存在明显的空间差异并随时间变化有所增大，同时在各时期均受到工矿企业的正向和负向影响，但正向影响作用和负向影响作用相对较高的地区随时间有所转移，如正向高值影响区域由 1975 年的饭坡镇、九店乡、黄庄乡、田湖镇等橙色红色地区，转移至 1995 年的何村乡、纸房镇和大章镇橙色区域，并逐渐扩张至 2015 年的涵盖田湖镇、德亭镇、何村乡、大章镇、旧县镇、木植街乡等红色橙色区域，且作用程度也有所增强；而负向高值影响区域由 1975 年的大章镇、德亭镇、城关镇、大坪乡等地区深蓝色区域，转移至 1995 年的白河镇和车村镇深蓝色区域，再到 2015 年的九店乡深蓝色区域（图 4.41，文后彩图 4.41）。

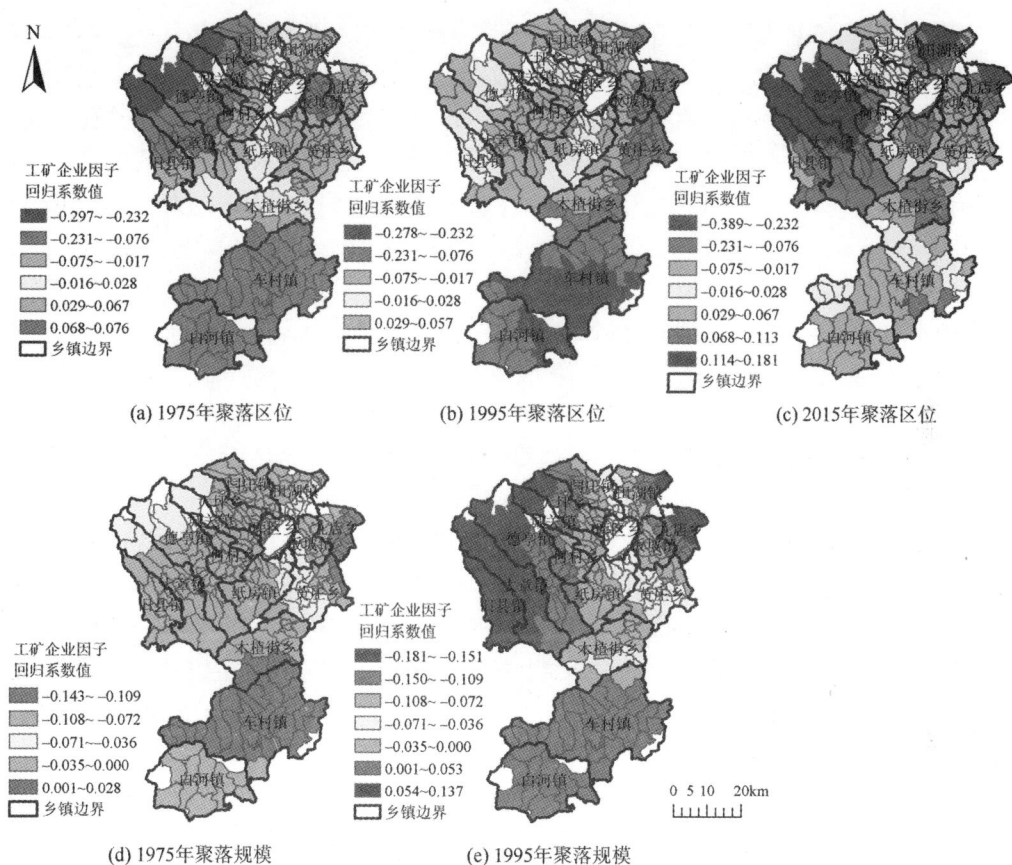

图 4.41　1975 年、1995 年和 2015 年聚落空间分布受工矿企业影响的空间差异（详见文后彩图）

聚落规模空间分布受工矿企业的影响作用仅在 1975 年和 1995 年显著，1975 年在多数区域影响作用不明显，其回归系数的绝对值小于 0.05，而在少部分区域，如大章镇、德亭镇、城关镇、大坪乡、黄庄乡、纸房镇、饭坡镇、库区乡、九店乡和田湖镇黄色和蓝色区域受到生产条件的负向影响，即离工矿企业越远聚落规模减小；1995 年受到生产条件负向影响作用的区域范围在扩张，主要集中在旧县镇、大章镇、德亭镇、何村乡、城关镇、大坪乡、闫庄镇、纸房镇以及木植街乡等地区蓝色区域（图 4.41）。

4.3.3　基于乡镇尺度的影响因素分析

鉴于多数社会经济指标数据在自然村、行政村尺度较难获取到，而在快速城镇化进程中，山区县域聚落演变受到人文社会方面影响因素更为显著，基于此，以下基于乡镇尺度的自然社会经济等数据，利用主成分分析和多元线性回归方法[1]来分析嵩县聚落区位和规模空间分布的影响因素。

1. 指标体系的构建

在前人研究的基础上，遵循指标体系构建原则并结合数据的可量化性和可得性，选取地形起伏度（x_1）、坡度（x_2）、地形位指数（x_3）、高程（x_4）、坡向（x_5）、年末总户数（x_6）、年末总人口（x_7）、生产总值（x_8）、第一产业产值（x_9）、第二产业产值（x_{10}）、第三产业产值（x_{11}）、农业产值（x_{12}）、林业产值（x_{13}）、牧业（x_{14}）、园林水果产量（x_{15}）、其他园林水果产量（x_{16}）、食用坚果产量（x_{17}）、禽蛋总产量（x_{18}）、肉类总产量（x_{19}）、城镇化率（x_{20}）、人均生产总值（x_{21}）、奶类总产量（x_{22}）、渔业产值（x_{23}）等 23 个自然社会经济方面因子进行分析。其中，各乡镇聚落斑块平均规模、地形起伏度、坡度、地形位指数、高程和坡向，是通过 ArcGIS10.1 基于 2015 年嵩县聚落斑块相关数据融合提取而来，各乡镇城镇化率是由各乡镇城镇人口除以各乡镇总人口得出，其他数据来自 2015 年嵩县统计年鉴。

为了避免原始指标之间存在多重共线性问题，在进行多元线性回归之前，先利用主成分分析方法对选取的原始变量分类别进行降维处理。

首先，因变量选取聚落区位和聚落规模。聚落区位用各乡镇拥有的聚落斑块数量表示，记为 Y_1；聚落规模主要与人口和聚落斑块面积有关，经过多次尝试最终选取聚落斑块平均规模（y_{21}）、聚落斑块面积比例（y_{22}）和人口密度（y_{23}）三个变量来综合表征聚落规模。显然，表征聚落规模的三个变量之间有较大相关性，利用主成分分析方法做降维处理。由累计方差贡献率可知（表 4.20），第 1 个主成分的累计方差贡献率达到 91.509%，因此选取第 1 个主成分基本可以代表原始指标的全部信息，可把选取的 3 项指标综合成 1 个主成分（段小薇等，2016），确定用于分析的因变量（表 4.21）。

表 4.20　聚落规模主成分的特征值、方差贡献率和累计方差贡献率

成分	特征值	方差贡献率/%	累计方差贡献率/%
1	2.745	91.509	91.509
2	0.217	7.228	98.737
3	0.038	1.263	100.000

表 4.21　基于乡镇尺度的嵩县聚落空间分布影响因素分析的因变量选取

类型		原始变量	
		指标变量及其代码	单位
聚落区位	聚落数量（Y_1）	聚落斑块个数（y_1）	个
聚落规模	聚落规模（Y_2）	聚落斑块平均规模（y_{21}）	m²
		聚落斑块规模比重（y_{22}）	%
		人口密度（y_{23}）	人/km²

① 由于全县只有 16 个乡镇，即 16 个空间单元，不满足空间计量回归模型所要求的分析单元至少有 30 个空间单元，因此，这里采用传统的多元线性回归分析方法来进行分析。

其次，自变量涉及自然、社会经济方面 23 个指标变量，将其按类别进行降维处理。①将代表地形因素的 5 个变量（$x_1 \sim x_5$）做降维处理，在 SPSS19.0 中按照"满足特征值大于 1 的条件"做降维处理，发现仅有第一个主成分的特征值大于 1，但其累计方差贡献率仅为 73.708%，小于 85%，因此为了使提取的主成分能够较好地反映原始指标的信息，重新设置提取条件，提取前 2 个主成分，其累计方差贡献率达到 91.183% 大于 85%，此时选取前 2 个主成分基本可以代表原始指标的全部信息（表 4.22），分别记为 X_1 和 X_2；②社会经济因素与人口、乡镇生产总值、乡镇农林牧渔业总产值、乡镇畜牧生产总值，以及水果生产情况等有关，最终选取表征社会经济因素不同方面的 18 个指标（$x_6 \sim x_{23}$），为了消除和减少变量间的共线性，在 SPSS19.0 中对这 18 个变量进行多次尝试，发现 $x_6 \sim x_{19}$ 相关性强，通过主成分分析方法提取能够表征这些指标大部分信息的主成分，而 $x_{20} \sim x_{23}$ 可以直接纳入回归模型进行分析（分别对应纳入回归模型的指标 $X_8 \sim X_{11}$）。其中，对变量 $x_6 \sim x_{19}$ 提取主成分过程中，先得出的主成分的特征值、方差贡献率和累计贡献率（表 4.23），由累计方差贡献率可知，前 5 个主成分的累计方差贡献率达到 93.715%（符合一般标准特征值大于 1 且累计方差贡献率大于 85%），因此选取前 5 个主成分基本可以代表原始指标的全部信息；即利用主成分分析方法把选取的 14 项指标综合成 5 个主成分，分别对应纳入回归模型中的指标 $X_3 \sim X_7$。这里为了更好地看出提取的主成分所表征的主要含义，将其在 SPSS 里面直接进行旋转，并通过旋转矩阵找出各主成分表征的主要变量及代表整体含义（表 4.24）。

表 4.22　地形因子主成分的特征值、方差贡献率和累计方差贡献率

成分	特征值	方差贡献率/%	累计方差贡献率/%
1	3.685	73.708	73.708
2	0.874	17.475	91.183
3	0.420	8.397	99.580
4	0.020	0.393	99.973
5	0.001	0.027	100.000

表 4.23　社会经济因素主成分的特征值、方差贡献率和累计方差贡献率

成分	初始值			旋转后		
	特征值	方差贡献率/%	累计方差贡献率/%	特征值	方差贡献率/%	累计方差贡献率/%
1	6.261	44.719	44.719	4.158	29.697	29.697
2	2.535	18.106	62.825	3.290	23.499	53.196
3	1.908	13.630	76.455	2.114	15.098	68.294
4	1.284	9.168	85.623	1.929	13.780	82.074
5	1.133	8.092	93.715	1.630	11.641	93.715
6	0.434	3.102	96.817			
7	0.224	1.597	98.414			
...	...	...	...	...		

表 4.24　相关性强的社会经济变量的主成分及其表征的原始变量

主成分	指标含义	相关性较高的变量
1	人口经济总量状况	x_6、x_7、x_8、x_{10}、x_{11}
2	农村经济发展水平	x_9、x_{12}、x_{18}
3	水果生产水平	x_{15}、x_{16}
4	畜牧业产量	x_{14}、x_{19}
5	食用坚果产量状况	x_{17}

最后，在确定好因变量和自变量之后，需要求出纳入回归模型的指标值。其中，聚落规模、地形因子和社会经济因素中均有运用到主成分分析方法做降维处理，在提取主成分之后需要计算主成分的得分值。计算步骤为：①用主成分法提取的主成分法载荷矩阵 P 列初始解（或者旋转后的主成分载荷矩阵 P 列初始解）分别除以主成分特征值的平方根 $\sqrt{\lambda_j}$ （j=1，2，…，P）（或者旋转后的各主成分特征值的平方根 $\sqrt{\lambda_j}$），从而得到每个特征根对应的单位特征向量；②由单位特征向量与标准化之后的变量值可以依次写出提取的 P 个主成分的表达式；③依次求出各主成分得分值。最终确定并求出表征聚落规模的指标 Y_2、表征地形因素（x_1~x_5）的两个变量 X_1 和 X_2，以及表征社会经济因素（x_6~x_{19}）的 5 个指标（X_3、X_4、X_5、X_6、X_7）。最终确定的用于分析聚落空间分布影响因素分析的自变量指标体系如表 4.25 所示。

表 4.25　基于乡镇尺度嵩县聚落空间分布影响因素分析的自变量指标体系

目标层	指标及代号	表征变量	
		变量及代号	单位
自然因素	地形高低起伏（X_1）	地形起伏度（x_1）	m
		坡度（x_2）	(°)
		地形位指数（x_3）	—
		高程（x_4）	m
	坡向（X_2）	坡向（x_5）	(°)
社会经济因素	人口经济总量状况（X_3）	总户数（x_6）	户
		年末总人口（x_7）	人
		生产总值（x_8）	万元
		第二产业产值（x_{10}）	万元
		第三产业产值（x_{11}）	万元
	农村经济发展水平（X_4）	第一产业产值（x_9）	万元
		农业产值（x_{12}）	万元
		禽蛋总产量（x_{18}）	t
	水果生产水平（X_5）	园林水果产量（x_{15}）	t
		其他园林水果产量（x_{16}）	t
	畜牧业发展水平（X_6）	牧业（x_{14}）	万元
		肉类总产量（x_{19}）	t
	食用坚果产量状况（X_7）	食用坚果产量（x_{17}）	t
	城镇化发展水平（X_8）	城镇化率（x_{20}）	%
	人民生活水平（X_9）	人均生产总值（x_{21}）	元
	奶制品发展水平（X_{10}）	奶类总产量（x_{22}）	t
	渔业发展水平（X_{11}）	渔业产值（x_{23}）	万元

2. 聚落空间分布影响因素分析

基于前面小节确定的因变量（聚落斑块数量 Y_1 和聚落斑块规模 Y_2）和自变量（X_1、X_2、X_3、X_4、X_5、X_6、X_7、X_8、X_9、X_{10}、X_{11}），构建多元线性回归模型如下：

模型 1（聚落区位影响因素分析）：

$Y_1=b_0+b_1X_1+b_2X_2+b_3X_3+b_4X_4+b_5X_5+b_6X_6+b_7X_7+b_8X_8+b_9X_9+b_{10}X_{10}+b_{11}X_{11}$

模型 2（聚落规模影响因素分析）：

$Y_2=c_0+c_1X_1+c_2X_2+c_3X_3+c_4X_4+c_5X_5+c_6X_6+c_7X_7+c_8X_8+c_9X_9+c_{10}X_{10}+c_{11}X_{11}$

其中，b_i 和 c_i（$i=0$，1，2，…，11）分别为模型 1 和模型 2 的常数项系数。

在 SPSS19.0 中分别对模型 1 和模型 2 进行多元线性回归分析，得出两模型的拟合优度 R^2 分别为 0.982 和 0.986，均通过了 1% 的显著性检验，且两模型的 F 统计值分别为 19.535 和 26.151，对应显著性检验分别为 0.006 和 0.003，表明两模型均通过 t 检验和 F 检验，模型可行，回归结果及各项参数见表 4.26。

表 4.26　聚落区位和规模空间分布驱动因素多元回归分析结果

模型		非标准化系数		标准系数	t	Sig.
		B	标准误差			
模型 1（聚落区位）	（常量）	-2.615×10^{-16}	0.065		0.000	1.000
	X_1	0.264	0.089	0.508	2.982	0.041
	X_2	0.416	0.106	0.389	3.936	0.017
	X_3	0.455	0.127	1.056	3.567	0.023
	X_4	-0.040	0.084	-0.083	-.471	0.662
	X_5	0.134	0.070	0.214	1.928	0.126
	X_6	-0.371	0.102	-0.649	-3.646	0.022
	X_7	0.237	0.082	0.371	2.879	0.045
	X_8	0.134	0.126	0.134	1.065	0.347
	X_9	-0.772	0.152	-0.772	-5.080	0.007
	X_{10}	0.173	0.101	0.173	1.721	0.160
	X_{11}	-0.558	0.163	-0.558	-3.433	0.026
模型 2（聚落规模）	（常量）	5.366×10^{-17}	0.094		0.000	1.000
	X_1	-0.474	0.127	-0.550	-3.728	0.020
	X_2	0.116	0.152	0.065	0.763	0.488
	X_3	0.470	0.183	0.659	2.569	0.062
	X_4	-0.245	0.121	-0.311	-2.029	0.112
	X_5	0.008	0.100	0.008	0.081	0.939
	X_6	-0.228	0.146	-0.241	-1.564	0.193
	X_7	-0.202	0.118	-0.191	-1.705	0.163
	X_8	0.203	0.181	0.123	1.120	0.326
	X_9	0.143	0.218	0.086	0.656	0.548
	X_{10}	0.089	0.144	0.054	0.620	0.569
	X_{11}	0.318	0.233	0.192	1.364	0.244

由表 4.26 模型 1 回归系数及其显著性水平可知,嵩县聚落区位空间分布受人口经济总量、地形高低起伏、坡向、食用坚果发展水平正向影响显著,其中受人口经济总量规模影响最明显,回归系数值为 1.056,t 统计量的绝对值为 3.567;此外,还受到牧业发展水平、人民生活水平及渔业发展水平的负向影响,其中受人们生活水平负向影响作用更大,其回归系数为 -0.772,t 统计量的绝对值为 5.080,且在 1%的水平下显著。由表 4.26 模型 2 回归系数及其显著性水平可知,嵩县聚落规模空间分布受地形起伏状况和人口经济总量规模影响较大,其中聚落规模空间分布受地形起伏呈负向影响,回归系数为 -0.550,t 统计量的绝对值为 3.728,且在 5%的水平下显著;而聚落规模空间分布受人口经济总量正向影响。

表 4.26 是通过把所选取的变量均纳入模型得出的结果,从一定程度上也反映了聚落空间分布的驱动因素,考虑到选择这些变量时是直观判断认为它们对聚落空间分布有影响,具体是否具有统计学上的意义,以及是否显著还需要通过模型结果客观判断,为了更加客观的分析嵩县聚落区位和聚落规模空间分布的驱动因素,对构建的模型 1 和模型 2 分别采用多元逐步回归方法进行分析。在进行逐步回归前,首先需要确定检验水平,以作为引入或剔除变量的标准,检验水平根据具体情况而定,一般将 F 值定在 α 为 0.05、0.1 或 0.20 水平上,这里采用软件里面默认的选入水准 0.05,剔除水准为 0.1。最终得到多元逐步回归模型结果见表 4.27。

表 4.27　聚落区位和规模空间分布影响因素逐步回归分析结果

模型	变量	非标准化系数		标准系数	t	P
		B	标准误差			
模型 1（聚落区位）	（常量）	-1.051×10^{-16}	0.126		0.000	1.000
	X_7	0.402	0.089	0.629	4.531	0.001
	X_1	0.312	0.073	0.598	4.277	0.001
	X_9	-0.419	0.142	-0.419	-2.949	0.012
模型 2（聚落规模）	（常量）	5.670×10^{-17}	0.123		0.000	1.000
	X_1	-0.565	0.108	-0.655	-5.251	0.000
	X_8	0.594	0.128	0.358	4.647	0.001
	X_{11}	0.455	0.207	0.275	2.202	0.048

逐步回归模型结果表明,嵩县聚落区位和聚落规模空间分布的影响因素均只有 3 个变量进入回归模型（表 4.27）,表明两模型中均只有 3 个变量具有显著的统计学意义,也就是说嵩县聚落区位主要受到 X_7、X_1、X_9 影响,而聚落规模空间分布主要受到 X_1、X_8、X_{11} 影响。具体而言如下。

嵩县聚落区位空间分布主要受到食用坚果产量状况、地形起伏状况和人民生活水平影响,其中食用坚果产量状况和地形起伏状况对嵩县聚落区位空间分布的影响为正向作用,而人们生活水平的影响为负。具体而言,食用坚果产量相对影响最大,回归系数为 0.629,t 统计量绝对值为 4.531,在 1%的水平下显著;地形因素（包括高程、坡度、地形起伏和地形位状况等）影响次之,回归系数为 0.598,t 统计量绝对值为 4.277,在 1%

的水平下显著；人们生活水平的负向影响相对最小，回归系数为–0.419，t统计量绝对值为2.949，在5%的水平下显著。

聚落规模的空间分布主要受到地形起伏状况（X_1）、城镇化发展水平（X_8）和渔业发展水平（X_{11}）影响，其中，地形因素对聚落规模分布的影响为负，而城镇化发展水平和渔业发展水平为正向影响，具体而言，地形因素回归系数为–0.655，t统计量绝对值为5.251，在1%的水平下显著；城镇化水平回归系数为0.358，t统计量绝对值为4.647，在1%的水平下显著；渔业发展水平回归系数为0.275，t统计量绝对值为2.202，在5%的水平下显著。

总的来看，聚落区位和规模空间分布均受到地形的显著影响，但是地形对两者影响的作用相反，即地形对聚落区位空间分布的影响是正向的，而对聚落规模空间分布的影响是负向的，这和现实情况相吻合，在海拔高、坡度大、地形起伏大的山区由于地形差，生存环境恶劣，聚落分布比较散，数量多、规模小，而在地势相对平坦的丘陵地区则刚好相反，聚落分布呈现规模大，数量少的特点。而且随着城镇化进程的推进，这种趋势在加强，从上面分析结果中可知聚落规模空间分布与地区城镇化水平呈正比，即随地区城镇化发展水平的提高，聚落规模逐渐增大，反之则减小。此外，聚落规模大小和渔业发展水平较为显著的正相关，由于嵩县境内的渔业主要集中在陆浑水库周边，而此地区地势相对平坦，生存环境较好，聚落规模较大且扩展明显，而其他渔业发展水平低的地区，聚落规模较小。聚落区位空间分布和人们生活水平呈现明显的负相关，和食用坚果产量呈现正相关。一般而言，生活水平高的地方比较容易吸引更多的人来集聚于此，聚落规模发展比较迅速，因而数量上就会比较少，相反的生活水平低的地区，人们为了改善生活水平，追求更高的生活质量，会向其他生活水平好的地方集聚，该地方将会逐渐趋于缩减，并且生活水平低的地区主要位于偏远山区，聚落规模小而散。食用坚果主要包括核桃和板栗，一般多产于浅山深山区，而这里并不适合人们大规模生存，聚落散而多。

4.4　本章小结

在快速城镇化过程中，我国山区聚落不仅在空间格局上发生巨大变化，而且随时间变化，影响山区聚落演化的影响因素也在发生着变化，与此同时，随着人口的大规模迁移，山区聚落面临转型重构。在这样的大背景下，本章以豫西山地嵩县这一山区县为例，对快速城镇化过程中山区乡村聚落空间演化及其重构展开研究。首先，应用平均最邻近指数、Voronoi图变异系数、核密度估算、全局空间聚类检验和空间热点分析等GIS空间分析方法，结合地形起伏度和地形位等指数方法，对嵩县聚落空间分布及其演变特征进行分析，并基于空间结构理论对聚落空间结构及其变化进行研究。其次，应用主成分分析、因子分析、地理探测器模型、多元回归分析和空间计量模型等方法，从自然村、行政村和乡镇三个尺度对嵩县聚落区位和规模空间分布的影响因素及其时空变化进行分析。最后，结合分析结果和调研结果，给出嵩县聚落未来的发展方向。本章主要结论如下：

（1）聚落演变的时空特征方面：①聚落数量显著减少而聚落规模却明显增加，从1975～2015年的40年间聚落数量减少了将近1/4，而聚落斑块面积增加了1.2倍多。1975～1995年阶段聚落数量消失的更明显，而1995～2015年阶段聚落总规模增加和扩张更为明显；②受地形限制，聚落在空间上多沿道路和河流呈条带状分布，沿县城和乡镇中心呈团状分布，且随着时间变化，多数河流道路沿线聚落仍在原位置发展，规模逐渐增大，同时向县城及各镇区附近集聚，其中向县城集聚尤为显著；③聚落空间分布的低地、平缓坡度、小地形位指向性明显，且随时间变化分别趋于向丘陵、坡度小于6°和地形位指数小于0.4地区布局；此外，聚落区位的微小起伏指向性和聚落规模空间分布的微起伏指向性显著，且随时间变化前者向微起伏地区集中而后者向平微起伏地区集中，聚落空间分布的阳坡指向性显著且随时间变化趋于增强；④全县聚落在空间上呈树枝状或者线-网状结构分布且随时间变化不明显，但局部有所变化，其中，在1975年局部呈现出的线-网状结构发展为带状-网状结构，块状发展为带状或者面状结构，带状结构有所扩展，散点状结构有所减少或者发展为块状结构。全县形成了以嵩县县城（位于"嵩北"）为主中心和车村镇镇区（位于"嵩南"）为副中心的双核结构，其中，县城是全县的政治、经济、文化中心，车村镇是全县的旅游门户中心。

（2）聚落区位和规模空间分布的主要影响因素不仅随时间有所变化，而且在空间上也存在巨大差异，同时，随时间变化在不同位置呈现不同的变化特征。主要表现在：①聚落区位主要受地形、生产条件，以及道路、乡镇中心、县城中心和工矿企业的辐射影响，但随时间变化，道路和乡镇中心的辐射影响超过地形的影响，河流的影响仅在1975年为正向影响，受距离道路远近的负向影响先减弱后增强；受乡镇中心距离远近的正向影响逐渐减弱，受县城中心距离远近的正向影响先增强后减弱，受土地生产条件好坏的影响在1995～2015年正向影响程度逐渐减弱；受工矿企业的辐射影响仅在1995年和2015年显著但前一时期是负向影响而后一时期是正向影响，受养猪和大家畜的正向影响作用逐渐减弱而受山羊养殖的正向影响逐渐增强。此外，三个时期嵩县聚落区位受到地形、河流远近距离、道路远近距离、乡镇中心远近距离、县城中心远近距离、劳动力多少、生产条件好坏、工矿企业远近的影响作用程度存在空间差异，且随时间变化在不同位置变化不同。②聚落规模空间分布受自然、社会和经济等方面因子的解释作用均较为显著并随时间有所变化，其中，地形的影响相对较大，社会经济因子中乡镇和县城中心的影响次之，但随城镇化进程的不断加快，县城中心的影响逐渐增强，而乡镇中心和地形的影响逐渐减弱。其中，受地形因素和生产条件的影响均仅在1995年和2015年为负向显著影响但随时间变化前者逐渐增强而后者逐渐减弱，受河流影响仅在1975年时期为显著负向影响，受劳动力的正向影响作用先增强后减弱。此外，嵩县聚落规模空间分布在1975年和1995年受河流远近距离、道路远近距离、乡镇中心远近距离、县城中心远近距离、工矿企业，以及家庭养殖业影响作用存在明显的空间差异，并随时间在不同位置有不同的变化，而在2015年受到地形、劳动力多少和生产条件好坏影响的空间差异很小，可以大致忽略。此外，聚落空间分布还受到文化和政策制度等因素的影响。

（3）嵩县聚落空间重构方向可划分为城镇化型、重点发展型、控制扩张型和迁移合并型四大类：①在对城镇化型乡村聚落空间优化重构过程中，应将该类乡村聚落的村庄规划纳入城镇规划体系中，设计适合农民居住的社区户型，引导居民向住宅小区集中；②在对重点发展型聚落空间优化重构过程中，应将该类聚落作为中心聚落（居民点）重点发展，集中建设现代化型聚落，引导周边适宜性低、分散、规模小的乡村聚落向中心聚落集聚；③对控制扩建型乡村聚落空间优化重构过程中，应在现有布局的基础上，通过村庄整体规划，依托各村落特有优势、改善布局，注重对村民宅基地房前屋后等闲置地进行改造，加大对空心村和一户多宅用地的整治，同时严格控制村落外延式新建，切实提高村落集约用地水平；此外，还应完善该类型聚落与外界的交通等基础设施建设，加强与集镇或者中心村的联系；④对需要迁移合并类聚落，在迁移合并时应遵循"就近迁移、由低居住场势向高居住场势地区迁移、有利于迁出地农民与迁入地农民融合"的原则，采取整体搬迁或者局部搬迁但集中安置的方式，合理安置迁移居民的住房，并安排好移民的生产生活，提高土地利用效率，以及基础设施的共建和共享率。

参 考 文 献

毕硕本, 计晗, 陈昌春, 等. 2015. 地理探测器在史前聚落人地关系研究中的应用与分析. 地理科学进展, 34(01): 118～127

蔡为民, 唐华俊, 陈佑启, 等. 2004. 近 20 年黄河三角洲典型地区农村居民点景观格局. 资源科学, 26(5): 89～97

陈永林, 谢炳庚. 2016. 江南丘陵区乡村聚落空间演化及重构——以赣南地区为例. 地理研究, 35(1): 184～194

邓伟, 方一平, 唐伟. 2013. 我国山区城镇化的战略影响及其发展导向. 中国科学院院刊, 28(1): 66～73

杜相佐, 王成, 蒋文虹, 等. 2015. 基于引力模型的村域农村居民点空间重构研究——以整村推进示范村重庆市合川区大柱村为例. 经济地理, 35(12): 154～160

段小薇, 李璐璐, 苗长虹, 等. 2016. 中部六大城市群产业转移综合承接能力评价研究. 地理科学, 36(5): 681～690

段小薇, 李小建. 2018. 山区县域聚落演化的空间分异特征及其影响因素分析——以豫西山地嵩县为例. 地理研究, 37(12): 2459～2474

樊天相, 杨庆媛, 何建, 等. 2015. 重庆丘陵地区农村居民点空间布局优化——以长寿区海棠镇为例. 地理研究, 34(5): 883～894

范少言. 1994. 乡村聚落空间结构的演变机制. 西北大学学报(自然科学版), 24(4): 295～304

范少言, 陈宗兴. 1995. 试论乡村聚落空间结构的研究内容. 经济地理, 15(2): 44～47

郭晓东, 张启媛, 马利邦. 2012. 山地—丘陵过渡区乡村聚落空间分布特征及其影响因素分析. 经济地理, 32(10): 114～120

海贝贝, 李小建, 许家伟. 2013. 巩义市农村居民点空间格局演变及其影响因素. 地理研究, 32(12): 2257～2269

胡贤辉, 杨钢桥, 张霞, 等. 2007. 农村居民点用地数量变化及驱动机制研究: 基于湖北仙桃市的实证. 资源科学, 29(3): 191～197

金其铭. 1982. 农村聚落地理研究——以江苏省为例. 地理研究, 1(03): 11～20

李航, 李雪铭, 田深圳, 等. 2017. 城市人居环境的时空分异特征及其机制研究——以辽宁省为例. 地理研究, 36(7): 1323～1338

李君, 陈长瑶. 2010. 村域"居住场势"非均衡态势下的山区农户移民搬迁研究——基于河南省巩义市温堂村 69 户搬迁农户的实证分析. 经济地理, 30(07): 1164～1169

李骞国, 石培基, 刘春芳, 等. 2015. 黄土丘陵区乡村聚落时空演变特征及格局优化——以七里河区为例. 经济地理, 35(1): 126～133

李小建, 许家伟, 海贝贝. 2015. 县域聚落分布格局演变分析——基于 1929～2013 年河南巩义的实证研究. 地理学报, 70(12): 1870～1883

李旭旦, 金其铭. 1983. 江苏省农村聚落的整治问题. 经济地理, 3(2): 132～135

梁发超, 刘诗苑, 刘黎明. 2017. 基于"居住场势"理论的乡村聚落景观空间重构——以厦门市灌口镇为例. 经济地理, 37(3): 193～200

马亚利, 李贵才, 刘青, 等. 2014. 快速城市化背景下乡村聚落空间结构变迁研究评述. 城市发展研究, 21(3): 55～60

闵婕, 杨庆媛. 2016. 三峡库区乡村聚落空间演变及驱动机制——以重庆万州区为例. 山地学报, 34(1): 100～109

秦天天, 齐伟, 李云强, 等. 2012. 基于生态位的山地农村居民点适宜度评价. 生态学报, 32(16): 5175～5183

曲衍波, 张凤荣, 姜广辉, 等. 2010. 基于生态位的农村居民点用地适宜性评价与分区调控. 农业工程学报, 26(11): 290～296

任国平, 刘黎明, 付永虎, 等. 2016. 都市郊区乡村聚落景观格局特征及影响因素分析. 农业工程学报, 32(2): 220～229

史焱文. 2016. 传统农区工业化进程中乡村聚落空间演变研究. 开封: 河南大学博士学位论文

孙德山. 2008. 主成分分析与因子分析关系探讨及软件实现. 统计与决策, (13): 153～155

谭雪兰, 钟艳英, 段建南, 等. 2014. 快速城市化进程中农村居民点用地变化及驱动力研究——以长株潭城市群为例. 地理科学, 34(3): 309～315

涂汉明, 刘振东. 1991. 中国地势起伏度研究. 测绘学报, 20(04): 311～319

王成, 费智慧, 叶琴丽, 等. 2014. 基于共生理论的村域尺度下农村居民点空间重构策略与实现. 农业工程学报, 30(3): 205～214+294

王劲峰, 徐成东. 2017. 地理探测器: 原理与展望. 地理学报, 72(1): 116～134

王曼曼, 吴秀芹, 吴斌, 等. 2016. 盐池北部风沙区乡村聚落空间格局演变分析. 农业工程学报, 32(8): 260～271

谢作轮, 赵锐锋, 姜朋辉, 等. 2014. 黄土丘陵沟壑区农村居民点空间重构——以榆中县为例. 地理研究, 33(5): 937～947

熊婷燕. 2006. 主成分分析与 R 型因子分析的异同比较. 统计与决策, (2): 129～132

杨忍, 刘彦随, 龙花楼, 等. 2015. 基于格网的农村居民点用地时空特征及空间指向性的地理要素识别: 以环渤海地区为例. 地理研究, 34(6): 1077～1087

尹怀庭, 陈宗兴. 1995. 陕西乡村聚落分布特征及其演变. 人文地理, 10(4): 17～24

余兆武, 肖黎姗, 郭青海, 等. 2016. 城镇化过程中福建省山区县农村聚落景观格局变化特征. 生态学报, 36(10): 1～11

钟奕纯, 冯健. 2017. 城市迁移人口居住空间分异——对深圳市的实证研究. 地理科学进展, 36(1): 125～135

Tian S Z, Li X M, Yang J, et al. 2014. Initial study on triaxiality of human settlements: In the case of 10 districts (counties) of Dalian. Sustainability, 6(10): 7276～7291

第 5 章　历史基础与聚落发展

在"乡土中国"迈向"城市中国"的巨变中，城镇化的未来及其发展走向便成为当下中国社会所必须直面的根本性问题。城镇化是一个国家经济结构、社会结构和生产方式、生活方式的根本性转变，必然是长期积累和长期发展的渐进式过程。然而，目前的研究对乡村聚落发展的深层历史原因仍关注不足，关于聚落发展的历史基础对中国影响的深远意义，也少见讨论。本章试图以长时段的视角来考察巩义的发展，并把巩义放在整个中国经济发展的大环境中审视，以凸显它所蕴含的独特性和普遍意义。本章立足于新型城镇化的宏观背景，深入开展乡村聚落发展的历史过程、空间模式和遵循原则研究，重点探究自然、经济、社会、人口驱动下的乡村聚落的动态格局和演进动力，厘清乡村聚落的发展阶段、演进过程及遵循原则等科学问题。通过长时段的透视，以河南省巩义市明清以来近 600 年长时段的周详数据，打破短时段难以发现规律的局限，挖掘影响乡村聚落发展的历史基础，探寻现实瓶颈的深刻历史根源，以探究乡村空间优化重组模式和途径为目标，通过多源数据采集和数理模型模拟，深化乡村聚落的演化规律和空间重构，为推动乡村聚落的发展提供建设性方案与策略。

5.1　研究区概况

巩义市位于河南省中部、隶属于郑州市（图 5.1），东距郑州市 82km，西距洛阳市 76km。南依中岳嵩山，北濒黄河天堑，东临虎牢关，西据黑石关，南有轩辕关，因"山河四塞、巩固不拔"而得名。巩义市（古时一直沿称巩县，现因今县治在孝义镇（孝义街道办事处）而得名），北纬 34°31′～34°52′，东经 112°49′～113°17′，总面积 1041km²，其中山地面积 260km²，占 25%；丘陵面积 625km²，占 60%；平原 156 km²，占 15%。巩义市位于华北台地、嵩山大背斜的北翼，为单斜构造，走向为东西向，倾向北，自西向东逐渐减缓，恰好处于第二阶梯向第三阶梯过渡地带，地势由南向北呈阶梯状急剧降低，由中山、低山、丘陵，降至河谷。依据高程可按小于 200m、200～500m、大于 500m 划分为平原、丘陵、山区 3 类地形（图 5.2）。南端嵩山、五指岭两地为中山，海拔在 1000m 以上，最高点玉柱峰，海拔 1487m。中山以北，呈扇形展布一系列海拔 400～1000m 的低山，并依次降低，共 451.5km²，占总面积的 43.49%。低山再向北展，呈现出广阔的海拔为 200～400m 的黄土丘陵，伊洛河又切割为山前和邙山两个丘陵区，面积共 471.2km²，占总面积的 45.26%；最低是伊洛河带状平原，东北流入黄河，全长 33km，沿河河滩海拔在 120m 左右，最低点在洛口滩，海拔 103.8m，平原面积 98.8km²，占总面积的 9.5%。另外，还有黄河、伊洛河等水域面积（图 5.3）。从最高峰到最低点，落差 1383.2m。地势南高北低，属浅山丘陵区，中部有河谷平原，属于大陆性暖温带季风气候，土壤大部为褐土。已探明矿藏资源主要由煤炭、石灰石、铝矾土、铁矿石、耐火材料黏土、高岭土、白云石、矽石，以及紫砂陶土等 28 种矿产资源。现下辖孝义街道、紫荆路街道、新华路街道、杜甫路街道、永安路街道 5 个街道办事处，康店镇、河洛镇、站街镇、回郭镇、芝田镇、鲁庄镇、西村镇、夹津口镇、涉村镇、大峪沟镇、竹林镇、小关镇、新中镇、米河镇 15 个城镇，2 个园区管委会，290 个行政村、33 个社区居民委员会，2843 个村民小组，郑西高铁、陇海铁路、310 国道和连霍高速横穿东西，豫 31 线、焦（作）巩（义）黄河大桥纵贯南北。

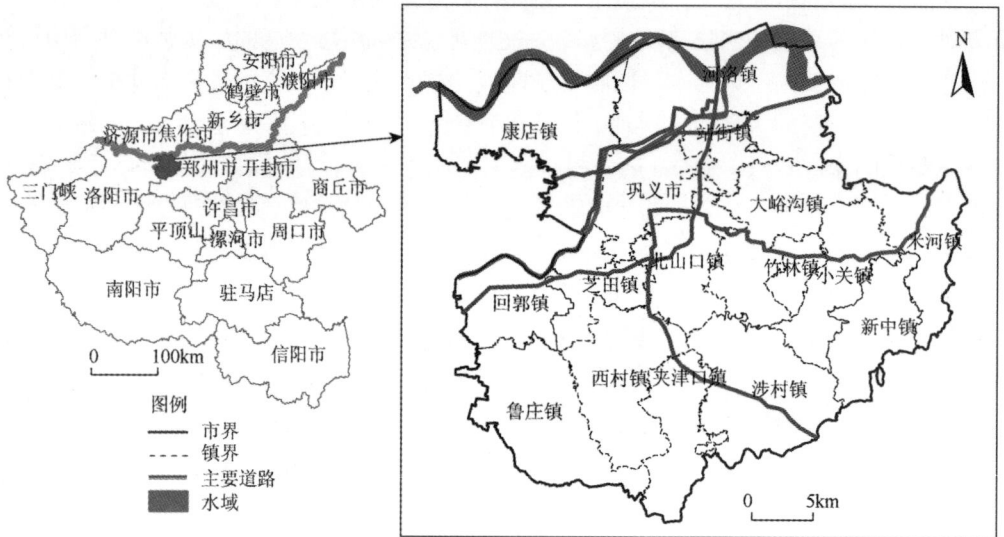

图 5.1　研究区域的区位示意图

5.1.1　自然地理环境

巩义市土地总面积 157.79 万亩，其中，耕地 62.5 万亩，占 39.15%；园地 2.2 万亩，占 1.4%；林地 20.8 万亩，占 13.1%；居民点及工矿用地 20.4 万亩，占 12.9%；交通用地 2.7 万亩，占 1.7%；水域 14.6 万亩，占 9.2%；未利用地 34.5 万亩，占 21.9%。地貌分为三大类型：山地面积 67.45 万亩，占总土地面积的 43.3%，分布在市境南部和东部，海拔多在 500m 以上，坡度多为 20°；丘陵地面积 70.29 万亩，占总土地面积的 45.3%，分布在黄河、伊洛河南岸与低山之间，海拔 150～400m；河谷平原地面积 17.58 万亩（含水面 2.75 万亩），占总土地面积的 11.3%，分布在中、北部的伊洛河岸，海拔 105.5～120m。

从地质上看，巩义市大体处于华山-熊耳山沉降带与华北地台交界处，有多条断层，属浅山丘陵区，南部丛山，沟壑纵横，为伏牛山系余脉，北有邙岭，黄河沿脚下顺流而东去，中间为丘陵，河川为平原，伊洛河由西向东穿境而过，伊洛河河床由北向南递升的多级台地和黄河南岸巨厚的黄土堆积，形成该地区独特的地貌特征。可划分为南部中

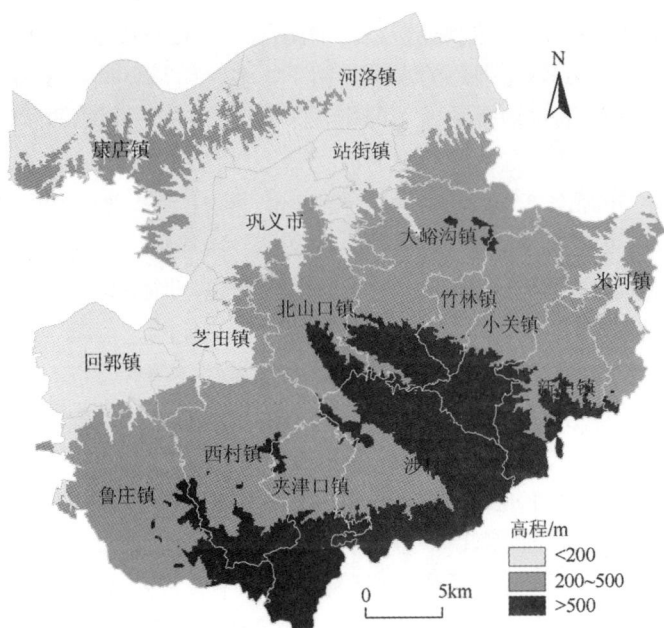

图 5.2 巩义市的高程分布

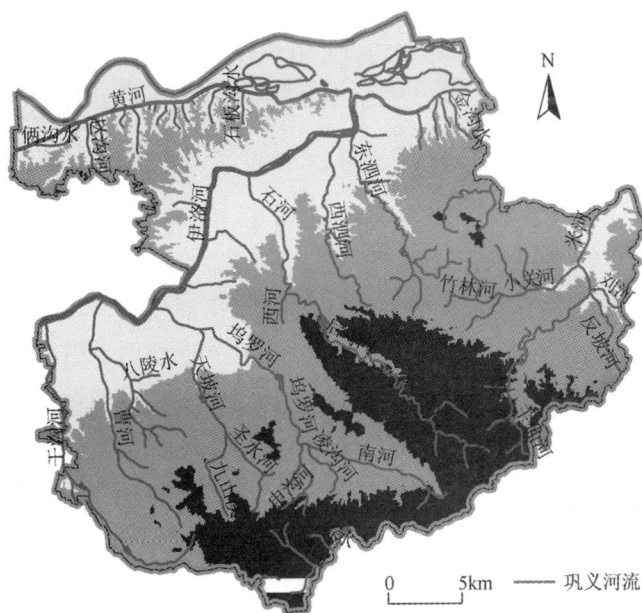

图 5.3 巩义市的主要河流分布

低山区、东部侵蚀浅山丘陵区、中部山前黄土岭区、伊洛河冲积河谷平原和西北邙岭黄
土丘陵区。南部中低山区包括涉村、夹津口及西村、鲁庄镇南部、米河、新中、小关和
大峪沟、北山口镇南部,坡度在 $10°\sim15°$,有几个小盆地比较发育,涉村盆地面积约 $20km^2$,
圣水盆地约 $10km^2$,窑岭盆地仅几平方千米,盆地为山中比较集中的农业区。东部侵蚀浅

山丘陵区是山地向平原过渡性地貌类型，站街南部、小关、米河、大峪沟镇的北部，以及河洛镇皆属于此区，山体在强烈的水蚀作用下，多呈缓坡低山，成为黄土丘陵中的岛状山。中部山前黄土岭区包括孝义镇（市建成区）、芝田镇、回郭镇的南部和北山口镇、西村镇北部和鲁庄镇大部，几条季节性河流把黄土塬切割为几个小塬，其中以鲁庄、回郭镇面积最大，达 30km^2，以东有西村塬约 20km^2，蔡庄、孝义和南北官庄各约 10km^2。伊洛河冲积河谷平原包括回郭镇、芝田镇、孝义镇、康店镇、站街镇、河洛镇的伊洛河两岸，由河漫滩和河流堆积阶地组成，呈平原地貌形态，形成孝义、白沙、龙尾、水峪、石关、站街、神堤等串珠状河谷小平原。西北邙岭黄土丘陵区占康店镇大部及河洛镇伊洛河以西的大部，为黄土丘陵地貌，地势自西向东缓慢下降。

从河流上看，巩义市原河流众多，除黄河和伊洛河之外，多数河为季节性河流，少数常年有水，但水量较小，现大多数已经干涸或不复存在，仅有古河道。根据实地调查、历史记载，以及 1958 年、1985 年、1990 年巩义地图还原境内河流（图 5.3）。有些河流是由于近代建立大坝而使下游出现干涸，如坞罗河。大体上来看，除了黄河以外其他河流的河道是相对稳定的，因此底图统一采用在 2010 年矢量图基础上对河流进行复原。

从土壤上看，由南到北，随地势的降低，土壤类型有规律性的垂直变化，分为棕壤土、淋溶褐土、普通褐土、碳酸钙褐土、潮褐土和潮土等。褐土分布在低山的山间盆地、河谷、山前及邙山黄土丘陵区，为耕种的主要土壤，面积 131.62 万亩，占总面积的 91.25%。潮土分布在洛河河谷平原及黄河滩地，面积 10.86 万亩，占总土壤面积的 7.54%，由于河流多次泛滥沉积且流速不一，对母质有明显的分选作用，所以质地、层次分明，含钙丰富，土壤肥沃。棕壤面积较小，主要分布在夹津口和涉村南部，仅 1.74 万亩，占总土壤面积的 1.21%，海拔均在 850m 以上。

从矿产上看，巩义矿产资源开发较早，从铁生沟古遗址出土的红陶看，已有 8000 年左右的历史。在长期发展中，到隋唐时期利用高岭土烧制白瓷和唐三彩，已达到很高水平，至今还有陶瓷厂等利用瓷土生产。"货之属"即煤、炭、石炭、磨石首次出现在《乾隆十年（1745）巩县志》中，后三种皆为较早都得以利用之物产，而煤位列货之首位，可见当时对煤的开发利用已经受到重视。巩义矿产资源丰富，已探明储量的矿产资源 28 种，主要矿产有煤、铝矾土、耐火黏土、高岭土、硫铁矿、石灰岩等。铝土矿主要分布在小关和涉村。铁矿主要分布在墓坡、五指岭、水头、茶店、竹林、钟岭、涉村等地。煤矿主要分布于大峪沟至米河、鲁庄至涉村一带，含煤面积 110km^2，占总面积的 10.5%，属中灰、高硫、低磷、块状无烟煤，机械强度较高，储量估计在 17 亿 t 以上。耐火黏土主要分布在钟岭、水头、茶店、涉村、申沟、圣水、张沟，是耐火材料和陶瓷工业的原料。高岭土仅钟岭、苇园、浅井一带层位稳定，紫砂陶土分布于涉村的南庄和白云山、将军岭，主要生产陶器和白瓷。石灰岩主要分布于涉村、大峪沟、新中等地，主要用于生产水泥。白垩土存在于喂庄、浅井等，可用于低标号水泥；石英砂分布在醴泉、东黑石关、寇家湾村，可用于型砂。磷矿石分布在老庙山、教练坑，可用于生产钙镁磷肥。

5.1.2 社会经济发展

1. 工业化发展

2011年以来,巩义市以新型工业化为主导,转方式、调结构、增效益,转型升级持续加快。积极推动产业向"两化一高"方向转型,先后出台实施了铝及铝精深加工、高端耐材、先进装备制造、高端商贸服务业等一系列产业发展计划,不断做强工业、做大服务业、做优农业,加快产业结构调整步伐,三次产业比例从2011年的1.9∶71.6∶26.5演变为2016年的1.7∶60.7∶37.6。坚持把工业作为经济发展的重中之重,深入开展工业稳增长调结构增效益活动,工业经济质量效益持续提高,规模工业企业发展到462家,铝加工、耐材、装备制造三大产业集群分别完成主营业务收入726亿元、490亿元、341.5亿元,规模工业增加值占全市的比例达到72%。强力推进产业集聚区建设,高端装备制造、耐材等专业园区建设快速推进,重点产业集聚区实现规模工业主营业务收入1189.6亿元,占巩义市的比例达到58.6%,产业集聚区创成国家新型工业化示范基地和河南省二星级产业集聚区,豫联产业集聚区创成河南省一星级产业集聚区。强化创新驱动,先后建成国家企业技术中心1家、院士工作站2家、高新技术企业27家、科技型中小企业201家,高新技术产业规模工业增加值占巩义市的比例达到50.8%,连续7年被评为全国科技进步先进市。狠抓名牌名企创建,获得"省长质量奖"1项,累计创成中国驰名商标3件、河南省著名商标30件、河南省名牌产品22个,人民电缆等3家企业被认定为省质量标杆企业。

2. 服务业发展

巩义市利用原有丰富的历史文化、生态环境资源积极发展现代服务业,获批河南省旅游标准化试点市,积极吸引旅游业态龙头和民间资本投资巩义旅游,推进特色旅游小镇建设,加快形成城市休闲服务中心、北部河洛文化发展翼、南部山区生态休闲发展翼的"一心两翼"发展格局。其中,鲁庄镇定位为现代农业服务中心、旅游服务中心、宜居小镇,西村镇定位为兼具农业服务、文化旅游、新兴产业为一体的宜居小镇,夹津口镇定位为南部旅游服务基地、生态旅游特色小镇,涉村镇定位为南部旅游服务基地、商贸与生态旅游特色小镇。现代服务业布局正在形成"一带、两区、多点"的服务业空间格局,一带即伊洛河服务业发展带,两区即老城区和新城区,多点即多个服务中心和商贸物流园区。

3. 交通运输业发展

2016年,巩义市公路通车总里程达2030.813km,公路密度达到195.08km/km^2。其中高速公路55.334km,分别为连霍高速巩义段24.25km,焦桐高速巩登段31.084km;干线公路里程118.439km,分别为国道310(长51.529km);省道2条,即S235(长40.148km)和S312(长26.762km),全长66.91km。按道路等级划分一级公路39.024km,二级公路77.272km,三级公路2.143km。农村公路总里程1857.04km,其中县道9条长

194.602km，乡道 55 条长 417.652km，村道 1244.786km。公路通行能力和通达深度进一步提高，公路状况和路网结构有了明显改善，初步形成了以市区为中心，以国道、省道为骨架，城乡相连，村村相通的公路交通服务网络，承东启西的交通区位优势和公路主枢纽地位进一步得到巩固和提高。加强对外交通建设，全力加快中原路西延快速通道、大唐巩义物流通道、中原路西延快速通道到各镇道路、南山旅游通道东延工程、G207 巩义境新建工程等重点项目推进，积极配合做好陇海路西延快速通道、上新高速、焦桐高速巩温段等重大项目建设，推进郑州地铁 10 号线西延至巩义和 S235、G310 绕市区段改线等，进一步完善市域交通路网体系，密切与郑州、洛阳的联系。加快推进北八道铁路物流园、河南国储有色期（现）货物联中心、站街火车站物流仓库等重点项目建设，推动巩义至新疆铁路快运班列常态化运营，努力实现二、三产业有效融合，服务工业经济转型发展。

4. 城镇化发展

2011 年以来，巩义市以新型城镇化为引领，打基础、蓄势能、谋长远，城乡面貌持续改善。以建设郑州市地区副中心城市为统揽，着力提升中心城区品质，积极推进特色小镇和美丽乡村建设，注重城乡统筹，加快城乡一体化进程，努力构建以中心城区为龙头、特色小镇为节点、美丽乡村为支撑的新型城镇化体系。扎实做好城乡一体化试点工作，累计完成新型城镇化投资 427.4 亿元，城镇化率达到 54%。加强重大基础设施建设，巩登高速、S312 沿黄快速通道、南山旅游通道、S235 拓宽改造等一批重大项目建成通车，市域大交通路网格局基本形成。统筹推进新老城区建设，累计实施城中村改造项目 46 项、合村并城项目 21 项。加快培育实力城镇，累计实施小城镇项目 582 项，完成投资 49.2 亿元，创成全国文明镇 1 个、国家卫生镇 6 个、国家园林城镇 2 个，城镇集聚辐射带动能力进一步增强。积极建设美丽乡村，累计新建新型农村社区 29 个，新建改建农村公路 487km，解决安全饮水 13.5 万人，连续 3 年获评河南省改善农村人居环境工作先进市。梯次推进特色小镇建设，大力支持竹林镇打造国家级特色小城镇，加快培育康店明清古镇、河洛戏曲小镇、站街诗瓷小镇等特色小镇；支持米河镇积极承接郑州产业转移和市场外迁，打造面向郑州的桥头堡；充分发挥回郭镇工业辐射带动作用，完善市政设施，着力建设工业强镇。大力推进竹林镇、新中镇茶店村、涉村镇西沟村、小关镇大山怀村等年度试点项目建设，带动巩义市美丽乡村项目加快实施。

5.1.3 选取的科学依据

乡村聚落空间结构的形成是一个缓慢且复杂的过程，在一定的地理环境条件下，乡村聚落空间结构随着经济社会发展在不同时期和发展阶段，其演变特征、方向、过程、速度都表现不同。既然试图从长时段来考察乡村聚落的演变历程，那么所选定的区域一定要满足历史悠久的条件。在现今规划先行的形势下，小城镇规划的重点在县级单元，对自然状态下人类自由选择的居住区位，以及形成的乡村聚落空间结构的深入了解是首要解决的问题。对于农村人口大量聚集的乡村聚落而言，在新型城镇化和特色小镇发展建设过程中，应当培育不同型式的聚落，注重协调不同类型聚落之间的关系，以期更好地满足人口居住需求和地区社会经济发展（李小建和杨慧敏，2017）。巩义作为中国乡镇工业的发源地之一，半个世纪乡镇企业的蓬勃发展深刻地改变了聚落的传统特征（海贝贝等，2013）。

　　自夏、商、周以来，巩义一直是政治、经济、文化的核心地带，并且是以"居"为标志。相对于其他地区，巩义市具有以下特点：①巩义市是华夏文明发祥地的核心地区之一。巩义市位于河洛交界地带，是最早出现中华先民活动的地区，也是河洛文化之源。早在 30 万年前，人类就在这里繁衍生息，境内有裴李岗文化、仰韶文化和龙山文化等多处史前文化遗址；"河图洛书""修坛沉璧""太极八卦""帝王祭天"等关乎中国早期文明形成和发展的重大事件都发生在这里，中国第一个王朝夏的都城斟鄩就在境内（今稍柴、罗庄一带）；②巩义市经历了历史长河的跌宕起伏，有足够的时间去纠偏"偶然因素"的影响，无论是从经济发展水平，还是社会发展阶段和遇到的发展问题，乡村发展表现的都更加突出，对探寻解决途径的需求也更加迫切，更能代表乡村聚落空间结构的演变趋势；③巩义市地处第二阶梯与第三阶梯过渡地带所具有的独特的地理环境，北部为黄土丘陵，中部是呈三级阶地的伊、洛河冲积平原，南部为低山丘陵和山前洪积冲积坡地，冲积平原内地势平坦开阔，交通便利，气候温暖，物产丰富；④巩义市发展一直处于领先阶段，在长时段的发展过程中，巩义的内生发展能力一直很强大，内生发展更能体现聚落空间结构演替的规律；⑤巩义市资料数据较为齐全。一项研究更多的是依赖现存的资料数据，而巩义市自古以来就有存史的传统。综合运用《民国巩县志》[①]以及《1991年巩县志》[②]等县志，以及《回郭镇志》[③]、《站街志》[④]等镇志和《芝田村志》[⑤]、《白沙志》[⑥]等村志。如果把它与现代数据相衔接，就足以构成中国史范围内延续至今、质量最高的一组历史数据序列。这些大规模、长时段的微观历史数据包含丰富的人口和社会经济信息，具有时间上的深度和空间上的广度，极富学术研究价值。

5.1.4　数据来源及处理

　　本章数据来源于以下几个部分：①明朝以来村落、保里、集镇等数据来自《明嘉靖三十四年（1555）巩县志》《清乾隆十年（1745）巩县志》《清乾隆五十四年（1789）巩县志》《民国二十六年（1937）巩县志》；②统计数据主要来源于历年巩义市（巩县）统计年鉴；③1975 年聚落面积数据由 1975 年 1∶5 万地形图提取；④空间数据主要来自于巩义市国土资源局提供的巩义市 1990 年、2010 年土地利用类型矢量化地图。鉴于 1950～1990 年人口数据缺失，分析中以 1975 年聚落面积替代人口数量，经同一年份数据验证，这种代替不会产生太大偏差。需要指出，本章包括巩县志和巩义市统计年鉴中的所有村

---

① 河南省巩县志编纂委员会重印. 郑州：中州古籍出版社，1989 年。成书于民国二十六年（1937），数据至 1929 年。
② 河南省巩县志编纂委员会重印. 郑州：中州古籍出版社，1991 年。近代数据至 1985 年。
③ 河南省巩县回郭镇政府《回郭镇志》编写组，1985 年。
④ 河南省巩县站街镇政府《站街志》编写组，1985 年。
⑤ 巩义市芝田村志编纂委员会，2003 年。
⑥ 河南省巩义市白沙志编纂委员会，傅瑞清主编，北京：方志出版社，1996 年。

庄。而村庄数据是基于行政村而非自然村的统计，市区的人口乃是 5 个街道办事处数据的合并。其余数据主要参考《1991 年巩县志》以及各乡镇志和村志。

5.2 聚落发展背景

乡村聚落时空传承性，是理解历史演变与当代聚落空间格局形成关系的重要因素。乡村聚落是缓慢流逝、缓慢演变，经常出现反复和不断重新开始的周期性历史，大体呈现出与王朝兴替同样的周而复始的循环，长达千余年的农业社会乡村聚落并未出现巨变。《周礼·考工记》："匠人营国，方九里，旁三门，国中九经九纬，经涂九轨，左祖右社，前朝后市，市朝一夫。"《管子·乘马》："凡立国都，非于大山之下，必于广川之上；高毋近旱，而水用足；下毋近水，而沟防省；因天材，就地利，故城郭不必中规矩，道路不必中准绳。"《孟子·公孙丑下》："三里之城，七里之郭。《史记·五帝本纪》：一年而所居成聚，二年成邑，三年成都。"《汉书·沟洫志》："或久无害，稍筑室宅，遂成聚落。"春秋战国时期在巨大的社会变革中各诸侯展开了大规模的筑城运动，并最终形成了完全意义上的城市，反映在聚落形态上就是：城与郭相连、城与市聚合、城与乡的分野。春秋战国时期在中国的城市发展史上具有重要的意义（李东和许铁诚，2005）：①"筑城以卫君，造郭以守民"的造城运动突破了以往的聚居等级制度；②贸易的"市"融入城中成为一个单独的功能区；③聚落地位产生了更大的分野，中心聚落地位得到强化，城乡关系形成。在农业生产技术比较落后的情况下，为了肥料运送、作物收获等田间劳动的方便，都要求聚落接近耕地，聚落一再派生出小聚落，形成聚落十分密集的现象（陈桥驿，1980）。工商业能够发展到什么程度最后要取决于农业生产力，也就是取决于农业的余粮率（[美]赵冈，1992）。明朝是中国古代社会聚落增加的勃发期，开始发生进一步结构性变化的时期，最突出最典型的特征就是商品货币经济空前活跃（李伯重，1999）。明清时期，聚落的发展是在一定的优越的地理基础上长期演进的历史发展过程，专业镇逐渐从聚落中分化出来（宋家泰和庄林德，1990）。集市圈即集市与赶集村庄的空间构成，所包含的村庄多至近百个村，少则两三个村，甚至一个村（王庆成，2004，2005）。农村集市网是大规模、长距离商品流通的基础。明清时期贸易格局发生了根本性的变化，民生日用品取代奢侈品成为大规模、长距离贸易的主体，小农既是这些商品的生产者也是消费者，农村与城市、小农与市场均与全国性的商品流通乃至世界市场相互联系（许檀，2000）。施坚雅基于对成都平原的调查，提出了"基层市场共同体"的概念，认为平均 18 个左右的村庄按照六边形的布局模式构成一个集市，大约有 7000 人左右，1500 户人家，半径为 3～6km，分布在 50km^2 土地上（[美]施坚雅，1998）。而在文革时期，乡村聚落形态出现"军事化"趋势，筑城建寨并涌现"军事性城寨"（陈春声和肖文评，2011）。

以年鉴学派长时段的观点来看，之前学者所做的大多数所谓乡村聚落空间的"结构"研究，是不能称之为"结构"的，最多只能称之为"局势"，甚至"事件"（[法]费尔南·布罗代尔，1996；[法]费尔南·布罗代尔，1997a；1997b；1997c）。从短时段转向长时段,甚至更为深远的视域,就可以重新思考一切,重新建构一切。如果从对农村聚落的关注算起,同样一个问题绵延百年之久,本身就已经构成一个非常值得研究的现象。村落的发展和未来直接影响整个中国社会的可持续发展,关乎新农村建设和人民福祉的最终实现。空间结构研究的核心是区域发展,既建基于地理学的区域性,又建基于地理学的空间性(陆玉麒,2002),而时空结构是地理学的基础(郑冬子和陈慧琳,1999)。在以时间-空间结构为基础的科学定律被建立起来的前提下,那些丰富多样的区域事物和区域事件,才能获得根本的而非纯粹经验的解释。基于长时段理论考察我国县域城镇化的过程,并探讨其城镇化机制与重构模式,能从历史视角厘清自然演进城镇化与急速推进城镇化之间的异同,有望弥补传统短时段分析所带来的视野局限和"自上而下"式研究缺乏微观尺度的缺憾,并为重新认识我国乡村聚落在城镇化发展历程中的基本价值提供了契机。

5.3　巩义聚落发展的历史基础

从地理学角度来看,文明诞生的位置绝非偶然。一个文明只有当它面临无论自然的还是历史的,但必须加以克服的困难时才有活力。如果能接受并顶住这一挑战,克服困难,那么此文明就将呈现活力并赢得胜利。这就是所谓的"挑战-应对"模式(阿诺德·汤因比,2005)。如果文明是一个挑战的话,那么一定是一个反复的长时段的挑战。历史的困难是暂时的,环境的束缚确是长久的。事实证明,只有形成于大河流域的文明才有可能发展壮大,成为在时间、空间上都具有重大影响的文明。《易经·系辞》:上古穴居而野处。《史记》:昔三代之居,皆在河洛之间。《逸周书·度邑解》:自洛汭延于伊汭,居易无固,其有夏之居。《国语·周语》:昔伊洛竭而夏亡。夏商周时期奠定了黄河文明,社会生产方式和社会结构的变化不太大,他们之间的区别远没有相同之处多,三代的政治变迁和许多历史事件,都是同一社会结构影响的结果,社会经历着平稳的发展而不是急遽的变革(晁福林,2001)。黄河文明兴盛期的帝国时代,汉至北宋一直建都在西安、洛阳和开封,也是在夏商周文明模式的基础上延伸和发展,体现了黄河文明顽强的生命力。传统农业社会的社会结构及其运行机制均建立在特定的农业生产方式的基础之上,气候变化是引起人口变化的决定性因素之一。冰期的到来,北方民族持续南下,经常打断黄河文明的繁华,但农业文明所体现的乡村空间结构并未发生根本性的转变。

历史地理环境给聚落的发展带来了机遇,不仅对单一的聚落产生影响,对整个区域的聚落群的发生和发展均有着宏观的调控作用。当交通发展,新的交通方式产生,原来处在交通沿线的聚落就失去了原本的优势,渐渐衰退。因商业而兴盛的聚落也是一样,当其不再处于有利的交通区位,运输方式转变,区域发展所依赖的产业结构改变了之后,聚落的职能就不明显了。因此,聚落的职能与历史地理因素的影响有密切的对应关系,随着历史地理因素的改变而改变,随着其影响程度的大小体现聚落职能的强弱(程蕾和宣建华,2012)。传承性是历史乡村地理研究的重要特性。历史时期,农业的出现是人类定居生活的开始，随着社会不断发展和进步，人类聚居也从单一分散的农舍，发展到一系列小村庄的凝聚，再发展为复杂的集聚成核。但在这一过程中，乡村聚落某些要素基本保持不变，体现出一定传承轨迹，以真实反映地方文化及环境。因此，了解乡村聚落的历史空间演化及其传承性，对于理解现今乡村聚落的空间格局至关重要（任慧子等，2012）。明朝以来，随着人地矛盾日益加剧，高产作物的引进、山区的开发、商业和商帮的兴起等相互嵌套循环，镇集大量涌现并出现专业化分工，打破了原有仅以农业为支撑的乡村聚落空间结构。巩义市地处河、洛、嵩、邙等名山名水汇聚之处，是形成河洛文化与华夏民族的核心地区之一。在这里生活、居住的先民们，凭借这特殊的地理优势、四季分明的气候、物产丰富的条件与深厚的河洛文化，适应大自然，改造大自然，因地制宜地建造出与全国各地既有相同风格、又有地方特色的聚落。

5.3.1 明　　朝

明初规定，民 110 户为 1 里。明洪武年间巩义编户 29 里，即 3190 户。至万历并为 20 里，分别为坊郭保以旧城内外为名 3 里、赵封保以赵封茶山为名 1 里、神堤保以河堤为名 3 里、石关保以石山封峙为名 2 里、孝义保以田真故事为名 2 里、罗口保以长罗川为名 3 里、堤东保以宋陵筑堤为名 1 里、原良保以人为名 2 里、苏村保以地为名 3 里。设有"洛口驿"和巩县递运所，还有急递铺 8 个：在城铺、新店铺、七里铺、界石铺、任村铺、洛口铺、金沟铺、城西铺。所有设置的里和急递铺均位于伊洛河两岸及较为肥沃平坦的地区，南部山区未设 1 里和 1 个急递铺。传统的农村地区，县城以外的镇集发展水平很低，镇集多在村庄的基础上发展而来。集镇有固定铺面的商号数量不多，以及农村土产外销和乡村居民对日常生活用品的需求，都不得不仰赖经常性的集市贸易。嘉靖三十四年（1555 年）《巩县志》中记载有 5 镇 1 集（图 5.4），即芝田镇、青泥垛镇（清易镇）、回过（郭）头镇（回郭镇）、小里河镇、东站镇等 5 镇，共形成镇上的集市和鲁庄集等 6 集。所有的集镇都处在河谷平原地带，县城和东站镇均位于西泗河（黄冶河）左侧，接近西泗河与伊洛河的汇流处；回郭头镇、鲁庄集处于曹河沿岸；芝田镇处于坞罗河沿岸；小里河镇位于米河沿岸，青泥垛镇（清易镇）在曹河与坞罗河之间的平原地带。而在大河两岸（黄河、洛河）均无产生集镇，可见洪水的威胁仍是难以抵抗的（图 5.5）。

5.3.2 清　　朝

乾隆十年（1745 年）《巩县志》记载："顺治十六年（1659 年）至康熙六年（1667 年），数年来时和年丰，家有盖藏"。巩义商品经济也进入新的发展阶段。在乾隆十年（1745 年）《巩县志》中首次出现"用物类"：煤、炭、石炭、磨石，并在乾隆五十四年（1789 年）《巩县志》更名为"货之属"。乾隆十年（1745 年）《巩县志》记载："巩地虽少平沃，稻黍瓜梁不乏于植，茧丝、枣、柿，咸资于用。上供征输，下实盖藏，顾樽节爱养之何

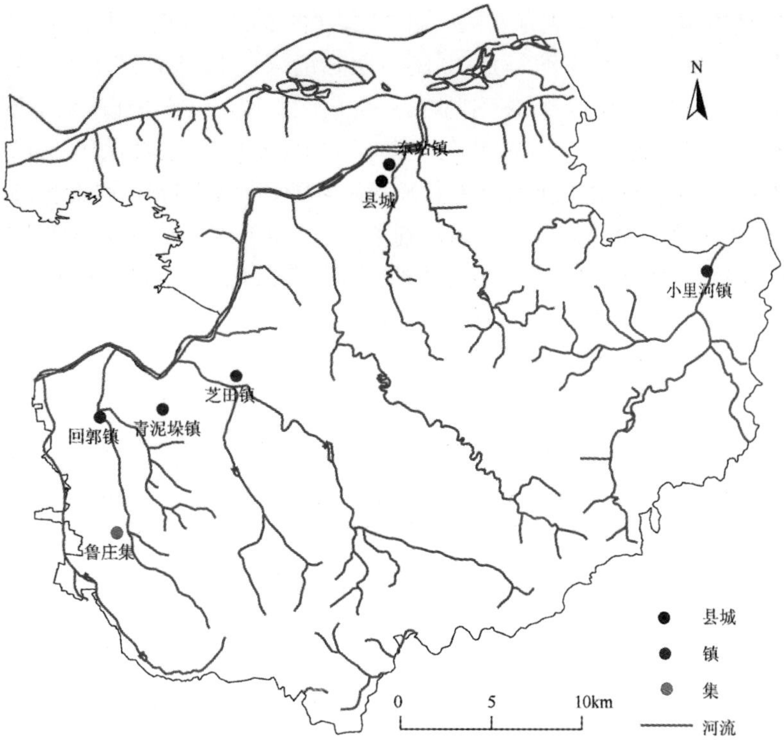

图 5.4　嘉靖三十四年（1555 年）巩义市镇集

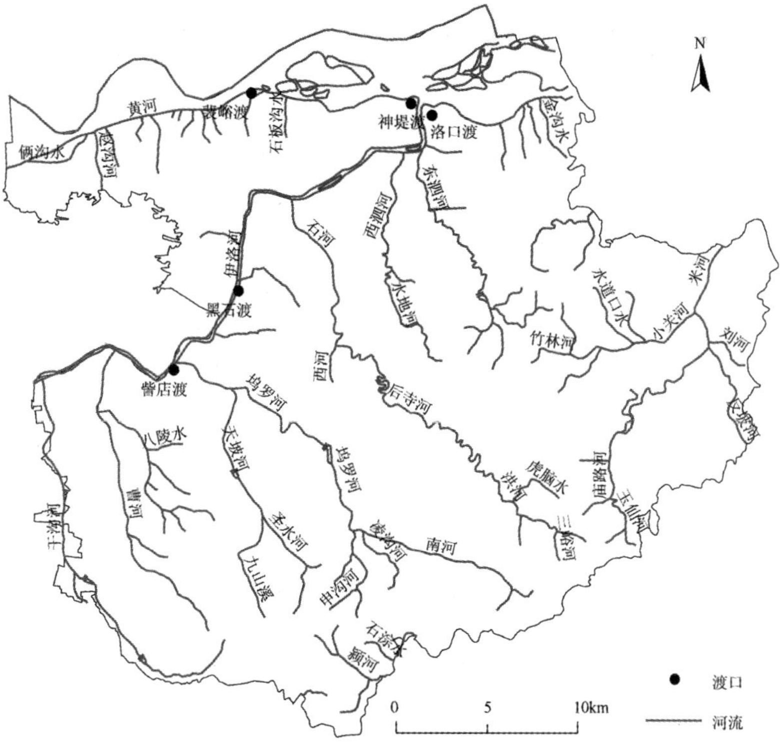

图 5.5　嘉靖三十四年（1555 年）巩义市渡口

如耳"。在明朝集镇基础上形成有 6 镇 3 店 22 集（图 5.6）。按集之大者，在城集每月 30 集；东站镇每月 30 集；焦家湾每月 30 集；回郭镇每月 15 集；芝田镇每月 15 集。集的数量从仅有 1 个增加到 17 个，特别是在东南山区出现了 5 个集市，除了蔡庄集之外，其他集镇都集中在河流两岸。从集市的经营日期上，回郭镇已经从 9 集/月增加到 15 集/月，芝田镇从 12 集/月增加到 15 集/月。清易镇仍为 6 集/月，在城集和东站镇仍旧是 30 集/月，但可以推测交易规模也一定得到了提升。由于康百万家族的商品贸易，黑石渡和焦湾河运兴盛，使得镇集进一步向洛河沿岸汇集（图 5.7～图 5.9），运河两边新出现了 1 个镇及 5 个集市。其中，黑石渡为官渡，设水手 8 名，渡船 3 只，黑石渡一跃而成为镇；而焦湾成为和县城与东站镇同等规模的集镇，交易日期 30 集/月，其交易规模甚至超过县城和东站镇。回郭镇由于商业繁荣，与朱仙镇、社旗镇、荆紫关镇并称为河南四大名镇。之后，黄河和洛河水量的减少，以及战乱导致河运的衰落，黑石渡、洛口渐趋萧条，两地的贸易退缩到两者之间的焦湾进行，焦湾进一步扩张；而山区由于恢复较为迟缓，明朝唯一一个山区镇——小里河镇降为集市，然在周边出现了山小关集、米河集、茶店集 3 个新的集市，分散了小里河作为中心聚落的职能。

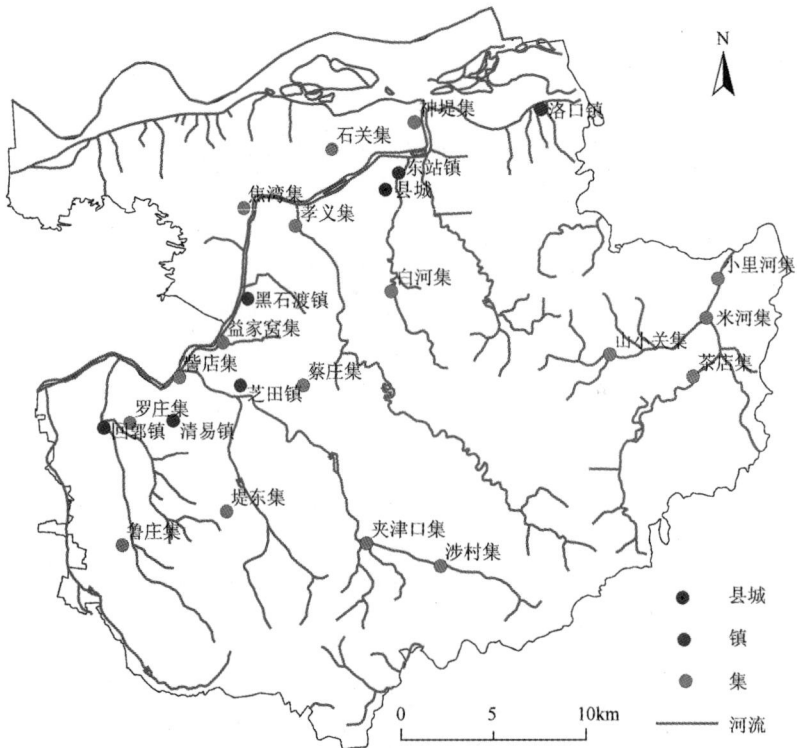

图 5.6　乾隆十年（1745 年）巩义市镇集

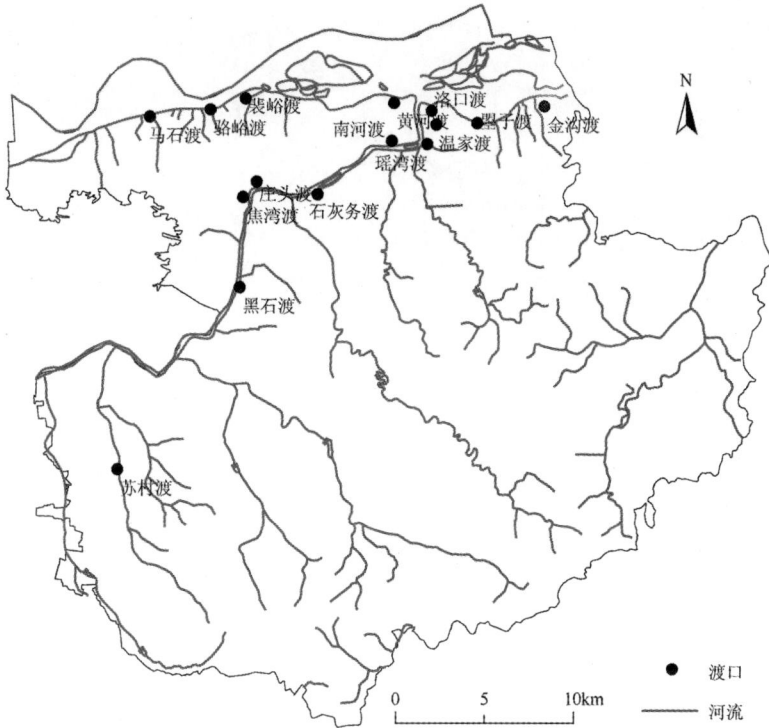

图 5.7　乾隆十年（1745 年）巩义市渡口

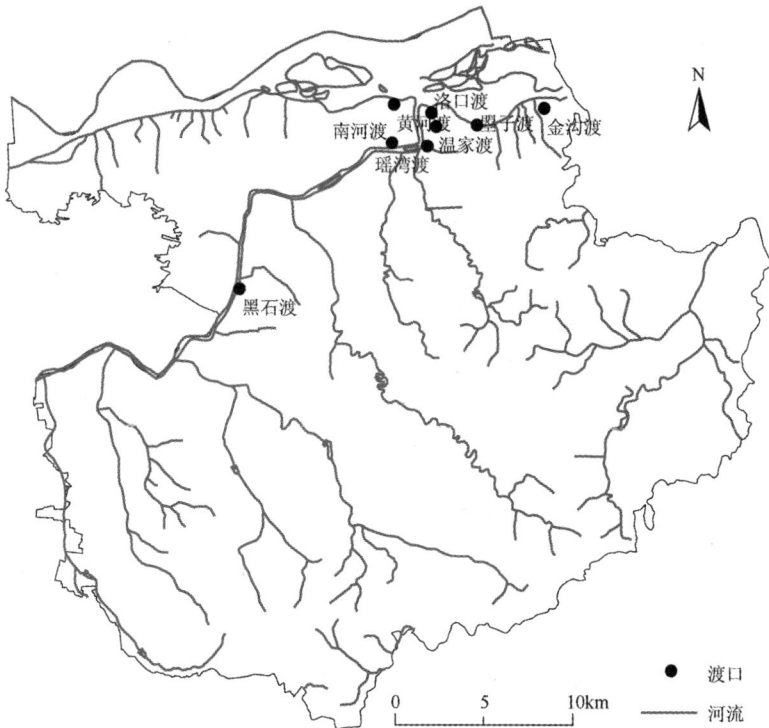

图 5.8　乾隆五十四年（1789 年）巩义市渡口

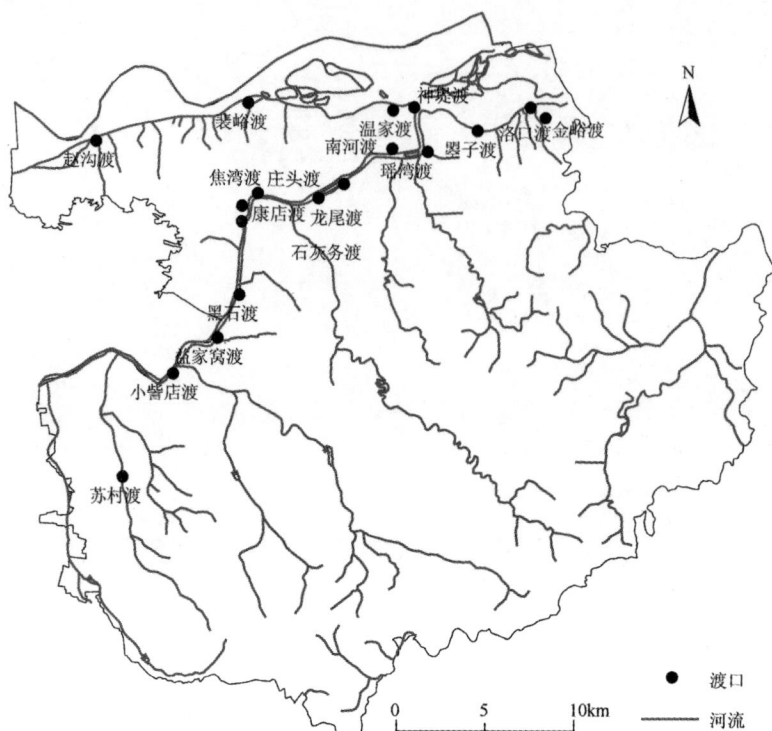

图 5.9　清末巩义市渡口

5.4　巩义聚落时空格局变化

巩义市 20 世纪以来的聚落变化可大致分为 3 个阶段：①20 世纪前半期为农村聚落为主阶段。20 世纪之前，聚落为缓慢的发展过程，镇是村的长期延续，区别仅在于工商业集聚程度。进入 20 世纪，乡镇工业发展推动了"镇"与"村"的分离，"镇"成为跃居"村"之上的上级行政单元。②新中国成立到改革开放为缓慢城镇化阶段。1954 年颁布的《中华人民共和国宪法》明确规定了镇的设置，1955 年国务院颁布的《中华人民共和国关于设置市镇建制的决定和标准》则又进一步规范了市镇设置人口下限和具体条件。行政级别的确立，县（县级市）、镇和村将依据行政级别获得不同的资源。③20 世纪 80 年代后为快速城镇化阶段。乡镇工业的发展、市场化改革使得市场经济逐渐在资源配置中起主导作用，城镇化也进入快速发展阶段。在此过程中，实力强劲的镇获得了与县城同样的发展，甚至速度更快，如回郭镇作为全国发展改革试点镇有望升级为"小城市"（刘蕾和刘雅静，2014）。在以上 3 个阶段中，我们根据数据的可得性，选取一些年份（1929 年、1975 年、1990 年、2010 年）进行分析。由于 1990 年以后变化较快，故选择了较多年份。

5.4.1　巩义聚落的时间演变

城市规模一直是经济学家和各级政府关注的焦点（魏后凯，2014）。齐夫指数可以较好地刻画城市规模分布,分形维数可以用来解释其分布规律(沈体雁和劳昕,2012),基尼系数也可描述其规模差异(陈彦光和刘继生,1999)。

1. 齐夫指数偏小但增长加快

由于城镇是聚落的特殊型式,本章将齐夫指数引申,用以表示城镇化过程中县域聚落的位序-规模变化(吕敏娟和郭文炯,2016)。根据式(1.5),对巩义市相关数据处理,利用 OLS 线性方程分别拟合各年份数据得出图 5.10~图 5.13。

从总体上看:①齐夫指数偏小,各年份齐夫指数均小于 1,最大值仅为 0.7206,均小于城市和城市群的齐夫指数(Soo,2014;Giesen and Suedekum,2011;Rozenfeld et al.,2011),也小于中国城市规模的齐夫指数(Ye and Xie,2012),反映了农区聚落中较低位次的中小聚落较多,大聚落发育不突出;②齐夫指数增长率加快,84 年间齐夫指数整体上呈增长趋势,且逐渐趋近于 1,而且,1990 年后的齐夫指数增长明显加快(表 5.1),齐夫指数 2010 年达到最大,1990 年齐夫指数比 1929 年增加 0.0251,增加率为 0.411‰/a;而 2010 年比 1990 年增加 0.0951,增加率为 9.51‰/a,后者的增加率是前者的 23.14 倍,说明 20 世纪 90 年代后城镇化速度大大加快,聚落排序越靠前,聚落规模增加的速度越快;③实际值小于理论值,除首位聚落之外,前几位聚落的分布均位于拟合曲线下方,

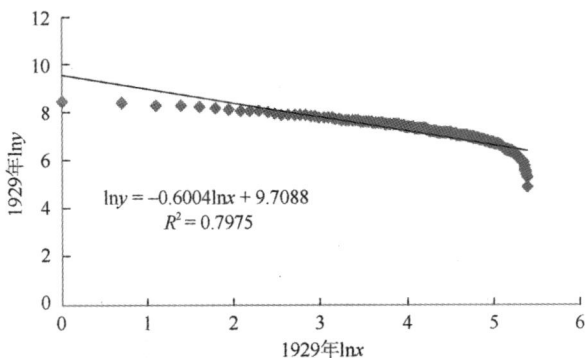

图 5.10　1929 年聚落位序-规模模型

$$\ln y = -0.6004\ln x + 9.7088$$
$$R^2 = 0.7975$$

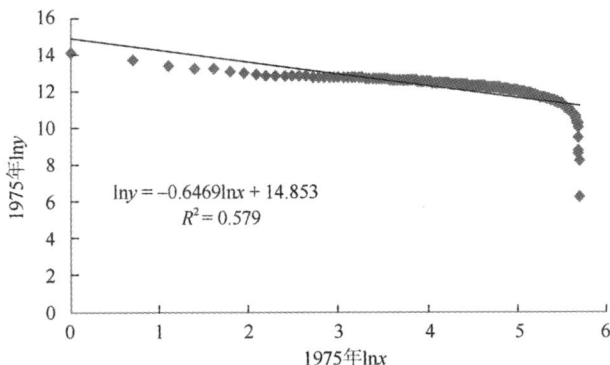

图 5.11　1975 年聚落位序-规模模型

$$\ln y = -0.6469\ln x + 14.853$$
$$R^2 = 0.579$$

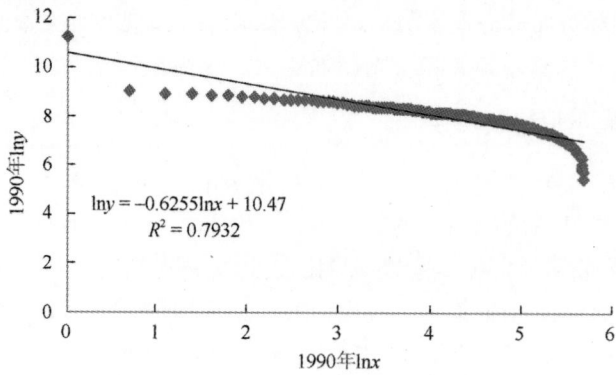

图 5.12　1990 年聚落位序-规模模型

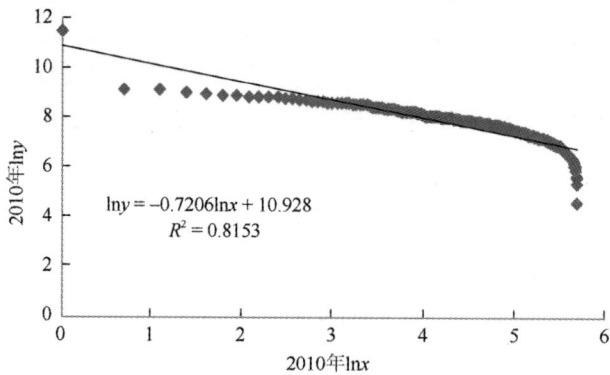

图 5.13　2010 年聚落位序-规模模型

表 5.1　线性模型中不同年份的齐夫指数

年份	1929	1975	1990	2010
样本量	218	288	297	295
齐夫指数	0.6004	0.6469	0.6255	0.7206

与拟合的理论值相比偏小，说明高位序聚落的人口规模还有增长的空间，而首位聚落实际值大于理论值，在农区城镇化中值得进一步关注研究。

从各年份来看：①1929 年（图 5.10）和 1975 年（图 5.11）高位序聚落与之后的聚落之间规模差别不大，具有平稳过渡关系，表明整个聚落系统具有农村聚落的型式；乡镇聚落不发育，尾部表现为异常值特征；②1990 年（图 5.12）、2010 年（图 5.13）乡镇聚落仍不够发育，作为最大聚落的县城已显著超越其他高级聚落，表现出首位分布特征；③1975 年聚落的实际值小于模型的拟合值，而 1990 年实际值均大于拟合值，而之后拟合值与实际值差距越来越大，更说明了城镇化正处于加速阶段，这与其他关于中国县域城镇化的研究相吻合（刘彦随和杨忍，2012）。分析发现，除了市政府所在城区人口增加之外，其他高等级聚落的人口均有所下降。低等级聚落的人口越过中高等级聚落直接向首位的市城区"跃迁"，同时也出现高等级聚落的人口向最高等级的市城区外流的现象。

乡村居民点存在最优规模（Sonis and Grossman，1984）。双对数线性函数的齐夫指数对样本选择极度敏感（Guerin，1995），用以拟合聚落位序-规模有偏差，具有截尾效应（Rosen and Resnick，1980）。在新型城镇化和新农村建设的时代背景下，县域聚落规模重构是亟待解决的问题。最优聚落规模是一个动态均衡过程，需要在等级体系中才能确定（田莉，2009）。本章严格限定在位序-规模理论背景下，从位序-规模理论对聚落的最优规模进行探讨。大量的聚落处于曲线的右端，而左端的聚落稀疏且形成明显的点状不连续分布，存在明显的"翘尾"现象。仅线性模型不能深刻揭示位序与规模之间的关系，本质上两者应存在非线性关系，可以加入二次项解决（Black and Henderson，2003）。引入双对数变换后的二次项函数为

$$\ln y = c + a \ln x + b(\ln x)^2 \tag{5.1}$$

式中，y 为聚落由大到小排列的规模；x 为聚落由高到低排列的次序；a、b 分别为 $\ln x$ 的一次项与二次项的系数；c 为常数。

由 $\dfrac{d \ln y}{dx} = 0$，知 $x = x_0$，再由 $\dfrac{d^2 \ln y}{dx^2}\bigg|_{x=x_0} < 0$，可知 $\ln y$ 的极大值，y 即为此时聚落的最优规模。利用 Stata 软件分别拟合各年份数据（表 5.2）。

表 5.2　不同年份的二次回归模型

年份	模型参数	Coef	a	b	样本数	F 值	R^2	Adj R^2
1929	系数	8.0053***	0.4739***	−0.1492***	218	1037.17	0.9061	0.9052
	Std. Err.	0.1252	0.0696	0.0094				
	t	63.93	6.81	−15.77				
1975	系数	12.4486***	0.7543***	−0.1819***	288	313.38	0.6874	0.6852
	Std. Err.	0.2767	0.1437	0.0183				
	t	45.00	5.25	−9.94				
1990	系数	8.9207***	0.2699***	−0.1155***	297	885.20	0.8576	0.8566
	Std. Err.	0.1535	0.0792	0.0100				
	t	58.11	3.41	−11.53				
2010	系数	9.2889***	0.2284***	−0.1226***	295	990.00	0.8715	0.8706
	Std. Err.	0.1659	0.0857	0.0109				
	t	56.00	2.67	−11.29				

***表示检验在 1%的水平上显著。

从表 5.2 可以看出，采用二次项函数后，函数均表现出稳定的非线性关系，且均通过了显著性检验。位序-规模的对数回归中二次项在统计上显著，不仅 F 值与 R^2 更大，且实际拟合效果均更好，二次项模型要优于线性模型。这与已有文献的研究结论较为一致（Black and Henderson，2003）。聚落的位序与规模之间存在正向影响，但位序的二次项对规模产生负向影响，即存在着驱动力与耗散力的竞争，并且二次项的耗散力大于单次项的驱动力，总体上实现了聚落规模随排序的降低而增加。这可能是由于不同聚落之

间的竞争和替代造成的。然而，聚落位序对规模增长具有间接负向作用，位序的上升不利于成长为较大的聚落，但较大的聚落却对位序的提升产生有利影响。更为重要的是，这种非线性关系，有一定的取值范围，即在最优范围内，位序与规模的负向关系才能成立。从方程可以看出，规模的确是非线性增加，且具有渐进趋向均衡点的特性，这也是二次方程预测精度高的原因所在。同时，二次项系数小于 0，抛物线开口向下，$\ln y$ 存在最大值，对应的 y 即是该时期的最优规模。这与城镇化进程具有人口极化倾向的结论较为一致（United Nations，2012）。

2. 分形维数偏大但降速加快

聚落等级具有明显的分形特征。理论上，聚落规模分布的分形维数和齐夫维数的乘积等于 1，但如是 OLS 估计所得，两者的乘积应等于判定系数（R^2）（谈明洪和范存会，2004），即聚落位序-规模的分形维数表达式为

$$D = R^2 / q \tag{5.2}$$

式中，q 为齐夫指数；R^2 为 OLS 回归估计的判定系数。

从表 5.3 可以看出，因分形维数与齐夫指数的换算关系，其表现出与齐夫指数相反的趋势。如果去除聚落面积所表示聚落规模的 1975 年，以人口数量反映的聚落规模的分形维数在 1929～2010 年有降低的趋势。这与近代以来西方工业化国家的城市位序-规模的长时段趋势相一致（Roehner，1991），但分维值相对偏大。1929～1990 年的分形维数共降低 0.0602，降低率仅为 0.9868‰/a，而 2010 年比 1990 年降低 0.1367，降低率达13.67‰/a。2010 年前，聚落的分形维数降低加快，规模越大的聚落其规模增加越快，中小聚落发展较慢，从而整体体系等级差异增加，聚落规模分布趋于集中。产生此种情况的原因可能是城市规模（主要以人口为指标）有门槛值，而县域聚落属于自然村落，其人口受外界干预较少且规模过小。只有当乡村聚落人口增长到一定程度，才能表现出和城市聚落一样的分形规律。

表 5.3 不同年份的分形维数

年份	1929	1975	1990	2010
分形维数	1.3283	0.8950	1.2681	1.1314

3. 基尼系数较小但增加明显

基尼系数常用来衡量一个国家或区域的居民收入差距的指标。同样一个国家或区域的聚落因为历史基础、区位优势、经济社会发展水平等条件的影响，聚落之间也必然产生分化，可以用基尼系数衡量聚落规模的集散程度（王颖等，2011；冯亚芬等，2017）。基尼系数（G）的简化表达式为

$$G = 1 - \frac{1}{n}\left(2\sum_{i=1}^{n-1} W_i + 1\right) \tag{5.3}$$

式中，G 为 0～1。当所有的聚落人口规模都一样大时，$G=0$，这时聚落体系中聚落规模

达到最大的分散程度；当聚落规模集中于一个聚落时，*G*=1。一般来讲，基尼系数越小，聚落规模分布越分散；越接近 1，聚落规模差异越大。一般认为基尼系数在 0.6 以上表示规模分布极不平衡（王颖等，2011）。

从表 5.4 可以看出：①基尼系数相对较小。至 2010 年，基尼系数仅 0.4545，相对于有的研究认为城市的基尼系数为 0.5～0.6（王颖等，2011），巩义聚落规模的基尼系数相对较小；②基尼系数值逐渐增加，随着时间的推移，巩义聚落规模的基尼系数增加的趋势较为明显，拉大了聚落人口规模的差距，说明聚落分化明显，较大的聚落数量增长和大的聚落规模在进一步增大；③基尼系数的增长率加速，1929～1990 年仅增加 0.0511，增长率为 0.84‰/a，1990～2010 年增加 0.0649，增长率达 6.49‰/a，后者是前者增长率的 7.73 倍。反映了 20 世纪 90 年代后，农区城镇化的加速发展。

表 5.4　不同年份的基尼系数

年份	1929	1975	1990	2010
基尼系数	0.3385	0.3449	0.3896	0.4545

5.4.2　巩义聚落的空间演变

聚落演变主要受自然环境、区位及社会经济等因素的影响，其中自然环境限制了聚落的基本格局与演变方向。依据高程（DEM）可按小于 200m、200～500m、大于 500m 划分为平原、丘陵、山区 3 类地形（图 5.2）。通过 ArcGIS10.0 把村庄进行空间配比，按人口（人）和面积（m²）划分等级（图 5.14～图 5.17）。其中，人口以小于 2000m、2000～4000m、4000～6000m、6000～8000m、大于 8000m 分别划分为Ⅴ级、Ⅳ级、Ⅲ级、Ⅱ级、Ⅰ级等 5 个等级（其中，1929 年最大值为回郭镇，其人口达到 5460 人，没有 6000～8000 人、>8000 人两个等级）。1975 年聚落面积（m²）以小于 150000m²、150000～30000m²、300000～450000m²、450000～600000m²、大于 600000m² 也分别划分为Ⅴ级、Ⅳ级、Ⅲ级、Ⅱ级、Ⅰ级等 5 个等级。对该空间数据可作如下分析。

1. 沿河线状格局解体

通过分别以 500m、1000m、1500m 和 2000m 做聚落距河流距离的缓冲区可以发现（图 5.18～图 5.21）：聚落数量 1929 年分别为 69 个、123 个、154 个和 163 个，1975 年分别为 92 个、168 个、231 个和 248 个，1990 年分别为 111 个、196 个、264 个和 281 个，2010 年分别为 106 个、186 个、252 个和 270 个（表 5.5）。在距离河流的不同缓冲区区间内，不同年份之间新增加的数量也不同。在 1000～1500m 新增的聚落就远多于小于 500m，新建聚落逐渐远离河流两侧。特别是对于Ⅰ级聚落，1929～2010 年新增聚落与河流距离小于 500m 的仅有 1 个、在 500～1000m 的有 3 个、在 1000～1500m 有 2 个。对于Ⅱ级聚落也是如此，1929 年、1975 年、1990 年和 2010 年，在四个缓冲区内分别新增Ⅱ级聚落 3 个、6 个、2 个和 0 个，1000～1500m 缓冲区增加的数量最多（表 5.6）。

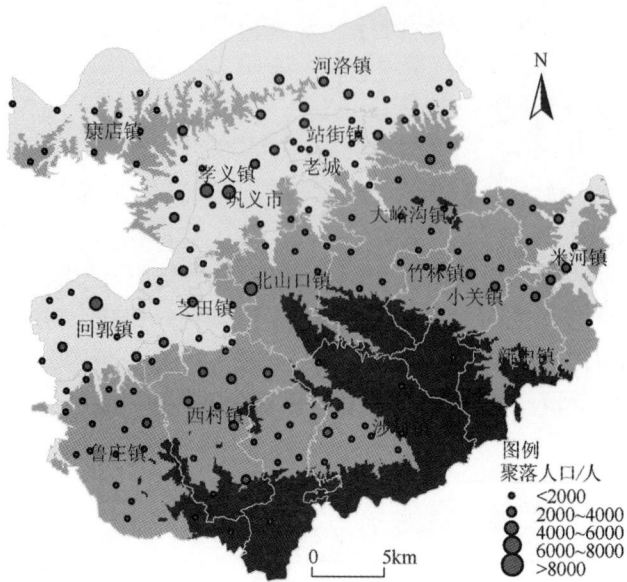

图 5.14　1929 年聚落等级

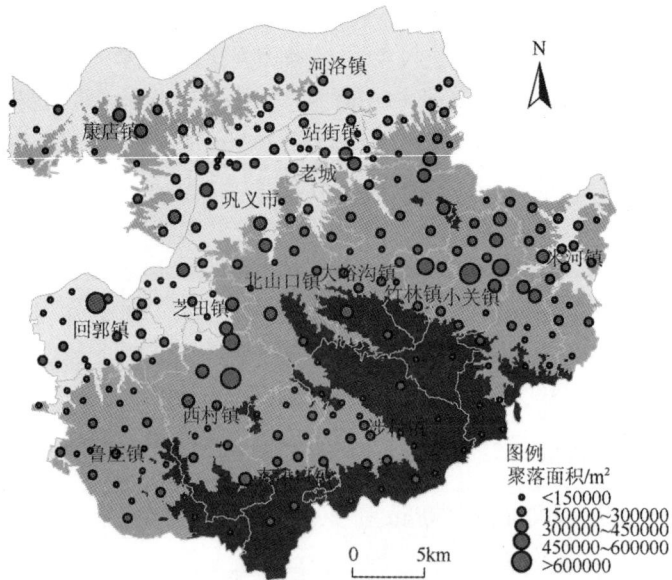

图 5.15　1975 年聚落等级

从比例上看，与河流距离小于 500m 的聚落比例降低，500～1000m、1000～1500m 和 1500～2000m 也大致均有所降低，也说明了与河流更远的聚落增多。另外，县治从西泗河与伊洛河交汇处的老城迁出，1964 年搬迁至孝义镇白沙村附近，主要考虑的就不是水源，而是工业基础，即随着人类改造适应自然环境能力的提高，人类逐渐能远离水源并定居。几千年农业社会形成的乡村聚落"沿河线状"的空间格局发生重大改变。

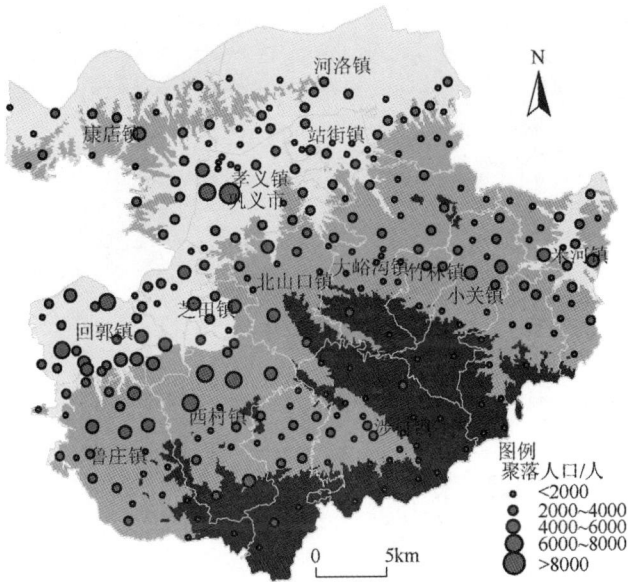

图 5.16　1990 年聚落等级

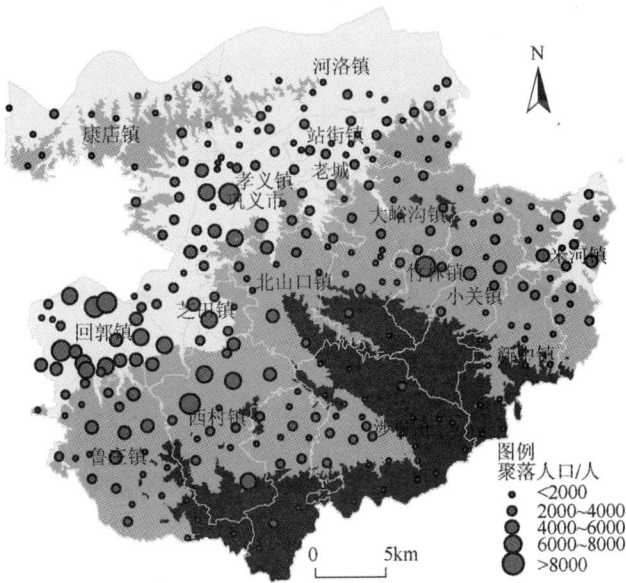

图 5.17　2010 年聚落等级

2. 规模等级结构提升

在农业社会，区域中心聚落往往位于主要支流与干流的交汇处（陆玉麒，2002）。巩义老城位于站街镇老城村，离西泗河与伊洛河交界处不足 2.5km。除县城之外，沿岸依赖优越的农业条件发展了许多大聚落。20 世纪 20 年代，全县人口排名前 10 的聚落有 9 个位于洛河河谷平原地带；丘陵区西南、东南各有 8 个Ⅳ级聚落；山区仅有 9 个Ⅴ级聚落。

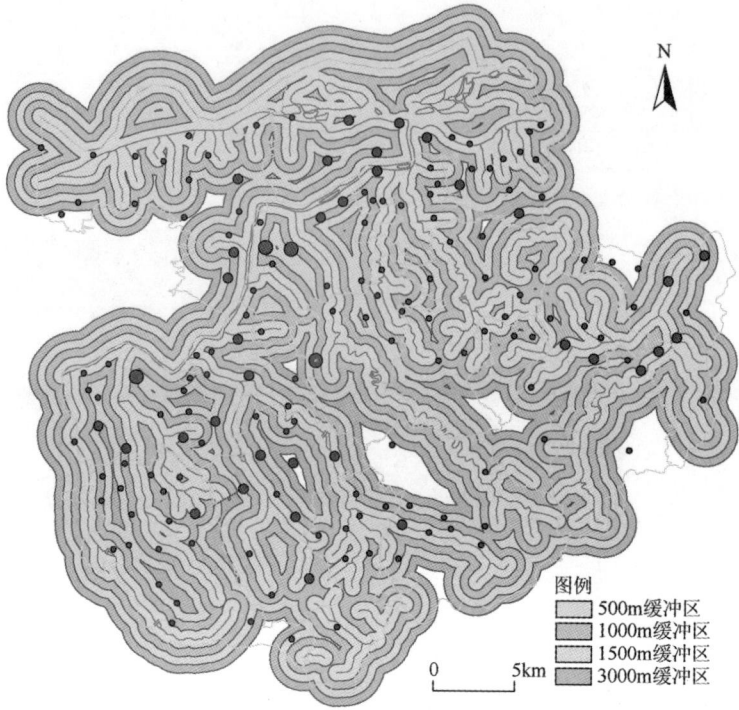

图 5.18　1929 年巩义市河流缓冲区的聚落分布（详见文后彩图）

注：图中圆点为不同等级聚落，划分标准请参考图 5.14～图 5.17，下同

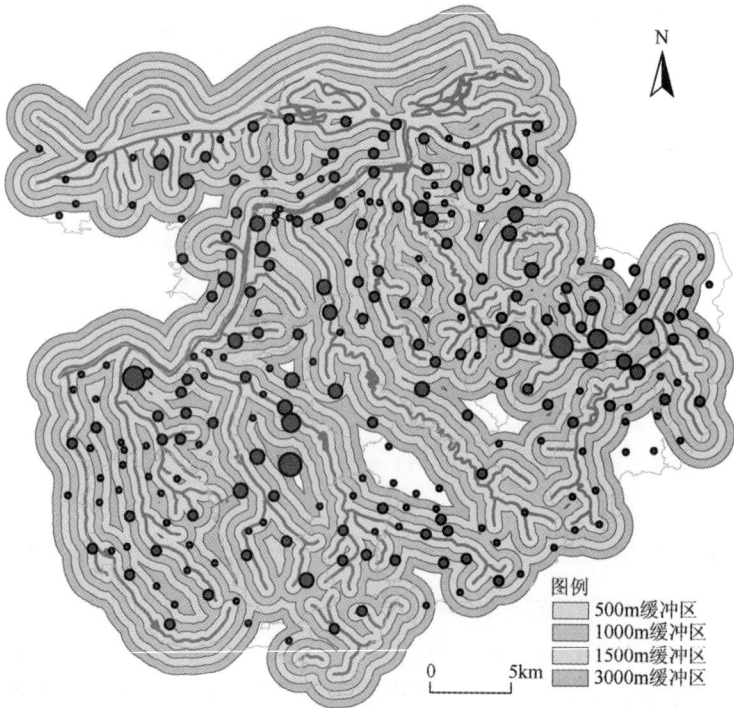

图 5.19　1975 年巩义市河流缓冲区的聚落分布（详见文后彩图）

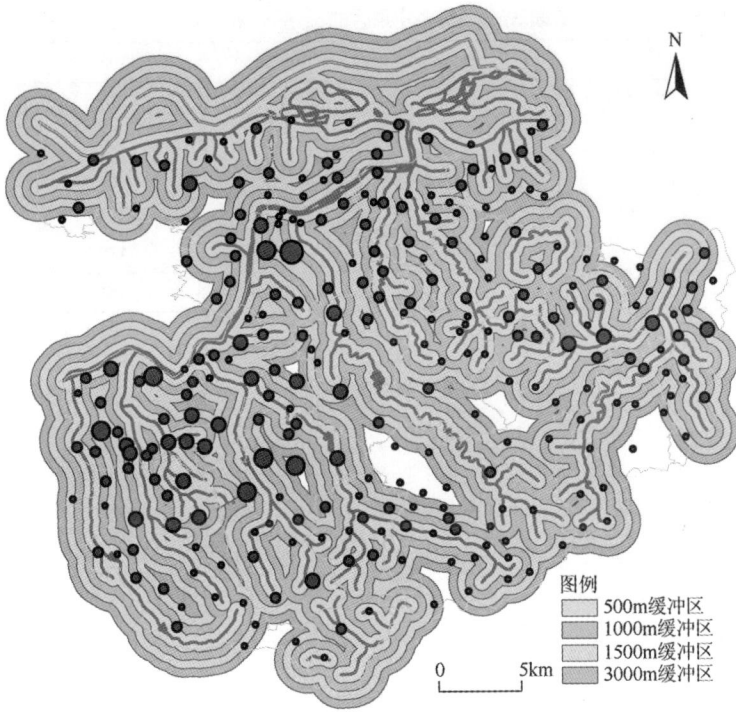

图 5.20 1990 年巩义市河流缓冲区的聚落分布（详见文后彩图）

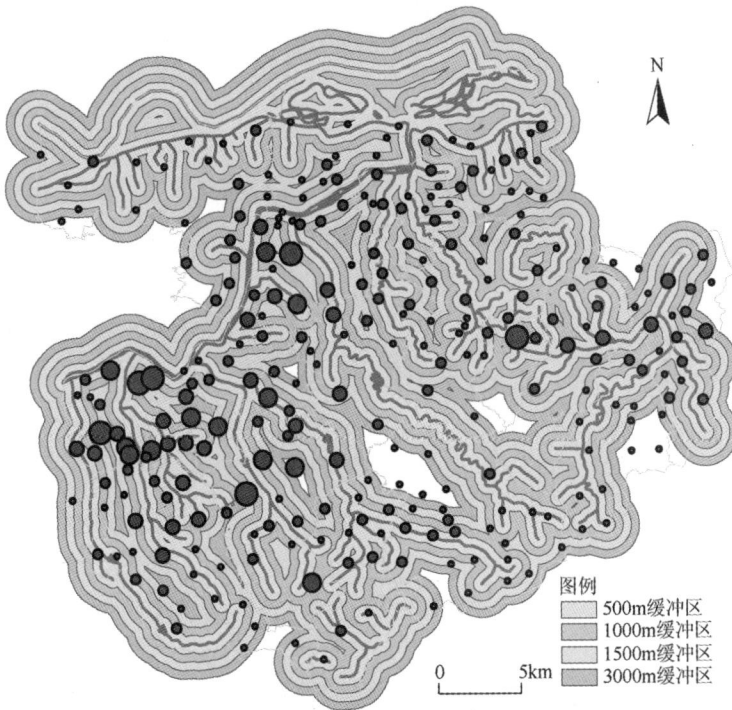

图 5.21 2010 年巩义市河流缓冲区的聚落分布（详见文后彩图）

表 5.5　不同缓冲区的聚落等级分布

缓冲区		500m	1000m	1500m	2000m
1929 年	Ⅰ级	0	0	0	0
	Ⅱ级	0	0	0	0
	Ⅲ级	1	4	4	4
	Ⅳ级	15	24	31	33
	Ⅴ级	53	95	119	126
	合计	69	123	154	163
1975 年	Ⅰ级	0	0	0	0
	Ⅱ级	0	1	1	1
	Ⅲ级	5	6	6	6
	Ⅳ级	17	34	45	48
	Ⅴ级	70	127	179	193
	合计	92	168	231	248
1990 年	Ⅰ级	1	2	3	3
	Ⅱ级	0	2	5	5
	Ⅲ级	13	21	24	25
	Ⅳ级	41	77	100	102
	Ⅴ级	56	94	132	136
	合计	111	196	264	271
2010 年	Ⅰ级	1	4	6	6
	Ⅱ级	3	9	11	11
	Ⅲ级	16	24	27	27
	Ⅳ级	39	68	89	96
	Ⅴ级	47	81	119	130
	合计	106	186	252	270

注：因空间配准原因，聚落数量与统计数据存在差别，但缺少的样本基本上大多为小聚落，对分析结果影响不大。等级划分是依据各年份的人口数量和聚落面积计算得出。

表 5.6　不同年份的不同缓冲区聚落等级比例

缓冲区	1929 年	1975 年	1990 年	2010 年
500m	0.4083	0.3552	0.3993	0.3772
1000m	0.7278	0.6486	0.7050	0.6619
1500m	0.9112	0.8919	0.9496	0.8968
2000m	0.9645	0.9575	0.9748	0.9609

矿产开发在丘陵区兴起新的中心聚落，高等级聚落（如米河、小关、涉村等）脱颖而出，而平原区的洛口镇、南河渡镇（洛口镇与南河渡镇合并为河洛镇）、芝田镇、康店镇等则相对衰落。至 1975 年，丘陵区Ⅲ级聚落也从 1 个增加到 3 个；山区聚落仍停留在低等级别（图 5.14～图 5.17）。1990 年以来，随着扶贫开发、生态移民、工程移民等，山区小聚落大都迁离，更加剧了在平原、丘陵集聚的趋势。2010 年平原、丘陵的Ⅰ级聚落分别达到 4 个和 1 个，而山区缺失Ⅲ级以上的高等级聚落。从人口规模上看，1990 年之

前没有 I 级聚落；从聚落数量上看，1990 年达到 297 个，比 1929 年增加了 79 个；从聚落人口平均规模上看，1929 年 1426 人/个，至 2010 年提高到 2736 人/个，最大聚落人口从 1929 年的 5460 人跃升至 2010 年的 104050 人，增幅达 19 倍。从整体来看，1929 年仅有 3 个等级，1975 年有 4 个等级，1990 年增加到 5 个等级。从横向来看，平原从 3 个等级上升到 5 个等级；丘陵也从 3 个等级上升到 5 个等级；山区仅从 1 个等级上升至 2 个等级。从纵向来看，1929 年平原与丘陵有 3 个等级，山地仅有 1 个等级；1975 年平原、丘陵、山地分别有 4 个、3 个和 2 个等级；1990 年平原、丘陵、山地分别有 5 个、4 个和 2 个等级；2010 年平原、丘陵、山地分别有 5 个、5 个和 2 个等级。从人口规模上看，1990 年之前没有 I 级聚落，城镇化进程缓慢。随着中国城镇化的快速推进，2010 年 I 级聚落猛然增加到 5 个，II 级聚落也增加到 12 个。在此过程中，聚落等级从 3 个等级成长为 5 个等级（表 5.7）。聚落等级结构从 1929 年 "1∶6∶29" 演变到 2010 年 "5∶12∶27∶100∶150"，考虑到自然村的大量存在、市城区周边小聚落及山区小聚落的归并等因素，前者近似于行政原则形成 $K=7$ 的 "1∶6∶42"，而后者与市场原则形成 $K=3$ 的 "1∶2∶6∶18∶54" 类似，符合相对隔绝的地区符合行政原则，开放经济中更趋于市场原则的中心地等级结构（[德] 沃尔特·克里斯塔勒，1998）。长时段来看，单户聚落成长为村落，进而分化出集、镇、城等，大聚落的形成与发展，使空间结构出现显著的不平衡，最终形成了 "县城—镇—中心村—行政村—自然村" 等级结构鲜明的网络结构。在此系统中，县治所在地是区域核心，河流及交通线形成轴线，各镇区构成网络系统，其他聚落组成外围空间，形成 5 级聚落规模等级。

表 5.7　不同年份的等级分布

等级	1929 年	1975 年	1990 年	2010 年
I 级	0	4	1	5
II 级	0	2	6	12
III 级	6	28	25	27
IV 级	40	119	113	100
V 级	172	134	151	150
总数	218	287	296	294

注：等级划分是依据各年份的人口数量和聚落面积计算得出。

3. 核心聚落转移替代

日益增加的人地矛盾，使之不得不通过非农手段才能发展。工业一举成为决定地区发展的关键性力量，乡村聚落空间结构终于挣脱了对农业的依赖。而商业作为农业的附庸转化为工业，长久以来作为评判镇集地位的标准，商业主导完全被工业主导所取代。工业化使得社会经济形式发生了根本性的变化：首先，经济生产主体实现了由依赖土地产出的有机经济向依赖矿产的 "矿物经济" 的转变，即使是棉纺业的原料也主要依赖外来供应而非本地产出。其次，机器生产技术的改进使资本由商业领域向工业领域转移，使得生产可以集中进行，不必再依赖散布在农村地区的家庭生产。所有这一切使得城镇的发展与农村地区的关系逐渐松弛，在适宜的地区新产生大量以工业生产为主的城镇，如大峪沟镇、小关镇、北山口镇等，它们主导了城镇发展；而平原的城镇仅起到地方性交易和工业品分销的作用，如鲁庄镇、康店镇等；即使原来兴盛的运河城镇也逐渐销迹，如河洛镇、南河渡镇，甚至在新的行政区划中，把两者合并为一个镇，可见其衰落程度。清末以后启动的乡村工业化使得城镇从根本上脱离了土地的制约，从某种程度上可以说是"矿业经济"的工业化直接导致了乡村聚落空间结构的根本性变化，新兴的工业城镇主导了乡村聚落空间结构调整的进程。与此同时，其他核心聚落也完成了转换。20世纪40年代，随着向南公路开通，涉村逐渐取代芝田成为南山区的商品集散地，小关为东山区的平坦地带，且交通方便，集市渐兴，形成站街镇、孝义镇、回郭镇、米河镇、小关、涉村六大商业中心（图5.22）。

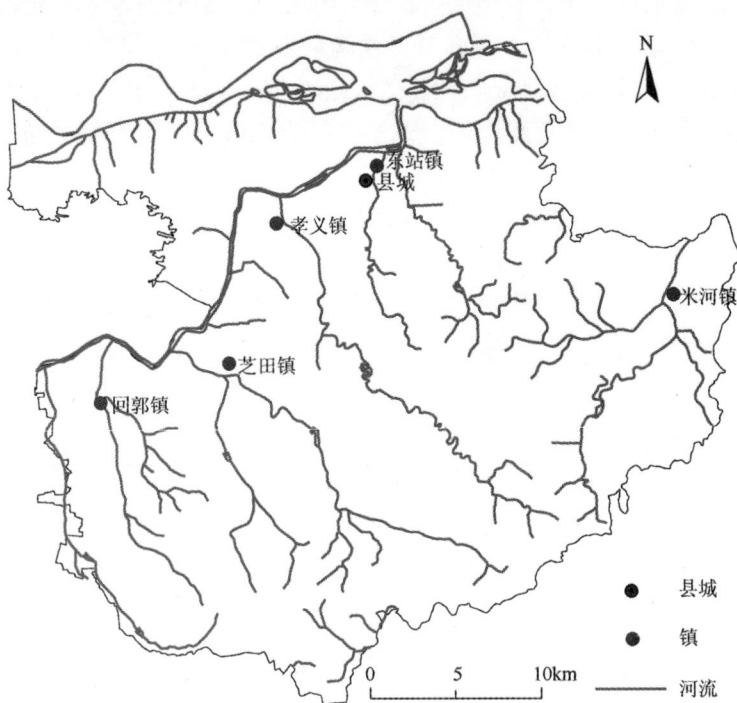

图 5.22　20 世纪 40 年代巩义的镇

　　民国时期，乡村聚落空间结构变革的动力与外来影响力的推动密切相关，尤其是交通运输工具的改进而引起区位空间格局"自上而下"的变革，直达快速的公路和铁路等陆上交通足以改变以土地肥力和水路为主的乡村聚落空间格局。工业学校、兵工厂和化工厂的建立培育了大批技术工人，成为巩义之后工业蓬勃发展的人才基础。此时镇集的商品交易已经不仅仅是农产品，以及与农产品相关的物品，而是新增了工业品和矿藏，并且工业品和矿产品逐渐从集镇贸易中脱离出来，成为具有固定市场的新型交易形式。在此过程中，平原和南部山区各3个集镇，平原地区再也不占明显的优势，形成了山区与平原势均力敌的对称结构。回郭镇、孝义镇、东站镇和南部山区新兴的米河、小关、涉村脱颖而出，远远超越一般镇集，成为与城市经济匹敌的力量。而洛口镇、芝田镇、康店、南河渡仍停留在传统意义上的农村镇集上（图 5.23）。乡村聚落空间结构由农产品主导（主要经销粮食及土特产）开始向工业品主导（机械纺织、煤炭、铁矿、兵工厂、烟草）转变。随着工业化和城镇化的推进，丘陵区相继设立了竹林镇、涉村镇、小关镇、大峪沟镇、北山口镇等，而平原区的城镇如鲁庄镇、康店镇等，还有原来兴盛的运河城镇，如河洛镇、南河渡镇逐渐丧失优势，甚至在新的行政区划调整中撤销或合并，如河洛镇与南河渡镇合并成为河洛镇。因此，核心聚落随着社会经济等因素的变化而逐渐出现转移替代。

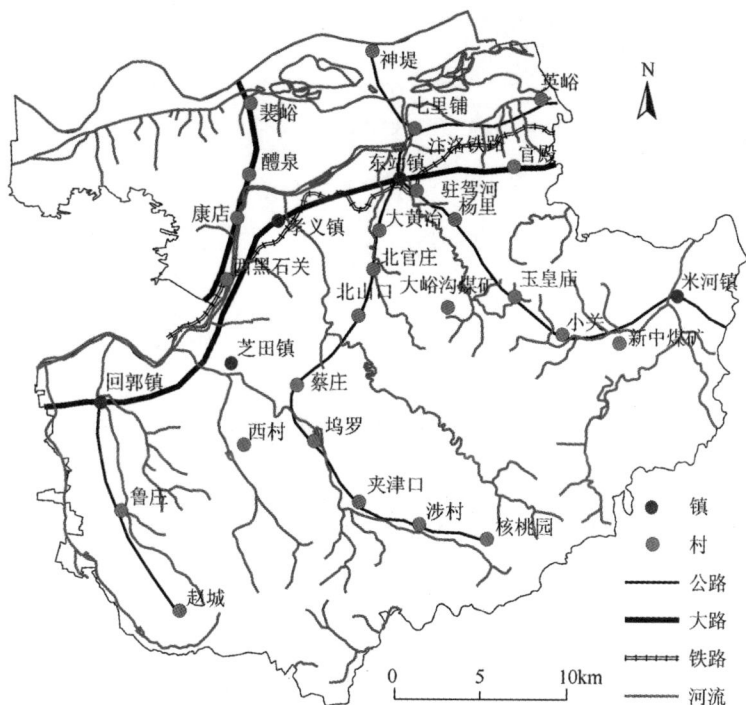

图 5.23　1947 年巩义市陆路交通

5.5　巩义聚落变化影响因素

乡村聚落空间结构的改变是由聚落斑块量变基础上的质变，本身是一个由其地形因子、区位因子及社会经济因子综合影响下的区位择优过程。利用 ArcGIS 10.0 软件将进行空间配准，从土地利用现状数据中提取 1990 年和 2010 年巩义市农村聚落斑块（图 5.24）。1990～2010 年间巩义市农村聚落斑块扩展主要有为 3 种类型：①块状扩展，主要分布在巩义市、回郭镇、芝田镇、站街镇和康店镇的镇区；②带状扩展，主要分布在山区的公路两旁，特别是 G310 所经过的小关镇和米河镇；③分散扩展，主要分布大峪沟镇和新中镇等地形复杂的山区。聚落规模变化主要表现为空间填充和空间蔓延。利用景观指数刻画聚落空间格局特征（表 5.8）。

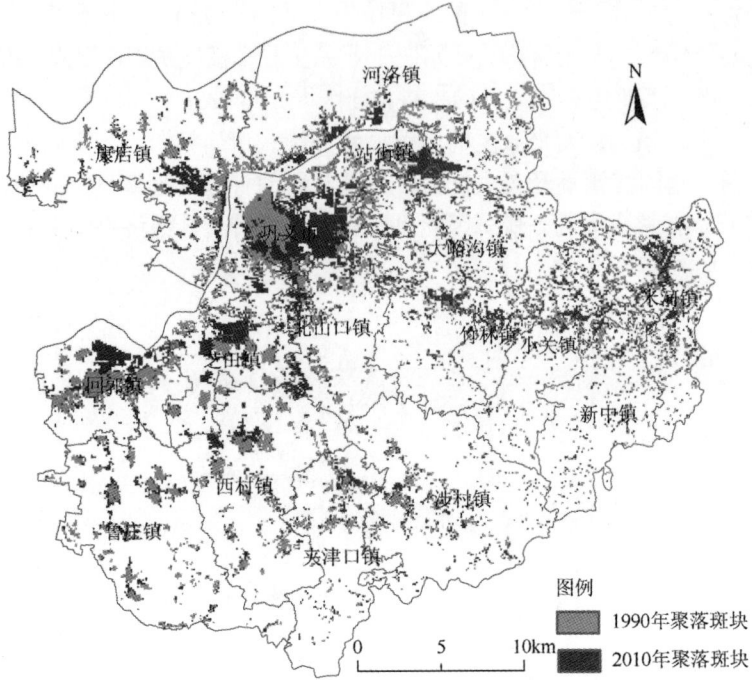

图 5.24 1990～2010 年巩义市聚落斑块扩展

表 5.8 空间韵律指数

空间韵律指数	缩写	公式
景观面积	LA	$LA = \sum_{i=1}^{n} a_i$，n 为全部斑块个数，a_i 为斑块面积
斑块个数	NP	NP 为景观中斑块个数
斑块密度	PD	PD = NP/LA 为单位面积内的斑块数量
斑块面积标准差	PSSD	$PSSD = \sqrt{\sum_{i=1}^{m}\sum_{j=1}^{n}\left[a_{ij}-(LA/NP)\right]\Big/NP}$ 为斑块规模均匀程度
平均斑块形状指数	MSI	$MSI = \sum_{i=1}^{m}\sum_{j=1}^{n}\left(0.25 P_{ij}\big/\sqrt{a_{ij}}\right)$，其中 P_{ij} 为斑块周长
斑块百分比	PLAND	$PLAND = a_i\Big/\sum_{i=1}^{n} a_i$，$n$ 为全部斑块个数，a_i 为斑块面积
平均斑块面积	MPS	MPS = LA/NP，为斑块的平均规模
聚集度指数	AI	$AI = \left[\dfrac{g_{ij}}{\max g_{ij}}\right]$，$g_{ij}$ 为斑块类型 i 的斑块相邻的细胞边数，$\max \to g_{ij}$ 为斑块类型 i 的斑块可能达到的最大相邻边数
最大斑块指数	LPI	$LPL = \dfrac{\max(a_1,\cdots,a_n)}{LA}(100)$，最大斑块指数是指区域中农村居民点最大斑块面积比例，其值越大，说明农村居民点用地集聚度越高

5.5.1　地　形　因　素

依据高程分为 DEM＜200m（I）、200m≤DEM≤500m（Ⅱ）、DEM＞500m（Ⅲ）3
个级别（表 5.9）。随着高程的升高，1990 年和 2010 年农村聚落斑块总体规模、斑块平
均规模均减小，两极分化趋势降低，斑块密度增加，聚集度降低而斑块形态趋于简单。
两个年份的农村居民点随高程变化的分布特征一致，但在各级高程区中的变化却十分不
同。从变化数量上看，1990～2010 年增加数量和比例最多的都是Ⅱ级区，I 级区次之，
Ⅲ级区最少；从各级区聚落斑块面积占总体居民点面积的比例来看，仅有Ⅱ级区增加，
Ⅲ级区保持不变，而级别 I 地区有所减少；从各级区聚落斑块面积占相应区的全部景观
面积比例来看，三区均有所增加，以Ⅱ级区增加最为明显。因此，在 1990～2010 年，
农村聚落斑块用地面积的增加主要发生在高程小于 500m 的地区。从其余的指标来看，
三区在 1990～2010 年变化的趋势相似，基本朝着斑块规模增加、密度降低、形态规则
的方向发展，但Ⅲ级区密度有明显的增加，表明该区斑块数量增加快于聚落斑块面积增
加。在整个聚落斑块演变过程中，Ⅱ级区剧烈变化，I、Ⅲ级区则缓慢发展。

表 5.9　1990 和 2010 年不同高程范围内农村聚落斑块变化

类别	级别 I（DEM＜200m）		级别Ⅱ（200m≤DEM≤500m）		级别Ⅲ（DEM＞500m）	
	1990 年	2010 年	1990 年	2010 年	1990 年	2010 年
LA/km²	46.69	54.21	50.94	77.47	4.81	5.76
PLAND/%	13.2	15.3	9.8	14.9	2.4	2.9
NP/个	634	679	2671	2887	766	959
PD/（个/km²）	13.58	12.52	52.43	37.27	159.25	166.49
MPS/m²	73643	79838	19072	26834	6279	6006
MSI	1.67	1.54	1.41	1.36	1.21	1.24
PSSD/m²	333900	517500	61500	160600	14700	20100
AI/%	80.97	83.98	69.87	75.54	54.21	54.73

以坡度可分为 SLOPE＜6°（I），6°≤SLOPE≤15°（Ⅱ）及＞15°（Ⅲ）三个级别（表
5.10）。随坡度的增加，1990 年与 2010 年农村聚落的总体规模与斑块平均规模减小，均匀
程度增加，密度增加，聚集度降低而斑块形态趋于简单。1990～2010 年，聚落斑块面积
的增加几乎全部位于 I 级区，Ⅱ级区减少，Ⅲ级区基本不变；从密度、形态等指标变化来
看，I 级区变化显著，Ⅱ、Ⅲ级区处于基本停滞状态，表明坡度对聚落的发展限制作用明显。

表 5.10　1990 和 2010 年不同坡度范围农村聚落变化

类别	级别 I（SLOPE＜6°）		级别Ⅱ（6°≤SLOPE≤15°）		级别Ⅲ（SLOPE＞15°）	
	1990 年	2010 年	1990 年	2010 年	1990 年	2010 年
LA/km²	60.11	97.01	38.79	36.79	3.54	3.64
PLAND/%	11.7	18.9	10.3	9.8	2.3	2.4
NP/个	2169	2380	1528	1640	374	505
PD/（个/km²）	36.09	24.53	39.39	44.58	105.65	138.73
MPS/m²	27709	40761	25386	22432	9465	7208
MSI	1.46	1.43	1.39	1.33	1.26	1.23
PSSD/m²	205600	384200	76600	54100	19600	20700
AI/%	79.01	82.72	68.03	67.64	58.31	56.06

地形因素是短期内保持相对稳定的影响因素，它是农村聚落初始区位形成的基础。不同地形条件的区域，聚落的规模、形态、分布都各有特点。平原区聚落斑块大而密度小，山地则相反，这种以地形因素为基础的空间格局在近 20 年的巩义市聚落发展过程中基本保持不变。随着高程和坡度的增加，农村聚落规模逐渐减小，且布局渐分散；随着道路、河流缓冲半径的增加，聚落所占比例也逐渐减小。坡地聚落表现出向上、向下迁移的不同迁移过程，以适应调整中的人地关系。但随着社会经济的发展，农村聚落的分布向低海拔、坡度平缓的平原丘陵地区集中趋势明显。应当注意的是，这些地区也同时是农业耕作基础条件较好的地区，聚落的集中发展占用耕地现象明显，1990～2010年聚落增加的 77% 来自于耕地，威胁到耕地数量的维持。

5.5.2　区位因素

以 500m 为半径建立交通线的多级缓冲区，并进一步分析各级缓冲区内农村聚落的发展变化情况（表 5.11）。由于铁路是封闭式交通线，对除站点以外的地点影响不大，故仅选用高速公路、国道、省道。随着距交通线距离的增加，1990 年和 2010 年的农村聚落总面积和斑块数量在递减。山区农村聚落主要分布在地形位较小的区域，公路也起到一定的作用，呈现沿公路分布的特点。仅在道路 500m 缓冲带内增加的聚落面积就占全部增加面积的 73%。从各缓冲区的变化来看，1500m 以内的各区，变化的趋势相同；而1500～2000m 缓冲区则出现了相反的发展趋势，表明道路对聚落布局的影响具有一定的辐射范围。另外，1500m 内的各缓冲区，在 1990～2010 年斑块数量均有所减少，这与整个巩义市的聚落发展不相一致，聚落向交通线周围聚集，并朝大规模聚落斑块发展。

表 5.11　1990 和 2010 年距离交通线不同范围内农村聚落景观指数对比

类别	0～500m		500～1000m		1000～1500m		1500～2000m	
	1990 年	2010 年	1990 年	2010 年	1990 年	2010 年	1990 年	2010 年
LA/km^2	36.96	63.23	15.63	18.64	14.14	19.18	10.26	9.17
NP/个	1010	984	653	576	467	441	390	416
PD/（个/km^2）	27.32	15.56	41.78	30.90	33.03	22.99	38.01	45.37
MPS/m^2	36594	64258	23936	32361	30278	43492	26308	22043
MSI	1.48	1.43	1.41	1.36	1.44	1.42	1.42	1.39
PSSD/m^2	15400	41600	103600	198300	134900	351300	164700	72900
AI/%	77.62	83.53	75.10	79.57	76.86	81.82	75.96	72.64

以 1000m 为缓冲半径作城镇缓冲区，在此基础上分析各级缓冲区内农村聚落的分异与发展（表 5.12）。随着距城镇距离的增加，农村聚落的规模递减特征也同样存在。1000m缓冲区与 1000～2000m 缓冲区新增的农村聚落用地分别占到增加总量的 49% 和 30%，但另一现象是随着距离的增加，农村聚落斑块数量在 1990 年与 2010 年均呈上升趋势，这表明与交通条件的影响类似，农村聚落在距离城镇近的地方相对集中，斑块规模较大，但形态更为复杂。从 1990～2010 年各缓冲区的变化来看，2000m 范围内的缓冲区变化

更为明显，2000～3000m 范围内，变化缓慢，这一方面说明城镇发展对农村聚落的吸引作用明显，同时也表明这种影响的距离衰减作用明显。

表 5.12　1990 和 2010 年距离城镇不同范围内农村聚落景观指数对比

类别	0～1000m		1000～2000m		2000～3000m	
	1990 年	2010 年	1990 年	2010 年	1990 年	2010 年
LA/km^2	24.11	41.74	20.66	31.57	28.85	33.94
NP/个	554	497	694	767	875	1050
PD/（个/km^2）	22.98	11.91	33.59	24.30	30.33	30.94
MPS/m^2	43520	89983	29769	41160	32971	32324
SHAPE_MN	1.55	1.50	1.48	1.40	1.45	1.40
PSSD/m^2	145700	464200	108300	296900	160900	158200
AI/%	76.59	83	74.45	81.49	77.06	77.37

5.5.3　社会经济因素

现今，农村聚落的动态变化受到经济发展和土地利用政策的深刻影响。农村地区的工业化进程推动当地的经济发展，深刻地改变了农村地区的土地利用方式，同时也给农民带来经济收益，为聚落的扩展提供了现实基础，但经济增长与聚落面积之间并无明显的相关性。工业化过程中各类工业园区、产业聚集等过程也会使原有聚落迁出、合并，从而对农村聚落的空间结构有明显的影响。

从农村聚落的面积来看（图 5.25），河洛镇、站街镇和夹津口镇农村聚落面积有所减少，又以河洛镇减少面积最多，达 39%，站街镇的减少面积占 27%。其余各乡镇均有所增加，又以鲁庄镇、北山口镇、大峪沟镇、回郭镇增加面积都占全部增加面积的 10% 以上。农村人口的增加，是农村聚落增加的原因之一，而河洛镇与站街镇农村人口减少明显。巩义市区农村聚落面积减少主要是由于农村聚落不断地转化为城镇建设用地。

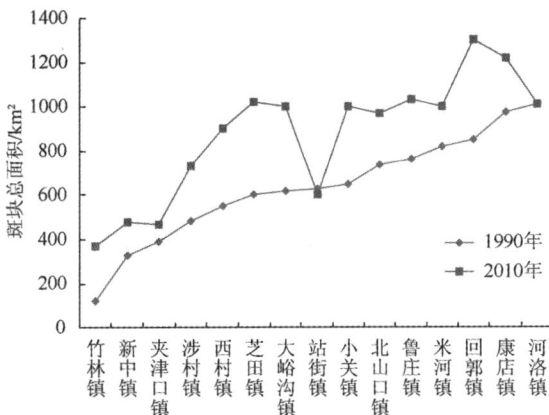

图 5.25　1990 和 2010 年各镇聚落斑块总面积

从农村聚落斑块个数来看（图 5.26），1990 年斑块个数（NP）小于 200 的乡镇除竹林镇外，全部位于巩义市的西部地区，自米河镇开始在巩义市东部地区形成斑块个数的高值聚集区，基本形成了东西部分异。2010 年仍保持着这种斑块个数的西低东高的趋势，但在局部上有了新的变化，大多镇区变化不明显，只是相对于 1990 年略有变化，但也形成了米河镇、新中镇、涉村镇绵延的增加带。米河镇经济发展迅速，2010 年 GDP 排在全市乡镇中第三位（第一、二位分别为回郭镇和北山口镇），涉村镇则是由于农村人口的增长引起聚落斑块个数的增长，新中镇近年来旅游业发展迅速，由于开发旅游景区，造成聚落迁移新建，使聚落斑块数量增加。

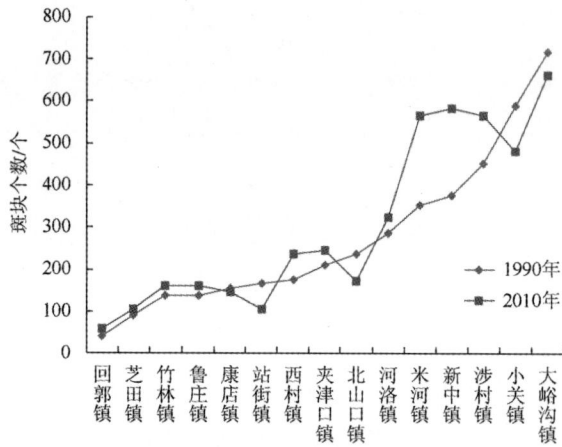

图 5.26　1990 和 2010 年各镇聚落斑块个数

　　从农村聚落斑块密度来看（图 5.27），1990 年自北山口镇分开，斑块密度（PD）低密度区集中于西部，高密度区集中于东部。2010 年虽然东部镇区有些明显变化，但东密西疏的格局仍然保持，只是在斑块密度高值区内部发生了结构变化。农村聚落平均斑块面积的变化趋势与斑块密度呈负相关，表明巩义市农村聚落的分布呈现高密度小规模分布与低密度大规模分布的格局。

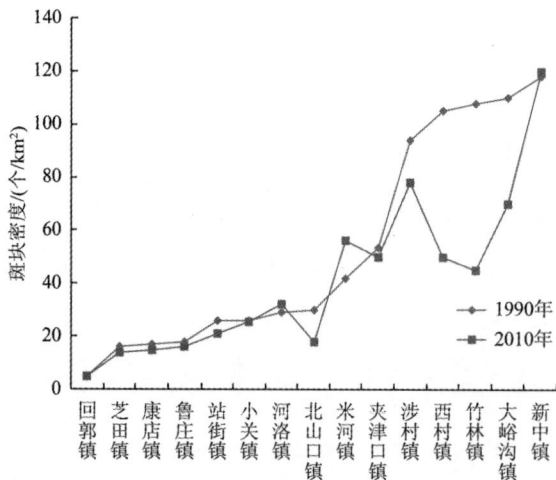

图 5.27　1990 和 2010 年各镇聚落斑块密度

从农村聚落最大斑块指数（LPI）来看（图 5.28），除回郭镇以外，最大斑块指数整体呈上升趋势。最大斑块指数值越大，表明农村聚落的聚集程度越高，1990～2010 年最大斑块指数的剧烈变化表明巩义市农村聚落的发展集聚是主要的趋势。回郭镇最大斑块指数的降低是内部交通设施的完善，使得农村聚落有破碎化的趋势。

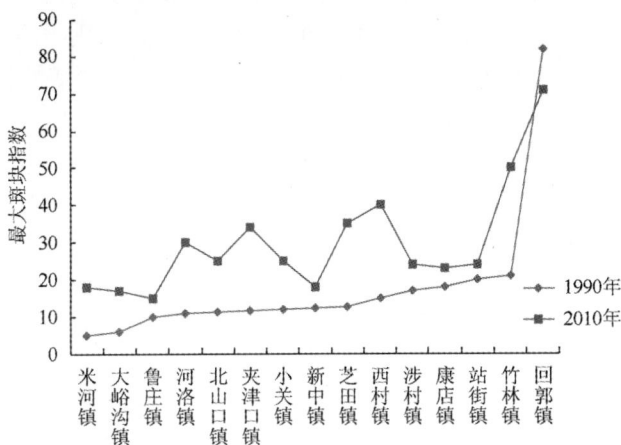

图 5.28　1990 和 2010 年各镇聚落最大斑块指数

5.5.4　转换驱动机理

综合考虑各种自然环境、社会经济以及可达性方面的因素，聚落斑块受以下因素影响：①地形因子，包括高程、坡度和坡向等；②区位因子，包括各点与铁路、高速、国道、省道和水系的最近距离等；③社会经济因子，包括以镇为单位的粮食总产量、工业总产值、农业总产值、人均纯收入、人口密度和总人口等。聚落斑块的空间分布由二分类变量的栅格图形数据表示，1 表示某土地利用类型出现，0 表示不出现。利用 SPSS18.0 软件中的 Binary Logistic 对驱动因子进行回归分析。Binary Logistic 回归模型没有关于变量分布的假设条件，也不需要假设它们之间存在多元正态分布，最终以事件发生概率的形式提供结果，拟合得出的 Logistic 回归模型参数估计不采用通常的最小二乘法，而采用最大似然估计方法。其公式如下：

$$\log\left(\frac{p_i}{1-p_i}\right) = \beta_0 + \beta_1 x_{1i} + \beta_2 x_{2i} +, \cdots, + \beta_n x_{ni} \tag{5.4}$$

式中，p_i 为每个栅格单元可能出现某一土地利用类型 i 的概率；x 为各驱动因素；β 为各驱动力因子的回归系数。对于 Binary Logistic 回归来说，回归系数没有普通线性回归那样的解释，因此，回归系数并不重要。如果要考虑每个自变量在回归方程中的重要性，可以直接用发生比（ExpB）来反映（Verburg et al.，2002）。发生比是事件的发生频数与不发生频数之间的比，表示驱动因子每增加一个单位，聚落斑块发生比的变化。ExpB<1，发生比减少；ExpB=1，发生比不变；ExpB>1，发生比增加。Logistics 回归的精度评价可采用 ROC 曲线衡量 (Pontius and Schneider，2001)，ROC 曲线下面积越大，表明回归效果越好。ROC 为 0.5～1，当 ROC＜0.5 时，与随机判别效果相当，表示回归方程的解释能力较差；当 ROC＞0.5 时，就可以认为不是随机分布，1 表示解释能力最好，可以完全确定聚落斑块的空间分布。

在 Logistic 回归分析过程中，选用 Entry 方法，以 0.05 为进入和 0.1 为排除，回归系数的置信度应大于 95%，若驱动因子系数的置信度低于该值则不能进入回归方程。计算出聚落斑块在空间上的分布概率，以 Wald 值和 Sig 值进行显著性检验。由于回归分析的样本过于庞大（100m×100m 的栅格），为了削弱空间自相关性的影响，对样本进行预处理，随机抽取 20%栅格数据，并以 ROC 进行精度检验（图 5.29、图 5.30），回归结果及检验见表 5.13。可以看出，并不是所有的因子都能进入回归模型。

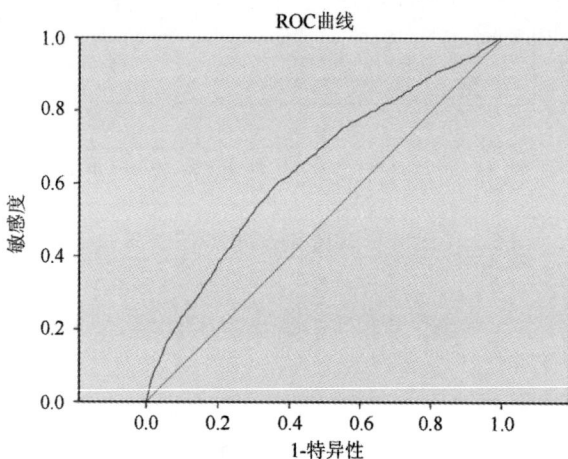

图 5.29　1990 年 ROC 检验

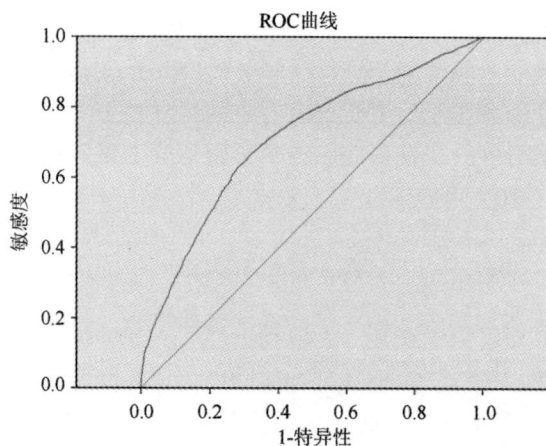

图 5.30　2010 年 ROC 检验

表 5.13　1990 年、2010 年聚落斑块的 Logistic 回归结果（Exp$B$ 值）

驱动因子		1990 年	2010 年
地形因子	高程/m		1.00117
	坡度/ (°)	1.02049	1.02142
	坡向/ (°)		
区位因子	距铁路距离/km	0.93492	0.91906
	距高速距离/km		1.02224
	距国道距离/km		0.90256
	距省道距离/km		1.03117
	距水系距离/km		0.90539
社会经济因子	粮食总产量/t	0.99994	0.99996
	工业总产值/万元		1.00000
	农业总产值/万元	1.00085	1.00003
	人均纯收入/元		0.99994
	人口密度/ (人/km^2)	1.00079	1.00065
	总人口/人	0.99998	0.99999
ROC		0.645	0.713

注：坡向以正北为 0°，顺时针转。所有变量在 0.01 显著性下显著；每一行的上部是 1990 年的数值，下部是 2010 年的数值；1990 年无高速、国道和省道。因此，在 1990 年驱动力分析中无相关指标；回归参数 Chi-square、-2Loglikelihood、Cox &Snell R^2、Nagelkerke R^2、Sig、Percent Correct、S.E.、Wald、Sig 和 B 值等不再列入。

1990 年对聚落影响最大的是距铁路距离，每增加 1km，发生率减少 6.508%；坡度也有较大影响，发生比为 1.02049；其他因素基本不产生影响。2010 年对聚落影响最大的是距国道距离，发生比为 0.90256；其次是距水系距离，每增加 1km，发生率降低 9.461%；再次是距铁路距离，发生比为 0.91906，每增加 1km，发生率降低 9.094%；距省道距离、距高速距离和坡度也有一定影响，发生比分别为 1.02224 和 1.02142，每增加 1km，发生率分别增加 2.224% 和 2.142%。对比两年驱动力可以发现，首先，坡度均起到一定的影响，地理环境是聚落的基质，在一定的坡度范围内，随着坡度的增加，聚落发生率增加；其次，距国道距离、距省道距离和距高速距离，主要是距国道距离，作为新的人为因素，对聚落分布产生重要影响，向国道等交通线靠拢。

巩义乡村发展历经 20 世纪 70 年代造田、80 年代造厂以及 90 年代造城的逐步推进。地形因子、区位因子和社会经济因子三者之间相互作用，不同时期可能会有不同的耦合方式（图 5.31）。地形因子是聚落形成和发展的基础，高程与坡度是两个最为重要的因子，限制了聚落空间的基本格局与演变的方向，以地形为基础的聚落空间格局很难被改变。区位因子对聚落空间结构的作用体现在更为微观的时间与空间尺度上，特别是距离交通线的距离，改变聚落空间结构与形态。社会经济因子既能为农村聚落提供内生动力（人口居住需求），又能提供现实基础（经济实力的提升），还能直接作用于聚落本身（政策指导）。从地形因子、区位因子和社会经济因子对聚落的影响来看，区位因子已起到主导作用，特别是新的区位因子（距高速距离、距国道距离和距省道距离），其作用显著增强；对于地形复杂具有悠久历史的小尺度区域，乡村聚落空间结构长期形成的"路径依赖"很难短时间内得到改变，自我演化较为迟缓，而社会经济因子作用可能并不明显。区位因子和社会经济因子的作用逐渐增强，需要借助政府的规划功能对乡村聚落空间结构进行调整，以期与新形势下的经济社会发展相适应。仿佛是一个轮回，经济发展的转变使国家发展战略的重心重新回到了乡村，新型城镇化被寄予厚望。新型城镇化强调工业化和城镇化良性互动，将城镇建设用地增加与农村建设用地减少相结合、城镇建设用地增加与农村人口有效转移相协调，实现城乡土地要素平等交换，促进土地城镇化和人口城镇化的协调推进，从而实现改造乡村聚落空间结构的目的。

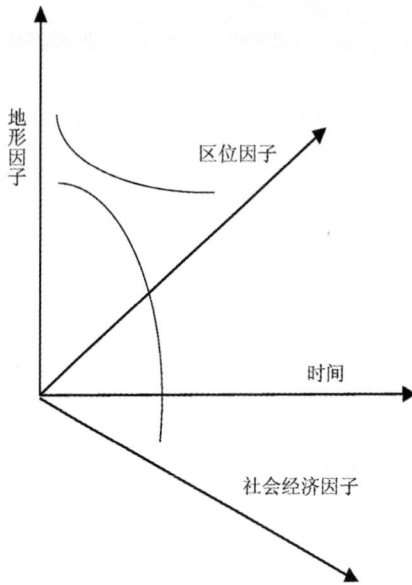

图 5.31　聚落空间结构驱动力转换

5.6　巩义未来聚落发展趋势

县域城镇化对整个中国城镇化、甚至人口和社会变迁的研究均产生积极影响，也是突破"胡焕庸线"的"李克强之问"的一个有利契机。城镇化是中国社会经济发展必然经过的重要过程。中国过去几千年的聚落发展模式受到新型城镇化的挑战。政府主导和规划指导下的聚落空间重构是一个十分重要的科学和实践问题。本章以河南省巩义市明朝以来近600年的村庄数据，分析了明清以来聚落发展的历史基础，使用齐夫指数、分形维数与基尼系数，分别测度了近百年县域聚落位序-规模的演变，试图为县域城镇化的规划和实施提供具有操作性的参考。根据以上研究结论,试图对聚落发展趋势进行以下猜想。

5.6.1　首位聚落逐渐增大

聚落位序-规模具有"翘尾"现象，齐夫指数、分形维数和基尼系数均在增加，聚落规模越大,增加的速度越快。首位聚落即县城的人口(或面积)增加最快,县城的边界扩张,周边村庄和城中村直接划归县城,成为县城的一部分,中等规模聚落发育不成熟,没有形成对乡村人口足够的拉力,不足以形成聚落体系的支撑力量,位序-规模曲线下端的小聚落出现人口的外流,特别是山区的一些村庄由于各种原因而被迁移或并入其他村庄,直接推动了县域范围内县城所在地的首位度逐渐提升。城镇化在逐渐改变着聚落早期已经形成的乡村特性,一些聚落从乡村型向城镇型转化、空间从分散向集聚转变等。在聚落网络体系的现实约束下,应继续增加聚落规模,特别是首位聚落的规模,加速推进城镇化速度。

5.6.2　网络结构趋向形成

乡村工业化的推进促使聚落功能产生巨大变革,工业与农业分离并向城镇集中,加剧了聚落之间的分化。农业时期,聚落主要是用于农业生产,聚落空间结构以土地肥力为依据;高产作物的引进,推动了山区的开发,聚落空间结构向山区扩展,在山区形成新的中心聚落;乡村工业化的推进促使聚落功能产生巨大变革,工业与农业分离并向城镇集中,加剧了聚落之间的分化。单户聚落成长为村落,进而分化出集、镇、城等,大聚落的形成与发展,使空间结构出现显著的不平衡,最终形成了“县城—(乡)镇—中心村—行政村—自然村”等级鲜明的网络结构。乡村聚落空间结构从无到有,从史前的“孤立点”,发展到农业社会的“结构点”,进而部分“结构点”升级成为“面”,而今聚落空间结构已不是以点而形成等级结构,而是已通过“点”与“线”的衔接而成为一个“点—线—面”综合体。在此系统中,县治所在地是区域核心,河流及交通线形成轴线,各镇区构成网络系统,其他聚落组成外围空间,形成 5 级聚落规模等级。单户聚落成长为村落,进而分化出集、镇、城等,大聚落的形成与发展,使空间结构出现显著的不平衡,县治所在地是区域核心,河流及交通线形成轴线,各镇区构成网络系统,其他聚落组成外围空间。核心聚落由“沿河平原线状”格局逐渐向“平原-丘陵片状”格局转变,山区聚落仍旧停留在低等,也使得“镇”从“村”分离出来,并成为上级行政单元,行政级别的差别使得镇获得不同的资源,并使县治所在镇获得更快发展,并上升为“县城(或市)”,市场化改革逐渐淡化了行政力量的作用,行政地位的作用弱化,发展较好的“村”和“镇”也可以成为“小城市”,核心聚落出现替代,甚至部分重点镇逐渐向小城市演化。

5.6.3　核心聚落再次迁移

乡村聚落空间结构和核心城镇的演变,总是建立在人类利用改造地理环境的基础上,如对水运、陆路、矿产资源的开发等。当初被认为是有利的条件,随着社会的发展,可能转变为限制的因素,而那些被认为是限制的因素(如山区、河流等),却可以成为促成聚落形成的刺激因素。地形因子仍旧是聚落形成和发展的基础,长时段形成的聚落空间格局很难被改变，社会经济因子作用可能并不明显，而区位因子通过改变聚落形态，可能起到主导作用。在此过程中，也带来了乡村聚落空间结构的变革。聚落空间结构的遵循原则由行政原则逐渐向交通原则、市场原则转换。但不同地形条件，聚落空间结构遵循原则的演化进程有所差异，平原最先从行政原则的束缚中挣脱出来，已经跃过交通原则，完成了向市场原则的蜕变；丘陵也已达到市场原则；而山区仍旧停留在行政原则。县城的迁移带来聚落位序-规模变化，工业化与城镇化加速了丘陵区聚落的兴起，以及平原聚落和沿河聚落的相对衰落，从而聚落之间产生转移替代。《巩义市城乡总体规划（2014～2030年）》三城包括1个中心城，即中心城区（整合康店、河洛、站街、芝田、北山口等镇为外围组团）；2个副中心城市，即巩东新区（包括大峪沟、竹林、小关、新中、米河5镇）、回郭城区。中心城区与巩东新区已连成一体，回郭镇已然成为另一个核心聚落。随着市场经济的逐步完善，回郭镇紧邻巩义南站的区位优势与工业发达的产业优势相互支撑，市场经济和集聚视角下，回郭镇可能成为下一个核心聚落。

5.7 本 章 小 结

仅从研究区域而言，巩义市并不是一个典型的和具有广泛代表性的区域。但对于长时段的乡村聚落空间结构研究而言，巩义市独特的地理环境和发展历程却在理论上具有重要意义。通过对其乡村聚落空间结构的深入研究，不仅可以看出整个乡村聚落空间结构的长期演变及驱动机理，而且包含更深的意蕴，即人地关系的变化。因此，本章不仅是对研究区的深入探讨，而是把研究区放在更宏大的历史和区域背景之下。审视巩义乡村聚落空间结构的跌宕起伏，就是审视中国的发展历程，对其的探索和发掘具有整个中国样本的价值。这对整个中国历史乡村聚落、甚至人口和社会变迁的研究产生积极影响，更为与西方乡村聚落进行长时段和微观层面的比较研究提供了更多便利。

在传统农业社会，巩义市所有的镇集都是建立在洛河河谷平原地带，形成沿洛河分布"线性"空间格局。同时，依据平原面积的大小和耕地的肥力等级，镇集之间出现了规模和职能之间的差别，个别镇集升级为县治。而非县治所在地的集镇，是乡村间进行交易的初级市场，并逐渐转而成为固定的商业性的居民点。沿河渡口作为与外界沟通的窗口得到了发展，沿河线状的空间结构得到了强化。中国的近代化过程无疑渗入了外来势力的影响，新作物的引进，原始工业化及河运的兴盛，催生了一批新的镇集。平原仍然保持优势，但商品贸易大规模推进到原来从未进入的山区并产生了持久的作用，山区集市增加明显，出现了夹津口集、涉村集、山小关集、米河集、茶店集等。气候变化加剧了人地关系的紧张与矛盾，河流水量的减少，以及各种事件的发生使得河运走向没落，洛河和米河水量的减少，黑石渡镇和焦湾衰落为一般村落，小里河集转移到米河河口而兴起米河集，洛口集转移到孝义。民国时期，交通运输工具的改进而引起区位空间格局"自上而下"的变革，直达快速的公路和铁路等陆上交通足以改变以土地肥力和水路为主的乡村聚落空间格局。在此过程中，平原和南部山区各3个集镇，平原地区再也不占明显的优势，形成了山区与平原势均力敌的对称结构。回郭镇、孝义镇、东站镇和南部山区新兴的米河、小关、涉村脱颖而出，远远超越一般镇集，成为与城市经济匹敌的力量，而洛口镇、芝田镇、康店、南河渡仍停留在传统意义上的农村镇集上。工业一举成为决定地区发展的关键性力量，乡村聚落空间结构终于挣脱了对农业的依赖，商业主导完全被工业主导所取代。在适宜的地区新产生大量以工业生产为主的城镇，如大峪沟镇、小关镇、北山口镇等，它们主导了城镇发展；而平原的城镇仅起到地方性交易和工业品分销的作用，如鲁庄镇、康店镇等；即使原来兴盛的运河城镇也逐渐销迹，如河洛镇、南河渡镇，甚至在新的行政区划中把两者合并，可见其衰落程度。可以预测，未来聚落发展可能存在首位聚落逐渐增大、网络结构趋向完善和核心聚落再次转移等。

参 考 文 献

[英]阿诺德·汤因比. 2005. 历史研究. 刘北成, 郭小凌, 译. 上海: 上海人民出版社

晁福林. 2001. 论中国古史的氏族时代——应用长时段理论的一个考察. 历史研究, (1): 105~116

陈春声, 肖文评. 2011. 聚落形态与社会转型: 明清之际韩江流域地方动乱之历史影响. 史学月刊, (2): 55~68

陈桥驿. 1980. 历史时期绍兴地区聚落的形成与发展. 地理学报, 35(1): 14~23

陈彦光, 刘继生. 1999. 城市规模分布的分形和分维. 人文地理, 14(2): 43~48

程蕾, 宣建华. 2012. 浙江历史地理对传统聚落发生发展的影响分析. 华中建筑, (9): 155~161

[法]费尔南·布罗代尔. 1996. 菲利普二世时代的地中海和地中海世界(第二卷). 唐家龙, 曾培耿, 等, 译. 北京: 商务印书馆

[法]费尔南·布罗代尔. 1996. 菲利普二世时代的地中海和地中海世界(第一卷). 唐家龙, 曾培耿, 等, 译. 北京: 商务印书馆

[法]费尔南·布罗代尔. 1997a. 15 至 18 世纪的物质文明、经济和资本主义(第一卷). 顾良, 施康强, 译. 上海: 三联书店

[法]费尔南·布罗代尔. 1997b. 15 至 18 世纪的物质文明、经济和资本主义(第二卷). 顾良, 施康强, 译. 上海: 三联书店

[法]费尔南·布罗代尔. 1997c. 15 至 18 世纪的物质文明、经济和资本主义(第三卷). 顾良, 施康强, 译. 上海: 三联书店

冯亚芬, 俞万源, 雷汝林. 2017. 广东省传统村落空间分布特征及影响因素研究. 地理科学, 37(2): 236~243

海贝贝, 李小建, 许家伟. 2013. 巩义市农村居民点景观特征演变及驱动力分析. 地理研究, 32(12): 2257~2269

李伯重. 1999. 气候变化与中国历史上人口的几次大起大落. 人口研究, 23(1): 15~19

李东, 许铁诚. 2005. 空间、制度、文化与历史叙述——新人文视野下传统聚落与民居建筑研究. 建筑师, (3): 8~17

李小建, 杨慧敏. 2017. 乡村聚落变化及发展型式展望. 经济地理, 37(12): 1~8

刘蕾, 刘雅静. 2014. 回郭镇有望升级为小城市. 郑州晚报, pG02

陆玉麒. 2002. 区域双核结构模式的形成机理. 地理学报, 57(1): 85~95

吕敏娟, 郭文炯. 2016. 资源型区域乡村聚落规模结构及空间分异动态. 经济地理, 36(12): 126~134

任慧子, 曹小曙, 李丹. 2012. 传承性视角下乡村聚落历史时空格局特征及演化研究——以广东省连州市为例. 人文地理, 27(2): 87~91

沈体雁, 劳昕. 2012. 国外城市规模分布研究进展及理论前瞻——基于齐夫定律的分析. 世界经济文汇,

(5): 95~111

[美]施坚雅. 1998. 中国农村的市场和社会结构. 史建云, 徐秀丽, 译. 北京: 中国社会科学出版社

宋家泰, 庄林德. 1990. 江南地区小城镇形成发展的历史地理基础. 南京大学学报(哲学/人文/社会科学), (4): 104~111

谈明洪, 范存会. 2004. Zipf维数和城市规模分布的分维值的关系探讨. 地理研究, 23(2): 243~248

谈明洪, 吕昌河. 2003. 以建成区面积表征的中国城市规模分布. 地理学报, 58(2): 285~293

田莉. 2009. 探究最优城市规模的"斯芬克斯之谜"——论城市规模的经济学解释. 城市规划学刊, (2): 63~68

王庆成. 2004. 晚清华北的集市和集市圈. 近代史研究, (4): 2~70

王庆成. 2005. 晚清华北定期集市数的增长及对其意义之一解. 近代史研究, (6): 1~39

王颖, 张婧, 李诚固, 等. 2011. 东北地区城市规模分布演变及其空间特征. 经济地理, 31(1): 55~59

魏后凯. 2014. 中国城镇化进程中两极化倾向与规模格局重构. 中国工业经济, (3): 18~30

[德]沃尔特·克里斯塔勒. 1998. 常正文, 王兴中, 等译. 德国南部的中心地原理. 北京: 商务印书馆

许檀. 2000. 明清时期城乡市场网络体系的形成及意义. 中国社会科学, (3): 191~203

[美]赵冈. 1992. 论中国历史上的市镇. 中国社会经济研究史, (2): 5~18

郑冬子, 陈慧琳. 1999. 地理学区域概念的哲学思考. 自然辩证法研究, 15(4): 27~30

Black D, Henderson V. 2003. Urban evolution in USA. Journal of Economic Geography, 3(4): 343~372

Giesen K, Suedekum J. 2011. Zipf's law for cities in the regions and the country. Journal of Economics Geography, 11(4): 667~686

Guerin P F. 1995. Rank-Size distribution and the process of urban growth. Urban Studies, 32(3): 551~562

Pontius Jr. R G, Schneider I C. 2001. Land-cover change model validation by an ROC method for the Ipswich watershed, Massachusetts, USA. Agriculture, Ecosystems and Environment, 85(13): 239~248

Roehner B M. 1991. The long term trend toward increased dispersion in the distribution of city sizes. Environment and Planning A, 23(12): 1725~1740

Rosen K T, Resnick M. 1980. The size distribution of cities: An examination of the Pareto Law and primacy. Journal of Urban Economics, 8(2): 165~186

Rozenfeld H D, Rybski D, Gabaix X, et al. 2011. The area and population of cities: New insights from a different perspective on cities. American Economic Review, 101(5): 2205~2225

Sonis M, Grossman D. 1984. Rank-size rule for rural settlements. Socio-Economic Planning Sciences, 18(6): 373~380

Soo K T. 2014. Zipf, gibrat and geography: Evidence from China, India and Brazil. Papers in Regional Science, 93(1): 159~181

United Nations. 2012. World Urbanization Prospects: The 2011 Revision. New York

Val G R. 2010. The evolution of US city size distribution from a long-term perspective (1900~2000). Journal of Regional Science, 50(5): 952~972

Verburg P H, Soepboer W, Veldkamp A, et al. 2002. Modeling the spatial dynamics of regional land use: The CLUE-S model. Environmental Management, 30(3): 391~405

Ye X Y, Xie Y C. 2012. Re-examination of Zipf's law and urban dynamic in China: A regional approach. Annals of Regional Science, 49(1): 135~156

Zipf G K. 1949. Human Behavior and the Principle of Least Effort. Cambridge: Addison-Wesley

第6章 工业化与乡村聚落

改革开放以来，中国乡村地区社会、经济、地理空间经历了剧烈变动，在这个过程中乡村工业扮演了重要角色。乡村聚落作为人地关系基本单元，其空间格局、规模、结构等在工业快速发展下经历了显著变化。因此，了解欠发达农区工业化快速发展下聚落空间演变规律，掌握空间演变影响机理及其变动趋势，对丰富聚落地理学的相关研究、促进城乡协调发展具有重要的理论与现实意义。

本章正是在此背景下，选取欠发达农区中工业发展突出且具有一定特色的长垣县为研究案例。研究主要基于人地关系理论、区位论、克里斯泰勒中心地理论、弗里德曼"核心-外围"理论、复杂系统理论等地理学、经济学、系统科学的相关理论。研究数据主要包括多时段遥感影像、地形图、行政区划图、统计数据、实地调研数据等。首先，运用多种空间分析方法对长垣县在各工业化阶段中乡村聚落空间格局、规模、空间结构的演变特征进行分析；其次，利用结构方程模型对乡村聚落空间演变影响因素进行验证性分析，并深入分析其演变驱动机理；最后，尝试应用地理模拟与优化系统对乡村聚落空间演变过程进行试探性模拟与预测分析。

作为欠发达农区聚落演变研究的重要组成部分，本章以欠发达农业平原区→工业化进程→乡村聚落空间演变为主线，对改革开放后快速工业化发展下乡村聚落空间演变进行研究，探寻其在不同工业化阶段的空间演变特征与规律，分析其驱动机理，了解其空间演变过程并预测未来演变趋势。

6.1 研究区概况与选择依据

6.1.1 研究区概况

长垣县位于河南省东北部，地处豫北平原，与山东省东明县东隔黄河相望（图6.1）。境内交通便捷，106国道纵贯南北，新菏铁路横贯东西，长东黄河大桥成为河南与山东的重要枢纽，省道308线与213线和大广与济东高速公路在长垣境内十字交叉。县域面积1051km²，下辖1个省级产业集聚区，11镇2乡5个办事处，共有724个自然村，601个行政村。2016年全县人口86.88万人，城镇人口33.18万人，城镇化率达到43.83%。全县境内地势平坦低洼，海拔为57.3~69.7m，境内被东北—西南向的黄河大堤与太行堤划分东西两部分，大堤以东为黄河滩地，地势西高东低，南高北低；堤坝以西为黄河冲积平原，地势平坦。长垣县境内河流属黄河水系，黄河流经县境东北部边界56km，其他主要为引黄沟渠。

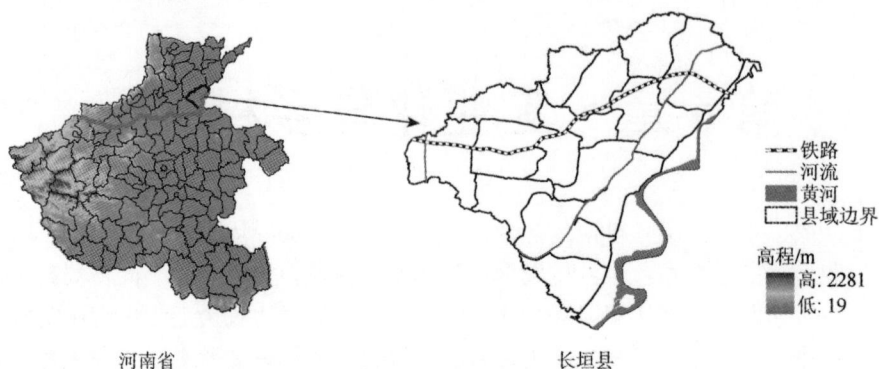

图 6.1　长垣县地理区位示意图

　　长垣县经济发展主要以民营经济为主,改革开放后,民营经济得到长足发展。2016年长垣县国民生产总值 302.43 亿元,同比增长 9.5%,规模以上工业增加值 134.91 亿元,增长 10%,固定资产投资 290.99 亿元,社会消费品零售总额 77.23 亿元,城镇居民人均可支配收入和农民人均纯收入分别达到 23109 元、16236 元。根据《河南经济发展报告(2018)》数据显示,长垣县在 2017 年 105 个县(市)综合经济实力排名中位居全省第24 位,综合经济实力不断增强。

　　长垣县工业起步于 20 世纪 70 年代。经过 40 多年的发展,逐渐形成了起重机械、医疗器械、建筑、防腐、烹饪、绿色食品、苗木花卉共七大特色产业,其中起重机械企业、医疗卫生器械、防腐产业规模较大,现已建设形成起重机械、医疗器械、商贸轻工、新城工业四大产业集聚区。长垣县工业化率变化起伏较大(图 6.2),90 年代初发展较快且高于全国、河南省、新乡市平均水平,90 年代中期开始呈现下降趋势,2000 年开始快速上升,2016 年工业化率达到 50.74%,规模以上工业增加值达到 134.91 亿元。2016年长垣县第二、三产业从业人口 48.75 万人,其中乡村从业人员达到 33.1 万人。各乡镇产业特色鲜明,起重机械产业主要集中在魏庄镇、恼里镇,2012 年以来已吸收就业人口超过 8 万人,拥有企业 450 家以上,主营收入超过 355 亿元、税收收入 8.6 亿元。医疗

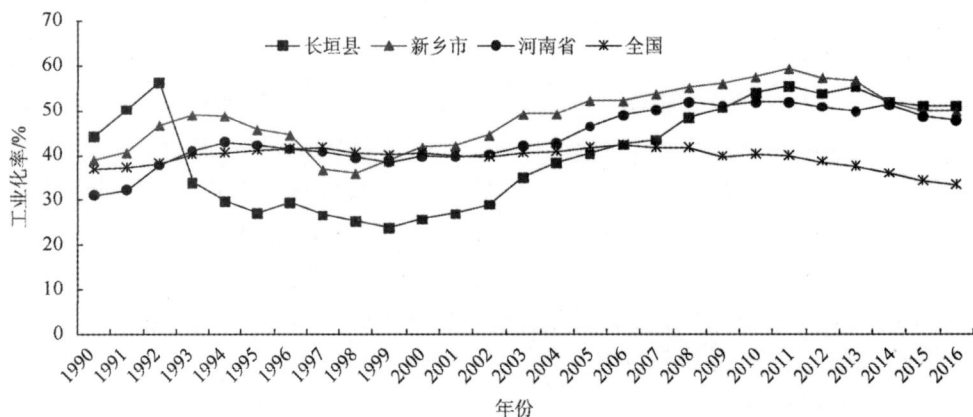

图 6.2　1990 年以来工业化率变化情况

器械、卫生产业主要集中在丁栾镇、满村镇,拥有超过 100 家卫生、医疗器械经营生产企业,吸引从业人员超过 3 万人,年销售产值 35 亿元。防腐产业是长垣县民营经济另一主导力量,在吸引就业人口方面超过 6 万人。民营工业经济蓬勃发展,不仅提升了长垣县经济实力,同时也促进了乡村的发展,是区域城镇化、工业化协调发展的关键(图 6.3)。

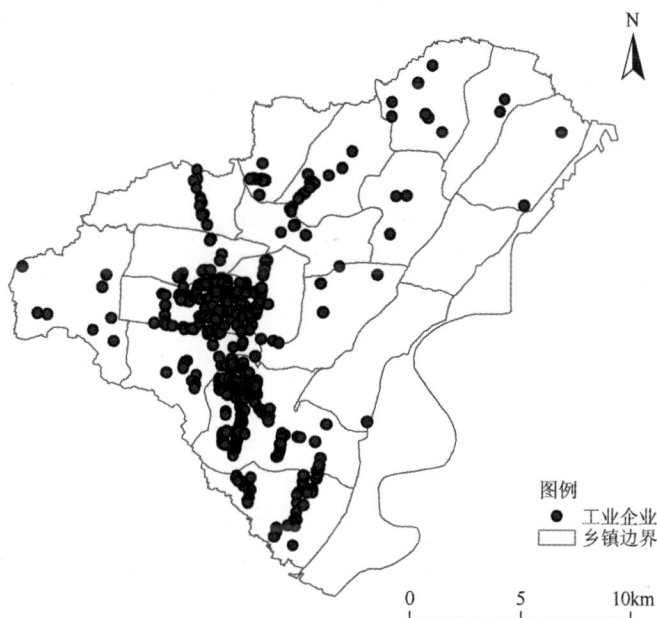

图 6.3 长垣县 2014 年工业企业空间布局概况

6.1.2 选 取 依 据

(1)长垣县处于传统农业平原区,乡村数量多且分布广泛,同时城乡融合发展趋势突出。地理区位上,长垣县符合欠发达平原农区的空间范畴,有利于剖析平原农区乡村聚落空间演变规律。在城乡发展方面上,1990 年以来长垣县的城镇化率一直低于全国同期平均水平,但城镇化速度较快,2016 年常住人口城镇化率为 43.83%,年均增长率在 2 个百分点,美丽乡村建设、乡村环境整治、乡村规划、棚户区改造等颇具成效,县域范围内城乡融合趋势突出。

(2)改革开放以来,长垣县乡村工业发展迅速,工业在经济发展中贡献相对比较突出。长垣县工业起步于 20 世纪 70 年代,改革开放后该地区工业发展迅速、规模不断壮大,已成为地区经济发展的重要力量。目前,长垣县工业体系已逐渐形成了起重机械、医疗器械、建筑、防腐、烹饪、绿色食品、苗木花卉共七大特色产业,2016 年长垣县第二产业产值比为 50.74%,非农产业产值比则为 89.05%,说明非农产业发展对长垣县经济发展贡献率较高,在传统农业平原地区的经济发展中相对比较突出。

改革开放以来，乡村受到剧烈变动，特别是在工业化快速发展的背景下，欠发达农区人口流动加速、农村土地利用频率增高、聚落功能发生转变等对乡村聚落的空间结构、分布格局会产生较大影响。本章选取欠发达平原农区工业发展特点鲜明、城乡融合趋势突出的长垣县为例，注重分析工业化快速发展过程下农区聚落空间格局演变规律及其影响因素。

6.1.3　工业化与乡村发展联系

新中国工业化发展经历了两个关键时期：第一是改革开放前的计划经济时期；第二为改革开放后的快速工业化时期（李博和曾宪初，2010）。在改革开放后的快速工业化时期，中国工业化进入全面调整和快速发展时期，特别是乡村工业逐步兴起，吸引了大量乡村剩余劳动力，促进了乡村社会经济空间的转型，一些乡村由于经济的发展和常住人口的不断扩大而演变为中小城镇。工业的快速发展产生了大量的用工需求、土地需求并带动相关产业发展，吸引农村剩余劳动力，促进乡村经济发展，对乡村社会、经济、空间、生态环境等产生较大影响。乡村工业的发展成为中国乡村经济结构转型的主导者、社会结构转型的载体、地理结构转型的引导者，是 20 世纪后 20 年乡村转型与发展的最重要动力（苗长虹，1998；冯建，2012）。

在改革开放的前沿，东部沿海乡村地区率先出现了大量的乡村中小企业，极大地促进了当地乡村经济社会的发展，形成了各具特色的乡村工业发展模式，如苏南模式、东莞模式、温州模式等。通过乡村工业发展吸引了大量的农村剩余劳动力及外来人口，带来人口的迁移，大大推进了该地区乡村城镇化和工业化进程，对整个沿海地区乡村聚落社会经济空间格局产生剧烈影响（吴天然，1997；张秀生和陈立兵，2005；张荣天等，2013；朱彬等，2014）。

中国中部地区是重要的传统农业生产区域，也是相对欠发达地区，地域平坦广阔，有近 2/3 的人口生活在乡村，乡村数量众多且分布集中。改革开放以来，中部地区的工业化也取得了较快发展，逐步建立起规模较大、相对完整的工业体系，初步完成了从工业化初始阶段向工业化中后期的过渡，这其中农村工业化成为农区发展的主导力量，工业反哺农业力度增强、劳动力就业结构趋于优化（李小建等，2010）。相比于东部沿海地区工业的快速发展，中部地区工业化主要通过农村工业化来促进经济发展，推动乡村聚落的小城镇化，同时大都市区、城市群发展也对周边乡村聚落的辐射影响。在发展过程中传统产业结构得到改善，加快了农区城镇化，促进了农区剩余劳动力转移，改善了农区社会关系，乡镇经济实力得到提升。因此，改革开放后中部传统平原农区乡村聚落发展，不仅是农村工业化、农区城镇化的重要反映，同时还是国家"三农"政策侧重区域，代表了改革开放后中国乡村聚落剧烈变动的一个重要缩影。

6.1.4　研究时间点的选取

乡村地区人口的变动是乡村聚落空间变化的直观数据，本章根据中国及河南省乡村非农人口从业数据变动轨迹（图 6.4），同时结合研究所用遥感影像、地图数据的获取情况，选取了 4 个时间节点：改革开放之前的计划经济状态，选取 1975 年作为研究节点；改革开放后快速工业化发展的时间节点，选取 1995 年、2004 年、2014 年 3 个年份为研究时间节点。依据这 4 个年份的遥感影像、地图数据并结合非农人口就业指数变化趋势，不仅可以分析聚落的空间变动情况，还能把握各时段农村城镇化和工业化发展程度，总体上契合本章在工业化快速发展背景下研究欠发达平原农区聚落空间演变的主旨要求。

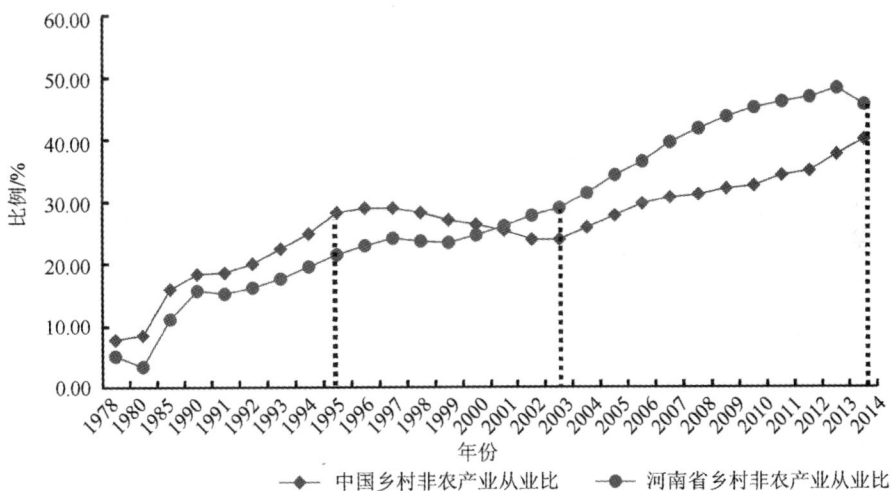

图 6.4　1978～2014 年乡村非农产业从业人员比例

资料来源：1990～2015 年《中国农村统计年鉴》、《河南省统计年鉴》

6.1.5　长垣县工业化进程分析

工业化进程通常根据经典工业化理论被划分为前工业化、工业化初期、工业化中期、工业化后期和后工业化 5 个时期（钱纳里等，2015）。关于长垣县工业化进程分析，本章主要参考陈佳贵等（2006），在评定中国工业化发展阶段时建立的综合体系，从经济发展水平、产业结构、工业结构、就业结构和空间结构共五个方面选取相关指标（陈佳贵等，2006；黄群慧，2013）。

根据相关研究，将人均 GDP 作为经济发展水平基本指标；三次产业产值比作为产业结构基本指标；将制造业总增加值占总商品值比重作为工业结构基本指标；将人口城镇化率选择为空间结构基本指标；第一产业就业人员占比作为就业结构基本指标。相关工业化不同阶段的标志值见表 6.1。工业化水平各指标判断矩阵见表 6.2，工业化指标权重见表 6.3。根据陈佳贵等（2006）工业化水平分析获取了综合指数划分相应的工业化阶段（表 6.4）。

表 6.1　工业化不同阶段标志值

基本指标	前工业化阶段	工业化实现阶段			后工业化阶段
		工业化初期	工业化中期	工业化后期	
1.人均 GDP（经济发展水平）					
（1）1995 年美元	610～1220	1220～2430	2430～4870	4870～9120	9120 以上
（2）2004 年美元	720～1440	1440～2880	2880～5760	5760～10810	10810 以上
（3）2014 年美元	889～1779	1779～3560	3560～7119	7119～13333	13333 以上
2.三次产业产值结构（产业结构）	$A>I$	$A>20\%$, 且 $A<I$	$A<20\%$, $I>S$	$A<10\%$, $I>S$	$A<10\%$, $I<S$
3.制造业总增加值占总商品值比重（工业结构）	20%以下	20%～40%	40%～50%	50%～60%	60%以上
4.人口城镇化率（空间结构）	30%以下	30%～50%	50%～60%	60%～75%	75%以上
5.第一产业就业人员占比（就业结构）	60%以上	45%～60%	30%～45%	10%～30%	10%以下

资料来源：陈佳贵等，2006；黄群慧，2013。2014 年人均 GDP 标志值根据汇率法计算，其中 A、I、S 分别表示第一产业、第二产业、第三产业增加值在 GDP 中的比例。

表 6.2　工业化各指标判断矩阵

工业化	人均 GDP	产业产值比	制造业增加值比	城镇化率	产业就业比
人均 GDP	1	2	2	3	4
产业产值结构	1/2	1	1	2	3
制造业增加值比	1/2	1	1	2	3
城市化率	1/3	1/2	1/2	1	2
产业就业比	1/4	1/3	1/3	1/2	1

资料来源：陈佳贵等，2006。

表 6.3　工业化指标权重

指标	人均 GDP	产业产值比	制造业增加值比	城镇化率	产业就业比
权重/%	36	22	22	12	8

资料来源：陈佳贵等，2006。

表 6.4　工业化不同阶段综合指数

前工业化阶段	工业化初期		工业化中期		工业化后期		后工业化时期
	前半段	后半段	前半段	后半段	前半段	后半段	
0	1～16	17～33	34～50	51～66	67～83	84～99	≥100

资料来源：陈佳贵等，2006。

　　利用《河南省统计年鉴》搜集了长垣县 1995 年、2004 年、2014 年工业化相关指标（表 6.5），应用工业化综合分析体系（陈佳贵等，2006）计算获取了长垣县三个时间点工业化指标相关指数（表 6.6）。结合表 6.4 中工业化指数阶段划分，对长垣县各时间点工业化指数进行判读，得出：1995 年和 2004 年长垣县工业化综合指数分别为 7.32 和 14.67，处于工业化初期前半段（0～16）范围内，表明长垣县工业发展在这两个时间节点均处于工业化初期前半段；2014 年工业化综合指数为 65.08，处于工业化中期后半段（51～66）范围内，表明此时长垣县工业发展处于工业化中期后半段。由表 6.6 可以看出，长垣县人均 GDP 指数、工业结构、产业就业比指数和城镇化率指数在 2004 年之后呈显著上升趋势。

表 6.5　长垣县各时间点工业化指标

基本指标	各时间点指标		
	1995 年	2004 年	2014 年
1.人均 GDP（经济发展水平）美元	231	740.39	4770.3
2.三次产业产值结构（产业结构）第一产业（A）	37.61%	23.76%	12.68%
第二产业（I）	27.11%	38.17%	51.75%
第三产业（S）	35.29%	38.07%	35.57%
3.制造业总增加值占总商品值比例（工业结构）	27.11%	28.55%	48.14%
4.人口城镇化率（空间结构）	7.5%	28.5%	39.81%
5.第一产业就业人员占比（就业结构）	75.74%	65.56%	13.9%

资料来源：以上数据主要来自《河南统计年鉴》（1996 年、2005 年、2015 年）。

表 6.6　长垣县各时间点工业化指数

基本指标	各时间点指标		
	1995 年	2004 年	2014 年
人均 GDP	0.00	0.00	66.34
产业产值比	0.00	33.38	66.52
工业结构	33.27	33.29	66.48
城镇化率	0.00	0.00	33.40
产业就业比	0.00	0.00	99.14
工业化指数	7.32	14.67	65.08
工业化发展阶段	工业化初期前半段	工业化初期后半段	工业化中期后半段

注：工业化指标无量纲化处理由阶段阈值法计算，其中若指标实际值处于第 1 阶段，则得分为 0，若指标实际值处于第 5 阶段，则得分为 100。工业化指数根据层次分析法所得各指标权重加权合成计算。

6.1.6　研究数据获取

本章所用研究数据主要有社会经济统计数据、实地调研数据、土地利用数据、地图与遥感影像数据等（表 6.7）。

表 6.7　相关研究数据搜集

数据类型	数据来源	时间	数据获取	比例尺/分辨率	主要用途
社会经济统计数据	《中国统计年鉴》《中国农村统计年鉴》《河南省统计年鉴》《新乡市统计年鉴》《长垣县统计年鉴》	1984~2014 年 1978~2014 年 1984~2012 年 2000~2012 年 2003~2014 年	图书馆		获取社会经济、工业发展、人口、城镇化率等数据
地图数据	长垣县行政区划图	2010 年	长垣县国土资源局	1:70000	获取研究区范围、道路交通空间信息、中心城镇空间信息
地形图	长垣县地形图	1975 年	河南大学地图资料室	1:50000	获取空间经纬度、乡村聚落斑块信息
遥感影像	Landsat TM/ETM	1995 年 2004 年 2014 年	地理空间数据云（GSCloud）	30m 30m 15m	获取乡村聚落土地利用分布与分类信息
QuickBrid 高清影像	村庄高清影像	2014 年	Google Earth	0.6m	调研村庄空间信息
调研数据	影响因素数据	2015 年 4~6 月	实地问卷调研		获取影响因素数据指标

6.2 不同工业化阶段聚落空间分布与规模演变

6.2.1 乡村聚落空间分布特征

利用软件 ArcGIS10.1 和 ENVI4.8 对长垣县 1975 年地形图和 1995 年、2004 年、2014 年遥感影像进行乡村聚落斑块提取，再利用 ArcGIS10.1 对聚落斑块矢量图层进行统一处理与修正，得出长垣县乡村聚落斑块分布格局图（图 6.5）。利用平均最邻近指数分析乡村聚落空间分布的格局特征，依据乡村聚落斑块规模计算得出长垣县 4 个年份乡村聚落平均最邻近指数相关指标（表 6.8）。

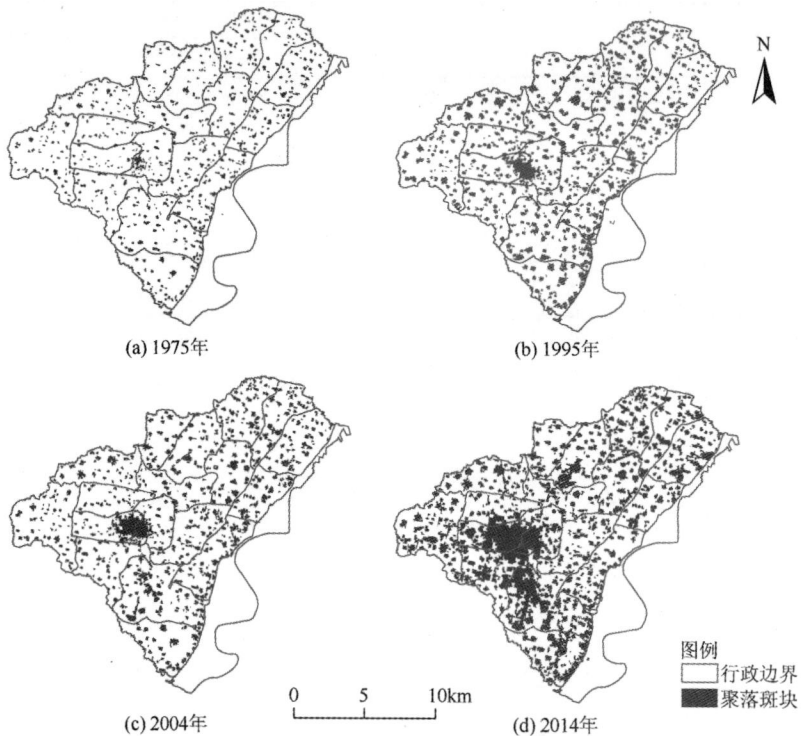

(a) 1975年   (b) 1995年

(c) 2004年   (d) 2014年

图 6.5 长垣县乡村聚落斑块空间分布格局

表 6.8 长垣县乡村聚落平均最邻近指数相关指标

指标	1975 年	1995 年	2004 年	2014 年
平均观测距离/m	613.39	707.33	631.15	698.12
预期平均距离/m	675.88	694.95	663.51	691.65
最近邻指数 I	0.9075	1.0178	0.9512	1.0094
Z 得分	−4.8120	0.8998	−2.5952	0.4802
P 值	0.0000	0.3682	0.0094	0.6310

注：$I>1$ 分散，$I=1$ 随机，$I<1$ 聚类；$Z<-1.645$ 表示聚集性分布，$Z>1.645$ 分散性分布。

1. 长垣县乡村聚落空间分布格局演变特征

由图 6.5 看出,长垣县乡村聚落空间格局在不同年份呈现出差异性特征,且整体格局区趋于集聚。结合表 6.8,1975 年长垣县乡村聚落斑块平均最邻近指数为 0.9075,小于 1,Z 得分为 –4.8120,小于 –1.645,P 值显著,表明长垣县在计划经济状态工业化阶段下乡村聚落空间分布表现出均质分布的特征;2004 年长垣县乡村聚落斑块平均最邻近指数为 0.9512,小于 1,Z 得分为 –2.5952,小于 –1.645,P 值显著,说明在工业化初期后半段长垣县乡村聚落斑块在局部空间表现出一定的集聚性特征;而 1995 年和 2014 年长垣县乡村聚落斑块平均最邻近指数的 P 值不显著,因此平均最邻近指数不具有可解释性,但结合图 6.5 看出,两个年份的乡村聚落斑块在空间分布趋势上均表现出集聚特征。总体上,自计划经济工业化阶段起到工业化中期后半阶段,长垣县乡村聚落在空间分布上呈现出从均质到集聚的趋势。

2. 长垣县聚落空间邻近距离演变特征

由图 6.6 看出,1975～2014 年以来长垣县乡村与小城镇聚落斑块间整体空间邻近距离呈现出逐年缩小的趋势。结合表 6.9,聚落斑块间空间邻近距离演变特征如下:①1975 年长垣县还处于计划经济时期,经济发展水平相对较低,乡村与小城镇间空间联系较弱,此时乡村与小城镇聚落斑块间空间邻近距离处于最远阶段且各乡镇区域差异较小,其中平均邻近距离为 3086.54m,邻近最大值为 7902.74m,邻近最小值为 39.00m;②1995 年长垣县工业化处于初期前半段,聚落间空间联系显示出加强趋势,此时乡村与小城镇聚落斑块间空间邻近距离缩小,平均邻近距离降低至 2712.91m,其他邻近距离数据也均下降;③2004 年长垣县工业化发展至初期后半段,乡村与小城镇聚落斑块间空间邻近距离同样处于缩小阶段,但速度有所趋缓,其中平均邻近距离为 2698.11m,相比 1995 年仅缩小 14.8m;④2014 年长垣县工业化进入中期后半段,此时乡村与小城镇聚落斑块间空间邻近距离显著缩小,其平均邻近距离由 2004 年的 2698.11m 减少至 2180.87m,缩减幅度为 517.24m,较 1975～2004 年总和 388.24m 还要多,同时邻近最大值、最小值等相关邻近距离数据也都下降明显。

在乡村聚落斑块与小城镇之间空间邻近距离变化速度方面,1975～1995 年聚落斑块间空间邻近距离减少了 373.44m,年平均速度为 18.67 m/a;1995～2004 年聚落斑块间空间邻近距离减少了 14.8m,年平均速度为 1.48 m/a,而此时期其工业化发展速度处于低速阶段(表 6.9);2004～2014 年聚落斑块间空间邻近距离减少了 517.24m,年平均速度为 51.72 m/a,此时期工业化指数年增速达到 5.04%(表 6.9)。结合各时期乡村聚落斑块与小城镇之间空间邻近距离变化速度,长垣县聚落斑块间空间邻近距离年平均速度呈现"U"形变化特征,目前仍处于加速上升阶段,特别是在 2004～2014 年长垣县工业化进入了中期阶段,城乡间联系显著加强,乡村聚落斑块与小城镇邻近距离变化速度也显著增加。

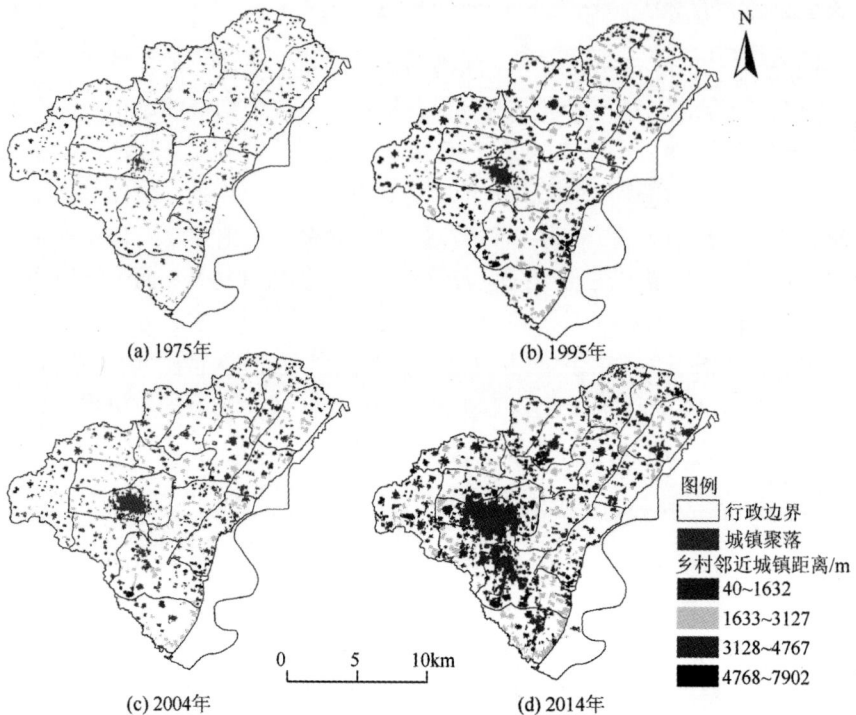

(a) 1975年 (b) 1995年

(c) 2004年 (d) 2014年

图例
行政边界
城镇聚落
乡村邻近城镇距离/m
40~1632
1633~3127
3128~4767
4768~7902

0 5 10km

图 6.6 长垣县乡村与小城镇聚落斑块空间邻近距离特征（详见文后彩图）

表 6.9 长垣县乡村与小城镇聚落斑块空间邻近距离相关指标

指标	1975 年	1995 年	2004 年	2014 年
聚落斑块数量	740	697	777	721
邻近最小值/m	39.99	20.74	5.97	4.39
邻近最大值/m	7902.74	7811.42	7617.86	7179.07
邻近距离总和/m	2237607.04	1850202	2055962	1539692
平均邻近距离/m	3086.35	2712.91	2698.11	2180.87
标准差	1657.54	1616.88	1621.23	1563.99

由图 6.7 看出，1975~2014 年长垣县乡村聚落斑块间空间邻近距离变化明显，总体呈现显著缩小趋势。结合表 6.10，乡村聚落斑块间空间邻近距离具体演变特征如下：①1975 年长垣县乡村聚落斑块间空间邻近距离处于最大时期，此时期平均邻近距离为318.07m，邻近最大值为 1354.88m；②1995 年长垣县乡村聚落斑块间空间邻近距离下降显著，平均邻近距离为 236.83m，减少 81.24m，此时期长垣县已由计划经济状态进入工业化初期前半段，相比于 1975 年乡村聚落间邻近距离，1995 年乡村聚落间邻近距离变化突出的区域主要集中分布在工业起步较早的地区；③2004 年长垣县乡村聚落斑块间空间邻近距离有所下降，但下降幅度较小，平均邻近距离由 1995 年 236.83m 降低至230.97m，此时期乡村空间邻近变化突出的区域仍集中于工业起步较早的地区；④2014年长垣县乡村聚落斑块间空间邻近距离呈现显著下降趋势，平均邻近距离为 151.64m，

相比2004年下降79.33m，近10年与前30年邻近距离变化程度相当，表明这一时期乡村聚落斑块间空间联系强度显著增强，其中集中于工业乡镇附近的乡村聚落斑块间邻近距离较之前变化显著而偏远地区和邻近行政边界附近区域的乡村间邻近距离变化较小。

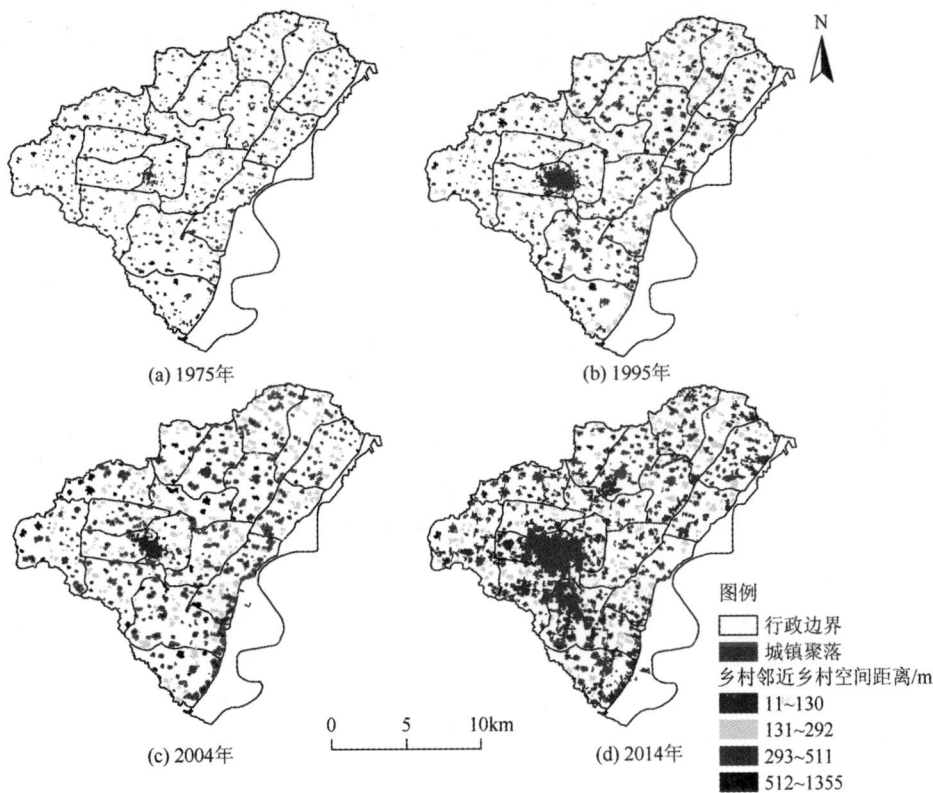

(a) 1975年 　(b) 1995年　(c) 2004年　(d) 2014年

图例
行政边界
城镇聚落
乡村邻近乡村空间距离/m
11~130
131~292
293~511
512~1355

0　5　10km

图6.7　长垣县乡村聚落斑块空间邻近距离特征（详见文后彩图）

表6.10　长垣县乡村聚落斑块空间邻近距离相关指标

指标	1975年	1995年	2004年	2014年
乡村聚落斑块数量	725	682	762	706
邻近最小值/m	11.63	4.19	2.73	2.61
邻近最大值/m	1354.88	1271.22	1310.78	1021.76
邻近距离总和/m	230602.84	161518.4	176000.3	107057.4
平均邻近距离/m	318.07	236.83	230.97	151.64
标准差	237.29	199.14	201.92	155.23

在乡村聚落斑块间空间邻近距离变化速度方面，1975~1995年乡村聚落斑块间空间邻近距离减少了81.24m，年平均速度为4.06 m/a；1995~2004年乡村聚落斑块间空间邻近距离减少了5.86m，年平均速度为0.59 m/a；2004~2014年乡村聚落斑块间空间邻近距离减少了79.33m，年平均速度为7.93 m/a；总体上长垣县各时期乡村聚落斑块间空间邻近距离变化速度也呈现"U"形变化特征且表现出不断加快的趋势。1975~2014年长

垣县乡村聚落斑块间空间邻近距离也表现出一定区域性差异，一些分布于工业化乡镇的乡村聚落斑块间空间邻近距离变化显著，而远离工业发展区域的乡村聚落和行政边界附近的乡村聚落间邻近距离变化较小。

6.2.2 乡村聚落空间密度分布

利用核密度分析方法（kernel density），应用软件 ArcGIS10.1 对长垣县 4 个时间节点的乡村聚落点的空间密度分布进行分析，其中结合长垣县实际情况经过多次模拟测度，将核密度分析搜索半径统一设置为 5km，同时利用栅格计算器对密度指标进行归一化处理，得出 1975 年、1995 年、2004 年和 2014 年 4 个年份乡村聚落点空间分布密度图（图 6.8）。本章利用暖色调代表高密度区，冷色调代表低密度区。

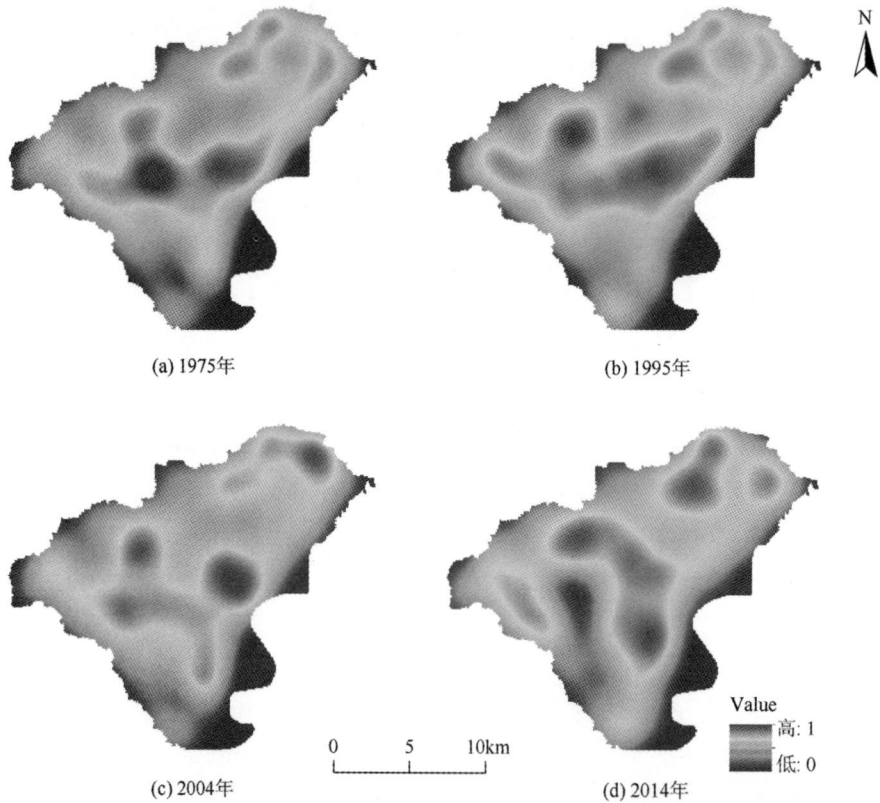

(a) 1975年　　　　　　　　　　(b) 1995年

(c) 2004年　　　　　　　　　　(d) 2014年

图 6.8　长垣县乡村聚落空间密度分布（详见文后彩图）

观察图 6.8，1975 年、1995 年、2004 年、2014 年长垣县乡村聚落点空间密度分布有以下特征：①长垣县乡村聚落点空间分布存在高密度集中区域且 4 个时期存在较大变动，高密度集中区域主要表现为由县城附近向周边集镇扩散并逐渐形成连片区；②1975年乡村聚落点空间分布高密度区域集中在中心城镇周边并向东部延伸，到 1995 年乡村聚落点空间分布高密度区域仍然保持 1975 年分布状态，但聚落点高密度分布区域呈现明显扩张趋势，其中工业化乡镇地区的聚落点分布密度上升趋势突出；③2004 年长垣县乡村聚落点空间分布高密度区域有所减少，但高密度空间区域仍呈现扩张趋势，且扩张区域以工业化乡镇地区为主；④2014 年长垣县乡村聚落点空间分布密度发生较大变化，原有的中心城区周边高密度区域和工业化乡镇地区的高密度区降为低密度区域，并形成围绕这一低密度区域的"弧"状高密度区。这一时期长垣县处于工业化发展中期后半段，工业化进程快速推进，造成原有高密度区域乡村聚落空间扩张加快并融合到城镇建成区，中心城区及乡镇空间范围扩大逐渐吞并周边村落，进而引起乡村聚落点数量减少，空间分布密度降低。结合实地调研了解，长垣县自 1975 年开始到 2014 年乡村聚落空间分布高密度不断变化区域主要分布在工业化较发达的几个乡镇，随着中心城区和工业化乡镇经济发展水平提升，其城镇建成区空间不断扩大，吞并着周边乡村，造成这些地区乡村聚落点分布密度下降。

6.2.3　乡村聚落规模演变阶段性特征

本节主要应用空间统计分析、空间增长指数，以及 GIS 空间可视化分析对乡村聚落斑块空间规模演变和规模变化区域展开分析，得到长垣县 1975～1995 年、1995～2004 年、2004～2014 年、1975～2014 年 4 个阶段乡村聚落斑块空间规模变化情况（图 6.9）。

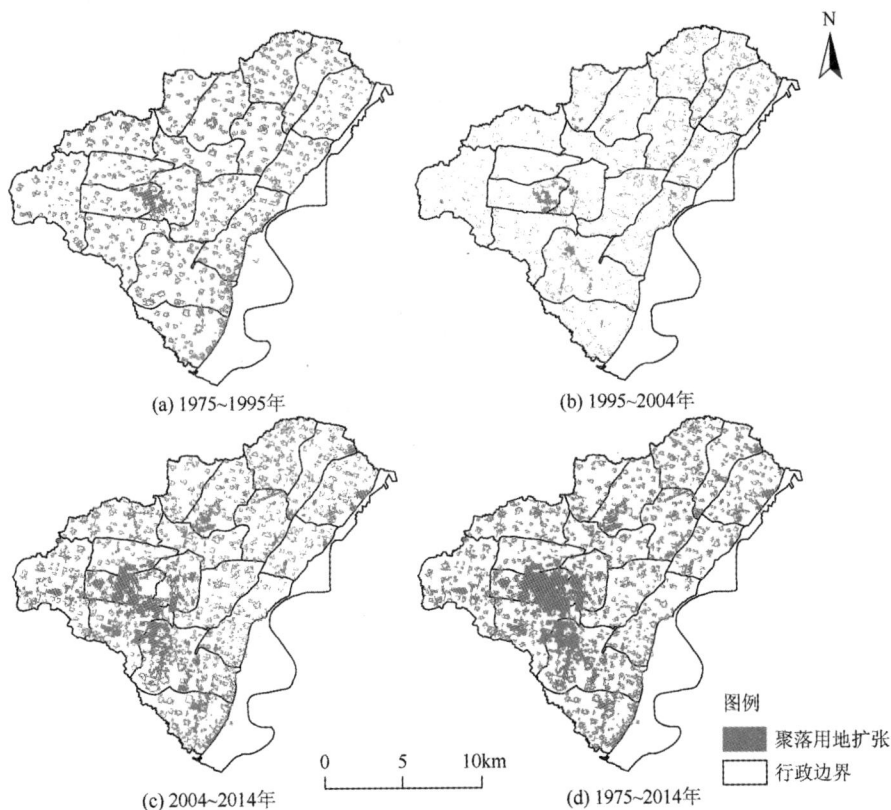

图 6.9　长垣县乡村聚落规模扩张变化图

1975～2014 年，长垣县乡村聚落空间规模整体呈现显著扩张趋势（图 6.9）。结合表 6.11、表 6.12，各阶段长垣县乡村聚落规模空间演变具有以下特征：①1975～1995 年，长垣县乡村聚落斑块空间规模扩张显著且变化区域较广，空间扩张速度 4343666.25m²/a，显示出由计划经济状态进入工业化发展初期前半段过程中城镇和乡村地区都出现了较大建设用地需求；②1995～2004 年，长垣县乡村聚落空间扩张趋势有所减慢，规模变化主要以中心城镇为主，空间扩张速度为 1944299.9 m²/a，该阶段长垣县工业发展由工业化初期前半段进入初期后半段，工业化发展速度处于较低水平，进而对区域经济发展、城乡建设有一定影响；③2004～2014 年，长垣县乡村聚落规模空间扩张程度显著且主要集中在中心城镇和工业化基础较好的地区，空间扩张速度为 13650756.95m²/a。该阶段长垣县进入工业化中期后半段，工业化指数发展速度高达 5.04，工业快速发展促进了地区经济，也加快了城乡建设，显示出工业化进入中期后半段之后城乡建设需求发展较快。

表 6.11　长垣县乡村聚落规模扩张指标　　　　　　　（单位：m）

指标	1975～1995 年	1995～2004 年	2004～2014 年	1975～2014 年
扩张最小值	4515.22	2.60	1771.88	1771.875
扩张最大值	6594664.29	3224542	23991385	35512838.47
扩张面积总和	87966343.30	19442999	136507569.46	188180118.55
扩张平均值	126207.09	26817.93	189857.50	261724.80
标准差	269924.76	133164.1	1073254	1509574

表 6.12　长垣县乡村聚落空间增长指数

指标	1975～1995 年	1995～2004 年	2004～2014 年	1975～2014 年
聚落斑块数量变化	−43	+80	−56	−19
时段长度/年	20	10	10	40
空间扩张程度/%	9.70	2	12.01	10.44
空间扩张速度/(m²/a)	4343666.25	1944299.9	13650756.95	4704502.96

注："−"表示减少；"+"表示增加。

6.2.4　乡村聚落规模变化区域分析

根据各阶段乡村聚落空间规模变化程度，利用 ArcGIS10.1 中空间统计分析方法计算 1975～1995 年、1995～2004 年、2004～2014 年以及 1975～2014 年 4 个时间阶段乡村聚落空间规模变化的 Getis-Ord G_i^* 指数来分析长垣县各工业化阶段乡村聚落空间规模区域变化的演变情况。其中当 G_i^* 指数正显著时候，表示空间规模扩张程度高值空间集聚区域，即热点区；当 G_i^* 指数负显著时，则表示空间规模扩张程度低值空间集聚，即冷点区。因此，得到 4 个时间阶段冷热变化区域（图 6.10）。

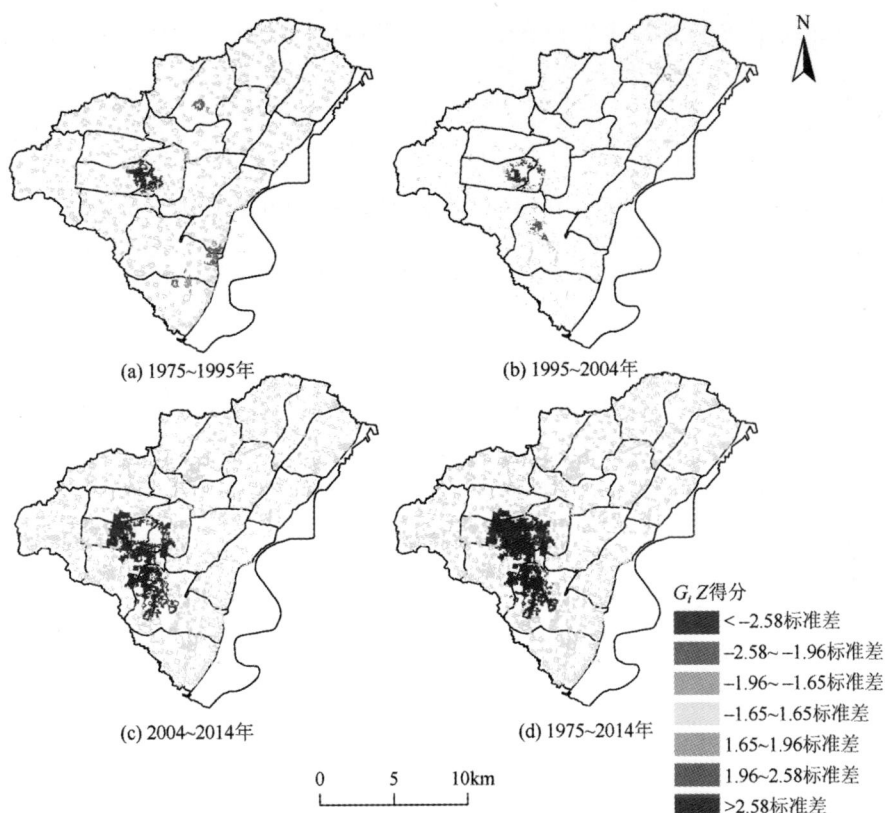

图 6.10　长垣县乡村聚落空间规模变化冷热区域分布（详见文后彩图）

由图 6.10 看出，各时间阶段中长垣县乡村聚落空间规模变化的冷热区域呈现显著扩大趋势。其中 1975~1995 年，长垣县乡村聚落空间规模扩张程度显著，其扩张程度较强的热点区域集中在中心城区及其周边区域，其中工业化乡镇小部分区域扩张程度有所降低，显示为次热点区域。1995~2004 年，长垣县乡村聚落规模空间整体扩张趋势减弱。2004~2014 年，长垣县乡村聚落规模空间扩张趋势显著，其中空间扩张热点区域主要集中在中心城镇、工业化镇大部分区域；从整体上观察 1975~2014 年长垣县乡村聚落规模空间扩张程度，其空间扩张热点集中区域主要在中心城镇和工业化强镇地区。结合区域工业化发展与聚落规模空间扩张冷热区域变化情况，发现各时期热点区域的变化与工业化基础地区存在空间重合现象。

6.3　不同工业化阶段聚落空间结构演变

在不同工业化发展阶段，乡村与小城镇、乡村与乡村之间空间相互作用程度不同，引起乡村聚落空间结构呈现不同的形式，而这种不同主要受制于区域空间等级结构的差异（艾萨德，1991）。本节基于克里斯泰勒中心地理论、弗里德曼"核心-外围"理论，结合 1975 年以来工业化进程中乡村聚落空间结构演变，从乡村聚落中心地体系变动，以及不同工业化阶段乡村聚落“核心-外围”空间结构模式演变入手，探讨乡村聚落空间结构演变特点。

6.3.1 乡村聚落中心地等级体系演变

克里斯泰勒中心地理论为解释聚落体系空间结构提供了理论基础，但克里斯泰勒中心地理论建立在静态理想条件基础上，缺乏对动态变化下中心地体系演变的解释。随着社会经济发展，乡村聚落间社会、文化、经济等联系变化强烈，导致聚落间空间范围不断变化。在这种情况下中心地等级体系中数量关系的几何变化规律是否还可以合理地解释聚落中心地体系，以及在工业化发展的动态演变中乡村聚落中心地会呈现什么样等级体系，就值得去探讨。市场原则是中心地理论的基础，本节基于克里斯泰勒中心地理论市场原则下中心地系统，对工业化进程中乡村聚落中心地体系构建与动态变化进行分析。市场原则下中心地等级系统的中心地数量与区域服务范围的几何变化数据见表6.13。

表 6.13 市场原则下中心地等级系统及其服务范围数据

中心地等级	中心地数	服务区数	服务半径/km	服务范围/ km²	提供商品的种类数/个	中心地的人口数/人	服务区人口数/人
M	486	729	4.0	44	40	1000	3500
A	162	243	6.9	134	90	2000	11000
K	54	81	12.0	400	180	4000	35000
B	18	27	20.7	1200	330	10000	100000
G	6	9	36.0	3600	600	30000	350000
P	2	3	62.1	10800	1000	100000	1000000
L	1	1	108.0	32400	2000	500000	3500000
合计	729	—	—	—	—	—	—

资料来源：沃尔特·克里斯泰勒.1998.德国南部中心地原理.常正文，王兴中，等，译.北京：商务印书馆。

由于缺乏各时期乡村聚落人口规模数据，本节利用各时期总人口、城镇人口数据与各时期城乡建筑用地面积相结合（表6.14），推演各个时期市场原则下长垣县各等级中心地规模大小，其推演公式见式（6.1），其中1975年中心地等级面积规模基于2014年、2004年、1995年中心地等级面积规模利用指数平滑法预测得出（表6.15）。由中心地等级体系介绍知（表6.13），G级中心地区域服务人口为35万，结合实地调研，分别将中心地等级划分为G级中心城镇、B级次级中心城镇、K级中心村、A级次级中心村、M级基层村。长垣县1995～2014年人口数据在70万以上，已远远大于G级中心地区域服务人口，因此长垣县境内可能存在更高一级中心地，由表6.14知，长垣县区域人口处于G级与P级中心地区域服务人口中间，即35万～100万。因此结合市场原则下中心地等级划分，从人口数据上估计有可能形成P级中心地，即区域服务人口范围100万人，该时期将长垣县中心地等级自P级以下设定6个等级，因此各中心地等级划分为P级高级中心城镇、G级中心城镇、B级次中心城镇、K级中心村、A级次级中心村、M级基层村。长垣县人口、中心地规模等级划分等数据相关信息见表6.14和表6.15。中心地等面积规模推演公式如下：

$$U_n = P_{1n} \bigg/ \left(\frac{P_{2i}}{M_i} \right) \tag{6.1}$$

式中，U_n 为中心地等级面积规模（m²）；P_{1n} 为中心地标准人口；n 为中心地等级；P_{2i} 为第 i 年的总人口数；M_i 为第 i 年聚落斑块总面积。

表6.14 长垣县人口与乡村聚落规模数据

年份	总人口/人	城镇人口/人	聚落总面积/m²	小城镇聚落面积/m²	乡村聚落面积/m²
2014	858600	301800	231749135	73382.029	158367857
2004	819644	80020	105284013	18169415	87114574
1995	735100	50100	131641713	17151063	114490468
1975	—	—	44768388	4644176	40124691

注：人口数据来自《河南省统计年鉴》（1996年、2005年、2015年）。

表6.15 长垣县聚落中心地体系等级面积规模数据

等级	克氏中心地标准人口/人	区域服务人口数/人	中心地等级面积规模/m²			
			2014年	2004年	1995年	1975年
P级高级中心城镇	100000	1000000	24314790	22706090	17908000	15236190
G级中心城镇	30000	350000	7294436	6811828	5372400	4570852
B级次中心城镇	10000	100000	2431475	2270609	1790800	1523619
K级中心村	4000	35000	1074661	513803	716320	409920
A级次级中心村	2000	11000	539830	256901	358160	203293
M级基层村	1000	3500	269915	128450	179080	101646

1. 长垣县聚落中心地体系空间结构演变

随着工业化进程推进，中心地职能不断增强，长垣县中心地等级体系由低层级向高层级演变并不断完善。各等级中心地数量关系呈高级少低级多的"金字塔"数量结构，但并不遵守市场原则下中心地 K=3 的理想数量关系（图6.11），其聚落中心地等级体系详细演变情况如下。

（1）1975年长垣县还处于计划经济时期，经济水平普遍较低，集镇规模较小，乡村与集镇间供给与需求关系较弱，造成此时期聚落中心地等级体系处于低层级的均衡状态，县域境内呈现K、A、M级3个等级的中心地系统。此时期县城对整个区域服务职能仅达到K级中心村，其他集镇和乡村最高等级为A级次级中心村，数量为20个。

（2）1995年长垣县工业化发展至初期前半段，经济发展较1975年计划经济状态有显著提升，此时长垣县城由K级中心村跨越至G级中心城镇，原A级次级中心村演化成为K级中心村，整体中心地等级体系达到4级，但缺少B级次中心城镇，G级中心城镇成为区域发展增长极。一些工业基础好、起步较早的乡镇空间范围内的K级中心村分布较集中，而其他区域聚落中心地仍处于低层级状态。

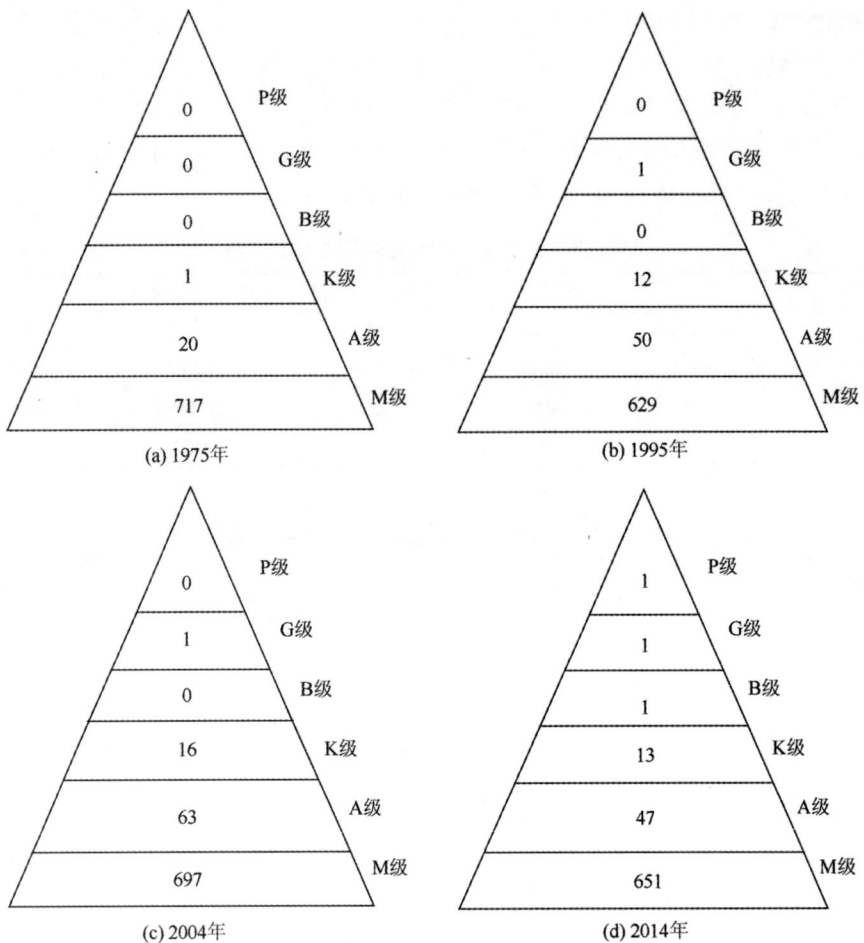

图 6.11　长垣县中心地等级体系数量"金字塔"结构

（3）2004 年长垣县工业发展到初期后半段，区域经济进一步提升，虽然此时期长垣县中心地等级体系仍为 4 级，且缺失 B 级次级中心城镇，但 K 级中心村数量变化较大，东北部区域的 K 级中心村数量显著增加，南部地区中心村数量稍有减少，K 级中心地向 G 级中心地靠近。

（4）2014 年长垣县工业化发展至中期后半段，随着经济发展水平的提升，人口规模与聚落规模扩张较快，区域内各中心地供给与需求关系加强，该时期长垣县中心地等级体系出现了 P 级中心地、B 级中心地和 K 级中心地在区域内分布较均衡，中心地等级体系趋于完整，但完善程度不够，主要表现在中心地数量关系上。其中高等级中心地之间在数量关系上呈 1∶1∶1 的结构，高等级与低层级中心地整体数量关系呈"金字塔"结构，且不遵守市场原则下中心地 K=3 的理想数量关系。

长垣县聚落中心地等级体系演变过程表明，其中心地等级体系变化剧烈，图 6.12～图 6.15 为长垣县在不同发展阶段中心地系统示意图。计划经济时期长垣县中心地等级体系层级较低，处于低端均衡状态，K 级中心村与其他中心地、基层村在空间上呈放射状圈层布局。在工业化初期前半段和后半段，聚落间供给需求关系加强，两个阶段中心地等级体系有一定相似性，均表现为四个层级，工业化初期阶段 G 级中心城镇出现，B 级次级中心城镇缺失，区域内 A 级次级中心村逐渐演变成 K 级中心村，K 级中心村在空间上表现集聚趋势，区域集聚效应凸显。在工业化中期后半段，长垣县区域内中心地职能进一步升级，中心地等级体系层级趋于完整，形成 6 层级结构，总体数量关系表现为"金字塔"结构，但在高等级中心地之间数量关系单一。这一时期中心地系统演变特点主要是经济的发展使人们社会经济活动趋向于高等级中心地，因此造成邻近高级中心地的低等级中心地易被吞噬并入高级中心地，中心地等级体系结构在空间上发生变形。

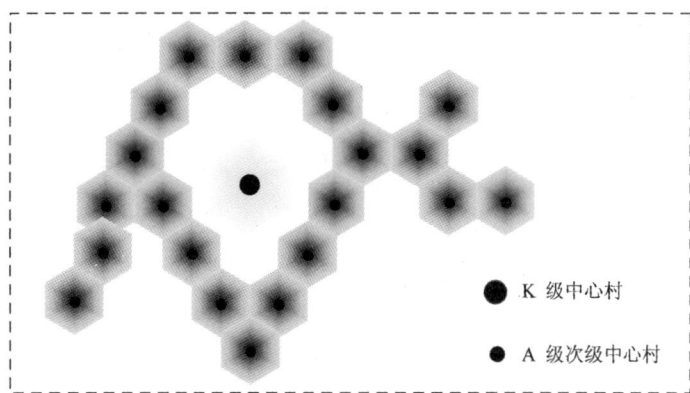

图 6.12 长垣县计划经济状态下 K 级、A 级中心地系统示意图

2. 工业化发展中聚落中心地等级体系演变特征与模式

通过对长垣县不同工业化阶段聚落中心地等级体系演变特征进行分析，发现现实世界中聚落中心地等级体系与克里斯泰勒理想静态条件下中心地系统存在一定差异，其中不同工业发展阶段的聚落中心地等级体系表现出一定异质性特征。结合各工业化阶段长垣县聚落中心地系统动态演变特征（图 6.16），可对的县域空间范围下聚落中心地系统演变过程作如下分析。

（1）中心地等级体系具有复杂性、地域性、特殊性的特点。例如，在工业化初期阶段，长垣县中心地等级体系演变存在低等级中心地向更高等级中心地跳跃式演变，甚至某些特殊因素造成低层级中心地系统会出现交替演变的可能。在工业化发展中期前半段，长垣县聚落中心地等级体系出现了"逆向"演变，这种演变多存在于低层级中心地等级体系中（如 K 级中心村系统）。由工业化各发展阶段中长垣县中心地系统演变还可以看出，聚落中心地等级系统中存在中心地规模等级与中心地职能上的分异，即原来的集镇、乡村聚落在中心地系统中并未显示出高一级中心地，反而会有一些乡村成为高一级中心地，呈现不均衡态势。总体上，长垣县中心地等级体系的演变趋势遵循社会经济的发展状况，区域内中心地等级随社会经济发展不断增加并完善，其中个别特殊的演变由其特殊因素造成，如交通线修建、乡村工业发展、人口务工迁移等。

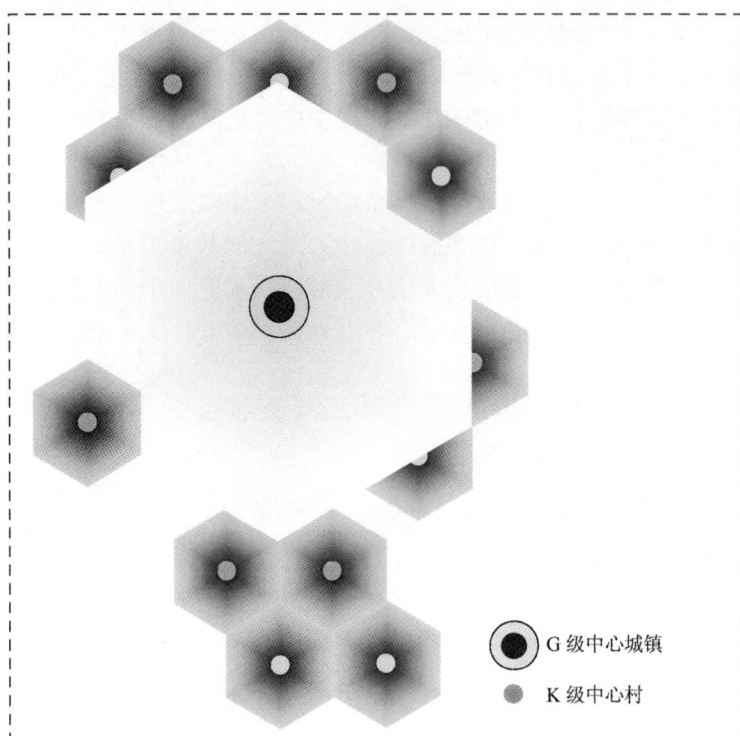

图 6.13　长垣县工业化初期前半段 G 级、K 级中心地系统示意图

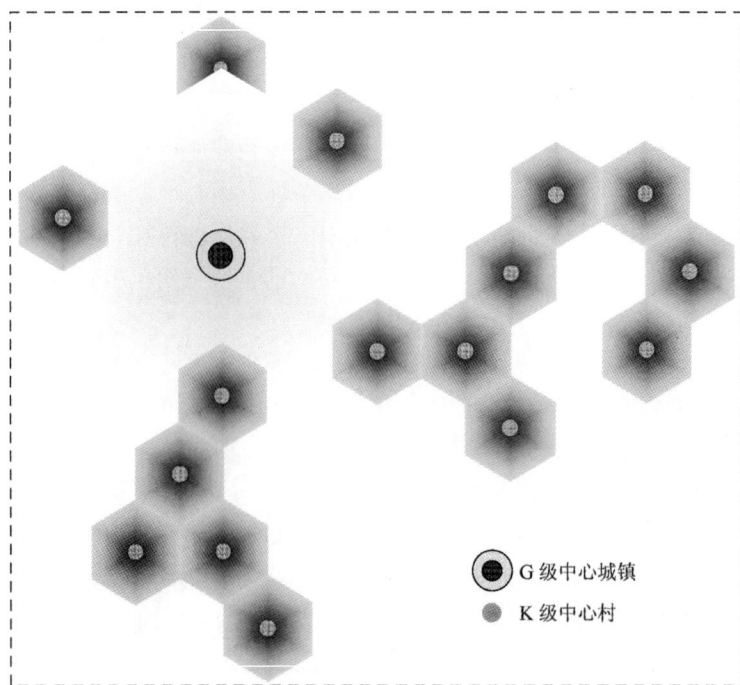

图 6.14　长垣县工业化初期后半段 G 级、K 级中心地系统示意图

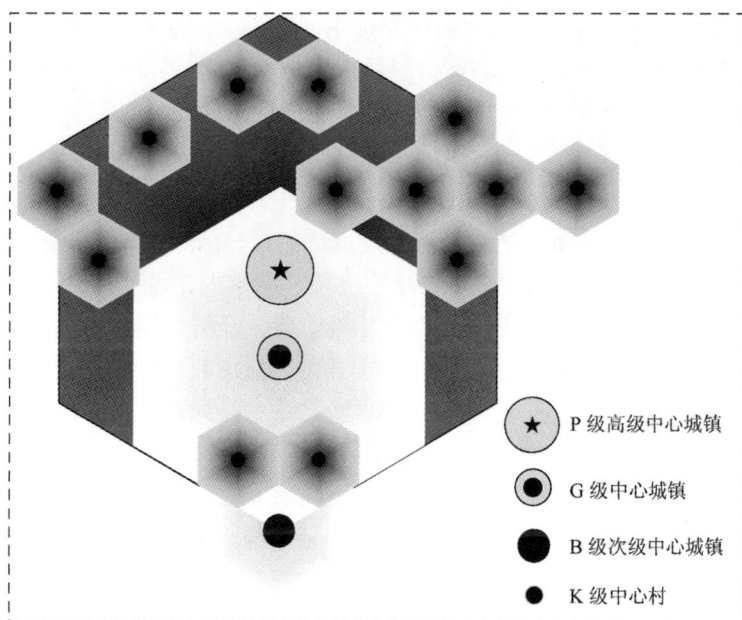

图 6.15　长垣县工业化中期后半段 P 改 G 级、B 改 K 级中心地系统示意图

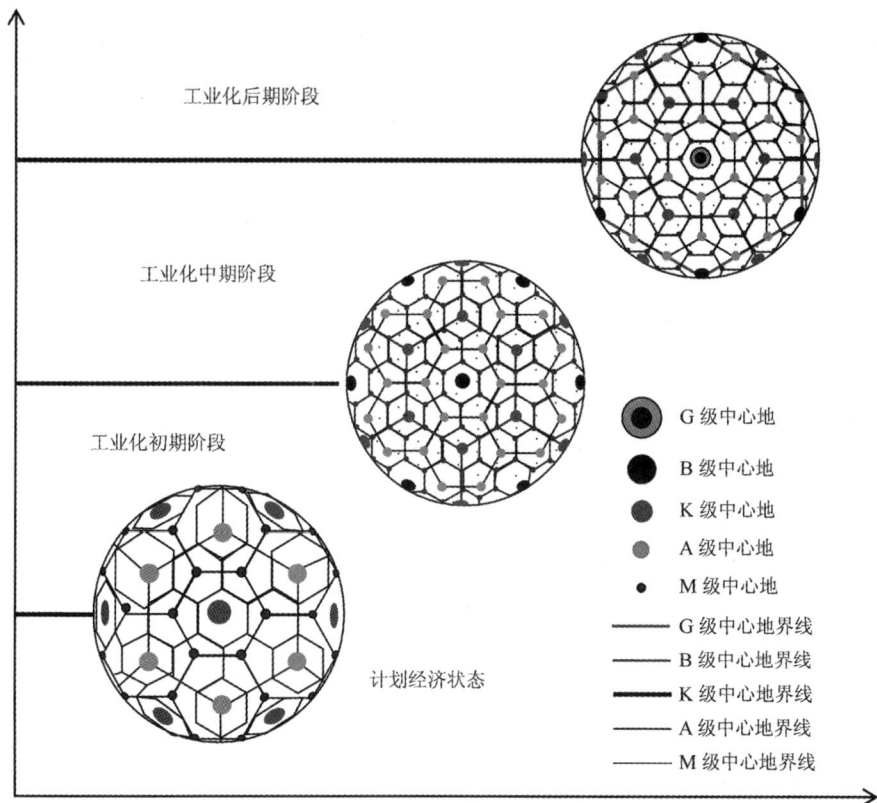

图 6.16　县域空间范围下工业化不同阶段聚落中心地系统演变过程

（2）中心地等级体系在不同发展阶段呈现不同的动态演变模式。计划经济时期，经济落后，区域内人口密度较低，中心地供给与需求关系较弱，中心地区域服务职能不强，在此时期中心地等级体系呈现低层级均衡状态，空间布局较均匀。工业化初期阶段，社会经济开始进入快速发展时期，个别中心地职能迅速升级而成为高级中心地，中心地等级体系层级增加，原始低端均衡状态开始被打破，中心地系统升级并进入成长时期。工业化中期阶段，中心地职能随着社会经济发展迅速提升，中心地间供给与需求关系强化，为满足区域内服务需求更高等级中心地开始出现，完整的中心地等级体系雏形开始出现，中心地系统进入快速发展时期。工业化后期阶段，经济发展水平较高，区域内人口数量和聚落规模已扩张到一定程度，为满足区域内日益增长的供给与服务需求，各等级中心地职能较之前已显著提升，高等级中心地数量进一步增加，中心地等级体系得以完善，基本形成符合区域人口规模的中心地等级体系。

（3）中心地等级体系数量关系不遵守市场原则下 $K=3$ 的理想变化关系，但总体数量关系呈"金字塔"结构模式。在克里斯泰勒中心地系统中，K 值在一个系统中是固定不变的，而现实世界中，由于区域的各种条件作用，所形成的区域模型各等级的变化用一个固定的 K 值很难解释。中国人口实际分布情况与德国不同，人口众多，县域空间范围有限，人口密度大，产生的中心地系统亦有所不同。由长垣县中心地等级体系在不同的工业化阶段的数量结构特征可以看出，随着社会经济发展，人口变化等因素作用促使原中心地等级服务职能的快速升级，实现中心地在短时间内的等级跃升。在这个过程中，各级中心地数量关系并不呈现出完美的 K 值关系，而是随着工业化进程推进，人口增加，社会经济发展，低等级中心地不断向高等级中心地演化，在数量上呈现"金字塔"模式。

（4）中心地等级体系在动态演变过程中具有邻近效应和区域效应。邻近高等级中心地的低级中心地更易升级为高等级中心地或被高级中心地吞噬，工业发展突出、经济发展较好的地区更易出现高等级中心地。长垣县在各个时期中心地系统演变情况表明，随着经济发展高等级中心地规模不断扩张，区域内经济辐射效应增强，使居住于低等级中心地人们的社会经济活动趋向于高等级中心地，对周边低等级中心地经济发展产生影响，有利于其获取更多发展资源进而加快升级步伐。同时，经济发展推动了高级中心地规模的空间扩张，邻近的低等级中心地易被吞噬，造成中心地等级体系结构在空间上发生变形。

6.3.2 乡村聚落空间结构模式演变

弗里德曼提出的"核心-外围"理论认为，任何空间经济系统均可以分解为不同属性的核心区和外围区，并且任何特定的空间系统都可能具有不仅仅只有一个核心区，特定核心区的地域范围将随相关空间系统的自然规模或范围的变化而变化。结合对弗里德曼"核心-外围"理论的理解，一定区域范围内的乡村聚落在不同工业化发展阶段也会呈现出特定的"核心-外围"结构模式。本节基于弗里德曼"核心-外围"理论划分的不同发展阶段区域空间结构演变模式对长垣县主要乡村聚落空间结构进行研究。

利用表 6.15 中长垣县聚落中心地体系等级规模数据的划分，根据各乡村聚落在区域内等级高低、服务能力的强弱等构建空间联系通道,利用软件 ArcGIS10.1 得出长垣县 1975 年、1995 年、2004 年、2014 年主要乡村聚落空间结构布局(图 6.17)。可以看出,长垣县乡村聚落空间结构不断变化,总体呈现复杂的趋势,由低端均衡布局状态到"核心-外围"布局,再到小区域范围网络式空间格局:①1975 年长垣县处于计划经济状态,此时期整体经济发展水平较低,乡村聚落等级层级普遍不高,乡村聚落最高等级为 K 级且数量仅有一个,因此各聚落规模、区域服务能力无明显的差异,乡村聚落在空间范围上的分布均质无序,总体处在低端均衡状态;②1995 年长垣县工业化开始步入初期前半段,此时期乡村聚落等级中原 K 级中心地演变成 G 级中心城镇并成为整个区域的经济发展核心,其周边村落演变成多个 K 级中心村,在区域空间上 G 级中心城镇与 K 级中心村形成了"核心-外围"结构,区域低端均衡布局被打破;③2004 年长垣县工业已发展至初期后半段,经济发展水平较前期得到一定提高,但乡村聚落等级体系变化不大,在区域空间上 K 级中心村数量进一步增加,并出现了 K 级中心村的集聚,总体上 K 级中心村与 G 级中心城镇仍构成"核心-外围"结构格局;④2014 年长垣县工业化已发展至中期后半段,此时乡村聚落等级体系出现了显著分异,高等级中心地出现且数量增加。由于高等级中心地多集中在长垣县南部且空间邻近,因此在空间上高等级中心地之间由经济带沟通联系,多个高等级中心地又在小区域内与 K 级中心村形成"核心-外围"结构,形成区域小网络格局,总体空间结构由多个"核心-外围"结构模式,组成小网络经济中心体系。长垣县乡村聚落空间结构特征及演变趋势在计划经济时期、工业化初期与工业化中期后半段,可归纳为 4 种模式(图 6.18)。

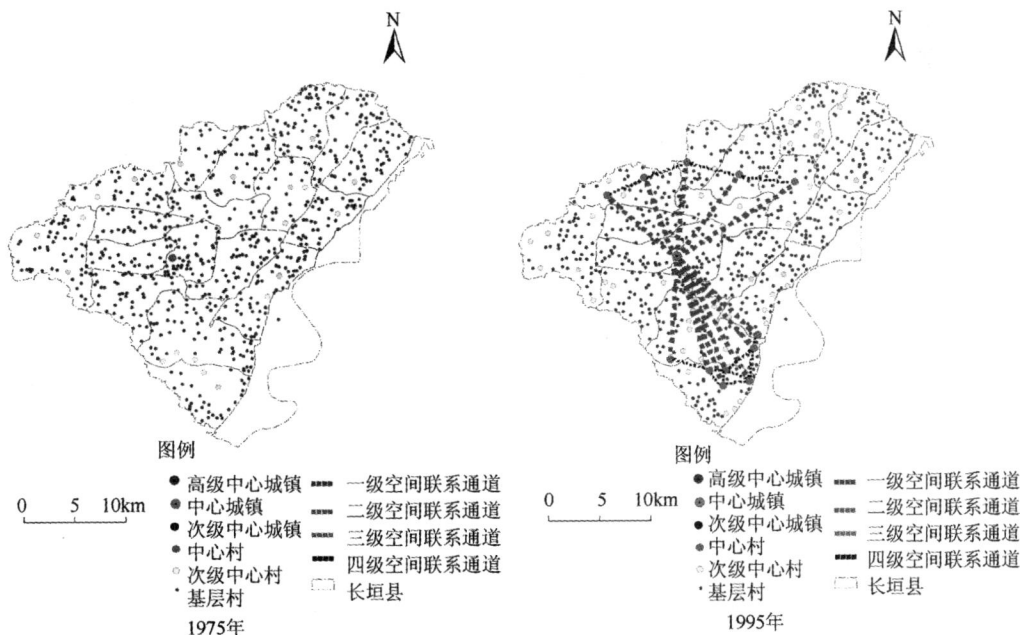

图例

高级中心城镇 ▬▬▬ 一级空间联系通道
中心城镇 ▬▬▬ 二级空间联系通道
次级中心城镇 ▬▬▬ 三级空间联系通道
中心村 ▬▬▬ 四级空间联系通道
次级中心村 ☐ 长垣县
基层村

0 5 10km

1975年

图例

高级中心城镇 ▬▬▬ 一级空间联系通道
中心城镇 ▬▬▬ 二级空间联系通道
次级中心城镇 ▬▬▬ 三级空间联系通道
中心村 ▬▬▬ 四级空间联系通道
次级中心村 ☐ 长垣县
基层村

0 5 10km

1995年

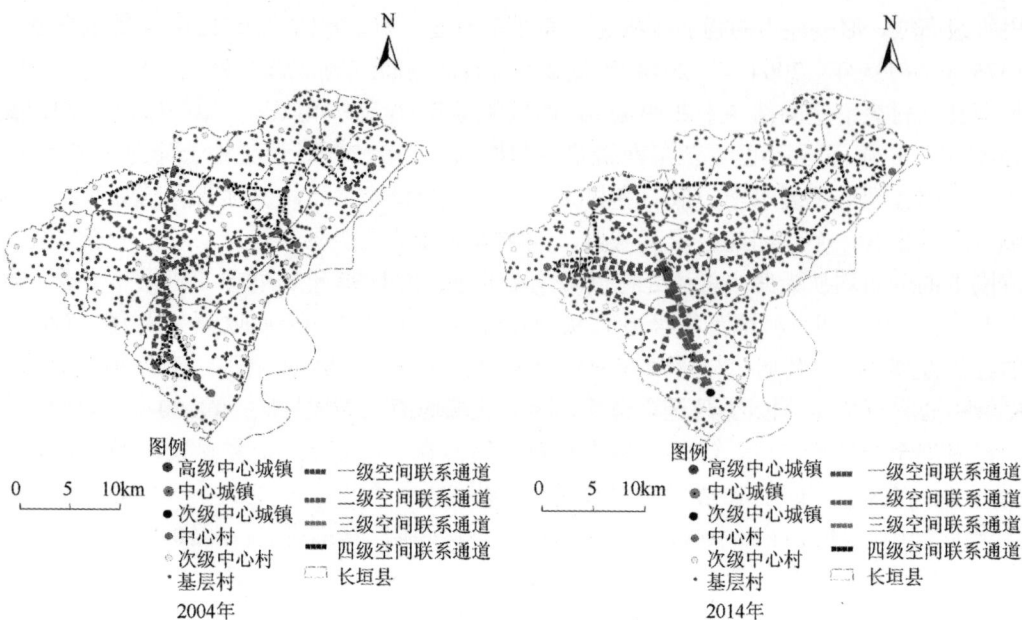

图 6.17　长垣县主要乡村聚落空间结构布局

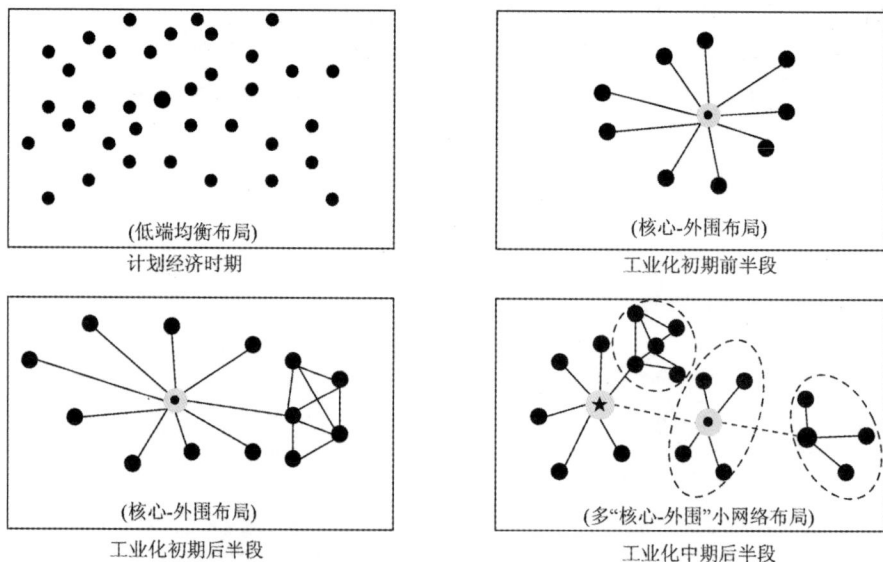

图 6.18　长垣县主要乡村聚落空间结构演变模式

6.4　聚落演变影响因素及驱动机理

　　本节利用结构方程模型，从工业化发展下乡村聚落人地关系理论和区位论出发，选取对乡村聚落空间演变可能具有一定影响的自然地理环境、社会人文经济、工业发展、政府机制、城镇发展 5 个维度进行影响因素验证性分析，探索各影响因素在乡村聚落空间演变中的影响程度及其互动联系。

6.4.1　影响因素选取

1. 自然地理环境

自然地理环境主要在地形、河流、高程、气候等方面影响到乡村聚落的选址、布局与发展。此外，耕地、土壤等条件的变化也可能对研究区乡村聚落产生影响，这些因素综合构成长垣县乡村聚落空间演变的自然地理环境维度。

2. 社会人文经济

社会、经济、文化、人口的发展在长垣县乡村聚落空间演变过程中扮演着重要的作用。人口的迁移与扩张是乡村聚落空间规模变化的主因，而地域文化的不同则使乡村聚落呈现不同的演变模式。乡村聚落的一些重大演变往往来自于交通路线的修建或区域规划的推行，目前在长垣县境内已拥有铁路、高速、省道等多种类型交通路线。工业发展促进经济的进步并带来了农村居民收入的增加，村民改善居住环境的意愿就更强烈，推动了乡村社会人文要素的变化与发展。

3. 工业发展

工业发展要素对乡村聚落空间的影响不仅体现在大型工业上，也体现在乡村工业企业的发展方面。大型投资性工业企业对当地经济有巨大的推动作用，特别是吸引人口就业，引进外来人口，同时也对解决当地村民的就业，增加村民收入，改造村民的居住环境创造了条件。工业企业的选址布局往往对土地有很大的需求，这会对乡村聚落空间布局产生一定影响。随着工业企业的发展，其他行业也得到带动，外来人口的增加，用地规模的扩大使得乡村聚落在规模、景观、结构、文化等发生变化。乡村工业的发展使乡村经济水平提高，为兴建各种公共和基础设施提供经济基础。一些乡村工业企业的发展与布局使乡村发展成为专业化生产乡村，而其附带发展起来的第三产业为也促进乡村经济发展提供了基础。

4. 政府机制

中国农村土地流转、新型农村社区建设、农村工业化等相关政策和项目，为改造、整合乡村聚落提供了政策引导。农村土地流转对乡村聚落土地利用进行了有效的引导，新型农村社区建设对乡村聚落的空间整合会产生较大影响，特别是从农村居民点整治、合村并村等。同时政府促进乡村经济发展的相关政策也促进了农业产业化、农村工业的发展，从侧面也会影响到乡村聚落的发展。

5. 城镇发展

当前研究区正处在快速城镇化推进阶段，城市的快速发展对乡村地区村落的演变产生多方面的影响。首先，城市发展用工需求吸引乡村人口的迁移，造成乡村聚落规模的缩减；其次，城镇化的推进对周边乡村聚落具有辐射带动作用，使其演变成城市的一部分；再次，城市发展在空间上具有推拉作用，影响乡村聚落在地域空间发展的趋向。

6. 理论假设

基于以上分析，提出乡村聚落空间演变的理论假设和概念模型（图6.19）。

假设 H_1：自然地理环境对乡村聚落空间演变有正向作用。

假设 H_2：社会人文经济对乡村聚落空间演变有正向作用。

假设 H_3：工业发展对乡村聚落空间演变有正向作用。

假设 H_4：政府机制对乡村聚落空间演变有正向作用。

假设 H_5：城镇发展要素对乡村聚落空间演变有正向作用。

假设 H_6：政府机制对工业发展有正向作用。

假设 H_7：工业发展对社会人文经济有正向作用。

假设 H_8：工业发展对城镇发展有正向作用。

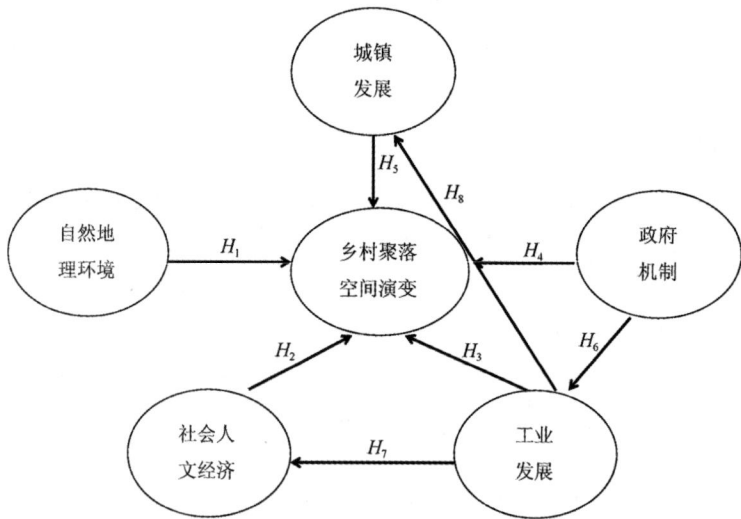

图6.19　工业化进程中乡村聚落空间演变影响因素概念模型

6.4.2　结构方程模型构建

本节研究数据主要来自实地问卷调研。调研时间为2015年4月22日至6月19日，调研主要侧重两部分：一是影响因素的问卷调研；二是相关文献资料的搜集。调研村庄为19个，调研对象面向乡村的政府官员、村干部、普通村民，获取了有效问卷299份。调研19个村庄，主要包括常村镇朱寨、小屯、柳桥、辛兴；丁栾镇关路西村；满村镇唐洼、前满、大杨楼、陈墙；魏庄镇梁寨、信寨、周庄、郑堤、邢口、傅堤；恼里镇龙相、恼里村；方里乡翟疃村；樊相镇聂店村（图6.20）。

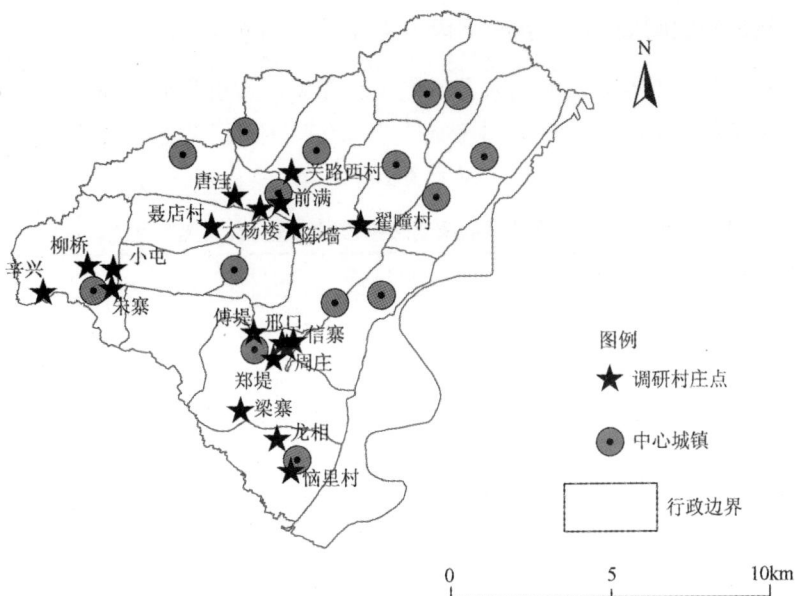

图 6.20　长垣县调研村庄点

　　以下应用结构方程模型对长垣县工业化进程中乡村聚落空间演变影响因素进行验证性分析。在乡村聚落空间演变影响因素中,有多种因素指标难以直接获取,由于这些因素作用关系复杂又不易被直接观察和测量,因此被列为潜在变量,这需要多个外部观测变量进行间接反映。结构方程模型主要由测量模型和结构模型组成,其中测量模型由潜在变量和观测变量组成,结构模型是潜在变量间因果关系模型的说明,因的潜变量被称为外因潜变量,果的潜变量被称为内因潜变量(吴明隆,2010)。结构方程模型通常组成如下:

$$X = \wedge x\xi + \delta$$
$$Y = \wedge y\eta + \varepsilon \quad\quad (6.2)$$
$$\eta = B\eta + \Gamma\xi + \zeta$$

式中,X 与 Y 组成测量模型,其中 X 为外生观测变量;Y 为内生观测变量;$\wedge x$ 和 $\wedge y$ 分别为 X 与 Y 指标的因素负荷量;δ 为外生观测变量误差项;ε 为内生变量误差项;ξ 与 η 分别为外因潜变量和内因潜变量,η 与 ξ、Γ、ζ 构成结构模型;B 为内因潜变量间的关系;Γ 为外因潜变量对内因潜变量的影响;ζ 为结构方程的误差项,表示无法被自变量解释的部分。

6.4.3　影响因素实证分析

　　本节首先对调研所得的影响因素数据进行解释及描述性分析;其次为验证调研数据对结构方程模型的适用性对数据进行探索性因子分析,数据的信度和效度检验;最后,对长垣县乡村聚落空间演变影响因素数据进行结构方程模型的验证性分析。

1. 长垣县乡村聚落空间演变影响因素变量设计与测度

利用李克特量表对长垣县乡村聚落空间演变影响因素进行调研分析，问卷选项数值由 1~5 分别代表"非常不认同""不认同""一般""认同""非常认同"以反映该影响因素对乡村聚落空间演变的影响程度（表 6.16）。

表 6.16　长垣县乡村聚落空间演变影响因素变量含义及描述性统计分析

潜在变量	变量类及符号	观测变量	符号	均值	标准差
自然地理环境	外因潜变量（ξ_1）	当地主要河流、水源地变动影响到本村的区位分布	N1	1.779	0.415
		耕地、土壤变化影响到本村空间发展	N2	1.806	0.421
		地势条件影响到了本村地理分布	N3	1.883	0.322
社会人文经济	外因潜变量（ξ_2）	人口规模变化影响到本村空间规模变动	S1	4.485	0.501
		生产方式的改变影响到本村空间上变化	S2	4.244	0.430
		村民改善居住环境的意愿，影响到本村建设发展	S3	4.465	0.499
		交通道路修建影响到本村空间发展方向变动	S4	4.013	0.115
		经济发展水平影响到本村建设发展	S5	4.395	0.489
工业发展	外因潜变量（ξ_3）	乡村附近工业企业用工需求，引起本村人口规模的变化	I1	4.268	0.443
		乡村工业促进了乡村经济发展，推动了本村基础建设	I2	4.271	0.445
		乡村附近工业企业发展引起村民空间建筑趋势变动	I3	4.084	0.277
		乡村地区工业发展带动了其他产业促进乡村发展	I4	4.227	0.420
		乡村附近工业发展影响到乡村居住或生态环境变化	I5	4.087	0.282
政策机制	外因潜变量（ξ_4）	相关农村社会经济发展政策，影响到本村经济发展（如乡村企业）进而影响到乡村基础设施建设	P1	3.525	0.500
		农村土地流转政策影响到本村土地利用变化	P2	3.488	0.501
		新农村社区建设等影响到本村规模，空间结构等变化	P3	3.411	0.493
城镇发展	外因潜变量（ξ_5）	郑州、新乡等大都市区发展，带动了本区域乡村发展	C1	2.582	0.507
		县城、乡村发展与扩张，影响到本村发展	C2	2.615	0.501
		城镇发展吸引人口的流动，影响到本村人口规模变化	C3	2.799	0.433
乡村聚落空间演变	内因潜变量（η_1）	所在村庄空间规模发生的变化	R1	4.789	0.417
		所在乡村空间布局趋势变化	R2	4.144	0.351
		所在乡村环境变化（生态环境、人居环境等）	R3	4.763	0.426
		所在乡村居民居住空间变化（如盖楼）	R4	4.816	0.388
		所在乡村空间结构变化（如与其他乡村空间距离、内部空间结构）	R5	4.217	0.413

2. 长垣县乡村聚落空间演变影响因素指标信度与效度检验

影响因素数据的信度检验是进行结构方程模型分析的关键，本节应用 SPSS19.0 中可行性分析检验数据的信度，并以 Cronbach'α 值反映数据的信度情况（表 6.17）。结果显示，7 个潜变量数据整体 Cronbach'α 值为 0.703，各潜变量 Cronbach'α 最低值为 0.633，均大于 0.6，表明长垣县乡村聚落空间演变影响因素数据信度较好。

表 6.17　长垣县潜变量信度检验指标

潜变量	观测变量个数	Cronbach' α	潜变量	观测变量个数	Cronbach' α
自然地理环境	3	0.864	城镇发展	3	0.836
社会人文经济	5	0.717	乡村聚落空间演变	5	0.633
工业发展	5	0.878			
政策机制	3	0.888	总潜变量	24	0.703

注：Cronbach'α 在 0.6 以上，被认为可信度较高。

利用探索性因子分析检验调研数据是否适合于进行因子分析，并作为结构方程模型数据效度检验的依据。利用 SPSS19.0 对影响因素指标检验表明，数据的 KMO 值为 0.698，且在 0.01 水平上显著，数据通过了 Bartlertt 球度检验。通过主成分分析法进行最大方差法旋转，得到探索性旋转因子载荷矩阵（表 6.18），其中，S_4、R_2、R_5 的因子载荷小于 0.5，说明 S_4 并没有被归为社会人文经济因子，R_2、R_5 没有归为聚落空间演变因子，因此剔除 S_4、R_2、R_5 这 3 个观测变量。其余 21 个观测变量因子载荷均大于 0.5，且第六因子累计方差贡献率达到 64.95%，说明由 21 个观测变量数据构成的自然地理环境、社会人文经济、工业发展、政策机制、城镇发展、乡村聚落空间演变 6 个潜在变量达到很好的效度。

表 6.18　长垣县影响因素数据探索性因子旋转成分矩阵

潜在变量	符号	因子 1	因子 2	因子 3	因子 4	因子 5	因子 6
自然地理环境	N_1	−0.099	0.879	−0.004	0.010	0.006	0.127
	N_2	−0.153	0.854	−0.092	0.084	0.006	0.043
	N_3	−0.056	0.818	−0.190	0.172	−0.023	−0.018
社会人文经济	S_1	0.061	−0.005	0.086	0.893	−0.022	0.016
	S_2	−0.126	0.059	−0.070	0.504	−0.155	0.031
	S_3	−0.061	0.060	−0.112	0.844	0.086	0.052
	S_4	0.103	−0.143	0.092	0.081	−0.200	−0.159
	S_5	0.158	0.069	−0.001	0.733	−0.040	−0.080
工业发展	I_1	0.916	−0.127	0.124	0.035	−0.084	0.073
	I_2	0.921	−0.146	0.138	0.031	−0.094	0.080
	I_3	0.683	0.198	0.135	0.072	0.031	−0.057
	I_4	0.899	−0.162	0.062	−0.061	−0.052	0.079
	I_5	0.508	−0.326	−0.005	−0.099	0.215	0.040
政策机制	P_1	0.195	−0.145	0.910	−0.006	0.046	0.092
	P_2	0.120	−0.042	0.895	0.020	0.028	0.064
	P_3	0.078	−0.113	0.818	−0.125	0.030	0.073
城镇发展	C_1	0.074	−0.020	0.174	−0.073	0.918	−0.108
	C_2	0.077	−0.020	0.181	−0.065	0.898	−0.116
	C_3	−0.163	−0.061	−0.206	0.026	0.730	0.179
乡村聚落空间演变	R_1	−0.020	−0.014	0.095	0.092	0.092	0.828
	R_2	0.050	0.280	−0.063	−0.143	−0.093	0.418
	R_3	0.024	−0.049	0.182	0.161	−0.005	0.737
	R_4	0.141	−0.052	0.073	0.012	−0.012	0.613
	R_5	−0.030	0.265	−0.086	−0.167	−0.007	0.448

3. 长垣县乡村聚落空间演变影响因素结构方程模型验证与修正

按照长垣县结构方程模型理论框架构建的可行性与 Amos16.0 输出的修正指数（modification index）结合对模型进行修正，得到修正后的结构方程模型拟合指数（表 6.19）和修正后的结构方程模型见图 6.21，图中包含各观测变量与潜变量之间的路径关系大小。模型的绝对拟合指数、比较拟合指数、简约拟合指数得到明显改善，其中修正后绝对拟合指数中 $x^2/df=1.04<2$，GFI=0.958、AGFI=0.929，均符合标准值要求，比较拟合指数经修正后 NFI=0.965、RFI=0.95、CFI=0.999，基本都在标准值 0.95 以上，总体上说明通过增加模型残差项之间路径关系后长垣县结构方程模型拟合程度较好。

表 6.19 修正后长垣县结构方程模型拟合指数

拟合指标	绝对拟合指数					比较拟合指数			简约拟合指数		
	x^2/df	RMR	RMSEA	GFI	AGFI	NFI	RFI	CFI	PGFI	PNFI	PCFI
标准值	<2.00	<0.05	<0.08	>0.9	>0.9	≥0.95	≥0.95	≥0.95	>0.5	>0.5	>0.5
模型值	143.4/138	0.008	0.011	0.958	0.929	0.965	0.95	0.999	0.572	0.634	0.656

4. 长垣县乡村聚落空间演变影响因素结构方程模型结果解释

在理论假设框架的基础上结合修正指数对长垣县乡村聚落空间演变影响因素结构方程模型进行了修正，得到了数据拟合比较理想的模型。通过 Amos16.0 进一步运算得到长垣县结构方程模型各潜变量间路径系数，路径系数的大小反映影响因素的影响程度（表 6.20）。在长垣县乡村聚落空间演变影响因素的 8 个原假设中，自然地理环境对乡村聚落空间演变有正向作用的原假设不成立，其余 7 个原假设均成立。

表 6.20 长垣县结构方程模型检验结果（N=299）

路径	变量关系	标准化路径系数	$C.R.$值	P	检验结果
H_1：自然地理环境→聚落空间演变	$\xi_1→\eta_1$	0.074	0.122	0.262	不成立
H_2：社会人文经济→聚落空间演变	$\xi_2→\eta_1$	0.209	4.116	***	成立
H_3：工业发展→聚落空间演变	$\xi_3→\eta_1$	0.316	7.851	***	成立
H_4：政府机制→聚落空间演变	$\xi_4→\eta_1$	0.096	2.249	**	成立
H_5：城镇发展→聚落空间演变	$\xi_5→\eta_1$	0.102	2.014	**	成立
H_6：政府机制→工业发展	$\xi_4→\xi_3$	0.101	4.139	***	成立
H_7：工业发展→社会人文经济	$\xi_3→\xi_2$	0.258	5.857	***	成立
H_8：工业发展→城镇发展	$\xi_3→\xi_5$	0.133	2.316	**	成立

*、**、***表示0.1、0.05、0.01 水平上显著

注：$C.R.$>1.96 表示通过 t 检验。

自然地理环境对长垣县乡村聚落空间演变影响较小。原假设 H_1 的路径系数为 0.074，其 P 值为 0.262，没有通过显著性检验，$C.R.$值为 0.122，小于 1.96，没有通过 t 检验（表 6.20），表明原假设 H_1 不成立。在长垣县实地调研中了解到，由于长垣县位于平原地区，境内主要河流包括天然文岩渠、天然渠、文明渠、黄河等，黄河滩地附近乡村聚落分布

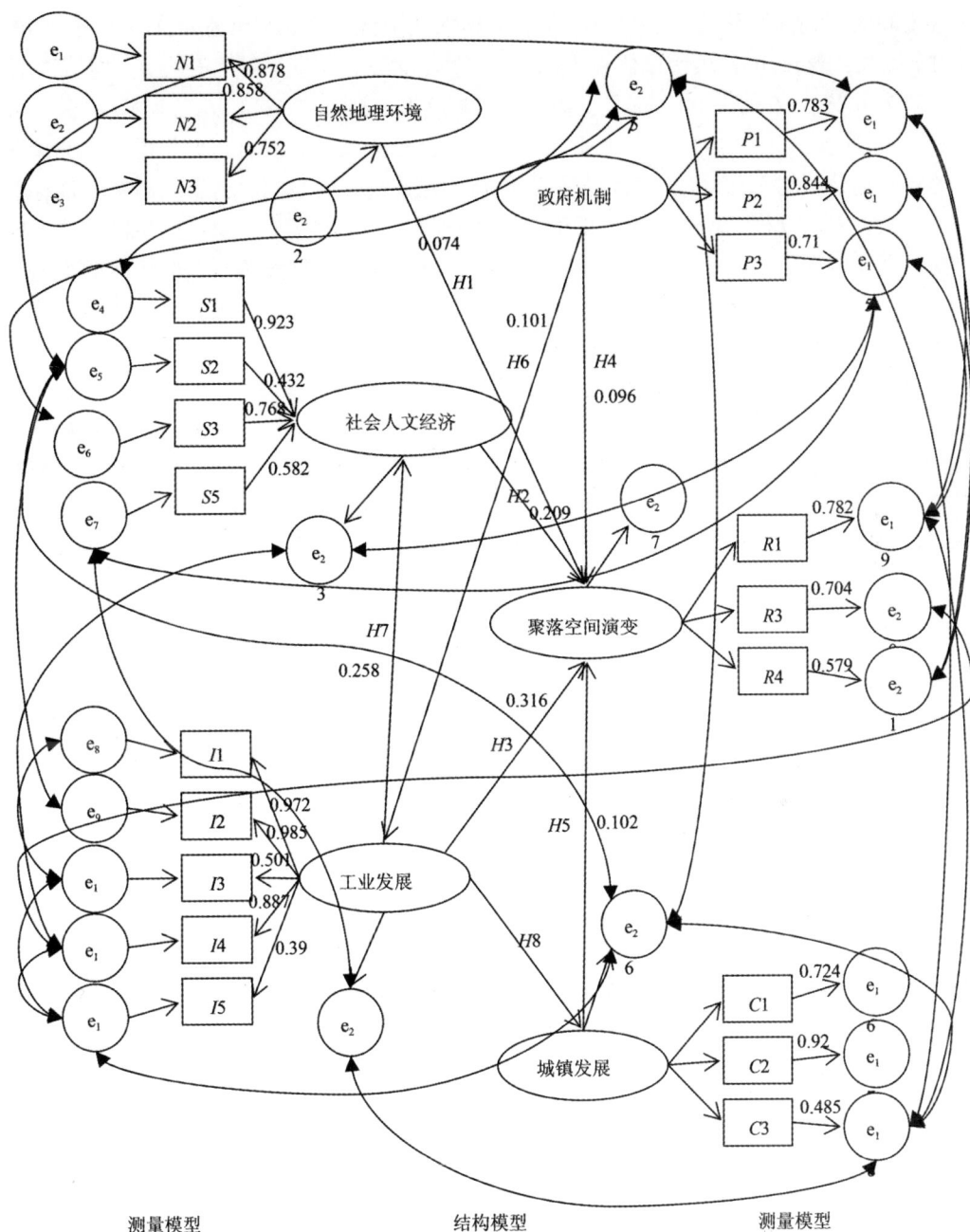

图 6.21　修正后长垣县乡村聚落空间演变影响因素结构方程模型

极少且河堤的修建使得黄河河道的变化对长垣县乡村聚落影响较小，其他沟渠多为人工修建，避开了乡村聚落的分布空间，因此河流的变化对乡村聚落影响较小。长垣县境内土壤、耕地条件变化较小且与乡村聚落的空间演变联系较弱，因此总体上河流、地势、耕地环境等变化对长垣县聚落空间演变影响较小。

社会人文经济对长垣县乡村聚落空间演变影响较大。原假设 H_2：社会人文经济→

聚落空间演变的路径系数为 0.209，P 值在 0.01 水平上显著，$C.R.$值为 4.116，大于 1.96，通过 t 检验（表 6.20），表明原假设 H_2 成立。原假设 H_7：工业发展→社会人文经济的路径系数为 0.258，P 值在 0.01 水平上显著，$C.R.$值为 5.857，大于 1.96，通过 t 检验（表 6.20），说明原假设 H_7 成立，即工业发展对长垣县社会人文经济有正向作用。实地调研了解到，随着乡村工业兴起，长垣县社会经济发展迅速，各乡村、村庄人口数量都存在一定增长，人口规模呈增长趋势。随着乡村工业兴起，农村工业使农民的生产方式不断改变，不仅增加了农民收入，也使得村民改善居住环境的意愿增强。社会经济的快速发展、乡村企业产品的对外贸易不断增长，促进了境内高速、铁路等主要交通道路修建步伐加快，从某种程度上也对乡村聚落空间发展产生一定影响。

长垣县工业发展受到一定政府机制影响，对乡村聚落空间演变影响较大。原假设 H_3：工业发展→聚落空间演变的路径系数为 0.316，P 值在 0.01 水平上显著，$C.R.$值为 7.851，大于 1.96，通过 t 检验（表 6.20），表明原假设 H_3 成立。H_6：政府机制→工业发展的路径系数为 0.101，P 值在 0.05 水平上显著，$C.R.$值为 4.139，通过 t 检验（表 6.20），表明原假设 H_6 成立，即政府机制对工业发展具有一定影响。长垣县工业多起源于乡村工业，因此相关政策的鼓励对乡村工业发展具有重要推动作用。在实地调研中了解到，长垣县乡村工业主要为起重机、防腐、医疗器械等产业，企业数量多，规模大小不一，因此产生大量的用工需求，一部分来自外部的人才引进，另一部分为本地人员的流动，这为乡村聚落人口规模产生一定影响。同时乡村工业的发展促进了本地经济的兴起，推动了本地基础建设，而大量的工业企业集中，造成企业员工空间集聚，这就促进了第三产业等其他行业的发展，并进一步促进地区经济的发展。

政府机制对长垣县乡村聚落空间演变具有一定影响。原假设 H_4：政府机制→聚落空间演变的路径系数为 0.096，P 值在 0.05 水平上显著，$C.R.$值为 2.249，大于 1.96，通过 t 检验（表 6.20），表明原假设 H_4 成立。在实地调研中了解到，长垣县正在积极推进农村土地流转，相关政府资料显示，长垣县农村土地流转数量多，覆盖乡村较广，土地流转的收益增加了农民的收入，同时也使得村民对农村土地利用效率的提高。作为农村工业发展较好的地区，农村经济发展政策对长垣县乡村经济具有一定影响。自 2009 年起长垣县通过旧村改造、乡村合并、产业带动等措施建设了一批新型农村社区，对原有乡村在空间上产生一定影响。

城镇发展对长垣县乡村聚落空间演变具有一定影响。原假设 H_5：城镇发展→聚落空间演变路径系数为 0.102，P 值在 0.05 水平上显著，$C.R.$值为 2.014，大于 1.96，通过 t 检验（表 6.20），表明原假设 H_5 成立。H_8：工业发展→城镇发展路径系数为 0.133，P 值在 0.05 水平上显著，$C.R.$值为 2.316 大于 1.96，通过 t 检验（表 6.20），表明原假设 H_8 成立。长垣县远离郑州市、新乡市，其城镇发展对乡村聚落影响有限，城镇发展对乡村聚落空间演变影响主要体现在县城和主要乡村的空间扩张对区域内乡村的影响上，同时区域城镇的发展促使乡村人口向城镇流动。在这个过程中，长垣县城镇发展的主要驱动源自区域内乡村工业的兴起，因此工业发展与城镇发展存在一定联系。

总体上，长垣县工业发展与聚落空间演变的路径系数为 0.316，高于其他因素，成为长垣县乡村聚落空间演变主要影响因素。社会人文经济路径系数为 0.209，仅次于工业发展成为另一关键影响因素。政府机制和城镇发展对乡村聚落空间演变影响程度稍弱，分别为 0.096 和 0.102。由于长垣县自然地理环境对乡村聚落空间演变影响没有通过显著性检验，但其路径系数 0.074 对乡村聚落空间演变影响的解释力度有限。通过影响因素分析，说明长垣县工业化发展对乡村聚落的空间演变起到主导作用。根据各影响因素对乡村聚落空间演变联系的路径系数大小，可构建长垣县乡村聚落空间演变影响因素作用程度结构图（图 6.22）。

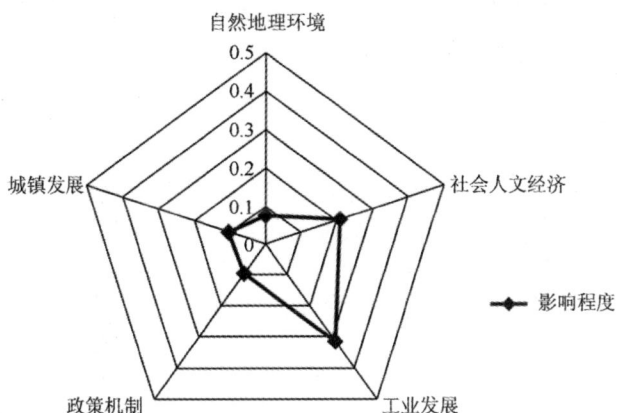

图 6.22　长垣县乡村聚落空间演变影响因素作用程度结构图

6.4.4　驱动机理分析

长垣县地处中部传统农区，作为河南省工业强县，乡村工业发展具有一定特色，由聚落空间分析得知长垣县乡村聚落在各工业化阶段中经历了显著空间变化。结合之前对长垣县工业化进程中乡村聚落空间演变影响因素分析可知，欠发达农区工业化快速发展地区的乡村聚落空间演变受到工业化发展、社会人文经济、政府机制和城镇发展四个方面的影响较突出，且当地工业发展对乡村聚落空间演变起主导作用。

1. 乡村聚落空间演变驱动要素分析

乡村聚落空间演变驱动机理的分析需要明确相关驱动要素。为便于对驱动机理的理解，以下将乡村聚落空间演变驱动要素划分为驱动者、驱动对象、驱动力产生与传输、驱动产出 4 个方面。结合长垣县工业化进程中乡村聚落空间演变影响因素分析和实地调研的了解，传统农区工业化主导地区乡村聚落空间演变驱动者主要为乡村村民、工业企业、政府，村民是乡村聚落改造、建筑空间扩展的行为主导者，工业企业则通过对厂址建设、吸引劳动力集聚等造成乡村空间规模的变化，政府则通过相关政策和规划来引导乡村的土地利用和乡村社区建设；驱动对象为乡村聚落；驱动力产生与传输是乡村聚落空间演变发生的关键，驱动力是乡村聚落进行空间演变的动能，其产生源自各主导因素对乡村聚落空间演变的促进影响，驱动力传输则是通过中介传输体系将驱动力传递给驱动对象。传统农区工业化主导地区乡村聚落空间演变驱动力主要有工业发展、城镇发展、社会人文经济、政府机制 4 个方面，又被分为核心驱动力和外部驱动力，其中城镇发展、社会人文经济、政府机制表现在外部驱动上，而工业发展促进乡村经济发展，为乡村聚落空间演变提供基础驱动则为核心驱动力。驱动力传输体系主要表现在对各主导因素的经济、社会人文、政策等溢出效应方面，如工业发展带来村民经济收入的增加、政府推进新农村改造、城镇发展对乡村影响效应等；驱动产出是指乡村聚落空间上的变化，包括空间格局变动、空间规模变化、空间结构变化等。乡村聚落空间演变驱动要素共同形成乡村聚落空间演变驱动系统，且各主体在驱动系统中扮演不同角色。

2. 乡村聚落空间演变驱动机理分析

乡村聚落空间演变有多方面动机，结合对长垣县的分析认为，乡村聚落人口变动、居住环境改善、工业发展用地、新农村改造、基础设施建设、城乡发展需要等是该地区聚落主要空间演变动机。而以上空间演变动机的实施则建立在乡村经济发展、村民收入水平的提高、政策因素导向等基础上。长垣县经济发展主要依托当地工业带动，乡村地区的发展则与乡村工业繁荣有很大联系，工业发展吸引并促进了当地劳动力人口集聚，提升了乡村居民收入水平，为乡村聚落居住环境的改善、基础设施建设提供了条件。同时，工业发展需要大量的建筑用地，特别是乡村工业企业空间发展的要求。长垣县是土地流转改革、新农村社区建设的示范区，乡镇规划、土地改革等是该地区乡村土地空间利用的另一驱动因素。

长垣县乡村聚落空间演变驱动者包括村民、工业企业、政府，驱动主导要素则有工业发展、城镇发展、政府机制、社会人文经济，驱动者与驱动主导要素存在紧密的联系。首先工业发展是经济发展的关键，乡村工业发展源于"能人"村民的带动，也有政府的激励因素，作为乡村聚落空间演变内在驱动力，主要通过增加乡村经济实力、村民收入等来推动乡村空间发展。同时当地工业化发展推动了社会人文经济的繁荣，也是城镇发展的核心驱动。社会人文经济的发展是乡村聚落空间演变的一个重要外在驱动力，城镇发展通过城镇吸引、拉动效应在乡村聚落外部形成一定驱动力，而政府机制则通过相关政策法规、政策导向、激励等在外部形成对乡村聚落空间演变的驱动。因此，长垣县乡村聚落空间演变驱动者与驱动主导因素之间存在交织的关系联系。

乡村聚落空间演变驱动力产生来自多个方面，通过对长垣县乡村聚落空间演变影响因素的分析认为，传统农区工业化主导地区乡村聚落空间演变驱动的核心动力在于工业发展。长垣县以工业化发展为主，具有工业经济特色，特别是乡村工业发展对乡村经济发展有重要促进作用。工业发展推进了社会人文经济发展，而社会人文经济又从外部影响着乡村聚落空间演变。长垣县内部城镇发展与当地工业化发展存在紧密联系，工业兴起促进了城乡发展融合，同时带动乡村地区发展，实现乡村聚落空间演变的不断优化。政府机制是长垣县乡村聚落空间演变驱动力的一个重要组成，其中土地流转改革、新农村社区建设等都是基于政策的导向，而实施聚落空间改造的财政支持与当地经济发展存在相关联系。乡村聚落空间演变驱动力的传输则来自于驱动主导要素对乡村聚落空间演变产生的溢出效应上，工业发展通过带动经济发展、增加居民收入等将驱动力传输出去，而基于在工业发展下的社会人文经济、城镇发展则通过辐射效应传递给乡村，政府机制产生的驱动力传输主要通过来自土地流转改革、新农村建设、相关发展政策等实施来进行。

欠发达农区工业化主导地区乡村聚落空间演变是工业化、城镇化，以及农业现代化综合作用的体现。地区工业化发展，特别是乡村工业兴起是推动城镇化、实现农业现代化的关键。因此该地区工业化、城镇化、农业现代化协调发展的关键在于区域乡村工业的竞争实力提升、产业辐射、产业链延伸等。通过工业发展实现对地区劳动力就业的促进，增加收入，而乡村工业实力的增加对城镇化建设提供资金支持，是促进乡村地区经济发展和实现城乡协调发展的关键，产业链延伸则对实现农产品深加工推进农业现代化有重要作用。基于对乡村聚落空间演变驱动机理的分析，可构建欠发达农区工业化主导地区乡村聚落空间演变驱动机理框架（图 6.23）。

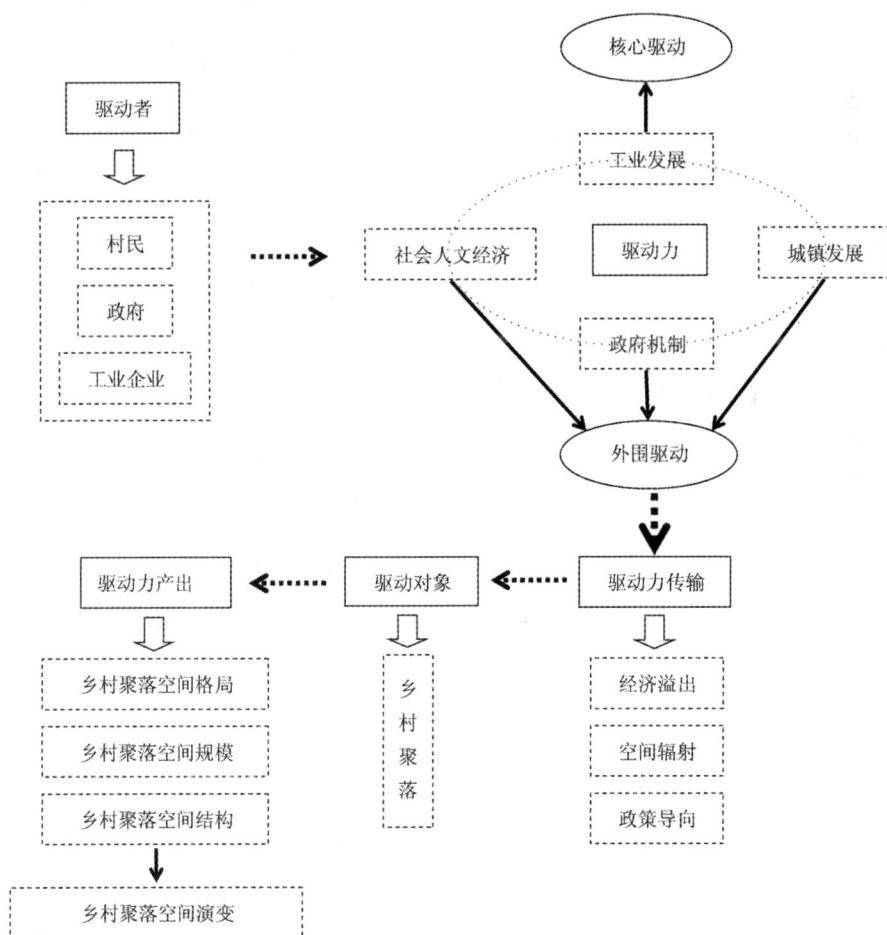

图 6.23　欠发达农区工业化进程中乡村聚落空间演变驱动机理

6.5　未来聚落发展趋势

在地理事物时空演变过程的研究中，以线性静态理论为基础的传统地理学研究方法由于缺乏对时空信息的融合，而无法反映地理事物在时空动态中表现出的微观而复杂的特征。地理模拟系统通过提供有效的时空数据模型对地理事物的空间演变过程可以进行模拟与预测，从而能够实现对复杂地理现象及其变化规律的揭示（黎夏等，2007）。作为地理事物的重要载体，城镇、乡村的发展与演变受到人文、自然、社会、经济等多种因素的影响，在时空格局演变中呈现出的复杂特性，为更好地了解其复杂变动的过程，利用地理模拟系统对乡村聚落空间演变过程展开模拟分析就很有必要。

乡村聚落的土地利用类型变化与乡村的城镇化和城镇的扩张紧密相关。地理模拟系统主要针对小城镇、乡村聚落周边土地利用类型的演变过程展开分析。改革开放以来，长垣县随着工业化、城镇化发展，城镇与乡村经历了快速变化，特别是进入 2000年之后乡镇建筑空间扩张趋势明显，这一时期聚落土地利用类型变化显著。为了更清晰的掌握长垣县乡村聚落空间变化过程，为未来乡村聚落发展提供科学的优化指导，本章在乡村聚落空间格局演变分析和影响因素研究的基础上，尝试利用地理模拟与优化系统（GeoSOS）对长垣县自 1995 年以来的乡村聚落空间变化过程进行试探性模拟研究。

以下主要在土地利用类型变化的基础上分析乡村聚落的空间演变过程，因此，乡村、城镇内部土地利用变化、基础设施的空间分配及资源优化等很少涉及。结合获取的遥感影像数据、土地利用变化数据及研究对象，认为基于多准则模型的地理元胞自动机模型（MCE-CA）比较适合长垣县乡村聚落土地利用类型时空演变过程的模拟分析。乡村聚落的土地利用类型变化基本模拟过程同样遵循这样的步骤，因此本章基于 GeoSOS 的乡村聚落模拟处理过程（图 6.24）。

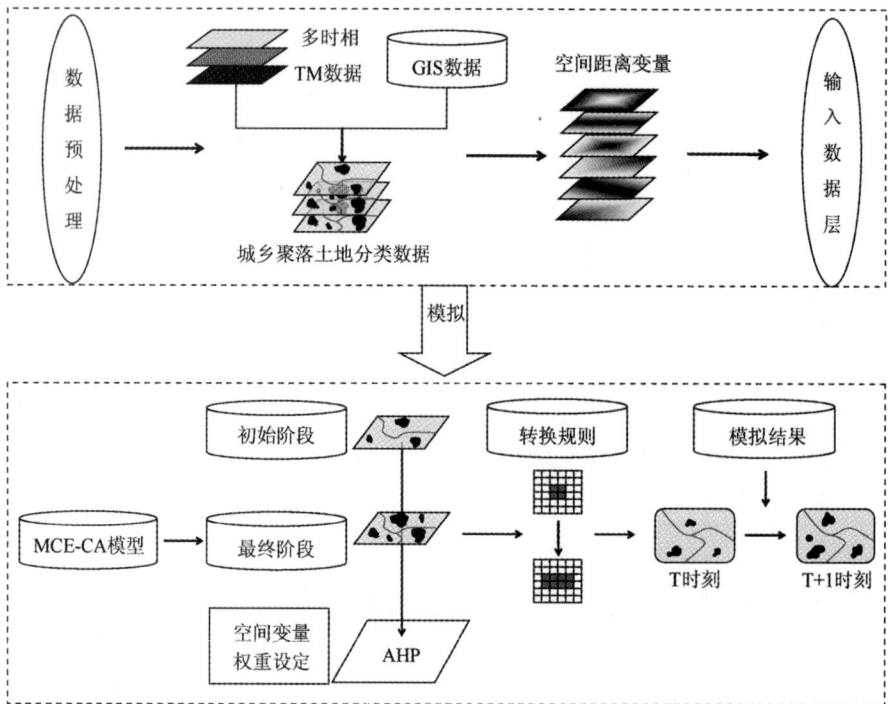

图 6.24　基于 MCE-CA 模型的乡村聚落土地利用类型空间演变过程模拟流程图

6.5.1　乡村聚落空间模拟数据

1. 模拟数据来源

结合乡村聚落空间演变研究的需要，主要利用 MCE-CA 模型对 1995 年、2004 年、2014 年 3 个时间点进行乡村聚落空间模拟。使用的数据主要包括：长垣县 1995 年、2004 年、2014 年 Landsat TM 遥感影像，长垣县（2010 年 1∶7 万行政区划图），利用 1∶5 万地形图与 Google Earth 遥感影像作为参照（表 6.7）。

2. 模拟数据处理

结合影响因素分析，自然地理环境对乡村聚落空间演变影响较小，同时由于长垣县处于平原地区，地势平坦，东西和南北方向坡度相差较低，对乡村聚落空间演变影响较小，因此在研究中不再引入坡度、河流等自然限制因素。

1）土地分类数据处理

土地利用分类数据主要来自 1995 年、2004 年、2014 年 Landsat TM 遥感影像，利用 ENVI4.8 软件对遥感影像进行几何校正、辐射定标、大气纠正等预处理，并对影像重采样为 100m×100m 的分辨率，在 Google Earth 高清影像参考下采用监督分类与目视解译相结合方法进行土地分类，其中土地类型编码为城乡用地表示为 1，耕地与林地表示为 2，水域表示 3，裸地表示为 4，其他表示为 5，最后通过最大似然法对长垣县土地进行分类提取。由于 GeoSOS 软件只识别 ASCII 格式文件，因此将获取的土地分类数据导入到 ArcGIS 10.0 中，通过数据管理模块转化为 ASCII 格式文件，形成长垣县 1995 年、2004 年、2014 年土地类型分类（图 6.25）。

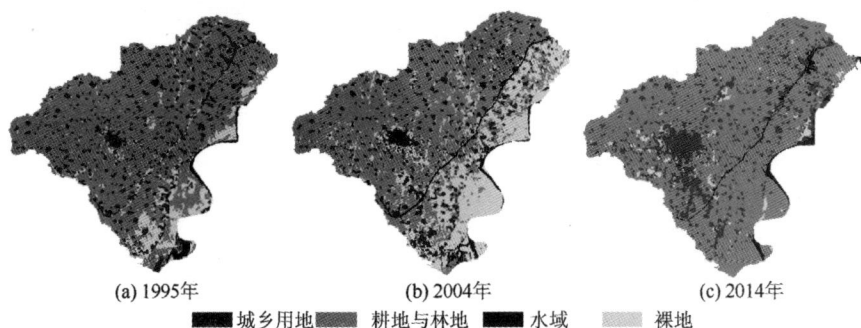

(a) 1995年　　　　　(b) 2004年　　　　　(c) 2014年

■ 城乡用地　■ 耕地与林地　■ 水域　　裸地

图 6.25　长垣县土地利用分类图

2）约束条件数据处理

以下主要选取了城镇邻近因素、道路交通邻近因素、工业企业邻近因素为乡村聚落土地利用的约束因素。距离邻近因素主要通过空间距离的远近来确定其转化为乡村聚落用地的概率，不同的因素其影响效应不同，如距离中心城镇、主要交通道路、工业企业的距离越近其受正向影响的概率越大，而远离中心城镇、主要交通道路、工业企业的缺乏发展潜力的地区，则其土地转化为建筑用地的概率越低。这些影响因素的影响概率的大小可以由空间距离的梯度函数来表达，利用"空间可达性变量"，并作为决策判断的准则。研究中利用长垣县行政区划地图通过 ArcGIS10.0 获取中心城镇、铁路、高速公路、省道、县道矢量图层，利用 Google Earth 获取工业企业的空间坐标并在矢量地图中进行标注。利用 ArcGIS10.0 中的 Euclidean Distance 生成到中心城镇、铁路、高速公路、省道、县道、工业企业距离的空间可达性变量，并将距离指数归一化为 0～1，形成长垣县相关空间距离限制因素（图 6.26）。

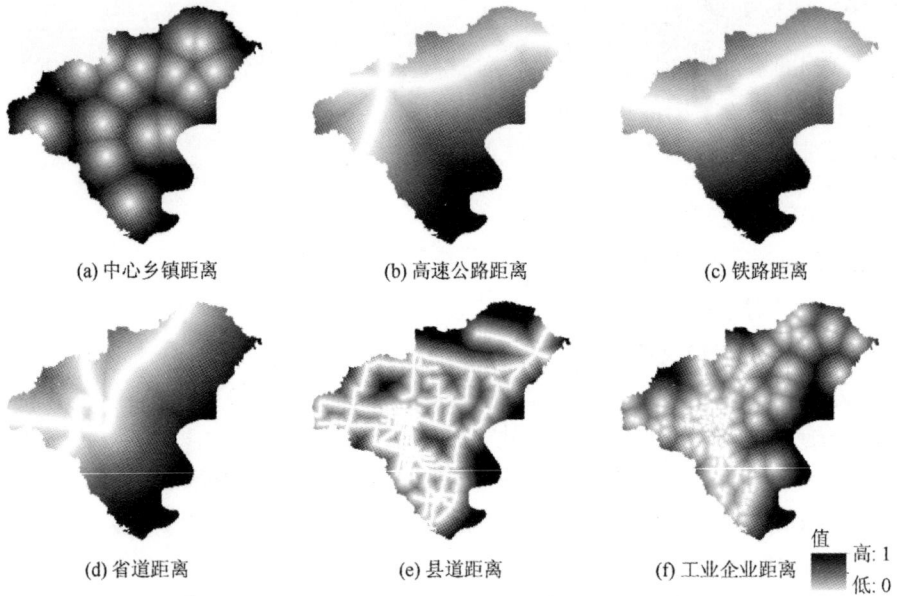

(a) 中心乡镇距离　　　　(b) 高速公路距离　　　　(c) 铁路距离

(d) 省道距离　　　　(e) 县道距离　　　　(f) 工业企业距离

值
高: 1
低: 0

图 6.26　长垣县空间距离限制因素

6.5.2　乡村聚落土地利用变化模拟结果

通过对 MCE-CA 模型相关参数设置，以及研究区各限制因素空间权重设置，以下对长垣县 1995～2004 年、2004～2014 年乡村聚落土地利用类型空间演变过程进行模拟与预测研究。

1）城乡土地利用类型变化模拟

由于考虑相关耕地保护政策的影响，长垣县土地利用类型变化模拟同样只确定林地和裸地可以转换为城乡用地，各类土地类型元胞数量见表 6.21。在确定相关土地类型转换规则、模型参数设置后，利用 MCE-CA 模型对长垣县土地利用变化展开模拟，相关时段的土地变化模拟过程结果见图 6.27。

表 6.21　长垣县 1995 年、2004 年、2014 年土地元胞数量　　（单位：个）

土地利用类型	土地元胞数量		
	1995 年	2004 年	2014 年
城乡用地	14838	16816	18862
耕地与林地	58350	74402	78866
水域	2938	1924	2473
裸地	27161	10206	3123
其他	384	323	347
总量	103671	103671	103671

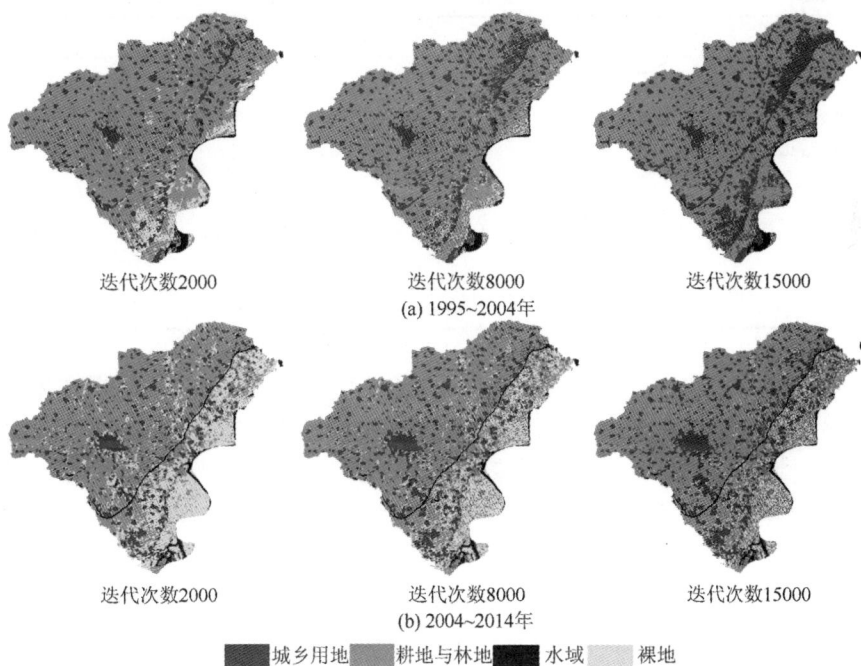

迭代次数2000　　　　迭代次数8000　　　　迭代次数15000

(a) 1995~2004年

迭代次数2000　　　　迭代次数8000　　　　迭代次数15000

(b) 2004~2014年

■ 城乡用地　■ 耕地与林地　■ 水域　■ 裸地

图 6.27　长垣县 1995～2014 年城乡土地利用类型变化模拟

长垣县 1995～2004 年城乡土地利用类型变化模拟结果见图 6.27，其土地利用类型变化模拟过程显示：长垣县中心城区模拟扩张较缓慢，部分工业化乡镇和布局有主要交通线交会节点的乡镇的城乡用地模拟变化较快。这一时期土地类型模拟变化显著的区域主要集中在工业化乡镇，作为长垣县主要的起重机工业发展起源地，这一区域乡村工业发展较快，加之政府城镇化规划的侧重，使这些区域获得了不少发展资源，城乡发展扩张显著。通过 1995～2004 年城乡土地利用类型用地量模拟变化显示，当长垣县城乡用地土地元胞模拟迭代次数 2000 次左右时，其城乡用地量模拟值与真实值相接近，即长垣县模拟城乡用地土地元胞数量为 16838 个，实际情况为 16816 个，相关数据对比见表 6.22。由图 6.27 知，由于长垣县林地、裸地分散较多，且部分集中在黄河滩地附近，在模拟土地元胞转换过程中对模拟结果会有一定稀释作用，因而模拟迭代输出的一些结果会与实际城乡用地分布存在一定差别。虽然林地、裸地在转换城乡用地过程中存在一定偏差，但总体上对长垣县 1995～2004 年这一时期土地利用类型转换变化过程的模拟能够与实际情况相接近。通过 1995~2004 年城乡土地利用类型变化模拟能够清晰显示这一时期长垣县乡村聚落空间格局演变的过程。当迭代次数达到 15000 次左右时,大部分林地、裸地已经转换为城乡用地,由于受限于中心城区附近林地、裸地较少,中心城镇空间规模模拟扩张缓慢,其他地区在原有基础上均模拟扩张显著,长垣县工业化乡镇和主要交通线交会地区的村落模拟扩张显著,表明随着模拟迭代次数的增加长垣县1995~2004 年乡村聚落发展主要演变趋势向以上两个方向偏移,这与同时期长垣县乡村聚落空间分布密度和演变趋势相符合。

表 6.22　长垣县 2004 年与 2014 年土地利用类型变化真实值与模拟值比较　(单位:个)

土地利用类型	土地元胞数量			
	2004 年真实值	模拟值(迭代次数 2000)	2014 年真实值	模拟值(迭代次数4000)
城乡用地	16816	16838	18862	18838
耕地与林地	74402	57942	78866	57554
水域	1924	2938	2473	2938
裸地	10206	25569	3123	23957
其他	323	384	347	384
总量	103671	103671	103671	103671

在进行长垣县 2004~2014 年城乡土地利用变化模拟过程中,需要了解林地、裸地分布情况才能更合理的对模拟结果进行判读,其中 2004 年长垣县境内毗邻黄河沿岸存在大片裸地区域,这在土地利用类型转换中会对模拟土地利用变化存在一定干扰,因此对模拟结果会有较大影响。这就需要结合实地调研、Google Earth 高清影像,在对模拟结果进行认真判读的基础上对模拟图像进行合理的解读。通过以上辅助手段对 2004~2014年长垣县土地利用类型变化过程模拟结果进行综合判读(图 6.27),总体上这一时期模拟的长垣县城乡用地变化较显著与 1995~2004 年模拟过程变化趋势相接近,其基本特征表现为:①中心城镇在模拟过程中扩张显著,各中心城镇空间位置变动不大,呈现面状扩张趋势,模拟变化较快的中心城镇主要为起重机工业、卫生医疗器械集中发展的地区。②模拟过程中,乡村聚落扩张显著区域主要集中在工业化乡镇以及处于主要交通线交会的乡镇地区。这些城镇为起重工业、防腐卫生医疗器材工业发展较好的地区,乡村工业基础雄厚,带动农村经济发展较快。③2014 年实际城乡用地空间分布与模拟结果存在偏差。由于受林地、裸地分布的影响,虽然模拟过程中迭代次数为 4000 次左右时城乡用地量(18838)与 2014 年实际城乡用量(18862)相接近(表 6.22)。由长垣县 2004~2014年城乡土地利用类型变化模拟呈现出的乡村聚落空间演变过程显示,长垣县乡村聚落总体格局变化显著,乡村聚落"面状"扩张趋势明显。这与同时期长垣县乡村聚落空间分布密度和标准差椭圆范围相接近。

　2)模拟结果的检验

　　针对模拟结果的检验,本章中采用逐点对比和 Kappa 系数进行检验。逐点对比是将模拟的城乡土地利用变化结果与实际城乡土地利用变化现状进行叠加,逐点对比计算模拟精度。Kappa 系数是用来评价分图像的一致性问题，主要应用在遥感图像的精确性评价和图像一致性判断中（布仁仓等，2005）。本研究中主要应用 Cohen（1960）提出的 Kappa 系数进行图像一致性检验，其计算公式和分类标准如下：

$$P_0 = \frac{s}{n}$$

$$P_c = \frac{a_1 * b_1 + a_0 * b_0}{n * n} \quad\quad (6.3)$$

$$Kappa = \frac{P_0 - P_c}{1 - P_c}$$

式中，P_0 为两期土地利用变化图像一致的部分，即观测值；P_c 为期望值；n 为栅格图像像元总数；a_1 和 a_0 分别为真实栅格为 1 和 0 的像元数；b_1 和 b_0 分别为模拟栅格为 1 和 0 的像元数；s 为真实栅格与模拟栅格图像对应像元值相等的像元数。其中 n，a_1，a_0，b_1，b_0 数值分别从属性表中读取，s 则利用 raster calculator 配合 con（）函数求出。Kappa 系数结果主要集中在 [-1，1]，共分为 6 组来表示图像一致性程度：小于 0.0 表示一致性程度很差；0.0～0.20 表示极低的一致性；0.21～0.40 表示一般的一致性；0.41～0.60 表示中等的一致性；0.61～0.80 表示高度的一致性；0.81～1 表示几乎完全一致。

长垣县城乡土地利用变化模拟结果检验同样利用逐点对比法和 Kappa 系数相结合的方法进行。通过将各时段模拟结果与实际情况叠加并逐点对比得到各地类类型转换模拟精度，利用属性表得到实际栅格像元数、模拟像元数，利用式（6.3）计算 Kappa 系数，相关计算结果见表 6.23。由表 6.24 中模拟精度与图像 Kappa 系数判读可知，长垣县 1995～2004 年土地利用变化的模拟结果与实际情况叠加与逐点对比，得到实际城乡用地模拟精度为 83.2%，实际非城乡用地模拟精度为 75.6%，总转换精度达到 76.6%，同时 Kappa 系数为 0.65，表明 MCE-CA 模型对 1995～2004 年长垣县城乡用地变化情况模拟效果较好；将 2004～2014 年土地利用变化的模拟结果与实际情况叠加与逐点对比，得到实际城乡用地模拟精度为 77.1%，实际非城乡用地模拟精度为 60.5%，总转换精度达到 63.5%，Kappa 系数为 0.47，表明 MCE-CA 模型对 2004～2014 年长垣县城乡用地变化情况模拟效果良好。由于长垣县毗邻黄河，沿黄河岸附近滩地、裸地较多对土地类型转换产生了一定影响，因此需要结合遥感影像、实地调研及 Google Earth 高清影像进行辨别。

表 6.23　长垣县 2004 年、2014 年、2024 年土地利用类型用地量对比

土地利用类型	2004 年元胞数量	比例/%	土地利用类型	2014 年元胞数量	比例/%	土地利用类型	2024 年元胞数量	比例/%
城乡用地	16816	16.22	城乡用地	18862	18.19	城乡用地	33862	32.66
耕地与林地	74402	75.76	耕地与林地	78866	76.08	耕地与林地	64993	62.69
水域	1924	1.86	水域	2473	2.39	水域	2473	2.39
裸地	10206	9.84	裸地	3123	3.01	裸地	1996	1.92
其他	323	0.31	其他	347	0.33	其他	347	0.34

表 6.24　长垣县城乡土地利用类型变化转换数量、模拟精度及 Kappa 系数

土地元胞数量与模拟精度	1995~2004 年	2004~2014 年
转换为城市用地类型的单元数量	17239	33199
实际非城市用地模拟为非城市单元数量	67118	51309
实际非城市用地模拟为城市单元数量	21715	33500
实际非城市用地模拟精度	75.6%	60.5%
实际城市用地模拟为非城市单元数量	2498	4325
实际城市用地模拟为城市单元数量	12340	14537
实际城市用地模拟精度	83.2%	77.1%
总精度	76.6%	63.5%
Kappa 系数	0.65	0.47

3）长垣县乡村聚落用地变化预测

一直以来，长垣县社会、经济发展迅速，在相关工业产业带动，以及交通、地理区位的影响下其乡村聚落空间变化显著，为了更好地了解并掌握长垣县未来城乡用地变化情况，本节在城乡用地最近时段变化研究的基础上展开对长垣县城乡用地预测研究，以期为未来城乡发展提供科学的指导。根据相近时段土地类型变化规律越接近的原则，长垣县城乡用地预测研究选取 2004~2014 年城乡土地利用变化数据作为研究基础。首先假设其空间距离限制因素在未来发展过程中没有发生较大变化，将 2014 年乡村聚落作为起始年份，2004~2014 年城乡用地完全转换的数据作为终止年份以获取城乡用地变化规律。结合表 6.24 可知，2004~2014 年以来长垣县城乡用地比例变化情况分别为 16.22%和 18.19%，其城乡用地变化比例差异仅为 2%。按照此变化速率，10 年后长垣县城乡用地比例应达到 20%左右。但由起始年份 2004 年土地类型分布情况看，黄河滩附近林地、裸地集中分布会造成预测结果的偏差，所以当模拟预测结果中城乡用地比例占到 20%时，其预测结果并不合理。因此在考虑到遥感影像土地类型分类误差情况下，结合长垣县（2010~2030 年）城市总体发展规划，以及长垣县 2014 年实际 Google Earth 高清影像分析认为，当模拟迭代次数 15000 次更符合未来城乡用地实际发展变动情况。当 MCE-CA 模型迭代次数达到 15000 左右时，此时长垣县城乡用地比例为 32.66%，超过 2014 年实际城乡用地比例 20%左右。由图 6.28 看出预测年份中，邻近黄河附近林地、裸地转换为零星分散的城乡用地可视为无效转换。在消除预测偏差的影响下，预测结果总体上能够反映长垣县未来城乡用地扩张趋势，可用以分析 10 年后长垣县城乡变动情况，即 2024 年城乡用地。2004 年、2014 年、2024 年土地类型用地量及比例见表 6.24，2014 年、2024 年土地利用分类情况见图 6.28。

由 2014 年、2024 年城乡土地利用类型概况知（图 6.28），长垣县 2024 年城乡用地呈现向东北、东南两个方向扩张趋势。东北方向为主要交通线交会地区。这一方向的城乡用地空间扩张主要有以下因素考虑，首先依托交通优势快速发展的医疗卫生器械产业带动本区域经济的快速发展；其次，该区域地处河南与山东省际交界地，地理区位优势

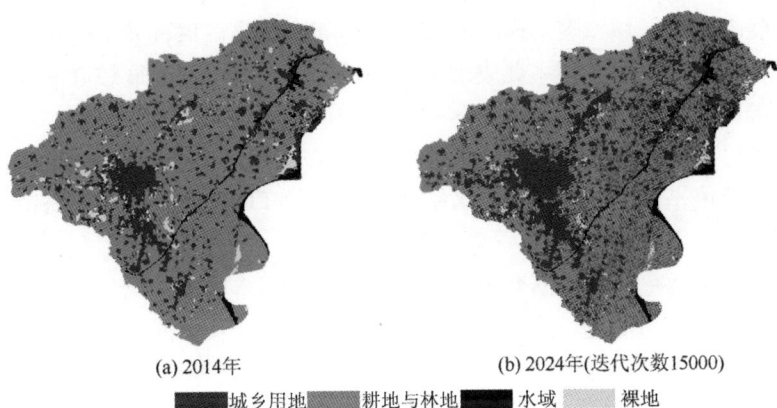

(a) 2014年   (b) 2024年(迭代次数15000)

■ 城乡用地   ■ 耕地与林地   ■ 水域   □ 裸地

图 6.28   长垣县 2014 年、2024 年土地利用类型变化

明显；最后，长垣县东北部区域在 1997 年已规划了唯一的副中心城镇，因此该区域在城乡规划起点上拥有诸多发展优势。南发展方向为长垣县传统的起重机工业发展区，这一地区村镇工业基础雄厚，从而带动了乡村与城镇的融合发展。预测结果显示出长垣县城乡两个方向上的发展趋势，其城乡空间快速发展源自农村工业快速发展，交通可达性以及临近山东交界地理区位优势突出。总体上，结合实地调研，Google Earth 影像判读以及利用相近时段城乡用地变化规律对模拟迭代次数判别基本可以预测长垣县乡村聚落未来发展趋势。

6.6   本 章 小 结

本章首先从案例典型性和代表性出发对研究案例长垣县的选取依据进行了详细说明，并对该县的自然地理环境、社会经济、工业发展、乡村发展等概况进行了系统全面的介绍。结合中国工业化发展、研究数据的获取、乡村非农产业从业人口变动情况，综合考虑选取了 4 个研究时间点。在研究数据方面，针对研究数据的类型、来源、获取方式、主要用途进行了说明并对社会经济数据、地图与遥感影像、实地调研数据的搜集与处理进行了详细阐述。

通过工业化发展综合分析体系对长垣县在 1975 年、1995 年、2004 年、2014 年 4 个时间点所处工业化发展阶段进行了综合分析，得出长垣县工业化在时间节点所处的发展阶段，为之后不同工业化阶段乡村聚落空间演变分析做好基础。其中长垣县工业化发展阶段分别为计划经济时期（1975 年）、工业化初期前半段（1995 年）、工业化初期后半段（2004 年）、工业化中期后半段（2014 年）。在工业化发展阶段综合测度的基础上主要利用 ENVI、ArcGIS 软件对长垣县不同工业化阶段乡村聚落空间演变展开分析，其空间演变分析主要涉及空间格局、空间规模、空间结构三个方面。工业化与欠发达农区聚落空间演变研究主要结论如下：

（1）在乡村聚落空间格局演变中，长垣县乡村聚落空间分布格局随工业化进程推进经历了由均质到局部集聚的过程；其聚落分布高密度区域多集中在中心城镇附近和工业起步早、发展较好的区域;聚落斑块间整体空间邻近距离随时间发展逐渐缩小,且空间邻近距离变化存在区域差异,主要表现为中心城镇周边、工业发展较好的乡镇地区聚落斑块空间邻近距离变化显著,而其他区域聚落空间邻近距离变化较弱。

(2)在乡村聚落空间规模演变中,长垣县聚落斑块空间规模随时间发展呈现显著扩张趋势且扩张速度不断加快;其中聚落空间扩张热点区域多集中于中心城镇和工业发展较好的地区并呈扩大趋势。

(3)在乡村聚落空间结构演变中,长垣县聚落空间结构随工业化进程推进呈现由低等级体系向高等级体系演变,且空间结构不断趋于复杂化;聚落中心地等级体系在各工业化阶段下呈现的动态演变特征与克里斯泰勒描述的静态条件下中心地体系在数量关系上存在一些差异;在县域空间范围上,聚落空间结构模式动态演进表现出由均质到单一"核心-外围"再到多个"核心-外围"组成网络式结构的特征。

聚落演变影响因素分析方面,本章在相关理论的基础上选取了工业化进程中乡村聚落空间演变可能涉及的主要影响因素,并根据结构方程模型分析的需要设定了原假设。利用实地问卷调研数据,通过结构方程模型对长垣县乡村聚落空间演变影响因素进行验证性分析。经过模型的检验与修正构建了最优结构方程模型并进行运算,得到长垣县乡村聚落空间演变影响因素的相关路径系数,以揭示影响因素对乡村聚落空间演变影响程度。结构方程模型分析表明,在工业化背景下,自然地理环境对传统农区乡村聚落空间演变影响有限,而工业发展、社会人文经济、政府机制、城镇发展对长垣县的乡村聚落空间演变具有正向作用。

在影响因素分析的基础上,结合 RS、GIS 与 GeoSOS 软件,应用 MCE-CA 模型对长垣县 1995～2004 年、2004～2014 年聚落空间演变过程进行模拟与预测分析。相关模拟结果由逐点对比法和 Kappa 系数综合评价表明,MCE-CA 模型城乡土地变化模拟精度可信。其中,长垣县 1995～2004 年城乡土地利用类型变化模拟过程特征显示,中心城区模拟扩张较缓慢,工业化乡镇和主要交通线交汇区域的城乡用地模拟变化较快,随着模拟迭代次数的增加乡村聚落发展主要演变趋势向以上两个方向偏移。2004～2014 年城乡用地变化模拟特征延续了 1995～2004 年变化趋势,乡村聚落空间格局变化显著,乡村聚落"面状"扩张趋势明显,其扩张区域主要集中在工业化基础较好的几个乡镇,以及主要交通线交汇的乡镇。在预测研究中,长垣县 2024 年城乡用地呈现向以上两个方向继续扩张的趋势。

参 考 文 献

布仁仓, 常禹, 胡远满, 等. 2005. 基于 Kappa 系数的景观变化测度——以辽宁省中部城市群为例. 生态学报, 25(4): 778～784

陈佳贵, 黄群慧, 钟宏武. 2006. 中国地区工业化进程的综合评价和特征分析. 经济研究, (6): 4～15

冯建. 2012. 乡村重构模式与创新. 上海: 商务印书馆

黄群慧. 2013. 中国的工业化进程: 阶段、特征与前景. 经济与管理, 27(7): 5～11

[美]霍利斯·钱纳里, 谢尔曼·鲁宾逊, 等. 2015. 工业化和经济增长的比较研究. 吴奇, 王松宝, 等译.

上海: 上海人民出版社

黎夏, 刘小平, 何晋强, 等. 2009. 基于耦合的地理模拟优化系统. 地理学报, 64(8): 1009～1018

黎夏, 叶嘉安, 刘小平, 等. 2007. 地理模拟系统: 元胞自动机与多智能体. 北京: 科学出版社

李博, 曾宪初. 2010. 工业结构变迁的动因和类型——新中国60年工业化历程回顾. 经济评论, (1): 50～57

李小建, 等. 2010. 中国中部农区发展研究. 北京: 科学出版社

苗长虹. 1998. 乡村工业化对中国乡村城市转型的影响. 地理科学, 18(5): 409～417

[美]瓦·艾萨德. 1991. 区域科学导论. 陈宗兴, 尹怀庭, 等, 译. 北京: 高等教育出版社

吴明隆. 2010. 结构方程模型. 重庆: 重庆大学出版社

吴天然. 1997. 中国农村工业化论. 上海: 上海人民出版社

张荣天, 张小林, 李传武. 2013. 镇江市丘陵区乡村聚落空间格局特征及其影响因素分析. 长江流域资源与环境, 22(3): 272～278

张秀生, 陈立兵. 2005. 农村经济发展. 武汉: 武汉大学出版社

朱彬, 张小林, 马晓冬. 2014. 苏北地区乡村聚落的空间格局及其影响因子分析. 农业现代化研究, 35(4): 453～459

Cohen J. 1960. A coefficient of agreement for nominal scales. Educational & Psychological Measurement, 20(1): 37~46

第7章 交通与平原农区聚落

交通是商品交换的先决条件,便捷通达的交通运输条件是地区经济社会发展的重要基础,而聚落作为地区社会经济发展至一定阶段的产物,其规模、空间分布受交通条件的影响较大,且区位交通因素对聚落的影响越来越大(李冬梅等,2016),交通线路可以改变居民点局部的空间格局,由于交通线路的空间吸引,聚落面积会随着距交通线距离的增加而递减(鄂施璇等,2016;海贝贝等,2013),而不同等级交通线路对聚落景观格局的影响存在着差异(吴江国等,2013)。商丘,地处河南省东部,历史悠久,文化灿烂,交通方便,物产丰富。据史载,商族始祖契(xiè)佐禹治水有功,封于商,后迁徙,后人便称商族人居住过的废墟之地为"商丘"。历史时期,商为成汤京畿,周为宋国腹地,汉为梁国,宋为陪都。同时,商丘也是商部族的起源和聚居地、商朝最早的建都地、"商人、商品、商业"的发源地,商祖王亥服牛驯马以利天下,开创了华夏贸易的先河。根据商丘境内发掘的100多处古代遗迹,证实较早的历史时期商丘地区已有人在此居住、生活、繁衍生息。古时商丘作为商贸重镇,区位交通优势明显,北临黄河、济水,南望淮河、长江,地势广阔平坦,陆路交通方便。经过长时期的发展,商丘市人口逐渐增加,交通线路逐渐完善,区域内铁路与公路形成的"黄金十字架",使得商丘地区的交通辐射能力大幅增强。截至2016年年末,商丘市总人口915万人,常住人口728万人,城镇化率40%,城镇聚落已初具规模,乡村聚落也在不断发展。商丘市交通便利、四省通衢的区位特点,对区域内聚落发展具有重要影响。基于商丘市长时期的聚落发展历史和交通发展状况,本章以商丘市1972年、1995年和2015年的聚落斑块数据为基础,应用位序-规模法则、空间分析、聚落扩张强度测算等方法对商丘市范围内的聚落发展变化进行分析,结合区域实际情况对聚落分布的影响因素进行研究,尤其是不同类型交通线路对聚落分布的影响;然后,在上述分析的基础上对商丘市聚落未来发展方向进行深入的探讨和研究。

7.1 研究区概况及选取依据

7.1.1 自然地理环境

商丘市,位于河南省东部、豫鲁苏皖四省结合部,地处黄河中下游,华北平原南端(图7.1),介于北纬33°43′~34°52′,东经114°49′~116°39′,境内的南北直线距离为128 km,东西直线距离168 km。全市总面积为10704 km²,约占河南省总面积的6.4%,其中耕地面积7069.4 km²,年平均气温14.2℃,年平均降水量623mm。商丘市域内平原面积10623 km²,占全市总面积的99.24%,山地丘陵面积仅占0.76%,整体地势平坦,由西北向东南微倾，海拔为 30～70m，主要为黄河冲积平原、淮河冲积平原、剥蚀残丘三种类型区，且黄河冲积平原区所占区域范围较广。同时，境内土壤肥沃，资源丰富，适宜农作物种植，粮食产量较高，被称为"豫东粮仓"，是全国重要的商品粮基地和国家粮食生产核心示范区[①]。

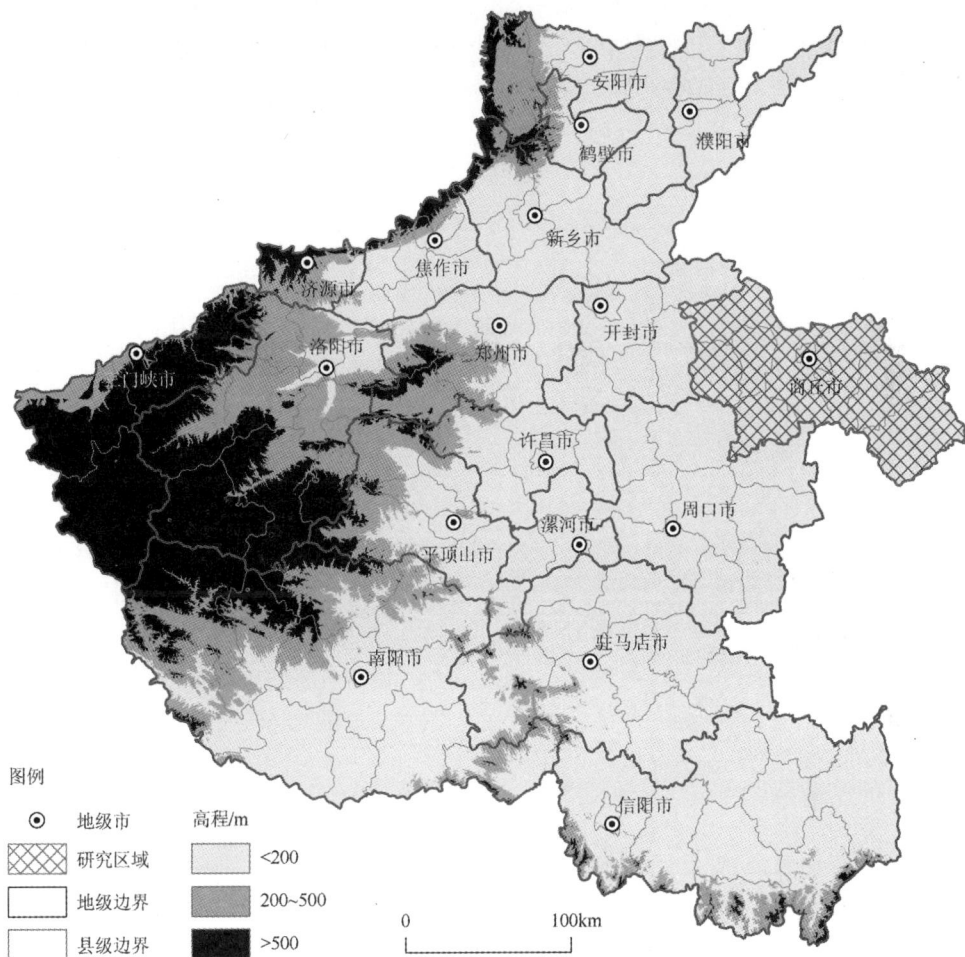

图 7.1　商丘市地理位置示意图

7.1.2　区位交通状况

商丘市地处中国东西部的结合部，既是东部沿海的腹地与后方，也是西部的桥头堡与前沿。交通条件便利、四省通衢的地理位置，构成了商丘市区位特点的主要要素之一（图 7.2）。较早的历史时期，商业贸易活动已在商丘出现，《周书·酒诰》中记载"肇牵车牛远服贾"，反映了当时人们从事商业活动的情况，广阔平坦的地势条件，陆路交通

---

① 河南省人民政府. 商丘市：粮食安天下 商丘有担当. 2014-07-30/2017-04-20. http://www.henan.gov.cn/zwgk/system/2014/07/30/010487939.shtml.

的发展为早期商贸活动开展提供了便利。同时，商丘北邻黄河、济水，南望淮河、长江，水路交通便利，是河南省距出海口最近的城市。始建于 1912 年的陇海铁路横穿商丘市境内 6 个县市（夏邑县、虞城县、商丘县①、商丘市、宁陵县、民权县）的 40 多个乡镇，路段长度为 124 km；始建于 1992 年的京九铁路纵穿商丘市境内 3 个县市（商丘县、商丘市、虞城县）的 14 个乡镇，路段长度 58.72 km，京九铁路与陇海铁路的交会通车对促进商丘经济发展起到了巨大的作用②。同时，商丘市的公路建设也在稳步推进，市内道路、市县道路、国道、高速公路等也陆续建成，形成了豫东地区四通八达的公路、铁路交通网络。2015 年年底，商丘市干线公路通车里程 1180 km，农村公路通车里程 18316 km，高速公路通车里程 379 km。

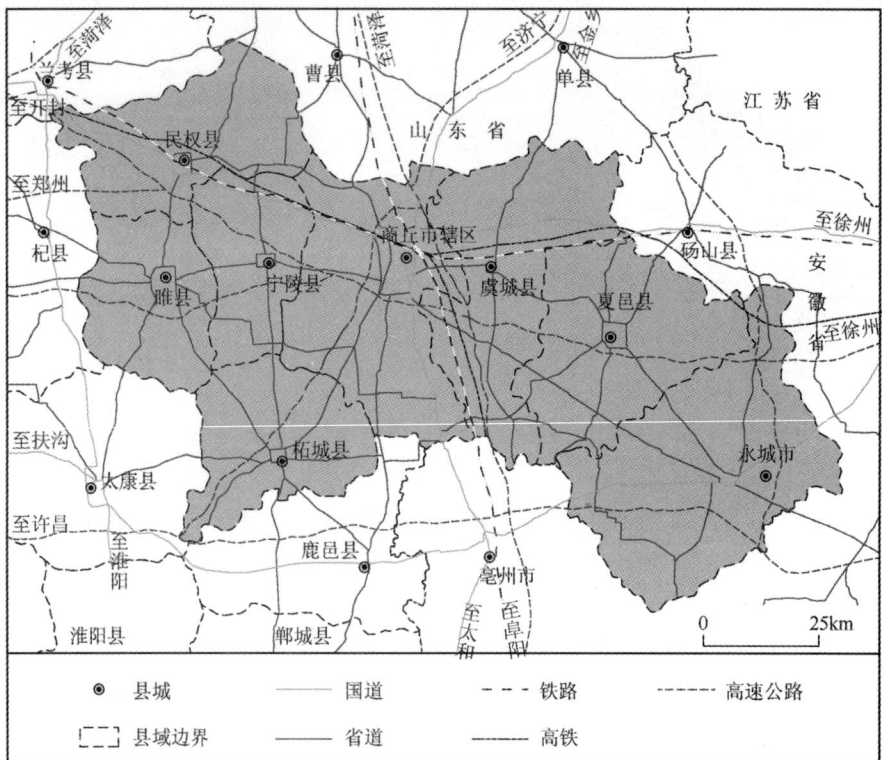

图 7.2　2016 年商丘市交通线路图

当前，商丘市作为重要的物资集散地和商贸中心，被河南省政府确定为区域性物流中心城市，是河南省离出海口最近的地级市，是国家"一带一路"倡议和中部崛起"两纵两横经济带"节点城市之一。京九铁路与陇海铁路、310 国道与 105 国道、连霍高速与济广高速在商丘市交会，构成了黄金"十字架"交通网络，也是国家区域流通节点城

---

① 明朝嘉靖二十四年（1545 年）六月，归德州复升为府，始置商丘县。1950 年 5 月，商丘县城关区改建为商丘市，原商丘市改为朱集市。1997 年 6 月，撤地设商丘市。

② 商丘市地方史志办公室，商丘地情网．商丘概览：历史上的商丘. 2013-06-02/2018-08-14. http: //www.sqsdqw.com/bencandy.php?fid=48&id=695.

市之一，被交通运输部确定为国家公路运输枢纽。境内 4 条国家主干道在市区交会形成枢纽，9 条高速公路以商丘环城高速圈为中心呈"米"字形向全市范围内展开。同时，铁路运输发达，是全国六大路网枢纽之一，河南省第二大铁路枢纽，在全国铁路网中具有战略性的地位。

7.1.3　区域发展情况

1. 地区社会经济发展

商丘市是重要的物资集散中心和中国东西部地区的衔接处，是中原经济区核心发展区城市和中原经济区承接产业转移示范市。2015 年，全市生产总值 1812.16 亿元，人均生产总值 24940 元，较之于 1978 年的生产总值 8.88 亿元和人均生产总值 159 元而言，这一时段内商丘市的经济增长较为明显，综合实力不断提升（图 7.3）。1985 年商丘市全区农民人均纯收入 258 元，职工平均工资收入 889 元，随着地区经济发展，城乡居民收入逐年增长，2015 年商丘市城镇居民人均可支配收入 23572 元，农民人均纯收入 8885元。产业结构来看，1978 年商丘市的三次产业结构为 54.36∶20.60∶25.04，以第一产业为主，第二产业和第三产业较为落后；2015 年的三次产业结构则发展为 20.80∶41.79∶37.41，逐步以第二产业、第三产业为主，第一产业占比明显减少，由 1978 年的 54.36%下降至 2015 年的 20.8%（图 7.4）。改革开放以来，商丘市逐步巩固农业，稳步发展工业，通过产业政策调整和产业结构优化，大力发展餐饮、信息服务、金融、房地产、商业贸易等为主的第三产业，推动地区社会经济全面发展。

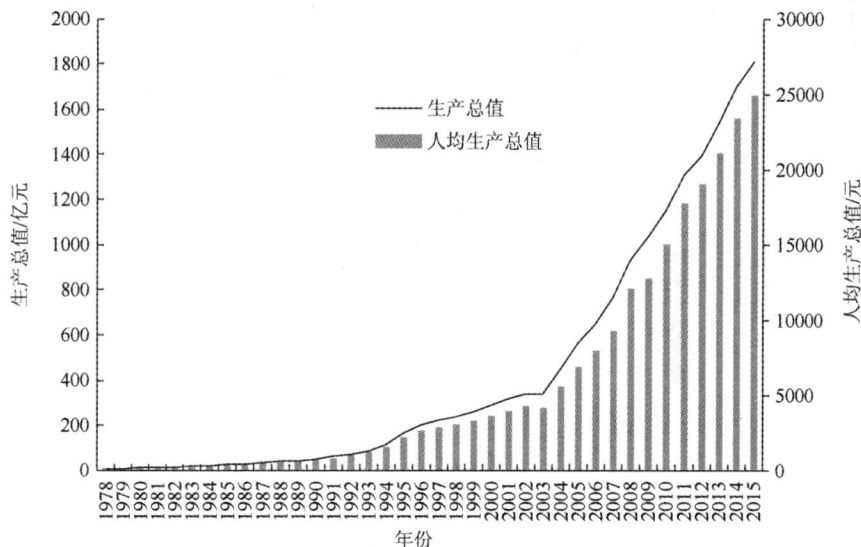

图 7.3　1978～2015 年商丘市生产总值和人均生产总值

图 7.4 1978～2015 年商丘市生产总值构成

2. 人口和城乡发展

商丘市人口增长较快。1986～2016 年，商丘市总人口增长迅速。其中，1986～1997
年商丘地区总人口快速增长，全区总人口由 1986 年的 623.42 万人增加至 1997 年的
787.71 万人（表 7.1），11 年间年均增加 14.94 万人，平均增长率超过 10‰，总户数增加
了 49.16 万户。1998～2016 年商丘市总人口持续增长，由 1998 年的 795.9 万人，增加至
2016 年的 915 万人，18 年间年均增加 6.62 万人，仍保持较大幅度的增加态势。

表 7.1 1986～1997 年商丘地区人口变化

年份	总户数/万户	总人口/万人	农业人口/万人	非农业人口/万人	人口密度/（人/km²）
1986	138.29	623.42	583.13	40.3	582
1987	141.19	634.39	590.89	43.49	593
1988	146.7	647.03	600.61	46.42	604
1989	153.94	660.63	610.93	49.7	617
1990	161.19	712.53	659.19	53.34	666
1991	164.81	720.21	665.06	55.16	673
1992	164.72	735.63	677.76	57.87	687
1993	174.04	744.19	683.78	60.42	695
1994	177.17	752.06	689.04	63.02	703
1995	181.02	766.06	697.86	68.2	715
1996	177.55	777.15	705.09	72.06	726
1997	187.45	787.71	710.9	76.8	736

商丘市城乡建设发展迅速表现在以下三方面。

（1）城市发展。1945 年，商丘市城区面积 3.2km²，人口不足 3 万人。1985 年商丘市城区面积为 15km^2，8 个县城（永城市、夏邑县、虞城县、商丘县、柘城县、宁陵县、民权县、睢县）的城区面积在 4~7km^2，县城公用设施基础较差，街道狭窄，绿地面积少。1995 年年底，商丘市城市建成区面积 15km^2。1997 年商丘市区建成面积已达 30km^2，至 2015 年已增加至 63km^2。县城发展速度也较快，以民权县为例，1986 年民权县县城大致呈正方形，面积为 5.35km^2，2015 年民权县城面积为 18.77km^2，县城城区面积发展迅速。综合商丘市城市发展来看，主要是基于陇海铁路的建设而逐渐发展起来的。商丘市是在商丘县朱集镇的基础上发展起来的一个新兴城市，是一座"火车拉出来的城市"[①]。朱集，民国初期集区面积仅 0.33km^2。陇海铁路通车运行之后，设立朱集火车站，朱集镇的手工业和工商业逐渐发展，集区与火车站之间逐渐形成几条街道。1948 年建置商丘市，辖商丘县城关镇和朱集镇。1949 年商丘市建制撤销，在朱集镇建置朱集市。1950年在商丘县城复建商丘市[②]。新中国成立初期，朱集镇面积仅有 3.2km^2。1995 年京九铁路通车，进一步推动商丘城市发展，1997 年国务院同意撤销商丘地区设立地级商丘市。其后，随着较长时间的城市改造和建设，商丘市区发生较大的变化，城区空间范围逐渐扩展，交通线路逐渐完善，逐步发展成为豫东地区集"米"字形交通网络为一体的新兴城市（图 7.5）。民权县，初设时县城建于李坝集，1948 年迁址至民权车站，而民权车站是在陇海铁路修筑时所建的车站，县城原名为田庄，交通方便，陇海铁路横贯东西，商丘—兰考公路、民权—太康公路、民权—菏泽公路交会其间[③]。

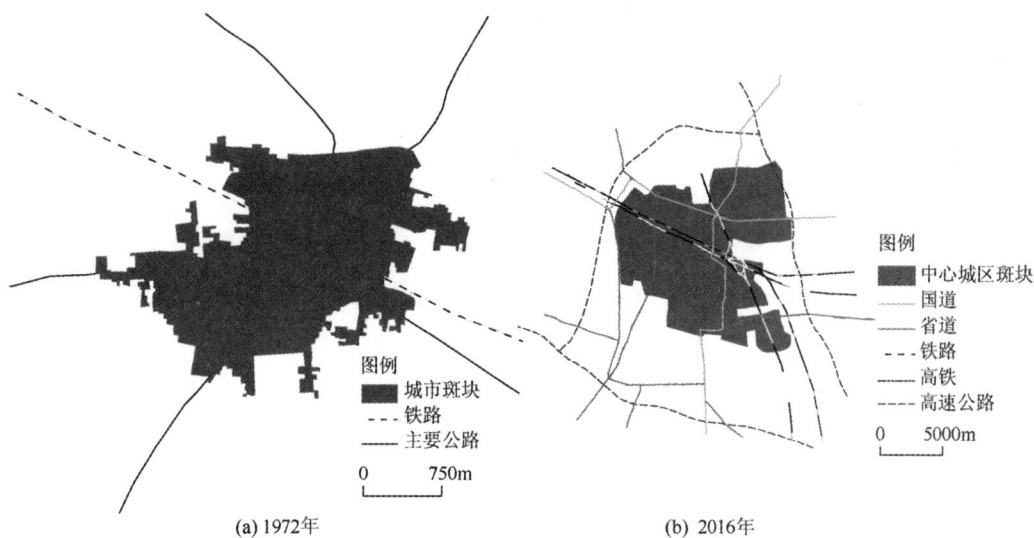

图 7.5　商丘市中心城区发展变化

（2）小城镇发展。随着农业产业结构调整、农业机械化水平提高、农业耕作条件改善，促使大量农村剩余劳动力从事运输和商贸活动，带动乡村经济发展。20 世纪 90 年

① 资料来源：商丘网—商丘日报，从"小朱集"到"大商丘"，2018-02-23/2018-08-09. http://www.sqrb.com.cn/sqnews/2018-02/23/content_2549881.htm.
② 数据来源：商丘市地方史志编纂委员会，《商丘市志》，1985. http://www.hnsqw.com.cn/sqssjk/sqsz/sqsz2/.
③ 数据来源：民权县地方史志编纂委员会，《民权县志》，1987. http://www.hnsqw.com.cn/sqssjk/sqmqxz/index.htm.

代初，商丘市处于交通不便地区的乡/镇政府机关多数搬迁至交通便利的地区，而乡镇政府驻地往往是该区域商品交流和文化活动的中心，街道拓宽，区域面积随之不断增大。随着地区社会经济的发展，农村小城镇建设快速推进，而交通便利、文化资源丰富且有乡村产业的乡镇在这一过程中快速发展，建设规模也不断增加。

（3）乡村发展。1985 年之前，商丘农民建房多为土墙瓦面，土墙院落，建房选址多是在旧房基础上或是在自家空闲的宅基地上建造。1985 年，商丘境内 16804 个自然村已有 70%做了规划。1990 年之后，由于农村经济的迅速发展，乡镇地方发展水平有所提高，一些乡镇政府驻地因地处偏僻的乡村，交通不便，便将政府驻地搬迁到公路干线旁或两条干线的交会处，而乡镇政府的搬迁，引起乡镇政府新址之处村民的建房热潮，在其新址处三五年或二三年的短时间内又逐步形成了一处新兴的集镇。进入 20 世纪 90 年代中期，随着农村经济和地区社会事业的发展，商丘市多数村庄的建设规划进行了变更和修改，规划中更为注重道路等公用设施的修建。

截至 2016 年，商丘市下辖梁园区、睢阳区 2 个市辖区和城乡一体化示范区，夏邑县、虞城县、柘城县、宁陵县、睢县、民权县、永城市 7 个县（市），其中永城市为省直管县级市。商丘市下辖 195 个乡级单位，包括 89 个镇，80 个乡，26 个街道办事处，且有 236 个社区居民委员会，4609 个村居民委员会。2016 年年末，全市总人口 915.12 万人，常住人口 728.17 万人，城镇化率达到 40%。

7.1.4　区域选取依据

商丘是中华民族的发祥地之一，距今有 5000 多年的文明发展史，3500 多年前，商朝已在此定都。在古代，商丘一直为商业重镇，是经济较为发达的地区，同时在全国具有重要的政治、文化地位。据《商丘地区志》记载，1949 年河南省商丘专区成立，辖睢县、民权、宁陵、柘城、商丘、虞城、夏邑 7 个县及商丘市；1952 年，永城由皖北专区划归至商丘专区；1958 年商丘专区划入至开封专区，1961 年又恢复商丘专区。经过长时期的发展，商丘地区于 1997 年 6 月经国务院批准撤地设市，2015 年商丘市下辖睢阳区、梁园区、永城市、民权县、睢县、宁陵县、柘城县、虞城县、夏邑县 2 区 1 市 6 县。1985 年商丘地区共有乡镇 198 个，行政村 4284 个，自然村 16896 个，村民小组 35165 个，人口 614.9 万人[①]。商丘地处豫东平原，是我国传统农业区，同时交通商贸历史悠久，是我国重要的交通枢纽。2015 年年底，商丘市共有乡镇 169 个，村民委员会 4609 个，总人口 909.47 万人，常住人口 727.39 万人，城镇人口 278.1 万人[②]。

对商丘市聚落发展的分析，所选取的时间节点为 1972 年、1995 年和 2015 年，文中使用聚落斑块面积数据表征区域内城乡聚落规模的大小，主要是由于聚落斑块数据可以直观地反映出聚落的空间位置和规模变化，也可进一步以聚落斑块数据分析其空间格局

---

① 数据来源：商丘市地方史志编纂委员会，《商丘地区志》，1996. http://www.hnsqw.com.cn/sqssjk/sqsz/sqdqzsj/index.htm.
② 数据来源：商丘市统计局，《商丘市统计年鉴》，2016. http://tongji.cnki.net/kns55/Navi/HomePage.aspx?id=N2017120276&name=YSQTJ&floor=1.

变化。在此选取商丘市作为案例区进行研究主要是基于 4 个方面的原因。

（1）研究区为平原地区。豫东平原是河南省面积最大的平原，是华北平原的重要组成部分之一。商丘市地处河南省东部、黄河中下游，境内地貌主要为黄河冲积平原区，且区域内整体上地势平坦，最低海拔 0.3m，最高海拔 78m，一般海拔为 30～50m。商丘市辖区面积约占河南省总面积的 6.4%，其中，商丘市域范围内的平原面积 10623 km^2，约占全市总面积的 99.24%，山地丘陵面积仅占 0.76%。

（2）农业发展历史悠久。商丘市是华夏文明和中华民族的重要发祥地，同时也是传统农耕文明的重要发祥地之一，平坦的地势条件和良好的土壤状况，支撑着该地区的农业发展。2014 年商丘市夏粮总产量达 34.2 亿 kg，占全省的 1/10，并且从 2003 年起，夏粮总产量实现"十二连增"，2015 年粮食作物产量占河南省的比例为 11.41%。在城镇化、工业化发展过程中，商丘市粮食产量的增产和持续稳定发展为国家粮食安全做出了重要贡献。作为重要的农产品主产区，2011 年国务院办公厅印发的《国务院关于印发全国主体功能区规划的通知》中明确指出，在国土空间开发中限制进行大规模、高强度的工业化、城镇化开发，商丘市坚持"不以牺牲农业和粮食、生态和环境为代价"这一发展原则，为国家粮食安全提供了有力支撑。

（3）城镇化发展相对滞后，但速度较快。2015 年河南省城镇化率为 46.85%，商丘市的城镇化率为 38.2%，其城镇化水平明显低于全省均值，且明显低于全国平均水平（56.1%），但 40 多年间商丘市城镇化水平的上升幅度为 28.45%。研究时段内商丘经历着城镇化的快速发展阶段，2004 年商丘市城镇化率仅为 23.7%[①]，2004～2015 年城镇化率上升幅度为 14.5%（表 7.2）。同时，有学者研究发现我国城镇化于 1995 年进入快速发展期（李爱民，2013），文中旨在分析改革开放以来农区聚落发展的变化情况，因此结合我国城镇化发展现状和商丘地区城镇化发展实际情况，在此选取 1995 年作为一个时间点。

表 7.2 2015 年各地区发展概况

地区	年末总人口/万人	城镇化率/%	生产总值/亿元	人均生产总值/元	粮食作物产量/万 t	地势地貌
全国	137462	56.1	685505.8	49992	62143.9	地势西高东低，地形多样
河南	10772	46.9	37002.16	39123	6067.1	中国中东部，黄河中下游
商丘	909（8.44）	38.2（81.45）	1812.16（4.90）	24940（63.75）	692.24（11.41）	黄河冲积平原区

注：括号中数据为商丘市各指标占河南省的比例（%）。

（4）交通优势突出。陇海铁路贯穿商丘全境，路段长 124km；京九铁路纵穿商丘境内，路段长 58.72km，并在商丘市中心与陇海铁路交会。高速公路、国道、省道等交通干线逐步构成区域内交通网络，G30、G35 高速和 105 国道、301 国道在商丘市区交会形成枢纽，9 条地区高速公路以商丘环城高速圈为中心呈"米"字形展开，30 余条省道遍布商丘境内，目前已初步实现县县通高速、村村通油路的发展现状。

2012 年，河南省为提升商丘市综合竞争力，支持商丘市建设为中原经济区东部中心

---

① 2004 年商丘市开始进行人口与城镇化的抽样调查工作，在此之前无城镇化率、常住人口数据。

城市、打造内陆开放高地。河南省人民政府批准商丘建设为中原经济区承接产业转移示范市。商丘市是国家促进中部崛起地区规划确定的"两横两纵"经济带中沿陇海、沿京九经济带的交会城市，是中原经济区东向对接沿海发达地区的"桥头堡"。1972～2015年商丘市区域交通发展迅速，现今为河南省重要的交通枢纽之一。图 7.6（a）～（c）分别显示 1972 年、1995 年和 2015 年商丘市的交通状况。可以看出，从 1972～2015 年商丘市交通发展迅速，1972 年仅有部分地区分布有主要公路，铁路交通仅有"一横"（陇海铁路），而至 2015 年省道、国道、高速公路在境内纵横交错，铁路交通也形成"一横"（陇海铁路）、"一纵"（京九铁路）的"十字架"交通网络。

7.1.5 数据来源及处理

文中所使用的数据主要是商丘市 1972 年大比例尺地图数据和 1995 年、2015 年的遥感影像数据，具体数据来源和处理在 1.2.2 节部分有详细阐述和说明。基于此本章所提取聚落斑块数据具体如图 7.7 所示。需要说明的是，使用的商丘市行政区划数据是以 2015 年商丘市行政区划为标准，以保证不同年份县市/市辖区行政范围的一致性。同时，也有学者利用聚落斑块面积数据来表征聚落规模的大小，而基于这一数据的分析已取得一定的研究成果（马晓冬等，2012；郭晓东等，2013；李小建等，2015；Shi et al.，2016）。

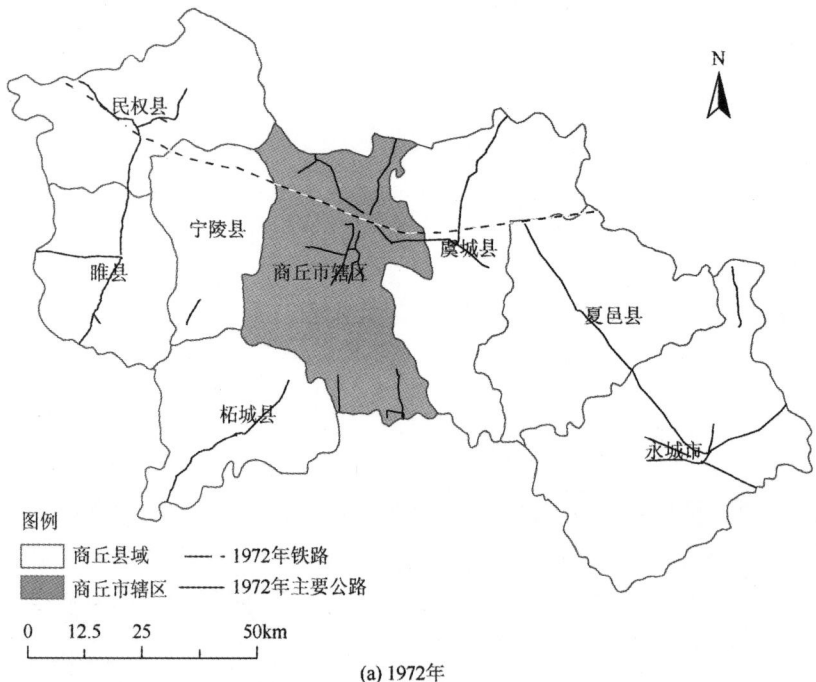

(a) 1972年

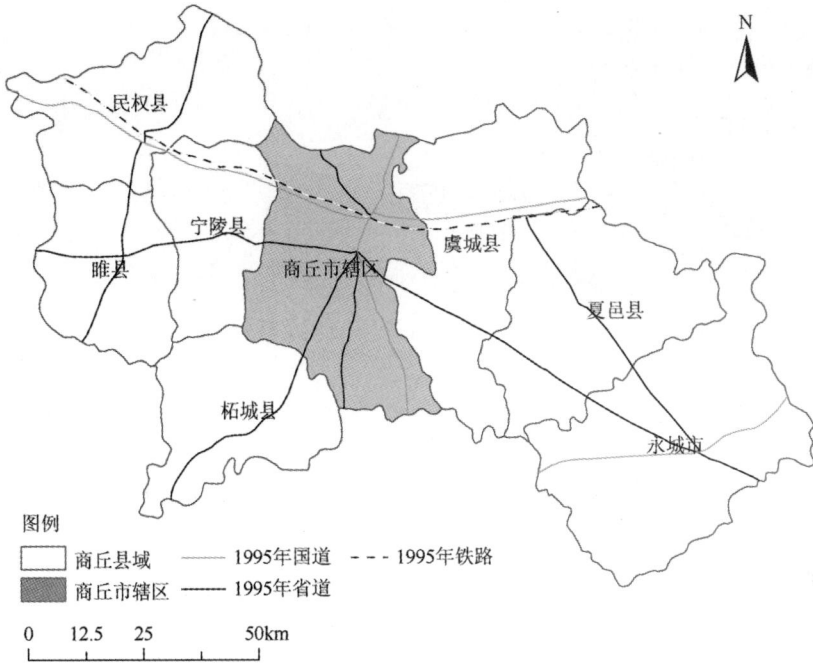

(b) 1995年

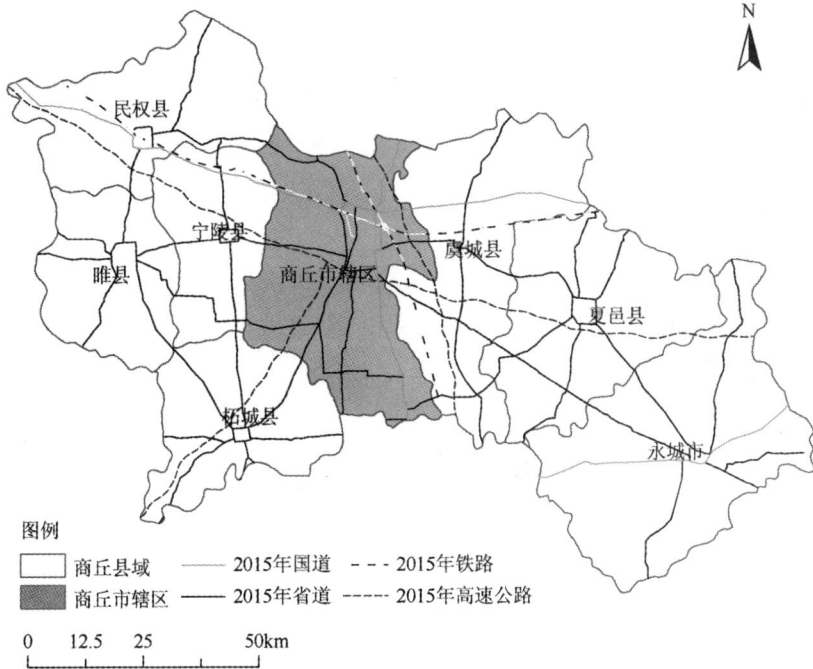

(c) 2015年

图 7.6 1972 年、1995 年和 2015 年商丘市交通状况

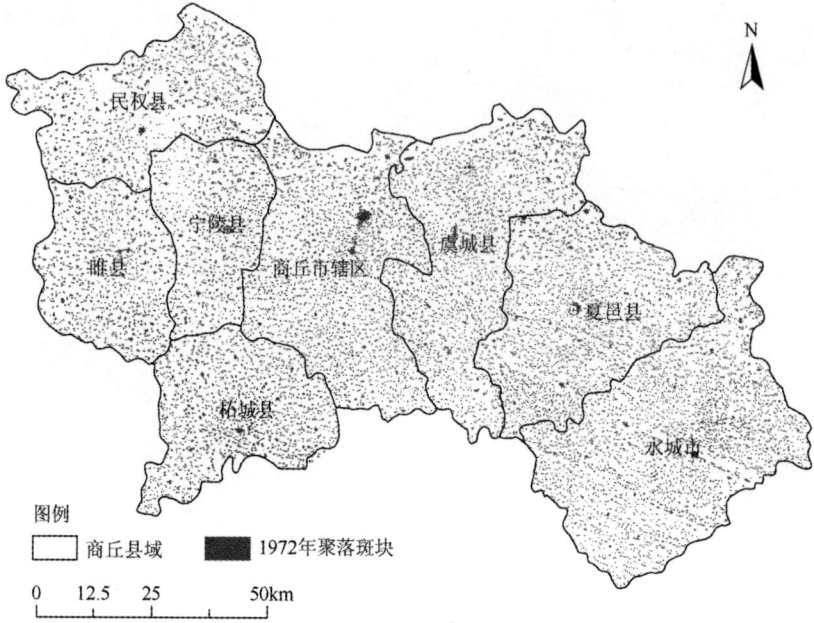

(a) 1972年

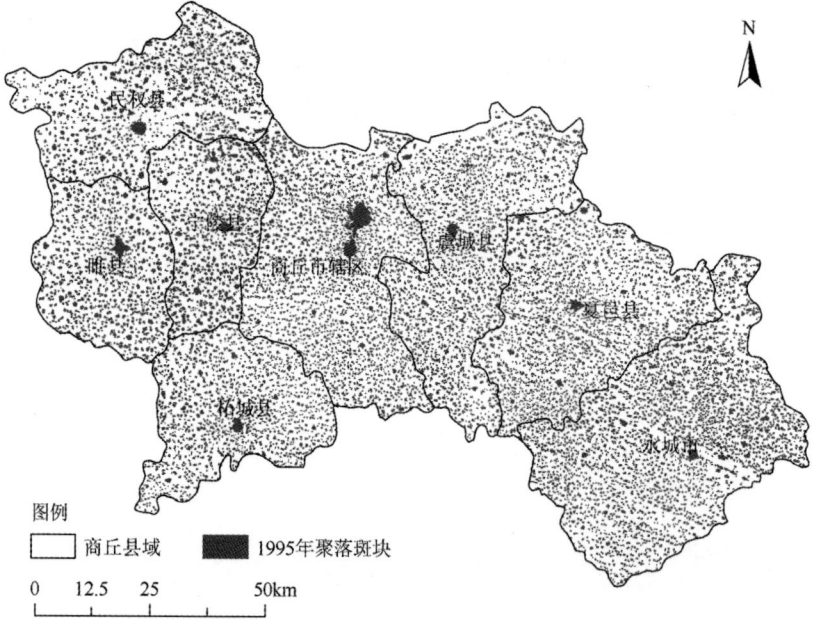

(b) 1995年

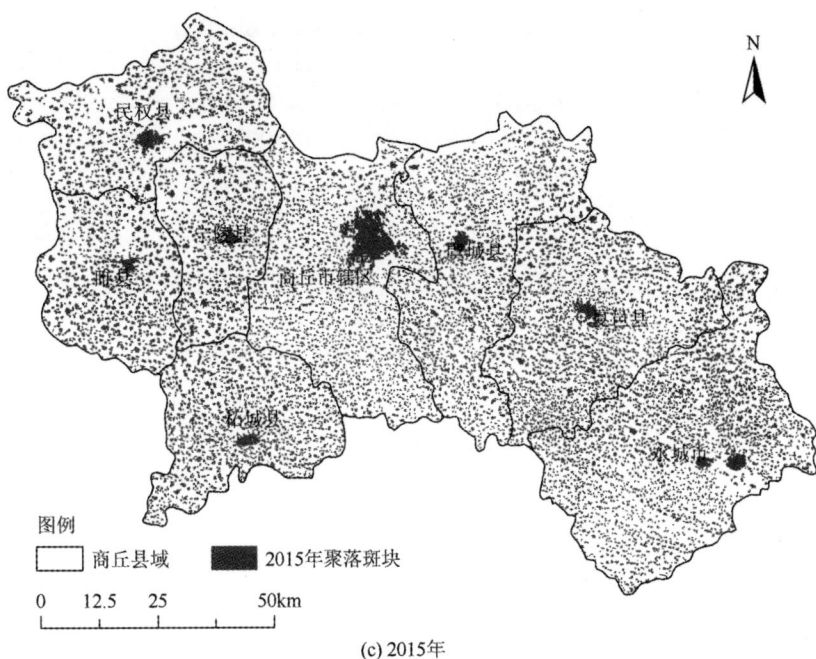

(c) 2015年

图 7.7　1972 年、1995 年和 2015 年商丘市聚落斑块数据

　　由 1972 年、1995 年和 2015 年商丘市聚落斑块数据可以看出，商丘市域范围内有数量较多的聚落斑块，且在研究时段内聚落斑块规模逐渐增加，其中，商丘市辖区和各县县城所在地的聚落斑块变化较为明显，空间范围扩张显著。区域内既分布有规模较大的城镇聚落斑块，同时也分布有数量较多的小规模乡村聚落斑块。

7.2　聚落规模变化

7.2.1　聚落斑块数量及规模变化

　　基于所获取的商丘市城乡聚落斑块数据，在此对区域内聚落景观指数进行统计（表 7.3），结果发现，商丘市聚落总面积有较大幅度的增加，且市域范围内的聚落斑块总数量减少。研究时段内商丘市聚落斑块总面积、最大聚落斑块面积均有较大幅度的增加。不同时段来看，1972～1995 年商丘市聚落斑块总面积的增加幅度较大，1995～2015 年增加幅度相对减缓。同时，商丘市聚落斑块平均面积也呈现出增加态势，在研究时段内聚落斑块平均面积增长了 0.1197km^2。在最大斑块指数方面，1972 年商丘市的最大斑块指数为 1.01%，在 2015 年上升至 5.11%，上升态势较为明显，这一分析说明商丘市范围内的聚落斑块在空间上呈现集聚布局的状态，且最大斑块面积占地区聚落斑块总面积的比例随着聚落斑块规模的增长而逐渐上升。在区域聚落斑块规模增加的同时，商丘市聚落斑块总数量减少明显。

表 7.3　1972～2015 年商丘市聚落斑块规模统计

指标	1972 年	1995 年	2015 年
聚落斑块总数量/个	16508	14196	11327
聚落斑块总面积/km²	399.28	1588.06	1629.55
聚落斑块平均面积/km²	0.0242	0.1119	0.1439
最大聚落斑块面积/km²	4.01	19.91	83.2
最小聚落斑块面积/m²	650.8	350.02	5587.81
最大斑块指数/%	1.01	1.25	5.11

对商丘 7 个县（市）范围内的聚落斑块面积和数量分析发现（表 7.4），区域内各县市聚落斑块总面积均有较大幅度的增加，最大聚落斑块面积、最小聚落斑块面积、聚落斑块平均面积也有不同程度的增加，而聚落斑块数量则有所减少。具体来看，1972 年和 2015 年聚落斑块总面积最大的均为永城市，在研究时段内，永城市的聚落斑块总面积有较大幅度的上升，但其聚落斑块数量则减少了 1011 个，宁陵县聚落斑块数量减少了 304 个，相对较少。1972 年，永城市最大聚落斑块面积为 1.45km²，而 2015 年永城市最大聚落斑块面积为 11.99km²，上升幅度较为明显，且 2015 年商丘市 7 个县市中最大聚落斑块面积明显较大的是民权县，数值为 18.77km²，其余各县最大聚落斑块面积也有较大幅度的上升，而最小聚落斑块面积的上升幅度则相对较小。

表 7.4　1972 年和 2015 年商丘市县域聚落斑块面积和数量

年份	县域	聚落斑块数量/个	聚落斑块总面积/km²	最大聚落斑块面积/m²	最小聚落斑块面积/m²	聚落斑块平均面积/m²
1972	夏邑县	2704	46.43	1125592.44	916.02	17169.30
	宁陵县	1013	31.12	928211.80	708.84	30718.05
	柘城县	1610	56.16	1229644.61	717.76	34879.19
	民权县	1317	41.20	1167339.29	830.40	31283.61
	永城市	3592	64.76	1449037.59	770.53	18027.65
	睢县	1103	35.95	1029498.11	650.78	32588.80
	虞城县	2537	53.03	890871.15	1199.72	20901.14
2015	夏邑县	1890	247.24	16478305.11	8954.47	130814.59
	宁陵县	709	135.06	11298966.93	8121.63	190489.91
	柘城县	1166	167.87	11244713.28	7802.01	143971.79
	民权县	717	173.86	18771733.20	13059.36	242487.68
	永城市	2581	304.86	11989461.50	5583.74	118116.19
	睢县	662	153.65	9702783.35	16412.80	232106.93
	虞城县	1784	199.95	11755110.16	6611.94	112076.88

7.2.2　聚落规模频数变化

对商丘市聚落斑块面积数据划分为 10 个规模区间，对 3 个年份各规模区间的聚落斑块数量进行统计，并绘制成频数分布的柱状图（图 7.8），对商丘市研究时段内的聚落斑块规模频数分布变化情况进行分析。

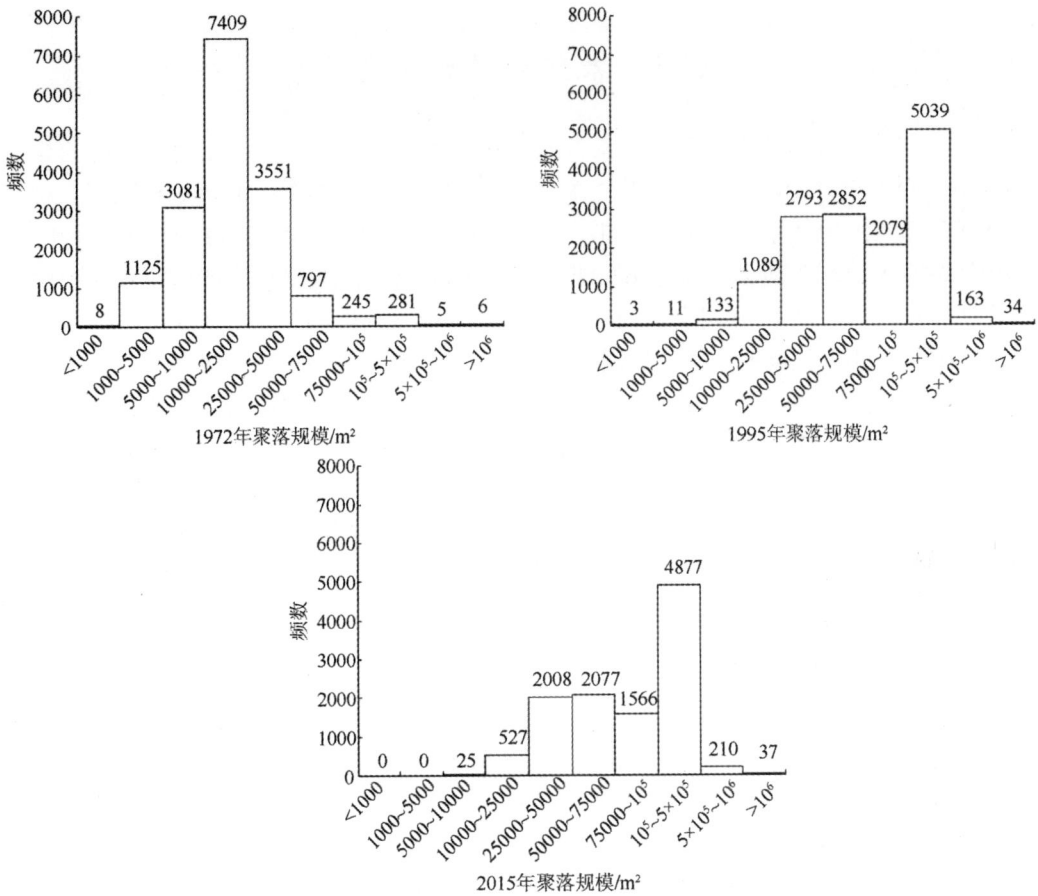

图 7.8　1972 年、1995 年和 2015 年商丘市聚落规模频数变化

　　由不同规模区间聚落斑块规模频数分布图可以看出,1972 年商丘市聚落斑块规模较多的分布在 10000～25000m^2,斑块数量是 7409 个;其次是 5000～10000m^2、25000～50000m^2,斑块数量分别是 3081 个、3551 个;5000m^2 以下的小规模聚落斑块和 50000m^2 以上的较大规模聚落斑块数量较少。1995 年聚落斑块规模较多的分布在 10^5～5×10^{5}m^2,斑块数量是 5039 个;其次是 25000～10^{5}m^2 的三个规模区间,斑块数量共有 7724 个,数量分布较多;5000m^2 以下的小规模聚落斑块和 5×10^{5}m^2 以上的较大规模聚落斑块数量较少。2015 年聚落斑块规模较多的分布在 10^5～5×10^{5}m^2,斑块数量是 4877 个;其次是 25000～10^{5}m^2 的三个规模区间,斑块数量共有 5651 个,数量分布较多;同样的,5000m^2 以下的小规模聚落斑块和 5×10^{5}m^2 以上的较大规模聚落斑块数量较少。对比来看,研究时段内斑块数量分布较多的规模区间有所右移,且小规模聚落斑块数量减少,大规模和较大规模聚落斑块数量增加,其中,5000m^2 以下的小规模聚落斑块数量由 1972 年的 1133 个下降至 1995 年的 14 个,数量下降明显;5×10^{5}m^2 以上的大规模聚落斑块数量由 1972 年的 11 个上升至 2015 年的 247 个,有较大幅度的上升。

7.2.3　聚落规模频率变化

由不同规模区间的聚落斑块数量占相应年份聚落斑块总数量的比例所绘制的折线图（图7.9）可以看出，1972年有72.7%的聚落斑块分布在 $10^4\sim10^5\mathrm{m}^2$ 规模区间，这一区间斑块数量占比明显高于其他区间，与该年份相同，1995年和2015年这一规模区间的斑块数量占比均较高，分别为62.08%、54.54%，但这一规模区间的斑块数量占比情况在研究时段内逐渐下降。同时，$10^4\mathrm{m}^2$ 以下的聚落规模区间内聚落斑块数量占相应年份的比例均有不同程度的下降。然而，$10^5\mathrm{m}^2$ 以上的聚落规模区间内聚落斑块数量占比均有不同程度的上升，其中 $10^5\sim5\times10^5\mathrm{m}^2$ 这一规模区间内聚落斑块数量占比情况有较大幅度的上升，由1972年的1.7%上升至1995年的35.5%，至2015年则上升至43.06%，$10^6\mathrm{m}^2$ 以上的聚落斑块数量占比呈现出小幅度的上升，由1972年的0.04%上升至2015年的0.33%。整体来看，1972~2015年商丘市聚落斑块面积的频率分布呈现出扁平化态势，小规模聚落斑块频率下降，频率分布最高值下降，而大规模聚落斑块频率逐渐上升。

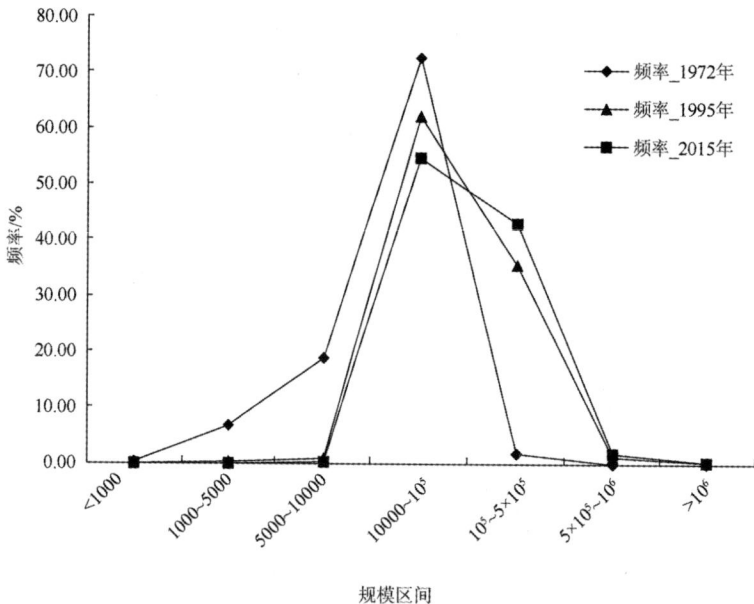

图7.9　1972年、1995年和2015年商丘市聚落规模频率变化

7.3　聚落位序-规模变化

7.3.1　标度区和异常值

城镇化的快速发展，使得一区域内的聚落也在随之发生变化，聚落规模分布和聚落规模体系也会有所变化。这种情况下，在此根据式（1.5）尝试借助于城镇位序-规模模型对研究区城乡聚落整体的规模分布情况进行分析。在使用位序-规模法则对聚落规模

分布进行描述时，有学者认为其本质上是一种标度分布，通常在一定范围内有效，尺度太大或太小，幂律关系往往会破坏。这个尺度范围被称为标度区（Bak and Weissman，1997）。

异常值主要是指与数据集合表现的与主流趋势显著不一致的数据，这些数据可能是由于系统演化（如城市发育、聚落演变等）或技术因素（如数据采集误差、观测错误等）所导致的。如果位序-规模法则拟合曲线两端表现为异常值，拟合曲线的中间部分在双对数坐标图上表现为直线趋势，则称之为标度区（陈彦光，2008；Chen，2015）。在回归分析中，可以通过残差和标准差的计算来剔除异常值。如果模型残差的绝对值与 2 倍标准差之间的差值大于 0，则可以基于 0.05 的显著性水平将相应的数值视为异常值。因此，为了得到有效的模型参数，异常值往往是被剔除的，否则会影响统计推断和相应的结论。

7.3.2　研究区聚落位序-规模变化

根据式（1.5）绘制聚落斑块面积与位序之间的双对数坐标图（$\ln r$-$\ln area$)（图 7.10），通过不同年份的齐夫指数和位序-规模分布拟合曲线可以看出，由于商丘市范围内小规模的乡村聚落斑块数量较多，且发育不够完善，在双对数拟合直线的尾部表现出较为明显的垂尾分布特征。因此，结合各年份聚落位序-规模回归方程，将与数据集合表现出的与主流趋势显著不一致的数据通过残差和标准差的计算对商丘市聚落斑块面积的异常值进行剔除，进而得到 1972 年、1995 年和 2015 年商丘市域层面聚落规模分布的齐夫指数的有效值（图 7.11）。

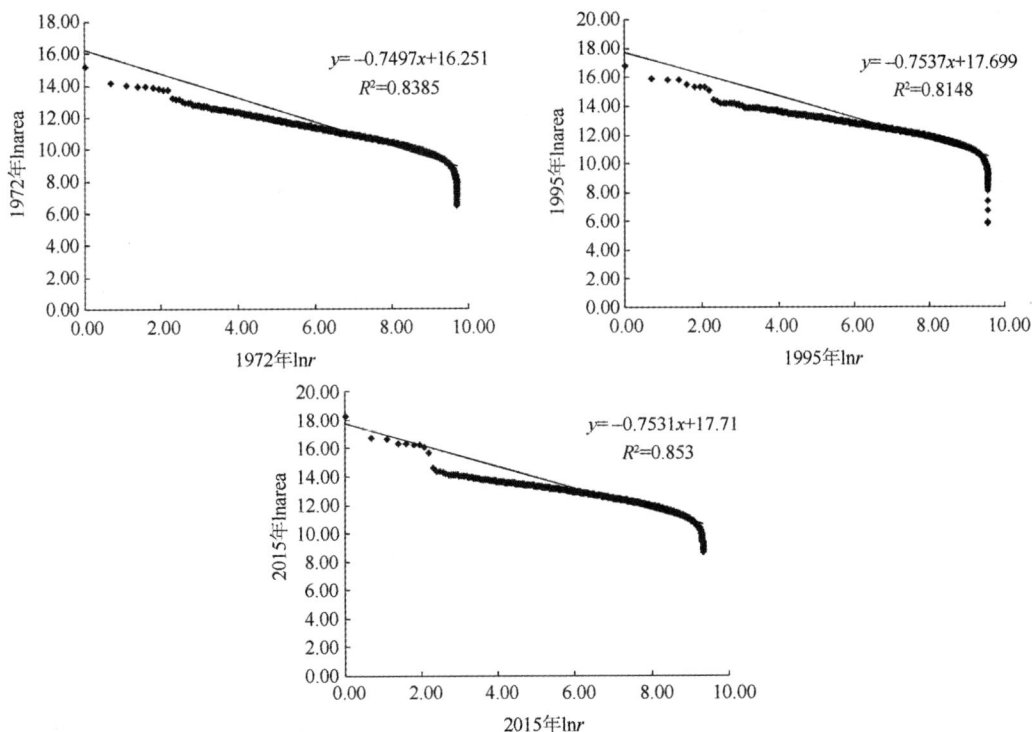

图 7.10　1972 年、1995 年和 2015 年商丘市聚落面积位序-规模模型

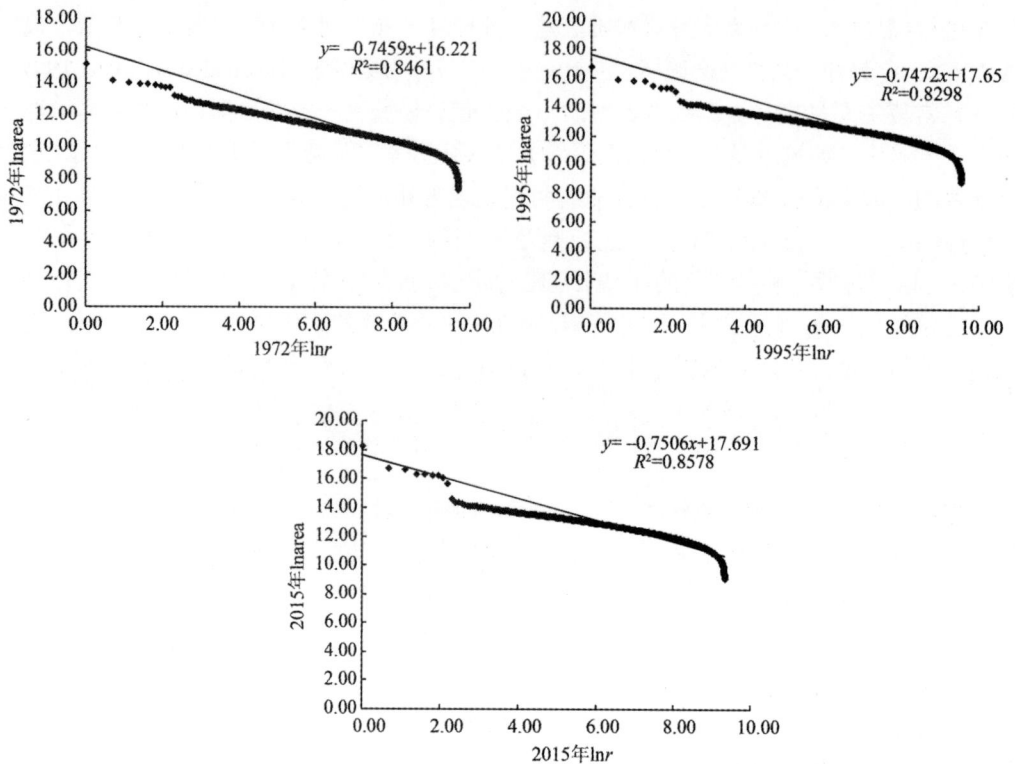

图 7.11　1972 年、1995 年和 2015 年商丘市聚落面积位序-规模模型（剔除异常值）

　　商丘市聚落斑块面积拟合得到的齐夫指数在研究时段内有所上升，但齐夫指数偏小（表 7.5）。其中，齐夫指数偏小表明区域内的聚落规模分布相对较为均匀，较大规模聚落发育不够突出，小规模的聚落斑块数量相对较多且均处于较低位次。

表 7.5　1972 年、1995 年和 2015 年研究区聚落面积线性回归的齐夫指数

地区	指标	1972 年	1995 年	2015 年
商丘市	齐夫指数	0.7497	0.7537	0.7531
	R^2	0.8385	0.8148	0.8530
商丘市（剔除异常值）	齐夫指数	0.7459	0.7472	0.7506
	R^2	0.8461	0.8298	0.8578

　　剔除异常值后，商丘市聚落位序-规模分布图（图 7.11）可以看出：①模型分析得到的齐夫指数在 1972～2015 年也均偏小，但随时间变化均呈现出上升的态势。同时，剔除异常值前后的对比分析发现，剔除异常值之后模型的拟合优度有所提升。研究时段内，商丘市聚落规模剔除异常值后测算得到的齐夫指数上升幅度为 0.0047。齐夫指数的上升说明区域内聚落体系的规模分布随着聚落规模增加而逐渐趋于集中。同时，随着地区城镇化的发展，城镇聚落规模有所扩大，区域内的城镇发育逐步趋于完善，但由于研究区范围内规模较小的聚落斑块数量分布较多，使得齐夫指数的变化幅度较小。②首位聚落规模增大，但实际值与理论值存在差异。商丘市聚落位序与规模取对数之后进行线性拟合发现，1972 年和 1995 年商丘市位次居于首位的聚落规模较小，位于拟合直线下方，

其实际值小于理论值，但经过一段时间的发展，2015年位次居于首位的聚落规模增加，位于拟合直线上方，其实际值大于理论值。同时，也可以看出位次较为靠前的聚落规模在2015年也有较大的变化，趋近于拟合直线。这一分析说明，在区域聚落发展过程中，商丘市首位聚落规模增加较快，部分城镇聚落规模也有较大幅度增加，但乡镇聚落仍有一定的发展空间，且数量较多的小规模聚落分布在拟合直线尾部。

7.3.3 分县聚落位序-规模变化

由于研究区村庄聚落斑块数量较多，且规模较小，在研究区聚落斑块面积测度的位序-规模模型的双对数坐标图上易表现出垂尾分布的特征。在此以聚落斑块面积数据为基础，借助于城镇位序-规模模型 [式（1.5）] 和乡村聚落位序规模模型 [式（1.7）] 分别对商丘市7个县域单元（民权县、宁陵县、睢县、夏邑县、永城市、虞城县、柘城县）的聚落斑块面积的规模分布情况进行分析，将任一县域单元作为一个整体进行测算，分别得到不同年份各县域单元的位序-规模分布散点图和拟合方程（表7.6）。由各县市聚落斑块面积分析得到的位序-规模分布散点图（图7.12）可以看出，借助于城镇位序-规模模型（lnr-lnarea）和乡村位序-规模模型（r-lnarea）对聚落斑块面积规模分布情况进行拟合的散点图存在较为明显的差异。通过模型分析得到的拟合方程可以看出：

表 7.6 各县聚落位序-规模模型的拟合方程和拟合优度

县市	城镇位序-规模模型（$\ln P_r=\ln P_1-q\ln r$）		乡村位序-规模模型 [$\ln R_n=\ln R_1+(n-1)\ln\delta$]	
	1972 年	2015 年	1972 年	2015 年
民权县	$y=-0.8135x+14.968$（$R^2=0.8338$）	$y=-0.8131x+16.474$（$R^2=0.8302$）	$y=-0.0022x+11.405$（$R^2=0.9281$）	$y=-0.0041x+13.417$（$R^2=0.9503$）
宁陵县	$y=-0.7256x+14.296$（$R^2=0.8221$）	$y=-0.7698x+16.032$（$R^2=0.8526$）	$y=-0.0026x+11.308$（$R^2=0.9191$）	$y=-0.0038x+13.103$（$R^2=0.918$）
睢县	$y=-0.7514x+14.554$（$R^2=0.813$）	$y=-0.7649x+16.189$（$R^2=0.8315$）	$y=-0.0025x+11.41$（$R^2=0.9272$）	$y=-0.0042x+13.373$（$R^2=0.9539$）
夏邑县	$y=-0.7141x+14.332$（$R^2=0.851$）	$y=-0.6959x+15.99$（$R^2=0.8339$）	$y=-0.0009x+10.678$（$R^2=0.9184$）	$y=-0.0013x+12.705$（$R^2=0.9426$）
永城市	$y=-0.6553x+14.221$（$R^2=0.8318$）	$y=-0.6665x+15.936$（$R^2=0.8452$）	$y=-0.0007x+10.696$（$R^2=0.9159$）	$y=-0.0009x+12.572$（$R^2=0.9356$）
虞城县	$y=-0.7297x+14.593$（$R^2=0.8367$）	$y=-0.7363x+16.032$（$R^2=0.8419$）	$y=-0.001x+10.919$（$R^2=0.9218$）	$y=-0.0015x+12.589$（$R^2=0.9404$）
柘城县	$y=-0.7189x+14.728$（$R^2=0.8193$）	$y=-0.7306x+15.945$（$R^2=0.8321$）	$y=-0.0016x+11.454$（$R^2=0.9356$）	$y=-0.0023x+12.846$（$R^2=0.9467$）

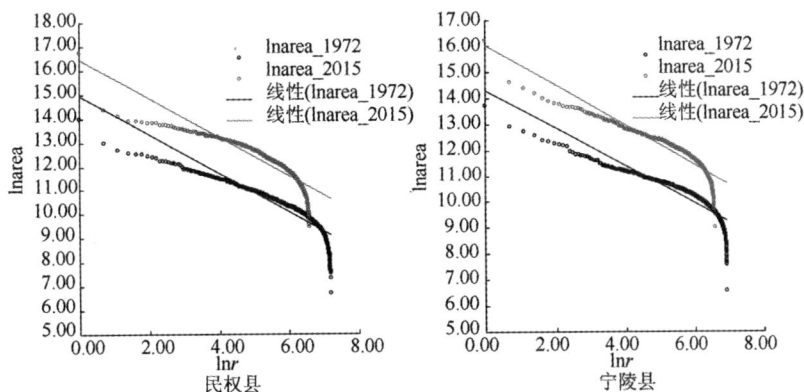

民权县　　　　　宁陵县

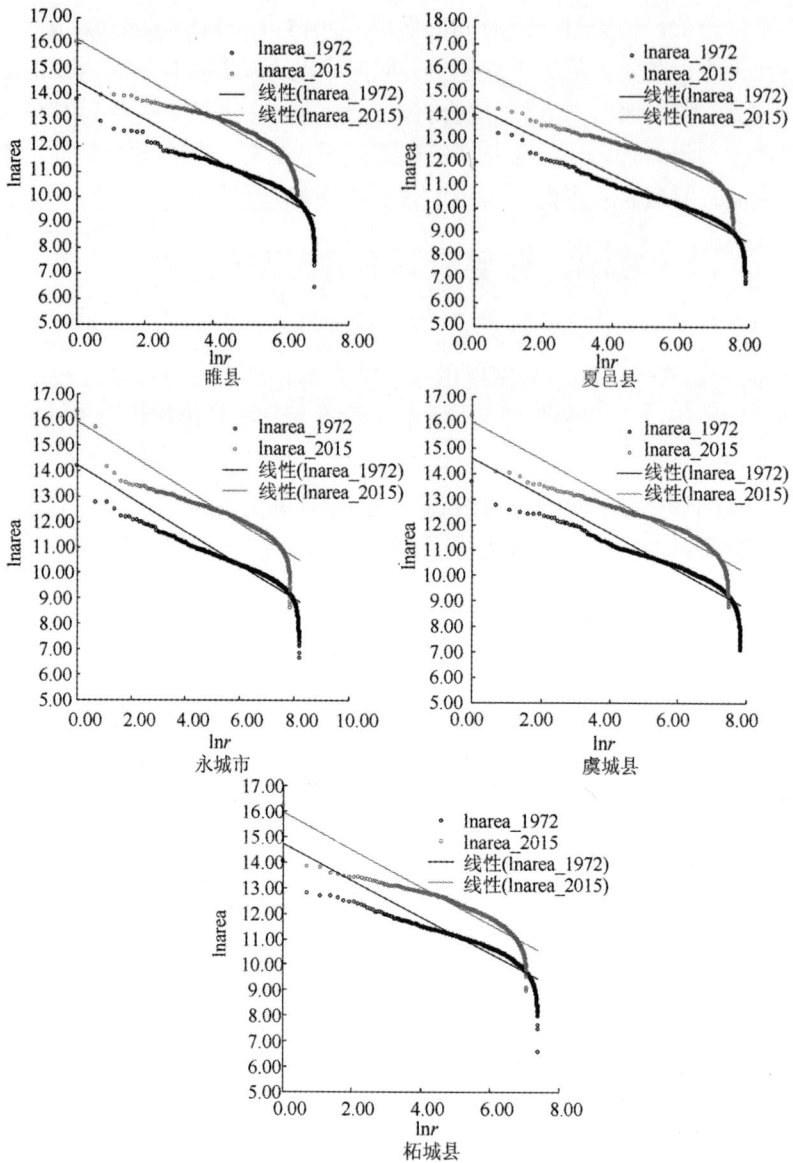

(a) 城镇聚落位序-规模模型

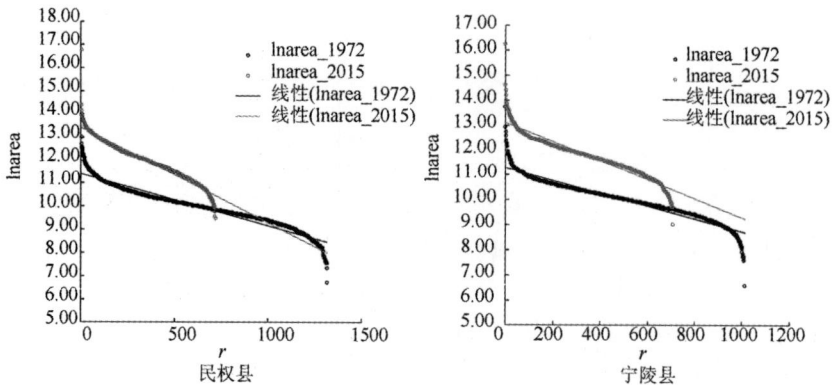

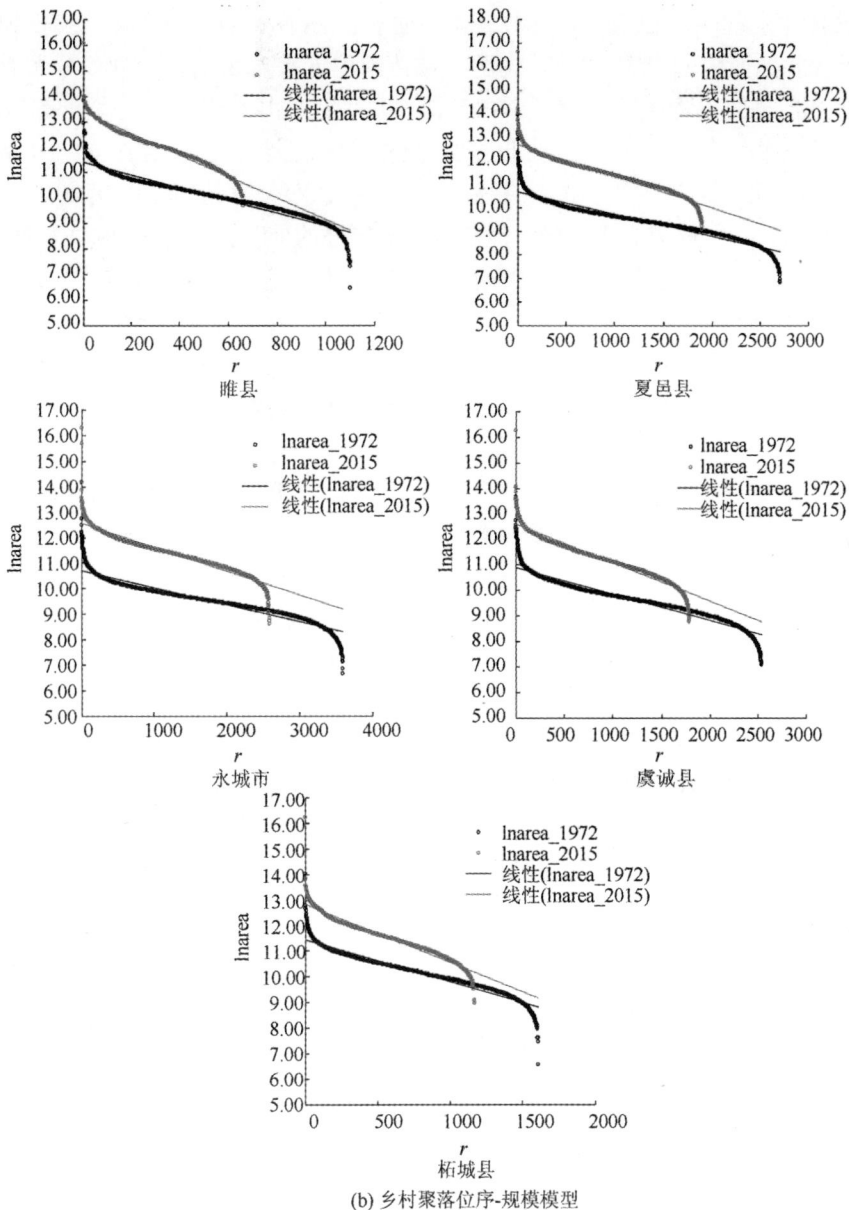

(b) 乡村聚落位序-规模模型

图 7.12　分县聚落斑块面积位序-规模散点图

以城镇位序-规模模型进行测度：①1972 年和 2015 年商丘市 7 个县域单元聚落规模分布的拟合指数均偏小，其中，宁陵县、睢县、永城市、虞城县、柘城县 5 个县市聚落规模分布的拟合指数在 2015 年高于 1972 年，而民权县、夏邑县 2 个县聚落规模分布的拟合指数在 2015 年低于 1972 年。1972 年和 2015 年民权县聚落规模分布的拟合指数较高，分别为 0.8135、0.8131，在研究时段内有较小幅度的下降；宁陵县聚落规模分布的拟合指数则由 1972 年的 0.7256 上升至 2015 年的 0.7698，在研究时段内上升幅度为0.0442。城镇位序-规模分布拟合指数的变化表明各县市范围内的聚落规模和数量不断变化，在城镇化过程中，聚落斑块面积逐渐增加，且随着聚落规模变化，其规模分布体系也有所发展，而拟合指数的上升说明县域范围内聚落斑块面积的规模分布有集中的趋势，拟合指数的下降说明县域范围内聚落斑块面积的规模分布有分散的趋势，但40多年间聚落规模分布的拟合指数波动幅度较小则表明这一发展变化的态势并不显著。②1972年各县首位聚落均位于拟合直线下方，实际值小于理论值，而在2015年则明显高于拟合直线，实际值大于理论值，但首位聚落之外的前几位聚落在1972年和2015年均位于拟合直线下方，与拟合模型得到的理论值相比，其实际值明显偏小，说明各县范围内较高位次的乡镇聚落规模还有一定的增长空间。③商丘市各县域聚落规模分布得到的拟合直线均随时间向外推移，2015年拟合直线斜率明显高于1972年。在聚落斑块面积和位序的双对数坐标图上也可以看出，拟合直线尾部有数量较多的小规模聚落，但随着区域聚落发展，尾部小规模聚落斑块数量有所减少。

以乡村位序-规模模型进行测度，商丘市7个县域单元聚落规模分布得到的拟合优度明显高于城镇位序-规模模型，且较多的聚落位于模型测度的拟合直线上。1972年和2015年任一县域单元以乡村位序-规模模型对聚落斑块面积规模分布进行测度的拟合优度均在0.9以上，而以城镇聚落位序-规模模型测度的拟合优度均在0.8以上，可见，县域层面上聚落规模分布以乡村位序-规模模型分析得到的拟合优度相对较高，这主要是由于商丘市是我国传统农区，历史时期区域发展较多的依赖于自然环境和自然资源，且平坦的地势条件更为适宜于发展农业，乡村聚落斑块数量较多，大规模的城市聚落和较大规模的小城镇聚落斑块数量较少，随着地区社会经济的发展，城乡聚落在城镇化过程中均有较大发展，村庄数量有所减少，但区域内仍分布有较多数量的小规模村庄聚落。

对两个年份相邻聚落斑块面积的平均变化率 $\delta = R_{n+1}/R_n$ 进行计算，得到1972年7个县域单元相邻聚落规模变化率均在0.9993以上，其均值为0.9996，2015年则均在0.9992以上，其均值为0.9995，两个年份相邻聚落规模变化率均较高，较为趋近于1，且变化幅度较小，说明商丘市各县范围内多数乡村聚落分布在特定规模范围之内。同时，由于各县域单元聚落斑块数量、斑块面积的不同，使其位序-规模模型测度得到的拟合方程、拟合直线和拟合优度均存在着差异。

研究区域内包含有数量较多的小规模聚落，且聚落发展存在一定的区域差异。对商丘市分县聚落规模分布进行分析，齐夫指数偏小，各县域单元范围内聚落规模的分布相对较为均匀，较高位次聚落的规模还有一定的增长空间。乡村位序-规模模型分析得到的拟合优度相对较高，且多数乡村聚落规模相对集中，相邻乡村聚落规模的变化较小。

7.4 聚落空间分布变化

7.4.1 聚落最近邻指数变化

根据式（1.11）借助于 ArcMap 软件工具箱中的数据管理工具—要素—要素转点（feature to point）工具将研究区域内的聚落斑块的面状数据转换为点状数据，进而通过空间统计工具—分析模式—平均最近的相邻要素工具计算平均最近邻指数及相关统计值（表 7.7）。

表 7.7　1972 年、1995 年和 2015 年商丘市聚落斑块平均最近邻指数

年份	ANN	Z-score	p-value
1972	0.8594	−33.5119	0.00
1995	0.9344	−14.9640	0.00
2015	0.9656	−7.2606	0.00

商丘市范围内聚落斑块的 ANN 指数在 3 个年份均小于 1，说明在 3 个时间点上区域内聚落分布表现为聚集分布模式，且相应的 Z 得分和 p 值显示聚落聚集态势具有较强的显著性。时间对比来看，2015 年商丘市 ANN 指数为 0.9656，高于 1972 年和 1995 年的数值，说明区域内聚落斑块的聚集程度有所下降。这主要是由于将聚落斑块的面状数据转换为点状要素进行分析，随着聚落斑块空间规模的扩大，聚落与聚落之间的空间距离在减小，但以聚落斑块质心衡量时聚落与聚落之间的空间距离在增加，这也是造成区域内聚落斑块聚集程度有所下降的原因之一。

7.4.2　聚落核密度分布变化

根据式（1.10）借助于 ArcMap 工具箱中的空间分析（spatial analyst）工具下的密度分析—核密度分析工具，对 1972 年、1995 年和 2015 年商丘市域范围内的聚落斑块核密度分布情况进行分析和制图，经过多次尝试，文中设置搜索半径为 5km（图 7.13）。其中，颜色深浅代表着区域聚落核密度值的高低。

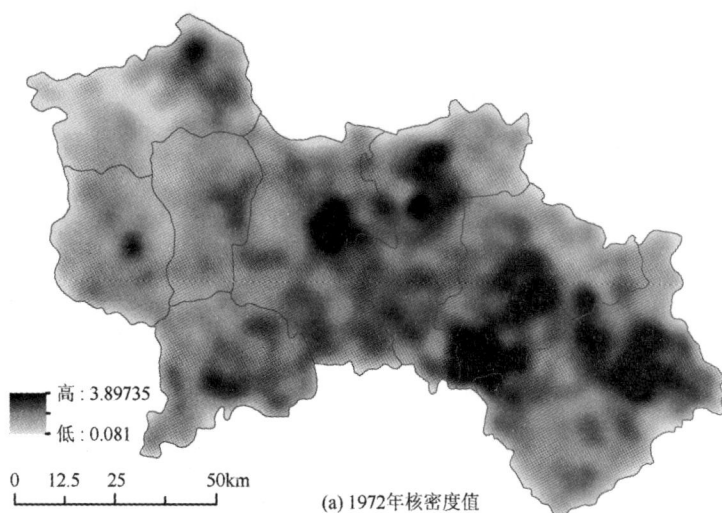

(a) 1972年核密度值

(b) 1995年核密度值

(c) 2015年核密度值

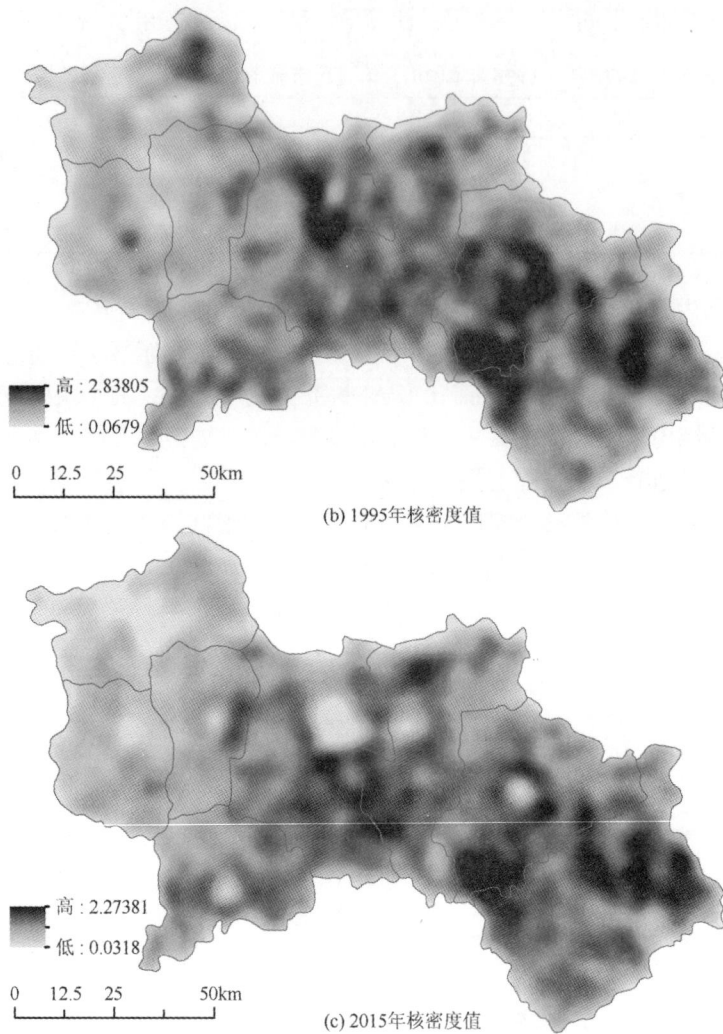

图 7.13　1972 年、1995 年和 2015 年商丘市聚落斑块核密度分布（详见文后彩图）

　　商丘市聚落斑块核密度分析结果显示：①1972～2015 年商丘市聚落斑块核密度的最高值下降，表明部分地区单位面积内聚落斑块数量有所减少，其中，研究区聚落斑块面积测算的核密度最高值由 1972 年的 3.8974 下降至 1995 年的 2.8381、2015 年的 2.2738，下降幅度分别为 1.0593、1.6236；②1972 年、1995 年和 2015 年聚落核密度值范围并不相同，这是由于研究时间点的聚落斑块数量、聚落斑块规模存在着差异，且聚落斑块空间分布也存在着一定差异，进而使得聚落核密度值范围在不同时间有所变化；③核密度空间分布中，1972 年、1995 年和 2015 年的核密度图的分布格局大致相似，然而在商丘市域范围内的局部地区则出现多核扩散趋势，且中心城区部分由于建成区面积的增加，聚落斑块规模扩大，使其空间范围向外扩展，部分村落斑块被融合导致这一区域范围内的聚落斑块数量有所减少，进而使得核密度值由高值变为低值，使其空间变化较为明显。

7.4.3　聚落空间规模变化

结合式（1.3）聚落规模等级模型划分方法，考虑商丘市聚落斑块面积分布的实际情况，由于县城和中心城区聚落斑块面积较大，故此在规模等级计算时剔除县城和中心城区聚落斑块，借鉴已有的聚落规模等级划分方法，按照不同年份研究区聚落斑块平均面积对商丘市范围内的聚落规模等级进行相对规模等级划分，并将研究区域各时期聚落按其斑块面积划分为 5 个等级，依次记为 I（大）、II（较大）、III（中等）、IV（较小）、V（小）。通过计算得到 1972 年、1995 年、2015 年商丘市聚落斑块面积均值分别为 23519.15m^2、107263.38m^2、127620.28m^2。基于各年份均值得到的间断点对相应年份的聚落斑块规模等级进行可视化制图（图 7.14），并对不同规模等级的聚落斑块数量的绝对变化情况进行统计（表 7.8）。

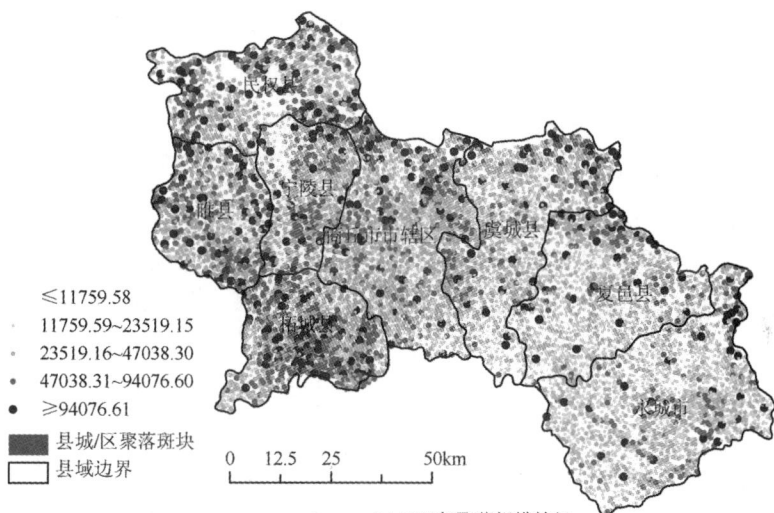

(a) 1972年聚落规模等级

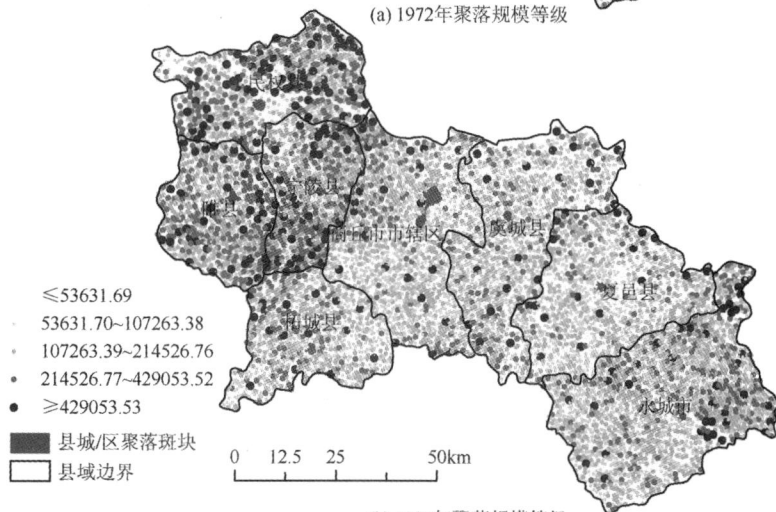

(b) 1995年聚落规模等级

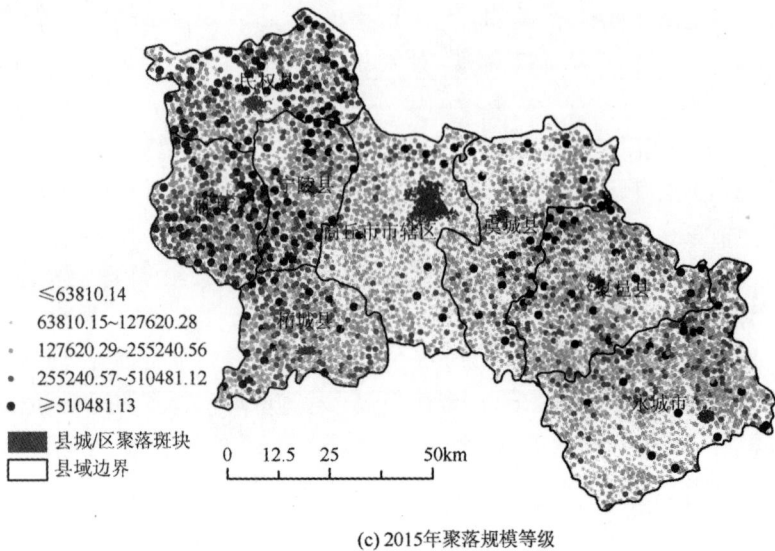

(c) 2015年聚落规模等级

图 7.14 1972 年、1995 年和 2015 年商丘市聚落斑块规模相对等级空间分布（详见文后彩图）

表 7.8 商丘市聚落面积绝对规模等级的斑块数量统计 （单位：个）

规模等级（斑块数量）	1972 年	1995 年	2015 年
Ⅴ（小）	5588	250	48
Ⅳ（较小）	5805	913	446
Ⅲ（中等）	3668	2701	1921
Ⅱ（较大）	1131	4879	3604
Ⅰ（大）	308	5444	5300

　　基于商丘市聚落斑块相对规模等级分布情况来看，不同规模等级聚落在空间上分散布局，但较大规模聚落斑块在局部地区有所集聚，同时研究区域内分布有数量较多的小规模聚落。整体上，3 个年份均呈现出规模较大的聚落斑块在商丘市辖区西侧的县域内分布数量较多，商丘市辖区东侧的县域内分布数量则相对较少，基于聚落规模等级划分的较大规模聚落空间上呈现出"西密东疏"的分布态势，较小规模聚落斑块在空间上分散分布。同时可以发现，聚落规模等级变化更为明显的特征是商丘市辖区所在的聚落斑块，聚落空间规模的大幅度增加，与距其较近的聚落逐渐合并或融合发展，使得聚落斑块规模增加的同时，空间范围逐渐扩展，其周边聚落斑块数量明显减少，且各县县城所在区域的聚落斑块也随着空间规模增加，周边聚落斑块数量有所减少，但减少幅度弱于商丘市辖区。

　　基于商丘市 1972 年聚落斑块面积不同规模等级划分的间断点，对 1995 年和 2015 年聚落规模进行等级划分并统计相应规模等级的聚落斑块数量（表 7.8），分析 1972～2015 年商丘市聚落斑块规模等级的绝对变化，可以看出，1972 年商丘市Ⅴ级小规模和Ⅳ级小规模和较小规模的聚落斑块数量最多，共有 11393 个，但其数量逐渐减少，2015 年减少至 494 个，可见，研究时段内规模相对较小的Ⅴ级和Ⅳ级聚落斑块减少明显。规模等级为Ⅲ级的中等规模聚落斑块数量也呈现出一定幅度的下降。与此相对应，商丘市范围内Ⅱ级较大规模聚落斑块数量和Ⅰ级大规模聚落斑块数量则呈现出较为明显的上升趋势，1972 年数量相对较少，为 1439 个，2015 年上升至 8904 个，可见，研究时段内规模较大的Ⅰ级和Ⅱ级聚落斑块数量增加明显。聚落斑块面积绝对等级的变化可以更为直观地反映出一段时间内聚落斑块规模的变化情况，且与基期 1972 年相比，研究时段内商丘市聚落斑块面积逐渐扩大，高等级聚落斑块数量增加，低等级聚落斑块数量减少。同时，由于区域内城镇聚落的发展，部分小规模村庄聚落的消失，区域整体聚落斑块数量呈现出减少的态势。

7.4.4　聚落扩张强度变化

1）聚落扩张强度空间分布

根据式（1.13）对商丘市乡镇范围内聚落斑块面积的扩张情况进行测算，以 2015 年商丘市乡镇边界范围为基础，借助于 ArcGIS 软件中的自然间断点分级法进行可视化制图（图 7.15）。可以看出，1972～2015 年商丘市聚落斑块呈现出扩张态势，研究时段内聚落斑块面积增长迅速，各乡镇范围内的聚落呈现出不同程度的扩张。

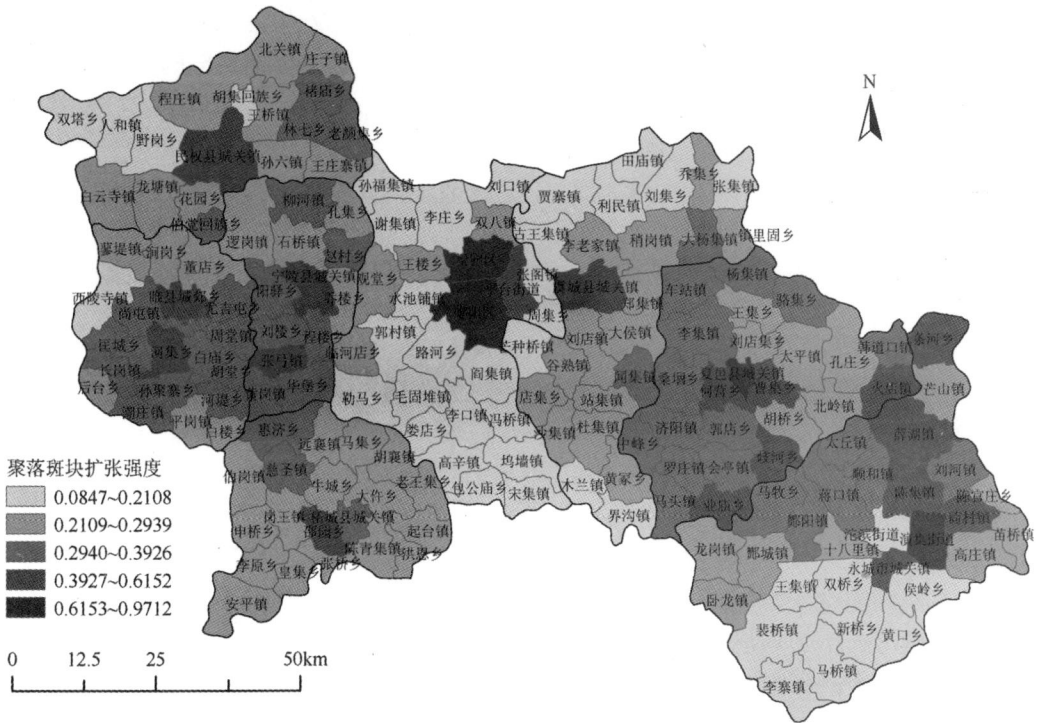

图 7.15　1972～2015 年商丘市各乡镇聚落斑块扩张强度空间分布

从空间分布来看，商丘市聚落斑块扩张强度较高的地区表现出较为明显的局部聚集的特征，具体表现为商丘市市辖区或县城所在的周边乡镇聚落扩张强度相对较高。商丘市梁园区、睢阳区、民权县城关镇、夏邑县城关镇、永城市城关镇等区域的聚落扩张强度明显较高，距其距离较远的部分乡镇聚落扩张强度则相对较低。同时，商丘市市辖区周边聚落扩张强度较低的乡镇数量较多，与市辖区较高的扩张强度之间差距明显。

从数量统计上来看，商丘市范围内有 41 个乡镇聚落斑块扩张强度相对较低，其数值小于 0.2108，占商丘市乡镇数量的比例为 23.56%；有 23 个乡镇聚落斑块扩张强度较高，为 0.6152～0.9712，占比相对较低，为 13.21%。研究时段内商丘市所有乡镇聚落斑块扩张强度均值为 0.2913，扩张强度低于均值的乡镇占总体的比例为 59.2%，占比相对较高。

1972～2015 年，商丘市聚落斑块面积逐渐增加，聚落斑块在空间上逐步扩张。聚落作为人类居住和从事各种经济活动的居住场所，是人类活动的中心。随着城镇化的发展，人口逐渐向城镇集聚，非农产业在这一过程中也快速发展，而生产力的不断提高，非农就业途径增多，农村居民收入增加，使得乡村聚落也发生较大变化，居民住房条件得以改善或重建，乡村聚落规模逐渐扩张。

2）聚落扩张强度的"核心-边缘"结构

核心-边缘理论强调在一个区域有外生给定的核心区（发达地区）和外围（不发达地区），核心区通过极化作用来加强自己的地位，又通过涓流效应作用于边缘区，使得边缘区域得以发展。在核心-边缘理论基础上，文中进一步以商丘市中心城区所在地为中心，计算中心城区所在区域范围内的聚落斑块扩张强度 D_i 与其辖区内的周边其他乡镇聚落斑块扩张强度 D_j 之比，将这一比值记为 d，即

$$d = \frac{D_j}{D_i} \tag{7.1}$$

式中，d 值越接近于 1 说明中心区域和周边乡镇聚落扩张强度之间存在的差距越小，否则越大。据此来衡量区域内核心地区与边缘地区的聚落扩张强度之间的差异。

以 1972～2015 年商丘市范围内的乡镇聚落斑块扩张强度数据为基础，以商丘市睢阳区作为核心区域，计算核心地区和周边乡镇之间的聚落扩张强度差异。通过式（7.1）计算得到研究区核心区域与其外围乡镇聚落扩张强度之比 d，并借助于 ArcGIS 软件的几何间隔分级法绘制其空间分布图（图 7.16），其中，几何间隔分类方案用于根据具有几何系列的组距创建分类间隔，其算法是通过将每个类的元素平方和进行最小化来创建几何间隔，这可确保每个类范围与每个类所拥有的值的数量大致相同，且间隔之间的变化非常一致。其中，中心城区作为地级市的核心区域，在城镇化进程中，其聚落斑块扩张强度相对较高，而核心区的发展对外围乡镇的发展具有一定的影响。按照空间上的地域邻近，一般情况下，核心区发展对距其较近的乡镇产生的影响较大，对距其较远的乡镇产生的影响较小。

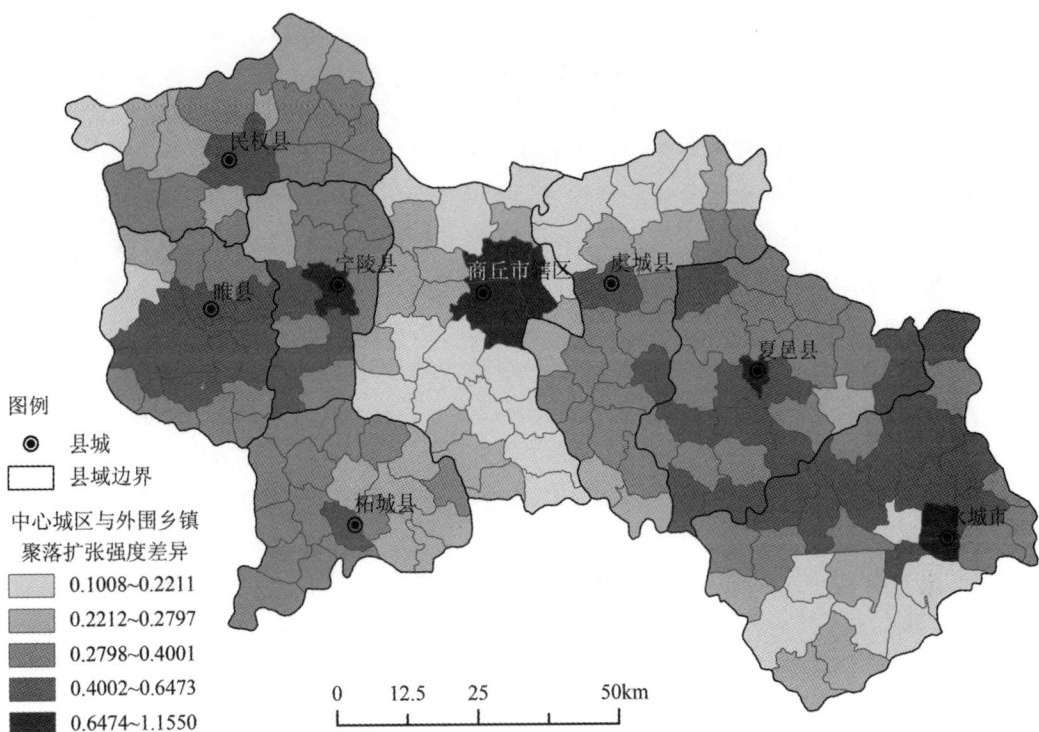

图 7.16　1972～2015 年商丘市中心城区和外围乡镇聚落扩张强度比值的空间分布

　　商丘市辖区聚落斑块扩张强度较高，在商丘睢阳区周边的乡镇聚落斑块扩张强度相对于市辖区而言，也存在较大的差距，有 27 个乡镇聚落斑块扩张强度与睢阳区扩张强度的比值低于 0.2211，而梁园区聚落斑块扩张强度高于睢阳区，二者的比值大于 1；夏邑县城关镇聚落斑块扩张强度也略高于睢阳区，而永城市城关镇聚落斑块扩张强度与睢阳区较为接近，宁陵县城关镇聚落扩张强度为 0.5655，低于睢阳区聚落扩张强度，民权县、睢县、柘城县城关镇的聚落扩张强度则相对较低，其与睢阳区聚落扩张强度的比值也相对较小，聚落扩张强度存在较大的区域差异。进一步分析发现，1972～2015 年商丘市多数乡镇聚落扩张强度与中心城区的扩张强度的比值位于 0.2798～0.4001 内，这一范围内的乡镇数量为 68 个，占研究区乡镇总数的比例为 39.08%；其次，乡镇聚落扩张强度与中心城区的比值介于 0.2212～0.2797 和 0.4002～0.6473 内的乡镇数量也较多，其占区域乡镇总数的比例均在 20%以上。这一分析结果说明商丘市区域内大多数乡镇的聚落斑块扩张强度与中心城区的比值相对较低，县城城关镇的聚落扩张强度相对较高，其次为商丘市中心城区或县城周边乡镇，距其较远的乡镇聚落扩张强度明显较低。同时，由于商丘市市辖区发展较快，在市辖区周边的乡镇聚落斑块扩张强度低于中心城区聚落扩张，且乡镇聚落扩张强度与中心城区的比值较低的乡镇在商丘市辖区范围内分布较多。

7.5 聚落分布影响分析

聚落的空间分布受自然环境的影响较大，气候、地形、地质构造、水文条件等影响居民居住区位的选择和聚落规模的发展，在聚落发展的不同阶段，其影响程度有所不同。聚落空间形态的演变在一定程度上反映着区域社会、经济、人文、历史等的发展状况，而且是区域内多种因素综合影响下的结果。其中，水系、道路影响着聚落景观的空间分布情况（任平等，2014；谭雪兰等，2016；郭晓东等，2013），城镇化的发展会改变周边农村原有的地理位置功能，以及环境条件，进而影响农户的居住空间再选择（李小建等，2009；梁会民和赵军，2001）。文中的研究区域为豫东平原地区的商丘市，境内地势平坦，在地形条件相同的情况下，结合区域聚落发展的实际情况从河流因素、中心城市发展和区位交通因素 3 个方面分析其对研究区聚落分布的影响。

结合商丘市的实际情况，河流因素对聚落分布的影响，其一是由于早期生产力水平较低，聚落选址时对人类居住用水、农作物灌溉耕作半径的考虑，更多地倾向于在距离水源较近的地方居住和生活；其二是由于商丘市是河南省距离出海口最近的城市，早期商贸交通主要依靠陆路交通和水路交通，而港口或码头的发展会进一步带来人口或货物集散地的聚落发展，并对周边聚落具有一定辐射带动作用。中心城市发展对聚落分布的影响，主要是由于中心城市或市辖区通常是一个区域的政治、经济、文化中心，同时也是区域内重要的交通网络节点，作为区域内客流、货流、信息流的集散地，产业发展、交通发展和人口集聚对于中心城市发展和其周边聚落的发展具有重要影响。已有相关研究认为，交通作为连接城乡聚落之间人流、物流、信息流的重要通道，对于城镇体系发展具有重要影响，且不同等级道路对聚落空间分布的影响会有所不同（吴江国等，2013；李红波等，2015）。1972～2015 年商丘市交通发展迅速，由 1972 年商丘市境内分布较为稀疏的铁路和主要公路发展至 2015 年的铁路、高速公路、国道、省道等交通线路纵横交错，区域内已形成黄金"米"字形交通网络。为进一步分析不同类型交通对该区域聚落分布的影响，在此主要使用 2015 年的国道、省道、高速公路、铁路等交通线路数据进行深入分析。

7.5.1 河 流 因 素

以商丘市 5 级以上河流为对象建立间隔为 1km 的 5 级缓冲区（图 7.17），分析不同缓冲区范围内聚落分布情况（表 7.9、图 7.18、图 7.19）。可以看出，随着距河流距离的增加，1972 年和 2015 年聚落斑块总面积呈现出先增后减的特征，聚落斑块数量则逐渐减少，二者占总体的比例有所下降。其中，1972 年距河流 0～2km 范围内的聚落总面积较大，2km 以外聚落总面积有所下降，2015 年距河流 0～3km 范围内的聚落总面积较大，3km 以外聚落总面积有所下降。同时，2015 年距河流不同范围内聚落总面积、聚落平均面积较之于 1972 年均有所增加，聚落斑块数量则减少。这一分析表明距离河流越近，聚落斑块面积相对越大，随着城乡聚落发展，由于聚落斑块面积的逐渐增加，同一缓冲区内聚落斑块数量则有所减少。

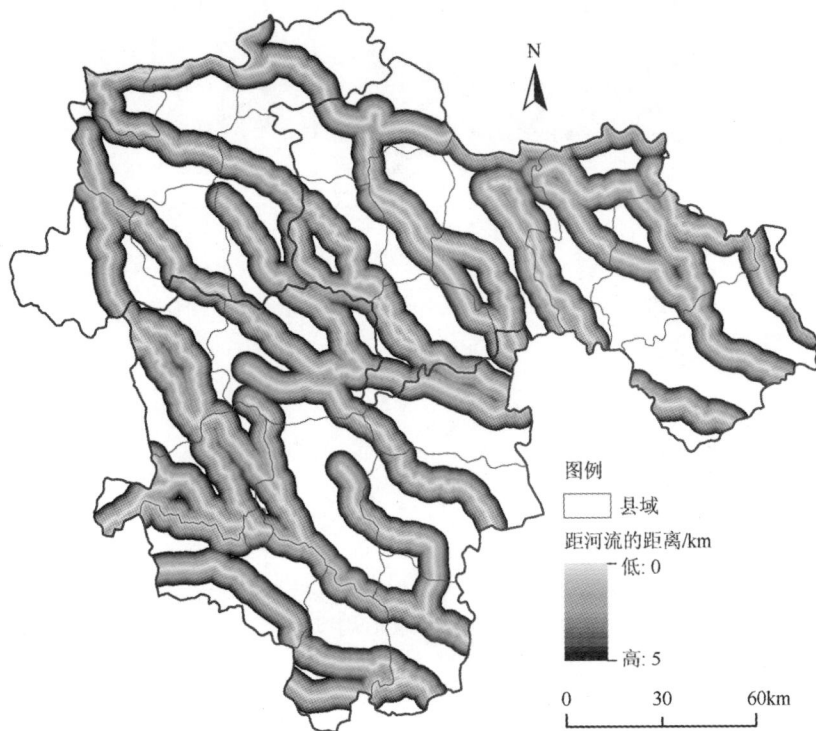

图 7.17　研究区河流缓冲半径示意图

表 7.9　河流不同缓冲区内聚落景观指数变化

年份	指标	0~1km	1~2km	2~3km	3~4km	4~5km
1972	聚落斑块数量/个	2355	2378	2088	1826	1563
	占所有聚落斑块数量的比例/%	14.27	14.41	12.65	11.06	9.47
	聚落总面积/km²	58.99	65.21	50.27	45.78	36.96
	占所有聚落面积的比例/%	14.77	16.33	12.59	11.46	9.25
	聚落平均面积/m²	25048.54	27421.09	24075.04	25067.38	23642.52
2015	聚落斑块数量/个	1595	1583	1379	1222	1106
	占所有聚落斑块数量的比例/%	14.08	13.98	12.17	10.79	9.76
	聚落总面积/km²	224.25	220.165	277.955	171.085	138.555
	占所有聚落面积的比例/%	13.76	13.51	17.06	10.50	8.50
	聚落平均面积/m²	140593.52	139078.58	201560.53	140000.79	125274.29

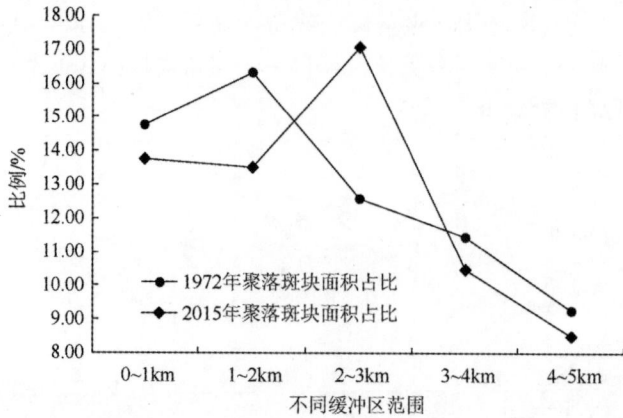

图 7.18　1972 年和 2015 年河流不同缓冲区内聚落斑块面积占比情况

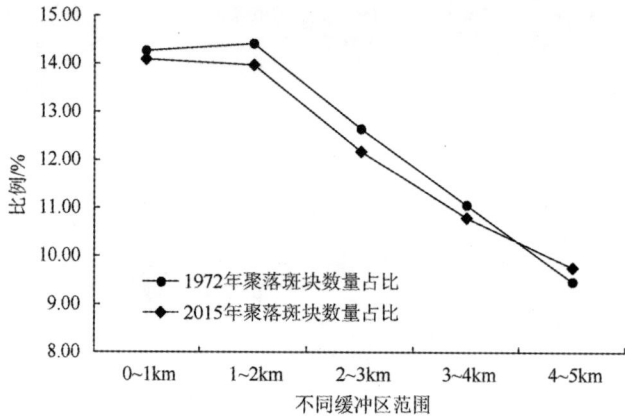

图 7.19　1972 年和 2015 年河流不同缓冲区内聚落斑块数量占比情况

7.5.2　中心城市发展

　　以商丘市中心城区为中心，以 3km 为半径建立缓冲区，分析不同缓冲区内聚落分布情况（表 7.10、图 7.20、图 7.21）。可以看出，随着距中心城区距离的增加，1972 年聚落总面积逐渐增加，2015 年聚落斑块总面积逐渐下降，两个年份聚落斑块平均面积则随着聚落斑块数量增加而有所下降，而聚落斑块数量、聚落斑块数量占比则有所上升。两个年份在不同缓冲区内的变化有所不同，在距离中心城区 3km 以内的聚落斑块数量、聚落斑块总面积均有所增加，该时期聚落斑块数量增加了 117 个、聚落斑块总面积增加了 92.68km^2，聚落斑块总面积增加幅度较为明显，且聚落斑块平均面积也有较大幅度增加。在距中心城区 3～6km 范围内聚落斑块数量、聚落斑块总面积占比也有所增加，由于城镇化进程中，城郊工业和现代农业的发展，聚落空间扩张速度较快。在 6km 范围之外，乡村聚落受中心城区发展辐射影响有所减少，聚落斑块总面积占比变化幅度相对较小。这在一定程度上表明城镇化的发展，尤其是中心城区的发展对 0～6km 范围内乡村聚落的空间分布变化具有较大的影响。

表 7.10 中心城市不同范围内聚落景观指数变化

年份	指标	0～3km	3～6km	6～9km	9～12km	12～15km
1972	聚落斑块数量/个	120	213	317	399	374
	占所有聚落斑块数量的比例/%	0.73	1.29	1.92	2.42	2.27
	聚落总面积/km^2	7.55	5.40	8.01	9.52	9.27
	占所有聚落面积的比例/%	1.89	1.35	2.01	2.39	2.32
	聚落平均面积/m^2	62898.14	25372.89	25263.72	23872.1	24789.62
2015	聚落斑块数量/个	237	289	311	335	398
	占所有聚落斑块数量的比例/%	2.09	2.55	2.75	2.96	3.51
	聚落总面积/km^2	100.23	25.31	29.74	44.55	40.69
	占所有聚落面积的比例/%	6.15	1.55	1.83	2.73	2.50
	聚落平均面积/m^2	422914.3	87572.25	95637.37	132987.2	102229.5

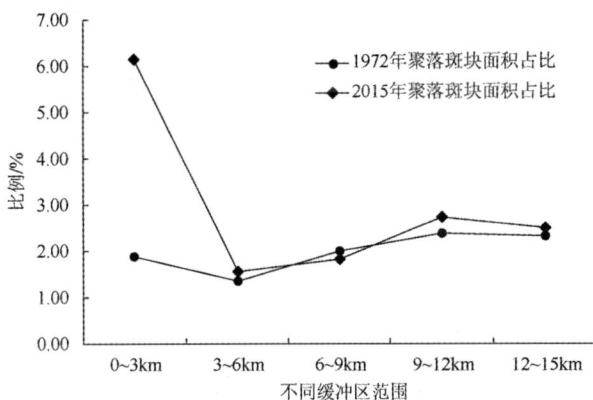

图 7.20 1972 年和 2015 年中心城市不同缓冲区内聚落斑块面积占比情况

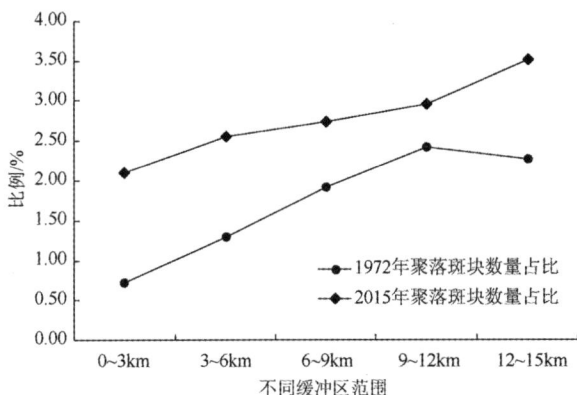

图 7.21 1972 年和 2015 年中心城市不同缓冲区内聚落斑块数量占比情况

结合商丘城乡发展实际来看，1990 年之后，农村建房多向城镇、乡镇驻地靠拢，集中分布在距离城市规划新城区和乡镇政府较近的地方，这样带来了城区和乡镇政府所在地建成区面积迅速扩张，并进一步带动乡村的小城镇建设。整体来看，中心城区的发展对距其较近的聚落分布具有较大影响，对于商丘市而言，距离中心城区 0～6km 范围内的聚落所受影响相对较大。

7.5.3 区域交通因素

1. 区域交通线路对聚落分布的影响

以 500m 为半径建立研究区交通线（主要是铁路、国道、省道、高速公路）的多级缓冲区（图 7.22），分析不同缓冲区内的聚落分布情况（表 7.11、图 7.23、图 7.24）。结果表明，随着距交通线距离的增加，聚落斑块总面积和聚落斑块数量逐渐递减，2015年在 500～1000m 范围内聚落斑块面积有所增加；聚落斑块总面积占研究区所有聚落斑块面积的比例，1972 年在 0～500m 范围内所占比例较高，而 2015 年在 500～1000m 范围内占研究区域聚落斑块总面积的比例较高,这一分析表明道路对豫东平原地区的聚落布局仅在一定的范围内存在着较大的影响。随着交通便捷程度的提高，村村通的修通使村落与村庄对外交流的主要道路之间的联系更为紧密，而高速公路属于封闭式交通，居民多居住在距其一定距离的地方，这使得在 2015 年 500～1500m 缓冲范围内聚落斑块面积占比相对较高，且交通线的逐渐密集使各缓冲区内 2015 年聚落斑块数量占比明显高于 1972 年。

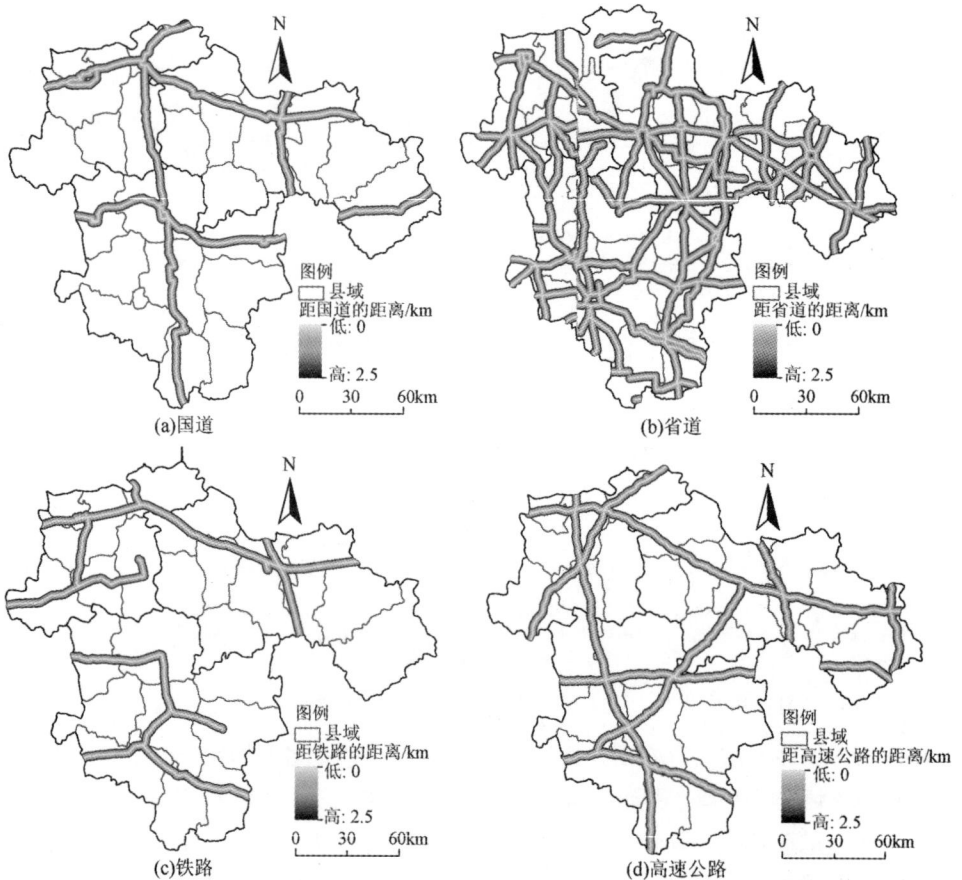

图 7.22 2015 年不同类型交通线路缓冲半径示意图

表 7.11 交通线不同缓冲区内聚落景观指数变化

年份	指标	0~500m	500~1000m	1000~1500m	1500~2000m	2000~2500m
1972	聚落斑块数量/个	1059	1002	1014	991	981
	占所有聚落斑块数量的比例/%	6.42	6.07	6.14	6.00	5.94
	聚落总面积/km²	42.05	23.58	25.86	32.08	23.20
	占所有聚落面积的比例/%	10.53	5.90	6.48	8.03	5.81
	聚落平均面积/m²	39709.05	23530.31	25500.04	32366.79	23653.11
2015	聚落斑块数量/个	1741	1733	1707	1677	1609
	占所有聚落斑块数量的比例/%	15.37	15.30	15.07	14.81	14.20
	聚落总面积/km²	238.76	299.96	244.85	223.41	237.76
	占所有聚落面积的比例/%	14.65	18.41	15.03	13.71	14.59
	聚落平均面积/m²	137142.35	173089.38	143438.84	133217.39	147766.48

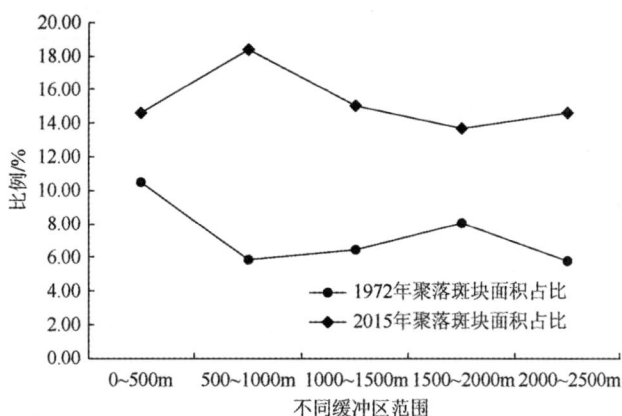

图 7.23 1972 年和 2015 年交通线路不同缓冲区内聚落斑块面积占比情况

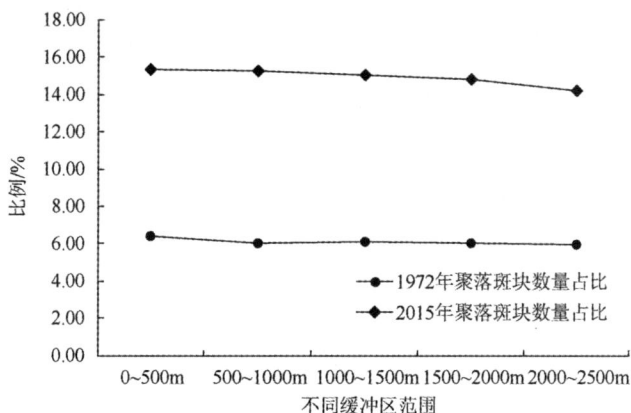

图 7.24 1972 年和 2015 年交通线路不同缓冲区内聚落斑块数量占比情况

2. 不同类型交通线路对聚落分布的影响

不同类型的交通线路对聚落空间分布的影响存在着差异。以 500m 为半径对 2015 年商丘市不同类型交通线路建立 5 级缓冲区，统计不同缓冲半径内聚落斑块面积和聚落斑块数量及其占比情况，对各级缓冲区内聚落的分布情况进行分析。同时，根据 2015

年商丘市聚落斑块面积均值（143864.28m²）所进行的聚落规模等级划分，即Ⅰ（大）、Ⅱ（较大）、Ⅲ（中等）、Ⅳ（较小）、Ⅴ（小），对交通线路不同缓冲半径内不同等级聚落斑块规模和数量进行相应的分析。

1）国道

对商丘市国道线路不同缓冲区内的聚落斑块分布情况进行分析（表 7.12），可以看出，随着距国道距离的增加，聚落总面积、聚落平均面积、聚落斑块数量均逐渐增加，1000m 范围内聚落总面积相对较高，而 2000～2500m 范围内聚落总面积增加明显，聚落平均面积也明显高于其他缓冲半径，这主要是由于这一缓冲半径内聚落斑块数量变化不大，较之于其他区间聚落斑块数量仅有小幅度增加。

表 7.12 2015 年国道不同缓冲区内聚落景观指数变化

指标	0～500m	500～1000m	1000～1500m	1500～2000m	2000～2500m
聚落斑块数量/个	220	244	244	240	242
占所有聚落斑块数量的比例/%	1.94	2.15	2.15	2.12	2.14
聚落总面积/km²	27.45	32.70	29.99	26.27	48.34
占所有聚落面积的比例/%	1.68	2.01	1.84	1.61	2.97
聚落平均面积/m²	124752.42	133997.60	122914.32	109473.97	199761.70

进一步对国道不同缓冲半径内不同等级聚落斑块规模和数量进行分析（图 7.25），结果发现，大规模的Ⅰ级聚落在 2000～2500m 范围内分布仅有 7 个，但其总面积较大，为 22.83km²，占该缓冲半径内聚落总面积的比例为 47.23%，明显高于其他缓冲半径，主要是由于商丘市辖区聚落面积较大，为大规模Ⅰ级聚落，且分布在这一缓冲范围内。同时，在 5 个缓冲半径内，Ⅴ级小规模和Ⅳ级较小规模的聚落斑块数量相对较多。对各缓冲半径内任一规模等级聚落斑块面积进行对比分析发现，Ⅰ（大）规模等级聚落斑块面积随着距国道距离的增加而增加，且增加幅度明显高于其他规模等级，Ⅱ（较大）、Ⅲ（中等）、Ⅴ（小）三个规模等级的聚落斑块面积增加幅度相对较小。

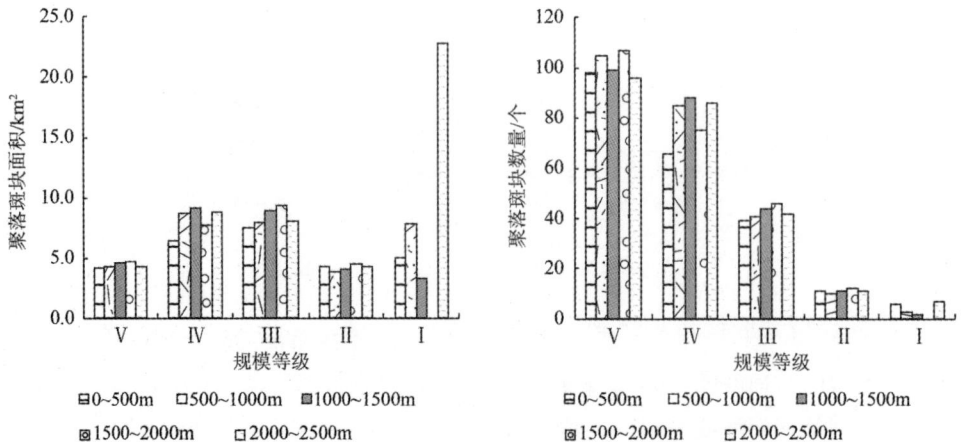

图 7.25 2015 年国道不同缓冲区内各规模等级聚落面积和数量变化

2）省道

对商丘市省道线路不同缓冲区内的聚落分布情况进行分析（表 7.13），可以看出，随着距省道距离的增加，聚落总面积、聚落平均面积、聚落斑块数量均逐渐减少，0～500m 范围内聚落总面积占所有聚落斑块面积的比例为 9.59%，明显高于其他缓冲半径内的聚落斑块面积占比，且这一缓冲半径内的聚落斑块数量较多，为 996 个。整体来看，距国道 0～1500 范围内的聚落斑块面积和聚落斑块数量较多，而 1500m 范围之外的聚落斑块数量和聚落总面积则相对较少。

表 7.13　2015 年省道不同缓冲区内聚落景观指数变化

指标	0～500m	500～1000m	1000～1500m	1500～2000m	2000～2500m
聚落斑块数量/个	996	921	961	911	903
占所有聚落斑块数量的比例/%	8.79	8.13	8.48	8.04	7.97
聚落总面积/km²	156.22	142.10	153.93	121.49	131.85
占所有聚落面积的比例/%	9.59	8.72	9.45	7.46	8.09
聚落平均面积/m²	156850.97	154284.48	160180.76	133357.36	146017.34

进一步对省道不同缓冲半径内不同等级聚落斑块规模和数量进行分析（图 7.26），结果发现，大规模的 I 级聚落在 0～1500m 范围分布面积较大，均在 45km² 以上，明显高于 1500～2500m 范围内的聚落斑块面积，且 500～1000m 范围内 I 级聚落斑块面积占该缓冲半径内聚落斑块总面积的比例为 32.92%。同时，在 5 个缓冲半径内，V 级小规模聚落斑块数量较多，其次为 IV 级较小规模聚落斑块数量。对各缓冲半径内任一规模等级聚落斑块面积进行对比分析发现，I（大）、II（较大）、V（小）三个规模等级的聚落斑块面积随着距省道距离的增加而逐渐下降，III（中等）、IV（较小）两个规模等级的聚落斑块面积随着距省道距离的增加而有小幅度的增加。

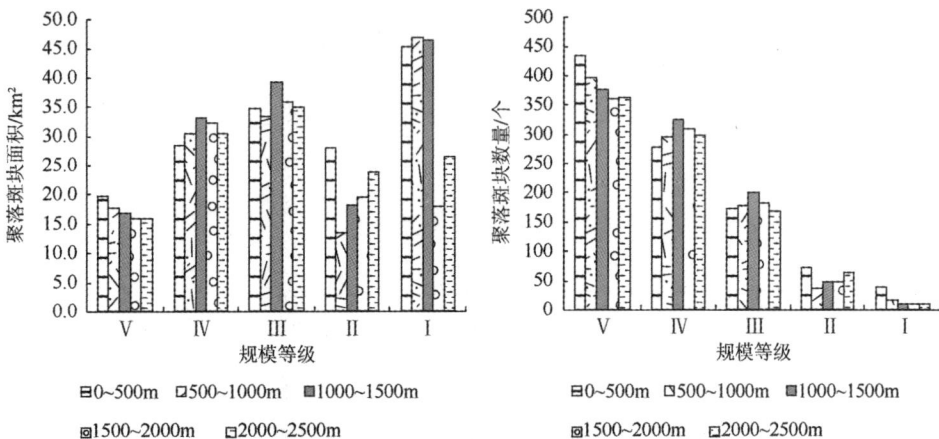

图 7.26　2015 年省道不同缓冲区内各规模等级聚落面积和数量变化

3）铁路

对商丘市铁路不同缓冲区内的聚落分布情况进行分析（表 7.14），可以看出，随着距铁路距离的增加，聚落总面积、聚落平均面积呈现出先增加后减少的特征，500～1000m 范围内聚落总面积为 83.83km^2，明显高于其他缓冲半径内聚落总面积，这一距离区间内铁路对聚落的吸引力较大，聚落斑块数量也较多。同时，在 1500～2000m 范围内也分布有数量较多的聚落，这一缓冲半径内的聚落总面积占所有聚落斑块面积的比例为 2.39%，低于 500～1000m 缓冲半径，却明显高于其他缓冲半径。

表 7.14 2015 年铁路不同缓冲区内聚落景观指数变化

指标	0～500m	500～1000m	1000～1500m	1500～2000m	2000～2500m
聚落斑块数量/个	189	233	192	213	174
占所有聚落斑块数量的比例/%	1.67	2.06	1.70	1.88	1.54
聚落总面积/km^2	24.02	83.83	23.31	38.99	23.17
占所有聚落面积的比例/%	1.47	5.14	1.43	2.39	1.42
聚落平均面积/m^2	127078.51	359803.23	121384.09	183047.33	133166.99

进一步对铁路不同缓冲半径内不同等级聚落规模和数量进行分析（图 7.27），结果发现，大规模的 I 级聚落在 500～1000m 范围内分布面积较大，为 59.22km^2，占该缓冲半径内聚落总面积的比例为 70.64%，明显高于其他缓冲半径，而 V 级小规模聚落斑块面积在各缓冲半径内均较小。同时，在 5 个缓冲半径内，IV（较小）、V（小）两个规模等级的聚落斑块数量较多，I（大）规模等级聚落斑块数量较少。对各缓冲半径内任一规模等级聚落斑块面积进行对比分析发现，I（大）、IV（较小）、V（小）三个规模等级的聚落斑块面积随着距铁路距离的增加而逐渐下降，II（较大）、III（中等）两个规模等级的聚落斑块面积则随着距铁路距离的增加而有所增加。

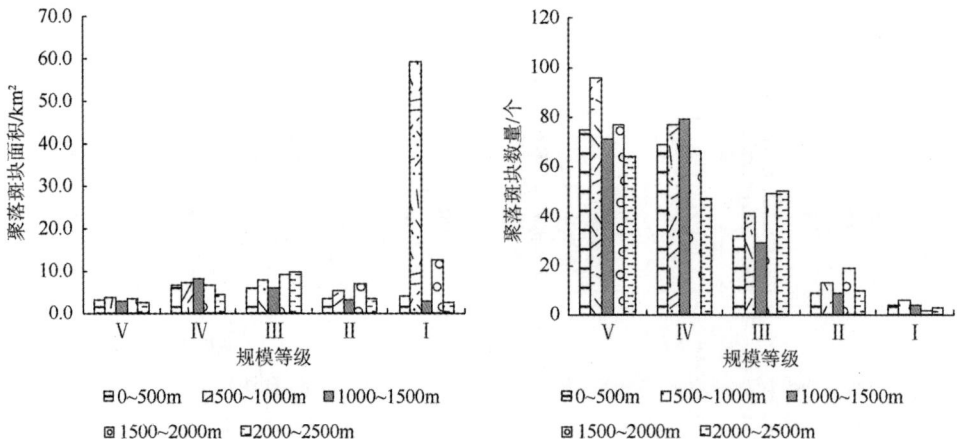

图 7.27 2015 年铁路不同缓冲区内各规模等级聚落面积和数量变化

4）高速公路

对商丘市高速公路不同缓冲区内的聚落分布情况进行分析（表 7.15），可以看出，随着距高速公路距离的增加，聚落总面积、聚落平均面积均逐渐增加，且在 500～1000m 范围内的增加较为明显，而聚落斑块数量则逐渐减少。500～1000m 范围内聚落总面积为 41.34km²，聚落平均面积为 0.1234km²，均略高于其他缓冲半径，且聚落斑块数量较多，这一距离区间内高速公路对聚落的吸引力较大。0～500m 范围内聚落斑块数量多于其他缓冲半径，但聚落总面积却低于其他缓冲半径，这主要是由于高速公路属于封闭式交通，且车辆通行速度快，对周边居住环境有一定的影响，居民多居住在距其一定距离的地方。

表 7.15　2015 年高速公路不同缓冲区内聚落景观指数变化

指标	0～500m	500～1000m	1000～1500m	1500～2000m	2000～2500m
聚落斑块数量/个	336	335	310	313	290
占所有聚落斑块数量的比例/%	2.97	2.96	2.74	2.76	2.56
聚落总面积/km²	31.08	41.34	37.62	36.65	34.39
占所有聚落面积的比例/%	1.91	2.54	2.31	2.25	2.11
聚落平均面积/m²	92493.72	123397.97	121353.38	117106.01	118583.51

进一步对高速公路不同缓冲半径内不同等级聚落规模和数量进行分析（图 7.28），结果发现，大规模的 I 级聚落斑块面积相对较小，在 1000～1500m 范围内分布面积相对较大，为 4.71km²；II 级较大规模聚落在 500～1000m 范围内分布面积较大，为 10.47km²，III 级中等规模聚落和 IV 级较小规模聚落斑块面积在各缓冲区内的面积均相对较大。同时，在 5 个缓冲半径内，V 级小规模聚落斑块数量较多，其次为 IV 级较小规模聚落斑块数量。对各缓冲半径内任一规模等级聚落斑块面积进行对比分析发现，I（大）、II（较大）、III（中等）三个规模等级的聚落斑块面积随着距高速公路距离的增加而增加，IV（较小）、V（小）两个规模等级的聚落斑块面积随着距高速公路距离的增加而逐渐下降。

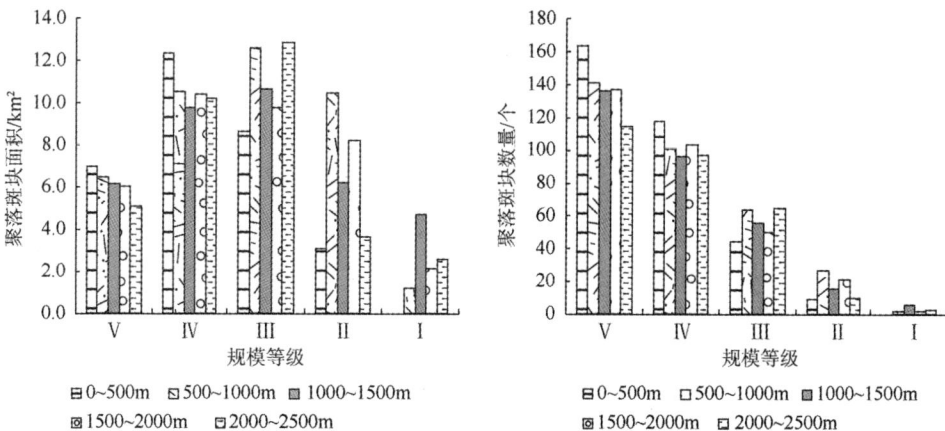

图 7.28　2015 年高速公路不同缓冲区内各规模等级聚落面积和数量变化

基于 2015 年商丘市聚落斑块面积数据和交通线路数据,对区域内国道、省道、铁路、高速公路 4 种不同类型交通线路对聚落分布的影响进行分析,可以看出,不同类型交通线对区域内聚落的分布存在一定的差异,且由于聚落规模差异的存在,各交通线路对不同规模等级聚落的影响也存在一定的差异。

(1)省道对聚落分布的影响明显高于国道、铁路和高速公路,这是由于省道对聚落分布的影响主要是空间吸引,聚落总面积占所有聚落斑块面积的比例表现为随着距省道距离的增加而逐渐减少,且由于省道交通线路密集,在相同的缓冲半径范围内,聚落总面积占比明显高于其他交通线路。

(2)国道、铁路、高速公路对聚落空间分布的影响是在一定距离范围内,聚落总面积占所有聚落斑块面积的比例表现为随着距铁路、高速公路距离的增加也逐渐增加,其中,国道对聚落分布的影响在线路两侧 2000~2500m 范围内较大,铁路对聚落分布的影响在线路两侧 500~1000m 范围内较大,而高速公路对聚落分布的影响在线路两侧 500~2000m 范围内较大。铁路和高速公路往往对站点的影响较大,对城镇聚落具有一定的联结作用,而对村庄聚落的影响有限,相对于高速公路而言,铁路的影响范围较小,但由于铁路发展时间较长,对沿线村落的影响主要集中在较近的距离内,而高速公路的影响范围则相对较大,对距其较远的聚落有较大影响。

(3)交通线对不同规模等级聚落的影响程度有所不同,Ⅰ级大规模和Ⅱ级较大规模的聚落斑块面积随着距国道和高速公路距离的增加而增加,随着距省道距离的增加而减少。一方面,这在一定程度上进一步说明高速公路作为封闭式交通,对聚落分布的影响,尤其是大规模聚落分布的影响是在距其一定距离范围之内,而国道作为我国主要交通干线公路,具有全国性的政治、经济、国防意义,其对于区域内乡村聚落的影响有限。另一方面,省道是连接省内各城市和国道与国道之间的交通线,是区域内物流、人流、信息流等要素进行空间流动的重要廊道,且城镇聚落和乡村聚落的发展也更多的依赖于省道和县道,对距其距离较近的聚落具有一定的空间吸引作用。

平原地区聚落的发展受区域内交通线路的影响较大。商丘市境内交通线路密集,交通网络逐渐完善,聚落更多的趋向于在交通线路两侧或距其较近的地方分布。在公路干线两侧的村庄,尤其是地处干线交汇处的村庄,村民新建房屋时,多将房屋地址选在交通干线的两侧,而依托公路交通的带动优势,道路两侧的村庄聚落逐渐形成规模,且部分地区在公路干线交汇处出现新兴集镇。随着乡村经济的快速发展,城乡道路、村庄道路逐步扩宽和完善,农村居民交通客货运输更为便捷,农村居民房屋建设逐渐分布在距交通线一定距离的地方,一方面是由于村镇建房只能在原有宅基地或者村庄空闲地块内,村庄聚落逐渐被内部填充或外延,另一方面则是由于铁路、高速公路、国道等线路客货车运输量较大,易对居民生活产生一定的噪声影响,故随着地区社会经济发展和交通网络的构建,聚落更多的趋向于分布在距离交通线一定距离的地方。

7.6 未来聚落发展方向

聚落是由人口在一定地域空间聚居而逐渐形成的。较早时期,由于生产力水平较低,人类的聚居地较多的选择在地形、气候、水源等自然条件较为优越、自然资源较为丰富的地区，人类对自然环境的依赖性较强，且相对于山地丘陵地区而言，平原地区平坦的地势条件，在早期更为适用于农作物种植，也便于人口的空间聚集。中国长时期的农业社会发展历史，人类在聚落区位选择时，自然环境和农业资源仍是重要的影响因素。随着社会经济发展和技术进步，人类利用自然和改造自然的能力不断提高，自然条件对聚落空间分布和发展的影响有所减弱，而区位因素已逐渐成为影响土地利用变化越来越重要的因素之一，距离中心城市和交通线路的远近对聚落空间分布也具有重要影响。一方面，中心城市或县城的发展可以通过地区经济的辐射带动作用促进其周边聚落的发展；另一方面，交通线路的分布格局会改变部分聚落的空间分布，可促进交通线路沿线或交通站点的聚落的发展，且随着交通网络的逐渐构建和完善，区域内聚落发展受交通的影响也会愈加明显。

在新型城镇化、新型工业化和农业现代化过程中，人口向城镇集聚，引起城镇聚落规模增加的同时，生产要素的城乡流动，也会使农村聚落发生巨大变化。2017 年 10 月 18 日党的"十九大"报告中提出实施乡村振兴战略，关注农业农村农民问题，关注乡村振兴和城乡融合发展。在乡村振兴战略总体要求"产业兴旺、生态宜居、乡风文明、治理有效、生活富裕"的指导下，结合 1972～2015 年商丘市范围内的聚落发展情况，随着地区社会经济的发展，区域内交通网络建设发展迅速，作为重要的欠发达平原农区，商丘市聚落未来的发展方向可结合地区发展实际，循序渐进，合理规划城镇聚落规模体系，构建区域城乡等级规模结构，尤其是主要交通节点城市/县城的聚落用地规模（图 7.29），充分发挥区域交通优势，以期商丘市范围内城乡聚落规模结构更趋合理。依托商丘市"米"字形交通网络，商丘中心城区与县城的等级规模结构和空间结构可沿着主要交通线形成不同的发展轴，虞城县、宁陵县与商丘中心城区协同发展，主要沿着陇海铁路，在商丘境内向西联结睢县，对接郑州发展，向东经过夏邑县，对接徐州发展；作为京九铁路沿线的重要节点城市，商丘中心城区北邻山东省菏泽市、南接安徽省亳州市，可沿京九铁路纵向发展；民权县、商丘中心城区、夏邑县、永城市形成沿着连霍高速的西北—东南方向的发展轴，可分别对接郑州和徐州发展；商丘中心城区、柘城县形成沿着济周高速的东北—西南方向的发展轴，可分别对接济宁和周口发展。

商丘市中心城区和县城沿境内主要交通线有序发展的同时，也应关注商丘市范围内数量较多的村庄聚落，依托区域内便捷的交通网络，物流、信息流、人口空间流动更为快捷。同时，村村通道路的修建，为乡村发展提供了必要的基础。在乡村振兴发展的背景下，结合乡村振兴的总要求，可引导平原农区的乡村聚落向不同类型的专业村或特色村镇发展。例如，以种植粮食作物为主的村庄、以专业化农业生产为主的村庄、以旅游发展为主的村庄、以传统手工业作坊为主的村庄等。

（1）以种植粮食作物为主的村庄。截至 2016 年年底，商丘市乡村常住人口数 437 万人，农作物播种面积 137.81 万 hm^2，农村人口多，且农业发展基础雄厚，是我国 9 个百亿千克产量大市之一。在保证粮食安全的前提下，稳定粮食生产，仍需大力保护耕地资源，稳定粮食生产。在乡村聚落的未来发展中，亟须耕地富裕、土壤肥沃、灌溉条件适宜的村落保持较好的农作物种植，并通过土地流转来实现粮作种植的规模经营。

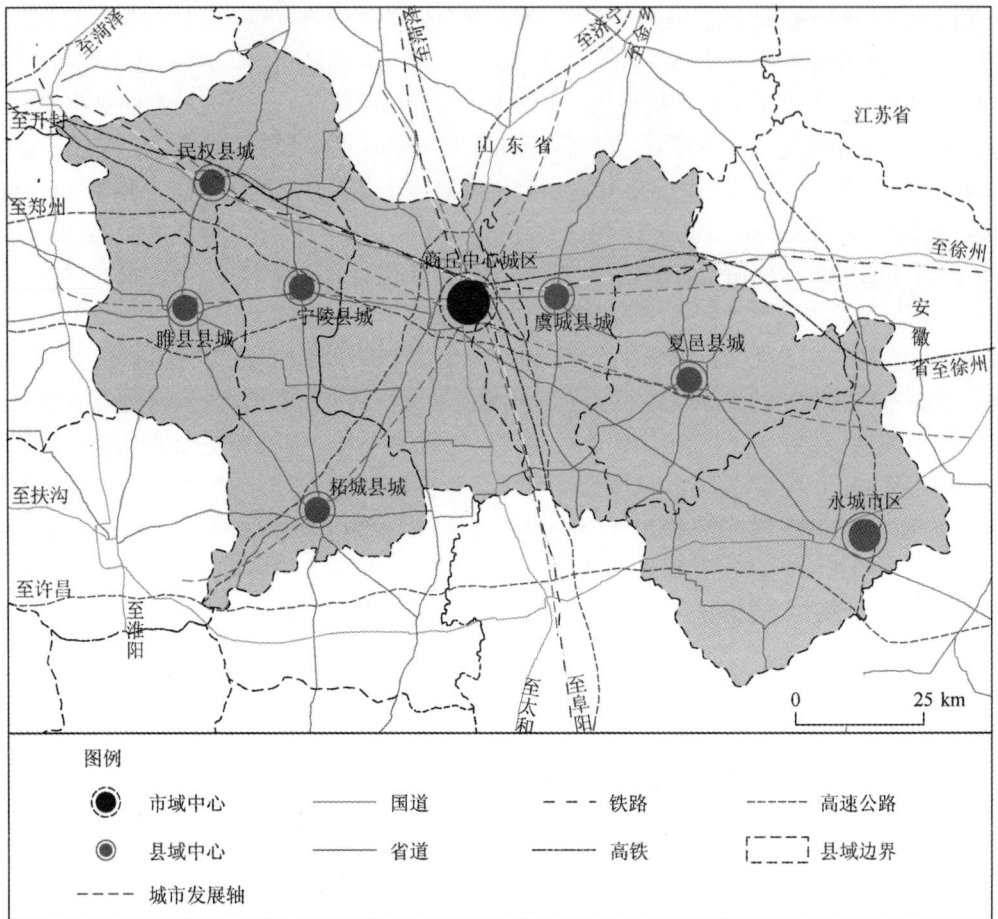

图 7.29　商丘市城市规模等级结构及发展方向

（2）以专业化农业生产为主的村庄。"五里不同风，十里不同俗"，农产品生产具有很强的特殊性。地区自然环境的差异、区位条件的差异会使其发展也有所不同。虞城县张集镇林堂村，是苹果种植专业村，把硒元素用到苹果种植中，通过成立富硒红富士苹果专业合作社带动村庄发展。宁陵县石桥镇围绕建设"中国优质酥梨之乡"的目标，扩大酥梨种植面积，成为河南省最大的酥梨集产区，并通过举办梨花节和采摘节，吸引游客观光旅游。在乡村聚落的未来发展中，应结合地区发展现状和历史基础，对有条件发展专业化农业生产的村庄加以扶持，通过专业化生产和经营，提升区域经济效益，以点带面，通过一个村庄的发展来进一步带动乡镇的发展。

（3）以旅游发展为主的村庄。随着旅游业的快速增长，旅游村落逐步成为中国新型城镇化过程中重要的乡村发展类型，旅游村落的发展需要其具备一定观赏价值的人文景观或自然景观，通过旅游资源开发，村庄提供必要的旅游服务，诸如农家乐、农事体验等，村民通过兼业或自主经营的方式获取收入来源。永城市芒山镇，依托历史名镇、自然资源丰富、文物古迹众多、交通便利的优势，2012 年被农业部和国家旅游局认定为"全国休闲农业与乡村旅游示范点",2017 年被住房城乡建设部认定为第二批"中国特色小镇",通过发展休闲农业和乡村旅游,转变农业发展方式,促进农民增收和就业。

(4)以传统手工作坊为主的村庄。在城镇化、工业化建设进程中,一些乡镇商贸活动逐渐减少,传统村落也在逐渐没落或消失,商贸小镇原有特色和传统手工业逐渐被人们所忽视。中国传统手工艺是中华艺术的重要组成部分,传统手工业的发展在工业化发展过程中也在逐渐萎缩。在乡村振兴发展的背景下,关注传统村落保护,关注传统手工业的发展,以此为村庄发展提供产业基础。民权县王公庄村农民绘画始于 1956 年,改革开放后,通过各级政府和村庄"能人"的不断努力和创新,使所画之虎逐渐形成了"民权虎"的独特风格,并通过文化产业发展,打造"民权虎""王公庄""中国画虎第一村"等品牌,年创产值 600 余万元。宁陵县张弓镇是一座历史名镇,自古以来是豫东地区宁柘睢三县结合处的商品贸易、物资交流中心,有国家大型企业张弓酒厂,通过加工和商业贸易发展带来乡镇建设的快速发展,而酒文化、酒博物馆、古发酵池则为乡镇开发旅游产业提供了基础。

7.7　小　　结

城镇化的快速发展,影响着区域内城乡聚落规模的变化和空间分布状况,而区域交通状况对聚落分布具有较大影响。基于 1972 年、1995 年、2015 年豫东平原地区商丘市的聚落斑块数据,应用城镇/乡村位序-规模法则、空间分析等方法对欠发达平原农区聚落斑块规模变化和空间分布特征进行分析。区域内聚落斑块规模在发生变化的同时,聚落空间分布格局也随之变化。文中借助于 ArcGIS 软件、ENVI 软件平台和空间分析技术,基于遥感影像数据对研究区范围内所有聚落斑块数据进行提取对聚落空间变化情况进行分析。对研究区聚落空间格局变化的分析主要涉及聚落斑块规模分布、聚落空间格局、聚落分布的影响因素分析 3 个方面,旨在详细的了解聚落在时间上和空间上的变化情况,探析其变化规律,以期为欠发达平原农区聚落的优化发展提供参考和科学依据。主要结论如下:

(1)商丘市聚落规模有较大幅度增加,聚落斑块数量有所减少。1972 年商丘市聚落斑块规模较多的分布在 1000～25000m^2,2015 年聚落斑块规模较多的分布在 10^5～5×10^5m^2。研究时段内商丘市聚落斑块面积的频率分布呈现出扁平化态势,"两端低,中间高",但小规模聚落斑块频率有所下降,大规模聚落斑块频率有所上升。

(2)商丘市聚落位序-规模模型测算的齐夫指数在 1972～2015 年均小于 1,但随时间变化均呈现出上升的态势,且模型的拟合优度有所提升。商丘市县域范围内聚落规模分布分析,以城镇位序-规模模型测度得到,1972 年和 2015 年 7 个县域单元聚落规模分布的拟合指数均较小,其中,宁陵县、睢县、永城市、虞城县、柘城县聚落规模分布的齐夫指数有所上升。以乡村位序-规模模型测度得到,商丘市各县域单元聚落规模得到的拟合优度明显高于城镇位序-规模模型,且较多的聚落位于模型测度的拟合直线上,各县域范围的聚落规模分布服从负指数分布。

（3）1972～2015年商丘市范围内面积较大的聚落斑块（中心城市市辖区、城镇等）多分布在交通节点上或沿主要交通线分布，且区域内分布着数量较多的规模较小的村庄聚落。研究时段内聚落斑块面积增长迅速，市辖区和县城地区的聚落斑块空间增长较为明显。研究区域内聚落斑块在空间上呈现出相对聚集分布模式，但聚集程度有所下降。聚落核密度分布显示，区域内聚落斑块数量的减少，使得商丘市聚落斑块核密度的最高值逐渐下降，而市辖区和县城区域核密度值下降较为明显。商丘市聚落斑块扩张强度较高的地区表现出较为明显的局部聚集特征，具体表现为市辖区或县城所在的周边乡镇聚落扩张强度相对较高，且商丘市辖区周边乡镇的聚落扩张强度相对较高，整体呈现出核心高、边缘低的分布态势。

（4）聚落斑块面积不同规模等级的空间分布中，商丘市范围内较大规模的聚落在空间上呈现出大分散、小集中的空间分布特征，规模较大的聚落斑块在商丘市辖区西侧的县域内分布较多，小规模聚落在空间上分散布局。研究时段内，规模较大的高等级聚落斑块数量有所增加，规模较小的低等级聚落斑块数量减少。

（5）聚落景观格局的变化在一定程度上反映着区域社会、经济、人文的发展状况，且受到多种因素的综合影响。聚落空间分布的变化是人类与其周围环境相互作用的结果在空间上的直接反映。随着距河流、道路距离的增加，研究区聚落斑块总面积和数量均逐渐递减，且道路对聚落分布仅在一定范围内存在较大影响；同时，距中心城市较近的乡村聚落受中心城区发展辐射影响较大，而城镇化的快速发展使2015年不同缓冲区内聚落斑块规模和数量变化更为明显。

（6）不同类型道路对聚落分布的影响有所不同，且交通线对不同规模等级聚落的影响程度也存在差异。商丘市范围内，省道对聚落分布具有一定的空间吸引作用，其对聚落分布的影响明显高于国道、铁路和高速公路，聚落斑块面积占比随着距省道距离的增加而逐渐减少。国道、铁路、高速公路对聚落空间分布的影响是在一定距离范围内，国道对聚落分布的影响在线路两侧2000～2500m范围内较大，铁路对聚落分布的影响在线路两侧500～1000m范围内较大，而高速公路对聚落分布的影响在线路两侧500～2000m范围内较大。交通线对不同规模等级聚落的影响程度有所不同，Ⅰ级大规模和Ⅱ级较大规模的聚落斑块面积随着距省道距离的增加而减少，随着距国道和高速公路距离的增加而增加。

参 考 文 献

陈彦光. 2008. 分形城市系统：标度、对称和空间复杂性. 北京：科学出版社
鄂施璇, 雷国平, 宋戈. 2016. 松嫩平原粮食主产区农村居民点格局及影响因素分析. 农业工程学报, 32(18): 234～240
郭晓东, 马利邦, 张启媛. 2013. 陇中黄土丘陵区乡村聚落空间分布特征及其基本类型分析——以甘肃省秦安县为例. 地理科学, 33(1): 45～51
海贝贝, 李小建, 许家伟. 2013. 巩义市农村居民点空间格局演变及其影响因素. 地理研究, 32(12): 2257～2269

李爱民. 2013. 中国半城镇化研究. 人口研究, 37(4): 80~91

李冬梅, 王冬艳, 李红, 等. 2016. 吉中低山丘陵区农村居民点时空演变. 经济地理, 36(5): 143~151

李红波, 张小林, 吴启焰, 等. 2015. 发达地区乡村聚落空间重构的特征与机理研究——以苏南为例. 自然资源学报, 30(4): 591~603

李小建, 等. 2009. 农户地理论. 北京: 科学出版社

李小建, 许家伟, 海贝贝. 2015. 县域聚落空间分布格局演变分析——基于 1929~2013 年河南巩义的实证研究.地理学报, 70(12): 1870~1883

梁会民, 赵军. 2001. 基于 GIS 的黄土塬区居民点空间分布研究. 人文地理, 16(6): 81~83

马晓冬, 李全林, 沈一. 2012. 江苏省乡村聚落的形态分异及地域类型.地理学报, 67(4): 516~525

任平, 洪步庭, 刘寅, 等. 2014. 基于 RS 与 GIS 的农村居民点空间变化特征与景观格局影响研究. 生态学报, 34(12): 3331~3340

谭雪兰, 张炎思, 谭洁, 等. 2016. 江南丘陵区农村居民点空间演变及影响因素研究——以长沙市为例. 人文地理, 31(1): 89~93, 139~139

吴江国, 张小林, 冀亚哲, 等. 2013. 县域尺度下交通对乡村聚落景观格局的影响研究——以宿州市埇桥区为例.人文地理, 28(1): 110~115

Bak P, Weissman M. 1997. How nature works: the science of self-organized criticality. Complexity, 2(6): 30~33

Chen Y G. 2015. The distance-decay function of geographical gravity model: Power law or exponential law. Chaos Solitons & Fractals, 77(11): 174~189

Shi L F, Zhang Z X, Liu F, et al. 2016. City size distribution and its spatio temporal evolution in China. Chinese Geographical Science, 26(6): 703~714

第8章 乡村聚落空间演变特征及未来趋势

以上各章在乡村聚落空间演变的理论分析基础上，选择对中国农村发展具有重要意义的河南省，从平原区、城市边缘区、山区、长久居住历史区、工业化区、交通影响区等不同角度，进行了乡村聚落演变的实证研究。本章对前述各章的研究进行归纳总结，重点讨论乡村聚落空间演变特征、乡村聚落发展影响因素变化，并在已有研究的基础上探讨乡村聚落格局变化规律和未来乡村发展可能方向，提出未来聚落发展的4种主要型式；与乡村振兴相结合，根据聚落变化趋势提出相应建议。抛砖引玉，以期与读者共同讨论乡村聚落未来发展。

8.1 乡村聚落空间演变特征

基于对河南一些地区乡村聚落空间变化的分析，可以对20世纪70年代以来欠发达区乡村聚落数量、规模、空间分布、聚落体系的演变作以下总结。

8.1.1 不同地形区乡村聚落空间格局及演变具有不同特征

1. 平原区聚落较密集，山区较稀疏

地形对聚落空间分布具较重要影响。平原地区耕地资源丰富，聚落分布较为密集，山地丘陵区聚落分布相对稀疏，尤其是中山和深山区，与平原区相差更为明显。

本书中所研究的平原区和山区各县（市）相关人口数据表明，两类型区人口密度存在较大的差异（图8.1）。2015年周口市、商丘市范围内各县人口密度最低的是扶沟县，为648.76人/km^2，最高的沈丘县为1207.77人/km^2，而位于山区的嵩县人口密度仅为199.30人/km^2，明显低于平原区各县。

以平原地区永城市为例，其行政区面积2006km^2，2015年年末总人口154.94万人，常住人口122.58万人，区域内聚落斑块密度较高，1972年永城市聚落斑块密度为1.79个/km^2，至2015年下降为1.29个/km^2。虽然具下降趋势，但永城市范围内的聚落分布还是较为密集的（图8.2）。

山地丘陵区的嵩县，其行政区面积3009km^2，2015年年末总人口59.93万人，常住人口51.83万人，人口密度仅为永城市的1/4。1975年嵩县聚落斑块密度为1.41个/km^2，至2015年下降为1.07个/km^2，聚落斑块密度明显低于永城市，尤其是中山区聚落分布数量较少且更为分散，空间上更为稀疏（图8.2）。

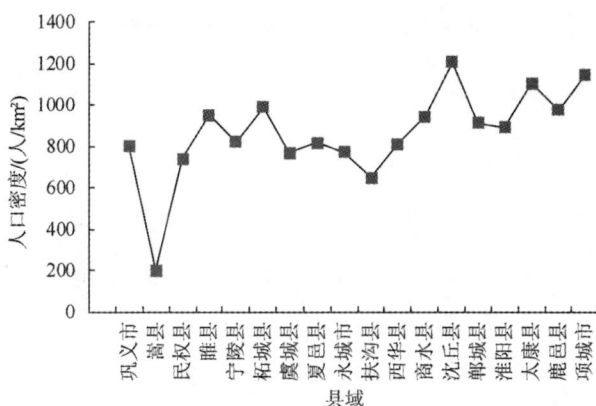

图 8.1　2015 年研究区县域人口密度

数据来源:《中国县域统计年鉴》(2016 年)

(a)永城市

(b)嵩县

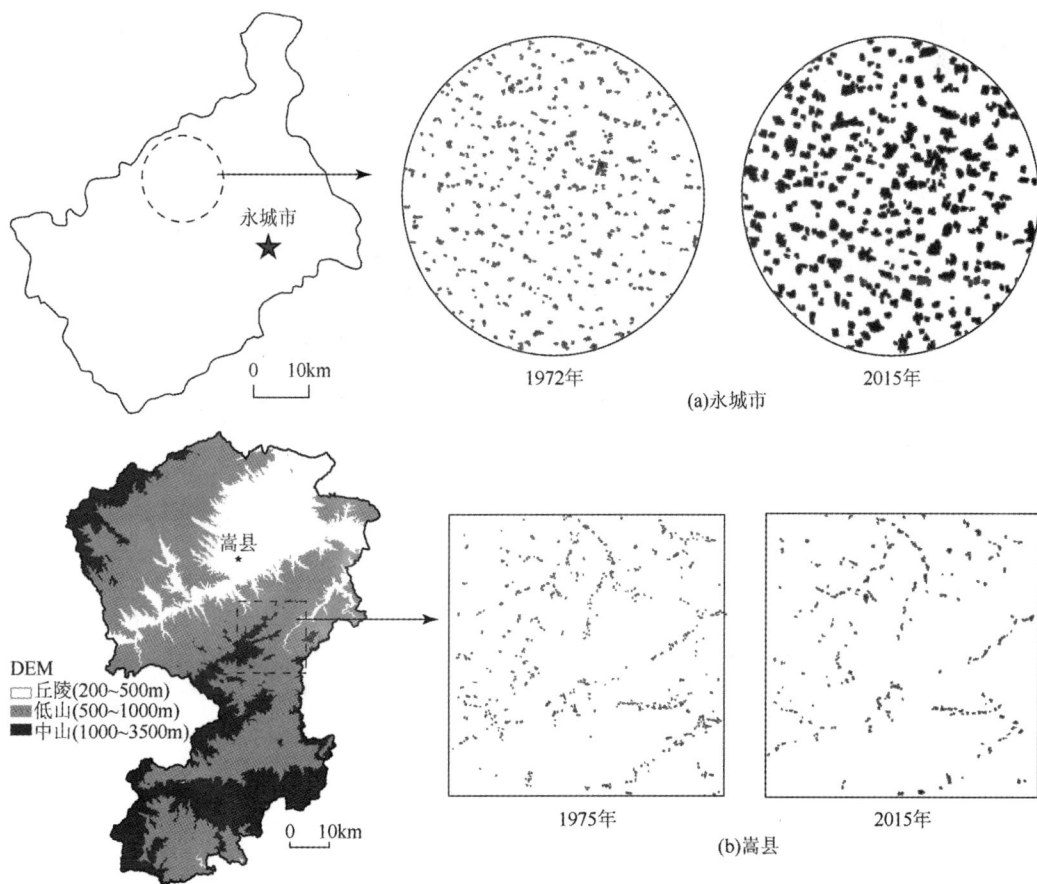

图 8.2　20 世纪 70 年代和 2015 年永城市和嵩县聚落空间分布

2. 平原区聚落平均规模较大,山区较小

平原地区和山区聚落平均规模存在较大地区差异(图 8.3)。山区嵩县聚落平均面积

相对较小，平原地区周口市和商丘市的各县聚落平均面积较大。

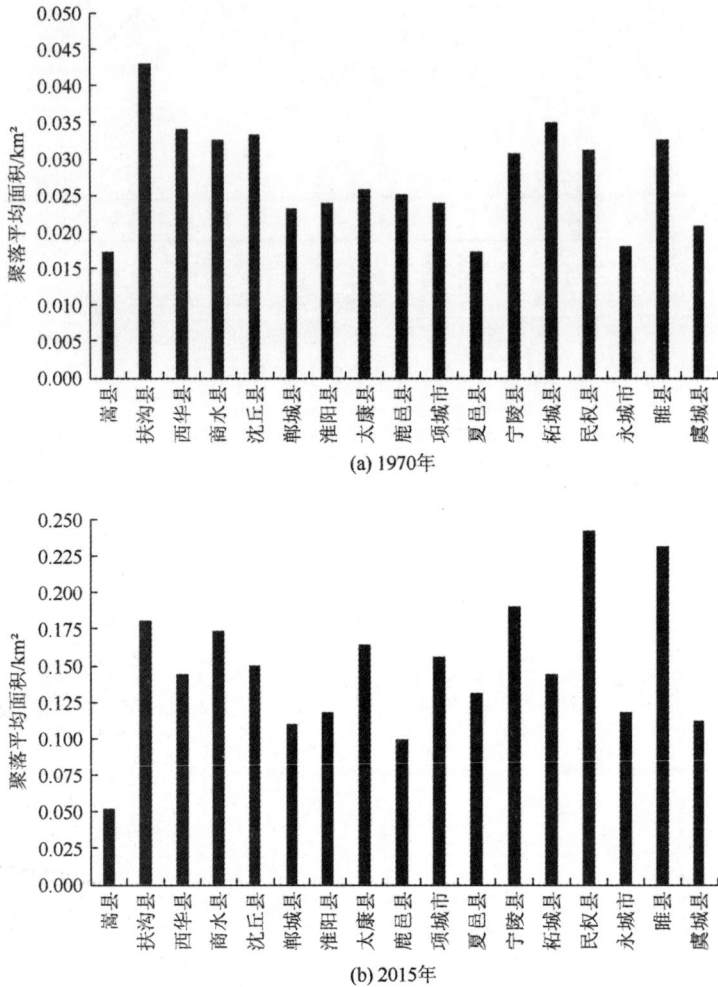

(a) 1970年

(b) 2015年

图 8.3　嵩县和周口市、商丘市各县聚落平均面积

周口市和商丘市各县聚落平均面积在 1972 年较小的是夏邑县，为 0.0172km²，2015 年增加到 0.1308km²，约是 1972 年的 7.62 倍；数值较大的是扶沟县，其聚落平均面积由 0.0430km² 增加至 2015 年的 0.1811km²，后者约是前者的 4.21 倍。

嵩县 1975 年聚落平均面积为 0.0172km²，与商丘市夏邑县数值一致，至 2015 年增加 3 倍，上升至 0.0516km²，不管是聚落平均面积还是增速均明显低于平原地区各县。具体来看，2015 年嵩县聚落平均面积分别是夏邑县、扶沟县的 39.4%和 28.5%。

3. 平原区聚落分布较为均匀，山区空间差异非常明显

平原地区地势平坦，起伏较小，聚落空间分布较为均匀；山区地势起伏较大，由于地形因素制约，聚落分布呈现出局部聚集（如地势起伏小、坡度小的地区）的特征，不同地形区的聚落分布差异显著（图 8.4）。

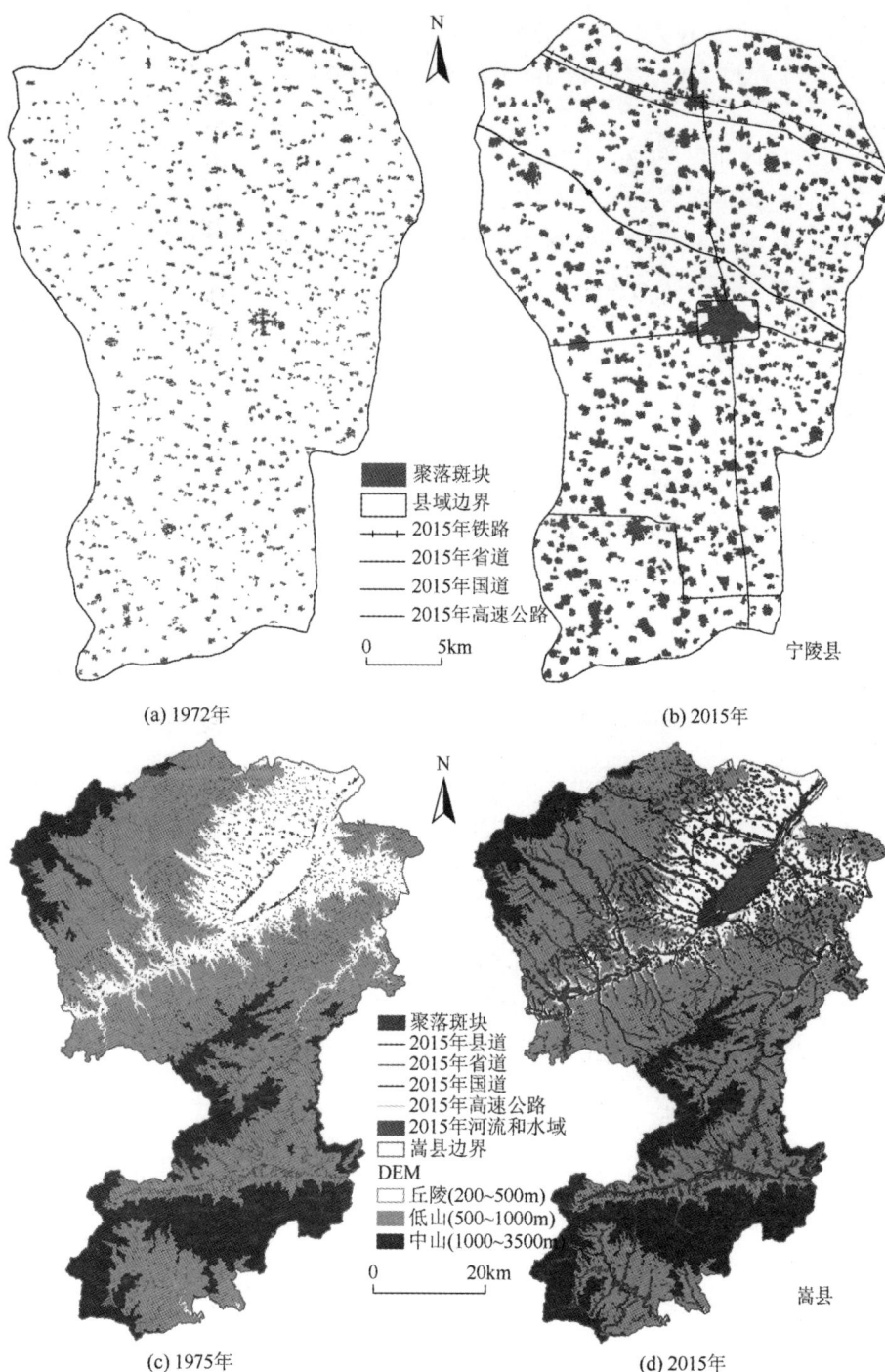

图 8.4　平原县和山区县聚落空间分布（详见文后彩图）

本书中豫东平原地区和豫西山地丘陵区进行了对比分析。平原区宁陵县 1990 年年末总人口 52.09 万人，2015 年为 65.45 万人（常住人口 50.55 万人），城镇化率 30.97%；

山区嵩县 1990 年年末总人口 48.7 万人，2015 年 59.93 万人（常住人口 51.83 万人），城镇化率 31.05%。宁陵县总人口数略高于嵩县，但两县常住人口数据差别不大，且城镇化水平较为接近。

宁陵县行政区面积 797km², 按照 10km×10km 的格网将该行政单元进行划分，计算各格网单元内的聚落数量和聚落面积发现，1972 年 100km² 格网单元内聚落数量占比为 12.3%~14.2%（均值为 13.36%），聚落面积占比为 4.3%~4.9%（均值为 4.58%）；在 2015 年聚落数量占比为 11.3%~13.7%（均值为 12.4%），聚落面积占比随着聚落规模增加而逐渐上升，其范围为 17.6%~22.1%（均值为 19.7%）。整体来看，各格网单元内聚落数量、聚落面积分布相对差别不大，县域范围内聚落分布较为均匀。

嵩县的聚落差异很显著，境内低山区面积占比高达 56.4%（表 8.1），但其聚落面积占嵩县聚落总面积的比重为 43.38%（1975 年）和 37.35%（2015 年）。中山区区域面积占县域面积 22.3%，聚落面积仅占全县的 2.75%（1975 年）和 1.13%（2015 年），区内聚落分布十分稀疏。相对而言，丘陵区与中山区的面积大致相当，但其聚落分布较为密集，2015 年丘陵区聚落面积占比为中山区的 54 倍多。

表 8.1　1975 年和 2015 年嵩县不同地形区的聚落面积占比

地形	区域面积/km²	所占比例/%	聚落面积占总面积的比例/%	
			1975 年	2015 年
丘陵	640.49	21.3	53.87	61.52
低山	1695.95	56.4	43.38	37.35
中山	670.56	22.3	2.75	1.13

4. 平原区乡村聚落逐渐向中心镇、中心村集中，山区具有向地势较低地区发展的趋势

随着城镇化、工业化的推进，聚落空间变化受中心城镇/县城的影响逐步增强，聚落分布逐渐向中心镇、中心村集中，平原地区表现更为明显；山区聚落虽也受到中心城镇发展的影响，但更趋于向位于平坦地势的地区集中。

以平原地区商丘市中心城区为中心建立半径为 3km 的缓冲区，发现随着距中心城区距离的增加，2015 年聚落斑块总面积逐渐下降。在距离中心城区 0~3km 以内的聚落斑块面积占该年份所有聚落总面积的比例由 1972 年 1.89% 上升至 6.15%；0~6km 范围内的聚落斑块数量也由 1972 年的 333 个上升至 2015 年的 526 个。中心城区范围的扩展使得对周边聚落的影响随之加大。由于城镇化进程中，城郊工业和现代农业的发展，聚落空间扩张速度较快，聚落空间变化受中心城区发展的影响较大（图 8.5）。同时，查阅《商丘地区志》发现，1990 年之后，商丘农村建房多向城镇、乡镇驻地靠拢，集中分布在距离城市规划新城区和乡镇政府较近的地方[①]，这在带来城区和乡镇政府所在地建成区面积迅速扩张的同时，进一步带动乡村的小城镇建设。

---

① 商丘市地方史志编纂委员会. 商丘地区志. 北京: 方志出版社. http://www.hnsqw.com.cn/sqssjk/sqsz/sqdqzxvj/index.htm.

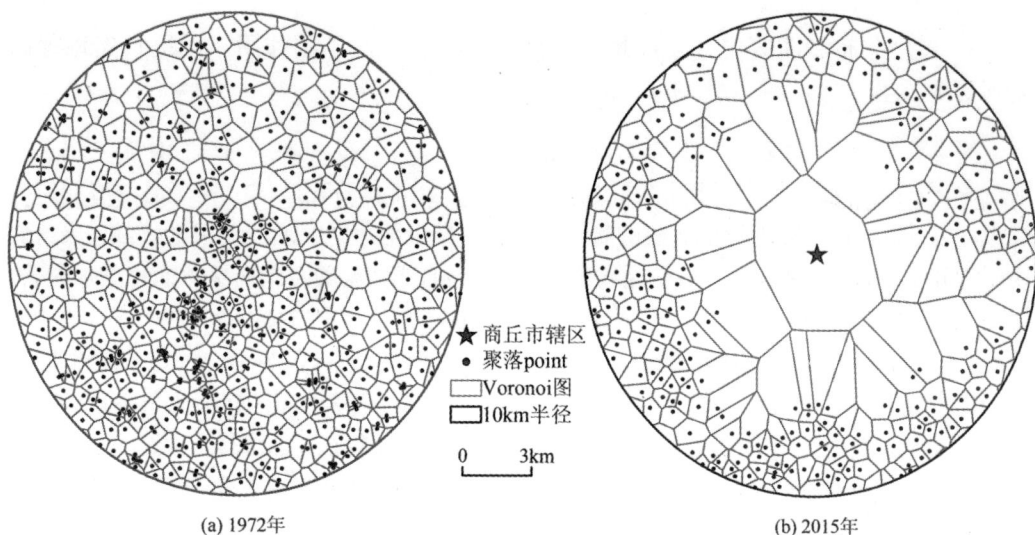

(a) 1972年　　　　　　　　　　　　　　(b) 2015年

图 8.5　商丘市中心城区 10km 缓冲范围内聚落空间格局变化

对山区县嵩县的分析发现，1975 年、1995 年和 2015 年嵩县聚落斑块数量及其相对比例呈现"低山区＞丘陵区＞中山区"的分布特征，聚落斑块面积及其相对比例呈现出"丘陵区＞低山区＞中山区"的分布特征，聚落数量和聚落面积空间分布的低地指向性明显（图 8.6）。随着时间变化，嵩县丘陵区、低山区分布的聚落数量相对比例逐渐增加，其中，低山区聚落数量分布较多，聚落数量相对比例由 1975 年的 65.83%上升至 2015 年的 66.09%；而丘陵区聚落规模较大，聚落面积相对比例由 1975 年的 53.87%上升至 2015 年的 61.52%。结合坡度来看，嵩县聚落空间分布的平缓坡度指向性明显，坡度小于 6°的地区聚落面积相对比例由 1975 年的 61.14%上升至 2015 年的 68.13%。

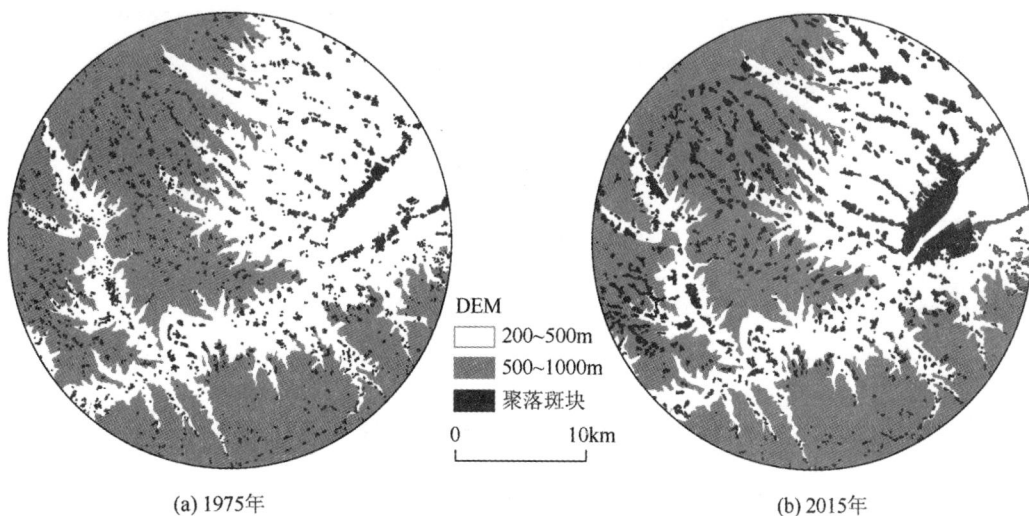

(a) 1975年　　　　　　　　　　　　　　(b) 2015年

图 8.6　嵩县局部地区聚落空间分布变化

5. 聚落分布和演变中，平原地区交通等人文因素起重要作用，山区自然地理因素则更为重要

聚落空间分布和演变受到自然、社会、经济、人文等多种因素的综合影响。综合本书对不同类型区聚落研究，平原区商丘市聚落空间分布和演变过程中受交通发展的影响较大。以500m为半径进行交通线的缓冲区分析，发现随着距交通线距离的增加，聚落斑块面积和数量逐渐递减，且随着交通线路发展，距交通线较近的范围内聚落面积增加显著。1972年商丘市交通线0~500m范围内聚落面积相对比例为10.53%，2015年这一比例上升至14.65%；且500~1000m范围内聚落面积相对比例也较高，为18.41%。与此同时，不同类型交通线对聚落发展的影响程度存在差异，省道对聚落分布的影响主要表现为空间吸引，聚落面积相对比例表现出随距离增加而递减的变化特征，而国道、铁路、高速公路对聚落空间分布的影响是在一定距离范围内，如国道对聚落分布的影响在线路两侧2000~2500m范围内较大，高速公路对聚落分布的影响在线路两侧500~2000m范围内较大。铁路和高速公路属于封闭式交通，往往对站点附近的聚落分布影响更为明显。

山区的嵩县聚落空间分布和演变过程中，受高程、坡度、地形起伏度、水源等自然地理因素的影响较大。数据分析表明：①高程相对较低的丘陵区聚落面积相对比例由1975年的53.87%上升至1995年的59.50%和2015年的61.52%，且丘陵区的聚落在研究时段前后20年的聚落扩展指数由3.10%上升至3.65%；②起伏度分析显示，在平坦起伏和微起伏地区，聚落面积相对比例由1975年的71.33%逐渐上升至1995年的77.35%和2015年的79.37%，且微起伏地区的聚落在两个时段的聚落扩展指数由2.47%上升至3.39%。

8.1.2 乡村聚落数量逐渐减少，规模不断增加

根据统计数据显示（表8.2），2005~2015年河南省村庄总数减少了12980个。改革开放以来，随着城镇化发展和地区社会经济发展，城镇建设用地和农村住房面积均有较大幅度的上升。本书中各研究区聚落变化呈现数量减少，规模增加的态势（表8.3）。

表8.2 2005年、2010年和2015年河南省村镇基本情况 （单位：个）

项目	2005年	2010年	2015年
建制镇个数	755	827	928
乡个数	1044	885	762
行政村个数	43978	43863	45998
村庄个数	200462	193110	187482

数据来源：2006~2016年《中国城乡建设统计年鉴》。

表8.3 20世纪70年代和2015年研究区聚落数量和规模变化

地区/指标	嵩县		长垣县		商丘市	
	1975年	2015年	1975年	2015年	1972年	2015年
聚落数量/个	4249	3219	740	721	16508	11327
聚落总面积/km²	72.89	166.19	44.77	231.75	399.28	1629.55

1. 平原区聚落变化

豫东平原聚落发展具有悠久的历史，周口市和商丘市作为豫东平原地区的主体区域，在 40 余年间聚落数量明显减少、聚落面积大幅增加。①周口市的聚落数量由 1973 年的 15528 个减少至 2015 年的 12187 个，研究时段内减少了 3341 个；同时，其聚落总面积由 443.3km² 增加至 1880.8km²，后者约是前者的 4.24 倍。周口市各县范围内的聚落总面积均大幅增加，但增加幅度存在地区差异。以扶沟县为例，1973 年该县聚落总面积为 42.1km²，2015 年增加至 138km²，聚落面积增加幅度高达 95.9km²。②商丘市的聚落数量由 1972 年的 16508 个减少至 2015 年的 11327 个，40 余年间减少了 5181 个；同时，其聚落总面积由 399.28km² 增加至 1629.55km²，后者约是前者的 4.08 倍。商丘市各县范围内的聚落总面积也均有不同幅度的增加。以永城市为例，该市聚落总面积由 64.76km² 上升至 2015 年的 304.86km²，增加幅度高达 240.1km²。

2. 山区聚落变化

对于山区县嵩县聚落发展而言，40 年间聚落变化也呈现出数量减少、规模增加的态势。具体来看，嵩县聚落数量从 1975 年的 4249 个减少至 2015 年的 3219 个，年均减少 25.75 个，而聚落总面积从 72.89km² 增加至 2015 年的 166.19km²，后者约是前者的 2.28 倍。不同时段来看，1975～1995 年这一阶段嵩县聚落数量消失的更明显，而 1995～2015 年阶段聚落总规模的增加和扩张更为明显。40 年间嵩县聚落斑块平均面积逐渐上升，由 1975 年的 0.0172km² 上升至 2015 年的 0.0516km²。

整体来看，嵩县聚落数量减少更为明显，研究时段内聚落数量减少了将近 1/4，与此比较，周口市太康县聚落年均减少数量最多（17.14 个/a），但其减少幅度也明显弱于嵩县。与此同时，嵩县聚落斑块平均规模较小，且增长幅度低于平原地区，1975 年嵩县聚落斑块平均面积与商丘市夏邑县数值一致，而经过 40 余年的发展，嵩县聚落斑块平均面积虽然有所增加但其数值仍然较低，2015 年仅为夏邑县聚落斑块平均面积的 39.4%。

3. 工业化地区聚落变化

长垣县乡村工业发展基础较好，历经了工业化的快速发展过程，县域乡村工业发展在河南省范围内具有一定典型性。其聚落变化特点为：①聚落斑块数量由 1975 年的 740 个减少至 2014 年的 721 个，年均减少 0.49 个；②聚落总面积由 1975 年的 44.77km² 增加至 2014 年的 231.75km²，年均增加 4.67km²；③聚落空间分布格局剧烈变动，1975～2014 年长垣县聚落的空间规模扩张程度显著，且聚落空间规模变化显著区域多集中在县城周边及部分工业乡镇地区。

与平原地区聚落发展变化不同，工业化影响下的长垣县聚落发展有其独特性：①聚落数量虽然呈减少态势，但减少幅度比平原地区的周口、商丘和山区的嵩县小；②平原区聚落规模扩张强度相对较小，工业化影响下的长垣县聚落扩张强度相对较大；③与平原农区聚落发展依赖于农业生产不同，长垣县的乡村聚落空间结构逐步挣脱对农业的依赖向工业品主导转变。

4. 城郊地区聚落变化

城市边缘区由于其特殊的区位条件，城镇化发展对其聚落空间格局演化具有重要影响。1971~2010 年郑州市城市空间扩张显著，乡村聚落数量逐渐减少，聚落规模逐渐增加。1971 年郑州市乡村聚落数量为 890 个，2010 年减少至 764 个，39 年间减少了 126 个。在过去的近 40 年中，随着城市发展进入快速城市化阶段，郑州市城市边缘区乡村聚落用地由 44.41km^2 增加至 2010 年的 81.89km^2，整体用地规模增加了约 1 倍。同时，城市边缘区聚落经历着分化、演替发展的过程，受中心城区的辐射范围不断增大，至 2010 年郑州市城市边缘区呈现围绕核心区的环带状分布。

城市边缘区乡村聚落除了平面扩展以外，另一个更为明显的变化特征是聚落的垂直变化。郑州市城市边缘区的城中村、近郊村乡村聚落用地扩张呈现先增后减并逐步趋于稳定的态势，远郊村则持续动态变化，在聚落扩张过程中，聚落垂直高差逐步显现。20 世纪 90 年代之前，郑州市城市边缘区样本村庄的楼层高度较低，且相差不大，而 2000 年之后聚落间垂直高差逐渐增加，如刘庄村平均高度 9.2 层，东赵村为 2.63 层，前者是后者的 2.5 倍。同时，城中村住宅高度最高，其次为近郊村、远郊村，即住宅高度随着距城市中心距离的增加而递减。在城市边缘区，由于城市发展中土地资源短缺，而乡村聚落用地相对粗放，因此对乡村聚落的建设类用地审批较为严格，并且随着城市对乡村聚落村域空间侵占，乡村聚落会逐渐失去水平扩张的空间，而代替的是住宅高度的不断攀升，在郑州市边缘区的乡村聚落中随处可见高达十几层的民宅。整体来看，城市边缘区聚落的住宅类型经历"砖瓦房→平房或两层楼房→多层或小高层楼房"的转变。

8.1.3 乡村聚落等级变少，等级规模逐渐偏离传统格局

1. 城乡聚落位序-规模逐渐由乡村型向城镇型转变

按照聚落面积大小所计算的位序-规模结果表明，一定区域系统内（如市域/县域）聚落位序-规模在城镇化之前比较符合乡村聚落分布特征，城镇化过程中位序-规模格局逐渐转变，靠近城镇位序-规模分布格局。

对商丘市和周口市聚落规模分布的测度发现（表 8.4），负指数分布模型计算得到的商丘市和周口市市域范围内的聚落规模变化比率较为趋近于 1，1972~1995 年这一模型的拟合优度较高，且逐渐上升，而 1995~2015 年周口市的拟合优度下降，商丘市有较小幅度上升。幂律分布模型计算得到的商丘、周口市聚落规模分布的齐夫指数均小于 1，但逐渐上升，且两个地区幂律分布模型的拟合优度变化呈现先降后升的态势。两个模型结合来看，区域内聚落规模分布逐渐呈现由负指数分布向幂律分布变化的态势，1995 年之前聚落规模分布较为符合负指数分布，而后逐渐趋向于幂律分布。这一变化过程中，乡村聚落规模增长速度显著慢于城镇聚落，地区内聚落规模分布的城镇引领发展趋势会逐渐显现。

表 8.4　研究区商丘市和周口市聚落规模分布变化

模型	地区	1972 年	1995 年	2015 年
幂律分布模型	商丘	0.7459（R^2=0.8461）	0.7472（R^2=0.8298）	0.7506[①]（R^2=0.8578）
	周口	0.6881（R^2=0.8446）	0.7393（R^2=0.8309）	0.7259（R^2=0.8518）
负指数分布模型	商丘	0.9999（R^2=0.9324）	0.9999（R^2=0.9367）	0.9999[②]（R^2=0.9394）
	周口	0.9999（R^2=0.9383）	0.9999（R^2=0.9466）	0.9998（R^2=0.9272）

①数值为齐夫指数；②数值为聚落规模变化比率 δ；括号内为模型拟合优度。

2. 低等级的小聚落数量较多但逐渐减少，高等级的大聚落逐渐增加

随着聚落规模的增加，不同地区聚落规模等级也逐渐发生变化。平原地区的周口市、商丘市，城镇化发展影响较大的郑州市，工业化发展影响较大的巩义市、长垣县，其聚落绝对规模等级变化均显示出规模较大的高等级聚落数量有所增加，规模较小的低等级聚落数量有所减少。例如，巩义市聚落规模较大的Ⅰ级和Ⅱ级聚落数量由 1975 年的 6 个逐渐增加至 2010 年的 17 个，小规模Ⅴ级聚落则由 172 个减少至 150 个；按照中心地等级体系划分，长垣县聚落规模等级较高的聚落数量由 1975 年的 0 个增加至 2014 年的 3 个，较低等级的聚落数量则由 717 个减少至 651 个。

聚落规模的变化使得不同规模区间的聚落数量随之发生变化，以商丘聚落规模等级频率分布来看（图 7.9），研究时段内商丘市聚落面积的频率分布呈现出扁平化发展的态势，小规模聚落斑块频率下降，$10^4 \sim 10^5 m^2$ 聚落分布频率由 1972 年的 72.7% 下降至 2015 年的 54.54%，而 $10^5 \sim 5 \times 10^5 m^2$ 大规模区间内聚落分布频率上升，上升幅度高达 41.36%。

3. 不同经济发展水平下的聚落等级规模差异

由于地区社会经济发展的差异，区域内聚落规模分布也有所不同。本书第 2 章、第 7 章分别对豫东平原地区的周口市和商丘市的聚落规模分布研究发现，经济发展水平相对较高的商丘市，区域内聚落规模分布的齐夫指数相对较高，1972 年商丘市聚落规模分布的齐夫指数为 0.7459，至 1995 年、2015 年分别上升至 0.7472、0.7506；而经济发展水平相对较低的周口市，1973 年聚落规模分布的齐夫指数为 0.6746，2015 年上升至 0.7324，研究时段内齐夫指数明显低于商丘市。

结合商丘市和周口市县域单元的聚落数据，在控制城镇化水平一致/相近的前提下，基于不同经济发展水平县域进行对比分析（表 8.5），具体如下：①对同属于周口市的淮阳县和西华县进行分析（Ⅰ组）发现，西华县的经济发展水平相对较高，2015 年其人均 GDP 是淮阳县的 1.32 倍，其聚落规模分布的齐夫指数在三个年份均高于淮阳县；②对同属于商丘市的柘城县和民权县进行分析（Ⅱ组），民权县的经济发展水平相对较高，其聚落规模分布的齐夫指数在三个年份均高于柘城县；③对分别属于商丘市和周口市的睢县和太康县进行分析（Ⅲ组），睢县的经济发展水平相对

较高,其聚落规模分布的齐夫指数在三个年份均高于太康县。综合分析发现,在控制城镇化发展水平这一区域指标时,不同(或同一)行政区内,县域经济发展水平对聚落规模体系发展具有重要影响,即经济发展水平相对较高的地区,聚落规模分布的拟合指数较高。

表 8.5　不同经济发展水平县域齐夫指数变化

分组	县域	所属行政区	1972年齐夫指数 q	1995年齐夫指数 q	2015年齐夫指数 q	2015年城镇化率/%	1978年人均GDP/元	2015年人均GDP/元
I	淮阳县	周口	0.6373	0.7043	0.7505	35.01	171	19405
	西华县	周口	0.6961	0.7790	0.7621	34.99	162	25580
II	柘城县	商丘	0.7189	0.7224	0.7306	32.62	134	24488
	民权县	商丘	0.8135	0.9533	0.8131	32.63	168	25718
III	太康县	周口	0.7144	0.7376	0.6722	33.50	177	19903
	睢县	商丘	0.7514	0.7488	0.7649	33.34	232	21647

8.2　乡村聚落发展的影响因素变化

聚落是人居住形成的,人口在聚落形成中起关键作用。但假设人口已定,在哪个区位选择聚落?相关外部环境条件又具有重要作用。在聚落区位及其发展研究中,学者们非常强调自然条件、自然资源和通达性等因素。有学者认为在一些地区,地形、土壤等自然因素影响乡村聚落的分布(Shinde and Gajhans,2015),气候、可用水、土壤肥力和交通设施等对聚落区位选择起着控制作用(Roy and Jana,2015)。但是,综合分析,聚落的形成和演化是居民的需求与环境综合供给两者的均衡结果(李小建,2016)。

从历史上看,中国乡村聚落作为一个整体,经历了长期的发展过程。总体来看,自然条件和自然环境在早期聚落形成中起着决定作用(李小建,2009),聚落初始区位对自然环境有很强的依赖性。地貌、地质、土壤、水文、气候等自然条件是乡村聚落选址的首要考虑因素(周国华等,2011)。在山地丘陵区,靠近水源、农田、燃料等资源的区位,在平原地区地势较高的区位,聚落逐渐发展起来。由于中国长期的农业社会历史,在聚落区位选择时,自然环境和农业资源显得十分重要。随着社会经济的发展和技术的变化,劳动力水平的提高,人们对环境的开发和利用能力不断提高,自然条件的约束会逐步减弱(李小建,2016)。矿产资源的发现和开采,曾经促使一些聚落出现(杨果,2005)。随着工业化对矿产的需求增加,进一步加速了资源型城镇的发展。但随着产业结构变化,矿产资源对聚落的影响程度逐渐减弱。在自然条件和自然资源的经济效用被利用的同时,其观赏和休闲价值也逐渐显现。借助优美的自然环境和特殊的观赏资源,旅游经济带来了相关的聚落出现,且旅游产业的增长使资源对聚落的影响愈加明显。除了这些资源环境因素外,基础设施的改善、交通运输条件变化,从多个方面影响着聚落的形成(图8.7)。

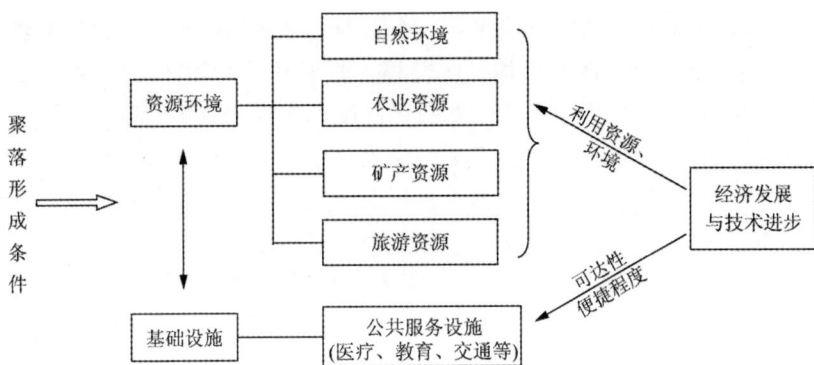

图 8.7 中国聚落形成条件

8.2.1 自 然 环 境

聚落的空间分布受自然环境的影响。较早时期，自然环境为居民提供必要的居住需求，居民基于生存和抵御灾害的需要，聚落选址更多的考虑对自然环境的利用。地势平坦、接近水源的区域是较早时期一些乡村聚落的发源地（宋晓英等，2015），而山地丘陵区由于地形的限制形成小规模、零散分布的聚落（陈永林和谢炳庚，2016），河流中下游河谷地带是聚落分布密集区（霍仁龙等，2016）。自然环境因素对聚落的影响处于不断变化中。在长期的农业社会中，人们首先居住在适宜耕作的地形平坦、土壤肥沃、水源充足的地区，之后逐步向地势平缓、起伏较小、水土流失轻微的地区扩散（任平等，2014）。在工业社会时期，科学技术获得较快发展，生产效率快速提高，人们可以不断开发利用自然环境，聚落向更广的区位扩散，自然环境的约束能力逐渐下降。此外，随着居民需求档次的上升，优美的生态环境及自然资源对聚落发展具有一定促进作用（席建超等，2016；康璟瑶等，2016），部分传统古村落、特色小镇等均具有较好的生态环境，依托自然环境所进行的旅游开发会进一步促使区域聚落空间格局的变化。但总体而言，随着社会经济发展，自然环境对聚落的影响方式和程度在逐渐变化，表现为对聚落的限制性逐步减弱，过去环境的不利逐步得以克服；同时，自然环境的影响方式也逐步改变，偏僻荒芜的穷山逐渐转变为"金山银山"，为当地聚落发展注入活力。

8.2.2 农 业 资 源

农业社会在聚落发展中的特殊地位，使得聚落区位分布与周围农业环境密切相关。受农业规模化经营种植的影响，地势平坦地区的农户逐步向农业生产地转移，耕作半径缩短，乡村聚落分布趋于集中（李骞国等，2015）。一方面，聚落根植于农业社会的种植业，一般而言，农田在哪里，村落在哪里。农业生产是中国农民最重要的生计方式之一，聚落与耕地的空间分布具有较强的空间趋同性（甘彩红等，2015）。与其相关，渠系和水浇地对聚落空间位置也有明显的吸引作用（王录仓和高静，2014）。另一方面，受有限耕地资源的影响，聚落在具有优质农田的地方外扩，当农户居住空间内存在地貌差异时，其首选在平原地区进行开垦聚居，而随着人地矛盾的加剧，当耕地资源不足以支撑农户生计时，逐步向丘陵和山地地区转移（张佰林等，2016）。再者，农户早期的农业生产处于自给状态，生产规模小，专门化程度和生产力水平较低，但随着高效的农业交换和农业现代化水平的提高，农户更倾向于集中生产，扩大耕地规模，以规模农业生产为主的聚落也会逐渐形成。结合苏南乡村聚落发展来看，随着农业生产逐步从乡村聚落中剥离，农用地流转促使乡村聚落功能转型，农村逐渐由"择田而居"的分散居住向集中居住转变（王勇和李广斌，2011）。虽然农地及相关农业资源仍在乡村聚落发展中发挥一定作用，但随着乡村聚落职能转换，一些乡村居民收入并不依赖于农业，农地等其他农业资源对聚落的影响会逐步减弱。以农地利用为主的村落，随农业规模化、现代化的发展，也会出现不同格局。

8.2.3　矿产资源

矿产资源作为自然资源的重要组成部分，它具有使用价值，能够产生经济效益（胡兆量等，2016）。矿产资源的开发利用可促进聚落的形成。依托于丰富的矿藏资源，宋代时期的江汉平原已出现以大冶铜矿和金口铁矿为主的专业性聚落（杨果，2005），商代时期也有部分聚落择建于矿区（陈朝云，2004）。随着经济的发展，对矿产资源的开发利用强度和规模也不断增大，从事工业生产的工人数量不断增加，使原来的村落逐渐变为工业村镇或工农业并重的村镇。这些聚落多位于有矿产资源的山区，分布相对较为零散。随着相关产业从业人员数量增加，聚落规模随之不断扩大，以矿产资源依托为主的聚落会逐步向综合性工业城镇转变。加之国家对矿产资源开发的政策调整，禁止村民小矿山开采，矿产资源对农区中小聚落发展的直接影响逐渐下降。但由于矿山开发的相关产业的带动，在矿产开发区附近还会有些聚落形成。

8.2.4　旅游资源

随着旅游业的快速发展，旅游资源对聚落发展的影响日趋凸显。乡村旅游的发展主要依托当地特色的旅游资源，如自然资源、历史文化、名胜古迹等。前面述及自然环境可以提供山水旅游资源，历史文化也是村落旅游资源的重要组成部分。一些村落的空间布局依照传统的风水、宗祠观念（周国华等，2011），其独特空间形态也成为旅游资源。旅游业的发展，需要大量从事旅游服务的人员。旅游者和从事旅游服务人员的就业，可对聚落用地和旅游村落的空间格局变化产生着影响，会逐步使聚落居住用地逐渐发展为复合型土地利用类型（梁栋栋和陆林，2005）。乡村旅游的发展也改善古村落的交通、通信条件（李凡和金忠民，2002），促使聚落风貌不断变化。随着社会经济发展，人们生活水平提高，旅游休闲市场不断增长，会进一步促进乡村旅游发展。一些传统的农业（如花卉业、水果蔬菜种植业）也会被用作旅游资源（供观赏或体验）。旅游资源的不断开拓和利用，其对聚落的影响会进一步增加。

8.2.5　公共服务设施

在快速城镇化背景下，公共服务设施在聚落发展中起着十分重要的作用。公共服务设施包括水电、绿地、公共交通等基础设施和医疗、教育、邮政等服务设施，其便利与否影响着人口的居住与流动。人们更多地倾向于居住在公共服务设施的服务半径范围之内（熊娟等，2012；朱政等，2016）。在公共设施中，交通对聚落空间格局演变具有一定的引导作用，一些地区的乡村聚落表现出沿交通线分布的线状格局，具有较强的现代交通取向（姜广辉等，2006），而交通便捷程度的提高缓解了山区地形对聚落发展的限制（闵婕等，2016）。随着各地政府对农村建设的重视，基础设施、公共服务设施日趋完善，区内和区际交通网络逐步构建，信息化程度逐渐提高，乡村聚落空间格局和形态也在随之发生变化。尤其是新技术的利用和信息传播方式的改变，公共服务设施的辐射范围在大大增加（如互联网覆盖下的精准医疗等），乡村聚落的发展会出现新的契机。

8.3　乡村聚落未来发展趋势

中国乡村聚落未来发展离不开中国的特殊国情。中国是个传统的农业大国，人均资源非常有限。在这种背景下，城镇化、工业化、农业现代化所带来的乡村变化，在世界上具有一定的特殊性。第一，我国政府非常强调粮食供应的国内保障，由此全国耕地和粮食生产必须维持在一定的规模。第二，中国人口众多，城镇就业机会有限难以吸纳众多农村剩余劳动力，同时，农村人均耕地面积较少，农业生产规模受到限制。第三，农村长期承继以农户为农业经营单位的传统，且未来一段时间内农户仍在农村具重要作用。这就使得中国城镇化达到相对稳定时的城镇化率，可能要明显低于欧美主要发达国家。也就是说还要有一定数量的人口居住于乡村。这些都是研究乡村聚落未来发展趋势的基本出发点。

8.3.1　乡村聚落格局变化研究思路

根据对乡镇聚落历史发展的研究，其区位变化是一定社会经济条件下农户的需求与所在环境综合供给的矛盾及其解决的结果。农户需求与聚落区位空间效用之间的差异是导致聚落区位变化的主要驱动力（图 8.8）。在农业生产为主的条件下，农户选择农业生产条件较好且距水源较近的区位，这时的区位条件的效用水平 N_1 与当时的农户需求相一致。随着经济水平提高，农户空间需求逐渐超过区位所提供的效用水平，出现如交通不畅、资源短缺等矛盾，这时可通过迁移到能够解决这些矛盾的新区位，实现居住区位效用水平与需求的新的均衡 N_2。以此类推，只要农户居住区位在原居住区位没有得到满足，就存在向新的区位 $[N_3(l_3, a_3)]$ 迁移的动力（李小建，2009）。在居民点区位的迁移过程中，经济水平对效用水平的影响逐渐加大，地理环境的影响逐渐变小，表现为效用线与横轴经济发展水平的夹角逐渐变小。

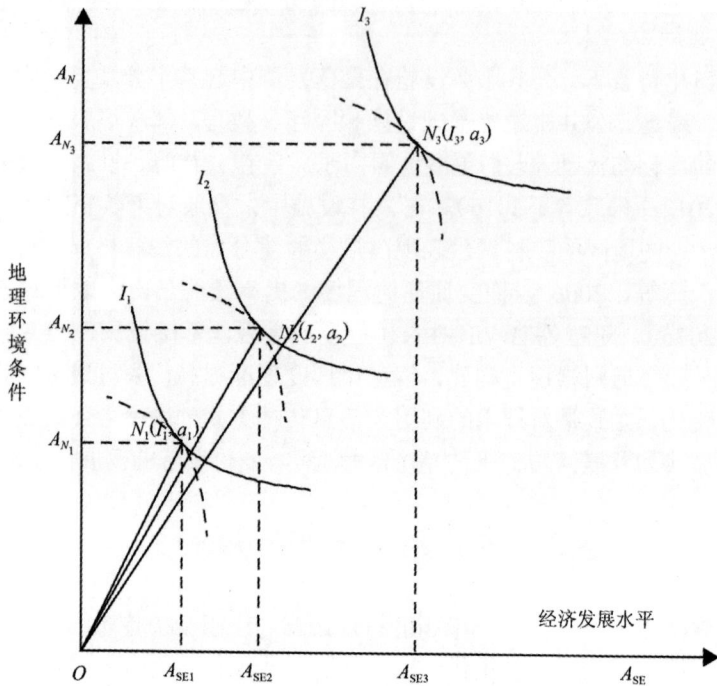

图 8.8　农户居住区位迁移与区位效用水平变化

以上聚落区位变化的"人地关系"原理可以推延到对乡村聚落格局分析。首先，区域的聚落是居民（包括居住于此的非农民）居住选择的结果。换句话说，一地的聚落形成，必须有一定数量的居民选择在此居住。其次，居民之所以选择在此居住，是因为在此或在一定距离的通勤范围内可以就业，且该就业可以获得满意的收入。再次，这种就业机会来自于该地区各种生产要素组合所产生的经济活动，也就是说这些经济活动所承载收入达到满足该水平之上的人口数量决定了居住格局。

基于这些分析，以下对未来乡村聚落发展分析立足于以下假设：①人口的就业和居住可以跨部门、跨地域自由选择；②人口趋于流向就业收入高的地方，居住格局（或聚落格局）取决于收入均衡；③一地方收入水平由该地生产要素组合所产生的经济活动活力所决定，该活力在不同发展阶段会有所变化，但为研究方便起见，以下基于目前的技术水平；④居住与就业兼顾，不包括长距离通勤就业人员或流动就业人员。

8.3.2　未来乡村发展可能方向

根据以上假设，乡村居民选择在农村长期居住的条件应该是在这里可以获得与城镇居住基本相当的收益和享受相当的公共服务。具体到一个村落，居民能够在此居住，要么他（她）能够从当地就业获得的收入维持与其他地区大致相当水平的生活，要么他（她）在附近赚钱，在这里生活。农村与城镇相比，其比较优势除了农业种植之外，还具有矿产资源和城镇所不具有的优美自然空间。由于矿产资源开发大多形成资源开采型小镇，与农村聚落差别较大，故暂时排除。这样，从资源优劣、居民收入和公共服务角度可以把农村聚落的发展方向大致归纳为四类：相当一部分承继粮食生产传统形成粮作生产村；还有一些村落集中农业副食品生产或养殖业形成非粮作专业化农业村；农区的旅游休闲功能将逐渐被人们开发利用，形成旅游专业村；此外，在距离城镇较近的地区，农区还会形成居住型村落（图 8.9）。当然，在聚落发展中，还会有些不同型式的混合村落。

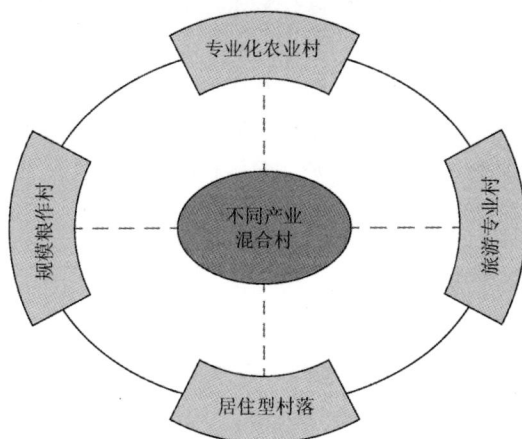

图 8.9　未来聚落发展的四种型式

1. 规模粮作村

中国作为一个大国，粮食生产在国家安全中具有重要地位（吴撼地，2015），农村仍然是我国粮食生产不可替代的源地。但随着农业现代化的推进，粮食生产将逐渐商业化。农村作为从事粮食生产的农户的居住地，其区位及其规模均要发生重要变化。粮食生产型村落将集中于耕地富裕、土壤肥沃、气候条件和灌溉条件适宜的地区。在这些村落中，居民主要从事粮作，并规模经营。依据前述提到的劳动力可在城乡无限制流动的假设，居民选择在当地种粮而不去城镇务工的条件，应是两者收入基本相当。如果按照在河南的调研，农民出外务工的月收入平均约 4000 元，每户两个人打工每年收入约 10 万元。如若扣除农药、化肥、种子、机械、水电、土地流转费等支出，种粮每亩收入 600 元，每户需 160 亩土地规模种植才可与打工收入相当。由此推理 20 户的村庄就可以覆盖 3000 亩以上的耕地范围，约相当于河南（人均耕地面积 1.28 亩）现在 2300 多人的村庄的耕地范围。所以未来粮作村庄会大幅度的变小。如果考虑城市务工收入在不断增长，获得同等收入所应该从事的种粮规模还会进一步增加。

2. 专业化农业村

这种类型的聚落主要是围绕粮食作物外的特色农业，将相关农业资源转化为专业化生产，村落大部分农户商品性的从事一种或多种相互关联的生产或服务活动，从而使村落发展成为具有特色农产品的现代农业村落。这种村落的生产活动多以特色种植和养殖业为主，如蔬菜、花卉、水果、中药材、茶叶、养猪、养鸡等。随着人们食物构成中对副食品需求的增加，以及生活水平提高带来的高水平副食的购买力提高，加上中国人多地少的国情，以及大量农户离开粮作后在城镇就业机会的不足，将促进这类劳动力密集型产业的发展，带来相关的专业村的增加。一些传统农区已发展了众多这样的专业村（李小建等，2012）。

3. 旅游专业村

随着旅游业快速增长，旅游村落逐步成为中国新型城镇化过程中重要的乡村发展类型（席建超等，2014）。这种类型的聚落主要是围绕某些自然景观或人文景观的开发，并形成提供旅游景观和旅游服务的经济空间。村民主要在旅游休闲相关产业链中就业，并以此作为主要收入来源。该类村落先期在山水秀丽地区、古村落及近城市区位发展起来。继而，过去以种植业为主的村子也转向旅游，通过种植、栽培美化环境，或种植相关作物吸引游客体验农业，如在江西婺源县旅游资源和农业资源的旅游开发形成了不少此类专业村。

4. 居住型村落

居住型聚落主要以居住为目的，居民在其他地方就业在该村生活。这类村落发达国家不少，中国不多，但有发展潜力。它们一般距都市不远，且交通便利，基础设施好，供一些在城市就业的人居住。聚落形成多借助于中心城市完善的交通体系，便于人们在工作、居住地之间往返通勤。同时，这里又具有生活成本优势和城市所不具有的居住环境优势，吸引一些人在此居住。近期，这种"卧城"在中国的大都市周围逐渐发展起来。除此之外，在少数较为偏僻但风景十分秀美的区位，也会形成吸引特殊群体的居住型村落。

8.4　根据聚落变化趋势对乡村振兴的建议

基于乡村聚落演变的一般规律和对未来乡村发展趋势的预测，在政府引导和市场推动兼顾的前提下，对乡村振兴提出如下4点建议。

1. 从城乡融合全局谋划乡村振兴

我国现阶段的乡村振兴，是在城镇快速发展，乡村人口向城镇持续转移，以及城镇资本蓄势下乡的背景下提出的，我国城乡发展将进入强烈互动时期。因此，一方面需要明确地认识到，我国、我省乡村人口整体上确实还处于"过剩"状态，2016年我国城镇化率为57.4%，河南省只有50.2%，城镇化发展尚有巨大的空间，通过城镇化把城乡之间的人口势能差释放，是实现乡村振兴的重要基础，在这个过程中，会存在一部分的村庄萎缩和消失。另一方面需要从城乡发展的基本规律和城乡融合的目标出发，合理预测未来城乡融合的稳定状态，确定未来乡村整体发展趋势，及早完成全局谋划和顶层设计。

2. 把握"人的振兴"是乡村振兴的关键

乡村振兴的核心是"人的振兴"，关键在于增加乡村地区人均资源占有量，提高生产要素配置效率，提高劳动生产率。前述四种乡村聚落发展趋势，其本质是实现人口与对应各种生产要素的有效结合，乡村人口也只有拥有了相应当量的综合生产要素，才具备了自身可持续发展的基础，从而逐步脱离外部"输血"，真正实现"自我振兴"和"长远振兴"。

同时，从整体上看，乡村地区人口规模将大幅减少，相应地聚落密度降低，自然生态空间增加，空间格局更加开敞。在规划的合理引导下，可逐步形成生态优美的自然环境和景观宜人的乡村风貌，实现乡村地区的生态宜居。随着乡村收入水平提升和产业发展，一部分精英人才向乡村流动，改变乡村的社会结构，构成乡村治理能力提升、乡风文明建设的积极因素。

3. 促进有条件的大村向小镇转变

随着工业化、农业现代化和人民对基础设施、公共服务需求的增加，一些乡村聚落逐步向聚落中一些向大规模、高等级演变。对于平原地区、靠近交通线或大城市等区位条件优越地区，具有专业化产业等发展潜力的现有大型聚落，可在政策、土地指标、产业发展、基础设施建设、规划引导等方面给予积极支持，促进其进一步向小镇演变，并试点在小镇基础上设立县辖小城市。大型乡村聚落发展成为小城镇，不仅可以有效地解决原乡村聚落发展问题，还会通过市场力量汇聚周边小型乡村聚落人口，通过就地城镇化的方式实现一定范围内的乡村振兴。

4. 因地制宜，把握不同类型乡村振兴的重点

对于规模化粮作村，其重点是提升单个农户的耕种面积，从而实现粮作物的规模化、现代化生产。我国目前人均耕地面积只有 1.46 亩，河南省人均耕地面积更是仅有 1.28 亩，因此对于平原地区粮作型村庄，应着重通过多种体制改革和政策措施，加快推动耕地流转，促进粮作生产的规模化。

对于非粮作专业化农业村，其重点是选准专业化方向，围绕该方向形成劳动力密集、收入水平普遍较高的现代乡村。政府政策应围绕促进专业化产业发展展开，可在产业发展政策、技术研发和推广、税收、建设用地指标等方面给予一定支持。

对于旅游型村落，其重点是实现特色旅游资源的开发利用，避免村村雷同。针对自然及历史文化特色资源丰富的村庄，政府应加大旅游开发扶持力度，进行规划引导，配套旅游服务设施，同时还应注重对旅游特色资源的保护，形成资源保护、旅游开发互动发展的良性循环。

对于居住型村落，其重点是完善基础设施和改善生态环境。在大城市周围发展时，要注意与大城市的协调配套。它虽为乡村聚落，实则是大城市的一个发展"细胞"。因此在大城市周边，沿地铁、主要放射道路沿线，可提前考虑该类村落的规划。

参 考 文 献

陈朝云. 2004. 顺应生态环境与遵循人地关系: 商代聚落的择立要素. 河南大学学报(哲学社会科学版), 44(6): 86~90

陈永林, 谢炳庚. 2016. 江南丘陵区乡村聚落空间演化及重构——以赣南地区为例. 地理研究, 35(1):

184～194

甘彩红, 李阳兵, 陈萌萌. 2015. 基于坡耕地与聚落空间耦合的三峡库区腹地奉节县人地关系研究. 地理研究, 34(7): 1259～1269

胡兆量, 陈宗兴, 崔海亭. 2016. 地理环境概述. 北京: 科学出版社

霍仁龙, 杨煜达, 满志敏. 2016. 云南省掌鸠河流域近 300 年来聚落空间演变. 地理研究, 35(9): 1647～1658

姜广辉, 张凤荣, 秦静, 等. 2006. 北京山区农村居民点分布变化及其与环境的关系. 农业工程学报, 22(11): 85～92

康璟瑶, 章锦河, 胡欢, 等. 2016. 中国传统村落空间分布特征分析. 地理科学进展, 37(7): 839～850

李凡, 金忠民. 2002. 旅游对皖南古村落影响的比较研究——以西递、宏村和南屏为例. 人文地理, 17(5): 17～20

李骞国, 石培基, 刘春芳, 等. 2015. 黄土丘陵区乡村聚落时空演变特征及格局优化——以七里河区为例. 经济地理, 35(1): 126～133

李小建. 2009. 农户地理论. 北京: 科学出版社, 116～127

李小建. 2016. 中国特色经济地理学探索. 北京: 科学出版社, 87～98

李小建, 周雄飞, 郑纯辉, 等. 2012. 欠发达区地理环境对专业村发展的影响研究. 地理学报, 67(6): 783～792

梁栋栋, 陆林. 2005. 古村落型旅游地土地利用的初步研究——世界文化遗产黟县西递案例分析. 经济地理, 25(4): 562～564

闵婕, 杨庆媛, 唐璇. 2016. 三峡库区农村居民点空间格局演变——以库区重要区万州为例. 经济地理, 36(2): 149～158

任平, 洪步庭, 刘寅, 等. 2014. 基于 RS 与 GIS 的农村居民点空间变化特征与景观格局影响研究. 生态学报, 34(12): 3331～3340

宋晓英, 李仁杰, 傅学庆, 等. 2015. 基于 GIS 的蔚县乡村聚落空间格局演化与驱动机制分析. 人文地理, 30(3): 79～84

王录仓, 高静. 2014. 张掖灌区聚落与水土资源空间耦合关系研究. 经济地理, 34(2): 139～147

王勇, 李广斌. 2011. 苏南乡村聚落功能三次转型及其空间形态重构——以苏州为例. 城市规划, 35(7): 54～60

吴撼地. 2015. 调整农业结构决不能减少粮食生产. 人民日报, http://opinion.people.com.cn/n/2015/0813/c1003-27455768.html, 2015-08-13/2017-10-22

席建超, 王新歌, 孔钦钦, 等. 2014. 旅游地乡村聚落演变与土地利用模式——野三坡旅游区三个旅游村落案例研究. 地理学报, 69(4): 531～540

席建超, 王新歌, 孔钦钦, 等. 2016. 从传统乡村聚落到现代海滨旅游度假区——过去 20 年大连金石滩旅游度假区土地利用动态演变. 人文地理, 31(1): 130～139

杨果. 2005. 宋元时期江汉-洞庭平原聚落的变迁及其环境因素. 长江流域资源与环境, 14(6): 675～678

张佰林, 蔡为民, 张凤荣, 等. 2016. 隋朝至 1949 年山东省沂水县农村居民点的时空格局及驱动力. 地理研究, 35(6): 1141～1150

周国华, 贺艳华, 唐承丽, 等. 2011. 中国农村聚居演变的驱动机制及态势分析. 地理学报, 66(4): 515～524

朱政, 贺清云, 朱翔. 2016. 农村社区选址适宜性的空间分析研究——以株洲市云田镇为例. 人文地理, 31(3): 74～80

Roy S S, Jana N C. 2015. Impact of geomorphic attributes on rural settlement distribution: A case study of Baghmundi Block in Purulia district, West Bengal. International Journal of Innovative Research and Development, 4(8): 121～132

Shinde N N, Gajhans D S. 2015. Distribution pattern of rural settlement of Jalgoan district. Indian Streams Research Journal, 4(12): 1～4

彩　图

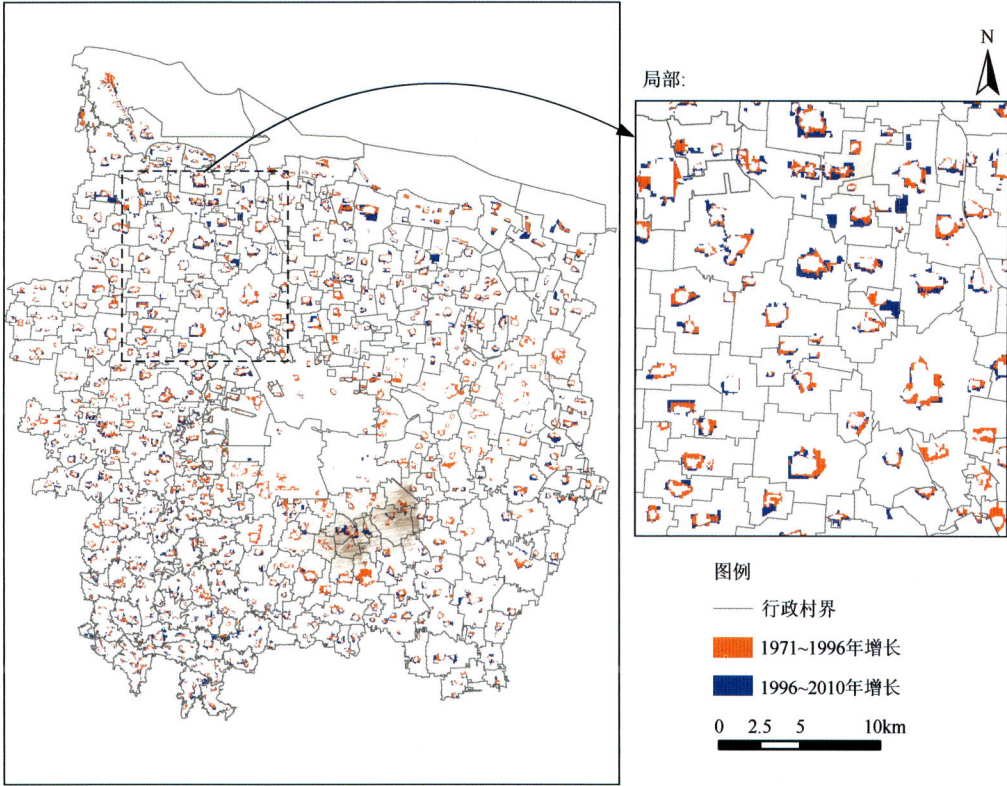

图例

—— 行政村界

■ 1971~1996年增长

■ 1996~2010年增长

0　2.5　5　　　10km

图 3.14　1971~2010 年乡村聚落增长情况

图 3.15　乡村聚落的填充增长

图例
- · 1975年聚落
- ▬ 1975年主要道路
- ▬ 1975年水域
- □ 嵩县边界

(a) 1975年聚落区位

图例
- · 1995年聚落
- ▬ 1995年县道
- ▬ 1995年省道
- ▬ 1995年国道
- ▬ 1995年水域
- □ 嵩县边界

高程
- □ 丘陵(200~500m)
- ▨ 低山(500~1000m)
- ■ 中山(1000~2400m)

(b) 1995年聚落区位

图例
- · 2015年聚落
- ▬ 2015年县道
- ▬ 2015年省道
- ▬ 2015年国道
- ▬ 2015年水域
- □ 嵩县边界

(c) 2015年聚落区位

核密度值
高: 2.89
低: 0

(d) 1975年密度空间

核密度值
高: 2.73
低: 0

0 5 10 20km

(e) 1995年密度空间

核密度值
高: 2.72
低: 0

(f) 2015年密度空间

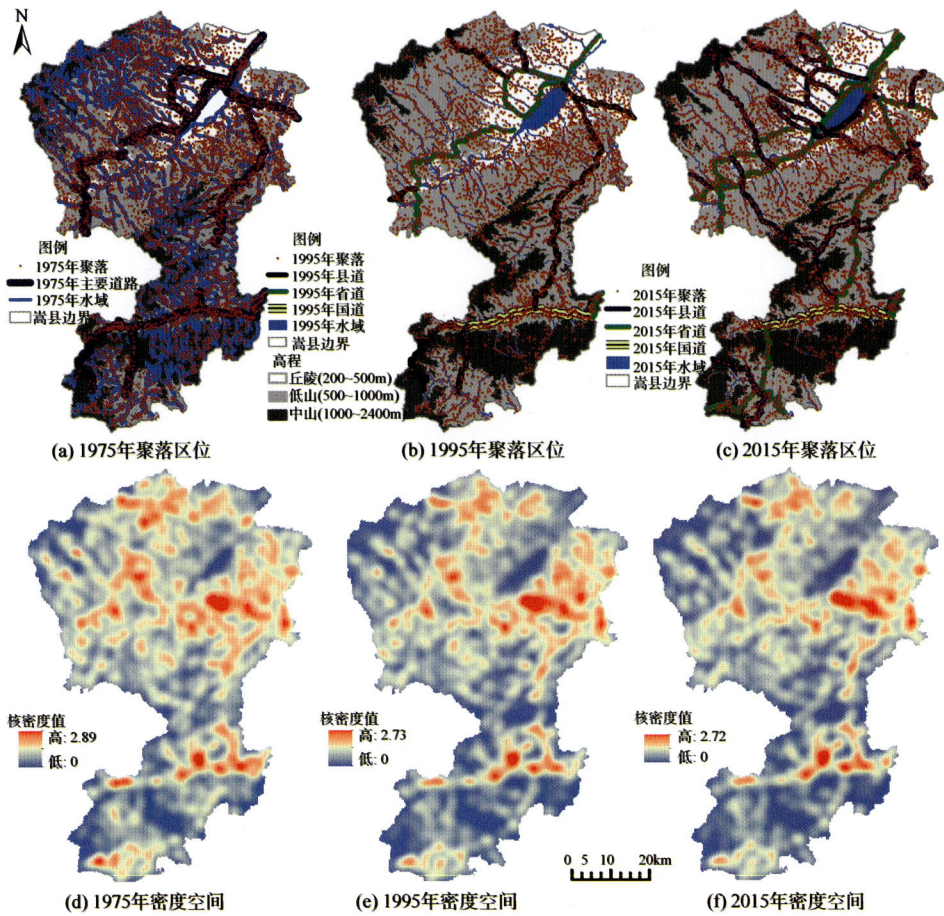

图 4.8　1975~2015 年嵩县聚落区位和密度空间分布图

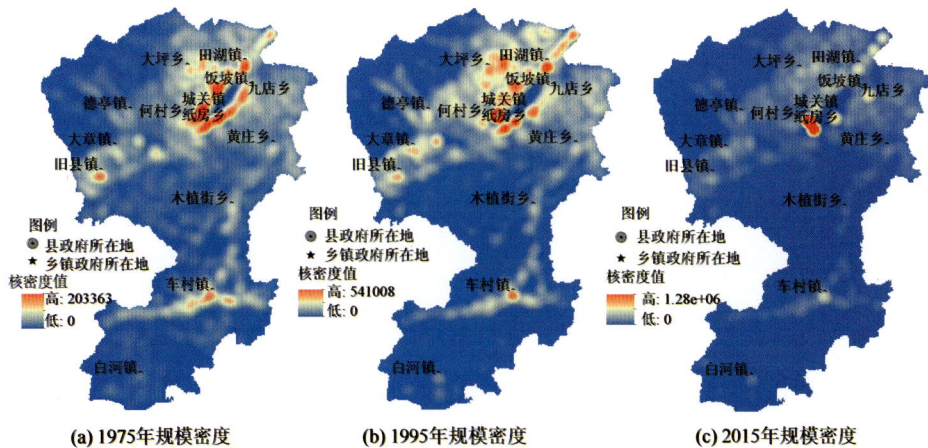

图例
- ◉ 县政府所在地
- ★ 乡镇政府所在地

核密度值
高: 203363
低: 0

(a) 1975年规模密度

图例
- ◉ 县政府所在地
- ★ 乡镇政府所在地

核密度值
高: 541008
低: 0

(b) 1995年规模密度

图例
- ◉ 县政府所在地
- ★ 乡镇政府所在地

核密度值
高: 1.28e+06
低: 0

(c) 2015年规模密度

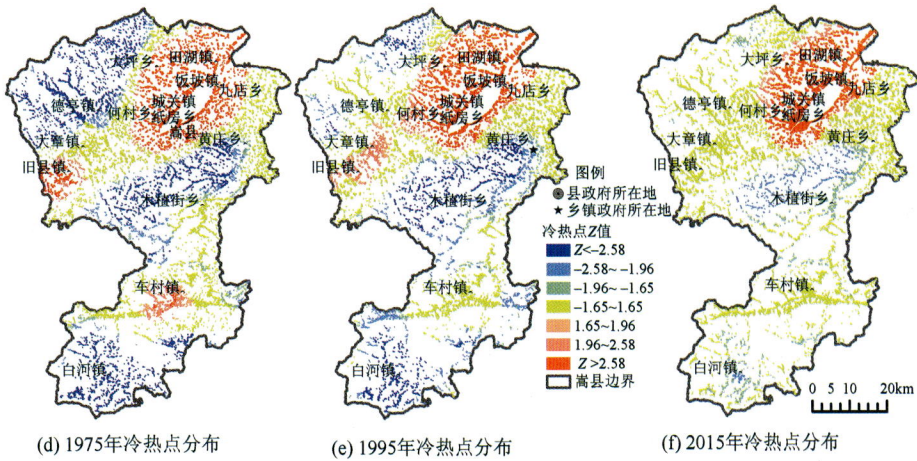

(d) 1975年冷热点分布　　(e) 1995年冷热点分布　　(f) 2015年冷热点分布

图 4.10　1975～2015 年嵩县聚落规模密度和冷热点分布图

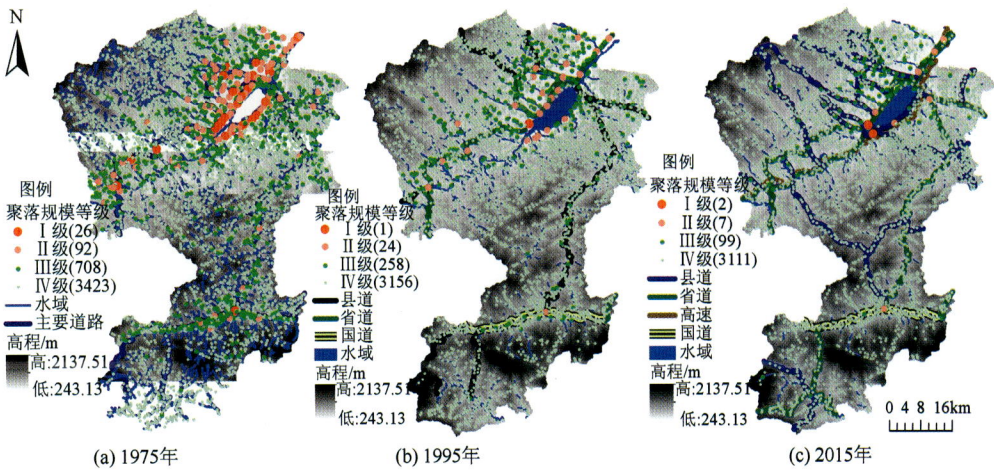

(a) 1975年　　(b) 1995年　　(c) 2015年

图 4.29　1975 年、1995 年和 2015 年嵩县聚落等级体系空间结构图

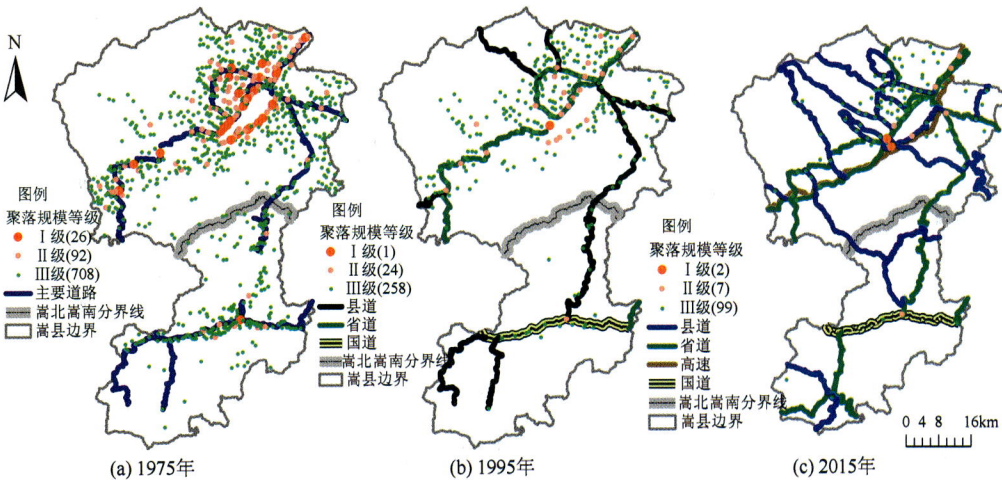

(a) 1975年　　(b) 1995年　　(c) 2015年

图 4.30　1975 年、1995 年和 2015 年嵩县Ⅰ、Ⅱ、Ⅲ级规模聚落空间结构图

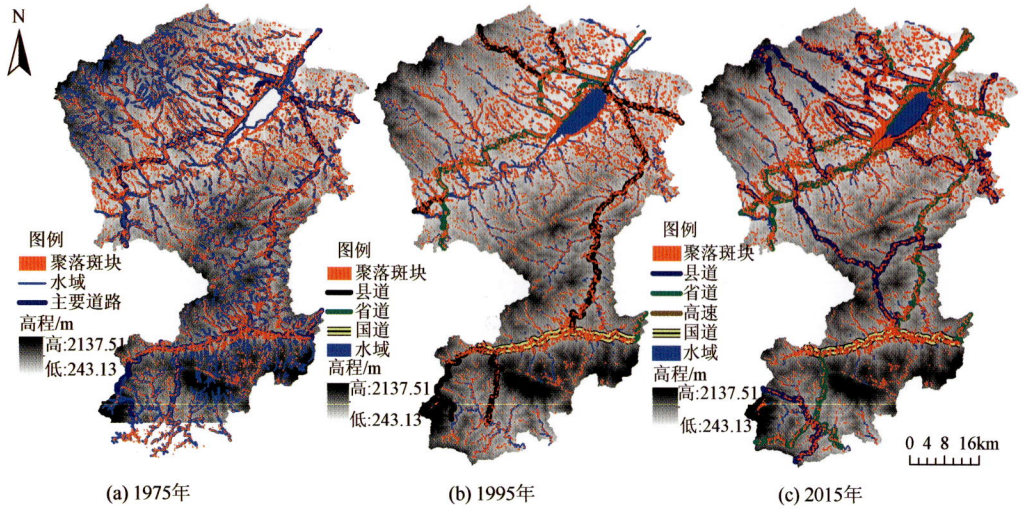

图例
聚落斑块
水域
主要道路
高程/m
高:2137.51
低:243.13

图例
聚落斑块
县道
省道
国道
水域
高程/m
高:2137.51
低:243.13

图例
聚落斑块
县道
省道
高速
国道
水域
高程/m
高:2137.51
低:243.13

0 4 8 16km

(a) 1975年   (b) 1995年   (c) 2015年

图 4.31   1975 年、1995 年和 2015 年嵩县聚落空间结构图

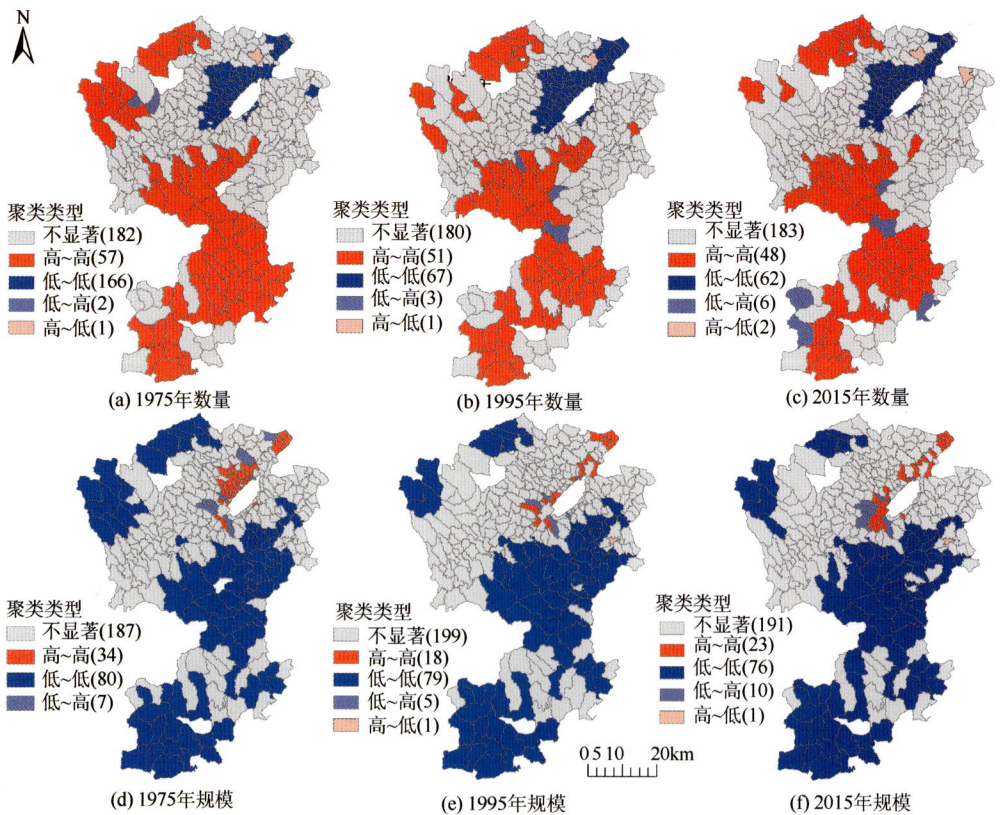

聚类类型
不显著(182)
高~高(57)
低~低(166)
低~高(2)
高~低(1)

(a) 1975年数量

聚类类型
不显著(180)
高~高(51)
低~低(67)
低~高(3)
高~低(1)

(b) 1995年数量

聚类类型
不显著(183)
高~高(48)
低~低(62)
低~高(6)
高~低(2)

(c) 2015年数量

聚类类型
不显著(187)
高~高(34)
低~低(80)
低~高(7)

(d) 1975年规模

聚类类型
不显著(199)
高~高(18)
低~低(79)
低~高(5)
高~低(1)

0 5 10   20km

(e) 1995年规模

聚类类型
不显著(191)
高~高(23)
低~低(76)
低~高(10)
高~低(1)

(f) 2015年规模

图 4.32   三个时期嵩县行政村聚落区位和规模空间分布 LISA 集聚图

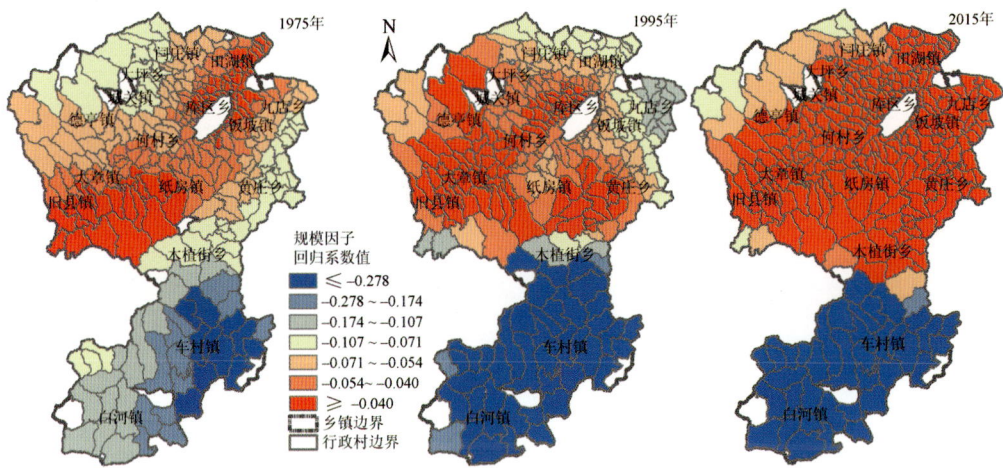

(a) 矢量

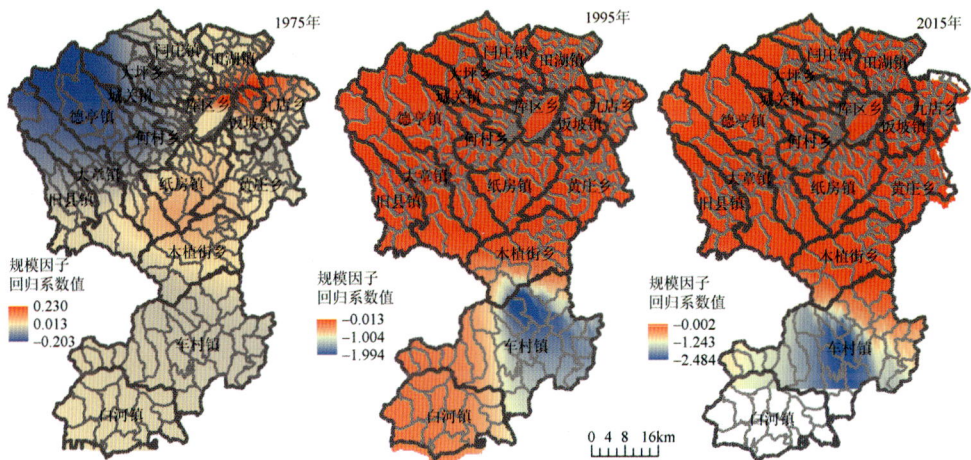

(b) 栅格

图 4.33　1975 年、1995 年和 2015 年聚落区位与聚落规模关系的空间差异

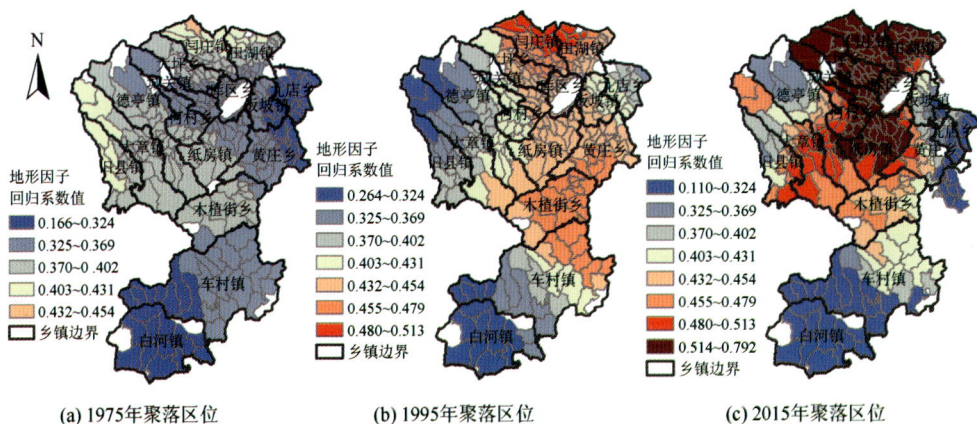

(a) 1975年聚落区位　　　　(b) 1995年聚落区位　　　　(c) 2015年聚落区位

地形因子回归系数值
- 0.212～-0.168
- 0.167～-0.075
- 0.074～-0.002
- 0.001～-0.000
- 0.001～0.015
- 乡镇边界

(d) 1975年聚落规模

地形因子回归系数值
- -0.568～-0.457
- -0.456～-0.379
- -0.378～-0.309
- -0.308～-0.247
- -0.246～-0.168
- -0.167～-0.075
- -0.074～-0.002
- 乡镇边界

(e) 1995年聚落规模

地形因子回归系数值
- -0.341～-0.340
- 乡镇边界

0 5 10　20km

(f) 2015年聚落规模

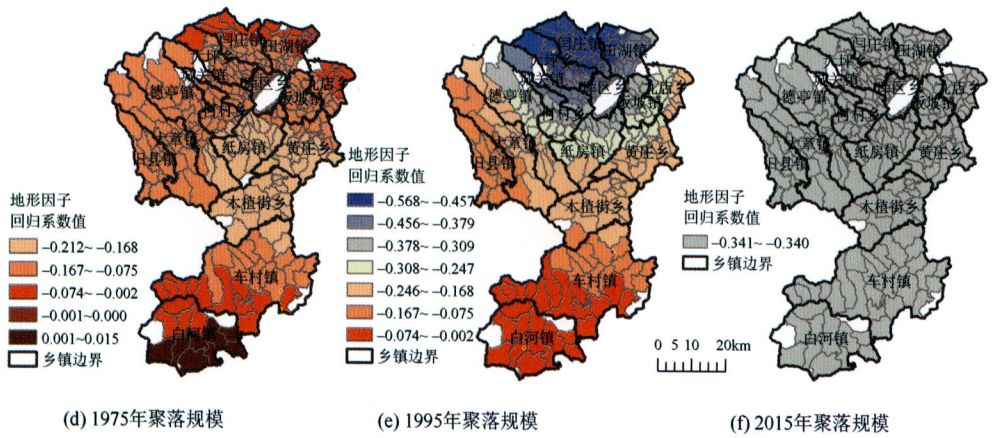

图 4.34　1975 年、1995 年和 2015 年聚落空间分布受地形影响的空间差异

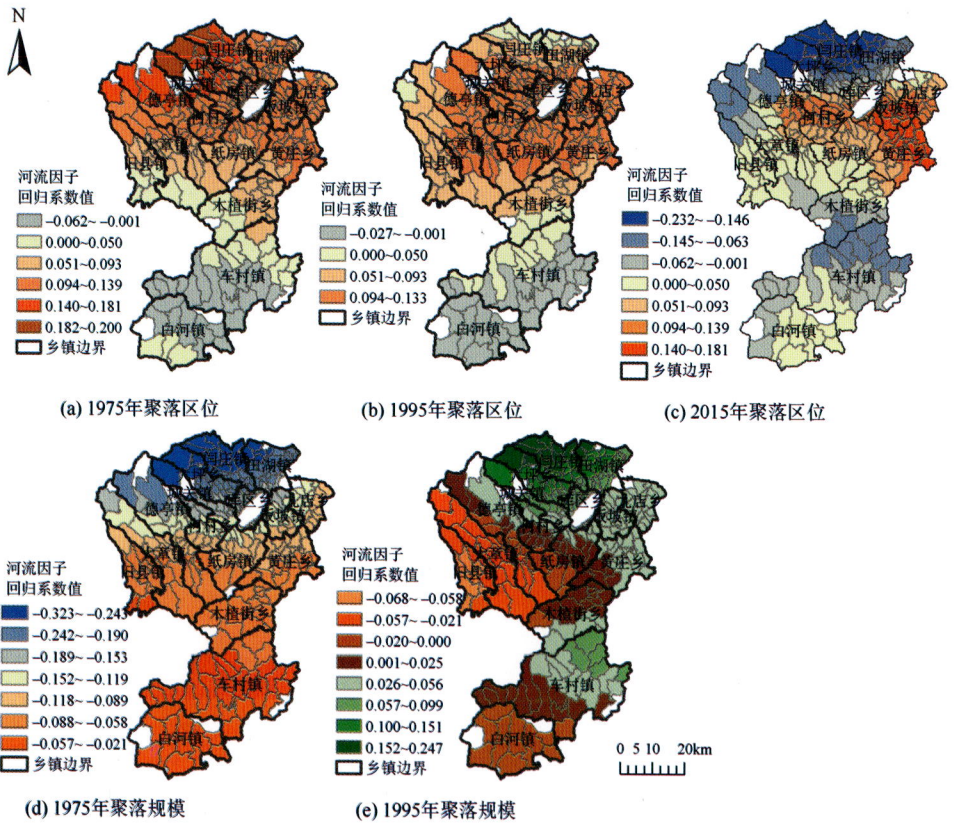

河流因子回归系数值
- -0.062～-0.001
- 0.000～0.050
- 0.051～0.093
- 0.094～0.139
- 0.140～0.181
- 0.182～0.200
- 乡镇边界

(a) 1975年聚落区位

河流因子回归系数值
- -0.027～-0.001
- 0.000～0.050
- 0.051～0.093
- 0.094～0.133
- 乡镇边界

(b) 1995年聚落区位

河流因子回归系数值
- -0.232～-0.146
- -0.145～-0.063
- -0.062～-0.001
- 0.000～0.050
- 0.051～0.093
- 0.094～0.139
- 0.140～0.181
- 乡镇边界

(c) 2015年聚落区位

河流因子回归系数值
- -0.323～-0.243
- -0.242～-0.190
- -0.189～-0.153
- -0.152～-0.119
- -0.118～-0.089
- -0.088～-0.058
- -0.057～-0.021
- 乡镇边界

(d) 1975年聚落规模

河流因子回归系数值
- -0.068～-0.058
- -0.057～-0.021
- -0.020～-0.000
- 0.001～0.025
- 0.026～0.056
- 0.057～0.099
- 0.100～0.151
- 0.152～0.247
- 乡镇边界

0 5 10　20km

(e) 1995年聚落规模

图 4.35　1975 年、1995 年和 2015 年聚落空间分布受河流影响的空间差异

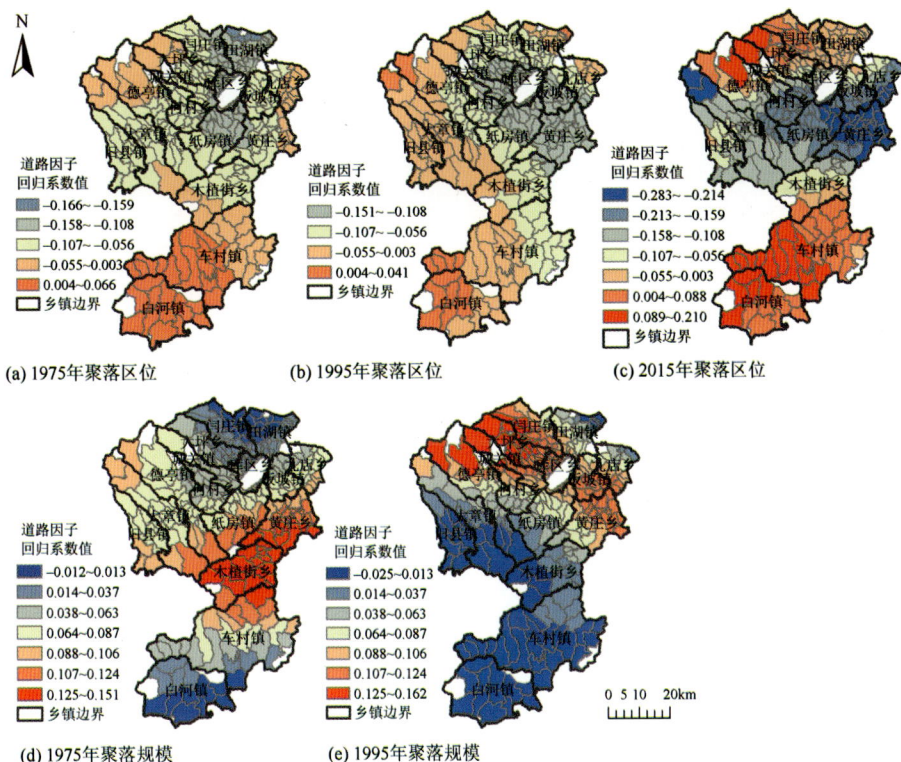

图 4.36　1975 年、1995 年和 2015 年聚落空间分布受道路影响的空间差异

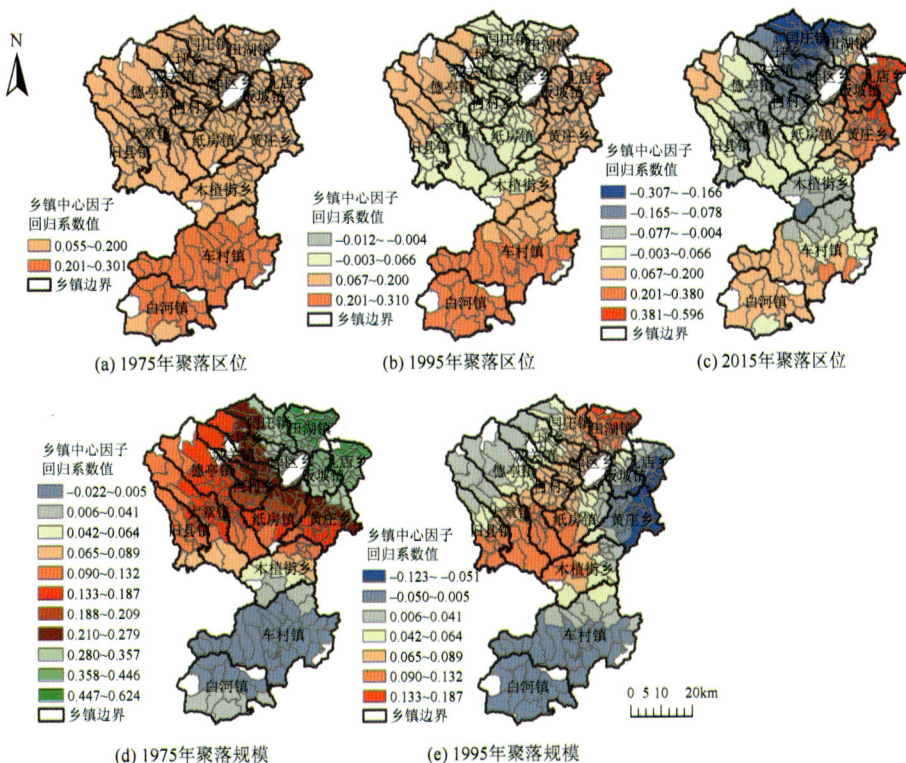

图 4.37　1975 年、1995 年和 2015 年聚落空间分布受乡镇中心影响的空间差异

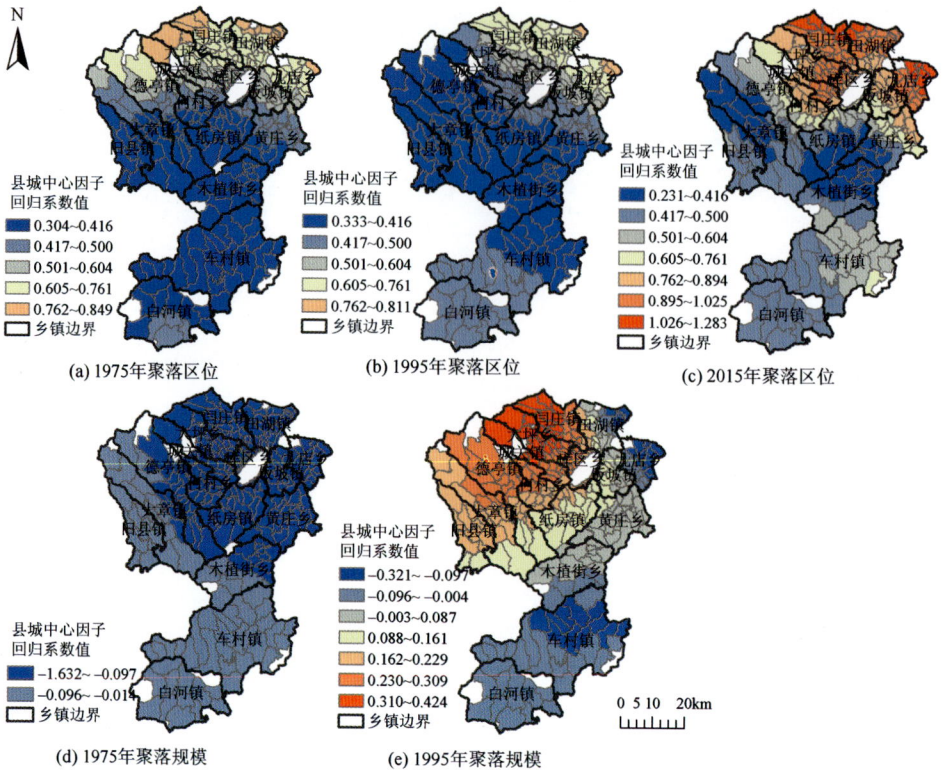

图 4.38　1975 年、1995 年和 2015 年聚落空间分布受县城中心影响的空间差异

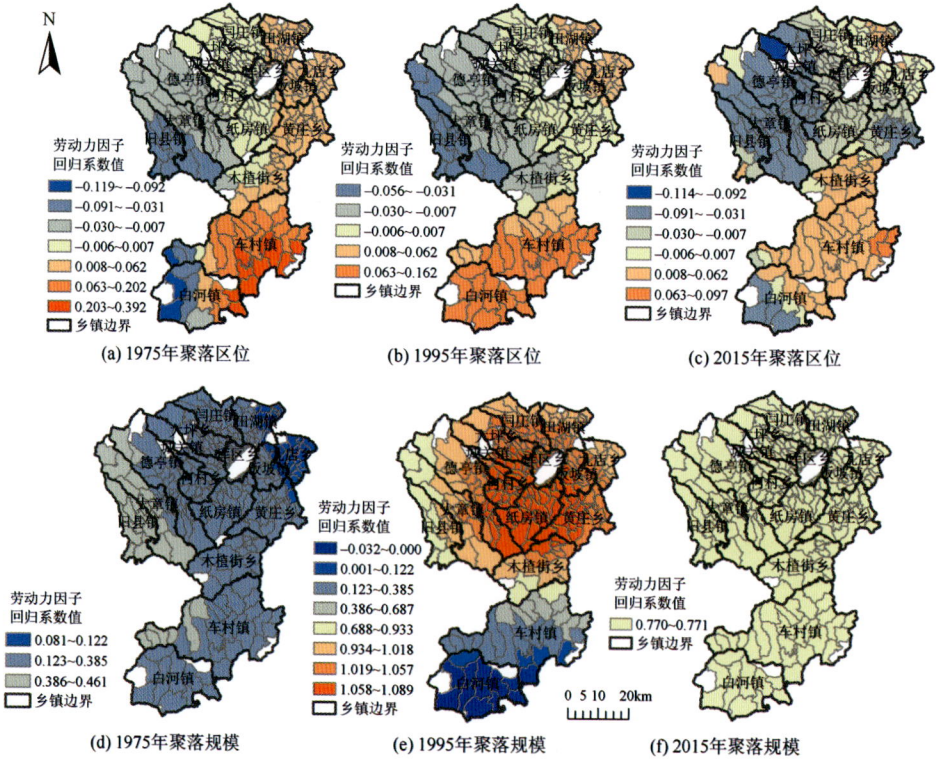

图 4.39　1975 年、1995 年和 2015 年聚落空间分布受劳动力影响的空间差异

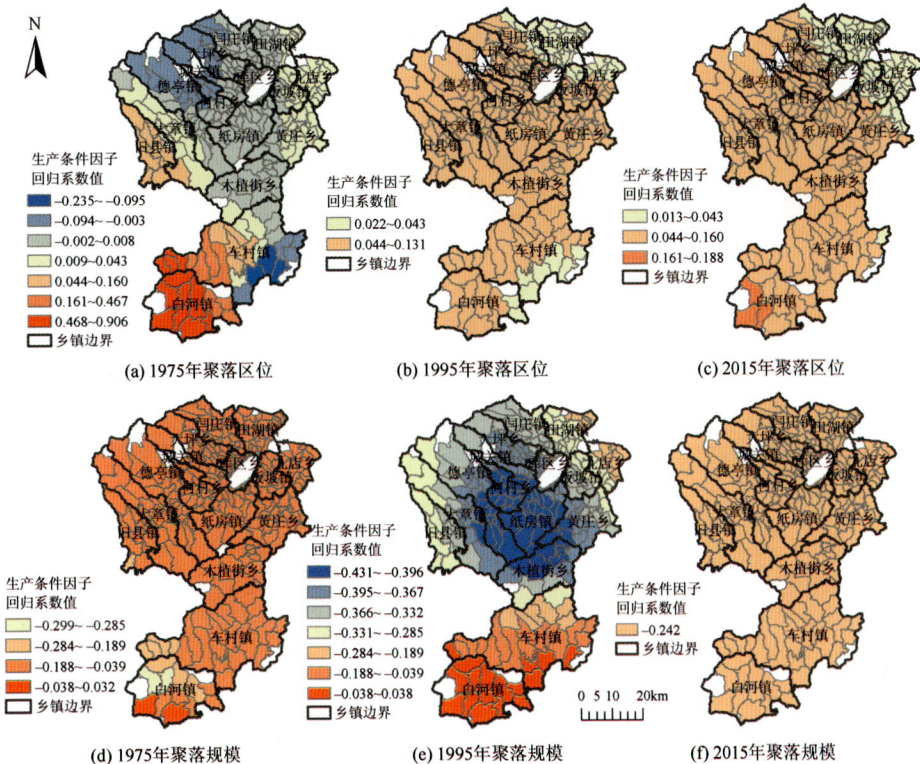

图 4.40　1975 年、1995 年和 2015 年聚落空间分布受生产条件影响的空间差异

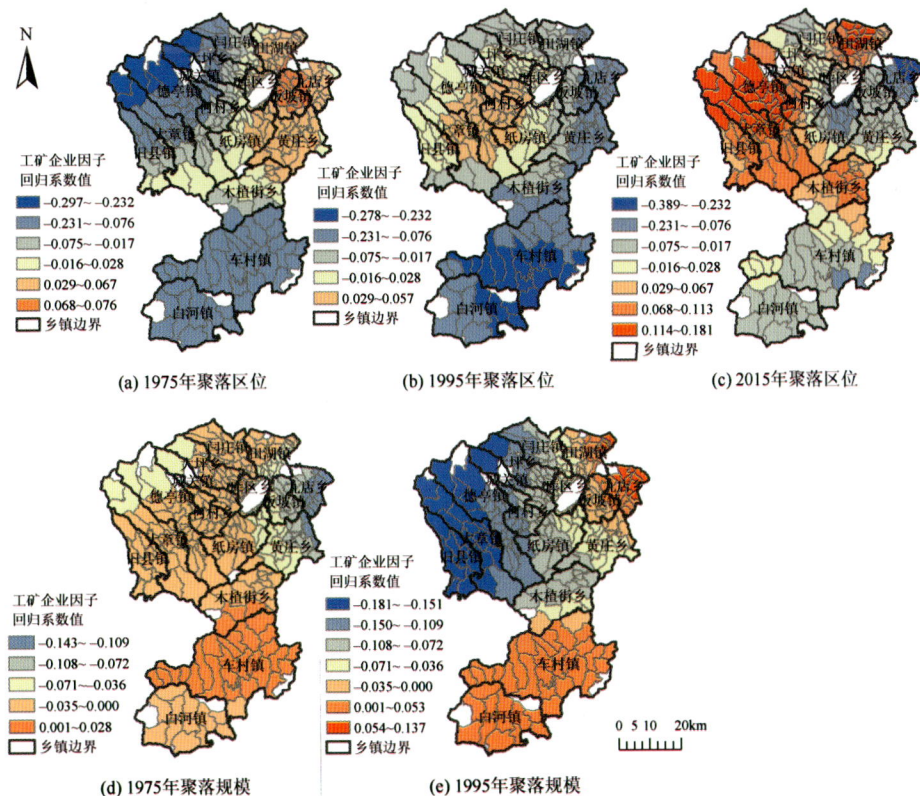

图 4.41　1975 年、1995 年和 2015 年聚落空间分布受工矿企业影响的空间差异

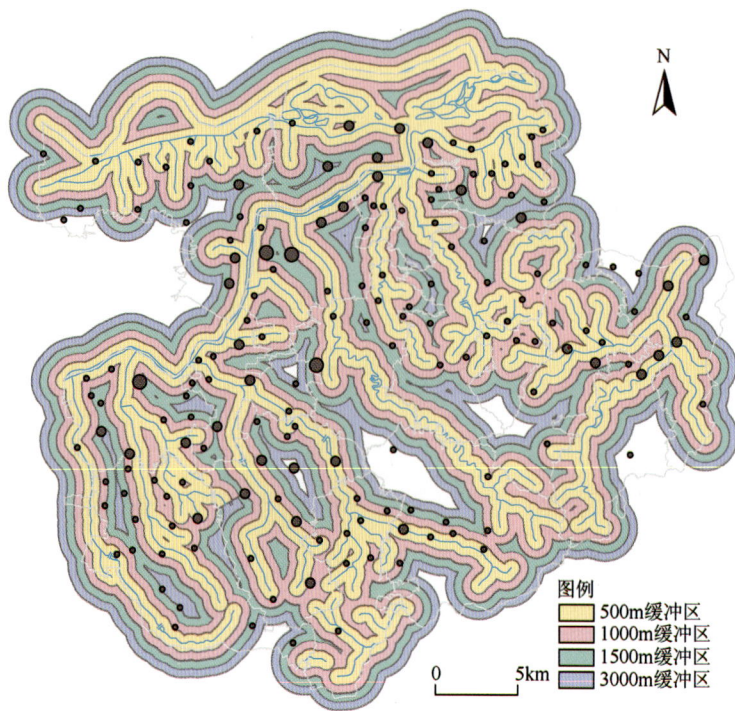

图 5.18　1929 年巩义市河流缓冲区的聚落分布

注：图中圆点为不同等级聚落，划分标准请参考图 5.14～图 5.17，下同

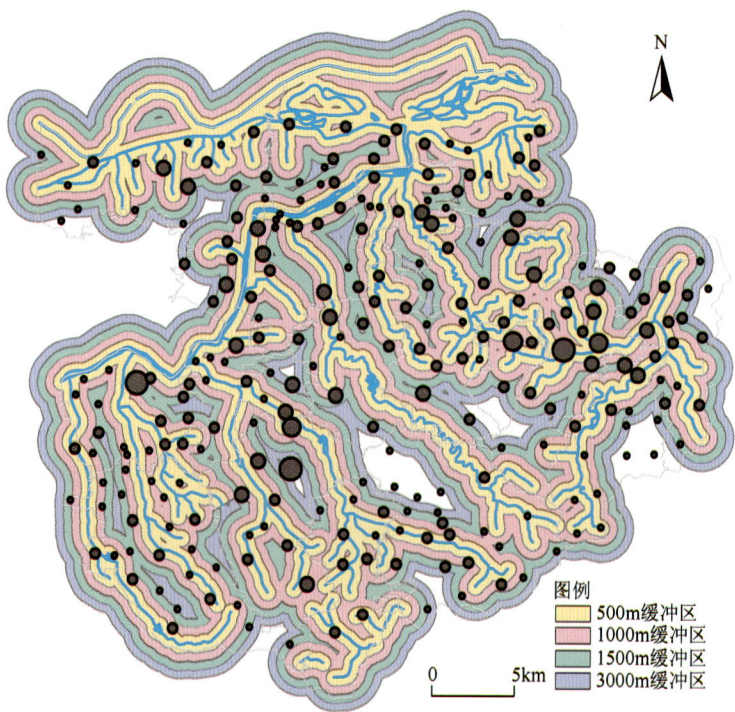

图 5.19　1975 年巩义市河流缓冲区的聚落分布

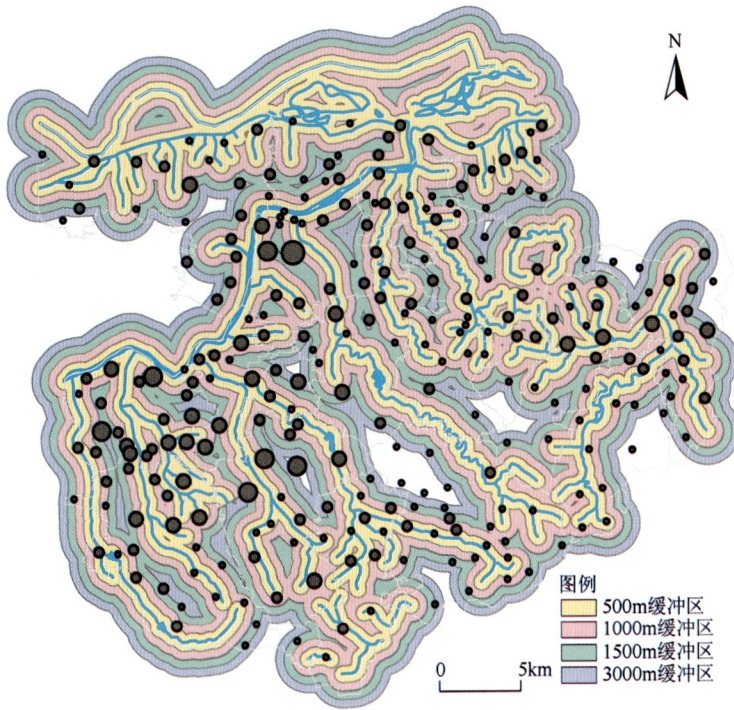

图 5.20　1990 年巩义市河流缓冲区的聚落分布

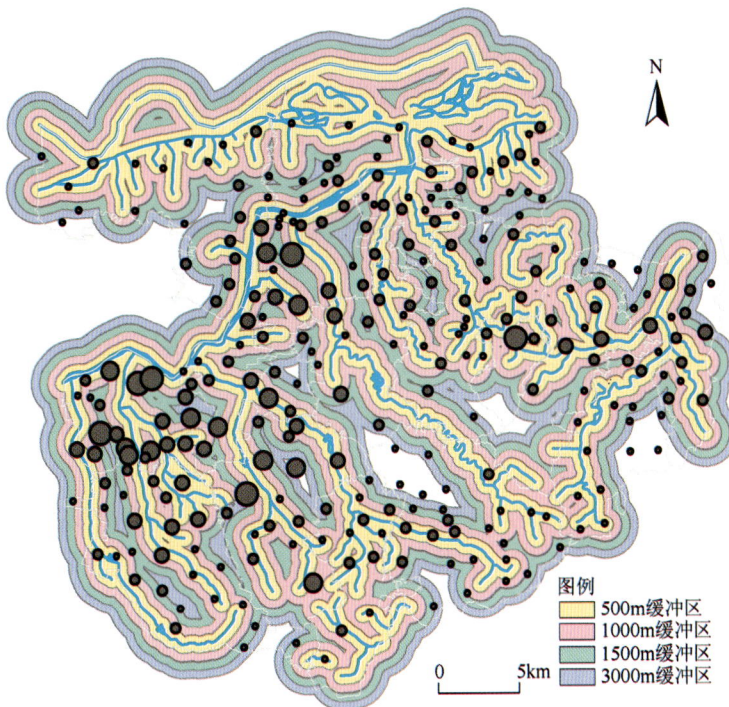

图 5.21　2010 年巩义市河流缓冲区的聚落分布

(a) 1975年   (b) 1995年

图例

行政边界

城镇聚落

乡村邻近城镇距离/m

40~1632

1633~3127

3128~4767

4768~7902

0　5　10km

(c) 2004年   (d) 2014年

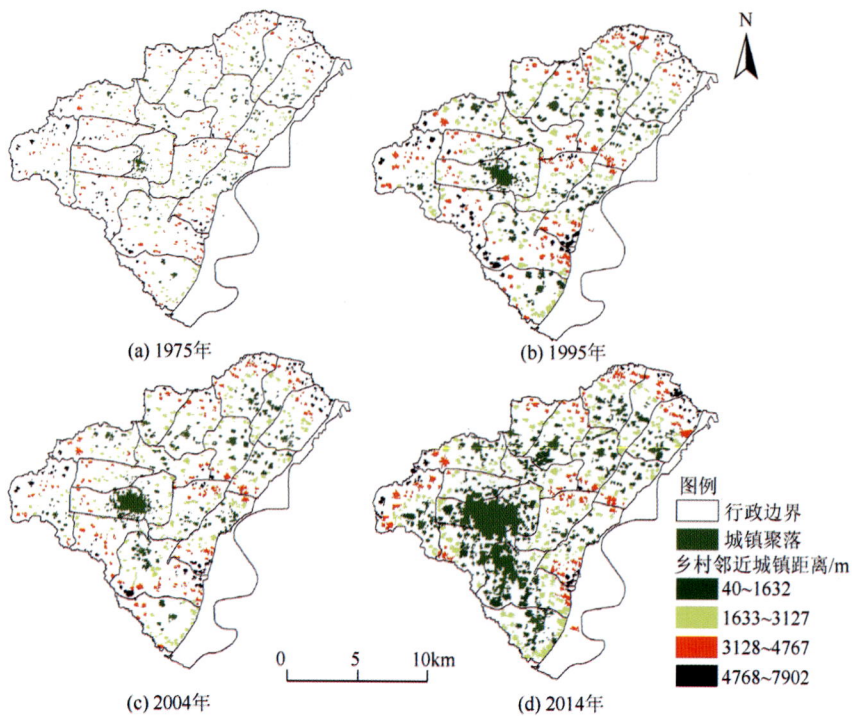

图 6.6　长垣县乡村与小城镇聚落斑块空间邻近距离特征

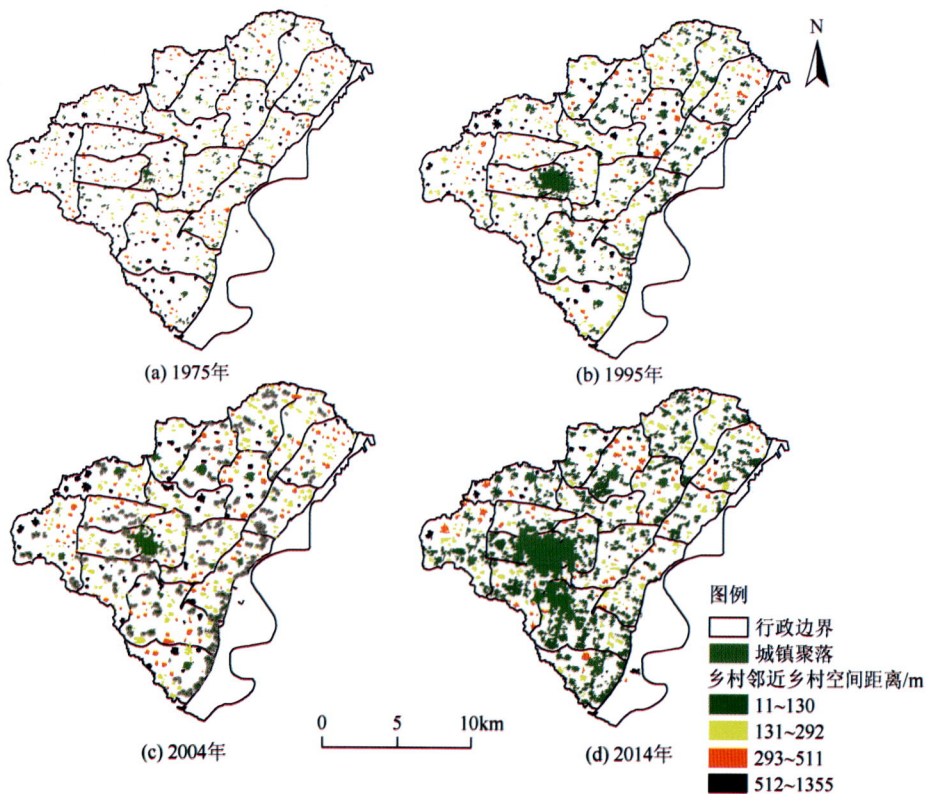

(a) 1975年   (b) 1995年

图例

行政边界

城镇聚落

乡村邻近乡村空间距离/m

11~130

131~292

293~511

512~1355

0　5　10km

(c) 2004年   (d) 2014年

图 6.7　长垣县乡村聚落斑块空间邻近距离特征

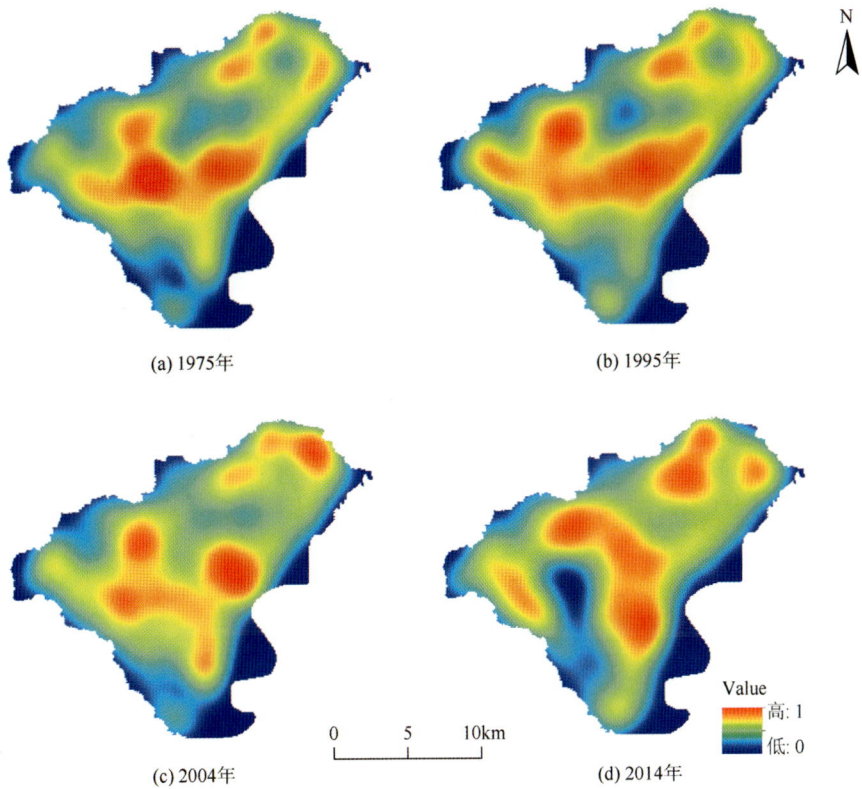

(a) 1975年

(b) 1995年

(c) 2004年

(d) 2014年

Value
高: 1
低: 0

0   5   10km

图 6.8   长垣县乡村聚落空间密度分布

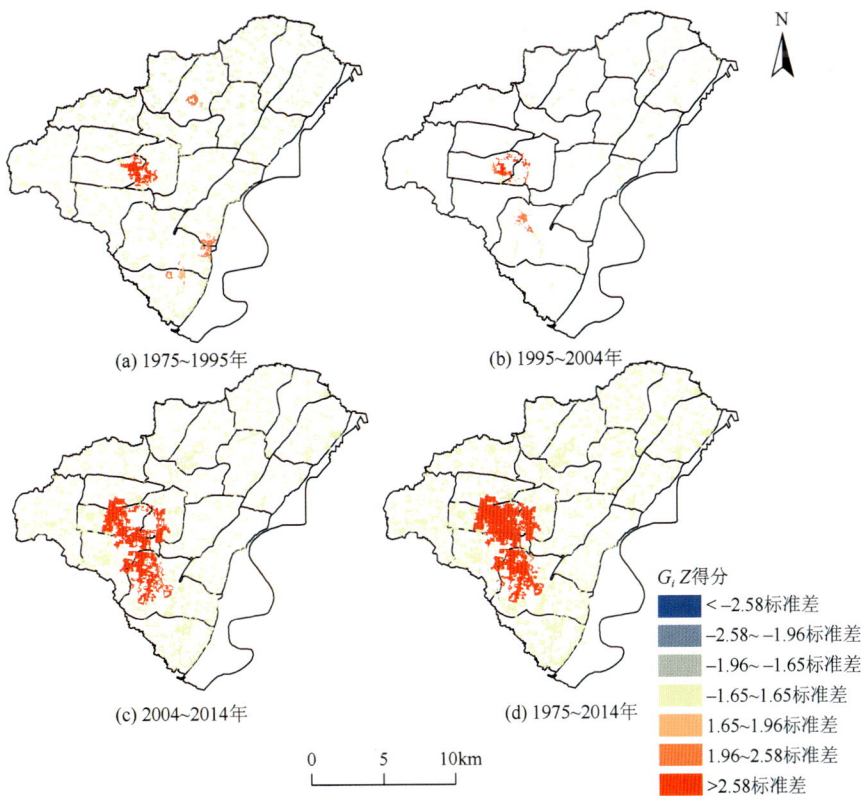

(a) 1975~1995年

(b) 1995~2004年

(c) 2004~2014年

(d) 1975~2014年

G_iZ得分

< −2.58标准差

−2.58~ −1.96标准差

−1.96~ −1.65标准差

−1.65~1.65标准差

1.65~1.96标准差

1.96~2.58标准差

> 2.58标准差

0   5   10km

图 6.10   长垣县乡村聚落空间规模变化冷热区域分布

(a) 1972年核密度值

(b) 1995年核密度值

(c) 2015年核密度值

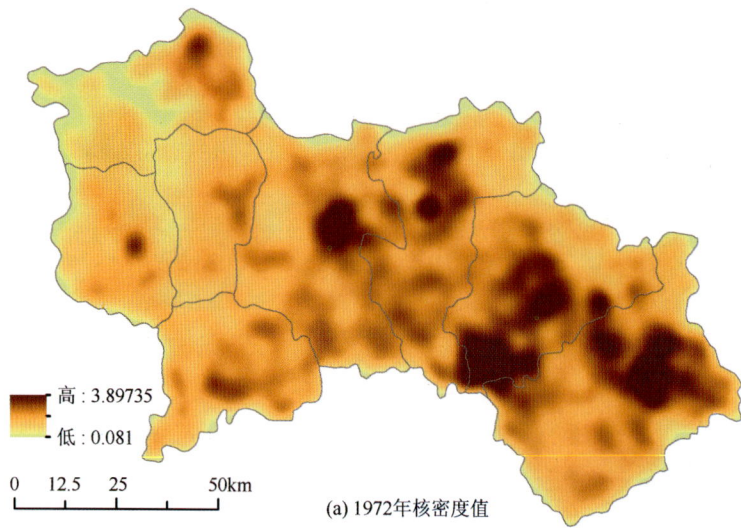

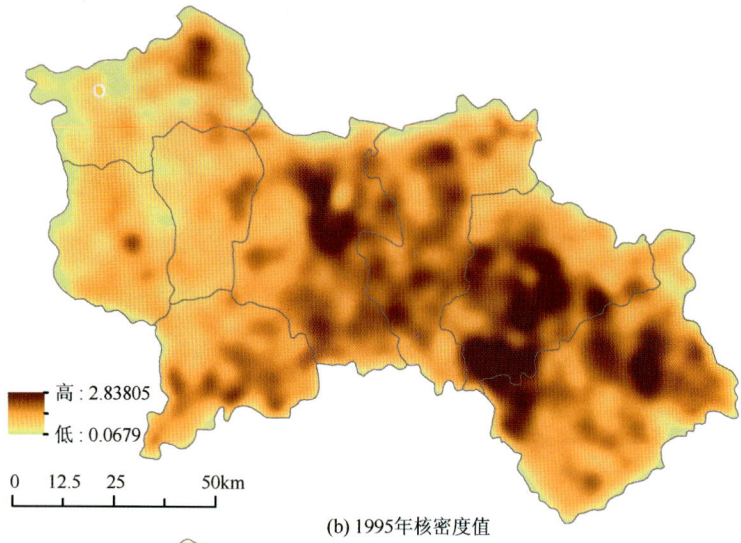

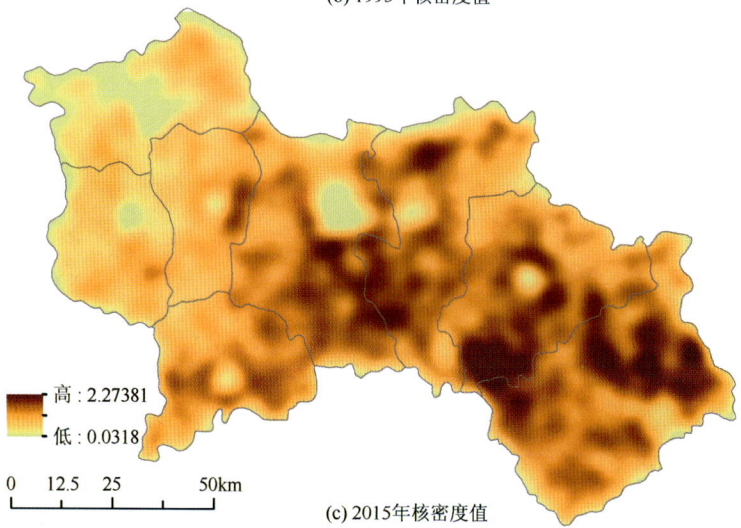

图 7.13 1972 年、1995 年和 2015 年商丘市聚落斑块核密度分布

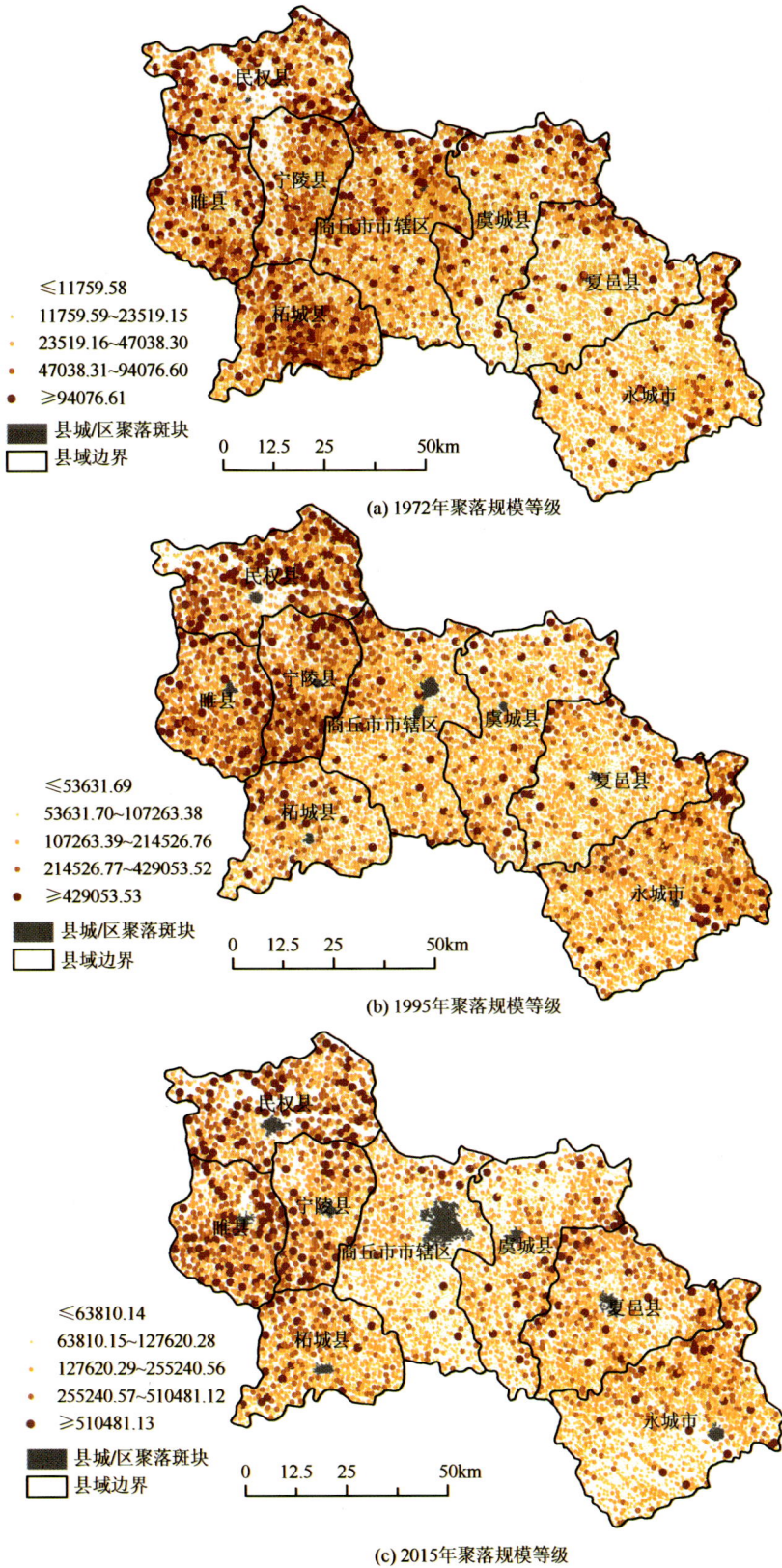

(a) 1972年聚落规模等级

≤11759.58
11759.59~23519.15
23519.16~47038.30
47038.31~94076.60
≥94076.61
县城/区聚落斑块
县域边界

0 12.5 25 50km

(b) 1995年聚落规模等级

≤53631.69
53631.70~107263.38
107263.39~214526.76
214526.77~429053.52
≥429053.53
县城/区聚落斑块
县域边界

0 12.5 25 50km

(c) 2015年聚落规模等级

≤63810.14
63810.15~127620.28
127620.29~255240.56
255240.57~510481.12
≥510481.13
县城/区聚落斑块
县域边界

0 12.5 25 50km

图 7.14 1972 年、1995 年和 2015 年商丘市聚落斑块规模相对等级空间分布

図例:
聚落斑块
县域边界
2015年铁路
2015年省道
2015年国道
2015年高速公路

0   5km

(a) 1972年

宁陵县

(b) 2015年

聚落斑块
2015年县道
2015年省道
2015年国道
2015年高速公路
2015年河流和水域
嵩县边界
DEM
丘陵(200~500m)
低山(500~1000m)
中山(1000~3500m)

0   20km

嵩县

(c) 1975年

(d) 2015年

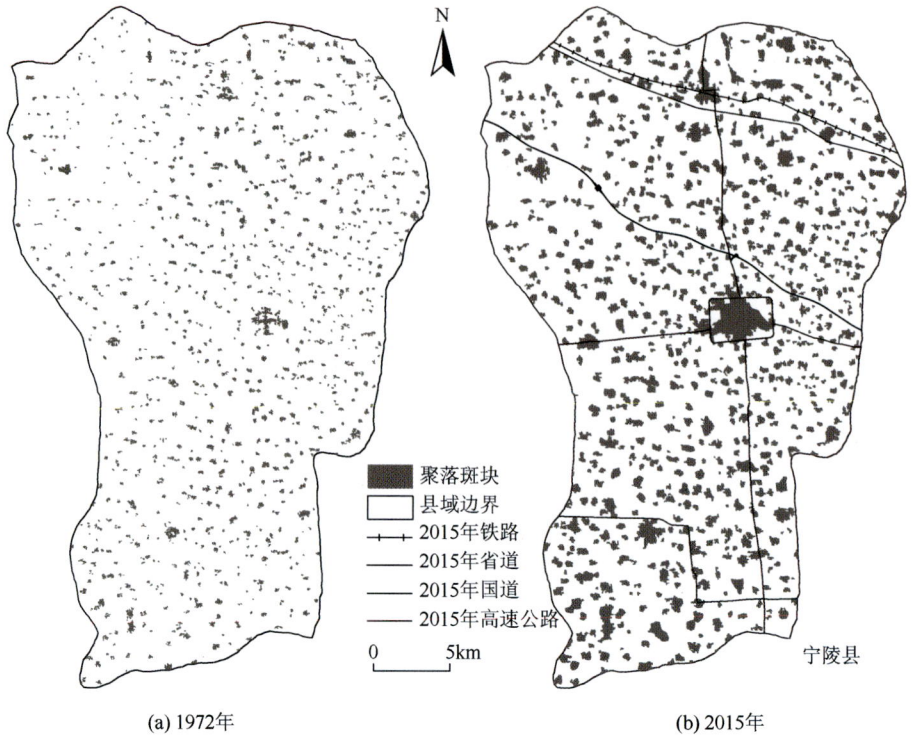

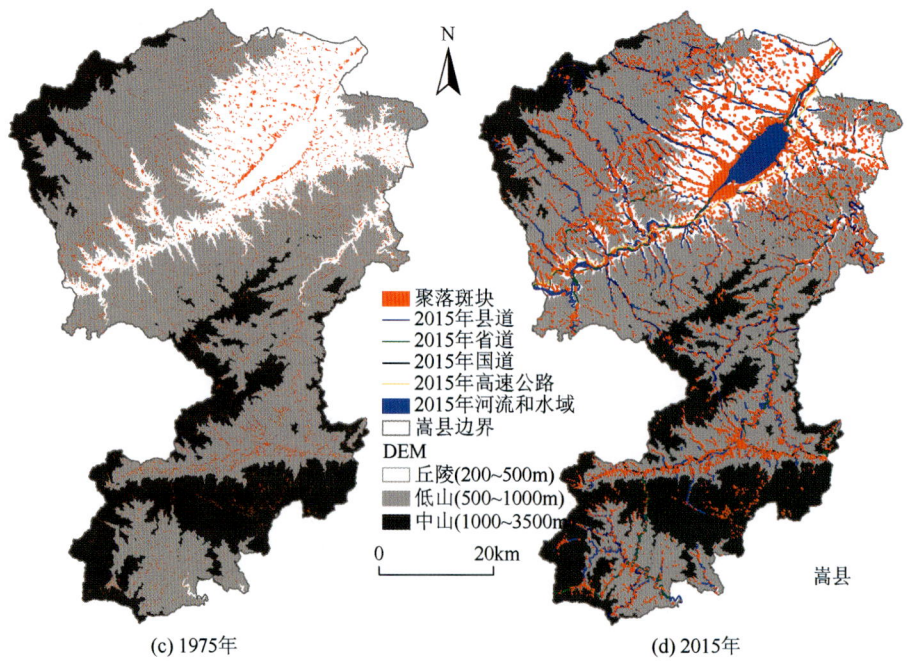

图 8.4   平原县和山区县聚落空间分布